KB205438

우주적 구원 드라마로 읽는 바울 신학

이상명

우주적 구원 드라마로 읽는 바울 신학

지음 이상명
옮김 이상명
편집 김덕원, 박진, 이찬혁

발행처 감은사
발행인 이영욱
전화 070-8614-2206
팩스 050-7091-2206
주소 서울특별시 강동구 암사동 아리수로 66, 401호
이메일 editor@gameun.co.kr

종이책
초판발행 2024.05.31.
ISBN 9791193155479
정가 44,000원

전자책
초판발행 2024.05.31.
ISBN 9791193155486
정가 36,800원

The Cosmic Drama of Salvation:
A Study of Paul's Undisputed Writings from Anthropological and Cosmological Perspectives

Sang Meyng Lee

| 일러두기 |

1. 본서에서 사용된 성경 구절 표기 방식, 예를 들어 창 1.1은 창세기 1장 1절을 뜻합니다.
2. 본서에서 인용된 성경 구절은 별도의 언급이 없는 한, 개역개정판(NKRV)에 근거합니다.
3. 본서에서 인용된 솔로몬의 지혜서(지혜서)와 벤 시라의 지혜서(시락서, 집회서)의 구절은 공동번역성서(Common Translation Bible/共同翻譯聖書)에 근거합니다.
4. 각 페이지 하단에 있는 작은 숫자는 원서 페이지입니다. 색인 참조 시 원서 페이지를 찾으시면 됩니다.

추천사

네 단계로 이루어진 '우주적 드라마'라는 저자의 제안이 인상적이다. 이를 통해 저자는 우주론과 인간론의 분리라는 고질적 병폐를 가뿐히 넘어선다. 무엇보다 '발전' 혹은 '모순' 등의 설명에 막혀 있는 바울의 율법 이야기는 필론의 두 단계 '파이데이아' 전통의 빛 아래 가장 잘 이해될 수 있다는 주장이 독창적이다. 하나님의 우주적 가족을 형성하기 위해, 그리스도를 중심으로 한 '새로운 기독교 파이데이아'를 제공하는 바울의 초상도 매력적이다. 방대한 자료를 꼼꼼히 더듬으면서 다시 이를 바울과 촘촘히 연결하는 모습은 연구자의 좋은 귀감이다. 찬찬히 읽어가노라면, 더 넓은 시선으로 바울을 다시 보는 즐거움을 맛볼 수 있을 것이다.

—권연경(숭실대학교 기독교학대학원 신약학 교수 | Ph.D., King's College London)

이 책은 바울 신학 사상을 그의 서신에 기반하여 모두 네 막(아담, 이스라엘, 그리스도와 성령, 재림)으로 구성된 하나님의 장엄한 우주적 구원 드라마로 읽어 내는 학문적 수작(秀作)이다. 학문적 저작이기에 저자는 독자들을 논리적 글 구성으로 자신의 논지를 설득한다. 확실히 학문적 문체나 논의가 중간중간에 등장하지만 존 톨킨(John R. R. Tolkien)의 『반지의 제왕』(*The Lord of the Rings*) 시리즈 판타지 소설만큼 흥미진진한 책이다. 기승전결의 드라마 구조를 띤 이 책은 바울의 구원론을 그레코-로마 시대의 인간학, 철학, 우주관과 유대 묵시적 종말론과 인간학의 교차와 합류의 지점에서 치밀하게 풀어 쓴다. 저자가 말하는 바울의 구원론은 한국교회 신자들에게 친숙한 구원, 즉 사후 혹은 최후 백보좌 심판에서 무죄방면 받는 그런 구원이 아니라, 지구 포함 우주 전체에 미치는 그리스도의 통치와 회복 역사의 측면에서 본 큰 구원이다. 바울이 말하는 하나님의 구원 드라마와 아무 상관도 없는 사람은 한 사람도 없을 만큼 지구중심적, 인간중심적, 그리고 피조물 갱신적 구원이다.

이 책의 주요 특징은 세 가지다. 첫째, 바울이 전개하는 그리스도의 우주적 구원 드라마를 이해할 수 있게 만드는 광범위한 배경 연구다. 둘째, 바울의 우주적 구원 드라마를 서사적으로 읽어 내려갈 수 있도록 저술되었다. 학술 서적이지만 일반 독자들도 충분히 읽을 수 있으며 심지어 기독교에 낯선 인문 교양 도서 애호가들에게도 환영받을 수 있다. 셋째, 존 크리스찬 베커(John Christiaan Beker) 이래 정말 오랜만에 바울의 구원론을 묵시사상의 틀로 파악하되 베커의 바울 연구를 보완한다. 이상명 박사의 연구는 그리스 철학과 교육, 그리고 그레코-로마 영웅 서사까지 끌어들여 그리스도의 십자가 죽음과 구원을 해석함으로써 바울 구원론의 장엄한 매력을 잘 드러낸다. 모든 목회자들에게 일독을 권하고 인문 교양 도서 애호가들에게도 일독을 추천한다.

—김회권(숭실대학교 기독교학대학원 구약학 교수 | Ph.D., Princeton Theological Seminary)

이 설득력 있는 저작이 제시하는 사도 바울의 구원 묘사를 통해 빛나는 탐험을 떠나보시기 바랍니다. 본서는 선한 세력과 악한 세력의 상호 작용, 입법, 천사와 육신의 미묘한 역할, 하나님 계획의 시공간 전개 안에서의 성령, 하나님, 그리스도의 고결한 성품을 검토하면서 바울의 신학적 내러티브의 깊음 안으로 돌입합니다. 이 작품은 또한 모세 율법과 그리스도 사이의 복잡한 관계를 신중하게 분석하여 바울이 이해한 구원 역사의 독특한 네 가지 구분, 즉 율법 이전 시대, 율법 시대, 교회 시대와 그리스도 시대를 제시합니다. 나아가 바울의 우주적 구원 드라마에 대한 더 깊은 이해를 추구하는 모든 사람들에게 없어서는 안 될 자료인바, 중추적인 그리스도 사건과 그것이 교회 시대에 미치는 영향을 밝히고 있습니다. 구원에 대한 바울의 우주적이고 개인적인 비전을 통해 학자와 평신도 독자 모두를 자극할 것이라 보장하는 이 성서적이고 학문적인 보물을 열정적으로 추천합니다.

—박승호(Professor of Theology, United Theological Seminary | Ph.D., Graduate Theological Union at Berkeley)

16세기 개신교의 바울신학 이해는 주로 한 자연인이 그리스도에 대한 믿음을 통해 의롭다 함을 얻고 궁극적으로 종말적 구원을 얻는 것에 중점을 두어 왔다. 20세기 후반부터 신약학계에서는 바울 구원론과 관련하여 개인적 차원을 넘어서 공동체적이고 사회학적 의미를 부각시키려는 새로운 시도들이 하나의 큰 흐름을 형성하게 되었다. 이번에 번역 출판되는 이상명 박사의 저서도 이러한 학계의 큰 그림 안에서 바울의 구원 신학이 담고 있는 지평을 인간학적이고 우주론적 개념의 틀들을 사용하여 새롭게 분석한 연구물이라고 볼 수 있다.

저자는 바울 서신들을 교리를 만들어 내는 자료로 사용하는 방식에서 벗어나, 다양한 바울 편지의 바탕에 통일성 있는 큰 서사적 이야기가 있다는 전제하에, 그 이야기를 서사비평의 시각으로 재구성하고, 그것을 역사의 흐름 속에서 그리스도를 통해 온 우주를 회복시키시는 하나님의 구원 이야기라는 하나의 대하드라마로 읽어내고 있다. 이러한 해석적 틀 안에서 저자는 신약학의 고전적 방법론이라고 할 수 있는 역사-문헌비평을 통해서 바울의 사상체계에 영향을 주었을 고대 그레코-로마의 철학 문서들, 구약성서와 제2성전시대 유대교 문헌들을 폭넓게 비교 분석하면서 바울이 이런 동시대 주변 문화로부터 온 철학적 혹은 신학적 카테고리를 사용하여 어떻게 새로운 그리스도 중심의 구원 신학을 창출해 내고 있는지를 제시하고 있다.

이 연구서의 중요한 공헌들 중의 하나는 바울신학이 내포하고 있는 구원 영역을 한 개인의 삶이라는 차원을 뛰어넘어, 그리고 한 특정 공동체의 범주 안에 국한되는 특권을 넘어서, 모든 생명체와 생태계를 다 아우르고 나아가서 범우주적으로 구원을 베푸시는 하나님의 크신 은혜의 이야기를 설득력 있게 제시하고 있다는 점이다. 이 연구서가 점차 게토화되어 가는 한국의 개신교 신학에 건강하고 새로운 자극이 되기를 기대한다.

—박응천(Professor of New Testament, San Francisco Theological Seminary at University of Redlands | Ph.D., University of Chicago)

어느 신학자에게나 바울은 거대한 산맥과 같은 존재입니다. 바울은 서신을 통해 자신의 신학 사상의 중심으로서 예수 그리스도와 그 복음을 알 수 있도록 우리를 안내하고, 그를 통하여 인류를 향한 하나님의 구원 경륜을 알 수 있도록 심오한 영감을 제공합니다. 바울이 살며 활동했던 당대의 복합적이고 다면적인 환경과 그의 신학의 연원이 된 다양한 사상계의 이해 없이는 그와 그 신학을 바르게 알 수 없기에, 그의 친저인 여러 서신들은 물론, 예수와 그의 가르침을 전하기 위해 기록된 신약성경뿐만 아니라, 구약성경, 이스라엘 종교와 역사, 헬레니즘 시대의 배경과 문헌, 그리고 그레코-로마의 철학 사상을 알아야 합니다. 이러한 연유로 바울을 이해하는 것은 결코 쉽지 않고, 그의 신학은 모든 신학자가 계속해서 보다 깊이 있게 연구해야 할 '온고잉'(ongoing) 과제라 할 수 있습니다.

이번에 미주장로회신학대학교 총장 이상명 박사님의 탁월한 바울 연구서 『우주적 구원 드라마로 읽는 바울 신학』(*The Cosmic Drama of Salvation: A Study of Paul's Undisputed Writings from Anthropological and Cosmological Perspectives*)이 한국어로 번역 출판된 것을 기쁘게 여깁니다. 이 책은 이상명 박사님의 박사 학위 논문으로 독일 튀빙겐의 모어 지벡(Mohr Siebeck) 출판사에서 출간된 책이며 이미 세계적으로 검증되고 인정된 신학 연구서인 바, 이번에 어려운 번역 작업을 통해 한국 독자들과 만나게 되었습니다. 이 연구서의 탁월함은 바울을 통하여 볼 수 있는 예수 그리스도 사건을 다차원적으로 분석하여 그 사건이 지닌 우주적 차원의 신학적 함의를 서사적 구조에 기대어 찾는 데 있습니다.

저자는 바울 신학의 두 축을 우주론과 인간학으로 보면서 바울에게 나타나는 그리스도론을 탁월한 저자의 식견으로 표현합니다. 한국 교회 성도들과 연구자들이 이 연구서를 통하여 복음의 위대함에 더욱더 가까이 다가갈 수 있도록 하는 데, 좋은 길잡이가 될 것을 알기에 기쁘게 추천합니다.

—배재욱(영남신학대학교 신약학 은퇴교수, 정류아카데미 원장 | Dr. theol., University of Tübingen)

필자는 신약학자로서의 확고한 학문적 토대 위에서 전환적 위기 시대에 신학교를 섬기고 있는 신학자이자 교육자이다. 이 책을 통하여 우리는 필자가 이민자들을 주요 대상으로 하는 신학교의 책임자로서 부름받아 탁월한 섬김을 하는 배경과 이유를 더욱 깊이 이해하게 될 것이다. 필자는 구원, 율법, 그리스도로 대표되는 바울의 신앙 세계를 인간학적, 우주론적 관점에서 서술하면서 그 상관성을 제시한다. 또한 그는 바울 신학을 헬라 문화와 히브리 문화라는 교차문화적 관점에서 파악할 수 있음을 주장한다. 이것은 다문화시대를 살아가는 우리에게 매우 중요한 시사점을 제시한다. 성경에 대한 통전적 해석을 바탕으로 교회와 세상에 대한 이분법적 신앙을 극복하며, 나아가 다문화시대에 대한 신학적 해석과 책임적 목회의 토대와 내용을 제공한다는 점에서 이 책은 큰 의미와 가치를 가진다.

—임성빈(장로회신학대학교 전 총장, 기독교와 문화과 교수 | Ph.D., Princeton Theological Seminary)

『우주적 구원 드라마로 읽는 바울 신학』은 사도 바울의 신학을 인간학과 우주론의 두 렌즈를 통해 세심하게 살펴보는 심오한 학문적 탐험입니다. 이상명 교수의 박사 학위 논문에서 출발한 이 작품은 바울 서신의 복잡성을 탐구하고 유대의 지혜 및 묵시 문학, 필론의 신학 및 철학적 공헌과의 심오한 연관성을 촘촘하게 그립니다. 이 연구에 나타난 몇 가지 특징이 저의 지적 호기심을 자극하기에 충분했습니다.

첫째, 학제 간 방법론입니다. 저자는 유대의 지혜 및 묵시 문학의 관점과 필론의 신학 및 철학적 통찰을 능숙하고 깊게 융합하여 바울의 신학적 관점에 대한 독특하고 통섭적 이해를 제공합니다.

둘째, 우주적 드라마와 구원론과의 상관관계입니다. 이 고찰의 핵심은 구원을 우주적 드라마로 그려내는 것입니다. 이 내러티브는 무율법 시대부터 메시아/그리스도 시대에 이르기까지 다양한 영역과 역사적 시대를 가로지릅니다. 이러한 접근 방식은 바울 신학 저술에 대한 전통적인 해석을 크게 보강합니다.

셋째, 필론(Philo)의 영향입니다. 이 논문은 필론이 바울의 신학적 추론, 특히 물질적 영역의 기초를 이루고 그것에 영향을 미치는 영적 세계의 개념과 관련하여 바울의 신학적 추론에 미친 실질적인 영향에 대해 조명합니다.

넷째, 바울 신학의 현대 선교신학적 통찰입니다. 『우주적 구원 드라마로 읽는 바울 신학』에 담긴 풍부한 학문적 태피스트리(tapestry)를 통해, 저자는 사도 바울의 선교신학적 심층 세계로 독자들을 안내합니다. 이 책이 바울 선교신학을 지향하는 저에게 탁월한 통찰을 제공한 것처럼, 바울을 선교신학적으로 이해하려는 독자들에게 바울의 인간학과 우주론을 두 축으로 하여 펼쳐지는, 인류와 우주를 향한 하나님의 구원 드라마를 들여다볼 수 있는 다초점 렌즈를 제공해 줄 것입니다. 저는 이 책을 바울 선교신학 필독서로 사용할 것입니다.

—임윤택(미주장로회신학대학교 선교학부 박사원장 | Ph.D., Fuller Theological Seminary)

자칫 따분할 수도 있는 박사 학위 논문임에도 불구하고, 긴장감이 넘치고 다음 장을 빨리 읽게 만드는 저자의 내용 구성과 문장력이 돋보입니다. 바울 신학의 핵심으로서 우주적 기독론이나 평범한 구원론은 흔히 말하고 들어보지만, 우주적 구원론 그것도 우주적 드라마로서의 구원은 얼핏 생경할 수 있습니다. 하지만 이 장엄한 대하드라마를 정황적 문서인 바울의 주요 서신에서 뽑아내어 이토록 박진감 넘치게 서술할 수 있는 점 또한 감탄스럽습니다.

바울의 깊고 넓은 배경 세계(구약성경, 신구약 중간기 문헌, 정경과 외경 문헌, 그레코-로마 문헌 등)에 대한 이상명 박사의 적실성 있는 천착과 바울 서신에 대한 비평적 적용과 생동감 넘치는 해석, 그리고 탄탄한 구성과 글쓰기에서 놀라운 학자적인 혜안과 창발성을 실감할 수 있습니다. 무엇보다도 저는, 사랑하는 아들을 황망하게 천국에 보낸 후 지난 4년 동안 처절한 독서와 말씀 묵상에서 위안을 얻었던 내용을 바로 이상명 총장의 글에서 다시 발견하여 기쁘기 짝이 없습니다. 많은 신학자와 목회자, 그리고 진중한 그리스도인들도 저와 같은 기쁨과 천국 소망을 누려보시기를 소망하며 마음속 깊이 이 도서를 추천합니다.

—장동수(전 한국침례신학대학교 신학대학원 신약학 교수, 전 한국신약학회 부회장 | Ph.D., New Orleans Baptist Theological Seminary)

이상명 총장님의 박사 학위 논문을 우리말로 번역한 본서를 통해 깊은 감명을 받았습니다. 우선 하나님의 구원 역사를 우주적 구원 드라마의 관점으로 재해석한 것은 매우 탁월한 통찰입니다. 더 나아가서 본서는 율법과 그리스도와의 관계를 적절하게 설명하기 위해서 그레코-로마 시대의 '파이데이아' 개념을 활용합니다. 그레코-로마의 '파이데이아' 개념과 체계의 관점에서 볼 때 모세 율법은 바울의 우주적 구원 드라마에서 예정된 대로 인간을 그리스도께로 인도한 후, 그 역할을 다하도록 계획된 제한적 '파이데이아' 즉 예비교육과정이었습니다. 다시 말하면 율법은 기독교 '파이데이아'의 최종 목표인 참된 '소피아'(Sophia)로서의 그리스도께로 인도하는 임시적 교육방법이었습니다.

이러한 통찰은 현대 신학계의 주요 논쟁점들에 대한 복음주의적 시사점과 긴밀하게 연결됩니다. 첫째, 이 총장님의 통찰은 새 언약과 옛 언약의 연속성을 유지하면서도, 새 언약의 우월성을 선명하게 드러내는 강점이 있습니다. 둘째, 바울의 율법관이 일관성이 없고, 혼란스럽다고 주장하는 새 관점 학파(New Perspective School)에 대한 근원적 비판을 제기합니다. 셋째, 바울 신학의 일관성과 정합성 그리고 명료성을 변호하기에 매우 유익한 학문적 틀을 제공합니다. 넷째, 오직 예수 그리스도를 주와 구주로 고백하는 믿음으로만 칭의와 구원을 얻는다고 주장한 종교개혁의 구원론이 새 관점의 구원론보다 우월함을 주장할 수 있는 학술적 근거를 제공합니다.

이런 여러 가지 유익들을 고려할 때, 본서는 제가 오랫동안 기다리고 고대해왔던 학문적 저술입니다. 제 개인의 신학적 확신을 강화해주는 학술적 연구로서 저는 본서를 온 마음으로 환영하지 않을 수 없습니다. 더 나아가서 본서는 최근 여러 차원에서 강한 도전에 직면한 전통적, 복음주의적 바울 해석에 대한 강력한 변증입니다. 따라서 참된 복음의 진리를 변호하고 증언하기 위해 분투하고 있는 모든 독자들에게 본서의 일독을 강력하게 권면합니다. 사랑하는 주님께서 본서를 지속적으로 사용하셔서, 복음의 영광스러운 진리를 선명하게 드러내어 주시길 기도하며 축복합니다.

—정성욱(Professor of Christian Theology, Denver Seminary | D.Phil., University of Oxford)

바울의 기독교는 역사적 예수를 왜곡한다고 생각했던 시절이 있었습니다. 바울을 걷어내고 예수의 민낯을 보고 싶었습니다. 그렇게 더듬어 간 예수는 낯설었습니다. 지금 내가 믿고 있는 것은 나사렛 예수의 행적을 훌쩍 넘어선다는 것을 깨닫게 되었을 때 비로소 바울이 보였습니다. 나에게 낯선 예수, 전적 타자인 그들의 메시아를 나의 구주로 만날 수 있게 해준 통역자. 그의 고뇌, 용기, 상상력이 보였습니다. 인간은 이야기를 통해 사건을 만난다지요. 그렇다면 국지적이요 지엽적인 예수 사건을 보편적 우주적 서사의 세계에 옮겨 놓은 바울의 업적은 가히 새 창조에 견줄 만합니다.

서사 부재의 시대, 한국 교회의 미래를 걱정합니다. 몇 가지 도식으로 환원되기엔 그리스도 사건은 너무 심오하고 다성적(多聲的)이고 모순적이니까요. 인간학과 우주론을 축으로 풀어낸 바울의 우주적 구원 드라마에 빠져들며 우리는 예수와 나를 연결한 가교로서 바울 서사의 진면목을 보게 됩니다. 바울을 사랑하는 독자에게 꼭 권하고 싶은 책입니다.

—홍국평(연세대학교 신과대학/연합신학대학원 구약학 교수 | Ph.D., Claremont Graduate University)

서문

바울이라는 인물과 그 신학 세계는 심오하고 다면적입니다. 그의 서신은 우발적이고 역동적이며 논쟁적 성격을 띱니다. 바울은 그레코-로마의 코스모폴리탄(cosmopolitan) 문화의 영향을 받은 유대인, 지중해 문화권에 종횡으로 복음 전파한 선교사, 자신이 전수받은 복음을 1세기 로마 제국에서 재해석하고 상황화한 신학 사상가입니다. 발길 닿는 곳마다 사랑과 포용으로 연대하는 공동체를 세우고 기독교 복음의 보편화를 어느 누구보다 선도한 바울과 그의 서신은 교회의 주요 사상과 교리 형성의 터전이 되었습니다. 바울 신학 사상의 핵심을 둘러싼 논의는 여전히 진행형입니다. 그의 신학의 핵을 '이신칭의'(John Calvin, Martin Luther와 후계자들), '화해'(Ralph P. Martin), '묵시사상'(John Christiaan Beker), '그리스도와의 연합'(Constantine R. Campbell), '십자가를 본받음'(Michael J. Gorman) 등으로 다양하게 볼 수 있으나, 필자는 그 모든 키워드를 아우르면서 그의 서신 전체를 관통하는 주제는 '구원'이라 여깁니다. 바울 신학은 인간과 자연과 우주에까지 미치는 하나님의 구원 이야기로 직조된 사상

체계라 할 수 있습니다. 바울에게 있어 인간 역사는 물론 자연과 우주는 하나님의 통치와 구원의 영역입니다. 하나님의 구원 사역의 우주론적 지평은 새로운 창조신학의 터전을 제공합니다. 새 창조의 중심에는 우주적 그리스도(cosmic Christ)가 있습니다. 그리스도를 통한 하나님의 새 창조는 인간과 우주를 바라보는 그의 신학적 렌즈와 같습니다. 바울 서신 곳곳에는 하나님의 구원 이야기가 다양한 형태로 나타나 그리스도 중심의 종말론적 구원을 지향합니다. 그 구원의 선취는 예수 그리스도의 부활입니다.

바울 서신 속 작고 분절된, 풍부하고 다양한 서사들을 한데 모아 묶으면 우주적 차원의 대하드라마가 우리 앞에 펼쳐집니다. 그것을 관통하는 주제는 하나님의 구원입니다. 그 구원 사건을 입체적으로 보기 위해서는 인간론(anthropology)과 우주론(cosmology)이라는 두 축을 기준으로 하여 서사들을 기독론적으로 해석하는 안목이 필요합니다. 바울이 전하는 하나님의 구원 드라마는 '그리스도 사건'으로 완성되기에, 그리스도가 세계 역사의 기준이자 중심축이 되고, 인류 역사는 그리스도 사건의 빛으로 새롭게 조명됩니다. 바울 서신에 흐르는 신학 사상을 드라마로 재구성하여 이해하는 시도는 새롭습니다. 이런 시도는 단편 서신 너머 인간 역사를 포월(包越)하여 전개되는 하나님의 구원 사건을 총체적으로 보게 합니다. 바울 서신 전체를 한 편의 우주적 드라마로 이해하려는 시도는, 거대 서사의 종언을 대표적 현상으로 하는 포스트모던 시대에 하나님의 구원 이야기를 되살려 생생하게 전하는 방법일 것입니다. 나아가 세속주의에 매몰되어 가는 그리스도인들의 의식 세계를 우주적 차원으로 끌어올려 새 창조의 비전으로 살아가는 이치를 깨닫게 할 것입니다.

이 책은 바로 그런 시도와 목적의 일환으로 출간되었습니다. 본서는 필자의 2008년 클레어몬트대학원(Claremont Graduate University) 철학박사 학위 논문, "저작권이 확실한 바울의 작품 속 구원과 율법, 그리고 그리스도의 우주적 드라마: 인간학적, 우주론적 관점으로부터"(The Cosmic Drama of Salvation, the Law, and Christ in Paul's Undisputed Writings: From Anthropological and Cosmological Perspectives)의 개정입니다. 이 책이 출간되기까지 적지 않은 분들로부터 도움을 받았습니다. 먼저 필자의 철학박사 학위 논문위원으로 수고해 주신 그레고리 J. 라일리(Gregory J. Riley, 클레어몬트신학대학원 신약학), 데니스 R. 맥도날드(Dennis R. MacDonald, 클레어몬트신학대학원 신약학), 그리고 게리 길버트(Gary Gilbert, 클레어몬트맥케나대학 종교연구) 교수님들의 놀라운 통찰과 건설적 논평에 감사드립니다. 특별히 사도 바울 사상을 보다 폭넓은 그레코-로마의 지적 세계 안에서 바라볼 수 있게 된 데에는 라일리 교수님의 도움이 컸습니다. 박사과정 학업을 할 수 있도록 첫 네 학기 동안 장학금을 제공해 주신 제임스 M. 로빈슨(James M. Robinson, 클레어몬트대학원 종교학부 은퇴교수) 교수님의 지원과 지도가 없었더라면 필자의 박사 학위 논문은 세상의 빛을 보지 못했을 것입니다. 2008년 보스턴에서 열린 성서문헌학회(Society of Biblical Literature)에서 필자의 박사 학위 논문 출간을 의뢰했을 때, 독일 튀빙겐의 신학 전문 출판사 모어 지벡(Mohr Siebeck)의 신학 분야 편집자 헤닝 지브리츠키(Henning Ziebritzki) 박사님께서 관심을 가져 주시고 검토해 주신 것에 감사드립니다. 편집장으로 필자의 논문을 읽고 '신약성서에 대한 학문적 연구 II 총서'(WUNT II Series: Wissenschaftliche Untersuchungen zum Neuen Testament II)로 선정해 주신 취리히대학 신학교수 외르크 프라이(Jörg Frey) 교수님께 감사를 전합니다.

박사과정에서 연구하는 동안 필자는 많은 분들로부터 애정 어린 격려와 지원을 받았습니다. 특히 2002년부터 2007년까지 미주장로회신학대학교(이하 '미주장신대') 총장을 지낸 서정운 박사님과 제가 교무처장으로 근무하는 동안 미주장신대 총장을 역임한 김인수 박사님께 감사드립니다. 이분들은 필자가 존경하는 은사로 저의 영적 멘토들입니다. 정영목 목사님(가주장의사 대표), 윤귀영, 박성민 부부 선교사님(Coram Deo New Creation Center 대표), 장승천 목사님(반석교회 담임), 김중호 목사님(승복교회 담임)의 재정적 지원이 없었더라면 이 번역서는 나올 수 없었을 것입니다. 필자의 박사 학위 논문 번역자, 장혜영 박사님(미주장신대 겸임교수)과 배경락 목사님(미국 로고스교회 협동목사 겸 기독교인문학연구소 소장)에 대한 감사를 빼놓을 수 없습니다. 필자의 논문을 서론부터 3장까지는 장혜영 박사님이, 5장과 6장은 배경락 목사님이 1차 번역을 각각 맡아 수고해 주셨습니다. 4장을 번역한 필자는 두 분이 번역하신 것을 전체적으로 검토하면서 1차 교정 및 편집 작업을 완료하였습니다. 이후, 여간 어려운 일이 아닌 교정을 두 차례 봐 주신 전문 교정자 장덕영 씨의 도움으로 이 작품을 갈무리할 수 있었습니다. 이 도서의 출간을 기꺼이 수락하신 감은사 이영욱 대표님에게도 지면을 빌려 감사드립니다.

이제까지 총장과 학자로 큰 기쁨을 누리며 사역할 수 있도록 도와준 미주장신 교직원들과 학생들께 감사드립니다. 특별한 감사는 모친 박덕희 님과 부친 이청우 님께 드립니다. 두 분의 끊임없는 기도와 지치지 않는 사랑은 이 작품이 나오도록 한 가장 큰 원천이었습니다. 마지막 감사는 신약학 분야의 학자가 되는, 지난한 여정에 함께해 준 아내 미애(Susan)와 자녀 찬희(Charles)와 혜리(Monica)에게 돌립니다.

캘리포니아 산타 페 스프링스, 2023년 12월

이상명

| 목차 |

* 아래 리스트에 없는 도서는 제목 전체로 인용되었다.

1. 외경(Apocrypha)

Bar	Baruch
Sus	Susanna
1-2 Esd	1-2 Esdras
1-2 Macc	1-2 Maccabees
3-4 Macc	3-4 Maccabees
Sir	Sirach/Ecclesiasticus
Wis	Wisdom of Solomon

2. 사해문서(Dead Sea Scrolls)

1QM	*War Scroll*
1QS	*Rule of the Community*
1QSb	*Rule of the Blessings*
4QFlor	*Midrash on Eschatology*
11QPs[a]	*Psalms Scroll*[a]

3. 유대 위경(Jewish Pseudepigrapha)

Apoc. Ab.	*Apocalypse of Abraham*
Apoc. Ad.	*Apocalypse of Adam*
Apoc. Mos.	*Apocalypse of Moses*
2 Bar.	*2 Baruch (Syriac Apocalypse)*
3 Bar.	*3 Baruch (Greek Apocalypse)*
1 En.	*1 Enoch (Ethiopic Apocalypse)*
2 En.	*2 Enoch (Slavonic Apocalypse)*
3 En.	*3 Enoch (Hebrew Apocalypse)*
4 Ezra	*4 Ezra*

Jub.	*Jubilees*
L.A.E.	*Life of Adam and Eve*
Let. Aris.	*Letter of Aristeas*
Mart. Ascen. Isa.	*Martyrdom and Ascension of Isaiah*
Pss. Sol.	*Psalms of Solomon*
Sib. Or.	*Sibylline Oracles*
T. 12 Patr.	*Testaments of the Twelve Patriarchs*
T. Dan	*Testament of Dan*
T. Levi	*Testament of Levi*
T. Reu.	*Testament of Reuben*
T. 3 Patr.	*Testaments of the Three Patriarchs*
T. Ab.	*Testament of Abraham*
T. Mos.	*Testament of Moses*

4. 필론의 작품(Philo's Works)

Abr.	*De Abrahamo* (*On the Life of Abraham*)
Aet.	*De aeternitate mundi* (*On the Eternity of the World*)
Agr.	*De agricultura* (*On Agriculture*)
Cher.	*De cherubim* (*On the Cherubim*)
Conf.	*De confusione linguarum* (*On the Confusion of Tongues*)
Congr.	*De congressu quaerendae eruditionis gratia* (*On the Preliminary Studies*)
Contempl.	*De vita contemplativa* (*On the Contemplative Life*)
Decal.	*De decalogo* (*On the Decalogue*)
Det.	*Quod deterius potiori insidari soleat* (*That the Worse Attacks the Better*)
Deus	*Quod Deus sit immutabilis* (*That God Is Unchangeable*)
Ebr.	*De ebrietate* (*On Drunkenness*)
Fug.	*De fuga et inventione* (*On Flight and Finding*)
Gig.	*De gigantibus* (*On Giants*)
Her.	*Quis rerum divinarum heres sit* (*Who Is the Heir?*)

Ios.	*De Iosepho* (*On the Life of Joseph*)
Leg. 1, 2, 3	*Legum allegoriae I, II, III* (*Allegorical Interpretation 1, 2, 3*)
Legat.	*Legatio ad Gaium*
Migr.	*De migratione Abrahami* (*On the Migration of Abraham*)
Mos.1, 2	*De vita Mosis I, II* (*On the Life of Moses 1, 2*)
Mut.	*De mutatione nominum* (*On the Change of Names*)
Opif.	*De opificio mundi* (*On the Creation of the World*)
Plant.	*De plantatione* (*On Planting*)
Post.	*De posteritate Caini* (*On the Posterity of Cain*)
Praem.	*De praemiis et poenis* (*On Rewards and Punishments*)
Prob.	*Quod omnis probus liber sit* (*That Every Good Person Is Free*)
QE 1, 2	*Quaestiones et solutiones in Exodum I, II* (*Questions and Answers on Exodus 1, 2*)
QG 1, 2, 3, 4	*Quaestiones et solutiones in Genesin I, II, III, IV* (*Questions and Answers on Genesis 1, 2, 3, 4*)
Sacr.	*De sacrificiis Abelis et Caini* (*On the Sacrifices of Cain and Abel*)
Sobr.	*De sobrietate* (*On Sobriety*)
Somn. 1, 2	*De somniis I, II* (*On Dreams*)
Spec. 1, 2, 3, 4	*De specialibus legibus I, II, III, IV* (*On the Special Laws*)
Virt.	*De virtutibus* (*On the Virtues*)

5. 요세푸스의 작품(Josephus' Works)

Ant.	*Jewish Antiquities*
J.W.	*Jewish War*
Ag. Ap.	*Against Apion*

6. 랍비 문헌(Rabbinic Literature)

Gen. Rab.	*Genesis Rabbah*
Pirqe R. El.	*Pirqe Rabbi Eliezer*

7. 나그 함마디 문서(Nag Hammadi Codices)

Sent. Sextus	*Sentences of Sextus*
Zost.	*Zostrianos*

8. 신약 외경(New Testament Apocrypha)

Acts Thom.	*Acts of Thomas*

9. 초기 기독교 저작(Early Christian Writings)

Clement 1

1 Clem.	*The First Epistle of Clement*

Eusebius

Hist. eccl.	*Historia ecclesiastica*
Praep. ev.	*Praeparatio evangelica*

Ignatius

Eph.	*To the Ephesians*

Jerome

Vir. ill.	*De viris illustribus* (*Lives of Illustrious Men*)

Tertullian

Cult. fem.	*De cultu feminarum* (*On the Apparel of Women*)
Virg. vel.	*De virginibus velandis* (*On the Veiling of Virgins*)

10. 그리스-라틴 작품과 그 외 고대 작품(Greek and Latin Works and Other Ancient Works)

Aeschylus

Ag.	*Agamemnon*
Pers.	*Persae* (*Persians*)
Prom.	*Prometheus vinctus* (*Prometheus Bound*)

Aristophanes

Eq.	*Equites* (*Knights*)
Pax	*Pax* (*Peace*)
Vesp.	*Vespae* (*Wasps*)

Aristotle

Ep.	*Epistulae* (*Letters*)

Pol.	*Politica* (*Politics*)
Rhet.	*Rhetorica* (*Rhetoric*)
Cicero	
Leg.	*De legibus* (*On the Laws*)
Nat. d.	*De natura deorum* (*On the Nature of the Gods*)
Phil.	*Orationes philippicae* (*Philippic Orations*)
Rep.	*De republica* (*On the Republic*)
Tusc.	*Tusculanae disputationes* (*Tusculan Disputations*)
Dio Chrysostom	
Lib.	*De libertate* (*Freedom*)
Diodorus Siculus	
Bib. his.	*Bibliotheca historica*
Epictetus	
Diatr.	*Diatribai* (*Dissertationes*)
Euripides	
Hel.	*Helena* (*Helen*)
Orest.	Orestes
Suppl.	*Supplices* (*Suppliants*)
Herodotus	
Hist.	*Historiae* (*Histories*)
Hesiod	
Op.	*Opera et dies* (*Works and Days*)
Theog.	*Theogonia* (*Theogony*)
Hippolytus	
Haer.	*Refutatio omnium haeresium* (*Refutation of All Heresies*)
Homer	
Il.	*Ilias* (*Iliad*)
Od.	*Odyssea* (*Odyssey*)
Horace	
Ep.	*Epistulae* (*Epistles*)
Epod.	*Epode*

Isocrates

Antid.	*Antidosis* (*Or.* 15)
Demon.	*Ad Demonicum* (*Or.* 1)

Livy

His.	*Historia*

Lucretius

Rer. nat.	*De rerum natura*

Ovid

Metam.	*Metamorphoses*

Philostratus

Vit. Apoll.	*De vita Apollonii Tyanei*

Pindar

Ol.	*Olympionikai* (*Olympian Odes*)

Plato

Apol.	*Apologia*
Crat.	*Cratylus*
Gorg.	*Gorgias*
Leg.	*Leges* (*Laws*)
Phaed.	*Phaedo*
Phaedr.	*Phaedrus*
Pol.	*Politicus* (*Statesman*)
Prot.	*Protagoras*
Resp.	*Respublica* (*Republic*)
Symp.	*Symposium*
Theaet.	*Theaetetus*
Tim.	*Timaeus*

Plutarch

Cor.	*Marcius Coriolanus*
Def. orac.	*De defectu oraculorum*
Is. Os.	*De Iside et Osiride*
Mor.	*Moralia*

Tranq. an.	*De Tranquillitate animi*
Pseudo-Plato	
Alci. Maior	*Alcibiades Maior*
Quintilian	
Inst.	*Institutio oratoria*
Seneca	
Clem.	*De clementia*
Constant.	*De constantia*
Ep.	*Epistulae morales*
Ira	*De ira*
Tertullian	
Apparel	*On the Apparel of Women*
Virgins	*On the Veiling of Virgins*
Virgil	
Aen.	*Aeneid*
Ecl.	*Eclogae*
Xenophanes	
DK	Diels-Kranz reference numbers
Xenophon	
Symp.	*Symposium*
Zeno	
Fr.	*Fragments*

11. 이차 자료(Secondary Sources)

ANTC	Abingdon New Testament Commentaries
AnBib	Analecta Biblica
AB	Anchor Bible
ABD	*Anchor Bible Dictionary*. Edited by D. N. Freedman. 6 vols. New York, 1992
ANRW	*Aufstieg und Niedergang der römischen Welt: Geschichte und Kultur Roms im Spiegel der neueren Forschung*. Edited by H.

	Temporini and W. Haase. Berlin, 1972-
BZAW	Beihefte zur Zeitschrift für die alttestamentliche Wissenschaft
BZNW	Beihefte zur Zeitschrift für die neutestamentliche Wissenschaft
BTB	*Biblical Theology Bulletin*
BJS	Brown Judaic Studies
BJRL	*Bulletin of the John Rylands University Library of Manchester*
CBQ	*Catholic Biblical Quarterly*
CBQMS	Catholic Biblical Quarterly Monograph Series
CTR	*Criswell Theological Review*
DDD	*Dictionary of Deities and Demons in the Bible*. Edited by K. van der Toorn, B. Becking, and P. W. van der Horst. Leiden, 1995
DPL	*Dictionary of Paul and His Letters*. Edited by G. F. Hawthorne and R. P. Martin. Downers Grove, 1993
EPRO	Etudes préliminaires aux religions orientales dans l'empire romain
EvT	*Evangelische Theologie*
EDNT	*Exegetical Dictionary of the New Testament. Edited by H. Balz, G. Schneider. ET. Grand Rapids, 1990-1993.*
HTR	*Harvard Theological Review*
HTS	Harvard Theological Studies
Int	*Interpretation*
IDB	*The Interpreter's Dictionary of the Bible*. Edited by G. A. Buttrick. 4 vols. Nashville, 1962
JBL	*Journal of Biblical Literature*
JSHRZ	*Jüdische Schriften aus hellenistisch-römischer Zeit*
JSNT	*Journal for the Study of the New Testament*
JSNTSup	Journal for the Study of the New Testament: Supplement Series
JSOT	*Journal for the Study of the Old Testament*
JSOTSup	Journal for the Study of the Old Testament: Supplement Series
JSPSup	Journal for the Study of the Pseudepigrapha: Supplement Series

JTC	*Journal for Theology and the Church*
JTS	*Journal of Theological Studies*
LEC	Library of Early Christianity
LCL	Loeb Classical Library
MNTC	Moffatt New Testament Commentary
NTT	*Nederlands Theologisch Tijdschrift*
NICNT	New International Commentary on the New Testament
NIGTC	New International Greek Testament Commentary
NTS	*New Testament Studies*
NovT	*Novum Testamentum*
NovTSup	Supplements to Novum Testamentum
OTL	Old Testament Library
OTP	*Old Testament Pseudepigrapha*. Edited by J. H. Charlesworth. 2 vols. Garden City, N.Y., 1983, 1985
PL	Patrologia Latina [= Patrologiae cursus completus: Series latina]. Edited by J.-P. Migne. 217 vols. Paris, 1844-64
PRSt	*Perspectives in Religious Studies*
RB	*Revue Biblique*
SP	Sacra Pagina
SJT	*Scottish Journal of Theology*
SNTSMS	Society for New Testament Studies Monograph Series
SBLDS	Society of Biblical Literature Dissertation Series
SBLEJL	Society of Biblical Literature Early Judaism and Its Literature
SFSHJ	South Florida Studies in the History of Judaism
SPhA	*Studia Philonica Annual*
ST	*Studia Theologica*
SBT	Studies in Biblical Theology
STDJ	Studies on the Texts of the Desert of Judah
SVC	Supplements to Vigiliae Christianae
TDNT	*Theological Dictionary of the New Testament*. Edited by G. Kittel and G. Friedrich. Translated by G. W. Bromiley. 10 vols.

	Grand Rapids, 1964-1976
USQR	*Union Seminary Quarterly Review*
WMANT	Wissenschaftliche Monographien zum Alten und Neuen Testament
WUNT	Wissenschaftliche Untersuchungen zum Neuen Testament
WBC	Word Biblical Commentary
ZNW	*Zeitschrift für die neutestamentliche Wissenschaft und die Kunde der älteren Kirche*

제1장
서론

A. 과제

본서는 율법과 그리스도를 중심 등장인물로 한, 바울의 우주적 구원 드라마에 대한 심층적 연구다. 바울은 로마 제국에서 하나님 나라를 건설하기 위해 그 안에 길을 낸 이방인의 사도다. 당대 그레코-로마의 지적인 교육적 전통에서 성장한 바울은, 그리스도의 복음을 유대적 모체(matrix)로부터 가져와 보다 넓은 그레코-로마 세계에 전했다. 바울 서신은 유대-헬라적(혹은 헬라-유대적) 사상의 다양한 조류를 보여 준다. 이 같은 다양한 사상적 지류는 바울의 사상계를 적시고 그 토양을 윤택하게 했다. 본서에서 필자는 바울 사상이 잇닿아 있는 원천을 추적할 것이다. 특히 이 연구는 바울 학계에서 가장 격렬한 논쟁인 율법과 그것이 그리스도와 갖는 관계에 대한 바울의 견해에 집중할 것이다. 바울 사상의 어떠한 측면도 율법에 대해 그가 갖는 견해의 일관성만큼 뜨거운 논쟁 대상은 없다. 이 까다로운 문제는 바울 사상의 이면에 있는 다양한 유대-

헬라적 전통을 고려하고, 바울의 내러티브 세계 안에서 펼쳐지는 인간 구원의 신적 드라마를 통전적 관점으로 탐색할 때에만 적절하게 그 해답을 찾을 수 있다. 율법과 그리스도 사이의 관계를 다룬 이전 연구는 바울 신학에 미친 그레코-로마 사상의 우주론적이고 인간학적인 차원을 별로 고려하지 않은 채, 주로 유대적 전통의 배경에서 그의 사상을 다룬 측면이 강하다. 바울 신학, 특히 그의 율법관에 미친 그레코-로마의 사상적 배경과 영향이 적절하게 다뤄지지 않았다. 이 점은 바울 신학 이면에 있는 전통을 총체적으로 이해하는 데 한계를 노정한다. 이전 연구와 달리 필자의 연구는 주로 그리스 철학 작품, 유대의 지혜 및 묵시 문학과 필론(Philo)의 작품을 포함하며, 이처럼 다양한 문헌에 적을 둔 풍성한 유대-헬라적 전통의 지적 세계에서, 바울이 내러티브를 통해 펼치는 하나님의 구원 드라마에 대한 이해를 목표로 한다. 무엇보다 유대-헬라적 전통으로부터 영향받은 바울의 우주론과 인간학은 그가 제시한 구원 드라마를 형성하는 뼈대와 같다. 필자는 바울 사상의 두 축, 우주론적 통찰과 인간학적 접근을 통해 바울이 그의 서신에서 전개하는 4막의 우주적 드라마를 제시할 것이다. 그 4막이란 무율법 시대(1막), 율법 시대(2막), 두 번째와 세 번째 시대 사이의 간막(그리스도의 현현과 바울의 회심)과 교회 시대(3막)와 '파루시아'(παρουσία, 4막)다. 필자는 통전적이고 교육론적인 관점에서 바울이, 모세 율법과 그리스도의 관계를 서로 직접 대립하지 않는, 연속적이나 구별되는 기독교 '파이데이아'(παιδεία, '교육'이라는 뜻으로, 고대 그리스와 소아시아를 아우르는 헬레니즘 문화권의 교육 이념과 제도를 포괄하는 개념이다)로 여기고 있음을 논증하겠다. 헬라적 '파이데이아' 전통의 빛에 비추어 볼 때, 율법과 그리스도로 이루어진 바울의 '파이데이아'는 그레코-로마 세계의 2단계 '파이데이아', 즉 예비적 '파이데이아'(ἐγκύκλιος παιδεία, '엥퀴클리오스 파이데이아')와 지혜나 덕목 추구로서의 철학(philosophy)에 상응한다. 바울 관점에서는 그의 '파이데이아'의 최종 목표로 그리스도와 그(그리스도)의 법은, 율법 지향적 '파이데이아' 혹은 의(δικαιοσύνη, '디카이오쉬네')를 진부한 것으로 만든다. 헬라적 '파이데이아' 전통을 이 연구에 도입함으로써 필자는 바울의 율법관이 일관성 있으며 나아가 그리스도 중심 '파이데이아'가 로마 제국 안에서 바울 교회가 존속할 수 있도록 하는 원동력이 됨을 논증할 것이다.

B. 논제

이 연구는 디아스포라/헬라화된 유대인 바울이 유대 전통은 물론 그레코-로마 전통의 영향 아래에서 그의 서신을 기록했다는 전제와 함께 출발한다. 당대 이방 세계 지성에 호소하기 위해 바울은 구약성서 이야기를 헬라 세계의 일반적인 지적 조망에 맞추어 조정했다. 나아가 그는 자신의 구원 드라마를 들려주기 위해 유대-헬라적 전통의 다양한 요소들을 창의적으로 수용했다. 이런 바울의 신학 사상적 배경을 이해하기 위해 이 연구의 범위는 '모나드'(*Monad*, μονάς, '모나스')로서의 하나님, 지구 중심적 우주로서의 우주체(cosmic body as geocentric universe), 반인반신(ἡμίθεοι, '헤미테오이')으로서의 영웅, 일원론(monism)과 이원론(dualism), 몸(σῶμα, '소마')-영혼(ψυχή, '프쉬케')의 이원론, 우주적 권세들, '로고스'(λόγος), '파이데이아'(παιδεία), 자연법(νόμος τῆς φύσεως, '노모스 테스 퓌세오스'), 그리고 양심(σύνοιδα/συνείδησις, '쉬노이다'/'쉬네이데시스')과 같은 우주론과 인간학을 둘러싼 개념은 물론, 바울이 전하고자 하는 구원의 대하드라마에서 모

2

세 율법이 지닌 역할과 기능에 대해 분석하는 데까지 확장할 것이다. 이 연구의 논제는 율법과 그리스도라는 두 주요 등장인물을 포함, 다양한 천상의 권세들이 바울의 우주적 드라마에서 인간 구원과 관련해 각자의 역할을 어떻게 수행하는지를 우주론과 인간학과 구원론의 맥락에서 살펴보는 데에 있다. 필자의 견지로는, 율법에 대한 바울의 관점은 그의 우주론과 인간학으로부터 분리될 수 없는바, 그의 사상에서 모세 율법과 그리스도는 웅장한 우주 캔버스(canvas)에 투사된 하나님의 구원 드라마 속에서 인간의 곤경과 구원에 직접적으로 관련되어 있기 때문이다. 고대 그레코-로마 사상과 유대의 지혜 및 묵시문학과 필론의 작품에 현저히 반영된 우주론적이고 인간학적인 관점에서 바울 서신에 반영된 율법과 그리스도의 상관관계를 분석하는 것이 이번 연구의 주된 목적이다.

C. 방법

이 연구는 바울 서신 가운데 저작권이 확실한 서신들(undisputed letters)의 특정 구절에 대한 해석학적 분석과 함께 그레코-로마 작품과 유대 묵시 및 지혜문학에 대한 연구에 기초한다. 바울 신학에 대한 해석학적 열쇠는 기독론이기 때문에 율법에 대한 바울의 견해는 그의 기독론적 틀 안에서, 그리고 다양한 유대-헬라적 전통에 비추어 볼 때 보다 명확해질 수 있다. 이 전통은 바울 사상의 적절한 종교적, 신학적 맥락이라 할 수 있다. 필자는 바울 사상에 인접한 유대-헬라적 사상의 다양한 조류를 추적하고, 진정성에 논란이 없는 바울 서신들(특히 바울과 그의 적대자들 사이의 논쟁)을 조사함으로써, 그의 율법관과 함께 율법과 기독론의 관계를 둘러싼 전체 구도를 평가하고 개관할 것이다.

가장 먼저, 이 연구는 주로 플라톤과 스토아학파의 작품, 그레코-로마의 고전 문헌, 유대 지혜문학, 제2성전 유대교의 묵시문학과 필론의 작품 분석에 전념한다. 그레코-로마 문헌과 유대 문헌의 분석은 바울 서신 이해를 위한 선행 연구의 차원에서 이뤄진다. 바울 서신 가운데 진정성에 논란이 없는 서신들이 주된 연구 대상이지만, 필요하다면 다른 바울 서신들을 인용하거나 조사하겠다. 이를 위해 필자는 진정성에 있어 논란의 여지가 없는 바울 서신에서 그리스도와 모세 율법과의 관계는 물론 바울의 적대자들에 대한 연구에도 집중할 것이다.

D. 장별 개요

이 책은 모두 여섯 개의 장으로 구성된다. 제1장에서 간략한 개관을 제공한 후, 제2장과 제3장에서는 바울이 자신의 서신을 기록할 때 주된 관심을 기울이는 신적 구원 드라마의 배경에 집중하겠다. 배경의 선명한 묘사를 위해 두 개의 중추적 전망, 우주론적이고 인간학적인 관점을 사용하여, 제2장에서는 바울의 내러티브 세계와 그리스 사상 안에서의 구약성서 이야기를, 제3장에서는 유대의 지혜 및 묵시문학과 필론의 작품들을 다룬다. 이 연구는 이어지는 두 장을 위한 기초가 될 테다.

제4장은 바울의 구원 드라마의 세 가지 주된 요소, 즉 줄거리(plot)로 사용되는 하나님의 마스터플랜, 무대(stage)로의 시공간, 그리고 다양한 등장인물들(characters/actors)에 대해 간략히 다룬다. 드라마의 전반적 뼈

대를 세우기 위해 바울이 자신의 이야기 세계 속에서 하나님의 구원 플랜을 어떻게 제시하고 있는지를 논증하겠다. 이를 위해 바울 서신에서 접두사 'pro-'로 시작하는 세 동사(προτίθημι, προγινώσκω, προορίζω)를 사용해 바울이 그의 내러티브 세계 안에서 어떻게 하나님의 구원 계획을 제시하는지, 악한 등장인물들(사탄, 통치자들, 권세들, 능력들, 주관자들, 죄, 사망)과 양면성을 띤 등장인물들(율법, 천사, 육체)과 선한 등장인물들(그리스도, 성령, 하나님)이 그의 구원 드라마에서 어떤 역할을 하는지, 이 드라마는 시공간적으로 어떻게 일어나는지를 설명할 것이다.

이 연구의 중심이 되는 다섯 번째 장은 바울의 신적인 우주적 구원 드라마 안에서 모세 율법과 그리스도 사이의 연관성을 주장한다. 이 장에서 바울의 우주적 구원 드라마를 네 가지 시기로 구분하는바, 곧 율법 없는(무율법) 시기, (간막으로서의 그리스도 사건에 비춘) 율법 시기, 교회 시기, 메시아/그리스도 시기다. 첫 번째 (율법 없는) 시기에서 필자는 아담을 죄와 사망의 창시자로, 아브라함을 신실한 자들의 아버지로, 하갈-사라의 알레고리를 두 단계의 '파이데이아'(παιδεία)로 소개하며 시작하려 한다. 아울러 모세 율법 이전에는 양심(συνείδησις, '쉬네이데시스')이 내면의 법정 역할을 했다고 주장한다. 두 번째 (율법) 시기와 관련해 첫 번째와 두 번째 시기 사이 간막(interlude)이 되는 그리스도 사건에 비추어 율법의 역할과 기능 그리고 율법과 그리스도와의 관계를 논할 테다. 특히 진정성에 있어 논란의 여지가 없는 바울의 작품들 속에서 바울과 그의 적대자들 사이에 벌어진 기독론과 율법 관련 논쟁들과 적대자들의 배경을 고려할 것이다.

세 번째 시기(교회 시대)에서 필자는 유대 지경을 넘어 이방 세계로 나아간 예수에 대한 믿음을 통해 바울의 보편 구원의 복음, 불멸의 우주적 생명을 위한 바울의 '파이데이아', 신자를 그리스도와 공동 상속인으로 만들어 주는 새로운 우주적 가족의 탄생, 그리고 그러한 가족 탄생의 보증(ἀρραβών, '아라본')과 첫 열매(ἀπαρχή, '아파르케')가 되는 성령을 다룬다. 마지막 시기(메시아/그리스도 시기)는 그리스도의 '파루시아'(παρουσία, "재림")로 완성되는 시기로, 그리스도가 그의 마지막 원수인 죽음(θάνατος, '타나토스')을 물리치는 장면으로 종결된다. 여섯 번째(마지막) 장은 이 연구의 전반적 요약과 평가로 마무리될 것이다.

제2장
바울의 우주적 드라마 배경(1): 구약성서와 그리스 철학

바울의 내러티브 세계는 우주적 캔버스(cosmic canvas)에 투영된 한 편의 드라마다. 이 드라마는 바울이 그의 사상을 심은 유대-헬레니즘을 배경으로 펼쳐진다. 바울의 사상에 있어 헬레니즘 콘텍스트 가운데 만개한 우주론과 인간학은 그 근간의 구성 요소일 뿐 아니라 그의 신학의 나머지 요소와 밀접하게 연결되어 있다. 바울은 헬레니즘 언어와 사상의 깊은 영향을 받은 디아스포라 유대인으로서, 이스라엘 역사와 성서에 대한 이해를 그가 그리스도와 만난 사건에 비추어 철저히 수정했다.[1] 바울은 그의 서신에서 구약성서에 반영된 고대 주제들을 다루었지만, 이러한 주제들을 헬레니즘의 우주론적이고 인간학적인 용어와 사상으로 표현하고 재해석했다. 바울의 구원 드라마에는 다양한 우주적 인물들이 무대에 등장한다. 이 우주적 드라마의 주연 배우가 되시는 하나님은 구

1. Calvin J. Roetzel은 "바울이 헬레니즘 언어, 인간학과 세계관을 무언의 가치 중립적인 어떤 것으로 그저 사용할 뿐만 아니라 이러한 것들로부터 깊은 영향을 받았다"고 주장한다. Calvin J. Roetzel, *Paul: The Man and the Myth* (Minneapolis: Fortress, 1999), 2 참조.

원 역사를 주도하시는데, 이것은 창조로 시작해 예수 그리스도 안에서 그 절정에 이른다. 특히 율법과 그리스도는 두 주연 배우로서, 그들은 하나님과 인류 사이에서 각자 주어진 역할을 수행한다. 바울 신학의 두 중심축을 이루는 우주론과 인간학을 이해하기 위해, 우리는 가장 먼저 그의 사상의 근원이 되는 구약성서와 그리스 철학으로 돌아갈 필요가 있다.

A. 바울의 구원 드라마, 인간학과 우주론

바울의 신학적 기초는 우주의 모든 부분을 지배하는 악한 영들 혹은 사악한 세상의 권세로부터, 인류와 전 창조 질서를 구속하기 위해 예수 그리스도 안에서 행하신 하나님의 행위에 있다.[2] 바울은 그리스어 '코스모

2. 바울 서신은 복음서에 비해 훨씬 더 높은 질서의 우주적인 영적 세력들을 제시한다. '앙겔로스'(ἄγγελος, "천사": 롬 8.38; 고전 4.9, 6.3, 11.10, 13.1; 고후 11.14; 갈 1.8, 3.19, 4.14; 골 2.18; 살후 1.7; 딤전 3.16, 5.21); '아르카이'(ἀρχαί, "권세자들"/"통치자들": 롬 8.38; 고전 15.24; 엡 1.21, 3.10, 6.12; 골 1.16, 2.10, 15); '엑수시아이'(ἐξουσίαι, "권세": 고전 15.24; 롬 13.1; 엡 1.21, 2.2, 3.10, 6.12; 골 1.16, 2.10, 15); '뒤나메이스'(δυνάμεις, "능력": 롬 8.38; 엡 1.21); '퀴리오테테스'(κυριότητες, "주권": 엡 1.21); '트로노이'(θρόνοι, "왕권": 골 1.16); "신이라 불리는 자들, 많은 신과 많은 주"(λεγόμενοι θεοί, θεοὶ πολλοὶ καὶ κύριοι πολλοί: 고전 8.5); "하늘에 있는 악한 영들"(τὰ πνευματικὰ τῆς πονηρίας ἐν τοῖς ἐπουρανίοις: 엡 6.12); "하늘에 있는 자들과 땅에 있는 자들과 땅 아래에 있는 자들"(ἐπουράνια καὶ ἐπιγεῖα καὶ καταχθόνια: 빌 2.10); "이 어둠의 세상 주관자들"(οἱ κοσμοκράτορες τοῦ σκότους τούτου: 엡 6.12); "이 세상의 초등학문"(τὰ στοιχεῖα τοῦ κόσμου: 갈 4.3, 9; 골 2.8, 20); "이 세상의 통치자들"(οἱ ἄρχοντες τοῦ αἰῶνος τούτου: 고전 2.6-8); "이 세상의 신"(ὁ θεὸς τοῦ αἰῶνος τούτου: 고후 4.4), 곧 "사탄"; "공중의 권세 잡은 자"(ὁ ἄρχων τῆς ἐξουσίας τοῦ ἀερος: 엡 2.2). 진정성에 있어 논란의 여지가 없는 그의 서신들에서 바울이 귀신들(δαίμονες, '다이모네스')은 물론(딤전 4.1과 비교) 축귀

스'(κόσμος)를 사용하는바, 이는 세속적 세상(혹은 인간 세상)뿐 아니라 보다 폭넓은 의미에서의 우주와 악마 세력들의 영역을 가리킨다.[3] 로마서 1장 19-20절에서 바울은 창조 세계로부터 우리 눈에 보이지 않는 창조주의 존재에 대한, 일종의 우주적 증거를 추론할 수 있다고 주장한다. "이는 하나님을 알 만한 것이 그들 속에 보임이라 하나님께서 이를 그들에게 보이셨느니라 창세로부터 그의 보이지 아니하는 것들 곧 그의 영원하신 능력과 신성이 그가 만드신 만물에 분명히 보여 알려졌나니

(exorcism)도 언급한 적이 없다는 사실은 주목할 필요가 있다. 또 본서 제4장에서 살펴보겠지만 바울의 우주적 드라마에서 죄(ἁμαρτία, '하마르티아')와 사망(θάνατος, '타나토스'), 율법(νόμος, '노모스'), 은혜(χάρις, '카리스'), 그리고 영(πνεῦμα, '프뉴마')은 의인화되어 등장한다.

3. 롬 1.8, 20, 5.13; 고전 1.20-21, 7.31; 갈 4.3; 골 1.6, 2.8, 20 참조. 구약성서에는 무질서나 혼돈에 반하여 "질서"나 "세상 질서" 혹은 "질서 정연한 전체"를 의미하는 헬라어 '코스모스'(κόσμος)에 대응하는 단어가 전혀 없다. 우주를 모든 (영적) 존재들의 총계로 보는 이해는 스토아학파 내에서 주장된다(Epictetus 1.9.7; Zeno, *Diogenes Laertius* 7.138과 비교). 이후 그리스어로 기록된 유대 작품들, 예로 Wis, 2 Macc, 4 Macc에서 '코스모스'(κόσμος)가 사용되었다(각각 19번, 5번, 4번). 바울은 헬레니즘 유대교로부터 '코스모스'라는 단어를 가져다 사용하는데, 창조주이신 하나님이 포함되지 않은 곳이 아니라 언제나 그로부터 구별되는 곳이라는 의미로 그렇게 한다. R. Bultmann, *Theology of the New Testament*, trans. Kendrick Grobel, 2 vols. (New York: Scribner, 1951-55), 1:254-59; H. Sasse, "κοσμέω, κόσμος, κτλ," *TDNT* 3:868-95; Robert A. Oden, "Cosmogony, Cosmology," *ABD* 1:1162-71; J. Painter, "World, Cosmology," *DPL* 979 참조. R. Bultmann은 코스모스를 "인간들의 세상과 인간 행동의 영역, 즉 한편으로는 자신의 종말을 재촉하는 일시적인 것(고전 7.31)이자 다른 한편으로는 반신(anti-godly) 세력의 영역으로 그것의 지배 아래, 그것에 둘러싸인 개인이 타락해 버린 영역"으로 정의한다. Bultmann, *Theology of the New Testament*, 1:256. 구약성서의 우주기원론과 연결해 T. H. Gaster는 이렇게 이야기한다. "따라서 히브리인들에게 우주기원론은 그리스인들과는 달리 우주의 물질적 기원이나 주요 유기적 원리에 대한 탐구가 아니라, 그 안에 존재하는 다양한 자연 현상들이 이 땅의 인간 생명과 관련해 어떻게 그들 각자의 역할을 습득하고 그 기능들을 부여받았는지에 대한 설명에 지나지 않는다." T. H. Gaster, "Cosmogony," *IDB* 1:702.

그러므로 그들이 핑계하지 못할지니라." 바울 시대에 이 같은 우주론적 견해는 친숙한 개념이었다.[4] 바울은 하나님과 그분이 지으신 세상의 기원과 구조, 그리고 그분에게 적대적인 우주적 세력에 관한 진술(우주론)과 인류와 그들의 구속에 관한 주장(인간학) 사이의 상호 관계를 받아들였다. 인간학의 관점에서 바울은 인간(ἄνθρωπος, '안트로포스')의 타락과 구속을 로마서 8장 20-22절에 반영된 우주적 배경에 비추어 설명하는데, 그것에 따르면 인류를 포함한 모든 창조 세계(κτίσις, '크티시스')는 아담의 타락 이후 부패했다.[5] 로마서 8장 24절에서 바울은 우리가 이 구속이라

4. 롬 1.20의 추상적 표현("그의 보이지 아니하는 것들 곧 그의 영원하신 능력과 신성")과 구절("분명히 보여 알려졌나니")은 당시 대중적 헬레니즘 철학과의 연관성을 시사한다. 아름답게 창조된 것들을 통해 우리 눈에 보이지 않는 창조주를 인식할 수 있다는 생각은 스토아학파의 잘 알려진 주장으로, 이미 Plato과 Aristotle가 사용했고 Philo 역시 반복한 바 있다. 예를 들어, Aristotle는 *Ep*. 132에서 다음과 같이 주장한다. "신은 오직 한 분이시고 그의 능력은 모든 것 안에서 명백하게 드러난다"(μόνος ὁ θεός ἐστι καὶ διὰ πάντων ἡ δύναμις αὐτοῦ φανερὰ γένεται). Wis 13.5은 말한다. "창조된 것들의 위대함과 아름다움을 통해 이들의 창조주에 상응하는 인식이 생겨난다"(ἐκ γὰρ μεγέθους καὶ καλλονῆς κτισμάτων ἀναλόγως ὁ γενεσιουργὸς αὐτῶν θεωρεῖται). Philo(*Praem*. 43)은 선언한다. "이들은 일종의 천상의 사다리를 통해 아래에서 위로 나아갔으며 개연적 [합리적] 계산을 통해 그분의 역사로부터 창조주를 기꺼이 추론한다"(κάτωθεν ἄνω προῆλθον οἷα διά τινος οὐρανίου κλίμακτος ἀπὸ τῶν ἔργων εἰκότι λογισμῷ στοχασάμενου τὸν δημιουργόν). Philo, *Leg*. 3.99; *Spec*. 1.35 참조. M. Pohlenz, "Paulus und die Stoa," *ZNW* 42 (1949): 71은 롬 1.19-20이 Philo과 가장 큰 유사점을 갖는다는 사실을 발견한다. 롬 1.19-20에 나타난 바울의 견해는 세상이 자신의 지혜로는 하나님을 알 수 없었다고 말한 고전 1.21("하나님의 지혜에 있어서는 이 세상이 자기 지혜로 하나님을 알지 못하므로")과 명백한 대조를 이루는 것처럼 보인다. 동일한 전통을 끌어낸 행 14.15-17, 17.22-29과도 비교해 보라.
5. 인류의 타락과 구속에 대한 바울의 우주적 차원의 설명은 Sir 25.24; Wis 2.23-24; *Jub*. 5.1-4; *2 En*. 30.17; *Apoc. Mos*. 14; *L.A.E*. 44.2와 비교될 수 있다. Sir 25.24("한 여자[하와]로부터 죄가 시작되었고 그녀 때문에 우리 모두가 죽게 되었다")은 죄의 근원적 책임을 하와에게로 돌리고 그것과 모든 인간의 죽음 사이에 우연한 연결을

는 우주적 과정의 결과를 아직은 눈으로 볼 수 없으나 소망한다고 주장한다. 아담이 지은 죄의 우주적 영향에 상응하여 그리스도의 구속 역사도 우주적 차원을 지닌다. 그리스도 사건이 우주적 영향을 갖는 이유는 "하나님께서 그리스도 안에 계시사 세상을 자기와 화목하게 하시"기 때문이다(고후 5.18-19). 바울은 칭의, 새 창조, 부활의 조합과 함께(롬 4.17ff.), "인류와 세상이 불가분의 연관성을 갖는 배경에서" 종말론적 영광 안에서의 회복(롬 4.25, 6.4ff.)을 기대한다.[6] 바울 인간학의 핵심은 인류와 창조된 질서 사이의 상호 관계다. 이런 의미에서 바울의 인간학은 우주적 범위를 지닌다. 구속 사건은 우주적 사건으로서 바울 신학 안에서 인간학적, 우주론적 관점으로 이해되어야 한다. 알베르트 슈바이처(Albert Schweitzer)는 다음과 같이 말한다.

주장한다. Wis 2.24은 "마귀의 질투를 통해 사망이 이 세상으로 들어왔다"고 말한다. *2 En.* 30.17("나는 그를 위하여 아내를 창조하였고 사망은 그의 아내를 통해 그에게 임했다")과 *Apoc. Mos.* 14("아담은 하와에게 '당신이 어떠한 일을 행하여 우리에게 큰 진노[사망]가 임하고 온 인류를 지배하게 되었는가?'라고 이야기했다")에서 죄와 사망, 마귀는 하와로 인하여 생겨난다. *Jub.* 5.1-4은 인류가 부패한 책임을 아담의 죄가 아니라 천사들의 유혹을 받은 인간의 딸들에게로 전가한다. *L.A.E.* 44.2은 "우리 모든 세대들의 허물과 죄"의 책임을 "우리 부모들"에게 돌린다. 다음과도 비교하라. *4 Ezra* 7.11ff.("… 아담이 나의 법을 어겼을 때에 행한 일은 심판받았다. 그 결과 이 세상으로 들어오는 입구가 좁아지고 서글프며 고달파진 것이다"); *2 Bar.* 15.7f.("그리고 의로운 이들, 네가 이 세상이 그들의 힘으로 도래하였다고 말하는 이들에 대해서는, 맞다, 지금 도래하는 것도 이들의 힘 덕분이다. 그들에게 이 세상은 투쟁이며 많은 고난을 동반하는 노력이기 때문이다. 따라서 앞으로 도래할 것은 큰 영광의 면류관일 것이다"); *Gen. Rab.* 12.6("모든 것이 그들의 충만으로 창조되었지만 첫 번째 사람이 죄를 지었을 때 이들은 부패하였고 '벤 페레즈'[Ben Perez, 메시아]가 오기 전까지 그들의 질서는 회복되지 않을 것이다").

6. Ernst Käsemann, *Commentary on Romans*, trans. and ed. Geoffrey W. Bromiley (Grand Rapids, Mich.: Eerdmans, 1980), 233.

> 이 같은 종말론적 기대의 배후에 서 있는 구속의 개념을 일반적으로 표현하자면, 예수 그리스도는 자연계의 종언(終焉)이 되셨고 메시아 왕국의 시작이시다. 따라서 이것은 우주론적 개념이다. 이것을 통해 한 사람이 썩어질 세상으로부터 썩지 아니할 세상으로 옮겨지는데 온 세상이 한 상태로부터 다른 상태로 전이되고, 그것과 함께 그도 옮겨지기 때문이다. 따라서 신자가 경험하는 구속은 그 자신, 하나님과 그리스도 사이에서 일어나는 단순한 거래(transaction)가 아니라 그가 어떤 지분(share)을 갖게 되는 세계적 사건이다. 그러므로 우주적 조건을 고려하지 않고서 초대 그리스도인들이 이해한 구속 견해의 올바른 개념을 형성하기란 불가능하다.[7]

바울의 구속 개념은 슈바이처가 지적한 대로 우주적 문제다. 그리스도가 가져다주는 구원은 따라서 우주적 구속이며 인간은 물론 모든 창조세계를 포함한다. 이런 의미에서 기독론은 인간학과 함께 연동되며 부분적으로는 우주론적이다. 그리스도의 초림과 함께 우주의 세력들은 재편되었고 인류는 새 현실을 마주한다. 바울에 따르면 예수의 십자가 처형은 악한 우주적 세력이 인간 대리인을 통해 집행됐다.[8] 바울은 전통적 유대 묵시사상에 반영된 두 세대(*aeons*), 곧 이 세대(ὁ αἰὼν οὗτος, '호 아이온 후토스')와 오는 세대(ὁ αἰὼν ὁ μέλλων, '호 아이온 호 멜론')라는 종말론적

7. Albert Schweitzer, *The Mysticism of Paul the Apostle*, trans. William Montgomery (New York: Henry Holt, 1931), 54.

8. 고전 2.8("이 지혜는 이 세대의 통치자들이 한 사람도 알지 못하였나니 만일 알았더라면 영광의 주를 십자가에 못 박지 아니하였으리라.")에서 바울은 "이 세대의 통치자들"을 인간의 뒤에 있는 악한 우주적 세력, 즉 이 세상의 정치적 통치자들로 지칭한다.

이원론과 조화를 이루어, 하나님이 지금의 악한 세대의 일부인 악마적 세력으로부터 그 백성을 구원해 주시기를 기대했다.[9]

바울 사상에서 인간학은 우주론으로부터 분리될 수 없고 그 반대의 경우도 마찬가지다. 에른스트 케제만(Ernst Käsemann)은 그의 로마서 주석에서 동일한 주장을 펼친다. "이 점에서 인간학은 우주론의 투영이다. … 결국 이 세상은 중립적 장소가 아니며 서로 다투는 세력들의 장이기에, 인류는 개인적으로나 사회적으로나 이 다툼의 대상이고 이 세상을 다스리는 세력의 옹호자가 된다."[10] 케제만의 관점에서 볼 때, 바울

9. 사 60, 65.17-25; 2 Esd (=4 Ezra) 7.50, 113; *1 En.* 91.15-17; 롬 12.2; 고전 1.20, 2.6, 8, 3.18; 고후 4.4. 참조: 롬 8.18-25; 고전 15.20-28.

10. Käsemann, *Romans*, 150. 바울 신학이 인간학 혹은 우주론에 맞추어져 있는지에 대한 격렬한 논쟁을 위해서는 다음 문헌을 참조하라. Rudolf Bultmann, "Ist Apokalyptik die Mutter der christlichen Theologie? Eine Auseinandersetzung mit Ernst Käsemann," in *Apophoreta: Festschrift für E. Haenchen zu seinem 70. Geburtstag am 10. Dezember 1964*, BZNW 30 (Berlin: Töpelmann, 1964), 64-69; Ernst Käsemann, *Perspectives on Paul* (Philadelphia: Fortress, 1971), 1-31; Hans Conzelmann, "Die Rechtfertigungslehre des Paulus: Theologie oder Anthropologie?" *EvT* 28 (1968): 389-404; idem, *An Outline of the Theology of the New Testament* (London: SCM, 1969), 159; Günter Bornkamm, *Paul* (New York: Harper & Low, 1969), 147. R. Bultmann은 바울의 신학을 인간학적 용어를 사용해 다음과 같이 해석했다. "하나님에 대한 모든 주장은 동시에 인간에 대한 주장이며 반대의 경우도 마찬가지다. 이런 이유 때문에, 이러한 경우 바울의 신학은 동시에 인간학이기도 하다. … 따라서 그리스도에 대한 모든 주장은 동시에 인간에 대한 주장이기도 하고 반대의 경우 역시 마찬가지이며, 바울의 기독론은 동시에 구원론이기도 하다. 그러므로 바울의 신학은 인간에 대한 그의 교리로 가장 잘 다루어질 수 있다." Bultmann, *Theology of the New Testament*, 1:191. 또한 Bultmann은 바울이 우주론적/신화적 견해와 사상을 이러한 것들의 인간학적 의미의 측면에서 재해석했다고 주장한다. 인간 세계를 다스리는 우주적 세력과 힘에 관한 이야기와 마찬가지로 "신화의 참된 핵심은 객관적인 세상 그림을 제공하는 것이 아니라, 오히려 그 안에 표현된 것은 우리 인간이 세상 속 우리 자신을 어떻게 이해하는가에 관한 관점이다." R. Bultmann, *New Testament & Mythology and Other Basic Writings*,

에게 있어 인간은 "처음부터 하나님과 이 세상의 통치자들 사이에 일어나는 대결에서 이해 관계를 갖는다."[11] 따라서 세력들이 서로 경쟁하는 세상에서 "어떠한 힘의 요구나 지배로부터 자유로운 영역은 없다"는 게 바울의 견해다.[12] 인류는 세상 주권을 향한 이러한 두 힘의 영역들 사이에서 일어나는 전쟁의 한복판에 서 있다. 이는 그리스도의 죽으심과 부활로 시작되며 하나님의 우주적 승리의 개시로서, 세상의 우주적 힘과 세력은 인간의 삶과 운명에 영향을 미치고 그것을 결정한다. 바울은, 인간이 하나님에 대항하여 싸우는 강력한 세력들의 노예가 되었다고 믿는다. 고린도전서 15장 24-25절에서 바울은 "권세와 능력"의 역할을 하나님의 궁극적 승리와 연관 지어 언급한다. "그 후에는 마지막이니 그가 모든 통치와 모든 권세와 능력[πᾶσαν ἀρχὴν καὶ πᾶσαν ἐξουσίαν καὶ δύναμιν]을 멸하시고 나라를 아버지 하나님께 바칠 때라 그가 모든 원수를 그 발 아래에 둘 때까지 반드시 왕 노릇 하시리니."[13] 바울의 구원 드라마는 이원론적으로 서로 대적하는 두 영역들, 곧 인간 존재를 지배해 온 적대적 초인 세력들과 하나님이, 이 세상의 권력을 두고 서로 경쟁하

---

ed. and trans. S. M. Ogden (Philadelphia: Fortress, 1984), 9. 바울 신학 전체를 인간학적 관점으로 해석한 Bultmann식 주해에 반대하여 Robin Scroggs는 그의 저서, *The Last Adam: A Study in Pauline Anthropology* (Philadelphia: Fortress, 1966), 59에서 자신의 견해를 다음과 같이 제시한다. [바울 신학에서] "기독론이 인간학으로 용해될 수는 없다. 더 정확히 말한다면 인간학이 기독론으로부터 파생되는 것이다."

11. E. Käsemann, *New Testament Questions of Today* (Philadelphia: Fortress, 1969), 136.
12. Calvin J. Roetzel, *The Letters of Paul: Conversations in Context*, 4th ed. (Louisville, Ky.: Westminster John Knox, 1998), 127.
13. 바울이 시 110.1("여호와께서 내 주에게 말씀하시기를 내가 네 원수들로 네 발판이 되게 하기까지 너는 내 오른쪽에 앉아 있으라 하셨도다")을 인용 혹은 사용한 빌 2.5-11과 엡 1.20-22 참조.

는 우주적 경기장에서 전개된다.[14] 이 우주적 드라마에서 세속적이고 초월적인 인간의 삶과 우주적 세력은 모두 단일한 우주적 드라마의 두 차원에 불과하며, 이는 동시에 전개된다. 바울의 사상 세계에서 인간학과 우주론은 그 사상의 이중 초점을 이루고, 이 둘은 다양한 우주적 존재들, 특별히 율법과 그리스도가 우주적 무대에 등장인물로 나타나는 구원 드라마와 직접 연관되어 있다. 이 이중 초점은 바울이 구약성서의 이야기를 보다 넓은 비유대교적(non-Jewish) 세상에 해석하면서 다른 영역들, 곧 구원론, 기독론, 종말론 그리고 교회론과 상호 작용을 한다.

B. 바울의 내러티브 세계 속 구약성서 이야기

바울은 자신에게 가장 중요한 신학적 확신으로 구원의 우주적 드라마를 전제한다. 이는 그의 내러티브 중심을 이루는 그리스도 사건에서 그 절정에 이른다. 바울의 내러티브 사상 세계는 인류를 구원하시는 하나님의 행위라는 "거대한 이야기로 표현되는 상징적 우주에 대한 [그의] 숙고"이다.[15] 로마서 15장 15-16절에서 바울은 또한 자신의 사역을 창조와 구원의 위대한 드라마의 일부로 이해했다.[16] 바울은 하나님의 구원

14. 고전 4.8-13, 15.30-31; 고후 4.10-11 참조. 고전 4.9에서 바울은 말한다. "내가 생각하건대 하나님이 사도인 우리를 죽이기로 작정된 자같이 끄트머리에 두셨으매 우리는 세계 곧 천사와 사람에게 구경거리가 되었노라"(δοκῶ γάρ, ὁ θεὸς ἡμᾶς τοὺς ἀποστόλους ἐσχάτους ἀπέδειξεν ὡς ἐπιθανατίους, ὅτι θέατρον ἐγενήθημεν τῷ κόσμῳ καὶ ἀγγέλοις καὶ ἀνθρώποις).

15. Ben Witherington, *Paul's Narrative Thought World: The Tapestry of Tragedy and Triumph* (Louisville, Ky.: Westminster/John Knox, 1994), 6.

16. 롬 15.15-16: "그러나 내가 너희로 다시 생각나게 하려고 하나님께서 내게 주신 은

드라마를 세 가지 요소의 상호 작용을 통해 전개하는데, 즉 구약성서의 내러티브, 그리스도에 대한 내러티브, 그리고 그 자신의 회심 경험이다.[17] 바울의 내러티브 세계에서 구약성서의 이야기는 어느 정도의 비중을 차지하며 얼마나 중요할까. 구약성서 이야기는 바울 서신에서 자주 등장하고 바울 내러티브 세계의 틀을 형성한다. 바울은 보통 그리스어 칠십인역(Septuagint)을 따라 구약성서를 인용하는바, 이것은 동시대 유대 문헌이나 다른 신구약 중간기문학 저자들이 구약성서를 사용한 방식과 흡사하다.[18] 어떤 면에서 바울 서신들에 반영된 거대한 내러티브는 구약성서의 배경 없이는 이해할 수 없다. 중요한 사실은, 앞으로 명료하게 되겠지만, 당시 이방 세계의 지성에 호소하기 위해 바울이 구약성서 이야기를 헬레니즘 세계의 일반적 정신 세계에 맞추어 조정했다는 사실이다.

바울은 구약성서와 신약성서 사이 모든 종류의 유비들(analogies)을 사용해 우주적 범주 안에서 자신의 내러티브 세계를 구축한다. 바울은 자주 아담과 아브라함을 모든 타락한 인류와 모든 참된 신자들의 원형

혜로 말미암아 더욱 담대히 대략 너희에게 썼노니 이 은혜는 곧 나로 이방인을 위하여 그리스도 예수의 일꾼이 되어 하나님의 복음의 제사장 직분을 하게 하사 이방인을 제물로 드리는 것이 성령 안에서 거룩하게 되어 받으실 만하게 하려 하심이라"(τολμηρότερον δὲ ἔγραψα ὑμῖν ἀπὸ μέρους ὡς ἐπαναμιμνῄσκων ὑμᾶς διὰ τὴν χάριν τὴν δοθεῖσάν μοι ὑπὸ τοῦ θεοῦ εἰς τὸ εἶναί με λειτουργὸν Χριστοῦ Ἰησοῦ εἰς τὰ ἔθνη, ἱερουργοῦντα τὸ εὐαγγέλιον τοῦ θεοῦ, ἵνα γένηται ἡ προσφορὰ τῶν ἐθνῶν εὐπρόσδεκτος, ἡγιασμένη ἐν πνεύματι ἁγίῳ).

17. Witherington, *Paul's Narrative*, 44, 93, 132-33, 207, 352.
18. 바울은 그의 이름으로 기록된 서신 13권 가운데 구약성서를 모두 93회 명시적으로 인용한다(하지만 살전, 빌, 몬에서는 한 번도 인용하지 않는다). 이 가운데 33회는 모세오경, 25회는 이사야, 19회는 시편으로부터 인용한다. E. Earle Ellis, *Paul's Use of the Old Testament* (Grand Rapids, Mich.: Eerdmans, 1957), 11 참조. 바울은 보통 그리스어 칠십인역을 따라 구약성서를 인용한다.

으로 각각 언급한다. 바울의 이야기는 아담의 죄로 시작한다.[19] 하나님이 아브라함에게 주신 언약은 율법을 주신 것보다 앞선다. 전자는 내러티브 안에서 보다 먼저 일어난 사건이다. 아브라함 언약과 그리스도 안에서 그것의 성취 사이의 역사적 기간을 차지하는 율법은, 이후 "모세의 때와 그리스도의 때" 사이 이스라엘을 훈육하기 위하여 왔다.[20] 그리스도의 등장과 함께 모세 율법 시대는 메시아 시대로 대체되며 이는 하나님의 구원이라는 우주적 드라마의 마지막 단계가 된다. 바울은 예수 안에서 구약성서가 극적인 성취에 도달했다 여겼다. 그리스도 중심으로 구약성서를 읽은 바울은, 아브라함으로 대표되는 언약을 모세의 언약으로부터 명확히 구분한다. 이러한 방식으로 바울은 시작, 중간, 끝이 있는 온전한 이야기를 들려주고자 시도한다.

벤 위더링턴(Ben Witherington)은 바울 사상이 거대한 내러티브 안에 내재되어 있다는 사실을 발견하고, 구약성서의 모든 간결한 구절과 인용들은 이 내러티브를 구성하는 데 기여하고 있음을 간파한다.

> 바울의 모든 생각과 모든 그의 논쟁, 모든 그의 실천적 충고, 모든 그의 사회적 합의들은 궁극적으로 하나의 이야기에 뿌리내리고 있으며, 이 이야기의 대부분은 히브리 경전에서 전하지만, 일부는 구약성서 시대 이후 일어난 발전을 반영하는 구전 전통이다. 신학과 윤리학 모두를 포

19. 롬 5.12-21에서 바울은 죄가 아담을 통해 세상에 들어와 사망을 수단으로 하여 세상을 다스린다고 가르친다. 롬 5.12에서 바울은 말한다. "그러므로 한 사람으로 말미암아 죄가 세상에 들어오고 죄로 말미암아 사망이 들어왔나니 이와 같이 모든 사람이 죄를 지었으므로 사망이 모든 사람에게 이르렀느니라."
20. 갈 3.6-13에서 바울은 구약성서로부터 인용한, 대조를 이루는 두 종류의 언약, 즉 아브라함과의 언약(3.11//합 2.4; 비교. 3.6//창 15.6)과 모세와의 언약(3.10//신 27.26)을 비교한다. 갈 4.21-31과 롬 4장(3, 9, 22절)도 참조.

> 함한 바울의 사상은 거대한 내러티브, 그리고 그 이야기로부터 계속 발전해 온 이야기 안에 뿌리내린다.[21]

바울은 구약성서를 창조로 시작해 예수 그리스도 안에서 절정에 이르는 구원 역사의 신적 계획으로 읽는다. 위더링턴은 『바울의 내러티브 사상 세계』(*Paul's Narrative Thought World*)에서 바울의 구원 드라마를 구성하는 네 개의 부차적 줄거리를 다음과 같이 관찰한다. (1) 잘못된 세상의 이야기, 즉 아담의 죄와 그것의 우주적 결과, (2) 아브라함과 믿음을 언약의 기초로, 모세를 율법의 대표로 언급하는 세상 속 이스라엘 이야기, (3) 그리스도, 곧 드라마 전체의 중심인물로 십자가형을 당한 정복자의 이야기, 그리고 (4) 바울 자신의 이야기와 성화 혹은 새로운 창조 세계, 미래 부활의 주제를 포함한 그리스도인들의 이야기다.[22] "바울에게는 하나님의 모든 백성과 아브라함으로부터 모세, 그리스도, 그 이후에 이르는 연속적인 통일체로서의 하나님의 백성을 위한 하나의 성서가 있을 뿐이다."[23]

리처드 헤이스(Richard Hays)는 바울이 그의 편지를 쓸 때 예수의 생애에 대한 암시적 내러티브를 염두에 두었다고 주장한다.[24] 바울의 내러

21. Witherington, *Paul's Narrative*, 2.
22. Witherington, *Paul's Narrative*, 5.
23. Witherington, *Paul's Narrative*, 38.
24. Richard B. Hays, *The Faith of Jesus Christ: An Investigation of the Narrative Substructure of Galatians 3.1-4.11* (Chico, Calif.: Scholars Press, 1983), 139-91. Marion L. Soards는 그의 논문, "Christology of the Pauline Epistles," in *Who Do You Say That I Am? Essays on Christology*, ed. Mark Allan Powell and David R. Bauer (Louisville, Ky.: Westminster John Knox, 1999), 88-109에서 다음과 같이 말한다. 독자들이 예수 그리스도에 대한 온전한 이야기를 발견하지는 못하지만 "고립된 진술들과 간헐적이고 간략한 일련의 진술들을 만나는데 이들은 바울이 통합된

티브 세계에서 구약성서는, "이 세상을 구속하기 위한 하나님의 계획을 아우르는 예언적 비전"을 제시하고, "극적으로 펼쳐지는 구속 이야기 안에 신자들의 공동체를 배치한다."[25] 바울은 구약성서의 기독론적 해석을 통해 그리스도 안에서 새로운 창조 세계를 위한 하나님의 구속 계획을 드러내며, 그러한 계획에서 그리스도는 그의 공동체를 위한 모범이 되신다. 리처드 헤이스는 바울의 구약성서 사용을 다음과 같이 명확히 설명한다.

> 전체를 아우르는 이야기 안에서 성서는 바울의 윤리학을 위한 상징적 어휘들을 제공한다. 그리스도 안에서 화목하게 하시는 하나님 사역의 관점에서 성서를 다시 읽은 바울의 시도는 신선하고 창의적 환경을 조성한다. 동시대 유대인들에게는 놀라운 방식으로 본문 읽기를, 이방인 회심자들에게는 그들의 삶을 성서 이야기 안에서 새롭게 읽기를 요청한다. … 이 같은 윤리적 숙고 가운데 구약성서를 "사용"한 사실은 구약성서 본문을 하나의 규정서로 읽는 것을 뛰어넘어, 새로운 창조 세계의 공동체가 이 오래된 이야기를 담대한 상상력으로 읽어 하나님의 뜻을 발견해야만 한다는 사실을 시사한다.[26]

구조로는 제시하지 않는 일관된 이야기와 연관이 있어 보인다."

25. Richard B. Hays, "The Role of Scripture in Paul's Ethics," in *Theology and Ethics in Paul and His Interpreters: Essays in Honor of Victor Paul Furnish*, ed. Eugene H. Lovering and Jerry L. Sumney (Nashville: Abingdon, 1996), 34.
26. Hays, "Role of Scripture," 46. 바울이 공동체를 위한 그의 도덕적 비전을 형성하는 데 어떻게 구약성서를 사용했는지에 대한 보다 광범위한 연구를 위해서는 Richard B. Hays, *Echoes of Scripture in the Letters of Paul* (New Haven, Conn.: Yale University Press, 1989) 참조.

바울 서신에 대한 헤이스의 내러티브 접근을 수용한 N. T. 라이트(N. T. Wright)는 하나님이 이스라엘과 맺은 관계의 이야기가 바울 신학의 원천이며, 예수는 그 이야기를 위한 해석학적 열쇠가 된다고 제안한다.[27] 바울의 내러티브 세계에서 예수의 죽음과 부활이 갖는 결정적 역할을 강조하면서 라이트는 다음과 같이 주장한다.

> 바울의 전체 요점은 정확히 메시아 예수의 초림, 죽음과 부활로, 이 이야기 안에서 새로운 장이 열렸으며 그 이야기 안에 자기 자신이 살고 있다고 믿은 것이다. 또 이 이야기가 무엇이고 이 장이 얼마나 철저히 새로운 순간인지를 이해하는 것은 그가 말하는 다른 모든 것, 곧 칭의 문제는 물론 '관점' 전쟁('perspective'-battle)이 종종 다퉈 온 율법의 문제에 이르기까지 모든 것에 대한 핵심적 단서들 가운데 하나를 제공한다.[28]

바울 서신에 대한 라이트의 내러티브 접근은 유익하지만 이스라엘의 범주를 넘어 표현되는 우주적 차원은 제대로 다루지 못한다. 앞서 언급한 것처럼 바울의 구원 드라마는 우주적 차원을 갖고 그 안에서 바울은 창조된 우주 전체를 인간의 구속과 연결 짓는다. "하나님이 만물을 그[부활하신 그리스도]의 발 아래에 두셨다"(고전 15.27, 참조: 시 8.7 개역개정; 빌 3.21). 갈라디아서 3장 15절-4장 7절에서 바울은 기독론에 기초하여 구원 역사에서 일어난 세 가지 핵심 사건, 즉 (1) 하나님이 아브라함에게 약속

27. N. T. Wright, *The New Testament and the People of God* (Minneapolis: Fortress, 1992), 31-80.
28. N. T. Wright, *Paul: In Fresh Perspective* (Minneapolis: Fortress, 2005), 9.

하신 것, (2) 율법을 주신 것, 그리고 (3) 구원 역사의 절정으로 그리스도가 나타나신 것에 집중한다. 바울은 갈라디아서에서 두 가지 종류의 단절을 제시한다. 아브라함에게 주신 약속과 옛 언약 속 율법 사이의 단절, 율법과 새 언약 속 그리스도 사이의 단절이 그것이다.[29] 바울의 우주적 드라마 가운데 등장인물로 의인화된 율법과 그것이 그리스도와 갖는 관계를 중심으로, 우리는 인간 역사에 대한 위더링턴의 네 가지 상호 관련된 이야기들을 이렇게 수정할 수 있다. 즉, 율법 없는(무율법) 시대(아담에서 모세까지)와 율법 시대(모세에서 메시아/그리스도까지), 간막(그리스도 사건, 다시 말해 바울 신학의 모판이 된 다메섹 도상에서의 극적 경험), 교회 시대(그리스도의 초림부터 그리스도의 재림으로 시작되는 그리스도 시대 전까지), 그리고 메시아/그리스도의 시대다.[30] 이런 점에서 바울에게 있어 그리스도는 그의 우주적 드라마 안에서 중심적이고 가장 중요한 인물이다. 바울이 다메섹 도상에서 경험한 그리스도 현현(Christophany)은 그의 우주적 드라마를 유대의 묵시적 드라마로부터 구분 짓는 분기점이 된다. 우주론과 인간학의 빛 아래에서 그레코-로마의 사유, 유대의 지혜와 묵시사상의 전

29. Douglas J. Moo, "The Christology of the Early Pauline Letters," in *Contours of Christology in the New Testament*, ed. Richard N. Longenecker (Grand Rapids, Mich.: Eerdmans, 2005), 174. 이 단절들은 갈 3.17과 3.24에서 나타난다. 갈 3.17: "내가 이것을 말하노니 하나님께서 미리 정하신 언약을 사백삼십 년 후에 생긴 율법이 폐기하지 못하고 그 약속을 헛되게 하지 못하리라"(τοῦτο δὲ λέγω· διαθήκην προκεκυρωμένην ὑπὸ τοῦ θεοῦ ὁ μετὰ τετρακόσια καὶ τριάκοντα ἔτη γεγονὼς νόμος οὐκ ἀκυροῖ εἰς τὸ καταργῆσαι τὴν ἐπαγγελίαν). 갈 3.24: "이같이 율법이 우리를 그리스도께로 인도하는 초등교사가 되어 우리로 하여금 믿음으로 말미암아 의롭다 함을 얻게 하려 함이라"(ὥστε ὁ νόμος παιδαγωγὸς ἡμῶν γέγονεν εἰς Χριστόν, ἵνα ἐκ πίστεως δικαιωθῶμεν).

30. Joseph A. Fitzmyer, *Paul and His Theology: A Brief Sketch* (Englewood Cliffs, N.J.: Prentice Hall, 1989), 31, 44-45 참조.

승, 그리고 필론(Philo)의 전통은 그리스도를 중심으로 한 바울의 우주적 드라마에 관해 대단히 흥미로운 일견을 제공할 것이다.

C. 그리스 우주론과 인간학

알렉산더의 그리스 연합군이 페르시아 아케메네스 왕조(Achaemenid Dynasty)의 마지막 왕 다리우스 3세(Darius III)를 무너뜨린 기원전 333년(이소스 전투, Battle of Issus), 유대 지방은 알렉산더의 수중에 떨어졌다. 그리스 정복자들은 인도 북서부에서 골(Gaul: 로마 제국의 멸망 이전까지 현재의 프랑스, 벨기에, 스위스 서부, 그리고 라인강 서쪽의 독일을 포함하는 지역을 가리킴)에 이르는 그들의 점령지 내에 그리스의 언어는 물론 신전, 학교, 극장 등을 포함하여 매우 발달된 문명을 심었다. 알렉산더 정복의 여파는 동양 사람들을 그리스화하고, 반대로 그리스 사람들을 동양화하도록 이끌었으며 이 두 과정의 결과는 헬레니즘(Hellenism), 곧 동서 사상과 관습을 융합한 '문명의 용광로'(melting pot of civilization)로 부를 수 있다.[31] 이것은 헬레니즘이 단순히 그리스와 동일시될 수 없다는 사실을 보여 준다. 상호 교류라는 쌍방향 과정은 헬레니즘 유대교의 창의적 사고를 산출했고, 이러한 사고는 그 접근이나 신념에 있어 전혀 동질적이지 않다. 헬

31. 제2성전기의 세 가지 영역, 곧 물질 문화, 언어, 그리고 철학과 삶의 방식 안에서 헬레니즘 세계와 유대인들과의 통합에 대해서는 Shaye J. D. Cohen, *From the Maccabees to the Mishnah*, 2nd ed. (Louisville, Ky.: Westminster John Knox, 2006), 30과 Samuel Sandmel, *The First Christian Century in Judaism and Christianity: Certainties and Uncertainties* (New York: Oxford University Press, 1969), 17 참조. 구약성서의 그리스어 번역(칠십인역[LXX])은 헬레니즘 영향의 주된 매개체가 그리스어였다는 사실에 대한 반증이다.

레니즘과의 종교적, 문화적 접촉은 호메로스(대략 기원전 8세기)로부터 예수와 바울을 가르는 거의 8세기 동안 팔레스타인과 디아스포라 모두에게 영향을 미쳤다.[32] 알렉산더 정복으로 시작해 7세기 중동의 아랍 정복으로 마무리되는 헬레니즘 시대는 약 천 년의 시간을 아우른다. 헬레니즘의 영향 아래 유대교는 페르시아(기원전 539-334/333년), 헬레니즘 시대의 그리스(기원전 334/333-164년, 그리스의 문화와 패권이 중동까지 뻗어간 시대), 마카베오(기원전 164-63년), 로마(기원전 63년-파르티아와 아랍이 로마 제국을 점령한 기원후 6-7세기), 그리고 랍비(예루살렘 성전의 파괴 수 세기 이후) 시기 동안 극적 변화를 경험했다. 로마 제국이 그리스를 군사적으로 정복했으나, 로마의 서정 시인 호라티우스(Horatius/Horace)의 시구에 표현된 것처럼 그리스는 로마 제국을 문화적으로 정복했다.[33] 헬레니즘과 유대교 사이

---

32. 근동과 팔레스타인 안에서 그리스 영향의 시작은 특별히 그 지역과 그곳의 유대 거주자들이 에게 문명(Aegean civilization)의 영향 아래로 처음 들어간 기원전 14세기로 거슬러 올라간다. 기원전 3세기 이후 팔레스타인 안에서 헬레니즘화의 정도를 평가하고자 시도한 Martin Hengel, *Judaism and Hellenism, Studies in Their Encounter in Palestine during the Early Hellenistic Period*, 2 vols. (Philadelphia: Fortress, 1974)과 비교. 1 Macc 1.11-15은 예루살렘 안에 있던 헬레니즘의 존재를 증언한다. 이러한 사실은 헬레니즘이 디아스포라의 경계를 넘어 유대교의 심장인 예루살렘에서 더 강력해졌다는 사실을 보여 주기 때문에, 팔레스타인 유대교와 헬레니즘 유대교 사이를 엄격히 구분하는 것은 지나친 단순화일 것이다. Victor Tcherikover는 그의 저서, *Hellenistic Civilization and the Jews*, trans. S. Appelbaum (Philadelphia: Jewish Publication Society of America, 1961), 344에서 "팔레스타인 유대인들과 디아스포라 유대인들 사이의 차이점은 원리의 차이가 아니라 정도의 차이였을 뿐"이라 주장한다. D. S. Russell, *The Method and Message of Jewish Apocalyptic. 200 BC-AD 100*, OTL (Philadelphia: Westminster, 1964), 23과도 비교.
33. 영어권 세계에서는 Horace로 알려진 Horace Quintus Horatius Flaccus(기원전 65-8)는 *Ep*. 2.1.156에서 이렇게 말한다. "Graecia capta ferum victorem cepit"("포로 된 그리스가 자신의 흉포한 정복자를 포로로 삼았다").

15

의 차이를 별반 중요하지 않은 것으로 여기는 정신적 분위기에서 보편적/헬레니즘 유대교의 비전이 부상했다.

특별히 유대 사상은 그리스의 우주론적 이원론(영과 물질 사이의 오르페우스적/플라톤적 대조)과 페르시아의 우주론적 이원론(빛의 영과 어둠의 영 사이의 투쟁)의 영향을 강하게 받았다.[34] 이러한 의미에서 기원후 1세기 헬레니즘의 영향을 받지 않은 유대교가 없다는 말은 과장이 아니다. 디아스포라 유대인 바울은 그레코-로마 사상, 특별히 우주론적, 인간학적 사상의 영향을 받아 변형된 유대 사상의 기반 위에서 인류를 향한 하나님의 우주적 구속 드라마가 전개할 그 자신만의 사상 세계를 구축했다. 바울 기독교는 보다 폭넓은 그레코-로마 문맥 안에서 이해되어야 하는 유대교의 일부였다. 유대교와 헬레니즘, 두 문화의 관계는 바울 기독교를 이해하는 데 필수적이다. 바울 사상은 유대교와 헬레니즘으로 교차 배양되었고 당시 이 둘은 서로에게 불가분 연결되어 있었다. 바울은 긴 역사를 지닌 사상들과 함께 그의 인간학적, 우주론적 관점으로부터 구원의 거대한, 우주적 드라마를 제시했다. 바울의 작품은 유대 헬레니즘을 배경으로 읽어야 하는바, 그 궤적은 필론으로부터 유대의 지혜와 묵시 문헌을 거쳐 그리스 철학에까지 거슬러 올라갈 수 있다. 이 헬레니즘 개념들은 바울에게 그의 사상 형성에 가장 강력한 신학적 엔진을 제공해 주었다. 바울의 사상과 생각들은 그가 살고 있던 상황으로부터 동떨어

---

34. Jeffrey Burton Russell, *Satan: The Early Christian Tradition* (Ithaca, N.Y.: Cornell University Press, 1981), 33. James D. G. Dunn은 그의 저서, *Christology in the Making: A New Testament Inquiry into the Origins of the Doctrine of the Incarnation* (London: SCM, 1989), 52-53, 123-25에서 신약성서의 보다 거대한 생각들이 플라톤학파의 우주론과 이원론 그리고 Philo의 생각들에 기초한다는 전제에 대한 철저한 논쟁을 한다.

진 진공 속에서(*in vacuo*) 생긴 게 아니었다. 바울은 구약성서와 예수 이야기를 그리스 사상이 제공하는 새로운 인간학적, 우주론적 틀과 언어 안에 결합해 창의적으로 새로운 우주적 내러티브를 직조했다. 그리스도 사건이라는 간막(interlude)을 중심으로, 네 가지의 연속하는 막으로 구성된 바울의 우주적 드라마를 탐색하기 전, 가장 먼저 그것의 배경을 굵직한 용어들로 살펴보자.

1. 지구 중심적 우주로서의 우주체와 '모나드'(μονάς)로서의 하나님

고대인들은 우주를 천체(heavenly bodies)가 하나도 없이 닫힌 삼층의 한 덩어리로 인식했다. 위로는 하늘이, 중간에는 땅과 바다가, 아래로는 지하 세계를 생각했다. 이 삼층의 우주에 기초하여 고대 유대의 우주론은 일반적인 고대 메소포타미아, 특히 바빌로니아의 우주론에 상당 부분 의존한다. 고대 유대인들에게 있어 우주는 좌우뿐 아니라 상하에도 물로 둘러싸인 접시 모양의 땅이 있는 세상으로 인식되었다. 땅 아래 깊은 곳에는 지하가, 그들의 머리 위에는 하나님이 직접 거하시는 처소가 있었다. 단단한 그릇(창공)이 위의 물을 가두고 있지만 문들이 있어 그것을 통해 비와 눈이 내렸다. 해, 달, 별들은 이 그릇의 밑면을 따라 고정된 트랙으로 이동했다. 루이 제이콥스(Louis Jacobs)는 이 고대 유대의 우주론적 그림을 다음과 같이 제시한다.

> 이 땅은 편평한 원반 모양이고 따라서 누군가 상당히 멀리 나아간다면 결국 '이 땅의 끝'에 도착하게 될 것이다(신 13.7, 28.64; 사 5.26; 시 135.7). 이 같은 용어가 단순히 매우 먼 장소들을 가리킬 수도 있겠지만 이 용어의 사용은 우주론적 그림의 증거가 된다. 이 땅의 '사방' 혹은 '날

> 개'(*kanefot*, 사 11.12; 겔 7.2; 욥 37.3)는 '그 땅의 끝'과 동의어일 수도 있다. … 이 땅 위로 뻗은 것은 하늘, '천상'(*shamayim*) 혹은 '창공'(*rakia*), 기둥들에 얹혀 있는(욥 26.11) 단단한 물질(창 1.6-8)이다. 땅에 '끝'이 있는 것처럼 하늘에도 끝이 있다(신 4.32). 해, 달, 별들은 창공 안에, 혹은 바로 아래 자리하고(창 1.14-17) 이것들은 창공을 가로질러 움직인다(시 19.1-7). 그 땅 아래에는 죽은 자들의 집 '스올'(Sheol)이 있다(민 16.28-34; 삼상 28.13-15; 사 14.9-11; 전 9.10). 창공 위에는 그 아래와 마찬가지로 물이 있다(창 1.6-7). 창공 아래에 있는 물의 일부는 창조가 시작될 때 한데 모여 바다를 이루었지만(창 1.9-10) 이 물은 땅 아래에서 흐르기도 하고(출 20.4; 신 4.18; 시 24.2) 이곳에서 큰 깊음인 '테홈'(*Tehom*)과 연결된다(창 1.2).[35]

세 영역으로 나누는 일원론적 우주는 호메로스의 서사시(Homeric epics)에서도 발견된다. 호메로스의 서사시 『일리아스』(*Ilias*)와 『오디세이아』(*Odysseia*)에서 하늘은 뒤집어진 단단한 그릇이며[36] 구름을 품은 대기 위로 맹렬히 빛나는 '아이테르'(*aither*, αἰθήρ)와 함께 이 땅을 아우른다. 대양은 땅의 가장자리를 맴도는 강으로 인식되며 '하데스'(Hades, '타르타로스'[Τάρταρος])는 땅 아래에 있다.[37] 호메로스는 포세이돈(Poseidon)의 목소

---

35. Louis Jacobs, "Jewish Cosmology," in *Ancient Cosmologies*, ed. Carmen Blacker and Michael Loewe (London: George Allen & Unwin, 1975), 67-69. Luis I. J. Stadelmann, *The Hebrew Conception of the World* (Rome: Biblical Institute, 1970) 참조.

36. Homer, *Od.* 15.329.

37. Aristotle에 따르면 (이후에는 정수[quintessence]로 알려진) '아이테르'(αἰθήρ)는 달로부터 여덟 번째 구의 바깥 경계로 확장됐고 이것은 행성과 같은 천체들이 만들어진 물질이었다. Gregory J. Riley, *The River of God: A New History of Christian Origins* (San Francisco: HarperSanFrancisco, 2001), 40 참조.

리로 신들 사이 나누어진 신적 능력의 영역에 대한 이야기를 들려준다.

> 우리는 크로노스(Cronos)의 아들들로서, 레아(Rhea)로부터 태어난 삼형제이며, 제우스(Zeus)와 나 자신, 그리고 지하 세계의 죽은 자들의 주인 하데스가 셋째이다. 모든 것들은 삼분되어 그들 각자에게 자신의 영역이 할당되었다. 운명이 정해졌을 때, 나는 잿빛 바다를 영원한 나의 집으로 얻었고, 하데스는 음울한 어둠을, 제우스는 공중과 구름 가운데 있는 드넓은 하늘을 얻었다. 그러나 이 땅과 높은 올림푸스(Olympus)는 여전히 우리 모두의 것으로 남아 있다.[38]

호메로스의 서사시에서 인간을 닮은 신들과 여신들은 인류의 형상으로 만들어져 신인동형동성적(anthropomorphic) 우주에 존재했으며 "남자와 여자들은 그들 자신의 감정과 생각들을 이끄는 힘으로 그 형상 안에 투영했다."[39]

플라톤 혹은 아리스토텔레스 시대 즈음 그리고 스토아학파가 등장하기 전, 크세노파네스(Xenophanes, 대략 기원전 570-478년)는 일원론, 곧 모든 것이 실제로 하나라는, 혹은 단일한 궁극적 원리가 존재한다는 극단적 유형의 신조를 옹호했다.[40] 크세노파네스는 호메로스와 그보다 젊은 동시대인 헤시오도스(Hesiodos/Hesiod)의 신인동형동성적 개념을 비판했

---

38. Homer, *Il.* 15.187-93.
39. Edward R. Harrison, *Cosmology, the Science of the Universe* (Cambridge: Cambridge University Press, 1981), 13.
40. 최초 일신교도인 Xenophanes는 엘레아학파(Eleatic School)의 창시자이며 신적 본질에 대한 복잡하지만, 적어도 부분적으로는 체계적 설명을 제공한 첫 번째 그리스 사상가였다. 또 Xenophanes는 "신들"(복수)을 언급하지만 그의 일자 신(One God)으로부터 올림포스 열두 신들을 구분한 것으로 보인다.

다. 크세노파네스는 이렇게 주장했다. "만일 말이나 황소나 사자에게 손이 있어 미술 작품을 만들 수 있다면 그들 역시 그들 자신의 방식으로 신을 표현할 것이다."[41] 크세노파네스의 신은 확실히 신인동형동성적이지 않았으며, 이 신은 "다만 불멸할 뿐 아니라 영원한데, 불멸하다는 것은 오직 죽지 않는다는 것을 함의하고 태어나거나 창조되는 것을 배제하지 않음을 의미한다."[42] 나아가 크세노파네스는 처음부터 태어난, 인간을 닮은 올림피아의 신들을 조롱했고[43] 신을 "분리할 수 없는 통일체"(an *inseparable* Unity)로 간주했다.[44] 크세노파네스는 신성을 "원인이 되는 행위자"로 묘사하면서 다음과 같이 주장했다. "'그가 다른 시간에 다른 장소로 향하는 것은 적절하지 않음'에도 불구하고 그는 전혀 움직이지 않으면서도 모든 것들을 마음의 생각만으로 노력 없이(*without effort*) 움직인다."[45]

호메로스 서사시들에 반영된 작은 원반 모양의 우주는 하늘의 움직임을 설명하기 위한 모델인 지구 중심의 우주로 대체되며, 이러한 우주론에서는 지구가 우주의 중심에 있고 다른 모든 천체들이 지구를 중심으로 돌고 있다. 행성들이 지구로부터 각각 다른 거리를 두고 움직인다

---

41. Xenophanes, frg. 15. Xenophanes의 모든 언급은 Kathleen Freeman, *Ancilla to the Pre-Socratic Philosophers: A Complete Translation of the Fragments in Diels* (Cambridge, Mass.: Harvard University Press, 1966)로부터 인용되었는데 이 도서는 소크라테스 이전 그리스 철학자들의 모든 알려진 인용들을 번역했다.
42. Arnold Hermann, *To Think Like God: Pythagoras and Parmenides: The Origins of Philosophy* (Las Vegas: Parmenides, 2004), 135.
43. Xenophanes, frg. 15. Xenophanes는 frg. 12에서 "Homer와 Hesiod가 이 신들에게 인간들 사이의 모든 수치스럽고 불명예스러운 것들, 예를 들면 도둑질, 간음과 서로를 속이는 것의 책임을 돌렸다"고 주장한다.
44. Hermann, *To Think Like God*, 135.
45. Hermann, *To Think Like God*, 135은 Xenophanes, frg. 26을 인용한다.

는 생각을 처음 한 이들은 플라톤 시대의 그리스 천문학자들이었다.[46] 플라톤의 『파이돈』(*Phaedo*, 108e-109a)에 따르면, 소크라테스는 지하 세계에 관한 권위자로 호메로스를 인용하면서, 실제로는 우주 바깥에서 바라본 땅에 대한 자신의 기술을 위해 『일리아스』 속 아킬레우스(Achilleus)의 방패에 대한 호메로스의 놀라운 묘사를 기반 삼아 모델링한다. 호메로스는 대장장이(야금)의 신 헤파이스토스(Hephaistos)가 어떻게 아킬레우스 방패를 만들었는지 들려주는 것으로 이 방패를 묘사한다. 이 이야기는 흡사 창세기의 서두와 같이 시작한다.

> 거기에 그는 대지와 하늘과 바다와 지칠 줄 모르는 태양과 만월을 만들었다. 그리고 하늘을 장식하는 온갖 별들을, 플레이아데스(Pleiades)와 휘아데스(Hyades)와 오리온(Orion)의 힘과 사람들이 짐수레(the Wain)라고도 부르는 큰곰을 만들었다. 큰곰은 같은 자리를 돌며 오리온을 지켜보는데 이 별만이 오케아노스(Ocean)의 목욕에 참가하지 않는다.[47]

노래하는 시인 혹은 그 밖에 다른 무엇도 잊지 않고서 도시와 시골의 배경, 전쟁과 평화의 장면, 결혼과 죽음, 노동과 놀이를 완성한 후, 창조

---

46. Ioan P. Culianu, *Psychoanodia I*, EPRO (Leiden: Brill, 1983), 27-28으로부터 인용.
47. Homer, *Il.* 18.483-89. 호메로스, 『일리아스』(*Ilias*), 천병희 역(서울: 도서출판 숲, 2015), 548. "플레이아데스"(Pleiades)와 "휘아데스"(Hyades) 관련해서는 호메로스, 『일리아스』, 549 각주에 나온 다음 설명을 참조하라. "플레이아데스(Pleiades)는 '비둘기들'이라는 뜻의 별자리로, 아틀라스와 플레이오네(Pleione)의 일곱 딸들이 비둘기로 변신해 미남 사냥꾼 오리온에게 쫓겨 도망치는 것을 제우스가 별자리로 만들어 황소자리 옆에다 옮겨 놓았다고 한다. 이 별자리는 5월 중순부터 10월 말까지 눈에 보이는데, 이 별들이 뜨면 항해하기 좋은 시기가 시작되고 이 별들이 지면 항해하기 좋은 시기가 끝난다. 휘아데스(Hyades)는 황소자리의 머리에 있는 별자리로, 이 별들이 뜨면 그리스에서는 우기가 시작된다."

주는 이 세상의 끝, 대양강(Ocean River)을 만드는 것으로 작업을 완수한다. "거기에 그는 또 튼튼하게 만든 방패의 맨 바깥쪽 가장자리를 따라 오케아노스(Oceanus) 강의 위대한 힘을 넣었다."[48] 방패는 중심으로부터 가장자리까지 마치 우주 비행사가 전체를 내려다보는 것처럼 철저히 바깥, 그 너머에 있는 어떤 사람의 놀라운 시점(viewpoint)으로부터 제시된, 온 세상의 형상이었다.

구체 형태의 우주 중심에 위치한, 구 모양의 지구에 대한 관점은 피타고라스학파(the Pythagoreans)로부터 기인한다. 피타고라스는 기원전 6세기 수학 법칙의 지배를 받는, 기하학적으로 조화로운 우주를 상상했다. 디오게네스(Diogenes, 기원전 4세기)에 따르면 "피타고라스는 하늘을 우주로, 지구를 구로 부른 첫 번째 사람이었다."[49] 지구를 둘러싼 여덟 개의 동심원 구체들은 "달과 해, 다섯 개의 행성이, 고정된 별인, 외곽 가장자리의 여덟 번째 구체와 함께 붙어 있는, 수정같이 맑고 눈에 보이지 않는 일곱 개의 구체들이었다."[50] 피타고라스와 피타고라스학파는 천체가 신성하며 지구처럼 완벽한 구체로 사람의 눈이 닿지 않는 중심, 그

48. Homer, *Il.* 18.606-7. 호메로스, 『일리아스』, 554.

49. Aetius II.1.1(David Furley, *The Greek Cosmologists*, vol. 1: *The Formation of the Atomic Theory and Its Earliest Critics* [Cambridge: Cambridge University Press, 1987], 58으로부터 인용). Zeno, *Diogenes Laertius* 8.48. 유명한 교회 저술가 Hippolytus(대략 기원후 240년도 사망)는 이렇게 말한다. "… 수의 본질에 대한 깊은 연구를 한 [Pythagoras는] 우주는 노래하며 조화롭게 지어졌다고 주장했고 그는 일곱 개 행성들의 움직임을 리듬과 멜로디로 축소시킨 첫 번째 사람이었다." W. K. C. Guthrie, *A History of Greek Philosophy*; vol. 1: *The Earlier Presocratics and the Pythagoreans* (Cambridge: Cambridge University Press, 1967), 298으로부터 인용된 Hippolytus, *Haer*. 1.2.2 참조.

50. Riley, *River of God*, 39. Aristotle, Ptolemaios와 다른 천문학자들은 태양, 달과 각 천체가 보이지는 않으나 단단한 물질로 된, 속이 빈 수정 구체 안에 놓여 있는 것으로 생각했다.

우주적 불(cosmic fire) 주변을 완벽한 원을 그리며 움직인다고 믿었다. 피타고라스학파에게 있어 세상의 질서에는 시작이 있었다. 우주는 광대한 무질서 안으로 질서의 씨앗이 들어오면서 시작했다. 플라톤과 아리스토텔레스는 구들의 음악으로 공명되는, 동심원적 천체 궤도와 지구중심 체계라는 피타고라스학파의 조화를 지지했다.

플라톤은 피타고라스의 우주론에 의존해, 우주의 창조와 그것에 포함되는 모든 것에 대한 토론으로 잘 알려진 『티마이오스』(*Timaeus*)라는 대화에서 자신의 우주론을 피력했다. 플라톤(기원전 428/427-347년)은 '도대체 우주는 왜 존재하는가?'라는 질문에 대답한 첫 번째 사람이었다. 플라톤에게 있어 선과 질서(goodness and order)로 특징되는 우주는 어떠한 원인, 즉 제1원인을 통하지 않고는 존재할 수 없었다. 여기에서 플라톤은 제1원인의 창조주, '데미우르고스'(Demiurge, δημιουργός)를 소개한다.[51] 이 '데미우르고스'는 선하고 질서 있으며 질투가 전혀 없어야 한다. 이 '데미우르고스'는 그의 창조 세계가 자신과 같이 선하고 질서 있기를 원했고 따라서 세상을 자신의 형상대로 창조했다. 『티마이오스』의

51. Plato은 『국가론』(*Respublica*), Books VI-VII(특히 *Resp*. VI, 508-9의 태양 직유[the Sun Simile])의 최고 원리인 선의 '이데아'와 『티마이오스』의 '데미우르고스' 사이 관계에 대해 논평하지 않았다. 이 문제와 관련해 John M. Dillon은 자신의 에세이 VIII, "Logos and Trinity: Patterns of Platonist Influence on Early Christianity" in *The Great Tradition: Further Studies in the Development of Platonism and Early Christianity*에서 이렇게 주장한다. "선은 분명 궁극의 원리로 질서와 체계의 의미에서 '미덕'뿐 아니라 존재(*epekeina tes ousias*) 역시 부여한다. 하지만 이보다 높은 원리는 없지만 '데미우르고스'가 명백한 최고는 아니다. … 그['데미우르고스']는 다루기 어려운 기층(substratum), '리셉터클'(Receptacle: 이데아의 세계를 현상계로 전달하는 수용체를 의미한다—편주) 혹은 '헤매는 원인'(wandering cause)에 직면하는데 이것은 그의 통치에 부분적으로만 굴복하며 따라서 그는 이 모델의 불완전한 이미지를 창조할 뿐이다."

우주는 모든 것의 원인(αἴτιος, '아이티오스')과 창조주(δημιουργός)가 최고 수장의 지위를 지닌 단일한 계층 구조다.[52] 플라톤은 지구로부터 각각 다른 거리에서, 가시적 신들을 대표하는 별과 행성의 천체들이 회전한다는 개념을 제시한다.

> … 신이 그들 각각의 형체들을 만드셨을 때 그는 그들을 다른 천체의 공전이 이뤄지는 궤도들 안에 두었고 따라서 일곱 개의 형체를 위한 일곱 개의 궤도가 있다. 그는 지구를 두른 첫 번째 원 안에 달을, 지구 위 두 번째 원 안에는 태양을 두었으며 샛별(the Morning Star)과 헤르메스(Hermes)에게 신성으로 불린 별을, 속도에 있어서는 태양과 동일한 궤도 안에서 움직이는 원들 안에 두셨지만, 그것에 반하는 힘을 부여했다. 그곳에서 태양과 헤르메스의 별, 샛별은 정기적으로 서로 앞지르고 앞지름을 당하기도 한다. 나머지 별들에 대해서는 그가 그들을 둔 위치와 그렇게 한 이유를 묘사하는 것인데 ….[53]

플라톤에 따르면 "우주체"(τὸ τοῦ κόσμου σῶμα, '토 투 코스무 소마')는 네 가지 원소, 곧 흙, 물, 불 그리고 공기로 이루어져 있고[54] 우주는 불멸의

---

52. Plato의 신은 창세기 이야기처럼 무로부터 세상을 창조하시는 하나님이 아니라 예술가 혹은 공예가로 창조하는 신이다. Plato이 신적 '데미우르고스', 곧 사물 세계의 존재에 책임 있는 창조주-신의 개념을 수용한 『국가론』에서 소크라테스는 "감각의 창조자"(ὁ τῶν αἰσθήσεων δημιουργός, '호 톤 아이스테세온 데미우르고스', 507C) 그리고 "하늘의 장인"(ὁ τοῦ οὐρανοῦ δημιουργός, '호 투 우라누 데미우르고스', 530A)을 언급한다.
53. Plato, *Tim*. 38C-D.
54. Plato, *Tim*. 31B-32C.

"혼"(ψυχή, '프쉬케')이 스며든 살아 있는 생명체다.[55] 플라톤에게 있어 별들은 살아 있고 신성하며 영원한 존재들이었다. 창조주는 주어진 별에 상응하는 보다 덜 순수한 혼들을 만들었고 우주의 본질을 불어넣은 후 지구, 달, 별들로 흐트러뜨렸다.[56]

새로운 우주론의 발전과 함께 신들이 삼층의 우주를 다스리는, 실질적이고 물질적인 존재로 인식한 이전의 신인동형동성적 개념은, 아주 멀리 있는 여덟 번째 구 베일 뒤에 은닉된 영적이고 무한한 '모나드'(*Monad*, μονάς)로서의 신 개념으로 진화했다.[57] 신에 대한 그리스의 형이상학적 개념은 신인동형동성적 용어들로 묘사되는, 히브리 사상의 전형적 개념과 뚜렷한 대조를 이룬다. 그리스 과학은 그리스 철학으로 하여금 "일자"(One)라는 개념을 발전시키도록 영감을 주었는데, 이것은 중간 매개자에 의해서만 창조되는, 모든 것의 혁명적인 영적 근원이다.[58] 일찍이 기원전 6세기부터 우주 안에서 모든 것을 아우르는 단일 신성으로서의 하나의 신이라는 그리스 사상은 "아볼로니아의 디오게네스(Diogenes of Apollonia)로부터 플라톤과 그의 학파, 그리고 스토아학파의 클레안테스(Cleanthes)를 거쳐 로마 제국 시대 초반 신학적 사변에 이르기까지 강력히 흐른다."[59]

55. Plato, *Tim*. 34B.

56. Plato, *Tim*. 41D-42D.

57. Riley, *River of God*, 41. 단어 '모나드'는 "하나의", "단일한", "독특한"을 뜻하는 그리스 단어 '모나스'(μονάς)로부터 유래한다.

58. Riley, *River of God*, 47.

59. James L. Kugel and Rowan A. Greer, *Early Biblical Interpretation*, LEC 3 (Philadelphia: Westminster, 1986), 42. 스토아학파 철학자 Cleanthes(대략 기원전 331/330-232/231년)는 우주가 살아 있는 개체이며 하나님이 그 우주에 생명을 주는 '에테르'라는 신념을 강조했다. 행 7.28-29에 묘사된 바울의 연설은 우리 인간이 하나님의 자녀들이라고 가르친 Cleanthes의 입장을 반향한다.

기원전 1세기 중후반, 알렉산드리아의 플라톤주의자 에우도로스(Eudorus)는 최상의 초월적 원리란 실재가 기초하는 다른 모든 것들을 넘어 홀로 존재한다고 주장한 피타고라스에 대해 논평했다. 그는 이 최고 원리를 일자(One) 혹은 '모나드'(*Monad*)로 간주하며 다음과 같이 기록했다.

> 피타고라스학파는 가장 높은 수준에 제1원리로 일자를, 이차적인 수준에 실재하는 것들의 두 가지 원리, 곧 일자와 그것에 반대되는 자연을 상정했다고 말할 수 있다. 그리고 그들 아래에 서로 반대라고 여겨지는 다른 모든 것들이 정렬되는데, 일자 아래에 선이, 그 반대되는 자연 아래에 악이 있다. 그런 이유로 학파에서 이 둘은 절대적 제1원리로 간주되지 못한다. 만일 하나가 한 반대 집단의 제1원리이고 다른 집단에는 다른 원리가 있다면 이들이 (최고의) 일자처럼 둘 모두의 공통 원리일 수 없기 때문이다.[60]

이러한 언급은 따라서 '모나드'가 피타고라스학파 우주론의 중심 개념이라는 사실을 보여 준다. 피타고라스학파에서 가장 기본적인 두 실재의 원리는 제한(Limited)과 무제한(Unlimited)이다. 이들은 제한을 두 가지 최고 원리의 능동적인 것으로도 알려진 '모나드'(*Monad*)로, 무제한을 두 가지 최고 원리의 수동적인 것으로도 알려진 '디아드'(*Dyad*)로 동일시하며, '모나드'는 선한 신성인 반면 '디아드'는 악한 신성으로 물질을 에워싼다고 본다. 이 두 원리의 상호 작용은 그것을 통해 우주가 세워진 다

60. John M. Dillon의 번역. John M. Dillon, *The Middle Platonists, 80 B.C. to A.D. 220* (Ithaca, N.Y.: Cornell University Press, 1996), 126-27 참조.

른 모든 숫자들의 발생을 초래한다. 결과적으로 피타고라스의 우주생성론은 원시적 '모나드'로부터 온 숫자들의 발생이라는 용어로 표현되었다. 그러나 피타고라스가 실제 가르친 일자와는 달리 에우도로스는 일자 혹은 최고의 신이 '모나드'와 '디아드' 모두로부터 나온다고 인식했다. 세상의 다수가 하나이고 단순하며 나뉘지 않는 하나의 신으로부터 나온다고 생각한 것이다. 존재하는 모든 것들의 원리를 넘어서는, 최고의 초월적 한 신에 대한 개념은 스토아 철학과 피타고라스 철학을 플라톤주의와 혼합한 중기 플라톤주의(기원전 1세기에서 기원후 2세기 말까지)의 특징적 신조가 되었다. 이러한 의미에서 일자 신에게 절대적 힘을 부여한 에우도로스의 신조 일원론은 수십 년 후 알렉산드리아의 필론에게 중요한 영향을 미쳤고 중기 플라톤주의에도 기여했다.[61] 그리스 역사가이자 전기 작가인 플루타르코스(Plutarchos/Plutarch, 대략 기원후 45-125년)는 이렇게 주장했다.

> 하나님은 어떠한 악의 저자가 될 수 없기 때문에 그것이 선하든 악하든 하나의 단일 존재가, 존재하는 모든 것의 원인이 된다는 것은 불가능하다. … 하나는 한결같은 계획을 가지고 언제나 오른쪽으로 움직이고 다른 하나는 반대 방향을 따라 언제나 왼쪽으로 움직이는 두 가지 대조되

61. Jaap Mansfeld, "Compatible Alternatives: Middle Platonist Theology and the Xenophanes Reception," in *Knowledge of God in the Graeco-Roman World*, ed. R. van den Broek et al., EPRO (Leiden: Brill, 1988), 96. 중기 플라톤주의의 '모나드' 개념은 『국가론』에서 Plato의 절대적 일자를 『티마이오스』의 우주의 아버지와 창조자, 『티마이오스』의 생명체(우주) 혹은 세계-영혼, 및 스토아학파와 피타고라스 학파의 철학적 전통 요소들과 한데 섞으려는 시도로 이해될 수 있다. 또한 Dillon, *Middle Platonists*, 128과 비교.

는 원리, 두 가지 경쟁 세력을 우리는 인정해야 한다.[62]

후에 논의하게 될 정경 외 유대 문헌은 지구 중심적 우주와 '모나드'(μονάς)로서의 하나님에 대한 개념에 기초해 그리스 철학의 우주론적 개념들을 이들의 일신교 신념 체계로 병합한다. 헬레니즘 세계의 과학적 우주생성론에 기댄 천문학적 진보에도 불구하고, 신약성서 작품들은 두 개의 우주론적 구조, 곧 삼층의 우주와 지구 중심적 우주의 교차로에서 있다. 신구약 중간기의 몇몇 위경과 외경 작품들, 요한복음 그리고 바울의 서신은 지구 중심적 우주, 즉 플라톤의 『티마이오스』로부터 물려받은 우주론적 추측을 반영한다. 고린도전서 8장 4-6절과 15장 40-41절, 그리고 고린도후서 12장 2-4절에서 바울은 그러한 우주론을 보다 분명히 설명한다. 제4장에서는 위 세 본문을 바탕으로 지구 중심적 우주로서의 바울의 우주론과 '모나드'로서의 하나님에 대한 그의 견해를 탐구할 것이다.

2. 반신(Half-gods, ἡμίθεοι) 영웅들과 영웅 전통

a. 영웅들, 그들의 덕목(Virtues)과 고결한 죽음(Noble Death)

그리스의 역사가이자 전기 작가인 플루타르코스(대략 기원후 45-125년)는 살아 있는 존재들을 다섯 가지 범주로 구분했는데 바로 신, '다이모네스'(*daimones*, δαίμονες), 영웅, 인간, 그리고 동물이다.[63] 이 개체들은 범주

62. Plutarch, *Is. Os*. 379A-B. William C. Green, *Moira: Fate, Good and Evil, in Greek Thought* (Cambridge, Mass.: P. Smith, 1944), 309에서 인용됨.

63. '다이몬'(Δαίμων, 복수형은 δαίμονες, '다이모네스')은 귀신(demon)이라는 용어의 그리스어 파생어다. 고전 시기 동안 용어 '다이몬'은 중립적인 용어로 사용됐는데, 특정 영의 선한 혹은 악한 본질을 알기 위해서는 문맥을 필요로 한다. 각 개별 인간

사이를 이동할 수 있고 따라서 범주들 사이를 오가는 어느 정도의 유동성을 그는 인정했다.[64] 그에 따르면 살아 있는 것들의 이러한 범주를 구별한 첫 번째 그리스인은 그보다 800년 정도를 앞서 산 헤시오도스였다.[65] 헤시오도스는 『일과 날』(*Opera et dies*)에서 시간을 네 개의 시대로 나

을 안내하고 지도하는 선한 '다이몬'(ἀγαθὸς δαίμων, '아가토스 다이몬')에 대한 개념은 그리스 종교 사상에서 잘 알려져 있다. "선한 '다이몬'"(ἀγαθὸς δαίμων)에 대한 가장 오래된 증거는 Aristophanes로부터 오는데 그는 이것을 가정의 수호신으로 사용한다(*Eq*. 107; *Vesp*. 525). 그리스 작가들은 신이나 신적인 능력을 지목하기 위해 '다이몬'이라는 용어를 사용했다. Homer와 초기 그리스 사상에서 "신"(*theos*)과 "다이몬"(*daimon*) 사이에는 큰 차이가 없었다. Hesiod에서 황금 시대 사람들은 죽음 이후 영(*daimones*)이 되고 그들 자손의 수호자도 된다. 소크라테스는 '다이모네스'를 자신이 보살피는 이들을 안내하고 보호하는 수호 영들(guardian spirits)로 인식했다. *Symp*. 202D-203A에서 Plato은 '다이모네스'를 하나님과 인간 사이의 중재자로 다음과 같이 표현한다. πᾶν τὸ δαιμόνιον μεταξύ ἐστι θεοῦ τε καὶ θνητου (202E). Plato이 말한 도시 수호자로서의 '다이모네스'(*Leg*. 4.713C ff., 5.738D)는 신 32.8 LXX에서 이방 나라를 다스린 천사 총독들과 공통점을 갖는다. 신 4.19, 17.2-7과 비교. Menander(그리스 극작가, 대략 기원전 342-291년)는 frg. 482에서 '프뉴마 테이온'(πνεῦμα θεῖον)을 '튀케'(τύχη), 곧 인간과 나라의 운명을 통제하는 힘과 동일시한다. 스토아학파는 '다이몬'(δαίμων)을 '누스'(νοῦς), 즉 사람 안에 신적으로 연관된 요소와 동일한 것으로 보았다. *Possession and Exorcism in the New Testament and Early Christianity*, WUNT 2.157 (Tübingen: Mohr Siebeck, 2002), 84에서 Eric Sorensen은 신들과 '다이모네스'(δαίμονες) 사이의 도덕적 분리는 그리스인들 가운데 이후에 발생했으며, 이것은 선과 악의 영적 세계를 병치하는 근동(Near Eastern) 신앙의 영향으로부터 왔다고 주장한다. J. B. Russell은 "'신들'과 같이 '귀신들'도 신적 원리의 현현이었으며 신적 원리와 같이 선과 악의 혼합이었다"고 지적한다. 따라서 '다이몬'은 선한 '다이몬'(εὐδαίμων, '유다이몬') 혹은 악한 '다이몬'(κακοδαίμων, '카코다이몬')으로 묘사될 수 있다. 그의 책 *Satan*, 48-49참조. K. Corrigan, "Body and Soul in Ancient Experience," in *Classical Mediterranean Spirituality: Egyptian, Greek, Roman*, ed. A. H. Armstrong (New York: Crossroad, 1986), 360-83. Riley, *River of God*, 111-12과 비교.

64. Plutarch는 *Def. orac*. 10.415A에서 '다이모네스'(*daimones*), 영웅과 인간이 이러한 존재의 범주 사이를 오르락내리락할 수 있음을 시사한다.

65. Plutarch, *Def. orac*. 10.415B.

누었는데, 각각은 가치가 감소하는 네 가지 금속으로 상징된다. 이는 크로노스가 다스리고 사람들이 질병이나 고난 없이 상당히 오랫동안 장수한 황금의 시대, 제우스가 다스린 은의 시대, 전쟁과 폭력의 사람들이 활개를 친 청동의 시대, 그리고 마지막으로 부패한 현재이자 헤시오도스의 시대인 철의 시대다.[66] 헤시오도스는 연속하는 세계 시대를 퇴보하는 과정, 즉 황금-은-청동-철로 표현했다.[67] 이러한 금속의 배열을 깨고 헤시오도스는 청동의 시대와 철의 시대 사이에 영웅의 시대를 갑작스레 집어넣었다. 이 영웅들은 고결한 전사들의 종족으로 테베(Thebes)와 트로이(Troy)의 전쟁 시대를 살았다. 헤시오도스는 신들과 영원할 수 없는 인간들이 동일한 근원으로부터 나왔다고 설명했다.

> 필요하다면 어떻게 신과 영원할 수 없는 사람이 하나의 근원으로부터 나왔는지에 대해 또 다른 이야기를 제대로 솜씨 있게 들려줄 텐데 그것을 네 마음에 잘 간직하도록 하라(Εἰ δ' ἐθέλεις, ἕτερόν τοι ἐγὼ λόγον ἐκκορυφώσω εὖ καὶ ἐπισταμένως· σὺ δ' ἐνὶ φρεσὶ βάλλεο σῇσιν. ὡς ὁμόθεν γεγάασι θεοὶ θν-

---

66. Homer의 엘리시온(Elysian Field, *Od.* 4.563-68; *Od.* 7.110-33의 알키노오스의 정원과 비교)에 상응하는 Hesiod 황금 시대에 대한 기억(*Op.* 111-21; *Theog.* 215-17과 비교)은 Pindar(*Ol.* 2.78-84)와 Plato(*Pol.* 272A), Virgil(*Ecl.* 4.5-10, 18-46; *Aen.* 6.637-75), Horace(*Epod.* 16.43-62), Ovid(*Metam.* 1.90-112: the Happy Isles)에서 반복해 등장하는 주제다. 엘리시온은 유대인의 낙원과 동등한 것으로 사용된다. Justin Martyr(기원후 165년 사망)와 Clement of Alexandria(기원후 215년 사망), Tertullian(기원후 222년 사망)는 낙원에 대한 이교 신화들이 낙원에 대한 모세의 묘사로부터 왔다고 주장했다.
67. Jean Delumeau, *History of Paradise: The Garden of Eden in Myth and Tradition*, trans. Matthew O'Connell (New York: Continuum, 1995), 6-15; Richard Bauckham, *The Fate of the Dead: Studies on the Jewish and Christian Apocalypses* (Leiden: Brill, 1998), 145-46 참조.

ητοί τ' ἄνθρωποι).[68]

특별히 영웅을 묘사하기 위해 헤시오도스는 '헤미테오이'(ἡμίθεοι, demi-gods, 신들과 친척 관계이거나 그들의 직계 자손임을 주장하는 반신)라는 단어를 사용한다.

> 그러나 땅이 이 세대 역시 덮어 버렸을 때, 크로노스의 아들 제우스는 이 생육하는 땅에 또 다른, 네 번째의, 보다 고결하고 보다 의로운, 신과 같은 종족인 영웅-인간들(hero-men)을 만들었는데 우리 이전의 종족으로서 이들은 끝이 없는 땅의 도처로 흩어져 반신(demi-gods)으로 불렸다(αὐτὰρ ἐπεὶ καὶ τοῦτο γένος κατὰ γαῖα κάλυψεν, αὖτις ἔτ' ἄλλο τέταρτον ἐπὶ χθονὶ πουλυβοτείρῃ Ζεὺς Κρονίδης ποίησε, δικαιότερον καὶ ἄρειον, ἀνδρῶν ἡρώων θεῖον γένος, οἳ καλέονται ἡμίθεοι, προτέρη γενεὴ κατ' ἀπείρονα γαῖαν).[69]

헤시오도스의 주장대로 영웅들의 네 번째 종족은 이전 종족에 비해 보다 정의롭고 나았는데 이것은 둘 사이에 적어도 어느 정도의 관련성이 있음을 시사한다. 이 영웅들은 사람과 신 사이의 혼합된 종족으로 이들의 기원은 반신반인(ἡμίθεοι, '헤미테오이')을 만들어 낸 신과 인간의 피가 하나로 합쳐진 데까지 거슬러 올라간다.[70] 영웅들의 강력하고 탁월한 행

68. Hesiod, *Op*. 106-8.

69. Hesiod, *Op*. 156-60.

70. Plato의 대화편 『크라튈로스』(*Cratylus*)에서 소크라테스는 영웅들을 반신들(demi-gods, ἡμίθεοι, '헤미테오이')로 정의한다. "이것은 쉽게 이해된다. 그 명성이 바뀌긴 했지만 크게 바뀌지는 않았고 그들의 근원이 사랑(ἔρως, '에로스')임을 시사한다. … 어찌하여 이들[영웅들] 모두는, 남신이 필멸의 여성과 혹은 필멸의 남성이 여신과 사랑에 빠졌기 때문에 태어났는가"(398C-D).

위로 볼 때 이들은 단순한 인간 이상이었다. 그레고리 J. 라일리(Gregory J. Riley)는 반신반인이었던 영웅 종족을 "기품 있는 용감함을 지녔고 용기와 고결한 성품으로 동경을 받았으며, 이 같은 특징들로 이상과 모범이 되는" 이들로 정의한다.[71] 이 영웅들은 뛰어난 전사가 되는 방식으로 강하고 영예스런, 살아 있는 존재로서의 역할을 했으며 자신의 의례적 영예, 즉 '티메'(τιμή)를 죽어서가 아니라, 사는 동안 얻었다. 그레고리 나지(Gregory Nagy)는 이렇게 말한다.

> 그러나 의식(cult)의 관점에서 이러한 영예(timé)는 그가 죽은 다음에만 가능하고 따라서 서사적 관점은 이러한 논리적 전개를 반전시킨다. 서사시를 의식 위에 둠으로써 호메로스의 시는 영웅이 그가 죽기 전에도 의식 영웅(cult hero)에게 어울리는 종류의 영예(timé)를 얻도록 허용한다. 그가 여전히 죽음으로 얻어야 하는 것은 영광(kleos) 그 자체다.[72]

이 영웅들이 죽을 때 그들 중 다수는 신들의 동반자인 별자리로 천상에 놓이거나 극락도(Islands of the Blessed)에서 더없이 행복한 존재가 된다. 죽는 순간부터 서사시 속 영웅들은 오로지 시적 노래인 "불멸의 명성"(κλέος ἄφθιτον)을 통해서만 숭배받는다. 그들의 합당한 신적 능력은 비범한 삶과 성취 가운데서 발견된다. 모든 영웅적 고결한 행위는 덕(ἀρετή, '아레테')을 위한 명성 획득을 지향한다.[73] 용어 '아레테'(ἀρετή)는 고

71. Riley, *One Jesus*, 36.
72. Gregory Nagy, "On the Death of Sarpedon," in *Approaches to Homer*, ed. Carl A. Rubino and Cynthia W. Shelmerdine (Austin: University of Texas Press, 1983), 203.
73. 단어 '아레테'(ἀρετή)는 많은 뜻이 있어 그 번역에는 종종 오해의 소지가 따른다. 본

결한 탄생, 전사로서 능숙하고 전투에서 승리하는 능력, 그리고 성공을 동반한, 그 결과로 인한 명성과 같은 자질을 포함한다. 그리스인들에게 있어 '아레테'는 "그 자신에게 특별한 힘으로 그를 온전한 사람으로 만드는 힘"을 의미한다.[74] 사회적으로 자신에게 부여된 기능을 수행하는 사람은 '아레테'를 소유한 것으로 인정되었다. 호메로스의 서사시에서 "귀족의 참된 표시는 그가 가진 의무감", 즉 그가 수행해야만 하는 의무

서에서 필자는 '아레테'를 일반적으로 "덕목"(virtue)으로 번역하지만 어떤 문맥에서는 "선"(goodness)이 더 나은 번역일 수 있다. '아레테'의 어근은 "최상의 능력과 우월을 보여 주는 단어 '아리스토스'(ἄριστος)의 어근과 동일하다." 그리고 '아리스토이'(ἄριστοι)는 고결함을 나타내기 위해 거듭 복수형으로 사용되었다. 그리스어 '아레테'(ἀρετή)가 라틴어로는 virtus로 번역되고, 라틴어 virtus는 영어로 virtue가 되고, 영어 virtue를 우리말로 옮기는 과정에서 '덕' 혹은 '덕목'이 되었다. 영어 "virtue"나 우리말 "덕"/"덕목"은 도덕적, 윤리적 연상을 강하게 불러일으키지만, 그리스어 '아레테' 자체는 덕을 포함하여 훨씬 광범위하게 적용되는 단어다. 사람으로서의 훌륭함이 실현되자면 사람의 구실 혹은 기능에 대한 앎이 필요하다는 의미를 지니는바, '아레테'는 기본적 의미에서는 "어떤 종류의 우수성 혹은 탁월함"을 의미하나 "도덕적 미덕"도 의미할 수 있다. 본서에서 필자는 단수 '아레테'(ἀρετή)와 복수 '아레타이'(ἀερταί)를 때로는 "덕목(들)"로 때로는 "탁월함(탁월성)"으로 표현한다. Werner Jaeger, *Paideia: The Ideals of Greek Culture*, trans. Gilbert Highet, 3 vols. (Oxford: Basil Blackwell, 1939), 1:3 참조. Homer의 서사시에서 용어 '아레테'(ἀρετή)는 현대적 의미의 도덕으로 여겨지는 것에 한정되지 않는다.

74. Jaeger, *Paideia*, 1:3, n. 3. Otto Bauernfeind는 "ἀρετή", *TDNT* 1:459에서 '아레테'(ἀρετή)를 "탁월함"으로 번역하는데, 이 용어는 "한편으로는 우수한 성취, 특정 분야에서의 숙달, 다른 한편으로는 보다 높은 힘의 자질, 혹 때로는 두 가지 모두"를 지칭한다. Wis 8.7에서 '아레테'는 의(righteousness, δικαιοσύνη, '디카이오쉬네')와 동등하게 사용된다. "누구든 의(righteousness)를 사랑한다면 그것의 노고는 덕이다. 의가 자제력과 현명함, 정의와 용기를 가르치기 때문이다. 사람에게 있어 이것들보다 더 유익한 것은 인생에 없다"(καὶ εἰ δικαιοσύνην ἀγαπᾷ τις οἱ πόνοι ταύτης εἰσὶν ἀρεταί σωφροσύνην γὰρ καὶ φρόνησιν ἐκδιδάσκει δικαιοσύνην καὶ ἀνδρείαν ὧν χρησιμώτερον οὐδέν ἐστιν ἐν βίῳ ἀνθρώποις). 마카베오서는 '아레테'를 "생과 사에서 믿음의 영웅들이 보인 충절을 묘사하기에 유용한 용어"로 삼았다(2 Macc 10.28; 4 Macc 7.22, 9.8). Bauernfeind, *TDNT* 1:459 참조.

다.[75] "한 가지 특정한 인간의 성취, 곧 '남자다움'이나 용맹함"을 의미하는 것 외에도 '아레테'는 "명예의 전당과 관련한 '아레테스 헤네카'(ἀρετῆς ἕνεκα, 덕으로 말미암아)의 경우와 같이 공로"를 지칭하기도 한다.[76] 영웅들의 생애와 행동은 예시가 될 수 있고 이들의 '아레테'는 모방될 수 있다. 최고의 '아레테' 상을 얻을 기회를 잡기 위해 그는 자신을 희생할 준비가 되어 있어야 한다. 베르너 예거(Werner Jaeger)는 호메로스의 서사시에 새겨진 고귀함(nobility)과 '아레테'(ἀρετή)의 개념을 다음과 같이 요약한다.

> 이 점에서 호메로스의 서사시에 나오는 귀족의 용기는 아주 광포한 죽음의 경멸보다 우세한데 그는 보다 높은 목적, 곧 아름다움의 요구에 자신의 육체적 자아를 종속시킨다. 따라서 아름다움을 얻기 위해 자신의 목숨을 포기하는 사람은 최고의 표현—자기 주장을 하려는 자연스런 본능이 자기희생으로 나타남—을 발견할 것이다. 플라톤의 『향연』(*Symposium*) 속 디오티마(Diotima)의 연설은 자신의 정신적 기념물을 세우려는 입법자와 시인 사이의 투쟁과, 불멸하는 명예의 상을 받기 위해 자신의 모든 것을 희생하고 역경, 분투, 죽음을 감내하는 고대의 위대한 영웅들의 의도 사이에, 유사성이 있음을 보여 준다. 이러한 노력 모두는 필멸의 인간으로 하여금 자기 영속성을 소망하도록 하게 하는 강

75. Jaeger, *Paideia*, 1:5.

76. Bauernfeind, *TDNT* 1:458. 이어지는 페이지에서 Bauernfeind는 어떠한 신의 '아레테'(ἀρετή)는 "강력한 신적 작업"과 관련된 '뒤나미스'(δύναμις, "힘")로써 "자기 선언"을 상징한다고 말한다. Homer, *Il.* 9.498 참조. "덕과 명예와 힘에서 더 위대한 신들의 마음도 돌릴 수 있는 법이오"(στρεπτοὶ δέ τε καὶ θεοὶ αὐτοί, τῶν περ καὶ μείζων ἀρετὴ τιμή τε βίη τε).

력한 본능의 사례로 그녀의 연설에서 설명된다.[77]

플라톤이 말한 것처럼 호메로스는 "고대인들이 행한 무수한 행위들을 돋보이게 함으로써"(μυρία τῶν παλαιῶν ἔργα κοσμοῦσα, '뮈리아 톤 팔라이온 에르가 코스무사') 이후 세대를 가르친다.[78] 호메로스 시의 반신(semi-divine) 영웅들은 그리스 젊은이들의 롤모델이었다. 라일리가 말한 대로 "'모방해야 할 모델'의 역할은 영웅, 곧 신적으로 출생한, '정상적' 변종의 역할이다."[79] 그리스 남성의 '파이데이아'(παιδεία, "교육")를 위한 초석으로 여겨지는 호메로스의 서사시에서[80] 영웅들에게 기대되는 두 가지 근본 덕목들에 대한 여러 언급들이 발견되는바, 곧 지혜와 용맹이다.[81] 그레코-로마의 고결한 죽음 전통은 호메로스의 전장에까지 거슬러 올라간다. 호메로스의 전사들은 전쟁의 승리를 위해 필요한 호전적이고 남자다운 모든 덕목을 내보이도록 기대되었는데, 곧 용기, 무욕, 의무와 같은 덕목들이었다. 내세에 대한 이들의 소망은 필연적으로 암울하고 어두웠지만 그리스 전사들은 전장에서의 영웅적 죽음을 통해 영원한 영광 혹

77. Jaeger, *Paideia*, 1:11-12.
78. Plato, *Phaedr.* 245A.
79. Riley, *One Jesus*, 206.
80. 예를 들어, Xenophanes(frg. 10)와 Plato(*Resp.* 606E) 모두 Homer를 그리스의 선생으로 지칭한다. Xenophanes의 *Symp.*(3.5)에서 어떤 Niceratus(아테네 장군 Nicias의 아들)는 자신이 훌륭한 남자로 자라기를 바라는 그의 아버지가 어떻게 그로 하여금 Homer의 전집을 익히도록 했는지 이야기한다. Plato은 또한 그의 시대 많은 사람들이 Homer를 전 그리스의 교육자로 믿었다는 사실을 분명히 말한다. 그는 심미적 즐거움을 위해서뿐 아니라 삶의 행동을 위한 안내서로 그의 글을 읽은 "Homer 예찬자들"을 언급한다(*Resp.* 606E). '파이데이아'(παιδεία)의 개념과 관련해서는 이후에 지면을 할애할 것이다.
81. 이 두 가지 덕목 외에도 적절한 명예, 환대와 용기 역시 영웅적 코드에 포함된다(Plato, *Phaed.* 69B-C와 비교). Riley, *One Jesus*, 37 참조.

은 명성(κλέος)을 얻을 수 있다고 믿었다.[82] 아킬레우스는 『일리아스』에서 이러한 정신을 다음과 같은 서사에 담아낸다.

> 나의 어머니, 은빛 발의 여신 테티스(Thetis)는 나에게 이중적 운명이 나를 사망의 저주로 이끌고 있다고 말씀하셨다. 내가 이곳에 남아 트로이 사람들의 도시에 대항해 싸운다면 나는 귀향하지 못하겠지만 나의 명성은 불멸할 것이다(ἀτὰρ κλέος ἄφθιτον ἔσται, '아타르 클레오스 아프티톤 에스타이'). 그러나 내가 꿈에 그리는 내 고국으로 돌아간다면 그 순간 나는 영광스러운 명성을 잃어버릴 것이나 나의 생명은 오래 지속될 것이고 사망의 저주가 내게 곧 임하지도 않을 것이다.[83]

두 가지 운명, 곧 영광(κλέος, '클레오스')의 짧은 생애와 타협의 긴 생애 사이에서 아킬레우스는 위대하고 유명한 전쟁 영웅으로 젊은 나이에 죽는 것을 선택한다. 위대한 행위(ἀριστεία, '아리스테이아')를 수행하는 것이 영웅이 살고 죽는 이유다. 그리스인들은 어떤 운명지어진 상황의 절정, 즉 그 목적에 도달할 때까지 인내하는 것으로 승리를 이해했고, 호메로스 이후 이내 이러한 덕목들은 정치, 운동 경기와 철학의 영역에까지 확대되었다. 플라톤의 『국가론』(*Respublica*)에서 소크라테스는 아킬레우스보다 오디세우스(Odysseus)를 훨씬 더 적절한 모방의 대상으로 여긴다. 소크라테스는 오디세우스를 "가장 지혜로운 사람"으로 칭하면서 어렵

82. Homer의 서사시에서 누군가의 삶에 의미와 가치를 보장하는 '클레오스'(κλέος, "영광" 혹은 "명성")는 큰 '티메'(τιμή, "명예")와 '아레테'(ἀρετή, "덕")에 대한 보상이었다.
83. Homer, *Il.* 9.410-16.

고 위험한 상황에서 그가 보인 모범적인 자제력과 인내를 칭찬한다.[84] 아킬레우스가 "그리스인들이 죽음을 사회화하고 문명화하기 위해 사용한 영웅의 이상적 전형"으로 대표된다면, 오디세우스는 죽음을 초래하는 상황으로부터 고국으로의 귀향을 위해 자신의 모든 영민함을 사용한 이상적 전형이다.[85] 스토아학파는 오디세우스를 그가 지닌 지성, 용기, 적응력과 인내로 인해 지혜로운 사람(σοφός, '소포스')의 모델로 격상시켰다.[86] 마가의 하이퍼텍스트(hypertext)를 위한 하이포텍스트(hypotexts)로 호메로스 서사시, 『일리아스』와 『오디세이아』와 관련하여, 데니스 R. 맥도널드(Dennis R. MacDonald)는 마가복음의 예수를 『오디세이아』의 영웅, 오디세우스와 비교한다.[87] 맥도널드가 묘사한 대로 마가의 예수는

84. Plato, *Resp*. 390A and D.

85. Jean-Pierre Vernant, "Death with Two Faces," in *Reading the Odyssey: Selected Interpretative Essays*, ed. Seth Schein (Princeton: Princeton University Press, 1996), 119; Dale Launderville, *Piety and Politics: The Dynamics of Royal Authority in Homeric Greece, Biblical Israel, and Old Babylonian Mesopotamia* (Grand Rapids, Mich.: Eerdmans, 2003), 129.

86. Dennis R. MacDonald, *The Homeric Epics and the Gospel of Mark* (New Haven, Conn.: Yale University Press, 2000), 16-17. MacDonald, *Homeric Epics*, 17로부터 인용된 Seneca는 이렇게 말한다. "우리 스토아학파는 그들[오디세우스와 헤라클레스]이 지혜로운 자들이었다고 선언했는데, 그들이 투쟁에 정복되지 않았고 쾌락을 경멸했으며 모든 공포를 이긴 승리자들이었기 때문이다"(*Constant*. 2.1).

87. 그의 책, *The Homeric Epics and the Gospel of Mark*를 통해 Dennis R. MacDonald는 마가복음의 개별적 이야기들과 Homer 서사시의 사건들 사이, 특별히 마가복음의 예수와 두 명의 Homer 영웅들인 오디세우스와 헥토르 사이의 유사점을 제시한다. (예수와 오디세우스) 막 4.35-41//*Od*. 10.1-77; 막 5.1-20//*Od*. 9.105-566; 막 6.17-30//*Od*. 3.254-308, 4.512-47, 11.404-34; 막 6.35-44, 8.1-10//*Od*. 3.29-394, 4.1-295; 막 9.2-10//*Od*. 16.154-307; 막 10.46-52//*Od*. 11.90-151; (예수와 헥토르) 막 14.50//*Il*. 22.1-6; 막 15.34//*Il*. 22.208-13, 294-303; 막 15.40-41//*Il*. 22.405-7, 430-36; 막 15.42-47//*Il*. 24.322-691; 막 15.38//*Il*. 22.408-11, 727-32. *Homeric Epics*, 19에서 MacDonald는 "그 복음사가[마가복음서 저자]가 예수의 고난과 오디

호메로스의 오디세우스 혹은 헥토르(Hector)보다 더 자비롭고 더 고결하며 고난에 더 단련된 영웅이다.

정치인, 운동 선수와 철학자에게 있어 그들 자신도 추구해야 할 동일한 이상이란, 고난의 인내는 물론 심지어 죽음마저 용기를 가지고 마주할 수 있는 능력을 말한다. 디오도로스(Diodoros)는 그 자신의 세계사(대략 기원전 50-30년)를 쓰면서 과거 영웅들의 성취에 대한 자기 견해를 다음과 같이 진술한다.

> 사실 이 영웅들, 즉 반신(demigods)과 다른 많은 훌륭한 인물들은 엄청난 수의 주요 행위를 완수했다. 이들의 행위로부터 사회가 얻은 유익 때문에 이후 세대들은 그들 일부에게는 신들로서, 다른 일부에게는 영웅들로서 제물과 함께 숭배했다. 그리고 역사 기록은 적절한 칭송으로 그들 모두를 항상 찬송했다.[88]

앞서 언급한 대로 영웅 신화는 고대 그리스에서 그 영향력이 상당하여 헤시오도스는 인류 기원을 다룬 그의 기록에 영웅의 종족을 포함시켰다. 위에서 거론한 대로 헬레니즘 문화에서 인간과 신 사이의 경계선은 매우 모호해졌다. 그레코-로마 시기에 '신' 혹은 '신과 같은'이라는 단어

세우스의 고난을 연결 지은 순간, 그는 그 서사시 속에서 자기의 내러티브를 만드는 데 도움이 되는 풍경, 등장인물의 성격 묘사, 전형적 장면(type-scenes), 그리고 플롯 장치의 보고(reservoir)를 발견했다.

하이포텍스트(hypotext)는 후속 문학 작품, 즉 하이퍼텍스트(hypertext)의 자료로 쓰이는, 이전 텍스트를 뜻한다. 예를 들면, Homer의 『오디세이아』는 James Joyce의 『율리시스』(*Ulysses*)를 위한 하이포텍스트로 간주될 수 있다.

88. Diodorus Siculus, *Bib. his.* 4.1.4.

는 칭송의 대상에게 애정을 담아 붙여질 수 있었다.[89] 이 외에도 로마 황제들이 자신의 신성을 주장하는 근거가 된 것은 부분적으로 이러한 영웅 전통이었다. 바울 사상에 있어 예수의 영웅 이미지는 이 오랜 영웅 전통 속 우주적 전장에서 그가 단행한 겸손한 죽음(빌 2.6-11)의 결과로 형성되었다. 신성(godhead)을 얻은 영웅이라는 헬레니즘의 개념은 모든 면에서 우리와 같이 시험을 받았지만, 죄 없으신 예수의 절대적 인성에 대해 바울이 주장하는 것을 가능하게 했다. 바울은 죄와 죽음에 대한 승리를 신적 현현이 아닌 섬김의 삶과 죽기까지 당한 고난과 심지어 십자가상에서의 죽음에 의해 얻게 되었다는 믿음을, 교회를 위해 보존했다.[90] 호메로스와 그의 교육적 영향으로 바울은 영웅 닮기를 전수받았는데, 영웅적 예시(παράδειγμα, '파라데이그마')를 통한 영웅 닮기가 묘사된 곳은 고린도전서 11장 1절—"내가 그리스도를 본받는 자가 된 것같이 너희는 나를 본받는 자가 되라"(μιμηταί μου γίνεσθε καθὼς κἀγὼ Χριστοῦ, '미메타이 무 기네스테 카토스 카고 크리스투')—이다.[91] 바울은 이 같은 그리스의 영웅 전통 안에서 그리스도를 인간이 동일하게 행해야 할 예시와 수단으로 제시할 근거를 찾았다. 그리스 영웅들의 '아레테'(ἀρετή)는 그들의 죽음을 통해서만 완성되는 것처럼 예수도 하나님이 신적으로 부여하신 역할(즉, 그분의 신적 '아레테')을 죽기까지, 심지어 십자가에 죽으시기까지(μέχρι θανάτου, θανάτου δὲ σταυροῦ, '메크리 타나투, 타나투 데 스타우루', 빌 2.8) 순종

89. Arnaldo Momigliano, *On Pagans, Jews, and Christians* (Middletown, Conn.: Wesleyan University Press, 1987), 97.
90. Wilfred L. Knox, "The 'Divine Hero' Christology in the New Testament," *HTR* 41 (1948): 248-49.
91. 살전 1.6, 2.14; 살후 3.7-9; 고전 4.16; 빌 3.17; 엡 5.1 또한 참조. 히 6.12, 13.7 또한 비교.

하시는 것으로 완벽하게 성취하셨다. 예수는 인류 구원을 위한 하나님의 뜻에 따라 자신의 영웅적 고난과 고결한 죽음을 포용할 만큼 용감하셨다. "신격화된 인간" 개념이 일반적이던 그레코-로마 세계에서 '아레테'(ἀρετή) 개념은 바울 사상에서 예수의 영웅적 혹은 신적 "자기 선언"으로 기독론적 역할을 수행했다.[92] 호메로스 서사시들이 모든 수준에서 '파이데이아'(παιδεία)의 주요 요소였던 것처럼, 예수의 영웅적 성격, 특별히 그의 고난과 고결한 죽음으로 드러난 성격은 기독교의/바울의 '파이데이아'를 위한 최고의 예시가/패턴이 되었다. 이러한 영웅적 전통에 비추어 바울의 예수는 자신의 영웅적 고난과 고결한 죽음을 통해 우주적 무대에서 율법의 저주(ἡ κατάρας τοῦ νόμου, '헤 카타라스 투 노무', 갈 3.13)와 죄(ἁμαρτία, '하마르티아'), 그리고 사망(θάνατος, '타나토스')과 씨름하고 마침내 정복하기 위해 도래한 우주적 구원자였다.

b. 철학자들과 그들의 추구

그리스 철학자들에게 삶의 목적은 "하나님과의 유사성 혹은 동화"(ὁμοίωσις θεῷ, '호모이오시스 테오')였다. 『테아이테토스』(*Theaetetus*, 176B)에서 플라톤은 이렇게 말한다. "따라서 우리는 땅으로부터 신들이 거하는 곳으로 가능한 한 빨리 탈출하고자 노력해야 한다. 탈출이란, 가능한 한, 신처럼 되는 것으로서, 이는 의롭고 거룩하며 지혜로움을 의미한다"(διὸ καὶ πειρᾶσθαι χρὴ ἐνθένδε ἐκεῖσε φεύγειν ὅτι τάχιστα. φυγὴ δὲ ὁμοίωσις θεῷ κατὰ τὸ δυνατόν ὁμοίωσις δὲ δίκαιον καὶ ὅσιον μετὰ προνήσεως γενέσθαι).[93] 신성의 모방

92. 위의 각주 73과 74 참조.

93. 같은 맥락에서 알렉산드리아의 Philo은 Plato의 『테아이테토스』(*Theaetetus*)를 언급한다. "이 진리는 높은 존경을 받고 그의 지혜로 칭송을 받는 이들 중 하나가 다음과 같이 이야기한 『테아이테토스』 속 고결한 발언에서 발견된다. '악은 결코 없

을 통해 이 철학자가 추구한 목표는 오로지 그 자신의 개인적 완벽과 행복에만 기여했다. 희곡 『아가멤논』(*Agamemnon*)에서 아이스킬로스(Aeschylus)는 '파테이 마토스'(*pathei mathos*, πάθει μάθος), "고난을 통해 배움이 온다"는 발언을 한다.[94] 극기와 완전을 위해 고난을 감내하는 덕목은 현자와 스토아학파, 그리고 그 외 다른 계층 사람들의 고난에 대한 대중적인 그레코-로마의 도덕적, 철학적 묘사에서 발견된다.[95] 이러한 배경을 바탕으로 바울은 자신이 제시한 네 가지 "고난의 목록"(고전 4.8-13; 고후 4.7-12, 6.3-10, 11.23-29)을 통해 자신을 "이상적 현자, 철학자로 묘사하는데, 그의 덕목이 고난 가운데 불굴의 성품으로 나타"났기 때문이다.[96] 바울은 자신의 죽음으로 그리스도와 같이 되기 위해 그의 고난에 동참하기를 원한다. "내가 그리스도와 그 부활의 권능과 그 고난에 참여함을 알고자 하여 그의 죽으심을 본받아"(빌 3.10).

경건한 완벽은 단지 개인의 자아 형성에만 영향을 미쳤고 윤리적

어질 수 없다. 선에 대립하는 무엇이 항상 남아 있어야 하기 때문이다. 하늘에 있는 신들 사이에는 자리가 없기 때문에 필연적으로 악은 영원할 수 없는 자연과 이 땅의 영역 위를 맴돈다. 그런 까닭에 우리는 할 수 있는 한 빨리 땅으로부터 하늘로 날아가야 한다. 날아간다는 것은 가능한 만큼 신과 같이 되는 것[ὁμοίωσις θεῷ]이다. 그리고 그분과 같이 된다는 것은 거룩하고 공의롭고 지혜로워진다는 것이다'"(*Fug*. 63).

94. Aeschylus, *Ag*. 176ff. Herodotus, *Hist*. 1.207; Philo, *Her*. 73; *Fug*. 138; *Spec*. 4.29; *Somn*. 2.107; *Mos*. 2.280; 히 2.10("그들의 구원의 창시자를 고난을 통하여 온전하게 하심"[τὸν ἀρχηγὸν τῆς σωτηρίας αὐτῶν διὰ παθημάτων τελειῶσαι])과 비교.

95. Plutarch, *Mor*. 326D-333C, 361E-362A, 1057D-E; Epictetus, *Diatr*. 2.19.12-32, 4.7.13-15; S. J. Hafemann, "Suffering," *DPL* 920-21로부터 인용된 Seneca, *Ep*. 85.26-27 참조.

96. Hafemann, "Suffering," *DPL* 921. J. T. Fitzgerald, *Cracks in an Earthen Vessel: An Examination of the Catalogues of Hardships in the Corinthian Correspondence*, SBLDS 99 (Atlanta: Scholars, 1988) 참조.

성취는 신성으로써 자신의 참된 자아를 궁극적으로 실현하는 것과 동일했다. 라일리는 다음과 같이 주장한다.

> 철학자들의 이중적 원수, 한편으로는 몸의 정욕과 충동, 다른 한편으로는 그들의 공적 가르침과 연설 가운데 마주하는 어리석고 제멋대로 구는 청중에 대한 투쟁은, 고전적인 호메로스 영웅들과 올림픽 운동 선수들의 분투와 상당 부분 같은 언어로 제시되었다.[97]

『파이돈』에서 플라톤은 철학적 삶과 철학자들이 환영한 죽음에 관한 소크라테스의 유명한 변증법적 변호를 소개한다.

> 나는 자네들을 배심원이라고 여기고, 내가 어째서 평생 진심으로 철학에 전념한 사람은 죽음을 맞아 자신감을 갖게 되고, 죽은 뒤 저승에 가서 가장 큰 상을 받을 것으로 낙관한다고 생각하는지 내 자네들에게 설명해 보겠네 … 보통 사람들은 잘 모르겠지만, 철학에 진심으로 전념하는 사람들은 죽은 것과 죽음 이외에는 아무것도 추구하지 않아.[98]

『파이돈』이 기술한 소크라테스의 죽음은 자기 정화라는 철학적 실천의 정점으로 다가온다. 마찬가지로 소크라테스가 아킬레우스의 행동과 자기 자신의 행동을 비교한 『변론』(*Apologia*, 28B)에서 그가 육체적 안전보다 고결한 죽음을 선택한 것은, 아킬레우스가 자기 친구 파트로클로스

---

97. Riley, *One Jesus*, 162.
98. Plato, *Phaed*. 63E-64A. 플라톤, 『플라톤전집I - 소크라테스의 변론 / 크리톤 / 파이돈 / 향연』, 천병희 역(서울: 도서출판 숲, 2023), 127.

(Patroclus)의 원수를 갚기 위해 자신의 삶을 희생한 그의 영웅적 의지에 비견된다.

소크라테스는 철학자의 길을 막는 몸의 방해와 기만에 대해 언급한다. 몸과 그것의 욕망은 철학 혹은 지식의 성취에 있어 장애물이다.

> "그렇다면 혼은 언제 진리를 파악하는가? 혼이 몸을 동반해 무언가를 고찰하려고 할 때마다 몸에 의해 오도당할 게 빤하다면 말일세"하고 그분께서 말씀하셨어요. … "그리고 혼이 가장 잘 사유하는 것은 청각이나 시각이나 고통이나 쾌감 등으로 주의가 산만해지지 않을 때일세. 혼이 몸과 분리되어 되도록 혼자 있고, 몸과의 접촉이나 공존을 최소화하며 실재를 추구할 때라는 말일세. … 그렇다면 철학자의 혼이야말로 몸을 가장 무시하고 몸에서 달아나 혼자 있으려 하지 않을까?"[99]

소크라테스가 『파이돈』에서 제시한 대로 철학자가 지향하는 삶의 전체 목표는 진리의 지식을 얻기 위해 자신의 쾌락과 고통을 강박하고 현혹하는 힘으로부터 자유롭게 하는 것에 있다. 그가 자신을 참으로 덕스럽게 만드는 것은 몸의 염려로 인한 오염으로부터 자신의 마음을 정화하는 능력이다. 철학자란 몸이 영혼의 원수인 것을 깨닫고 자신에게서 가능한 한 많은 육체적 욕망을 제거해 죽음이라는 최종 구원을 고대하는 사람이다. 따라서 철학과 덕목의 실천은[100] 죽음을 위한 연습

99. Plato, *Phaed.* 65B-D. 플라톤, 『플라톤전집I』, 130-31.

100. 『파이돈』 69B-C에서 Plato은 자기 절제(σωφροσύνη, '소프로쉬네'), 공의(δικαιοσύνη, '디카이오쉬네'), 용기(ἀνδρεία, '안드레이아'), 지혜(φρόνησις, '프로네시스')를 네 가지의 기본 덕목(ἀρεταί, '아레타이')으로 간주한다. "… 요컨대 진정한 미덕은 오직 지혜와 함께한다네. 쾌락과 두려움과 기타 그런 종류의 것들이야 덧붙

30-31

이 된다.[101] 철학자의 삶의 실현은 육체를 떠난 순수 지성인으로의 존

기도 하고 떨어져 나가기도 하겠지. 그런 것들이 지혜와 떨어져서 교환된다면, 그런 종류의 미덕은 일종의 환영(illusion)으로 노예에게나 어울리며, 건전하고 참된 면이라고는 전혀 없겠지. 사실상 절제와 정의와 용기는 그런 것들을 모두 정화하고, 지혜는 일종의 정화의식인데 말일세"(… ἀληθὴς ἀρετὴ μετὰ φρονήσεως, καὶ προσγιγνομένων καὶ ἀπογιγνομένων καὶ ἡδονῶν καὶ φόβων καὶ τῶν ἄλλων πάντων τῶν τοιούτων· χωριζόμενα δὲ φρονήσεως καὶ ἀλλαττόμενα ἀντὶ ἀλλήλων μὴ σκιαγραφία τις ᾖ ἡ τοιαύτη ἀρετὴ καὶ τῷ ὄντι ἀνδραποδώδης τε καὶ οὐδὲν ὑγιὲς οὐδ᾽ ἀληθὲς ἔχῃ, τὸ δ᾽ ἀληθὲς τῷ ὄντι ᾖ κάθαρσίς τις τῶν τοιούτων πάντων, καὶ ἡ σωφροσύνη καὶ ἡ δικαιοσύνη καὶ ἀνδρεία καὶ αὐτὴ ἡ φρόνησις μὴ καθαρμός τις ᾖ). 플라톤, 『플라톤전집I』, 138-39. *Resp*. 433A-C에서 Plato은 공의가 다른 세 가지 기본 덕목들, 곧 자기 절제, 지혜와 용기를 유지하고 온전하게 하며, 공의가 이러한 것들의 존재 원인과 조건이라 말한다. Plato, *Resp*. 427E; *Prot*. 330B과 비교. 이 네 가지 기본 덕목들은 거기에서 유대교(솔로몬의 지혜서 저자와 Philo에 의해)와 기독교(Ambrose, 히포[Hippo]의 Augustine, 그리고 Thomas Aquinas에 의해)로 전수되었을 것이다. Wis 8.7: "누군가 의를 사랑한다면 그것의 노고는 덕목이다. 그것은 절제, 지혜, 공의와 용기를 가르치기 때문이다. 살아갈 때 사람에게 이것보다 더 유익한 것은 없다"(καὶ εἰ δικαιοσύνην ἀγαπᾷ τις οἱ πόνοι ταύτης εἰσὶν ἀρεταί σωφροσύνην γὰρ καὶ φρόνησιν ἐκδιδάσκει δικαιοσύνην καὶ ἀνδρείαν ὧν χρησιμώτερον οὐδέν ἐστιν ἐν βίῳ ἀνθρώποις); Philo, *Leg*. 1.63: "이 강들로[창 2.10-14에 나오는 에덴의 네 강. 비손, 기혼, 힛데겔과 유브라데] 그는 특정 덕목들을 가리키고자 했다. 이것들은 숫자에 있어 넷인데 즉 지혜, 절제, 용기와 공의다"(… διὰ τούτων βούλεται τὰς κατὰ μέρος ἀρετὰς ὑπογράφειν· εἰσὶ δὲ τὸν ἀριθμὸν τέτταρες, φρόνησις σωφροσύνη ἀνδρεία δικαιοσύνη …); 4 Macc 5.23-25("[우리의 철학은] 우리가 우리의 모든 쾌락과 욕망을 지배하도록 우리에게 절제[σωφροσύνη, '소프로쉬네']를 가르치고, 우리가 어떤 고통이든 기꺼이 견디도록 용기[ἀνδρεία, '안드레이아']로 훈련하며, 모든 관계에서 공정히 행하도록 공의[δικαιοσύνη, '디카이오쉬네']로 교육하고, 유일하신 참된 하나님을 올바른 경외심으로 예배하도록 경건[εὐσέβεια, '유세베이아']을 가르친다. 따라서 우리는 부정한 음식을 먹지 않는다. …")은 모세의 율법이 플라톤 철학과 스토아 철학의 네 가지 기본 덕목을 가르친다고 주장한다. 그리고 고전 13.13("그런즉 믿음, 소망, 사랑, 이 세 가지는 항상 있을 것인데 그중의 제일은 사랑이라"[Νυνὶ δὲ μένει πίστις, ἐλπίς, ἀγάπη, τὰ τρία ταῦτα· μείζων δὲ τούτων ἡ ἀγάπη])이 있는데 이들은 위의 기본 덕목들과는 동일하지 않다.

101. Plato, *Phaed*. 66A, 67E.

재 상태일 것이다.[102] 그에게는 참된 '안드레이아'(ἀνδρεία, 용기)와 참된 '소프로쉬네'(σωφροσύνη, 행동에서의 자제와 균형, 절제, 중용)가 가능하게 되는데, 그가 죽음의 공포를 초월했으며 육체적 욕망에 대한 애착으로부터 자신을 해방시켰기 때문이다. 그에게 지혜를 포함한 모든 덕목들은 오직 영혼의 정화로만 간주된다.

3. 몸(σῶμα)과 영혼(ψυχή)의 이원론

호메로스 서사시는 그리스문학에서 내세에 관한 분명한 개념을 최초로 전하나, 이 내세는 생전의 선에 관한 어떤 보상도 보장하지 않는다. 서사시 속 영웅적 이상이 보여 준 것처럼 이 땅에서의 시간 동안 영광(κλέος, '클레오스')을 성취하는 것이 중요하다. 호메로스는 영혼을 죽은 사람의 그림자 이미지(εἴδωλον, '에이돌론', 종종 "음영"으로 번역된다)로 묘사한다. 기원전 6세기부터 '프쉬케'(ψυχή, "영혼")는 '프뉴마'(πνεῦμα, "영")와 동의어

102. Plato, *Phaed.* 70C-D: "이것을 이미 죽은 자들의 영혼이 지하 세계에 있는지, 그렇지 않은지를 묻는 것으로 생각해 보자. 우리가 기억하는 고대의 전통이 있는데, 이들[이미 죽은 자들]은 이곳[지상]에서 그곳[지하세계]으로 가고 다시 이곳으로 돌아오며 죽은 자들로부터 태어난다. 자, 만일 이것이 사실이라면, 산 자들이 죽은 자들로부터 다시 태어난다면, 우리의 영혼은 그곳에 존재할 것이다. 그렇지 않은가? 그들이 존재하지 않았다면 그들은 다시 태어날 수 없었을 것이고, 산 자들이 오로지 죽은 자들로부터 태어난다는 것이 정말로 명백하다면 그들이 존재한다는 충분한 증거가 될 것이다. 하지만 만일 그렇지 않다면, 다른 논쟁이 필요할 것이다"(Σκεψώμεθα δὲ αὐτὸ τῇδέ πῃ, εἴτ' ἄρα ἐν Ἅιδου εἰσὶν αἱ ψυχαὶ τελευτησάντων τῶν ἀνθρώπων εἴτε καὶ οὔ. παλαιὸς μὲν οὖν ἔστι τις λόγος, οὗ μεμνήμεθα, ὡς εἰσὶν ἐνθένδε ἀφικόμεναι ἐκεῖ, καὶ πάλιν γε δεῦρο ἀφικνοῦνται καὶ γίγνονται ἐκ τῶν τεθνεώτων· καὶ εἰ τοῦθ' οὕτως ἔχει, πάλιν γίγνεσθαι ἐκ τῶν ἀποθανόντων τοὺς ζῶντας, ἄλλο τι ἢ εἶεν ἂν αἱ ψυχαὶ ἡμῶν ἐκεῖ; οὐ γὰρ ἄν που πάλιν ἐγίγνοντο μὴ οὖσαι, καὶ τοῦτο ἱκανὸν τεκμήριον τοῦ ταῦτ' εἶναι, εἰ τῷ ὄντι φανερὸν γίγνοιτο, ὅτι οὐδαμόθεν ἄλλοθεν γίγνονται οἱ ζῶντες ἢ ἐκ τῶν τεθνεώτων· εἰ δὲ μὴ ἔστι τοῦτο, ἄλλου ἄν του δέοι λόγου).

였지만 영혼에 대한 그리스 관점은 후자보다는 전자의 관점에서 발달했다.[103] 단어 '프쉬케'는 호메로스에게서 나타나지만 주로 생기 없는 그림자 같은 존재를 지속하기 위해, 임종 시 어떻게 인간을 떠나 '하데스'(ᾅδης)의 집으로 가는지를 상투적으로 묘사하는 데에서 나타난다.[104] 몸에 대한 유기적 견해 없이 호메로스는 영혼이 그 몸에 있을 때에만 생기가 존재한다고 인식했다. 그에게 몸은 집합체이기에 영혼은 그 몸에 속하고 죽음의 순간 몸과 함께 사라진다. 죽음 이후 지속되는 영혼은 온화한 존재가 아니다. "죽음 안에서 이것은 창백하고 무기력한 음영이다."[105] 고전기 그리스 시대(그리스 연합군이 페르시아 제국군을 상대로 승리한, 기원전 480년 살라미스 전투부터 알렉산드로스 대왕이 죽은 기원전 323/322년까지의 시대)가 끝나가고 불멸, 즉 영혼의 천상 오름에 대한 새로운 생각이 자랄 때까지, 아마도 기원전 5세기 전반까지 '하데스'에 대한 믿음에 아무런 문제가 없었던 것은 아니다.[106] 이때부터 피할 수 없는 자신의 죽음을 염

103. Homer, *Il.* 12.417은 '프쉬케'(ψυχή)를 몸 안에 거하다가 죽을 때 내쉬는 일종의 호흡으로 이야기한다. W. W. Jaeger, *Die Theologie der frühen griechischen Denker* (Stuttgart: W. Kohlhammer, 1953), 88-106 참조.

104. 그림자 같고 싸늘하며 무시무시한 '하데스'의 이미지를 위해서는 Homer, *Il.* 9.408-9, 9.416, 23.65-107 참조. 지하 세계(ᾅδης, '하데스')로 간 오디세우스의 여행을 기록한 Homer, *Od.* 11.488-91에서 아킬레우스의 음영은 오디세우스에게 이렇게 말한다. "저명한 오디세우스여, 나를 죽음과 화해시키려 하지 말라. 멸망한 모든 죽은 이들을 다스리기보다 나는 다른 사람을 섬기는 일꾼, 재산이 없는 사람, 물질적인 것들을 많이 갖지 못한 자가 되기를 원한다."

105. Corrigan, "Body and Soul," 361.

106. Robert Garland의 책, *The Greek Way of Death* (Ithaca, N.Y.: Cornell University Press, 2001), 75로부터 인용된 페이라이오스(Peiraios, 기원전 4세기)의 비문은 이렇게 말한다. "습한 '에테르'(aithêr)가 에우리마코스(Eurymachos)의 '프쉬케'(psyche)와 자랑스러운 영을 쥐고 있지만 그의 몸은 이 무덤에 있다." 그리고 아테네의 경구 하나(아마도 기원전 4세기)는 이렇게 말한다. "땅은 이 사랑스러운 소년의 뼈와 살을 쥐고 있지만 그의 '프쉬케'(psyche)는 경건한 자들의 방으로 갔다."

려한 사람들은 '하데스'의 냉담한 환상에서 안식을 찾지 못했다. 대신 이들은 위안의 보다 큰 소망을 제시하는 신비종교와 다른 신앙들로 향했다. 특별히 오르페우스교(Orphism), 피타고라스학파, 그리고 신비종교의 영향 아래 몸과 영혼의 구별은 플라톤 바로 이전과 플라톤 시대보다 더 중요해졌다.

기원전 6세기 그리스 문화로부터 나온 오르페우스 종교(Orphic religion)는 인간의 이중적 본질, 곧 몸과 영혼의 이원론이라는 새로운 개념을 제공했다.[107] 오르페우스주의자들에게 영혼의 신적 실재는 몸과 그것의 기능으로부터의 분리를 통해서만 인식되었다.[108] 오르페우스 종교는 디오니소스 신화의 요소들을 만개한 우주론과 혼합했다. 오르페우스교는 정교한 인류기원론을 발전시켰다. 타이탄(Titans)이 제우스와 테베의 공주 세멜레 사이에 난 아들 디오니소스(Dionysus)를 죽이고 집어삼킨 사실, 혹은 이후 제우스가 타이탄을 멸하고 그의 재로부터 인류가 태어난 사실에 집중했다(디오니소스의 탄생을 타이탄과 연계하여 설명하는 또 다른 전승, 오르페우스교의 디오니소스-자그레우스 신화 참조). 따라서 두 가지 요소가

107. 전설적인 시인이자 음악가 오르페우스의 작품들로부터 기원했다고 알려진 오르페우스교는 고대 그리스의 신비주의적 사교 집단을 구성한다. 그리스 영웅 오르페우스는 오르페우스교의 역사적 창시자로 간주되었고, 어떤 사람은 그를 디오니소스 신비종교(Dionysian Mysteries)의 선지자와 개혁자로 말할 것이다. 전형적 전쟁 영웅과는 달리 오르페우스는 평화를 사랑한 예술, 특별히 음악의 후원자였다. 그는 트라키아(Thrace) 출신으로 뮤즈 칼리오페(Muse Kalliope, 그의 어머니로 다른 뮤즈를 언급하는 전통도 있다)와 아폴로의, 혹은 어쩌면 트라키아강의 신(Thracian river-god) 오이아그로스(Oiagros)의 아들이었다(아폴론의 아들이었다는 설도 있다). 오르페우스와 그의 이야기에 관해서는 W. K. C. Guthrie, *Orpheus and Greek Religion: A Study of the Orphic Movement* (Princeton: Princeton University Press, 1993), 27; Luther H. Martin, *Hellenistic Religions: An Introduction* (New York: Oxford University Press, 1987), 98-99 참조.

108. Corrigan, "Body and Soul," 364.

인간을 구성하는데 일부는 디오니소스(신적이고 선한)이고 다른 일부는 타이탄(세속적이고 악한)이다.[109] 이것은 또한 몸과 영혼 사이의 관계에 대한 견해로도 이어지며 사람에게는 영원한 부분과 영원하지 못한 부분이 있고 그 몸은 영혼의 감옥이다.[110] 디오니소스 신화는 오르페우스교 신자들에게 영혼, 악, 고난, 환생과 구원의 본질에 대해 아주 중요한 자료를 제공했다. 오르페우스 신화는 어떻게든 정화가 완성되고 그 영혼이 물질의 치명적 지배로부터 해방될 수 있을 때까지 개개인이 환생의 끝없는 순환에 갇혀 있다고 가르쳤다. 오르페우스와 디오니소스 신비의 대부분은 몸의 감옥을 탈출하고 보다 높은 영역(혹은 천상)으로 올라가기 위한 영혼의 정화를 수반했다.

피타고라스학파와 플라톤에 너무나도 큰 영향을 미친 오르페우스 종교에서, 육체적 몸(σῶμα, '소마')은 어떠한 사람의 불변하고 참된 본질(ψυχή, '프쉬케')을 가두는 옥사(prison-chamber)로 이해되었다.[111] 몸이 영혼의 감옥이라는 교리는 오르페우스주의자들로 하여금 윤회, 곧 영혼의 환생을 믿도록 했다. 오르페우스 종교의 이 같은 인간학적 견해에 의지해 플라톤은 사람을 영혼과 몸의 일시적 연합으로 보았다.[112] 플라톤은 우주의 계층적 구조에 상응하는 인간학을 제공한[113] 『티마이오스』(69B-71D)

109. E. R. Dodds, *The Greeks and the Irrational* (Berkeley: University of California Press, 1951), 155.

110. W. K. C. Guthrie, *The Greeks and Their Gods* (London: Methuen, 1950), 311, n. 3.

111. 피타고라스학파와 Plato에 미친 오르페우스교의 영향에 대해서는 Guthrie, *Orpheus*, 216-21, 156-57 참조.

112. Plato, *Phaedr*. 246C: "… 영혼과 몸이 합쳐진 전체가 살아 있는 존재로 불리며 더 나아가 인간으로 지명된다. 이것은 어떠한 합리적 추정으로도 불멸하지 않지만, 우리는 한 번도 신을 보거나 바르게 이해하지 못했음에도 불구하고 영원히 연합된 영혼과 몸을 가진 불멸의 존재를 상상해 본다."

113. 이것과 관련하여 E. Sorensen, *Possession and Exorcism*, 83은 다음과 같이 이야기한

에서 영혼이 몸보다 오래되었다고 주장하는데, 실제로 영혼이 모든 것들 중 가장 오래된 것이고 따라서 모든 몸들을 앞선다고 진술한다.[114] 피타고라스로부터 강한 영향을 받았다는 가장 확실한 징후를 보이는 플라톤의 『파이돈』에서 소크라테스는 몸과 영혼의 이원론을 명확히 설명한다. "… 영혼은 가장 신적이고 불멸하며 지적이고 균일하며 불가분하고 늘 변함이 없으며, 반대로 몸은 가장 인간에 가깝고 영원할 수 없으며 여러 형태를 띠고 지적이지 못하며 분리될 수 있고 늘 변한다."[115] 소크라테스는 영혼 불멸을 제안하는데, 그는 오르페우스주의자들이 묘사한 '소마 세마'(σῶμα σῆμα, "몸은 무덤이다")라는 몸과 영혼의 대조를 강조하였다.[116] 『크라튈로스』(*Cratylus*)에서 플라톤은 '소마'(σῶμα) 곧 몸, 그리고 '세마'(σῆμα) 곧 무덤이라는 독특한 오르페우스 개념을 사용했다. "어떠한 이들은 이것을 영혼의 무덤(σῆμα)으로 이야기하는데, 그들의 개념은

다. "따라서 인간은 몸(σῶμα)과 영혼(ψυχή)의 결합으로부터 만들어졌다. 인간의 몸 안에서 영혼이 맡은 과제는 우주의 계층적인 구조를 반영한다. 창조주는 이성과 지성이라는 영혼의 가장 높은 측면을 머리에 두었다. … 영혼의 두 번째 부분은 열정이 다스리지만 그보다 높은 이성이 어느 정도의 영향을 갖는 가슴(θώραξ, '토랔스')에 자리한다. 가슴 아래, 식욕의 자리인 배(κοιλία, '코일리아')는 간(ἧπαρ, '헤파르')과 함께 점술의 그릇으로 영혼의 세 번째인, 가장 낮는 부분을 담는다."

114. Plato, *Tim*. 34C: "하지만 신은 영혼을 몸보다 나이가 많도록, 출생과 탁월함에서 앞서도록 지으셨는데 영혼이 그것의 주인이자 지배자로, 몸은 지배받는 것이 되도록 했기 때문이다. 그리고 신은 영혼을 물질로, 그리고 내가 이제 묘사할 방식으로 지으셨다"(ὁ δὲ καὶ γενέσει καὶ ἀρετῇ προτέραν καὶ πρεσβυτέραν ψυχὴν σώματος, ὡς δεσπότιν καὶ ἄρξουσαν ἀρξομένου, συνεστήσατο ἐκ τῶνδέ τε καὶ τοιῷδε τρόπῳ).
115. Plato, *Phaed*. 80B: τῷ μὲν θείῳ καὶ ἀθανάτῳ καὶ νοητῷ καὶ μονοειδεῖ καὶ ἀδιαλύτῳ καὶ ἀεὶ ὡσαύτως κατὰ ταὐτὰ ἔχοντι ἑαυτῷ ὁμοιότατον εἶναι ψυχήν, τῷ δὲ ἀνθρωπίνῳ καὶ θνητῷ καὶ πολυειδεῖ καὶ ἀνοήτῳ καὶ διαλυτῷ καὶ μηδέποτε κατὰ ταὐτὰ ἔχοντι ἑαυτῷ ὁμοιότατον αὖ εἶναι σῶμα.
116. Plato, *Resp*. 608C-611A.

34-35

영혼이 현재의 삶에 갇혀 있다는 것이다. 그리고 영혼은 스스로를 수단으로 하여 어떤 징후들을 제공하는데 이것은 또한 '세마'(σῆμα, "징후")라고도 적절하게 불리는 이유가 된다."[117]

플라톤은 인간의 몸을 우주에 대한 자신의 이해와 연관 지어 인식했다. 그에게 인간의 몸 안에 존재하는 네 가지의 요소, 즉 흙, 물, 불, 공기는 전체적으로 우주체를 구성하는 요소들에 의존한다. 따라서 인간이 그 일부가 되는 우주는 거대한 살아 있는 유기체로서 활기 있는 지적인 실재이다. 플라톤은 사람의 본질을 몸의 신체적 형태가 없는 거주자로서 자신만의 분리되고 불멸하는 존재를 갖는다고 인식했다. 인간 영혼의 선재(pre-existence)는 영혼의 불멸을 증명하기 위해 플라톤이 기댄 논거들 중 하나였다. 플라톤은 영혼의 불멸과 그 고귀한 위엄을 논증하는바, 이는 영혼이 몸을 인도하고 다스리며 그 점에서 불멸하는 신과 비슷하다는 입장이다. 따라서 인간을 구성하는 것은 "두 가지 서로 분리되는 존재로 [인식되었는데], 영혼이라는 참된 영적 본질 위로 몸이라는 육적인 옷이 덧입혀져 있으며 하나는 영원하고 다른 하나는 썩어 없어진다."[118] 플라톤은 『파이돈』의 명백한 몸-영혼 이원론에서 『국가론』의 영혼 삼분설로 나아갔는데 이것에 따르면 각 사람은 이성적이거나 합리적인(λογιστικόν, '로기스티콘') 요소, 야심적이거나 용기 있는(θυμοειδές, '튀모에이데스') 요소, 그리고 욕망하거나 물질적이거나 욕구하는(ἐπιθυμητι-

117. Plato, *Crat.* 400B-C. 『고르기아스』(*Gorgias*)에서 Plato은 '소마 세마'(σῶμα σῆμα)의 오르페우스교 개념을 충분히 활용하면서 "이제 우리는 죽었고 몸은 우리의 무덤이다"(ὡς νῦν ἡμεῖς τέθναμεν, καὶ τὸ μὲν σῶμά ἐστιν ἡμῖν σῆμα)(493A)라고 말한 특정 철학자를 인용하였다.

118. Riley, *One Jesus*, 28.

κόν, '에피튀메티콘') 요소로 특징된다.[119] 첫 번째 부분이 영혼에게는 가장 본질적이다. 이것은 무형이며 불멸하고 영원하며 선재하기도(pre-existent) 하고 이후에 존재하기도(post-existent) 한다. 영혼의 다른 두 부분들은 물질 세계에 매여 있다. 영혼의 덕목(ἀρετή)은 다른 두 부분이 '로기스티콘'(λογιστικόν)의 통제 아래 있을 때에만 가능하다. 참으로 덕이 있는 사람 안에서만 이 요소들은 적절한 균형을 이룬다.

영혼 불멸에 대한 믿음은 그리스 철학자들—소크라테스, 플라톤과 아리스토텔레스—이 지지한 고대 사상의 중요한 양상이었다. 플라톤은 『파이돈』에서 죽음에 대한 소크라테스의 설명을 다음과 같이 제시한다.

> "죽음은 바로 혼이 몸에서 분리되는 것이겠지? 또한 죽었다는 것은 몸이 혼에서 분리되어 혼자 있고, 혼이 몸에서 분리되어 혼자 있는 상태겠지? 죽음이 그것 말고 다른 것일 수 있을까?"[120]

소크라테스는 죽음을 영혼이라는 불멸의 일부가 썩어 없어지는 몸으로부터 분리되는 것이며, 진리는 영혼이 몸으로부터 분리될 때 가장 분명하고 효과적으로 이해된다고 인식했다. 영혼이 진리를 왜곡하는 몸으로부터 자유로워질 때 더 이상 그것과 있는 그대로의 진리 사이에 가로놓이는 것은 없다. 따라서 죽음 자체는 꽤나 명백히 완전한 정화다. 영

119. Plato, *Resp*. 439C-441B. 『티마이오스』에서 동일한 교리가 발견된다. 여기서도 살아 있는 사람의 영혼은 삼분되지만 이것에서 유일하게 불멸하는 요소는 이성뿐이다(41C-D, 73C-D). 살아 있는 사람의 다른 모든 욕망과 열정(영원하지 못한 영혼의 부분)은 그 영혼이 몸과 관련된 결과로만 발생한다(69C-D; Plato, *Phaed*. 81C과 비교).

120. Plato, *Phaed*. 64C. 플라톤, 『플라톤전집I』, 128.

혼에 대한 소크라테스의 견해는 기독교보다 시기적으로 앞서고, 그는 몸이 죽을 때 그 영혼은 눈에 보이지 않고 순전하고 고결한 ('형태' 혹은 '생각', *forms* or *ideas*) 영역, 선하고 지혜로우신 신의 영역으로 향한다고 설명했다.[121] 몸은 신이 영혼의 죄책을 제거할 때까지 그것을 가두어 두는 감옥으로 여겨졌다.[122] 감옥이 무너지는 순간 영혼은 자유로워지고 영혼의 감각, 고통과 열정도 그러하다. 설상가상으로 몸은 모든 종류의 악의 근원으로 영혼을 오염시킨다.[123] 플라톤의 『파이드로스』(*Phaedrus*)에서 소크라테스는 영혼이 불멸하다고 단언하는데 영혼의 본질이 스스로 움직이는, 따라서 영원히 움직이는 것이기 때문이다. "모든 영혼은 불멸한다. 계속해서 움직이는 것은 불멸하기 때문이다"(Ψυχὴ πᾶσα ἀθάνατος. τὸ γὰρ ἀεικίνητον ἀθάνατον, 245C). 임종 시 소망할 수 있는, 몸으로부터 영혼의 정화를 고대한 소크라테스는 『파이돈』에서 몸으로부터 자유로워진 불멸의 영혼이 선행에 따라 상을 받거나 악에 대하여 벌을 받는다고 설명했다.[124] 따라서 영혼의 합리적 일부는 형태의 초월적 영역에 거하며 몸보다 앞서 존재하고 죽을 때 그곳으로 돌아간다. 영혼에 대한 플라톤의

121. Plato, *Phaed*. 79D-83C.
122. Plato, *Phaed*. 62A-E.
123. Plato, *Phaed*. 66B-D: "혼란에서 벗어날 수 있도록 우리를 인도하는 일종의 오솔길이 있지요. 우리가 몸을 갖고 있고 우리 혼이 육체라는 악에 오염되어 있는 한 우리는 바라는 것, 즉 진리를 충분히 획득하지 못할 것이 확실하니 말이오. 몸은 필요한 자양분을 섭취하느라 수천 가지 방법으로 우리를 바쁘게 만드오. … 그러나 가장 고약한 것은, 우리가 몸의 요구에서 벗어나 여가가 생겨 뭔가를 고찰하려 하면 이번에도 몸이 우리의 탐구 과정 곳곳에 끼어들어 소음과 소란과 공포감을 불러일으키면서 우리가 진리를 보지 못하게 방해한다는 것이오. 그러니 우리가 어떤 사물에 대해 순수한 지식을 갖고자 한다면 몸에서 벗어나 대상 자체를 혼 자체로 관찰해야 한다는 사실이 실제로 밝혀진 셈이오." 플라톤, 『플라톤전집I』, 132-3.
124. Plato, *Phaed*. 113D-E. 형벌에 대한 Plato의 견해를 위해서는 Plato, *Prot*. 324A-B; *Gorg*. 525; *Resp*. 380B, 615; *Leg*. 854D, 862D-E, 934A, 957E 참조.

개념은 실재에 대한 그의 내세적 견해와 관련이 있으며 우주를 지구 중심적으로 본 그의 추측에 부합한다.

플라톤 이후 400년 정도 지나, 몸과 영혼의 이원론은 비슷한 방식으로 바울 안에 닻을 내린다. 로마서 6장 6절에서 죄와 몸을 동일시한 바울의 인간학적 견해는 본질적 유대 사상과는 어울리지 않지만 헬레니즘 사상인 것은 쉽게 알아볼 수 있다.[125] 고린도전서 2장 12-15절과 15장 35-49절에서 바울은 육의 몸과 신령한 몸 사이, 썩어 없어질 것과 썩어 없어지지 않을 것 사이, 그리고 '육적인 것'(ψυχικός, '프쉬키코스')과 '영적인 것'(πνευματικός, '프뉴마티코스') 사이를 날카롭게 대조하는 관점을 제시한다.[126] 바울에게 있어 몸이 없는 존재는 상상할 수 없었는데, 그의

125. 롬 6.6: "우리가 알거니와 우리의 옛 사람이 예수와 함께 십자가에 못 박힌 것은 죄의 몸[τὸ σῶμα τῆς ἁμαρτίας]이 죽어 다시는 우리가 죄에게 종노릇하지 아니하려 함이니." 롬 8.3과 비교.

126. 고전 2.12-15과 15.44-46에서 (빌 3.19-21에서의 낮은 몸과 영광의 몸 사이의 이중 패턴과 비교) 바울은 '소마'(σῶμα)와 '프쉬케'(ψυχή)라는 Plato의 이원론이 아니라 '프쉬키코스'(ψυχικός)와 '프뉴마티코스'(πνευματικός)의 정반대적 병치를 기초로 하여 논쟁한다. 이러한 면에서 바울이 관심을 둔 것은 고전 2.14가 가리키듯 영과 몸이 아니라 영과 혼 사이의 구분이다. 이 전문 용어의 사용과 관련한 세부 사항과 어려움에 대해서는 B. A. Pearson, *The Pneumatikos-Psychikos Terminology in 1 Corinthians. A Study in the Theology of the Corinthian Opponents of Paul and Its Relation to Gnosticism*, SBLDS 12 (Missoula, Mont.: Scholars Press, 1973); R. A. Horsley, "Pneumatikos vs. Psychikos: Distinctions of Spiritual Status among the Corinthians," *HTR* 69 (1976): 269-88 참조. 고린도전서 속 '프뉴마티코스'(*pneumatikos*)와 '프쉬키코스'(*psychikos*)라는 전문 용어에 대한 B. A. Pearson의 연구는 고린도전서(2.14, 15.35-50)의 논란에서 사용된 이 전문 용어가 Philo 전통에 기인할 수 있음을 제시하는데, 이러한 인간학적 범주가 바울의 서신에서만 발견되기 때문이다. Philo과 고린도전서 속 영적 상태의 전문 용어에 대한 상세한 조사에 관해서는 R. A. Horsley, "How Can Some of You Say That There Is No Resurrection of the Dead? Spiritual Elitism in Corinth," *NovT* 20 (1978): 207-16, 226-29 또한 참조.

신학에서 사람의 개성은 영혼(ψυχή)이나 영(πνεῦμα)이 아니라 몸(σῶμα)을 통해 표현되기 때문이다.[127] 비슷하게 고린도후서 4장 7절에서 바울은 사람이 본래 자연적으로 존재할 때의 질그릇과 그리스도를 통한 하나님의 역사로 그 안에 채워지는 영광스러운 보배를 구분 짓는다.[128] 이렇게 사람을 외면의 그릇과 내면의 숨은 보물로 구분하는 것은 『파이돈』에서 플라톤이 묘사한 것과 같이 몸(σῶμα)을 영혼의 표식(σῆμα)에 불과하다고 본 오르페우스 교리를 상기시킨다. 고린도후서 4장 18절에 등장한 눈에 보이는 것과 보이지 않은 것, 일시적인 것(πρόσκαιρα, '프로스카이라')과 영원한 것(αἰώνια, '아이오니아') 사이의 대조는 플라톤 철학의 이원론적 인간학을 반영한다. 마찬가지로 고린도후서 5장 1-4절에서 바울은 몸 안에 거하며 몸의 옷을 입은 영혼에 대한 플라톤 철학의 이원론적 이미지를 사용해 부정적 이미지 없이 몸의 부활을 주장한다.[129] 바울은 인간이 벌거벗지 않기 위해 필요한 어떤 형태의 몸에 주의를 기울인다는 점에서, 인간의 완벽이라는 목표를 몸으로부터의 해방으로 바라본 급진적 영/육(πνεῦμα/σάρξ)의 이원론을 붙들지 않는다.[130] 죄로 인한 부패로 고통

127. Pearson, *Pneumatikos-Psychikos Terminology*, 25.

128. 고후 4.7: "우리가 이 보배를 질그릇에 가졌으니 이는 심히 큰 능력은 하나님께 있고 우리에게 있지 아니함을 알게 하려 함이라"("Εχομεν δὲ τὸν θησαυρὸν τοῦτον ἐν ὀστρακίνοις σκεύεσιν, ἵνα ἡ ὑπερβολὴ τῆς δυνάμεως ᾖ τοῦ θεοῦ καὶ μὴ ἐξ ἡμῶν).

129. 고후 5.1-4: "만일 땅에 있는 우리의 장막 집이 무너지면 하나님께서 지으신 집 곧 손으로 지은 것이 아니요 하늘에 있는 영원한 집이 우리에게 있는 줄 아느니라 참으로 우리가 여기 있어 탄식하며 하늘로부터 오는 우리 처소로 덧입기를 간절히 사모하노라 이렇게 입음은 우리가 벗은 자들로 발견되지 않으려 함이라 참으로 이 장막에 있는 우리가 짐진 것같이 탄식하는 것은 벗고자 함이 아니요 오히려 덧입고자 함이니 죽을 것이 생명에 삼킨 바 되게 하려 함이라." 바울이 몸을 성령의 전으로 생각한 고전 6.19-20 또한 참조.

130. Pheme Perkins, *Resurrection: New Testament Witness and Contemporary Reflection*

37-38

받는 몸은 미래 몸의 부활을 통해 새롭게 창조될 테다. 이러한 면에서 바울은 플라톤 철학의 이원론적 인간학을 최소화한다. 자신을 육체의 세상으로부터 분리시키는 것으로 그리스 철학자가 실재에 대한 지적 지식을 얻을 수 있듯, 바울에 따르면 육체를 따라(κατὰ σάρκα, '카타 사르카') 행하지 않고 성령을 따라(πνεύματι, '프뉴마티') 사는 사람은 구원을 얻게 된다.[131]

(Garden City, N.Y.: Doubleday, 1984), 308-9.

131. 갈 5.16-17; 롬 7.5, 24, 8.4-8, 12-13.

제3장
바울의 우주적 드라마 배경(2): 유대 지혜문학, 묵시문학, 필론

바울의 우주적 구원 드라마의 모체는 유대 지혜 및 묵시 전통이다. 이 두 가지 핵심 요소가 없었다면 바울은 인류를 위한 구원의 신적 이야기를 제시하지 못했을 것이다. 이 두 가지 요소는 정신적 자양분으로 바울의 사상과 작품에 깊은 영향을 미쳤다. 이번 장은 그레코-로마 세계에서 자신의 신앙을 종횡무진 전파한 바울의 우주적 드라마의 배경인 유대 지혜와 묵시문학, 그리고 필론의 전통을 탐색할 것이다.

A. 유대 지혜문학의 지혜와 우주론, 그리고 인간학

유대 지혜문학은 구약성서의 잠언, 욥기와 코헬렛(Qoheleth, '전도서'로도 알려진), 그리고 외경의 시락서(Sirach, '벤 시라의 지혜서' 혹은 '에클레시아스티쿠스'[Ecclesiasticus]라고도 한다)와 솔로몬의 지혜서('지혜서'로 불리기도 한다)를 지칭한다. 지혜는 다수의 유대 작품 속에서 발견되는 화신 혹은 위격('위격'을 뜻하는 그리스어 단어 '휘포스타시스'[ὑπόστασις]는 근본적 상태 또는 다른 모든 것이 있게 하는 기본이 되고 근원되는 실체를 가리킨다)이다(욥 28장; 잠 1, 3, 8-9장; 시락서 24장; 지혜서 6-9장).[1] 욥기 28장과 잠언 8장 같은 본문 속 지혜 개념은 시락서 1장과 24장 그리고 솔로몬의 지혜서 7장에서 보다 더 발전된다. 시락서 24장의 지혜와 '토라'에 관한 사색은 잠언 8장과 짝을 이루고 여신 이시스(Isis)/마아트(Maat)에 대한 헬레니즘 텍스트와 매우 흡사하다.[2] 지

---

1. 구약성서의 잠언, 욥기, 전도서에서 발견되는 히브리어 단어 '호크마'(חכמה)는 Sir와 Wis에서 발견되는, 지혜를 뜻하는 그리스어 단어 '소피아'(σοφία)와 동일시된다.
2. 태초에 태어난 신화적 인물로서의 지혜는 고대 메소포타미아, 이집트와 그리스에서 증언된다. 잠 8.22-31에서 묘사된 지혜 신화와 가장 근접한 유사는, 크로노스와 동일시되는 태양신 레(Re)로부터 나온 여신 마아트(Maat)의 탄생에 관한 이집트 신화다. 이방 여신(마아트[Maat]와 이시스[Isis]) 형태의 흔적은 유대 지혜문학에서 지혜를 형상화하는 데 사용되었다. 고대 이집트에서 마아트는 모든 것을 포괄하는 질서로 사회 정의 안에서 실현되었다. 마아트는 창조 행위로 세워진 자연과 사회의 올바른 질서이며, 따라서 올바른 것, 정확한 것, 법, 질서, 정의, 그리고 진리를 의미한다." Siegfried Morenz, *Egyptian Religion*, trans. Ann E. Keep (Ithaca, N.Y.: Cornell University Press, 1973), 113 참조. 헬레니즘 시대 마아트는 위대한 이집트 여신 이시스와 동일시되었다. 이시스 숭배는 지중해 전역에서 매우 인기가 있었고 그 인기는 이후에도 오래 지속되었다. 마아트는 지혜가 우주론적 창조 질서라는 개념을 유대 지혜사상에 제공했을 가능성이 크다. 이시스는 지혜가 모세 율법과 섞이는 데 영향을 미친바, 그녀가 법과 윤리의 여신이었기 때문이다. 이시스의 혼합된 형태는 Sir 24.23 속 지혜의 원형을 위한 최상의 후보인 것처럼 보인다. 그러나 마아트와 유대적인 지혜 인물 사이의 근본적인 차이는, 마아트가 이집트의 지혜 문헌 어디에서도 잠 8장과 Sir 24장의 지혜처럼 화자로 강력히 의인화되지 않는다는 것이다. Hengel, *Judaism and Hellenism*, 1:157-59; John J. Collins, *Jewish Wisdom in the Hellenistic Age*, OTL (Louisville, Ky.: Westminster John Knox, 1997), 49-50; Richard J. Clifford, *The Wisdom Literature* (Nashville: Abingdon, 1998), 55 참조. C. Kayatz는 *Studien zu Proverbien 1-9: eine form-und motivgeschichtliche untersuchung unter einbeziehung aEgyptischen vergleichsmaterials*, WMANT 22 (Neukirchen-Vluyn: Neukirchener verla, 1966), 76-119에서 이집트 여신 마아트와 잠 1-9장의 의인화된 지혜 사이의 여러 유사점을 지적했다. 잠언에서 의인화된 지혜 인물의 배경이 되는 신화적 출처를 둘러싼 학자들의 다양한 설명을 위해서는 다

적 탐색과 논리적 추론을 통해 우주발생론을 생각하는 그리스 철학자들과는 달리, 히브리인들은 유대 지혜문학이 보여 주는 것처럼 "그들이 주장해 온 자연 질서의 논리와 이유를 위한 신화적 설명을 발견하도록 강요"받았다.[3] 구약성서의 경계를 넘어 지혜의 우주적 의미는 구약 외경(혹은 제2정경)의 지혜서인 시락서와 솔로몬의 지혜서에서 보다 큰 주목을 받았다. 욥기 28장, 잠언 9장, 시락서 24장과 솔로몬의 지혜서 6-9장은 지혜(חכמה/σοφία, '호크마'/'소피아')의 의인화가 어떻게 다양한 형태와 경로를 취했는지 보여 준다. 시락서와 솔로몬의 지혜서 모두는 잠언을 크게 의존한다. 잠언과 연속적이지만, 이 문헌들은 주목할 만한 방식으로 오래된 성서적 지혜로부터 벗어나 변화하는 헬레니즘 시대의 세계관과 일치를 이룬다. 이 작품들은 헬레니즘의 의복을 입고 그리스 언어를 사용해 오래된 유대적 주제 혹은 신앙을 진술하였다. 시락서는 기원전 2세기 초 벤 시라(Ben Sira)에 의해 기록되었다.[4] 헬레니즘과 특히 스

음을 참조. H. Ringgren, *Word and Wisdom: Studies in the Hypostatisation of Divine Qualities and Functions in the Ancient Near East* (Lund: Håkan Ohlssons Boktryckeri, 1947), 128-49; R. N. Whybray, *Wisdom in Proverbs: The Concept of Wisdom in Proverbs 1-9* (Naperville: A. R. Allenson, 1965), 80-104; Glendon E. Bryce, *A Legacy of Wisdom: The Egyptian Contribution to the Wisdom of Israel* (Lewisburg: Bucknell University Press, 1979); Martin Scott, *Sophia and the Johannine Jesus*, JSOT 71 (Sheffield: JSOT Press, 1992), 37-44.

3. Gaster, "Cosmogony," *IBD* 1:705. 시 104.24; 잠 3.19; 렘 10.21, 51.15; Sir 42.21; Wis 7.22, 9.9과 비교.

4. Sir 50.27에서 저자는 "예루살렘 출신 Eleazar의 아들, 시라의 아들(=히브리어 *ben Sirah*) 예수"로 지칭된다. Ben Sira는 자신의 작품을 히브리어로, 기원전 180-170년 사이에 썼는데 이것은 셀레우코스 왕조가 팔레스타인을 정복했을 당시(기원전 200-198년) 대제사장이었던 시몬 2세(오니아스 2세의 아들)의 죽음, 기원전 174년 시몬의 아들 오니아스 3세가 면직된 이후 펼쳐진 비극적 상황, 그리고 안티오코스 4세 에피파네스(기원전 175-164년)가 자행한 박해에 대해 아무런 언급도 하고 있지 않다는 점에서, 이 작품은 어느 정도의 자유가 보장되었던 외세의 점령과, 기원전

토아 철학의 온건한 영향은 일신론과 삼라만상의 우주적, 도덕적 질서의 정체성과 같은 벤 시라의 사상에서 발견된다. 그리스 철학 전통의 수많은 모티프를 강력하게 연상시키는 솔로몬의 지혜서는 헬레니즘 디아스포라의 가장 중요한 지혜서로[5] 위-솔로몬(Pseudo-Solomon)으로 불린, 상당히 헬레니즘화된 한 유대인에 의해, 알렉산드리아에서 그리스어로 대략 기원전 220년에서 기원후 50년 사이에 기록되었을 테다.[6]

이 두 권의 후기 지혜문학 작품은 신약성서 저자들과 그들의 작품에 큰 영향을 미쳤다.[7] 지혜 운동은 예수, 바울, 그리고 초기 기독교 공동

167년 마카베오 형제들의 봉기로 절정에 오른 격렬한 저항 운동 사이에 저술된 것으로 보인다. 프롤로그에서 그의 손자는 기원전 132년(Euergetes 통치 38년) 이후 이집트 알렉산드리아에서 조부의 히브리어를 그리스어로 번역했다고 말한다. Hengel, *Judaism and Hellenism*, 1:131 참조.

5. Wis에 미친 헬레니즘의 영향에 대해서는 J. M. Reese, *Hellenistic Influences on the Book of Wisdom and Its Consequences*, AnBib 41 (Rome: Biblical Institute, 1970), 32-89; D. Winston, *The Wisdom of Solomon*, AB 43 (Garden City, N.Y.: Doubleday, 1979), 25ff 참조.

6. Wis의 기록 시기를 둘러싼 의견의 일치는 없지만 학자들은 대개 기원전 220년에서 기원후 50년 사이로 추정한다. 이 저자가 구약성서의 그리스어 번역(LXX)에 의존하므로 기원전 220년이 시작점이 되고, 이 책에 대한 바울과 다른 신약성서 저자들의 친숙함 때문에 기원후 50년을 도달점으로 삼는 까닭이다. S. Holmes, "Wisdom of Solomon," in *The Apocrypha and Pseudepigrapha of the Old Testament*, ed. R. H. Charles, 2 vols. (Oxford: Clarendon, 1913), 1:520-21, 525-27과 비교. G. W. E. Nickelsburg, *Jewish Literature between the Bible and the Mishnah: A Historical and Literary Introduction* (London: SCM, 1981), 184과 David Winston, *Wisdom of Solomon*, 3, 20-25은 기원후 37-41년을, D. Georgi, *Weisheit Salomos*, JSHRZ III/4 (Gütersloh: Mohn, 1980): 396f.은 기원전 2세기의 마지막 십 년을 기록 시기로 각각 주장했다.

7. 이 두 지혜문학 작품과 신약성서의 문서들 사이의 형식과 내용에 있어 여러 가지 눈에 띄는 유사점에 대해서는 Ben Witherington, "Wisdom at a Turning Point: From Ben Sira to the Wisdom of Solomon" and "Final Reflections on Wisdom's Journey," chs. 2 and 9 in *Jesus the Sage: The Pilgrimage of Wisdom* (Minneapolis:

체의 생애 동안 유대인들 사이에서 번성하고 있었다. 솔로몬의 지혜서에 반영된 것처럼 인간의 이원론적 개념과 영적 불멸 교리는 서로 결합해 그 이후 필론의 작품과 요세푸스가 표현한 에세네파의 믿음에서 반향을 일으키는데, 이 에세네파는 사해 문서를 만들었을 수도 있는 기원전 2세기에서 1세기의 유대학파다. 지혜문학은 유대 지혜 전통의 상속자로서의 필론과 바울을 이해하는 데 귀중한 통찰을 제공한다.[8] '호크마'(חכמה)/'소피아'(σοφία)와 '토라'(תורה, 율법)를 동일시하는 유대 해석 전통은 필론의 작품 속 '로고스'(λόγος) 개념과[9] 바울의 작품에서 발견되

Fortress, 1994), 75-116, 381-87 참조.

8. Jean Laporte는 Philo을 유대 지혜 전통 안에 확고히 둔다. Laporte에 따르면 Philo은 지혜문학, 특히 잠언, Sir, 그리고 Wis와 함께 지혜에 관련한 공통 주제와 형상들을 공유하는데, 두 길, 영, 성막, 율법과 에덴 등이 그런 예이다. Philo과 지혜문학 사이의 유사성은 Philo의 연구가 지혜 전통을 참조해 이루어져야 한다는 사실을 보여준다. Jean Laporte, "Philo in the Tradition of Biblical Wisdom Literature," in *Aspects of Wisdom in Judaism and Early Christianity*, ed. Robert L. Wilken (Notre Dame, Ind.: University of Notre Dame, 1975), 103-41 참조. 바울을 지혜의 교사로 보는 Hans Conzelmann은 그의 논문, "Paulus und die Weisheit," *NTS* 12 (1966): 231-44에서 바울이 사용한 전통적 지혜 너머의 "조직화한 학파의 운영"을 발견한다. 그는 바울학파가 다음 본문에서 사변적 헬레니즘-유대 전통을 재현했음을 시사한다. 고전 1.18ff., 2.6ff., 10.1ff., 11.2ff., 13; 고후 3.7-18; 롬 1.18ff. 바울이 고전 1.10-4.21로 "학파의 전통"을 끼워 넣었다는 Conzelmann의 견해와는 반대로, Birger A. Pearson은 "Hellenistic-Jewish Wisdom Speculation and Paul," in *Aspects of Wisdom in Judaism and Early Christianity*, ed. Robert L. Wilken (Notre Dame, Ind.: University of Notre Dame, 1975), 43-66에서 바울이 자신의 적대자들이 사용한 헬레니즘-유대 지혜 추정 용어를 가져와, 그것들의 용법을 묵시적 방식으로 재해석하여 그들(적대자들)을 반박했다고 주장한다. 헬레니즘-유대 지혜 추정 용어란 '텔레이오스'-'네피오스'(τέλειος-νήπιος, "온전한 자들"-"어린아이들")와 '프뉴마티코스'-'프쉬키코스'(πνευματικός-ψυχικός, "신령한 자들"-"육에 속한 자들")이다.

9. Burton L. Mack, *Logos und Sophia: Untersuchungen zur Weisheitstheologie im hellenistischen Judentum* (Göttingen: Vandenhoeck und Ruprecht, 1973)은 Philo의 '로고스' 개념의 배경이 되는 지혜서의 지혜와 '로고스'의 동화를 강조하였다.

는 지혜 유형의 기독론에 상당한 영향을 미친다.[10] 바울은 "이 세상의 지혜"(σοφίαν τοῦ αἰῶνος τούτου)를 비난했으며 "하나님의 은밀하고 감추어진 지혜"(고전 2.7), 곧 "그리스도의 십자가"(고전 1.17-18)를 전하라고 요청했다. 제5장에서 언급하겠지만 이 지혜서들은 '소피아'(σοφία, 지혜)와 '노모스'(νόμος, 율법)의 개념과 선재적 그리스도와 유대적인 신적 지혜와의 동일시, 그리고 바울의 사상 속 그리스도와 '토라' 사이의 관계를 이해하는 열쇠를 제공한다.[11]

Burton L. Mack은 그의 논문 *Logos und Sophia*에서, 마아트(Maat)와 이시스(Isis)의 이집트 신화를 배경으로 지혜의 예표론을 끌어내고 Philo의 신학적 관심에서 지혜 신화의 역할을 입증한다. Philo의 작품 속 지혜 인물과 관련한 '로고스'의 개념에 대해서는 *Leg.* 1.65; 2.86; *Somn.* 1.65-66, 2.242-45; *Fug.* 97, 109; *Post.* 122; *Deus* 134-35 참조.

10. 논쟁의 여지가 없는 바울의 서신에서 용어 '소피아'(σοφία, 지혜)는 고전 1-4장에서 16번 등장하는 반면 다른 곳에서는 세 번 등장할 뿐이다(롬 11.33; 고전 12.8; 고후 1.12).

11. 골로새서는 예수와 의인화된 지혜 사이에서 이 같은 종류의 동일시에 대한 좋은 예시를 제시한다. 유대 지혜문학 속 지혜의 의인화는 골로새서의 저자가 예수를 창조 사역 안에서 의인화된 지혜로 표현하기 위해 필요한 언어와 형상을 제공한다. "그는 보이지 아니하는 하나님의 형상이시요 모든 피조물보다 먼저 나신 이시니 만물이 그에게서 창조되되 하늘과 땅에서 보이는 것들과 보이지 않는 것들과 혹은 왕권들이나 주권들이나 통치자들이나 권세들이나 만물이 다 그로 말미암고 그를 위하여 창조되었고 또한 그가 만물보다 먼저 계시고 만물이 그 안에 함께 섰느니라"(ὅς ἐστιν εἰκὼν τοῦ θεοῦ τοῦ ἀοράτου, πρωτότοκος πάσης κτίσεως, ὅτι ἐν αὐτῷ ἐκτίσθη τὰ πάντα ἐν τοῖς οὐρανοῖς καὶ ἐπὶ τῆς γῆς, τὰ ὁρατὰ καὶ τὰ ἀόρατα, εἴτε θρόνοι εἴτε κυριότητες εἴτε ἀρχαὶ εἴτε ἐξουσίαι· τὰ πάντα δι' αὐτοῦ καὶ εἰς αὐτὸν ἔκτισται· καὶ αὐτός ἐστιν πρὸ πάντων καὶ τὰ πάντα ἐν αὐτῷ συνέστηκεν, 골 1.15-17).

1. 잠언, 욥기와 코헬렛(전도서)

a. 지혜와 우주론

잠언에서 하나님의 창조 활동이 시작될 때 여신으로 형상화한 지혜는 태고적 혼돈에 질서를 주었고, 하나님이 세상을 창조하셨을 때 그 대리인 혹은 위격으로 존재했다.[12] 잠언 8장 22절에서 지혜는 세상이 창조되기 전 지어진 것으로 묘사된다. "여호와께서 그 조화의 시작 곧 태초에 일하시기 전에 나[지혜]를 가지셨으며." 지혜는 우주를 질서 있게 한 여성적 원리로 단언된다. 잠언 3장 19-20절은 창조의 대리인 혹은 중재자로서의 지혜의 역할을 증언한다. "여호와께서는 '지혜로'(בחכמה, '베호크마') 땅에 터를 놓으셨으며 명철로 하늘을 견고히 세우셨고 그의 지식으로 깊은 바다를 갈라지게 하셨으며 공중에서 이슬이 내리게 하셨느니라." 잠언은 우주를 지도하는 신적 목적과 지혜를 동일시한다. 잠언 3장 19절에서 하나님의 의인화한 우주론적 동행인인 지혜는 창세기 1장 1절로 투사되는데 이것이 '라쉬트'(ראשית, "태초")로 확인되기 때문이다.[13] 하나님, 지혜와 창조 사이의 연결은 8장 22-36절에서 자세히 설명되는바, 이 본문은 지혜를 우주가 창조되기 전 신적 존재로 태어난 아이 혹은 자신과 하나님을 일치시키는 선재적 존재로 묘사한다(3.19-20과 비교). 잠

12. 지혜를 여성 인물로 묘사한 것은 잠 1.20-33, 8장, 그리고 9.1-6에서 찾을 수 있다. 선재하는 지혜, 창조의 어머니와 유모에 대해서는 잠 8.22을 인용하는 Philo의 *Ebr.* 31ff과 비교하라. 잠언 속 의인화한 지혜의 특성을 위해서는 R. B. Y. Scott, *Proverbs. Ecclesiastes* (Garden City, N.Y.: Doubleday, 1965), 39; Whybray, *Wisdom*, 103; John J. Collins, *Proverbs. Ecclesiastes* (Atlanta: John Knox, 1980), 30; Gerhard von Rad, *Wisdom in Israel* (Nashville: Abingdon, 1972), 157 참조.

13. 창 1.1: "태초에 하나님이 천지를 창조하시니라"(בראשית ברא אלהים את השמים ואת הארץ); 잠 3.19: "여호와께서는 지혜로 땅에 터를 놓으셨으며 명철로 하늘을 견고히 세우셨고"(יהוה בחכמה יסד־ארץ כונן שמים בתבונה).

언 8장 22-31절은 우주가 창조되는 동안 지혜의 기원과 존재를 진술한다.

> 여호와께서 그 조화의 시작 곧 태초에 일하시기 전에 나를 가지셨으며 만세 전부터, 태초부터, 땅이 생기기 전부터 내가 세움을 받았나니 아직 바다가 생기지 아니하였고 큰 샘들이 있기 전에 내가 이미 났으며 산이 세워지기 전에, 언덕이 생기기 전에 내가 이미 났으니 하나님이 아직 땅도, 들도, 세상 진토의 근원도 짓지 아니하셨을 때에라 그가 하늘을 지으시며 궁창을 해면에 두르실 때에 내가 거기 있었고 그가 위로 구름 하늘을 견고하게 하시며 바다의 샘들을 힘 있게 하시며 바다의 한계를 정하여 물이 명령을 거스르지 못하게 하시며 또 땅의 기초를 정하실 때에 내가 그 곁에 있어서 창조자(אמון, '아몬')가 되어 날마다 그의 기뻐하신 바가 되었으며 항상 그 앞에서 즐거워하였으며 사람이 거처할 땅에서 즐거워하며 인자들을 기뻐하였느니라.[14]

창조에서 지혜의 우선순위를 강조하는 잠언 8장 24-29절은 삼층, 곧 지하 세계(שאול, '스올'), 땅(ארץ, '에레츠')과 하늘(שמים, '샤마임')로 이루어진 물리적 우주에 대한 고대 이스라엘의 개념을 묘사한다.[15] 기둥이나 버팀

---

14. 잠 8.22-31, 곧 지혜의 찬송은 세 부분으로 구성된다. 22-26절(창조 전 지혜의 선재), 27-30절(창조 속 지혜의 역할), 그리고 31절(세상과 인간 사회 속 지혜의 내재성)이다.
15. 구약성서에는 '스올'(שאול)의 동의어를 묘사하는 목록이 있다. 바로 무덤, 땅의 내부, 구덩이, 타락, '아바돈'(Abaddon), 먼지, 죽음, 어둠, 침묵, 망각이다. '스올'의 이 같은 묘사를 위해서는 창 37.35, 42.38, 44.29, 31; 민 16.30, 33; 신 32.22; 삼상 2.6; 왕상 2.9; 욥 7.9, 17.16, 21.13; 시 30.3, 49.15, 55.16 LXX[55.15 개역개정], 88.6 LXX[88.5 개역개정], 13, 115.17; 전 9.10; 사 14.11, 15; 겔 31.15-17, 32.27; 욘 2.6 등을

목과 같은 기초 위로 사람이 살 수 있는 땅(תבל, '테벨.' 시 18.16)이 있고 이 땅 주변과 아래로는 '스올'과 동일시되는 원시 바다 혹은 심연(תהום, '테홈')이 자리한다.[16] 하늘을 "지으심"(כון, '쿤')은(잠 8.27) 기둥 위로 돔 혹은

참조. '스올'은 하나님의 통치 바깥에 있다(시 88.11-12; 시 6.5, 30.9, 사 38.18과 비교). '스올'의 문과 빗장은 탈출을 불가능하게 한다(사 38.1-10; 욥 7.9-10, 10.20-21). 입을 크게 벌려 모든 사람들을 공격적으로 삼키고도 절대 만족하지 않는 괴물로 '스올'을 의인화한 장면은 잠 27.20; 욥 24.19, 28.22; 그리고 사 5.14에서 찾아볼 수 있다. 이것은 구더기와 부패의 장소이기도 하다(욥 17.13-16). '스올'에서 죽은 자들은 하나님과 산 자, 심지어 지하세계의 다른 자들은 물론, 땅에서 일어나는 일과도 모든 관계를 상실한다(시 88.11-13; 욥 14.21-22; 사 30.9-10, 38.18-19). 시 30.3("여호와여 주께서 내 영혼을 '스올'에서 끌어내어 나를 살리사 무덤으로 내려가지 아니하게 하셨나이다")과 욘 2.6("내가 산의 뿌리까지 내려갔사오며 땅이 그 빗장으로 나를 오래도록 막았사오나 나의 하나님 여호와여 주께서 내 생명을 구덩이에서 건지셨나이다")은 하나님께 사람을 '스올'의 손아귀로부터 구조하고 심지어 그가 '스올'로 내려가는 것을 막을 능력이 있다고 묘사한다. 그러나 이 본문들은 '스올'로부터 죽은 자를 일으키는 하나님의 능력은 암시하지 않는다. 이것에 상응하는 그리스어는 '게엔나'(γέεννα, "힌놈의 골짜기"를 뜻하는 히브리어 '게 힌놈'[גיא־הנם]의 아람어 형태의 음역)와 '하데스'(ᾅδης, 죽은 자들의 거처)다. '스올'은 "죽은 자들의 거처(혹은 지하세계)와 이 땅의 기둥들이 가라앉은 지하 바다로 구성되어 있다." Stadelmann, *Hebrew Conception*, 165-176 참조.

16. 창 1장에서 심연(תהום, '테홈')은 창조 이전 원시 바다를 가리킨다. 창 1장의 심연은 창조의 과정으로 볼 수 없는데 그 이유는 "테홈[심연]은 혼돈하고 공허한 동안 거기에서의 창조라는 형태와 구조를 주지만" 반면 잠 8장에서는 "그것들의 형성은 창조의 한 단계로 지혜 다음의 첫 번째가 분명하기 때문이다." Michael V. Fox, *Proverbs 1-9*, AB 18A (Garden City, N.Y.: Doubleday, 2000), 282 참조. 고대 근동에서는 만물이 창조되기 전 어떤 물질이 존재했다고 믿는 것이 일반적이었다. 고대 메소포타미아와 이집트 창조 신화에 따르면 태초에 창조 이전 원시 압수(Apsu, 에워 싸는 물의 심연)와 눈(Nun, 원시의 해양 심연)이 각각 존재했다. Harrison, *Cosmology*, 14-15 참조. 창세기의 이야기가 각색된 바빌로니아 신화 속 압수 혹은 티아맛(Tiamat)은 구약성서에서 '라합'(Rahab, רהב, 욥 9.13, 26.12; 시 89.10; 사 51.9), '리워야단'(Leviathan, לויתן 욥 3.8, 41.1; 시 74.13-14, 104.26; 사 27.1), 그리고 '테홈'(Tehom, תהום, 창 1.2; 출 20.4; 신 5.8, 8.7; 시 24.2, 136.6; 욥 41.32)이라는 이름으로 등장한다. 무로부터의 창조(*creatio ex nihilo*)는 기원전 100년경 2 Macc 7.28이 다음을 언급하기까지 히브리 전통에서 드러나지 않는다. "나의 자녀여, 하늘과

둥근 지붕 같은 하늘을 놓으신 사실을 의미하고 이것은 "하늘 기둥"으로 불린다(עמוד שמים, '암무드 샤마임.' 욥 26.11). 지평선인 "궁창"(잠 8.27)으로 인해 하늘은 편평한 표면(땅과 바다)으로부터 분리된다. 우주에 대한 이 같은 개념은 욥기에서도 발견된다(22.14, 26.11과 비교).[17]

지혜는 하나님의 최초 행위로 창조되었다. 지혜가 "창조자"(אמון, '아몬')로 묘사된 사실은 모호하지만 잠언 8장 22-31절은 지혜를 창조 과정 속 하나님의 대리인이자 기술공으로 제시한다(30절).[18] 지혜는 세상에서 하나님의 존재 방식으로 우주적 지위를 갖는다. 이러한 의미에서 지혜 문학의 신학은 창조신학이다.[19]

땅, 그리고 이들 가운데 있는 모든 것들을 보라. 하나님은 이들을 존재하는 무엇으로부터 만들지 않으셨다. 그리고 같은 방식으로 인류가 존재하게 되었다"(ἀξιῶ σε τέκνον ἀναβλέψαντα εἰς τὸν οὐρανὸν καὶ τὴν γῆν καὶ τὰ ἐν αὐτοῖς πάντα ἰδόντα γνῶναι ὅτι οὐκ ἐξ ὄντων ἐποίησεν αὐτὰ ὁ θεός καὶ τὸ τῶν ἀνθρώπων γένος οὕτω γίνεται).

17. Fox, *Proverbs 1-9*, 281-282. 욥 22.14: "빽빽한 구름이 그를 가린즉 그가 보지 못하시고 둥근 하늘을 거니실 뿐이라"(עבים סתר־לו ולא יראה וחוג שמים יתהלך); 26.11: "그가 꾸짖으신즉 하늘 기둥이 흔들리며 놀라느니라"(עמודי שמים ירופפו ויתמהו מגערתו).

18. 동일한 의미를 가진 용어 '아몬'(אמון)은 사 44.24에 등장한다. 잠 8.30a에서 H. Ringgren은 잠 3.19을 기초해 실체화한 지혜를 발견한다. "여호와께서는 지혜로 땅에 터를 놓으셨으며 명철로 하늘을 견고히 세우셨고." '아몬'(אמון)을 대리인이나 도구로 해석하는 것은 지혜서 7.22에서 지혜를 "만물의 설계자"로, *Gen. Rab.* 1에서 '토라'를 "거룩하신 이의 작업 도구"로 보는 근거가 될 수 있다(Ringgren, *Word and Wisdom*, 102-3에서 인용). Gaster, "Cosmogony," *IDB* 1:705-6은 잠 8.22-31 속 창조의 과정을 여섯 단계로 나눈다. 대양의 창조(תהמות, 24절), 산들의 침몰(הטבעו הרים, 25절), 땅과 열린 공간의 노출(חוצות, 26절), 하늘(שמים, 27절) 곧 궁창의 안정, 구름으로 응축된 얇은 증기(באמצו שחקים, 28절), 그리고 망망대해의 경계(לים חקו בשומו, 29절)이다.

19. R. E. Murphy, "Wisdom and Creation," *JBL* 104 (1985): 3-11; L. G. Perdue, *Wisdom and Creation: The Theology of Wisdom Literature* (Nashville: Abingdon, 1994).

잠언 8장 22-31절처럼 욥기 28장 20-28절 역시 '호크마'(חכמה, "지혜")를 창조 사건 속에 배치한다.

> 그런즉 지혜는 어디서 오며 명철이 머무는 곳은 어디인고 모든 생물의 눈에 숨겨졌고 공중의 새에게 가려졌으며 멸망과 사망도 이르기를 "우리가 귀로 그 소문은 들었다" 하느니라 하나님이 그 길을 아시며 있는 곳을 아시나니 이는 그가 땅끝까지 감찰하시며 온 천하를 살피시며 바람의 무게를 정하시며 물의 분량을 정하시며 비 내리는 법칙을 정하시고 비구름의 길과 우레의 법칙을 만드셨음이라 그때에 그가 보시고 선포하시며 굳게 세우시며 탐구하셨고 또 사람에게 말씀하셨도다 "보라 주를 경외함이 지혜요 악을 떠남이 명철이니라."

욥기 28장의 위대한 지혜 찬송은 그것과 짝을 이루는 잠언 8장과는 분명한 대조를 이룬다. 욥기 28장은 한 선견자가 하늘에 감춰진 하나님의 신적 지혜 앞으로 올라갈 수 있음을 보여 주는 반면, 잠언 8장은 인간 역사의 한복판으로 하나님의 의인화된 지혜가 내려올 수 있음을 묘사한다.[20] 잠언에서 지혜는 인생의 모든 영역에서 마주칠 수 있지만 욥기에서는 지혜에 이르는 길이 사람이든 짐승이든 알려져 있지 않다. 우주의 계획, 즉 지혜는 모든 생물의 눈에 숨겨졌다(욥 28.21). 욥기 28장의 관심은 12절과 20절이 표현한 질문, "지혜는 어디서 얻으며/오며"에 분명히 드러난다. 답은 하나님만이 그 길을 아신다는 것인데 그분이 창조의 때에 그것을 정하셨기 때문이다(28.23).

---

20. L. H. Martin, *Hellenistic Religions*, 108.

45-46

b. 인간학

잠언에서 죽음은 악인을 삼키기 위해 크게 벌린 입으로 묘사된다. "스올같이 그들을 산 채로 삼키며 무덤에 내려가는 자들같이 통으로 삼키자(1.12)."[21] 그러나 하나님을 경외하는 자들은 언제나 새로운 음영(shade)을 삼킬 수 있는 '스올'과 '아바돈'의 게걸스러운 탐욕으로부터 벗어날 수 있는데, 지혜는 경건한 자들이 사망의 올무에서 벗어나(잠 15.11, 24) 장수, 부와 명예를 얻을 수 있도록 하는(잠 3.16) 생명나무이기 때문이다.[22] 잠언에서 생명은 하나님의 축복을 상징하지만 욥기와 전도서는 생명을 덕에 대한 하나님의 선물로 보지 않는바(욥 7.16; 전 2.17),[23] 응보라는 이전의 상벌 원칙이 무너진 이유에서다.[24] "잠언의 최종판에 만연한 응보라

21. 잠 5.5, 7.27, 9.18, 23.27, 27.20, 30.16 참조.

22. 잠 15.11: "스올과 아바돈도 여호와의 앞에 드러나거든 하물며 사람의 마음이리요." 잠 15.24: "지혜로운 자는 위로 향한 생명 길로 말미암음으로 그 아래에 있는 스올을 떠나게 되느니라." 잠 3.16: "그의 오른손에는 장수가 있고 그의 왼손에는 부귀가 있나니." 잠 15.11의 '아바돈'(אבדון, LXX: ἀπώλεια['아폴레이아'])이라는 용어(욥 26.6, 28.22, 31.12; 시 88.11; 잠 27.20; 계 9.11과 비교)는 파괴의 장소, 곧 죽은 자들의 세계(ᾅδης, '하데스')다. 욥 28.22에서 의인화된 '아바돈'은 계 9.11의 지하 세계 왕자와 동일시되는 지옥의 천사로 등장한다. J. Jeremias, "'Αβαδδών," *TDNT* 1:4; A. Oepke, "ἀπόλλυμι, ἀπώλεια, κτλ," *TDNT* 1:394 참조.

23. 욥 7.16: "내가 생명을 싫어하고 영원히 살기를 원하지 아니하오니 나를 놓으소서 내 날은 헛것이니이다." 전 2.17: "이러므로 내가 사는 것을 미워하였노니 이는 해 아래에서 하는 일이 내게 괴로움이요 모두 다 헛되어 바람을 잡으려는 것이기 때문이로다." 전도서의 다른 곳(2.24-26, 9.4-6, 11.7-8)에서는 생명을 허무함에도 불구하고 긍정적으로 묘사한다.

24. 선한 자들은 상을 받고 악한 자들은 벌을 받는다는 신명기학파 신학(Deuteronomist theology)의 어리석음이 욥 4-27장(욥과 그의 친구들 사이에 오간 긴 대화 혹은 토론)에서 언급된다(전 7.15, 3.16-17, 4.1-2, 6.1-6, 8.5-15, 9.1-2. 참조: Sir 2.1-6, 11.4-6, 39.16-41.13). 전 7.15에서 전도서 저자는 세속 세계에서 때때로 정상적인 인과적 순서대로 되지 않음을 지적한다. "내 허무한 날을 사는 동안 내가 그 모든 일을 살펴 보았더니 자기의 의로움에도 불구하고 멸망하는 의인이 있고 자기

는 익숙한 교의"에 덧붙여 전도서 저자는 "헬레니즘 시대에 그가 기록할 무렵 묵시적 집단에서 강세를 보였을" 이생에 대한 믿음 역시 거부한다.[25] 헬레니즘 시대의 새로운 정황에 맞추어 전도서는 보다 오래된 지혜 문헌에서는 찾아볼 수 없을 정도로 죽음에 몰두한다.[26]

> 사람에게 닥치는 운명이나 짐승에게 닥치는 운명이 같다. 같은 운명이 둘 다를 기다리고 있다. 하나가 죽듯이 다른 하나도 죽는다. 둘 다 숨을 쉬지 않고는 못 사니, 사람이라고 해서 짐승보다 나을 것이 무엇이냐? 모든 것이 헛되다. 둘 다 같은 곳으로 간다. 모두 흙에서 나와서, 흙으로 돌아간다. 사람의 영은 위로 올라가고 짐승의 영은 아래 땅으로 내려간다고 하지만, 누가 그것을 알겠는가?[27]

잠언에서 죽음은 철저히 부정적 방식으로 기능하는 반면, 욥기와 전도서에서 삶과 죽음은 모호하다.[28] 전도서 저자는 자신이 삶을 증오한다고 기록하면서 죽음을 바라는 것으로 보는데 그것은 죽음이 안식을 제공하기 때문이다. "좋은 이름이 좋은 기름보다 낫고 죽는 날이 출생하는

의 악행에도 불구하고 장수하는 악인이 있으니."

25. John J. Collins, *Jewish Wisdom*, 14.
26. John J. Collins, *Jewish Wisdom*, 14.
27. 전 3.19-21 새번역.
28. 죽음에 대한 욥의 태도가 보인 현저한 불일치를 다루면서 Samuel Terrien은 욥이 세 단계를 경험한다고 주장한다. 욥은 삶에 대한 미움에서 죽음에 대한 사랑으로 넘어가고(3.11-19), 죽음을 추구하나 "그가 삶을 미워해서 그런 것이 아니라 인격 분열을 통해 신뢰하려는 그의 의지가 박약해질 것을 두려워했기 때문"이며(6.8-13), 마지막으로 더 이상 위안이나 보호를 위해 죽기를 바라지 않고 대신 죽음에 대한 두려움이 그것에 대한 매혹을 대신한다(7.1-21). Samuel Terrien, *Job: Poet of Existence* (Indianapolis: Bobbs-Merrill: 1957), 40-65 참조.

날보다 나으며”(7.1). “태어날 때에 죽어서 나온 아이는, 뜻 없이 왔다가 어둠 속으로 사라지며, 그 속에서 영영 잊혀진다. 세상을 보지도 못하고, 인생이 무엇인지 알지도 못한다. 그러나 이 아이는 그 사람보다 더 편하게 안식을 누리지 않는가!”(6.4-5 새번역). 6장 4-5절에서 전도서 저자는 죽음에 대해 전적으로 긍정적 견해를 취하는 듯한데 악과 불행이 번성하기 때문이다(4.1-3과 비교).[29] 잠언은 인간 이해의 한계를 인정하지만 지혜에 대한 접근은 긍정적이고 낙관적인 반면, 욥기와 전도서는 그 한계를 강조한다.[30] 잠언의 지혜적 세계관은 욥기와 전도서의 그러한 수정을 거쳐 헬레니즘 시대의 시락서와 솔로몬의 지혜서에서는 심오한 변화를 겪었다.

2. 시락서와 솔로몬의 지혜서

a. 지혜와 우주론

벤 시라는 지혜를 우주론적 본체로 묘사한다. 시의 초두에서(1.1-10) 의인화된 지혜는 하나님으로부터 오는데, 하나님은 참으로 지혜로우시고 지혜를 창조의 첫 작품으로 만드신 분이시다. “모든 지혜는 주님께로부터 오며 언제나 주님과 함께 있다”(1.1). 잠언 8장 22-31절을 따라 벤 시라는 지혜를 창조된 모든 것들의 첫째로 제시하는데, 건축 이미지를 사용해 세상을 창조하는 모형 혹은 원리로서의 지혜를 다음과 같이 표현한다. “그분은 지혜를 만드시고 지켜보시고 헤아리시는 주님으로서 당신이 만드신 모든 것과, 모든 인간에게 지혜를 너그러이 내리시고 특히

29. James L. Crenshaw, “The Shadow of Death in Qoheleth,” in *Israelite Wisdom: Theological and Literary Essays in Honor of Samuel Terrien*, ed. John G. Gammie et al. (New York: Scholars Press, 1978), 208 참조.
30. John J. Collins, *Jewish Wisdom*, 12.

당신을 사랑하는 사람들에게 지혜를 풍부히 나누어 주신다"(1.9-10). 지혜는 모든 민족과 나라는 물론 온 땅을 지배한다(24.6). 하나님의 지혜는 창조 질서에서 명백히 드러난다(16.24-17.14, 39.14-35, 42.15-43.33). 잠언 8장 22-31절과 욥기 28장의 전통에 서 있는 시락서 24장에서 벤 시라는 시간 이전에 존재하며 우주적 역할을 수행한 지혜를 제시한다(9절). 시락서 24장 3절은 지혜를, 모든 것을 관통하는 방출(emanation)처럼 하나님의 입에서 흘러나오는 호흡으로 묘사한다. "나[지혜]는 지극히 높으신 분의 입으로부터 나왔으며 안개와 같이 온 땅을 뒤덮었다"(ἐγὼ ἀπὸ στόματος ὑψίστου ἐξῆλθον καὶ ὡς ὁμίχλη κατεκάλυψα γῆν). 벤 시라는 "세상이 전적으로 신적 세계를 향해 있다"는 신 중심적 견해(theocentric view)를 보인다.[31] 따라서 그에게 "지혜란 신들(혹은 하나님)이 '자신들(혹은 하나님 자신)을 위해' 만든 우주에서 자신의 위치(지위)를 아는 것"이다.[32]

이 세상에 내재하는, 스토아학파의 '로고스'(Logos) 교리에 영향을 받은 벤 시라는 시락서 24-30장에서 창조 세계의 안정과 질서, 그리고 인간을 위한 모델이 될 수 있는 "순종"에 대한 이야기를 한다.

> 만물은 시초부터 주님의 뜻대로 된 것이며 그것을 만드신 후, 각기 제 자리를 정해 주셨다. 모든 피조물에게 영원한 질서를 주시고 시간이 흐름에 따라 다스리신다. 저들은 굶주리지 않고 수고도 느끼지 않으며 제 구실을 저버리지도 않는다. 그것들은 서로 충돌하거나 주님의 말씀을 거역하지도 않는다. 그 후, 주님께서는 땅을 굽어보시고 거기에 좋은

31. Clifford, *Wisdom Literature*, 120.
32. Clifford, *Wisdom Literature*, 120.

> 것들을 가득 채우셨다.[33]

16장 29절에서 인간의 가치에 대한 스토아학파의 전문 용어 “좋은 것들”(good things)은 창세기 1장에서 반복된 진술, “하나님이 보시기에 좋았더라”를 암시한다.[34] 스토아학파의 관점에서 저자는 시락서 43장 26-27절에서 우주를 단일한 신적 원리가 생성하고 결합하는 유기체로 언급한다. “주님의 덕분으로 모든 것이 제 길을 찾아가고 만사는 주님의 말씀으로 고르게 된다. 아무리 많은 말로도 다 이야기할 수 없으니 한마디로, ‘그분은 전부다.’ 할 수밖에 없구나.”[35] 시락서 43장 26절은 자연 세계(κόσμος, ‘코스모스’)에 만연한 ‘로고스’를 결합과 질서의 원리로 보는 스토아학파의 관점을 반영한다.[36] 시락서 24장 4-6절은 수직 기둥인 “가장 높은 하늘”과 “심연”(24.4-5), 그리고 수평 기둥인 “바다”와 “땅”(24.6)으로 구성된 삼층의 우주를 반영한다. 시락서 24장 4-6절에서

---

33. Sir 16.26-29.
34. 창 1.4, 10, 12, 18, 21, 25, 31.
35. Sir 43.27의 “그분은 전부다”(τὸ πᾶν ἐστιν αὐτός; וקץ דבר הוא הכל)라는 표현은 초기 히브리 문헌에서 비교적 드물다. Hengel, *Judaism and Hellenism*, 1:147-48 참조. Sir 42.22(“주님의 모든 업적은 사람에게 얼마나 바람직한 것이며 사람 눈에 얼마나 찬란한가”[ὡς πάντα τὰ ἔργα αὐτοῦ ἐπιθυμητὰ καὶ ὡς σπινθῆρός ἐστιν θεωρῆσαι])에서 Ben Sira는 “온 세상이 이성적 능력, 곧 신성에 의해 가장 작은 부분까지 침투되고 형성되는 단일한 우주”라는 스토아학파의 개념에 공감했다. 그러나 M. Hengel이 지적한 대로 Ben Sira는 스토아학파의 개념을 받아들이면서도 그들의 일원론과 하나님을 세상과 동일시하는 입장에는 반대해 “하나님은 이 우주에 만연하시지만 여전히 그분의 피조물보다 높임을 받으시는 주권적 창조주이시며 ‘그분의 모든 피조물보다 크신’ 분”(43.28b)이심을 믿었다. Hengel, *Judaism and Hellenism*, 1:148-49.
36. 알렉산드리아 Philo의 작품과 요한복음(1.1-18)에서 스토아학파의 ‘로고스’는 창세기 이야기를 해석하기 위한 주요 개념이 되었다.

48-49

벤 시라는 다음과 같이 선포한다. "나는 높은 하늘에서 살았고 내가 앉는 자리는 구름기둥이다. 나 홀로 높은 하늘을 두루 다녔고 심연의 밑바닥을 거닐었다. 바다의 파도와 온 땅과 모든 민족과 나라를 나는 지배하였다." 시락서 24장 6절에서 벤 시라가 선언한 것처럼 지혜는 온 우주를 지배한다. 덧붙여 24장과 42장 15절-50장 24절은 이 세상을 창조하고 인간 역사, 특별히 이스라엘 역사를 인도하신 하나님의 말씀으로 지혜를 지칭한다. 벤 시라가 특별히 강조한 것은 지혜가 하나님의 백성에게 나타난 방식에 있다. 시락서는 지혜가 유대 율법으로(24.23) 이스라엘 가운데 "장막"을 지었다고(24.8) 언급한다.[37] 이시스(Isis)가 이집트인들 가운데 자신의 집을 찾은 것처럼 지혜도 유대인들 가운데 자신의 집을 찾았다. 지혜는 하나님이 만드신 만물 위로 부어졌지만(1.1-20) 자신이 오직 이스라엘에서만 안식을 찾았다고 이야기한다. 이곳에서 지혜는 자신이 천상 세계(지혜의 거처)가 이 세상으로 들어오는 "신성한 중심"으로 예루살렘 성전과 '토라'와 연결되기 때문이다. 벤 시라의 작업은 솔로몬의 지혜서와 유사성을 드러낸다.

잠언 8장 30절에서 발견되는 지혜 개념을 바탕으로 솔로몬의 지혜서 저자는 지혜를 찬양하는 찬송에서(6.12-9.18) 지혜를 모든 창조된 우주의 설계자이자 명령자로 묘사한다. 이 저자는 지혜를 이 세상이 창조될 때 하나님의 시중을 든 "장인"(τεχνῖτις, '테크니티스')으로 실체화한다.[38] 그

37. Sir 24.8: "온 누리의 창조주께서 나에게 명을 내리시고 나의 창조주께서 내가 살 곳을 정해 주시며, '너는 야곱의 땅에 네 집을 정하고 이스라엘에서 네 유산을 받아라.' 하고 말씀하셨다"(τότε ἐνετείλατό μοι ὁ κτίστης ἁπάντων καὶ ὁ κτίσας με κατέπαυσεν τὴν σκηνήν μου καὶ εἶπεν ἐν Ιακωβ κατασκήνωσον καὶ ἐν Ισραηλ κατακληρονομήθητι). 24.8과 비슷하게 요 1.14은 '로고스'가 육신이 되어 이 땅에 "거하셨다"(혹은 "장막을 치셨다")고 진술한다.

38. Wis 7.21-22, 8.6, 9.4, 9-10, 14.2; *1 En*. 42.1과 비교. Wis 7.21: "만물을 만드신 하나

는 지혜를 신적 지식의 관계자이자 창조된 세상의 공동 설계자로 의인화한다(8.4). "지혜는 하나님의 지식을 배워서 하나님께서 하실 일을 함께 결정한다." 지혜서 저자는 7장 25-26절에서 필론의 '로고스'(신적 지혜)와 흡사한 개념인 "발산"(ἀπόρροια, '아포르로리아'), "광채"(ἀπαύγασμα, '아파우가스마'), 그리고 "형상"(εἰκών, '에이콘')과 같은 흥미로운 그리스 용어를 사용하여 지혜를 우주적으로 묘사한다. "지혜는 하나님께서 떨치시는 힘의 바람이며 전능하신 분께로부터 나오는 영광의 티 없는 빛이다. 그러므로 티끌만 한 점 하나라도 지혜를 더럽힐 수 없다"(지혜서 7.25). 이 저자는 창조의 다양한 활동 이면에서 작동한 신적 능력(δύναμις, '뒤나미스')을 언급한 스토아학파의 언어와 사고 형태를 취했다.[39] 만물을 하나로 묶는 스토아학파적 믿음의 세계-영혼 혹은 세계-원리처럼, 이 지혜도 온 우주에 만연하며 동시에 하나님과의 친밀감을 누린다(7.24, 8.1-3; 시락서 24.3-6의 흡사한 묘사와 비교하라).[40]

님의 지혜의 가르침을 받아서 나는 드러나 있는 것은 물론 감추어진 모든 것까지도 알게 되었다"(ὅσα τέ ἐστιν κρυπτὰ καὶ ἐμφανῆ ἔγνων ἡ γὰρ πάντων τεχνῖτις ἐδίδαξέν με σοφία).

39. Gerhard von Rad, *Wisdom in Israel*, 170은 솔로몬의 지혜서를 쓴 저자가 "이러한 면에서 이제까지 고수해 온 노선을 버리고 지혜의 신화적, 사변적 신격화의 길을 좇는 결정적 걸음을 내딛은 첫 번째 사람이었다"고 언급했다.

40. Sir 24.3과 비교. Ben Sira는 지혜를 창조가 시작될 때에 질서와 풍요를 베푼 은혜로운 신적 존재나 하나님의 호흡 혹은 말씀으로 제시한다. Ben Sira에게 하나님의 입으로부터 나오는 것은 오직 창조의 말씀일 수 있다. 창조와 역사의 능동적 원리로 지혜-말씀은 구약성서와 일치를 이룬다(시 33.4, 9, 104.7, 147.15; 사 48.13, 50.2 등). Edmond Jacob, "Wisdom and Religion in Sirach," in Gammie et al., *Israelite Wisdom*, 254 참조. 만물에 스며든 지혜의 개념은 지혜 문헌 다른 곳에서는 주님의 영(Wis 1.7과 비교) 혹은 하나님의 말씀(Sir 43.26)과 신약성서에서는 그리스도의 우주적 역사와 관련되어 사용된다(골 1.17; 히 1.3과 비교).

> 지혜는 모든 움직임보다 더 빠르며, 순결한 나머지, 모든 것을 통찰한다(7.24).
>
> 지혜는 세상 끝에서 끝까지 힘차게 펼쳐지며 모든 것을 훌륭하게 다스린다. 나는 젊어서부터 지혜를 그리워하고 찾았으며 지혜를 아내로 얻으려고 찾아다녔다. 그 아름다움에 매혹되어 나는 지혜를 사랑하였다. 지혜는 하나님과 함께 생활함으로써 그 고귀한 가문을 나타내었으며, 만물의 주님께서 그를 사랑하셨다(8.1-3).

지혜서 8장 1절에서 보여 주듯 지혜/'소피아'(*Sophia*)는 우주에 질서를 부여하는 여성 원리다. 솔로몬의 지혜서에서 지혜는 "인류를 사랑하는 영"이고 "사람들이 살고 있는 땅을 채운" "주님의 영"과 명백한 동의어다. 지혜는 "지적인 덕"일 뿐만 아니라 "'만물을 하나로 묶는' 우주적 원리이자 하나님과 우주 사이의 연결 고리"다.[41]

b. 인간학

벤 시라는 하와를 죄의 창시자로 이야기한 시락서 25장 24절과 다른 어조를 취하여 죽음을 아담의 죄의 결과가 아닌 창조 질서의 일부라 주장한다. "악의 반대편에는 선이 있고 죽음의 반대편에는 생명이 있듯이, 죄인의 반대편에는 경건한 사람들이 있다. 지극히 높으신 분의 모든 업적을 살펴보아라. 모든 것은 서로 반대되는 것끼리 짝을 이루고 있다"(33.14-15). 창조 속 일련의 대립들 중 하나인 생명과 죽음은 주님으로부터 온다. 죽음은 "재산을 쌓아 놓고 행복하게" 사는 이에게는 비통할 수 있지만, 지혜로운 자는 죽음이 주는 두려움과 비통에 굴복하도록 강

41. John J. Collins, *Jewish Wisdom*, 196.

압되지 않는다(41.1f). 벤 시라는 죽음 이후 몸과 독립된 인간 영혼의 지속적 존재를 언급하지 않는다. "인간은 모든 것을 다 이룰 수 없다. 언젠가는 죽기 때문이다"(οὐ γὰρ δύναται πάντα εἶναι ἐν ἀνθρώποις ὅτι οὐκ ἀθάνατος υἱὸς ἀνθρώπου, 17.30). "한번 죽은 사람은 [죽음으로부터] 돌아오지 못한다"(38.21). 호메로스와 구약성서처럼 벤 시라에게도 죽은 자들이 그림자 존재로 사는 지하 세계(ᾅδης, '하데스')의 개념이 있었다(14.12, 16-17).[42] 그는 모든 사람이 임종 시 구더기와 지렁이의 차지가 된다고 말한다(10.11. 비교. 19.3; 욥 17.13-16). 따라서 벤 시라는 죽음을 하나님이 벌하시는 수단으로 이해했으나, 시락서는 의인의 죽음을 에녹과 엘리야가 하늘로 옮겨진 것처럼 천국으로의 이동, 높아짐, 승천으로 생각했다(시락서 44.16, 48.9).[43] 벤 시라는, 의인에 대한 기억은 세대에서 세대로 전달되지만 악인은 망각 속에 묻힌다고 단언한다.[44] 이름을 보존하는 것으로서의 "부활의 은유적 개념"에서 내세에 대한 참된 개념으로 한 발짝 전진하는 것이 솔로몬의 지혜서다.[45]

이 세상을 하나님이 다스리시는 선한 세계와 악이 다스리는 악한

---

42. Sir 14.12: "잊지 말아라, 죽음이 너를 기다리고 있다는 것과 무덤에 갈 시간을 너는 모르고 있다"(μνήσθητι ὅτι θάνατος οὐ χρονιεῖ καὶ διαθήκη ᾅδου οὐχ ὑπεδείχθη σοι). Homer *Od*. 10.508-15, 24.11; *1 En*. 12-36(바다 너머 북서쪽에 있는, 죽은 자들의 신비한 왕국에 대한 묘사)과 비교.

43. Sir 44.16: "에녹은 주님을 기쁘게 해 드리고 하늘로 불려 올라갔다. 그래서 후대를 위하여 회개의 모범이 되었다"(Ενωχ εὐηρέστησεν κυρίῳ καὶ μετετέθη ὑπόδειγμα μετανοίας ταῖς γενεαῖς). Sir 48.9: "당신은 불 마차를 타고 불 소용돌이 속 하늘로 올라갔습니다"(ὁ ἀναλημφθεὶς ἐν λαίλαπι πυρὸς ἐν ἅρματι ἵππων πυρίνων).

44. Sir 10.17, 14.20a, 15.5-6, 16.4, 23.25-26, 39.9-11, 41.8-13.

45. Gabriele Boccaccini, *Middle Judaism: Jewish Thought, 300 B.C.E. to 200 C.E.* (Minneapolis: Fortress, 1991), 119-24.

세계로 처음 구분한 것은 헬라적 솔로몬의 지혜서를 통해서다.[46] 솔로몬의 지혜서 저자는 지혜로운 사람이 인간 본성에서 어떻게 성숙해 가는지를 설명하고자 헬라적인 인간학적 추정을 이용한다. 이 저자는 그리스어 명사 '아타나시아'(ἀθανασία, "불멸")를 언급하지만 구약성서(와 다른 지혜서)에는 나타나지 않는다.[47] 그는 구약성서 전통에서 완전히 새로운 생각을 내놓는바, 바로 인간이 본성적으로 불멸하며 오직 죄 때문에 죽음이 이 세상으로 들어오게 되었다는 것이다. 그는 1-6장에서 불의는 죽음과 파괴를 가져오고(1.12, 5.9-14) 의는 생명과 불멸로 인도한다(1.15, 5.15)는 사실을 지적한다. "그러나 하나님은 인간을 불멸한 것으로 만드셨고"(ὁ θεὸς ἔκτισεν τὸν ἄνθρωπον ἐπ' ἀφθαρσίᾳ, 2.23), 지혜롭고 의로운 자는 이러한 운명에 이른다. 이것은 영혼이 본질적으로 불멸하다고 본 플라톤과는 분명히 다르다. 솔로몬의 지혜서는 시락서에서 초월적 생명을 제시하는 것을 넘어 "이 지혜의 초월적 생명을 미래로 투사"하고, "의인은 영원히 산다"(δίκαιοι εἰς τὸν αἰῶνα ζῶσιν, 5.15)는 사실을 분명하게 주장한다.[48]

지혜서 3장 1-3절은 플라톤의 영혼 불멸 교리를 소개한다. 이것의 미덕을 통해 의인들은 자신의 결백을 입증하고 이들의 죽음은 복된 영원으로 들어가는 입구로 간주된다. "의인들의 영혼은 하나님의 손에 있어서 아무런 고통도 받지 않을 것이다. 미련한 자들의 눈에는 그들이 죽

46. von Rad, *Wisdom*, 305.

47. 명사 "불멸"은 Wis 3.4, 4.2, 8.13, 17, 15.3에서, 형용사 "불멸의"는 Wis 1.15에 각각 나타난다. Sir 17.30, 51.9(형용사), 고전 15.53, 54; 딤전 6.16(명사), 4 Macc(두 단어 모두)와 비교. Plato, *Resp*. 10.13ff.; *Phaed*. 107D-108D과 비교.

48. John J. Collins, *Seers, Sybils and Sages in Hellenistic-Roman Judaism* (Leiden: Brill, 1997), 364.

은 것처럼 보이고 그들이 이 세상을 떠나는 것이 재앙으로 생각될 것이며 우리 곁을 떠나는 것이 아주 없어져 버리는 것으로 생각되겠지만, 의인들은 평화를 누리고 있다"(δικαίων δὲ ψυχαὶ ἐν χειρὶ θεοῦ καὶ οὐ μὴ ἅψηται αὐτῶν βάσανος ἔδοξαν ἐν ὀφθαλμοῖς ἀφρόνων τεθνάναι καὶ ἐλογίσθη κάκωσις ἡ ἔξοδος αὐτῶν καὶ ἡ ἀφ' ἡμῶν πορεία σύντριμμα οἱ δέ εἰσιν ἐν εἰρήνῃ).[49] 이 저자는 몸의 부활 교리를 주장하지 않는다. 대신 그는 죽음 이후 의인이 죽은 것처럼 보이지만 오직 그들의 몸이 죽었을 뿐 그들의 영혼은 불멸하고 "평안 가운데 있다"는 견해를 취한다. 하나님은 자신의 고유한 존재의 불멸하는 형상으로 인간을 창조하셨지만, 마귀가 그의 시기심으로 인해 아담으로 하여금 하나님에게 불순종하도록 유도했고 따라서 죽음이 이 세상에 들어왔다(지혜서 1.13, 2.24). 시락서처럼(33.14-15), 지혜서는 죽음을 더 이상 하나님의 역사들 가운데 하나로 간주하지 않는다. 그는 마지막 심판 때까지 모든 영혼들이 '하데스'(ᾅδης)에서 임시로 거처하는 것을 상상한다(2.1, 16.13). 6장 17-20절에서 저자는 불멸이라는 지혜의 선물을 언급한다.

> 지혜를 배우려고 하는 마음이 지혜를 얻는 진정한 시작이다. 지혜를 배우려는 갈망이 곧 지혜를 사랑하는 것이며 지혜를 사랑하는 것은 곧 지혜의 법을 지키는 것이고 지혜의 법을 지키는 것은 불멸의 보증을 얻는 것이며, 불멸은 하나님 곁에서 살게 한다. 그러므로 지혜를 원하는 사람은 하나님 나라로 인도된다.

49. 영혼 불멸에 대한 그리스 교리는 *1 En.* 102-5; 4 Macc 18.23; Philo, *Abr.* 258; Josephus, *J.W.* 3.372, 7.343-50에서 증언된다.

솔로몬의 지혜서의 문맥에서 의로운 자들이 받는 박해에 대한 응답은 "사후 심판"(a post-mortem judgment)인바, 의와 악이 궁극적으로는 상응하는 정당한 보상을 받는다는 사실을 강조하는 것이다.[50] 이사야 26장 19절과 다니엘 12장 2-3절과는 달리[51] 솔로몬의 지혜서는 몸의 부활보다 영혼의 불멸을 가르치는데 "몸의 파괴에도 불구하고 영혼은 계속해서 존재하고 심판받을 수 있기" 때문이다.[52] 이런 의미에서 그에게 죽음 이후의 심판은 몸의 부활을 요구하지 않는다. 8장 19-20절에서 그는 어느 정도 영혼과 그것의 선재에 대한 플라톤의 개념과 자신을 연결 짓는다. "나는 좋은 기질을 타고난 어린이였으며 훌륭한 영혼을 받은 아이였다. 이렇게 잘 태어난 나는 육신마저도 깨끗하였다"(παῖς δὲ ἤμην εὐφυὴς ψυχῆς τε ἔλαχον ἀγαθῆς μᾶλλον δὲ ἀγαθὸς ὢν ἦλθον εἰς σῶμα ἀμίαντον).[53] 몸과 영혼에

50. George W. E. Nickelsburg, *Resurrection, Immortality, and Eternal Life in Intertestamental Judaism*, HTS XXVI (Cambridge, Mass.: Harvard University Press, 1972), 48.

51. 사 26.19: "주의 죽은 자들은 살아나고 그들의 시체들[נבלה]은 일어나리이다 티끌에 누운 자들아 너희는 깨어 노래하라 주의 이슬은 빛난 이슬이니 땅이 죽은 자들을 내놓으리로다." 단 12.2-3: "땅의 티끌 가운데에서 자는 자 중에서 많은 사람이 깨어나 영생을 받는 자도 있겠고 수치를 당하여서 영원히 부끄러움을 당할 자도 있을 것이며 지혜 있는 자는 궁창의 빛과 같이 빛날 것이요 많은 사람을 옳은 데로 돌아오게 한 자는 별과 같이 영원토록 빛나리라." 단 12.2-3에 반영된 사 26.19은 죽은 자들의 몸이 일어날 것을 말한다. 다니엘이 이사야의 특정 본문을 사용한 사실이 이 같은 몸의 부활을 시사한다.

52. Nickelsburg, *Resurrection*, 88.

53. David Winston은 저자가 "개인적인 '나'의 정체성에서 영혼의 우위"를 강조한다고 추측한다. 그의 책 *Wisdom of Solomon*, 26 참조. 8.19-20의 표현은 Plato의 *Resp.* Book 10에 있는 에르(Er)의 신화를 상기시키는데 여기에서 필연성(Necessity)의 딸, 라케시스(Lachesis)는 땅으로 돌아가기 전에 모인 영혼들에게 이야기한다. "하루를 사는 영혼들이여, 이제 또 다른 인간 세대의 주기가 시작된다. … 첫 번째 제비를 뽑는 사람이 먼저 결합할 생명을 선택하도록 하라"(*Resp.* 617E). Philo, *Somn.* 1.133-43; Gig. 6-9; *Plant.* 11-14; Cicero가 윤회 없는 불멸의 교리를 제안한

대한 보다 독특한 플라톤 혹은 피타고라스의 이원론이 9장 15절에서 발견된다. "썩어 없어질 몸은 영혼을 내리누르고 이 세상살이는 온갖 생각을 일으키게 하여 사람의 마음을 무겁게 만듭니다"(φθαρτὸν γὰρ σῶμα βαρύνει ψυχήν καὶ βρίθει τὸ γεῶδες σκῆνος νοῦν πολυφρόντιδα).[54] 솔로몬의 지혜서 저자는 플라톤으로부터 영혼이 참된 사람이며 오직 몸만 죽고 영혼은 인간 불멸의 근원이라는 개념을 취한다.

3. 지혜, '토라'와 '로고스'

지혜(חכמה, '호크마')/'토라'(תורה, "율법") 전통의 성서적 기초는 잠언 1-9장 속 지혜의 의인화다. 지혜가 "우주적 세력"으로 묘사되지만 용어 '호크마'(חכמה)를 언급하지 않는 잠언 8장 22-31절에서, 8장 22절은 특별히 중요하다. 이는 창세기 1장 1절의 '라쉬트'(ראשית)를 '호크마'(חכמה)와 언어적으로 연결 지어 의인화된 지혜를 창조의 대리인으로 보는 문을 열기 때문이다.[55] 따라서 "태초"(ראשית, '라쉬트')는 잠언 3장 19절과 8

Tusculan Disputations I과 *Dream of Scipio*과 비교.

54. John J. Collins는 솔로몬의 지혜서가 그리스 철학의 Plato/Pythagoras 전통을 취했다고 지적한다. "영혼의 개념이 한결같이 Plato의 것은 아니지만 이것은 적어도 그 사람의 영적 차원을 지칭한다. 불멸의 교리는 가정된 부활이 아니라 이 영적 차원의 실재에 집중한다. 불멸의 개념은 플라톤주의와 밀접한 관련을 갖고 있으며 그것과 정확히 일치하지는 않지만 그것의 영향을 받았을 가능성이 높다." John J. Collins, *Seers*, 362-63. Wis 9.15에 반영된 개념은 Plato과 Philo과 평행을 이룬다. "우리에게 몸이 있고 영혼이 그러한 악으로 오염된 이상 우리는 우리가 갈망하는 바를 온전히 얻지 못할 것이다"(*Phaed*. 66B). "그러나 육체의 짐을 지고 그 무거운 짐에 억눌린 이들은 공전하는 하늘을 올려다볼 수 없다"(*Gig*. 31; 참조: *Leg*. 3.152; *Det*. 16).

55. Stephan K. Davis, *The Antithesis of the Ages: Paul's Reconfiguration of Torah*, CBQMS 33 (Washington: Catholic Biblical Association of America, 2002), 43. Stephan K. Davis는 잠 8.22-30과 창 1-3장 사이 상호 텍스트성(intertextuality)의

장 22절에서 지혜에 대해 사용된 우주론적 용어이다. 잠언 8장 22-31절에 반영된 의인화된 지혜의 특징은 '토라'로 전달된다. 이러한 의미에서 '라쉬트'(ראשית)는 "지혜를 창조의 내러티브와 결합시키는 핵심이다."[56] 앞서 언급된 것처럼 잠언 3장 19절은 '베레쉬트'(בראשית)와 '베호크마'(בחכמה)가 창세기 1장 1절에 비추어 서로 호환될 수 있음을 보여 준다.

> 창세기 1장 1절: 태초에[בראשית, '베레쉬트'] 하나님이 천지를 창조하시니라.
> 잠언 3장 19절: 여호와께서는 지혜로[בחכמה, '베호크마'] 땅에 터를 놓으셨으며 명철로 하늘을 견고히 세우셨고
> 잠언 8장 22절: 여호와께서 그 조화의 시작 곧 태초에 일하시기 전에 나[חכמה, '호크마']를 가지셨으며

잠언 7장 1-4절은 '토라'와 지혜의 근접성을 제시하는바, "판"(לוח, '루아흐')이라는 용어가 시내(Sinai) 계시의 내러티브를 반영하고 따라서 이 본문이 '토라'(תורה)를 염두에 둔다는 점에서 그렇다.[57]

> 내 아들아 내 말을 지키며 내 계명[מצותי, '미츠보타이']을 간직하라 내 계명을 지켜 살며 내 법[תורתי, '토라티']을 네 눈동자처럼 지키라 이것을 네 손가락에 매며 이것을 네 마음 판에 새기라 지혜에게 너는 내 누이라

관련성이 없었다면 '시내 토라'(Sinai Torah)를 우주로 투사할 수 없었을 것이라 주장한다. 그의 책 *Antithesis of the Ages*, 44 참조.

56. Davis, *Antithesis*, 48.
57. 지혜와 '토라'의 의미론적 연관성은 잠 7.1-4 외에도 신 4.5-6, 렘 8.8과 스 7.14, 25에서도 찾아볼 수 있다. Davis, *Antithesis*, 44-45 참조.

하며 명철에게 너는 내 친족이라 하라

잠언 속 '토라'는 대개 보다 일반적인 부모 교육(1.2-3, 7-8, 4.1, 13, 8.10, 33, 9.9, 10.17, 13.18, 15.5, 32-33, 19.20, 27, 23.12, 23, 24.32)이나 지혜와 관련된 명령(2.1, 3.1, 4.4, 10.8)을 지칭한다. '호크마'(חכמה)가 이런 식으로 '토라'(תורה)와 연관되기 시작하면서 머지않아 '호크마'의 속성과 의인화도 '토라'로 귀속되기 시작했다. 잠언 8장 22-31절에서 보다 더 강력한 지혜와 '토라' 사이의 연결은 시락서 24장에서 발견된다.

지혜(σοφία, '소피아')/율법(νόμος, '노모스')의 연결과 지혜(σοφία)/'로고스'(λόγος)의 연결은 각각 시락서와 솔로몬의 지혜서에서 분명해졌다.[58] 벤 시라는 '토라'와 지혜를 명확하게 연결한 첫 번째 저자였다.[59] 이런 의미에서 벤 시라는 "참된 지혜가 모세의 율법에 감추어졌다는 [그의]

---

58. Bar 4.1(기원후 1세기 혹은 그 이전으로 거슬러 올라가는) 역시 지혜와 '토라'를 동일시한다. "그녀[지혜]는 하나님의 명령, 영원한 법의 책이다. 그녀를 붙드는 자는 모두 살고 그녀를 버리는 자는 죽을 것이다"(αὕτη ἡ βίβλος τῶν προσταγμάτων τοῦ θεοῦ καὶ ὁ νόμος ὁ ὑπάρχων εἰς τὸν αἰῶνα πάντες οἱ κρατοῦντες αὐτῆς εἰς ζωήν οἱ δὲ καταλείποντες αὐτὴν ἀποθανοῦνται).

59. 이시스(Isis)/마아트(Maat)가 법을 공포하고 사법 행정을 주재하며 우주적, 사회적 질서를 유지했다는 사실을 상기한다면 Sir 24장이 지혜와 율법을 동일시하는 것에서 이시스의 이집트 신화를 모델로 삼은 것은 당연하다. 잠언이 하나님을 경외하는 것을 지혜의 시작으로 밝히며(1.7, 9.10), 시 119편이 하나님 율법의 영광을 찬송하지만 시락서가 지혜와 '토라'의 관계를 구체적으로 논한 최초의 작품이다. 그 둘의 동일시를 추정한 것으로 보이는 보다 이른 텍스트로는 신 4.6; 스 7.14, 25 참조. John J. Collins, *Jewish Wisdom*, 54 참조. Martin Hengel, *Judaism and Hellenism*, 1:161-62은 '토라'와 지혜 사이 연관의 기원을 신 4.6과 시 1, 119편까지 거슬러 올라가지만 "Ben Sira 안에 있는 온전한 동일시 이전에 결정적인 한 단계가 여전히 필요했다"고 강조하며, '토라'와 지혜에 대한 Ben Sira의 동일시가 팔레스타인의 하가다(haggada), 알렉산드리아의 종교 철학과 기독론 발전에 영향을 미쳤다고 말한다.

54-55

담대한 선언"을 통해 전임자들을 넘고 나아갔다.[60] 조지 F. 무어(George F. Moore)는 시락서에서의 '토라'와 지혜의 동일시를 논한다.

> 계시, 보다 정확하게 모세 율법과 신적 지혜의 동일시는 따라서 적어도 시락서까지 거슬러 올라(대략 기원전 200년) 유대적 가르침에서 확립되었다. 그가 이것을 소개한 방식은 이것이 당시, 그러니까 율법 연구와 지혜 함양이 서로 밀접히 연관되었을 때에는 흔한 일이었다는 인상을 주는데 그의 경우 이 둘은 동일 인물 안에서 서로 결합되었다.[61]

의인화된 지혜와 '토라'의 동일시는 잠언 1-9장(특별히 8.22-31) 속 지혜의 속성을 시락서 24장의 '토라'로 전이함으로써 이뤄졌다. 지혜와 '토라'의 긴밀한 상관관계는 지혜가 이스라엘의 제사장 사역, 곧 레위 제사장들이 이스라엘 백성에게 모세의 율법을 가르치도록 임명받는 사역 가운데 지혜가 거한다는 개념과 더불어 시락서 24장(7, 8, 10-12절)의 지혜 찬송이 시작될 때부터 예견되었다(신 17.18-20, 31.9ff., 33.10).[62] 잠언 8장 22-31절은 지혜를 창세기 1장 1절의 '라쉬트', 즉 하나님의 창조의 대리인으로 묘사하는 반면, 시락서는 하나님의 입으로부터 나오는(24.3, 잠 2.6과 비교) 우주론적 지혜를 모세의 율법, 곧 "지극히 높으신 하나님의 언약의 책"(24.23)과 연결시킨다.[63] 시락서 24장 3절("나는 지극히 높으신 분의

60. James L. Crenshaw, *Old Testament Wisdom: An Introduction* (Atlanta: John Knox, 1981), 149.

61. G. F. Moore, *Judaism in the First Centuries of the Christian Era*, 3 vols. (Cambridge, Mass.: Harvard University Press, 1927), 1:265.

62. Gerald T. Sheppard, *Wisdom as a Hermeneutical Construct*, BZAW 151 (Berlin: Walter de Gruyter, 1980), 59.

63. 창 1.1: בראשית ברא אלהים את השמים ואת הארץ; 잠 8.22: דרכו קדם מפעליו מאז

55-56

입으로부터 나왔으며 안개와 같이 온 땅을 뒤덮었다"[ἐγὼ ἀπὸ στόματος ὑψίστου ἐξῆλθον καὶ ὡς ὁμίχλη κατεκάλυψα γῆν])에는, '노모스'(νόμος)와 하나님의 "계시의 암호"인 하나님의 말씀(λόγος, '로고스') 사이에 자연스러운 연결이 있다.[64] 하나님의 말씀(λόγος)으로서의 지혜는 창조와 율법 모두에 나타난다. 벤 시라는, 지혜를 갈망하는 자는 '토라'의 계명을 반드시 지켜야 한다고 이야기한다. "네가 지혜를 구한다면 계명을 지키라 그리하면 주님이 아낌없이 주시리라"(ἐπιθυμήσας σοφίαν διατήρησον ἐντολάς καὶ κύριος χορηγήσει σοι αὐτήν, 1.26). 따라서 '토라'는 지혜의 전달자가 되며 지혜의 창조적 활동, 역사와 행위에 대한 것이다. '토라'로부터 얻어야 할 것은 오직 지혜뿐이다.[65] 시락서 24장 10-12절이 보여 주는 것처럼 지혜는 오직 예루살렘 가운데 있다. "그분이 계신 거룩한 장막 안에서 나는 그분을 섬겼다. 이렇게 해서 나는 시온에 살게 되었다. 주님은 사랑하시는 이 도읍에 나의 안식처를 마련하셨고, 예루살렘을 다스리는 권한을 주셨다. 주님께서 고르시어 차지하시고, 영광스럽게 만드신 그 백성 안에 나는 뿌리를 내렸다."[66] 지혜의 행위와 현시를 칭찬하며 저자는 이야기한다. "이 모든

יהוה קנני ראשית; 잠 2.6: "대저 여호와는 지혜를 주시며 지식과 명철을 그 입에서 내심이며"(יהוה קנני ראשית דרכו קדם מפעליו מאז); Sir 24.23: "이 모든 것은 지극히 높으신 하나님의 계약의 글월이며, 우리 야곱 가문의 유산으로 모세가 제정해 준 율법이다"(ταῦτα πάντα βίβλος διαθήκης θεοῦ ὑψίστου νόμον ὃν ἐνετείλατο ἡμῖν Μωυσῆς κληρονομίαν συναγωγαῖς Ιακωβ).

64. Davis, *Antithesis*, 57, n. 38.

65. Sir 6.37와 비교. "주님의 계명을 마음속에 새기고 그 명하신 모든 것을 실천하여라. 그러면 주님께서 네 마음을 굳세게 해 주시고 네가 바라는 지혜를 주시리라"(διανοοῦ ἐν τοῖς προστάγμασιν κυρίου καὶ ἐν ταῖς ἐντολαῖς αὐτοῦ μελέτα διὰ παντός αὐτὸς στηριεῖ τὴν καρδίαν σου καὶ ἡ ἐπιθυμία τῆς σοφίας δοθήσεταί σοι). Ben Sira에게 '토라'의 내용은 지혜이고 '토라'의 연구는 지혜로 인도한다(39.1, 3, 9). '토라' 학교로의 초청은 사실상 지혜로의 초청이다(50.27f., 51.23-27).

66. 잠언과 시락서의 의인화된 지혜와는 달리 *1 En.*의 지혜는 머물 곳을 찾지 못하고

것은 지극히 높으신 하나님의 계약의 글월이며, 우리 야곱 가문의 유산으로 모세가 제정해 준 율법이다"(24.23).

이제 율법이 가장 중요하다. 율법 혹은 모세의 '토라'(7.29-31)에서 제일의 표현과 구현을 발견하며, 그것과 동일시되는(15.1, 21.11, 24.23) 지혜는 하나님을 두려워하는 자만이 얻을 수 있다.[67] 벤 시라는 말한다. "주님을 두려워함은 지혜의 전부이며 율법의 완성이 그 속에 있다"(19.20). 시락서에서 "주님을 두려워하는 것"은 지혜를 얻는 데 중요한 역할을 한다. 이러한 의미에서 지혜, 주님 경외와 율법은 밀접히 관련된 용어들로 때로는 거의 동일하다. 벤 시라는 지혜와 '토라'를 동일시함으로써 모세 전통의 중심 흐름으로 지혜 문헌을 가져왔다. 시락서가 '토라'의 본질을 이해하는 데 기여한 결과로, '토라'는 지혜의 총체로 이해될 수 있었다.[68] 따라서 벤 시라는 '토라'를 지혜화함으로써 지혜의 관점으로 '토라'에 다가간다.[69]

헹엘의 표현으로 시락서 24장은 지혜의 "재신화"(remything)를 보여주는데 여기에서 지혜는 "창조의 교리와 보다 더 밀접하게 연결"된다.[70] 헹엘은 시락서의 '노모스'(νόμος, "율법")에서 그리스 사상, 특히 플라톤적 양식과의 일치, 보편법과 세상에 명령하는 '로고스'의 스토아학파적 연

하늘로 돌아간다(42.1).

67. Ben Sira의 관점에서 하나님 경외와 동의어인 지혜는 '토라'에 대한 충실과 동일시된다.

68. R. E. Clements, "Wisdom and Old Testament Theology," in *Wisdom in Ancient Israel: Essays in Honour of J. A. Emerton*, ed. John Day et al. (Cambridge: Cambridge University Press, 1995), 284.

69. 시락서 속 '토라'의 지혜화를 위해서는 Sheppard, *Wisdom*, 19-71 참조. 지혜의 '토라'화(torahizing)를 위해서는 T. Sanders, *Ben Sira and Demotic Wisdom* (Chico, Calif.: Scholars Press, 1983), 16과 von Rad, *Wisdom*, 244 참조.

70. Hengel, *Judaism and Hellenism*, 1:156.

56-57

결을 본다.[71] 벤 시라의 지혜 개념은 그리스 사상과 지적 사색의 영향으로 솔로몬의 지혜서 안에서 더욱 발전된다.

지혜서 9장 1-4절에서 신적 대리인으로의 '소피아'(σοφία)는 '로고스'(λόγος)와 연결된다.

> 우리 조상들의 하나님이시며 자비로우신 주님, 당신은 말씀으로(ἐν λόγῳ σου) 만물을 만드셨고, 당신의 지혜로(τῇ σοφίᾳ σου) 인간을 내시어 당신 손에서 생명을 받은 모든 피조물을 지배하게 하셨습니다. 또 인간으로 하여금 세상을 거룩하고 의롭게 다스리게 하시고 정직한 마음으로 통치하게 하셨습니다. 나에게, 당신 왕좌에 자리를 같이한 지혜를 주시고 나를 당신의 자녀들 축에서 빼놓지 마소서.

앞서 언급한 대로 '라쉬트'(ראשית, 창 1.1)를 지혜로 해석한 것과 함께 솔로몬의 지혜서에서 '말씀으로' 이루어진 창조와 '지혜로' 이루어진 창조는 평행을 이룬다. 스토아학파의 철학을 눈에 띄게 연상시키는 지혜서 7장 22절-8장 1절에서 저자는 '로고스' 개념을 잠언에서 언급된 선재적 지혜와 연결시킨다. 그리고 하나님의 말씀인 '토라'가 아니면 무엇이 지혜일 수 있는가. 따라서 저자는 지혜의 '노모이'(νόμοι, "법들")를 가리키는 지혜서 6장 18절 역시 지혜/'토라'의 연결을 보여 준다는 결론으로 나아간다.[72] 지혜서 7장 22-23절에서 지혜(σοφία)는 우주론적 '토라'를 나

71. Hengel, *Judaism and Hellenism*, 1:160이 인용한 *Diogenes Laertius* 7.87에서 Zeno는 말한다. "만물에 스며든 참된 지혜(ὁ ὀρθὸς λόγος, '호 오르토스 로고스'), 곧 보편법(ὁ νόμος κοινός, '호 노모스 코이노스')은 만연한 것들을 관장하는 제우스와 동일하다."

72. Wis 6.18: "지혜를 사랑하는 것은 곧 지혜의 법을 지키는 것이고 지혜의 법을 지키

타낼 수도 있고 영(πνεῦμα)과 동일시될 수도 있다.[73] 솔로몬의 지혜서 18장은 출애굽 사건을 서술한다. 이집트에서 장자가 죽임 당한 것에 대해 15-16절은 이렇게 말한다. "하늘의 옥좌로부터 주님의 전능하신 말씀이 마치 사정없는 전사처럼 멸망한 땅 한가운데로 뛰어들었다. 그는 날카로운 칼과 같은 주님의 확고부동한 명령을 가지고 와서 우뚝 서서 온 세상을 시체로 가득 채웠다. 그는 아래로는 땅을 딛고 위로는 하늘까지 닿았다." 여기에서 지혜는 죽음의 사자로 묘사된 하나님의 말씀, 곧 '로고스'다. 지혜서 7장 22절-8장 1절과 동일한 개념이 그리스도를 '로고스'/지혜와 동일시하는 고린도전서 1장 24, 30절, 고린도후서 4장 4절, 골로새서 1장 15-17절, 에베소서 3장 8-10절, 히브리서 1장 2-3절, 그리고 요한복음 1장 1-14절에서 발견된다.

성서시대 후기 지혜서들에 나타나는 유대교와 그리스의 우주발생론 사이의 접점은 필론의 사상에 영향을 미쳤을 것이다. 특별히 솔로몬의 지혜서의 창조에서 '소피아'(*Sophia*)의 도구 역할은 필론 사상에서 지혜의 중심성과 가장 유사하다.[74] 필론은 지혜와 '토라'를 명시적으로 동

는 것은 불멸의 보증을 얻는 것이며"(ἀγάπη δὲ τήρησις νόμων αὐτῆς προσοχὴ δὲ νόμων βεβαίωσις ἀφθαρσία).

73. Wis 7.22-23: "지혜 속에 있는 정신은 영리하며 거룩하고, 유일하면서 다양하며 정묘하다. 그리고 민첩하고 명료하며 맑고 남에게 고통을 주지 않으며 자비롭고 날카로우며 강인하고 은혜로우며 인간에게 빛이 된다. 항구하며 확고하고 동요가 없으며 전능하고 모든 것을 살피며 모든 마음과 모든 영리한 자들과 모든 순결한 자들과 가장 정묘한 자들을 꿰뚫어 본다." 이 구절에서 지혜는 만물의 설계자(πάντων τεχνῖτις, '판톤 테크니티스')로 묘사된다. 바울에게 있어 생명을 창조하고 불어 넣는 하나님 능력으로서의 주님은 영이시다(고후 3.17: "주는 영이시니"[ὁ δὲ κύριος τὸ πνεῦμα ἐστίν]). 종교-역사적 배경의 관점에서 바울의 사상은 유대 지혜 문헌으로부터 기원한다(Wis 7.22-23; Wis 1.6a, 7.7 또한 참조).

74. David Winston은 "유대 헬레니즘 지혜 문헌이 '지혜'라는 용어를 '하나님의 말씀'과 동의어로 사용했고 따라서 Philo이 그 용어 역시 '로고스'와 동일하게 사용한 사

57-58

일시하지 않으며(*Virt.* 62-65과 비교) 오히려 지혜를 모세 율법과 동일시하는(*Migr.* 130과 비교), 보다 덜 인격적인 '로고스'(*Fug.* 97, 108-109과 비교, *Somn.* 2.242, 245)와 연결시키는 것 같다. 제임스 A. 데이비스(James A. Davis)는 '지혜'(σοφία), '율법'(νόμος), '로고스'(λόγος) 사이의 관계에 대해 다음과 같이 결론 내린다.

> 먼저 우리는 필론이 포괄적 의미에서 지혜를 율법에 포함된 계시로 제한하기를 주저하는 반면 한편으로는 '토라', 다른 한편으로는 지혜의 다른 근원들 사이에서 정도와 완전의 지속적 구별을 유지하는 것처럼 보인다는 사실을 관찰할 수 있다. 지혜가 부분적으로는 유대 율법의 바깥에서 발견될 수도 있지만 필론에게 지혜는 주로 율법과 연관성을 가진다. 그렇다면 신적 지혜의 온전한 표현인 '로고스'(λόγος)가 한 가지 근원 안에서 구체화 혹은 내재되었다고 한다면 필론에게 이것은 율법 안에서 가장 온전하고 분명하게 나타났다.[75]

필론의 생각에 그것의 온전한 표현으로 '로고스'와 동일시된 신적 지혜

실은 자연스러웠다"고 주장한다. D. Winston, *Logos and Mystical Theology in Philo of Alexandria* (Cincinnati: Hebrew Union College Press, 1985), 15 참조.

75. J. A. Davies, *Wisdom and the Spirit: An Investigation of 1 Corinthians 1.18-3.20 against the Background of Jewish Sapiential Traditions in the Greco-Roman Period* (Lanham: University Press of America, 1984), 53. 지혜(σοφία), 율법(νόμος), '로고스'(λόγος) 사이의 관계에 대해서는 E. R. Goodenough, *By Light, Light: The Mystic Gospel of Hellenistic Judaism* (New Haven, Conn.: Yale University Press, 1935), 88-93; Harry Austryn Wolfson, *Philo: Foundations of Religious Philosophy in Judaism, Christianity, and Islam*, 2 vols. (Cambridge: Harvard University Press, 1968), 1:147-50, 183-84, 254-58 참조.

의 탐색은 모세 율법의 비유적인 해석과 관련이 있다.[76] 유대 지혜 전통에 비추어 그리고 자신의 기독론적 관심에 따라 바울은 그리스도를 '소피아'(*Sophia*)와 '로고스'(*Logos*)로 보고, '토라'를 그의 구원 드라마에서 "초등교사"(παιδαγωγός, '파이다고고스'), 간수(jailor), 그리고 "세상의 초등학문"(τὰ στοιχεῖα τοῦ κόσμου, '타 스토이케이아 투 코스무')과 같은 하위 계급으로 강등시킨다.[77]

지혜와 묵시사상 사이의 관계와 후자가 전자의 영향을 받은 정도에는 여전히 "논란의 여지"가 있지만, 이스라엘의 지혜 전통은 유대 묵시사상의 발달에 영향을 준 여러 요소들 중 하나가 분명하다.[78] 후기 역사의 국가적 분열의 영향 아래 이스라엘은 선견자들의 인도를 받아, 본질적으로는 신화적 형상들을 다양한 패턴의 묵시적 이원론과 미래주의로

---

76. Philo, *Post.* 18; *Decal.* 1; *Spec.* 3.6; *QE* 2.42.
77. 갈 3.23-25, 4.3, 9.
78. Gerhard von Rad는 "묵시문학이 시작된 실제 모판은 … 지혜"라 주장한다. Gerhard von Rad, *Old Testament Theology*, trans. D. M. G. Stalker, 2 vols. (Edinburgh: Oliver & Boyd, 1965), 2:306 참조. 그러나 D. S. Russell은 지혜 전통에 묵시문학의 독특한 특징인 종말론과 결정론의 주제가 부족하다는 이유로 von Rad의 주장을 납득하지 못한다. D. S. Russell, *Divine Disclosure: An Introduction to Jewish Apocalyptic* (Minneapolis: Fortress, 1992), 21. G. Boccaccini, *Middle Judaism*, 80은 지혜 운동의 관심사를 초기 묵시가 제시한 도전과 조화시키려는 시도로 시락서를 제시한다. 지혜와 묵시의 비교를 위해서는 E. W. Heaton, *The Book of Daniel,* Torch Commentary (London: SCM, 1956), 19-23; J. D. Martin, "Ben Sira - a Child of his Time," in *A Word in Season: Essays in Honour of William McKane*, ed. J. D. Martin and P. R. Davies, JSOTSup 42 (Sheffield: JSOT Press, 1986), 153; R. A. Argall, *1 Enoch and Sirach: A Comparative Literary and Conceptual Analysis of the Themes of Revelation, Creation and Judgment*, SBLEJL 8 (Atlanta: Scholars Press, 1995) 참조. von Rad와는 반대로 John J. Collins는 그 반대가 아니라 묵시사상이 지혜학파에 미친 영향을 주장한다. 그의 책 *Jewish Wisdom*, 226-29 참조.

변형하고, 그들은 유배 이후 문학에서 점점 더 큰 주목을 받게 된다.[79] 헬레니즘 시대의 도래와 함께 유대 묵시록에는 "초자연적 대리인과 이 세상 이후의 세계에 부여된 보다 큰 중요성과 죽음 이후의 심판과 변호에 대한 소망"으로 특징되는 새로운 세계관이 소개되었다.[80] 이것은 구약성서 전체는 물론 성서적 지혜서와의 확연한 차이를 노정한다.

4. 지혜와 영

구약성서에서, "영"(πνεῦμα, '프뉴마')에 해당하는 히브리어 단어 '루아흐'(רוח)는 "움직이는 공기", "입의 호흡", "공기의 호흡(바람)", 인간 기질, 기분, 생각 혹은 결정, 그리고 하나님의 영을 상징한다.[81] 구약성서 속 하나님의 영은 자신의 능력, 지혜나 존재를 세상과 소통하시는 하나

79. Simon J. de Vries, "Observations on Quantitative and Qualitative Time in Wisdom and Apocalyptic," in Gammie et al., *Israelite Wisdom*, 269-70.
80. John J. Collins, *Jewish Wisdom*, 226-27.
81. F. Baumgärtel, "πνεῦμα," *TDNT* 6:360; D. Hill, *Greek Words and Hebrew Meanings* (Cambridge: Cambridge University Press, 1967), 205; J. Reiling, "Holy Spirit רוח הקדש, πνεῦμα ἅγιον," *DDD*, ed. Karel van der Toorn, et al. (Leiden: Brill, 1999), 418-24. 구약성서 속 '루아흐'(רוח)의 사용에 대한 전체적인 연구를 위해서는 C. A. Briggs, "The Use of רוח in the Old Testament," *JBL* 19 (1900), 132-45 참조; W. R. Shoemaker, "The Use of *Ruach* in the O.T. and of Πνεῦμα in the N.T.," *JBL* 23 (1904), 13-67과도 비교. LXX에서 '루아흐'(רוח)는 '프쉬케'(ψυχή)로도 번역된다(창 41.8; 출 35.21; Sir 7.11; '프쉬케'[ψυχή]의 다양한 복합어와 비교: Sir 4.9[ὀλιγοψυχεῖν]; 출 6.9[ὀλιγοψυχία]; 사 54.6, 57.15; 잠 14.29, 18.14[ὀλιγόψυχος]; 사 66.2[ἡσύχιος]); θυμός(욥 15.13, 6.4; 슥 6.8; 겔 39.29; θυμός의 복합어와 비교: 전 7.8; 잠 14.29; 17.27[μακρόθυμια]; 잠 16.19[πραΰθυμος]); ὀργή(잠 16.32); νοῦς(사 40.13); φρόνησις(수 5.1); καρδία(겔 13.3). Marie E. Isaacs, *The Concept of Spirit: A Study of Pneuma in Hellenistic Judaism and Its Bearing on the New Testament* (London: Heythrop College, 1976), 11 참조.

님을 지칭하는 관계적 개념으로 사용된다.[82] 용어 '루아흐'(רוח)는 또한 예언,[83] 하나님의 지혜,[84] 능력,[85] 하나님으로부터 기원하는 생명을 주는 힘[86]으로서의 생명과도 연결된다. 무엇보다 이것은 신적 "나"(רוח יהוה)의 의미로 사용된다.[87] 용어 '프뉴마'(πνεῦμα)는 그리스 문헌과 칠십인역(LXX)에서 인간학적 의미로 사용되지 않는 반면, 히브리어 구약성서는 인간의 '루아흐'를 인간적 감정, 성향이나 생각을 가리키기 위하여 사용한다.[88] 고대 그리스 극작가 아이스킬로스(Aeschylus) 시대부터(대략 기원전

---

82. Mehrdad Fatehi, *The Spirit's Relation to the Risen Lord in Paul: An Examination of Its Christological Implications*, WUNT 2.128 (Tübingen: Mohr Siebeck, 2000), 49-64.

83. 민 11.29; 삼상 10.6, 19.20-24; 미 3.8; 겔 11.5; 욜 2.28-29; Sir 48.12, 24, 살전 5.19-20; 고전 12.7-11과 비교. 호 9.7; 미 3.8; 사 30.1-2에서 영은 예언적 영감의 근원으로 언급된다. 영과 예언적 활동의 연관성은 포로기 이후 유대교에서 일반적이었다(겔 2.2, 3.24; 사 61.1; 욜 3.1f.; 슥 7.12). 누가복음과 사도행전의 저자는 영의 도래를 욜 2.28-32이 약속한 예언의 성취로 본다(눅 1.80, 2.25, 26, 27; 행 2장[오순절 이야기], 11.28, 13.2, 21.11, 28.25).

84. 출 31.3, 35.31; 민 11.16-17; 욥 32.8; 사 11.2, 42.1-4, Wis 7.22-8.1과 비교. Philo, *Leg.* 1.42; *Gig.* 22-24, 27에서 신적 '프뉴마'(πνεῦμα)는 인간의 이성과 지혜의 근원이다.

85. 왕하 2.9-15; 삿 6.34-35, 14.19, 15.14-15. 신적인 기적의 능력과 관련된 영의 기능은 옷니엘(삿 3.10), 기드온(삿 6.34), 입다(삿 11.29), 삼손(삿 13.25, 14.6, 19, 15.14, 15)과 같은 이스라엘의 카리스마적 리더들이 보인 영웅적 성과를 통해 볼 수 있다.

86. 창 1.2, 6.3; 시 104.29-30; 욥 32.8; 사 42.5; 겔 37.4-14.

87. 사 30.1, 40.13, 53.10.

88. Isaacs, *Concept of Spirit*, 11-12. 그리스 문헌에서 '프뉴마'(πνεῦμα)라는 용어에는 심령적 의미가 없기 때문에 칠십인역(LXX)에는 인간의 '루아흐'(רוח)를 '프뉴마'라는 용어로 묘사하는 것을 억제하려는 경향이 있지만 예외적으로 삿 9.23; 8.3; 전 7.8; 민 5.14; 그리고 신 2.30에서 '프뉴마'는 심령적 의미로 사용된다. Isaacs, *Concept of Spirit*, 12은 다음과 같이 제안한다. "칠십인역 번역에서 '심령적' 의미의 '루아흐'에 대한 히브리어 개념에 커다란 변화가 있다는 주장은 사실이 아니다. 가장 많이 발견되는 것은 '프쉬케'(ψυχή, 마음, 영혼) 혹은 '튀모스'(θυμός, 격노, 분노) 같은 용어를 선호하여 일반적인 그리스어 용법과 동화시키려는 경향이다."

525-456년) 그리스 문헌에서 '프뉴마'(πνεῦμα)는 "바람"을 뜻하는 '프노에'(πνοή) 혹은 '아네모스'(ἄνεμος)의 동의어로 자주 사용되었다.[89] 이것은 또한 호흡으로도 사용되고 '프뉴마 비우'(πνεῦμα βίου, "생명의 영")는 생명 그 자체를 가리키기 위해 '프뉴마'의 사용을 발전시켰다.[90] 아낙시메네스(Anaximenes, 기원전 6세기)는 '아에르'(ἀήρ, "공기")와 '프뉴마'가 이 세상을 에워싸고 있다고 믿었고 '아에르'를 우주의 제일 원리로 간주했다.[91] 이 모든 의미에서 그리스어 '프뉴마'는 구약성서의 '루아흐' 개념과 일치한다.[92] 구약성서 속 하나님의 영의 기능은 카리스마 있는 이스라엘 리더들의 영웅적 성과를 통해 볼 수 있다. 모세는 출애굽기 28장 3절에서 마음에 지혜 있는 모든 자에게 그분이 지혜로운 영(רוח חכמה)으로 채우셨다는 사실을 전하라는 말을 듣는다. 같은 방식으로 출애굽기 35장 31절에서 모세 아래 있던 장인 브살렐(Bezalel)은 "하나님의 영[רוח אלהים]이 [충만하여] 지혜[חכמה]와 총명과 지식으로 여러 가지 일"을 했다. 마찬가지로 여호수아(신 34.9)는 "지혜의 영"이 충만했다고 묘사된다. 이 영웅적 리더들이 보여 주듯 영은 선지자, 현자와 같은 하나님의 종들에게 전해진 지혜의 근원으로 여겨진다. 잠언 1장 23절에서 지혜는 순전한 마음을 가진 이들이 자신의 책망에 귀를 기울이면 그들에게 자신의 영

89. Aeschylus, *Prom*. 1086: ἀνέμων πνεύματα. 그리스 문헌에서 '프뉴마'(πνεῦμα)의 가장 일반적 의미는 "바람"이었다. 히브리 성경에서는 바람을 의미하는 '루아흐'(רוח)가 117번 등장하는데 칠십인역에서 65번은 '프뉴마'(πνεῦμα)로, 나머지 52번의 경우는 대체 단어인 '아네모스'(ἄνεμος)로 번역된다. 예를 들면, '아네모스'(ἄνεμος): 출 10.13; 렘 5.13; 사 41.16; 시 1.4; 겔 5.10; 욥 13.25; 단 8.8; 잠 11.29, 25.14; '프노에'(πνοή): 사 38.16; 겔 13.13; 잠 1.23.

90. Euripides, *Orest*. 277; Aeschylus, *Pers*. 507.

91. Zeno, *Diogenes Laertius* 11.3.

92. Isaacs, *Concept of Spirit*, 15.

(רוח)을 부어 주고 자신의 말을 알게 하겠다 약속한다. 여기에서 지혜는 자신의 부름에 응답하는 자에게 자신의 영을 부어 주는 인물로 묘사된다. 영을 부어 주는 지혜에 대한 묘사는 예언의 영에 대한 개념과 관련이 있다. 잠언 1장 22-33절에서 지혜의 말과 일부 전통적인 선지자들의 선포 사이 눈에 띄는 유사점은 "주님이 이스라엘과 유다의 선지자들을 통해 말씀하시는 것과 거의 같은 방식으로 지혜가 지혜 교사의 음성을 통해 말을 한다"는 점에서 드러난다.[93] 지혜의 입에서 나오는 영은 곧 예언과 지혜의 영이다.

지혜와 율법을 동일시하는 자신의 입장에 일치하게 벤 시라는 시락서 39장 6절에서 지혜와 영 사이의 관계를 이렇게 묘사한다. "위대하신 주님께서 뜻하신다면 그는 깨우침의 영검[πνεῦμα συνέσεως, '프뉴마 쉬네세오스']을 충만히 받을 것이다. 그때 그는 지혜의 말씀을 두루 전할 것이며 주님께 감사 기도를 올릴 것이다." 벤 시라에게 있어 "깨우침의 영검을 충만히 받는다(πληρωθεὶς πνεύμα συνέσεως, '플레로테이스 프뉴마 쉬네세오스')는 것은 그것의 존재가 인간에게는 고유하지 않은 영, 그것의 근원이 하나님의 존재와 주도로부터 오는 영으로 채워지는 것이다."[94] 시락서 39장 1-11절의 문맥에서 율법으로 구체화한 혹은 구현화한 지혜는 "지혜의 영"(πνεῦμα συνέσεως, '프뉴마 쉬네세오스')으로 이해된다.[95] 하나님의 영은 "현자 위로 부어진 카리스마적 지혜의 근원"으로 보인다.[96] 이 영은 "예언

93. Kathleen A. Farmer, *Who Knows What is Good? A Commentary on the Books of Proverbs and Ecclesiastes* (Grand Rapids, Mich.: Eerdmans, 1991), 29.

94. J. A. Davies, *Wisdom and the Spirit*, 20.

95. Ben Witherington, *Jesus the Sage*, 86은 "Ben Sira의 신학 안에서 지혜가 '토라'로 구체화되거나 심지어 성육신한다고 이야기하는 사람도 있을 것이다"고 언급한다.

96. Fatehi, *Spirit's Relation*, 98.

적 영감의 개념에 매우 근접한 방식으로 현자로부터 쏟아져 나오는 지혜의 말씀에 영감을 준다."[97] 예언의 영이라는 개념을 고려해 벤 시라는 지혜를 영과 연결 짓는다.

지혜를 영으로 정의하면서 솔로몬의 지혜서 저자는 벤 시라를 넘어선다. 솔로몬의 지혜서는 지혜와 영의 명백한 동일시를 보여 준다.[98] 이 동일시에 대한 첫 번째 지칭은 지혜서 1장 5-8절에 나타난다.

> 우리를 가르쳐 주시는 성령[ἅγιον πνεῦμα παιδείας, '하기온 프뉴마 파이데이아스']은 거짓을 물리치고 지각 없는 생각을 멀리하시며 악을 일삼는 자로부터 떠난다. 지혜[σοφία]는 사람을 사랑하는 영[φιλάνθρωπον πνεῦμα, '필란트로폰 프뉴마']이다. 그러나 신성을 모독하는 말을 하는 자는 용서하지 않는다. 하나님은 그의 뱃속을 꿰뚫어 보시고 그의 마음을 들여다보시며 그가 하는 말을 듣고 계신다. 주님의 성령[πνεῦμα κυρίου, '프뉴마 퀴리우'] 은 온 세상에 충만하시며 모든 것을 포괄하는 분으로서 사람이 하는 말을 다 알고 계신다. 그래서 불의를 지껄이는 자는 반드시 탄로 나게 마련이고 정의의 심판을 면할 수가 없다.

"하나님의 지혜"가 "사랑하는 영"(6절)으로 불린 것은 "가르쳐 주시는 성령"(5절)과 "주님의 성령"(7절)과 관련이 있다.[99] 지혜, 영과 하나님 사

---

97. Fatehi, *Spirit's Relation*, 98.

98. Paul van Imschoot는 '소피아'(σοφία)가 '프뉴마'(πνεῦμα)와 완전하게 동일시된 것은 솔로몬의 지혜서가 등장한 이후라 주장한다. "더욱이 지혜는 신적인 영의 결과일 뿐만 아니라 그에 상응하는 것이기도 하다"(En outre la sagesse n'est seulement un effet de l'esprit divin, elle est son equivalent). Paul van Imschoot, "Sagesse et Esprit dans l'Ancien Testament," *RB* (1938): 37을 보라.

99. David Winston, *Wisdom of Solomon*, 99과 E. G. Clarke, *The Wisdom of Solomon*

이의 상호 작용이 분명히 묘사된다. 위 5절에서 저자는 인간이 참된 지혜를 얻기 위해 의존하는, "가르쳐 주시는 성령"으로서의 영의 교육적 역할을 강조한다. 하나님이 존재하는 모든 것들을 사랑하시는 것처럼(11.24) 지혜 역시 인간의 유익(φιλάνθρωπον)을 위해 헌신된 영이다. 위-솔로몬은 지혜를 그 지혜의 직접적 근원인 영과 연결 짓는다. 저자는 이 영을 지혜의 근원이자 동시에 창조된 세상을 통일하는 우주적 존재로 정의한다. 스토아학파 철학자들에게 이 영은 우주에 스며들고 통합하며 생명을 주는 보편적 이성(λόγος['로고스'] 혹은 νοῦς['누스'])이었다. 이 보편적 원리가 인간 자신 안에서 구체화되었기 때문에 이것은 '프쉬케'(ψυχή, "영혼")와 동일시될 수 있다.[100] 스토아학파의 세계 영혼(world-soul)이 그러하듯 주님의 영도 만물에 스며들어 침투한다(7절).[101] 이러한 방식으로 저자는 인간의 영과 우주적 영 사이의 밀접한 관계를 설명한다. 인간의 영을 우주적 영의 일부로 보는 스토아학파의 개념과 조화를 이루어 저자는 "불의를 지껄이는 자"를 필히 탄로 나게 하실 주님의 우주적 영을 이야기한다(1.5, 8). 지혜서 7장 7절에서 "지혜의 영"(πνεῦμα σοφίας, '프뉴마 소피아스')이라는 구절은 영을 지혜의 근원이자 매개로 보는 전통적인 유대교의 이해를 반영한다.[102] 영과 마찬가지로 지혜도 인간과 하나님 사이

(Cambridge: Cambridge University Press, 1973), 17은 Wis 1.5의 "가르쳐 주시는 성령"(ἅγιον πνεῦμα παιδείας)을 인간과 분리되어 존재하는 영으로 바라보는 반면, John R. Levison, *The Spirit in the First-century Judaism* (Leiden: Brill, 2002), 69은 같은 구절을 우주적 영보다는 인간의 영에 대한 언급으로 해석한다. Wis 7.22, 9.17 또한 참조. "온 세상에 대하여 … 거짓말을 할 수 없는" '프뉴마'(πνεῦμα)의 도덕적 특징을 강조한 *Sib. Or.* 3.701과도 비교.

100. Zeno, *Fr.* 135. Isaacs, *Concept of Spirit*, 16 참조.

101. Wis 12.1 역시 참조. "주님의 불멸의 정기는 만물 안에 들어 있다"(τὸ γὰρ ἄφθαρτόν σου πνεῦμά ἐστιν ἐν πᾶσιν).

102. Wis 7.7: "그래서 나는 기도를 올려서 지혜를 받았고 하나님께 간청하여 지혜의 정

의 교량으로 간주된다. "지혜는 모든 사람에게 한량없는 보물이며 지혜를 얻은 사람들은 지혜의 가르침을 받은 덕택으로 천거를 받아 하나님의 벗이 된다"(7.14). 지혜와 영의 상호 작용은 지혜서 7장 21-23절에서 보다 분명히 묘사된다.

> 만물을 만드신 하나님의 지혜의 가르침을 받아서 나는 드러나 있는 것은 물론 감추어진 모든 것까지도 알게 되었다. 지혜 속에 있는 정신은 영리하며 거룩하고, 유일하면서 다양하며 정묘하다. 그리고 민첩하고 명료하며 맑고 남에게 고통을 주지 않으며 자비롭고 날카로우며 강인하고 은혜로우며 인간에게 빛이 된다. …

7장 7절의 "지혜의 영"(πνεῦμα σοφίας)과 관련해 저자는 지혜(σοφία)를 지혜 안에 있는 "영"(πνεῦμα)의 관점에서 묘사한다.[103] 같은 관점에서 저자는 지혜를 "힘의 바람"(ἀτμίς, '아트미스'), "전능하신 분께로부터 나오는 영광의 티 없는 발산"(ἀπόρροια, '아포르로이아'), "영원한 빛의 찬란한 광채"(ἀπαύγασμα, '아파우가스마'), "하나님의 활동력을 비추는 티 없는 거울", "그분의 선하심의 형상"(εἰκών, '에이콘')으로 이야기한다(7.25-26).[104] '소피

신[πνεῦμα σοφίας]을 얻었다." Wis 9.17 또한 참조. Isaacs, *Concept of Spirit*, 20은 그의 해석을 지지할 수 없다고 주장하는데 그 이유는 "모든 그리스 철학자들이 그와 같이 엄격한 구분을 한 것은 아니며 '소피아'(σοφία)와 '프로네시스'(φρόνησις, "이해", "통찰력")가 자주 같은 의미로 사용되었"기 때문이다.

103. Isaacs, *Concept of Spirit*, 20; Fatehi, *Spirit's Relation*, 101.

104. Wis 7.25-26: "지혜는 하나님께서 떨치시는 힘의 바람이며 전능하신 분께로부터 나오는 영광의 티 없는 빛이다. 그러므로 티끌만 한 점 하나라도 지혜를 더럽힐 수 없다. 지혜는 영원한 빛의 찬란한 광채이며 하나님의 활동력을 비추는 티 없는 거울이며 하나님의 선하심을 보여 주는 형상이다." '아파우가스마'(ἀπαύγασμα, "광채", "영광"): Philo, *Leg.* 4.123; "영원한 빛": 사 60.19-20; 거울의 형상: Plato, *Resp.* 63-64

아'(σοφία)/'프뉴마'(πνεῦμα)는 그녀의 빛나는 근원이신 하나님께 붙어 있으며 지혜는 하나님의 반영, 형상과 거울이다. 하나님과 같이 '소피아'/'프뉴마' 역시 두 가지의 신적 속성으로 특징되는데 바로 "전능"(παντοδύναμον, '판토뒤나몬')하고 "모든 것을 감독"(πανεπίσκοπον, '파네피스코폰')하는 것이다. 하나님이 장인(τεχνίτις, '테크니티스')이시듯 지혜도 "만물의 설계자"(πάντων τεχνῖτις, '판톤 테크니티스')이다. 지혜서 7장 25-26절에서 저자는 지혜를 하나님의 능력의 안개 혹은 모습으로 묘사하며 '소피아'/'프뉴마'와 하나님의 유사성 혹은 동일시 그리고 둘의 불가분성을 강조한다.[105] 지혜서 9장 17-18절에서 성령을 통해 가능해진 지혜는 "구원-역사의 과정에서 하나님의 뜻과 계획, 궁극적으로는 하나님 자신의 구원 계시"를 상징한다.[106] 이들의 상호 작용 가운데 지혜와 영은 하나님의 "계시의 내용"과 "이 내용이 계시되는 수단"으로 창조와 구원-역사

6.510E; "그분의 선하심의 형상[εἰκών, '에이콘']": 태양을 선의 형상으로 묘사한 Plato, *Resp*. 6.509A; Philo, *Mut*. 128; *Somn*. 2.189; *Prob*. 43; *Det*. 161; *Mos*. 1.158 등과 비교.

105. '프뉴마'(πνεῦμα)와 하나님 사이의 연관에 대해서는 Wis 1.7("주님의 성령은 온 세상에 충만하시며 모든 것을 포괄하는 분으로서 사람이 하는 말을 다 알고 계신다"[ὅτι πνεῦμα κυρίου πεπλήρωκεν τὴν οἰκουμένην καὶ τὸ συνέχον τὰ πάντα γνῶσιν ἔχει φωνῆς]); 9.17("당신께서 주시는 지혜를 받지 않고, 당신께서 하늘에서부터 보내시는 성령을 받지 않고 누가 당신의 의도를 알 수 있겠습니까?"[βουλὴν δέ σου τίς ἔγνω εἰ μὴ σὺ ἔδωκας σοφίαν καὶ ἔπεμψας τὸ ἅγιόν σου πνεῦμα ἀπὸ ὑψίστων]); 그리고 12.1("주님의 불멸의 정기는 만물 안에 들어 있다"[τὸ γὰρ ἄφθαρτόν σου πνεῦμά ἐστιν ἐν πᾶσιν]) 참조.

106. Wis 9.17-18: "당신께서 주시는 지혜[σοφία]를 받지 않고, 당신께서 하늘에서부터 보내시는 성령[τὸ ἅγιόν σου πνεῦμα]을 받지 않고 누가 당신의 의도를 알 수 있겠습니까? 이렇게 해서 지혜는 이 세상에 사는 사람의 길을 곧게 만들어 주었고 사람들에게 당신을 기쁘게 해 드리는 일을 가르쳐 주었으며 사람들을 구원해 주었습니다."

에서 각각 작용한다.[107]

B. 유대 묵시문학의 우주론과 인간학

신구약 중간기는 구약성서 시대가 다니엘서(대략 기원전 166년)와 함께 마무리되는 때부터 신약성서 시대의 시작까지 이어진다.[108] 유대교에 "묵시"(ἀποκάλυψις, '아포칼륖시스') 장르가 처음 등장한 것은 헬레니즘 시기다.[109] 이방 사상, 특히 페르시아 사상의 영향으로 유대 묵시는 구약성서

---

107. Robin Scroggs는 다음과 같이 주장한다. "'소피아'(σοφία)는 계시의 내용에 가까운 반면 '프뉴마'(πνεῦμα)는 이 내용이 계시되는 수단이다." R. Scroggs, "Paul: ΣΟΦΟΣ and ΠΝΕΥΜΑΤΙΚΟΣ," *NTS* 14 (1967): 50 참조.

108. 유대 묵시 작품(특별히 Bar와 Ezra)과 신약성서의 묵시적 요소(살전 4.5; 고전 15.23-28; 살후 2; 막 13; 마 13.43, 25.46; 요 5.28-29; 계 13, 17) 모두의 기반이 되는 다니엘서는, Antiochus IV Epiphanes의 박해에 대응하여 일어난 마카베오 반란 동안인 기원전 2세기에 편찬되었다.

109. John J. Collins, "Introduction: Towards the Morphology of a Genre," in *Apocalypse: The Morphology of a Genre*, ed. John J. Collins, *Semeia* 14 (1979), 9은 묵시를 "계시가 초자연적 존재에 의해 인간 수신인에게 매개되는 내러티브 구조를 띤 계시 문헌 장르로 [정의하는데], 이것은 종말론적 구원을 상상할 때에는 시간적인 초월적 실재를, 또 다른 초자연적 세계를 수반할 때에는 공간적인 초월적 실재를 드러낸다." John J. Collins는 1986년 세메이아 연구(Semeia study)에서 Adela Yarbro Collins로부터 온 정제된 정의를 수용해, 앞서 언급한 정의의 후반에 묵시의 기능에 대한 묘사를 덧붙인다. "이 같은 작업은 초자연적 세상과 미래에 비추어 현재의 세속적 상황을 해석하고 신적 권위를 수단으로 하여 청중의 이해와 행위 모두에 영향을 미치기 위해 의도된다." John J. Collins, "Genre, Ideology and Social Movements in Jewish Apocalypticism," in *Mysteries and Revelations: Apocalyptic Studies Since the Uppsala Colloquium*, ed. John J. Collins and James H. Charlesworth (Sheffield: JSOT Press, 1991), 19 참조. Adela Yarbro Collins, *Cosmology and Eschatology in Jewish and Christian Apocalypticism* (Leiden: Brill, 2000), 7 역시 참조. 신적 비밀의 계시가 묵시의 필수 요소라는 점을 감안하면서

의 예언서에서 이미 표현된 특정한 종말론적 사상과는 무관한 특징을 노정하였다.[110] 죽음 이후 생기 넘치는 인간 생명에 대한 가능성을 배제한 채, 이 땅에서의 무병장수와 다산의 관점에서 구원을 종종 인식하는 구약성서의 관점과는 달리(예. 시 128편; 사 65.17-25), 헬레니즘 시대 다양한 유대 묵시록은 인류가 천상 세계로 들어가 하늘의 군대와 동료가 될 수 있다는 전망을 보여 준다(예. *1 En.* 104.6; *2 En.* 9.19).[111] 유대 묵시록은 구원이 축복의 내세와 다가오는 심판을 포함, 초월적 세상에 대한 적절한 이해에 의해 결정된다는 믿음을 공유한다. 다른 말로, 묵시록의 우주론적 계시는 인간의 구원과 직접적 관련이 있다.[112] 성전 파괴(기원전 587년)와 추방으로 인한 충격적 경험 이후 역사의 의미는 유대 사상의 궁극적 관심사가 되었다. 이 국가적 재난은 과거 전통으로부터의 단절을 가져왔고

Christopher Rowland, *The Open Heaven: A Study of Apocalyptic in Judaism and Early Christianity* (New York: Crossroad, 1982), 70-71은 묵시가 하늘의 신비뿐 아니라 인류를 위한 하나님의 계획, 그분의 공의, 의인에 대한 변호, 그리고 악인의 심판을 위한 것이라고 주장한다.

110. Hans Conzelmann의 다음 주장과 비교. "종교 역사의 관점에서 가장 중요한 문제는 묵시의 기원이다. 페르시아의 영향이 결정적이다." 그에 따르면 이 점은 페르시아 기원의 이원론적 사상으로 지배되는 쿰란(Qumran) 본문의 주된 특징으로 뒷받침되는바, "세상의 종말과 죽은 자의 부활 사이의 연관"과 "죽은 자의 일반적 부활의 우주론적 행위와 죽음 직후의 개인적 심판의 병치"다. Hans Conzelmann, *An Outline of the Theology of the New Testament*, trans. John Bowden (New York: Harper & Row, 1969), 23-24 참조.

111. John J. Collins, "New Testament Cosmology," in *Cosmology and Theology*, ed. David Tracy and Nicholas Lash (Edinburgh: T. & T. Clark and Seabury, 1983), 5.

112. 계시는 신적 존재와 인간, 수직면과 수평면, 현시대와 새 시대라는 이원론적으로 교차하는 지점에 사는 인간에게 실재와 그들의 경험에 내재된 이원론을 이해하고 연결하는 데 도움이 되는 비전을 제공한다. G. W. E. Nickelsburg, "The Apocalyptic Construction of Reality in 1 Enoch," in Collins and Charlesworth, *Mysteries and Revelations*, 51-64 참조.

하나님을 저 먼 곳에 계신 대상으로 인식하게 했으며 우주론적 확장이 야기한, 하나님과 인간 사이의 측량할 수 없는 간격을 채우기 위해 천사와 매개자들의 역할을 강조하는 결과를 초래하였다.[113] 악한 세력의 승리와 신정론(theodicy)의 문제는 하나님의 통치를 반대하는 수많은 초자연적 존재의 현존을 상정하도록 했다. 이것은 하나님이 자신의 백성을 위해 활동하는 무대로서의 역사에 대한 점차적 절망과, 인간으로 하여금 너무나 크게 절망하게 하는 일상적 현실보다 새 시대는 높은 차원이어야 한다는 확신과 연결되어 있었다.[114]

현시대의 세계적 고통에 대한 새로운 해결책을 탐색하는 묵시문학

113. 유대 묵시 문헌에서 정교한 천사론이 만연한 것과 관련하여 John Bright는 이렇게 썼다. "하나님을 신인동형적 용어로 이야기하는 것에 대한 반응이 있었고 하나님이 인간사에 친히 접촉하는 것 이상으로 격상되면서 천사와 매개자들의 역할에 대한 강조가 증가했다. … 정교한 천사론이 발전을 했다. … 천사장 아래로 천사들의 전 계급이 있었고 … 이들을 통해 … 하나님은 사람들을 다루셨다. 이와 같이 발전하는 천사론은 이스라엘 신앙의 왜곡이 아니라 원시적 특징들 중 하나의 과장된 발전이었지만 이 같은 믿음이 언제나 그렇듯 대중종교에서 사람과 그의 신 사이에 보다 덜한 존재가 끼어드는 위험을 불러왔다." John Bright, *A History of Israel*, 3rd ed. (Philadelphia: Westminster, 1981), 447-49 참조. Martin Hengel 역시 비슷한 견해를 취한다. "근본적으로 천사론 전체는 하나님의 모습이 멀리 물러나고 그분과 창조 세계, 그리고 인간 사이의 매개자로서 천사들이 필요했다는 사실을 가리킨다. … 이 엄격한 질서와 피라미드를 닮은 계층 구조는 아마도 당대의 일반적인 종교적 필요에 상응했을 텐데, 이것은 그리스어로 말하는 디아스포라 유대교와 초기 기독교뿐 아니라 이들을 통해 영지주의와, 대중종교가 마법을 중요하게 여긴 것에서 알 수 있듯 고대 후기의 대중종교 전체에 큰 영향을 미쳤기 때문이다. 심지어 신플라톤주의도 그것의 영향을 벗어날 수 없었다." Hengel, *Judaism and Hellenism*, 1:233.

114. Rowland, *Open Heaven*, 194-95. Paul D. Hanson은 묵시사상을 사회-종교적 운동으로 정의하는데, "이러한 운동은 역사에 대한 절망이 한 집단으로 하여금 그 전망을 이념으로 수용하게 하고 게다가 전통적 희망과 좌절감을 안겨 주는 역사적 실재 사이의 모순을 해결하기 위해 그 이념을 사용하는" 그 지점에서 발생한다. Paul D. Hanson, *The Dawn of Apocalyptic: The Historical and Sociological Roots of Jewish Apocalyptic Eschatology* (Philadelphia: Fortress, 1983), 430-33 참조.

66-67

은 몇몇 매우 중요한 종교적, 신학적 사상을 드러냈다. 묵시적 비전 속 역사적, 우주적 드라마 전체는 최종 완성, 즉 거대한 우주적 대파국을 향한, 예정된 신적 계획과 함께 움직이고 있다. 묵시문학에서 장엄한 우주적 풍경을 배경으로 펼치는 신적/인간적 드라마를 위한, 경기장으로의 역사는 위로부터의 결정적 움직임에 의해 진행될 것이다. 묵시문학의 가장 두드러진 특징은 다음과 같다. 천상의 복수성(plurality), 하나님 처소에 도달하기 위한 천상을 통한 상승, 정교한 천사론, 하나님을 대적하는 지배적 세상 세력들, 두 세대 사이의 뚜렷한 대조, 부활과 내세의 개념, 극적이고 우주적인 사건으로의 세상 종말과 같은 것이다.[115] 유대 묵시 전통의 유산은 바울에게 중요했는데, 그리스도 현현에 대한 그의 반응으로부터 새로운 자극을 받았기 때문이다.[116] 그리스도 사건의 묵시

115. 그의 책 *The Method and Message of Jewish Apocalyptic*에서 D. S. Russell은 묵시문학의 주요 특징들을 다음과 같이 열거한다. 초월주의, 신화학, 우주론적 전망, 비관적인 역사적 전망, 이원론, 시기별 시간 분할, 두 세대 교리, 수비학(numerology), 유사 황홀경, 영감에 대한 부자연스러운 주장, 가명, 밀교(esotericism)이다. 그의 1992년 작품, *Divine Disclosure*에서 D. S. Russell은 묵시적 종말론을 "묵시적 관점을 반영하는 이 같은 작품에서 발견될 '마지막 것들'에 대한 믿음의 표현"으로 정의한다. D. S. Russell, *Divine Disclosure*, 8-13 참조. Klaus Koch에 따르면 묵시록은 담론 순환(discourse cycles), 영적 소란, 도덕적 권면 담화, 가명, 상징주의가 풍부한 신비한 형상, 본문의 복합적 성질을 특징으로 한다. Klaus Koch, "What is Apocalyptic? An Attempt at a Preliminary Definition," in *Visionaries and Their Apocalypses*, ed. Paul D. Hanson, IRT 4 (Philadelphia: Fortress, 1983), 16-36. Philip Vielhauer에 따르면 묵시는 다음의 요소들로 이루어져 있다. 절대적이거나 형이상학적이지 않은 일시적인 두 세대 이원론, 비관주의와 내세의 소망, 묵시가 우주적 규모에서 작동한다는 점에서 보편주의와 개인주의, 역사의 시기 구분과 역사의 종국에 관한 계산을 포함한 하나님 나라의 결정론과 임박한 기대가 그런 요소들이다. Philipp Vielhauer, "Apocalyptic in Early Christianity," revised by George Strecker, in *New Testament Apocrypha*, ed. Wilhelm Schneemelcher, trans. R. McL. Wilson (Louisville, Ky.: Westminster/John Knox, 1992), 608-42 참조.

116. 하나님의 묵시적 승리를 바울 신학의 일관적 핵심으로 생각하는 J. Christiaan

적 해석에 비추어 바울은 율법과 보편주의에 대한 그의 공동체의 관계를 재고하여 재구성했다.[117]

1. 다중 천상(Multiple Heavens)과 천상 여행(Heavenly Journeys)[118]

이 부분에서는 유대 묵시문학의 다중 천상과 천상 여행에 대한 묘사를

Beker는 바울의 복음 안에서 유대적 묵시의 네 가지 기본 요소를 발견한다. 즉 이스라엘과 열방을 향한 하나님의 구원 약속에 대한 확신으로의 입증, 하나님의 위엄과 영광의 우주적 본질로의 보편주의, 하나님의 구원 계획을 방해하는 악한 세력의 표현 그리고 이 세상과 오는 세상 사이를 극명히 대조하는 이원론, 그리고 곧 일어날 하나님 통치의 실현 임박성이다. J. Christiaan Beker, *Paul's Apocalyptic Gospel: The Coming Triumph of God* (Philadelphia: Fortress, 1982), 30-53 참조. Beker는 또한 바울이 세 가지 점에서 전통적인 묵시사상을 수정했다고 주장한다. (1) 그는 "이 세대"라는 평범한 묵시적 용어를 "다가올 세대"와 관련하여 사용하지 않는다. (2) 그는 마지막 때 악의 세력이 고조된다는 전통적인 묵시적 관점을 수정한다. (3) 그는 "하나님의 왕국"(혹은 "주님의 날")이라는 용어를 거의 사용하지 않는다. J. Christiaan Beker, *Paul the Apostle: The Triumph of God in Life and Thought* (Philadelphia: Fortress, 1980), 145 참조.

117. 유대의 묵시적 요소들은 다음과 같이 바울 서신 여러 곳에서 발견된다. 살전 4.5-12; 살후 2.1-12; 고전 4.1, 2.6-8, 7.29-31, 15.20-28, 51-52; 고후 12.1-12; 롬 13.11-14. 일반적으로 보편주의는 모든 인간의 구원을 지칭한다. 바울은 롬 5.12-21; 고전 15.22; 빌 2.10-11; 고후 5.19; 골 1.20; 엡 1.10; 딤전 2.4, 4.10; 그리고 딛 2.11에서 그리스도의 구원 역사의 보편적 범주를 이야기한다. 바울은 여러 곳에서 구원에 대한 특수주의적 이해를 유지하면서도(롬 2.5-10; 고전 1.18; 고후 2.15, 4.3; 빌 1.28, 3.19; 살전 1.10; 살후 1.6-10; 갈 5.21) 그리스도의 죽으심을 통한 "보편적 구원"을 강조한다(롬 5.10; 고후 5.19). J. C. Beker는 바울 사상 속 이 같은 보편주의적 구원과 특수주의적 구원 사이의 긴장을 상황적 차이로 돌린다(*Paul the Apostle*, 194). 일부 보편주의자들의 견해를 위해서는 R. J. Bauckham, "Universalism: A Historical Survey," *Themelios* 4 (1979): 48-54 참조.

118. 승천과 관련된 초기 유대적인 기독교 묵시록은 감시자들의 책(Book of the Watchers, *1 En.* 1-36장), *T. Levi*, *2 En.*, 에녹의 비유(the Similitudes of Enoch, *1 En.* 37-71장), *Apoc. Zeph.*, *Apoc. Ab.*, *Ascen. Isa.*와 *3 Bar*이다. 승천 묵시록에 관한 Martha Himmelfarb의 논문, *Ascent to Heaven in Jewish & Christian Apocalypses* (New York: Oxford University Press, 1993) 참조.

살펴볼 것이다. 이 연구는 바울이 삼층천으로 올라간 사건(고후 12.2-4)을 밝히고 그의 내러티브 사상 세계에 우주적 차원을 부여할 것이다. 플라톤의 『티마이오스』(*Timaeus*)가 신봉하는 지구 중심적 우주에 기초한 그리스 우주론은 바울 우주론 이해에 천문학적 지지를 제공했다. 새로운 우주론에 따라 다중 천상을 가정하는 묵시적 본문은 기원전 2세기 말에서 기원후 2세기의 시기로 거슬러간다.[119] 발전하는 묵시적 우주론의 특징은 하늘이 2에서 7까지로 그 수가 달라지는, 일련의 구획으로 점차 나누어진 방식이다.[120] 앤드류 T. 링컨(Andrew T. Lincoln)은 다중 천상의 모티프가 발견되는 유대 묵시 작품들을 나열한다.

> 우주론에 대한 추정을 담은 일부 작품들은 단 하나의 하늘을 언급한다(예를 들면, 『에녹1서』, 『에스라4서』[*4 Ezra*]와 『바룩2서』[*2 Baruch*]의 일부). 『에녹1서』의 다른 부분들(1.4; 71.1, 5과 비교)은 "천상의 천상"을 이야기한다. 두 천상 개념은 미드라쉬 시편(Midr. Ps.) 114.2, 바빌로니아 탈무드 하기가

119. Adela Y. Collins, *Cosmology and Eschatology*, 23. 역사 속 일곱 하늘의 출현과 관련하여 Adela Yarbro Collins는 일곱 하늘의 그림이 그리스 우주론의 일곱 행성 구체의 영향을 받은 것이 아님을 주장한다. 오히려 그녀는 수메르와 바빌로니아 마법에서 하늘이 뜻하는 숫자 7의 현저함을 지적한다. 수메르와 바빌로니아 모형과 그레코-로마 모형 사이에서 필자는 본서 제4장("우주적 드라마로서의 바울의 내러티브 세계")에서 바울의 우주론이 구형 우주(spherical universe)로서의 코스모스에 대한 그레코-로마 이해를 반영한다고 주장할 것이다.

120. Himmelfarb에 따르면, 계시록(실제로는 승천 묵시록이 아닌), *Apoc. Pet.*, *Apoc. Paul* 같은 승천 묵시록과 연관된 몇몇 작품과 함께 기원후 1세기 혹은 그 이후부터, 하나의 천상을 다룬 이전 묵시록을 재작업한 것으로 일곱 천상을 포함하는 승천 묵시록으로는 (실은 다섯 천상만 언급함에도 그녀는 일곱 하늘이라 간주한) *T. Levi*, *2 En.*, *Apoc. Ab.*, the *Ascen. Isa.*, *3 Bar*이 있으며, 기원전 1세기로부터 시작되는, 하나의 천상을 포함하는 승천 묵시록으로는 Similitudes of Enoch와 *Apoc. Zeph.*가 있다. Himmelfarb, *Ascent to Heaven*, 32, 127, 각주 14 참조.

> (B. Chag.) 12*b* 그리고 신명기 랍바(Deut. R.) 2에서 발견된다. 『레위의 유언』(*Test. Levi*) 2, 3의 원래 판본은 세 천상을 언급한다. 『바룩3서』(*3 Baruch*)는 다섯 천상을, 『레위의 유언』의 이후 판본은 『에녹2서』(*2 Enoch*), 『아브라함의 묵시록』(*Apoc. Abr.*), 『이사야의 승천기』(*Asc. Isa.*) 그리고 랍비 작품 속 많은 본문들과 함께 (예로 일곱 하늘이 명명된 B. Chag. 11*b*-16*a*; Pesikt. R. 5; Midr. Ps. 92.2; Aboth R. Nathan 37; Pirke R. Eliezer 154*b*) 일곱 천상을 지칭한다. 『에녹2서』의 한 판본은 이보다 더 많게 열에 달하는 천상을 제시하고 있으며(*2 Enoch* 20.3b; 22ff.과 비교) 이 숫자는 민수기 7.78를 다루는 민수기 랍바(Bemidbar R.) 14에서도 발견된다. 『에녹3서』(*3 Enoch*) 48.1 (A)에는 일곱 번째 천상 위로 955개의 하늘이 존재한다![121]

이러한 묵시적 본문들 중 일부는 영혼의(*in spiritu*) 승천을 다루고, 일부는 몸의(*in corpore*) 승천을 언급하는 다른 본문들도 있다.[122] 존 J. 콜린스(John J. Collins)는 역사적인 천상의 승천이라는 두 가지 폭넓은 유형의 묵시를 묘사한다. 계시의 내용은 시간적 축의 역사적이고 종말론적인 사건들과 공간적 축의 초자연적 존재와 장소를 모두 포함한다.[123]

---

121. Andrew T. Lincoln, *Paradise Now and Not Yet: Studies in the Role of the Heavenly Dimension in Paul's Thought with Special Reference to His Eschatology*, SNTSMS 43 (Cambridge: Cambridge University Press, 1981), 78-79.
122. 예로 *1 En.*이 영혼의 천상 여행을 묘사하는 동안 *T. Ab.* 8.3은 몸의 승천을 이야기한다.
123. John J. Collins, "The Jewish Apocalypses," in *Apocalypse: The Morphology of a Genre*, ed. John J. Collins, *Semeia* 14 (1979): 21-59은 내세의 여정이 없는 역사적 묵시록(단 7-12장, *1 En.* [동물 묵시록(Animal Apocalypse)과 주(週)묵시록(Apocalypse of Weeks)], *Jub.* 23, *4 Ezra*, *2 Bar*)과 내세의 여정(*Apoc. Ab.*, *1 En.* 1-36, 천상 광명체의 책[The Book of the Heavenly Luminaries], 에녹의 비유[Similitudes of Enoch], *2 En.*, *T. Levi* 2-5, *3 Bar.*, *T. Ab.* 10-15, *Apoc. Zeph.*)을 구분 짓는다.

가장 앞선 예는 천문(astral) 세계에 관심이 있는 에녹서에서 발견된다.[124] '감시자들의 책'(Book of the Watchers, 1-36장)과 '천문학적 책'(Astronomical Book, 72-82장)이 유력한 『에녹1서』는 다중 천상에 대한 암시 없이, 에녹의 환상과 천상 여행을 통해 계시된 우주적 비밀을 묘사한 첫 번째 유대 작품이다.[125] 『에녹1서』(12-36장)는 에녹이 땅끝, '스올'과 낙원으로 간 여정을 묘사한다.[126] 『에녹1서』는 특별히 천체의 법칙과 이것이 달력

124. Books of Enoch은 *Ethiopic Book of Enoch*, *Slavonic Apocalypse of Enoch*과 *Jewish Apocalypse of Enoch*으로 구성된다. *Ethiopic Book of Enoch*(*1 En.*으로도 알려진)은 여섯 개의 구별된 섹션으로 나뉜다. 바로 '감시자들의 책'(The Book of Watchers) 혹은 '에녹의 천상 여행'(Enoch's Heavenly Journeys, 1-36장); '비유의 책'(The Book of Parables 혹은 Similitudes, 37-71장); '천상 광명체의 책'(The Book of the Heavenly Luminaries) 혹은 '천문학적 책'(The Astronomical Book, 72-82장); '환상'(The Dream Visions) 혹은 '동물 묵시록'(The Animal Apocalypse, 83-90장); '두 편의 유언 서사'(Two Pieces of Testamentary Narrative, 81.1-82.3; 91); 그리고 '에녹 서신'(The Epistle of Enoch)으로도 불리는 '에녹의 훈계'(The Admonitions of Enoch, 91-107장)이다. (*2 En.*으로도 알려진) *Slavonic Apocalypse of Enoch*은 네 개의 구별된 섹션들로 구성되는바, 그의 승천과 하나님에 대한 환상, 그리고 위임(3-37장)을 포함한 에녹의 생애(1-68장), 땅으로의 귀환과 자녀 교육(38-66장), 하늘로의 두 번째 이동(67-68장), 그리고 이후의 사건들(69-73장)이다. 아마도 기원후 6-7세기 바빌로니아에서 쓰여진 *Jewish Apocalypse of Enoch*(*3 En.*으로도 알려진)은 이 연구의 범주를 벗어난다. G. W. E. Nickelsburg, "Enoch, First Book of," *ABD* 2:508-16; F. I. Andersen, "Enoch, Second Book of," *ABD* 2:516-22; P. S. Alexander, *ABD* 2:522-26 참조.

125. J. T. Milik는 고문서적 증거와 몇 가지 발달 단계를 기초로 하여 '감시자들의 책'의 작성을 기원전 3세기 혹은 늦어도 2세기 첫 분기로 가정한다. J. T. Milik, *The Books of Enoch: Aramaic Fragments of Qumran Cave 4* (Oxford: Clarendon, 1976), 5, 39ff 참조. M. E. Stone, *Scriptures, Sects, and Visions* (Philadelphia: Fortress, 1980), 27-47과 비교. Milik가 쿰란에서 발견된 에녹서의 아람어 단편을 출간한 이후에는 '감시자들의 책'이 일반적으로 현존하는 묵시 중 가장 오래된 것으로 인정된다.

126. "낙원"에 해당하는 히브리어 '파르데스'(פרדס)는 아마도 "왕실 공원"을 뜻하는 페르시아어에서 기원했을 것이다. 이후 칠십인역은 '파르데스'(פרדס, "과수원", "숲", "공원")(아 4.13; 느 2.8; 전 2.5)와 동산을 뜻하는 보다 더 고전적인 히브리어 단어

계산에 미치는 영향을 다루는 우주론적 호기심(21-36장)과 복잡한 천문학적 추측들(72-82장)을 보여 준다. 에녹은 들어 올려져 천상 여행을 경험하는데 이것은 동시에 지하 세계, 곧 죽은 자들 혼의 영이 머무는 장소(τὰ πνεύματα τῶν ψυχῶν τῶν νεκρῶν)이자 형벌 장소로의 여행과 연결된다.[127] 에녹은 죽은 자들이 심판을 기다리며 갇혀 있는 '스올'뿐 아니라 그들이 심판의 때에 상과 벌을 받게 될 장소 또한 본다. '에녹의 비유'(Similitudes of Enoch, *1 En.* 37-71장)는 에녹이 천상 영역으로 떠난 환상 여정을 기록한다.[128]

『에녹2서』(*2 Enoch*)는 천상 세계, 우주론, 천문학에 초점을 둔다. 에녹은 하늘의 일곱 층을 이동하면서 각 층과 관련된 다양한 우주적 비밀들을 배운다. 그는 일곱 천상을 거쳐 하나님의 보좌에 올라가는바, 상승 도중 세 번째 천상에서 낙원과 지옥을 본다(8-10장; 그리고 40-42장).[129] 세 번째 천상에서 에녹은 의인을 위한 영원한 유산으로 예비된 장소로서 낙원을(9.1, 42.3-5), 악인을 위한 영원한 응보로 예비된 장소로서 지옥을(10.4, 6, 40.12-42.2) 각각 본다.[130] 유사한 방식으로 『레위의 유언』(*Testament*

'간'(גן) 모두를 번역하기 위해 '파라데이소스'(παράδεισος)를 사용했다. Delumeau, *History of Paradise*, 4 참조.

127. *1 En.* 12-36장, 71.1ff.

128. '에녹의 비유' 시기는 대략 기원전 1세기 전반에서 대략 기원후 75년에 해당한다. Nickelsburg, "Enoch," *ABD* 2:512-13 참조.

129. '감시자들의 책'으로부터 가져온 *2 En.*는 각 하늘에 대한 묘사를 제공한다. 첫 번째 천상에서는 다양한 우주론적 현상이 발견된다(3장). 두 번째 천상에서는 타락한 감시자들이 벌을 받는다(4장). 세 번째 천상에는 천국과 지옥이 있다(5장). 네 번째 천상에서는 해와 달이 운행하고 무장한 천사의 군대가 찬송을 부른다(6장). 다섯 번째 하늘은 애도하는 감시자들의 집이다(7장). 여섯 번째와 일곱 번째 천상에서는 찬미하는 일이 다양한 종류의 천사들의 유일한 활동으로 소개된다(8-9장). 일곱 번째 천상은 하나님이 거하시는 장소이다. Himmelfarb, *Ascent to Heaven*, 38-39 참조.

130. Richard Bauckham, *The Fate of the Dead: Studies on the Jewish and Christian*

of Levi, 기원전 2세기)의 그리스어 버전 역시 레위가 하늘로 올라간 사실을 언급하는데, 그곳에서 하나님은 그에게 제사장직을 직접 맡기시고(2-3장) 미래의 계획을 보여 주신다(4.1-5.3).[131] 『레위의 유언』은 심판의 날과 연관된 보다 낮은 세 개의 하늘(3.1-3)과 천상 성전을 구성하는 보다 높은 네 개의 하늘(3.4-10)을 묘사한다. 『아담과 하와의 생애』(*Life of Adam and Eve*, 기원후 1세기)에서 아담은 의의 낙원으로 옮겨져 자신에게 계시된 모든 것을 그의 아들 셋(Seth)에게 이야기한다(25.1-3). 『스바냐의 묵시록』(*Apocalypse of Zephaniah*, 기원후 1세기)은 평범하고 의로운 영혼으로 묘사된 스바냐의 천상 여행과 승리의 이야기다. 『바울의 묵시록』(*Apocalypse of Paul*, 기원후 1세기 혹은 그 이후)은 죽음 이후 자신의 몸으로부터 분리된 죽은 영혼들의 운명을 묘사하기 위해 『스바냐의 묵시록』 속 선지자의 경험에 의존한다. 『이사야의 승천기』(*Ascension of Isaiah*, 기원후 2세기 초)에 따르면 이사야는 일곱 번째 천상을 여행하는 중에 죽은 의인이 천사들보

Apocalypses (Leiden: Brill, 1998), 54. Martha Himmelfarb는 "지옥 여행이 '감시자들의 책' 이후 수 세기 동안 이뤄진 여행 묵시의 발전 중 한 흐름을 상징한다"고 주장한다. *Tours of Hell: An Apocalyptic Form in Jewish and Christian Literature* (Philadelphia: University of Pennsylvania Press, 1983), 169. Richard Bauckham 역시 유대적인 여행 묵시록 사이의 관계와 유대 묵시 전통의 기원에 대해 Himmelfarb와 동일한 결론에 이르렀다. Richard Bauckham, "The Apocalypse of Peter: An Account of Research," *ANRW* 25.6: 4712-50 참조.

131. 레위는 그의 아들들에게 그가 경험한 환상 여정을 들려준다. "천사가 나를 위하여 하늘의 문을 열었고 나는 보좌에 앉으신 거룩하고 지극히 높으신 분을 뵈었다. 그 분은 나에게 말씀하셨다. 레위야, 내가 이스라엘 가운데 거할 때까지 너에게 제사장의 복을 내리노라"(5.1-2). *T. Levi.*의 우주론과 바빌로니아 전통 사이 연결점에 대해 Adela Y. Collins는 이렇게 말한다. "*T. Levi.* 2.7에서 '첫 번째 천상'으로 불리는 것은 3.1에서 '낮은 (천상)'으로 불린다. 3장에서 세 번째 하늘은 '높은 처소'로 불린다(3.4). 하늘의 높이와 관련해 '높은'과 '낮은'이라는 용어는 전형적인 바빌로니아 표현을 상기시킨다." Adela Y. Collins, *Cosmology and Eschatology*, 27 참조.

다 상위를 차지하고 있음을 본다(9.37-38).[132] 『아브라함의 묵시록』(*Apocalypse of Abraham*, 기원후 1세기에서 2세기)은 아브라함이 일곱 번째 천상 위에서 태어나 하나님으로부터 직접 계시를 받았다고 이야기한다(9-32장). 『바룩3서』(*3 Baruch*)에서는 한 천사가 바룩에게 다섯 천상을 안내하며 각각의 차원을 말해 준다. 위에서 살펴본 바와 같이 묵시문학의 주된 특징은 천상 여행을 통한 종말론적, 우주론적 비밀의 계시인데 천사들이 그 계시의 대리인으로 종종 인용되기도 한다.

2. 천상 세력

이 섹션은 천상 세력에 대한 바울의 개념에 영향 미칠 수 있는 유대 묵시문학 속 천사적 혹은 마귀적 존재를 다룬다. 기원전 3세기와 2세기 그리고 이후의 묵시 작품에서는 위에서 본 것처럼 보다 발전된 우주론을 볼 수 있다. 그레코-로마 시기 묵시문학은 구약성서에서 발견되는 천사 전통을 확장한다. 이 시기에 이름과 어느 정도 독특한 정체성을 가진 천사들이 등장하기 시작했다. 이제 땅과 하늘의 모든 사건은 그것의 불가피한 절정, 곧 악의 세력에 대한 하나님의 궁극적 승리에 도달할 것으로 기대되는 거대 드라마의 일부로 간주되었다. 러셀(D. S. Russell)은 이 우주적 드라마의 정점에서 "사탄의 왕국은 완패하고 하나님의 왕국은 인간의 삶뿐 아니라 온 우주에 걸쳐 세워질 것"이라 기록한다.[133]

---

132. *Ascen. Isa.* 8.15에서 이사야가 "일곱 번째 하늘의 천사들과 동등해질 것"이라는 모든 천사적 정보에 대해 *Ascen. Isa.*는 9.37-38에서 죽음 이후 오직 모든 의인들만이 "영광을 집중하여 바라볼" 수 있다는 암시를 주며 죽은 의인들을 "천상 지위(heavenly ladder)에서 천사보다 높은 자리에" 둔다. Himmelfarb, *Ascent to Heaven*, 55-58 참조.
133. D. S. Russell, *Method and Message*, 238.

구약성서의 틀을 넘어 일원론(monism)에서 이원론(dualism)으로 이동하는 과정에서 대부분의 묵시 작품 작가들은, 역사의 바깥으로부터 오는 구원을 이야기하고 두 가지 상반되고 반대되는 영에 많은 지면을 할애한다.[134] 그런 점에서 묵시문학의 우주론은 두 가지 상반된 세상의 우주적 이원론을 반영한다. 유대 작가들은 조로아스터교의 새로운 이원론적 개념들을 오래된 이스라엘 전통 속에 적용했다.

> 조로아스터교의 이원론을 천상회의(divine council, 하나님의 어전회의)와 전투 신화에 대한 오래된 견해와 혼합하는 것으로, 신자들은 이스라엘의 하나님을 천상회의의 보다 작은 신적 존재들(천사들)을 관장하시는 한 분의 주권적인 의의 하나님으로 볼 수 있었는데, 이 천사들 중 일부는 의로웠고 다른 일부는 그들 자신의 선택으로 악의 원인이 되었다.[135]

초기 유대교 천사론에 비해 묵시문학에서 발전한 천사론에는 이원론이 보다 강하게 나타난다.[136] 묵시문학의 천사적 존재, 곧 선한 천사와 반항

---

134. '일원론'(monism)은 우주를 하나님의 통일된 체계로 이해하는 반면 '이원론'(dualism)은 세상의 종말을 위하여 싸우는 하나님과 마귀의 전쟁으로 이해한다. Riley, *One Jesus*, 23-27; Riley, *River of God*, 90-95 참조. 복수(plurality)의 영들을 소개하는 것으로 칠십인역(LXX)은 악을 하나님과 그분의 영의 탓으로 돌리는 것을 피한다. 예로 칠십인역은 히브리어 רוח־אלהים רעה("하나님으로부터 오는 악한 영")을 '프뉴마 포네론'(πνεῦμα πονηρὸν, "악한 영")으로 번역한다.
135. Riley, *River of God*, 100. Gregory J. Riley, "Demon Δαίμων, Δαιμόνιον," *DDD*, 238 또한 참조.
136. 그리스도 이전 2세기 동안의 유대 묵시적 작품 속에서 천사적 존재나 세력이 만연한 것은 초기 구약성서 작품에서 발견되는 것과는 상당한 변화를 보여 준다. D. S. Russell은 기록한다. "많은 경우 이들의 시작은 정경적 경전에 있지만 그곳에서 발견되는 모든 것을 훨씬 능가하는 그들의 수, 이름, 기능, 본질에 대한 세부 사항이 거기에 제공된다." 그의 책 *Method and Message*, 240 참조.

적 천사는 빛과 어두움의 두 진영으로 나누어진다. 러셀이 쓴 것처럼 (다니엘서와는 별개로) 구약성서와 달리 묵시문학은 “영의 세계”를 둘로 나눈다. “한편에는 하나님께 충실한 천사들이 있고 … 다른 한편에는 귀신들의 우두머리[곧 사탄]에게 복종하며 이 땅에서 온갖 악을 행하는 타락한 천사들과 귀신들이 있다.” 러셀은 계속해서 귀신들과 마귀의 관계를 설명한다.

> 귀신들이 타락한 천사들인 한, 이들의 기원은 ‘베네 하-엘로힘’(*bene ha-elohim*), 곧 하나님의 아들들에 있다. 이 문맥에서 귀신들은 마귀와 공통된 신적 기원을 갖고, 마귀가 타락한 천사들 중 첫 번째이자 가장 위대한 천사이기 때문에 “마귀와 다른 귀신들”을 한꺼번에 언급할 이유가 있다.[137]

세상이 천상의 존재들로 움직인다는 사실을 강조하는(18.1-5; 75.1과 비교) 『에녹1서』는 이 시대에 천사학이 얼마나 발전했는지에 대해 상당한 정보를 제공한다. 이 단계 이전의 천사적 존재들의 우주 이전(precosmic) 타락에 대해서는 의문의 여지가 없었다. “감시자들”(Watchers)이라고 불린 타락한 천사들의 신화는 아마도 기원전 3세기부터 ‘감시자들의 책’으로 불린 섹션(1-36장)의 『에녹1서』 1장 1절-14장 8절에 가장 먼저 등장한다. 창세기의 개요를 따라 『에녹1서』에서 악한 천사들(감시자들)은 인간 여성과의 결합을 통해 태어난 그들의 자손인 거인/‘네필림’(הנפלים, 9.9)으로

137. Jeffrey Burton Russell, *The Devil: Perceptions of Evil from Antiquity to Primitive Christianity* (Ithaca, N.Y.: Cornell University Press, 1977), 252.

부터 귀신의 영을 낳았다(7.1-2).[138] 이들은 또한 하나님의 허락 없이 천상의 신비(특별히 점성술)를 인간에게 노출시켰다(8.1ff). 하나님은 감시자들을 최후 심판 때까지 결박하여 멸망을 기다리도록 하셨고(6.1-7, 7.1-5, 15.8, 19.1; 창 6.1-4과 비교; *Jub*. 4.15, 22, 5.6, 7.21-22, 10.8-11; 고전 11.4-10과 비교) 거인들을 멸하셨지만 이들의 영혼은 멸하지 않으셨는데 이것들이 악한 영들에 다름 아니다. 『에녹1서』는(가장 두드러지게는 6-25장이) 모든 죄와 악을 타락한 천사들과 이들의 악한 자손들에게로 돌린다(9.1, 6-9, 10.7-8, 15.8-16.2, 19.1-2과 비교).[139] 『에녹1서』에서 타락한 천사들은 사람들을 오도해 "귀신들에게 신으로서 제물을 바치도록" 하고(19.1, 99.7) 인간을 유혹하는 자(65.6, 69.6)이자 인간들의 고발자(40.7)와 처벌자(53.3)의 역할을 하도록 한다. 사람들은 악한 영들을 숭배하고 자신들의 자녀를 귀신들에게 제물로 바친다(*Jub*. 1.11-12, 22.17). 처음에는 거인들 자신이 귀신들이었고 이후에는 귀신들이 그들로부터 분리된다. 혼종 '네필림'(הנפלים)은 육적인 본성과 영적인 본성을 모두 가졌기 때문에 그들은 육체적 몸이 죽어도 살아남을 수 있었다. 하나님 창조의 일부가 아닌 이 혼종 영들은 거인들이 죽을 때 이들로부터 나왔다. 『에녹1서』는 이 혼종의 죽은 영들이 어떻게 되었는지를 우리에게 말해 준다.

---

138. 구약성서와 여러 비정경의 유대 작품과 초기 기독교 작품에서 '네필림'(히브리어에서 הנפלים은 문자 그대로 "타락한 자" 혹은 "멸망한 자"를 의미한다)은 "하나님의 아들들"(בני־האלהים, 아마도 타락한 천사들)과 인간 딸들 사이의 불법적인 성적 결합에서 나온 악한 자손이었다. 네필림의 이야기는 창 6.1-4의 이야기를 바탕으로 *1 En.*(9장), *Jub.*(5장)과 다른 곳에서 전개된다. 천사들의 타락은 우주 이전의 사건이 아니지만 *2 En.*(*Slav. En.*) 24.4ff을 제외한 대부분의 유대문학 속 인류의 이야기에 자리한다.

139. 창세기와 달리 '감시자들의 책'은 악과 죄가 천사들의 범죄 이후 세상에 들어왔다는 새로운 개념을 소개한다.

> 그러나 이제, 영들과 살덩이(의 결합)에서 태어난 거인들은 강력한, 땅의 영들이다. 그들의 거처는 땅에 있을 것이다. 그들의 몸에서 악령들이 나왔다. 그들은 높은 곳에서 나왔으며, 거룩한 감시자들에게서 그들의 창조와 토대가 처음 시작되었다. 그들은 악령들이라 불릴 것이다. 하늘의 영들, 그들의 거처는 하늘에 있을 것이다. 그리고 땅에서 태어난 영들, 그들의 거처는 땅에 있을 것이다. 거인들의 영들은 지상에서 괴롭히고, 압제하고, 파괴하고, 공격하고, 싸우고, 파멸시키는 일을 하고 문제를 일으킨다. 그들은 아무것도 먹지 않지만 배고프고 목 말라 범죄를 일으킨다. 이 (거인들의) 영들은 남자의 아들들과 여자의 아들들을 거슬러 일어날 것이다. 그들이 이들에게서 나왔기 때문이다.[140]

네필림, 즉 거인들의 죽은 영들이 귀신들이 되었다. 이 실체들은 구약성서와(예, 레 17.7; 신 32.17; 대하 11.15; 시 106.37) 신약성서에서 여러 번 언급되는데 여기에서 그들은 "귀신", "더러운 영", "악령"으로 불린다. 『에녹1서』는 분명 영적 세계에 대한 긴 기간의 추측을 드러낸다. 다른 어떤 초기 유대 문서도 천상 세력들에 대해 이 같은 세부 사항을 제공하지 않는다.

창세기와 출애굽기 1-14장의 개작인 『희년서』(*The Book of Jubilees*, 기원전 2세기 초)는 영적 세계에 대한 몇 가지 흥미로운 사실들을 제시하면서 천사들의 역할과 자연 세계와의 확고한 연관성을 설명한다(2.2ff).[141] 『희

140. *1 En*. 15.8-12. 송혜경 번역·주해, 『구약 외경 1: 에녹 1서, 솔로몬의 시편, 요셉과 아세넷, 예언자들의 생애, 아리스테아스의 편지』(개정판)(서울: 한님성서연구소, 2022), 113-14 참조.

141. *Jub*. 2.2ff.은 세 개의 층으로 창조 작업을 설명하는데, 세 개의 층이란 하나님이 그의 천사들과 거하시는 하늘, 큰 바다와 세 개의 대륙으로 나뉜 땅, 그리고 그 땅 아

년서』는 각 나라에 할당된 그 자체만의 특별한 별 천사(star-angel)가 있다는 생각을 제시한다(15.31-32).[142] 감시자들의 이야기에서처럼 『희년서』는 거인과 귀신들의 신화를 들려준다(5.15ff). 1장 20절에서 '벨리알'(Beliar)이 등장하고 10장 11절에서는 그가 사탄이지만, 타락한 감시자들에게는 '마스테마'(Mastema)라 불리는 그들의 지도자가 있다.[143] 제임스 H. 찰스워스(James H. Charlesworth)는 성서 기록의 끝(대략 기원전 400년)과 기원후 1세기 후반, 실질적 랍비문학의 시작 사이의 기간 동안 그레코-로마 시대에 널리 퍼진 이러한 위경 작품의 악마론에 대하여 자신의 견해를 제시한다.

> 이 땅은 귀신들로 가득하다. 인류는 이들에게 괴롭힘을 당한다. 거의 모든 불행이 귀신들 때문인데 질병, 가뭄, 죽음과 특히 언약에 충실하지 못하는 인간의 연약함이 그렇다. 천상과 땅 사이의 영역은 귀신과

래 "심연과 어둠"이다.

142. *Jub.* 15.31-32: "많은 나라와 많은 사람들이 있으며 모두가 그분의 것이므로 그분은 모든 것 위에 영들을 두사 그들을 자신으로부터 미혹하게 하셨다. 그러나 이스라엘 위에는 천사나 영을 세우지 않으셨는데 그분이 홀로 그 통치자가 되시기 때문이다. 그분이 그들을 보존하시며 천사와 영들의 손과 모든 세력의 손에서 그들을 요구하실 것인데 그들을 보호하고 복 주셔서 이제부터 영원토록 그들이 그분의 것이 되고 그분이 그들의 것이 되도록 하기 위해서다." 신 32.8-9 LXX은 하나님의 직접적 주권 아래에 있는 이스라엘을 제외하고 각 나라마다 천사적 통치자와 보호자가 있다고 이야기한다(ὅτε διεμέριζεν ὁ ὕψιστος ἔθνη ὡς διέσπειρεν υἱοὺς Αδαμ ἔστησεν ὅρια ἐθνῶν κατὰ ἀριθμὸν ἀγγέλων θεοῦ καὶ ἐγενήθη μερὶς κυρίου λαὸς αὐτοῦ Ιακωβ σχοίνισμα κληρονομίας αὐτοῦ Ισραηλ).

143. '마스테마'(Mastema)는 묵시 시대의 마귀, '벨리알'(그리스어: Βελιάρ), '아자젤'/'아사셀'(Azazel/Asasel), '사타넬'/'사타나엘'(Satanael/Satanail), '사마엘'(Sammael), '세미야자'(Semyaza), 혹은 사탄의 다양한 이름들 중 하나이다. 각 이름에 대한 자세한 내용은 J. B. Russell, *Devil*, 188, n. 17; Riley, *River of God*, 92-111, 178-79 참조.

> 천사들로 거의 채워진 듯한 분위기다. 인류는 종종 그러한 우주적 세력 앞에서 무력한 졸처럼 보인다. …[144]

찰스워스가 지적한 것처럼 악마 공포증은 위경에 반영된 영적 세계에 대한 유대적 관점의 독특한 특징들 가운데 하나였다. 이러한 영적 분위기는 바울의 악마론을 이해하는 데에 중요한 배경을 제공한다.

3. 두 '에온'(Aeons)

유대 묵시론자들은 우주가 두 가지 상반되는 초자연적 힘(하나님과 사탄) 혹은 세계로 나누어진다는 확신을 점차적으로 발전시켰다. 이 이원론적 세계관은 두 '에온', 곧 "이 세대"(עולם הזה, '올람 하제'/ὁ αἰὼν οὗτος, '호 아이온 후토스')와 "오는 세대"(עולם הבא, '올람 하바'/ὁ αἰὼν ὁ μέλλων, '호 아이온 호 멜론' 혹은 ἐρχόμενος, '에르코메노스')라는 교리를 통해 표현된다. 이들은 현재 악한 세대의 역사가 다가오는 세대, 곧 하나님의 공의가 승리하는 메시아의 세대로 대체되기를 기대했다. 새로운 '에온'(세대)은 율법에 대한 순종과 신실한 지혜로 특징된다. 이 두 특징은 의를 얻고 종말론적 구원을 상속받는 데 결정적인 것으로 간주된다. 이 세대는 하나님의 통치가 곧 성취되고 악한 우주적 세력이 정복될, 오는 세대와 대척점에 놓여 있다. 새 '에온'은 악인을 심판하고 의인에게 상 주기 위하여 하나님 혹은 그분의 대리인이 도착하심과 동시에 개시될 것이고 우주의 재창조 혹은 변화로 이어질 것이다.

---

144. James H. Charlesworth, *The Old Testament Pseudepigrapha and the New Testament: Prolegomena for the Study of Christian Origins*, SNTSMS 54 (Cambridge, N.Y.: Cambridge University Press, 1985), 66.

이 이원론적 견해로부터 유대 묵시 작가들은 신적 세력들과 귀신의 세력들이 역사하는 우주적 드라마를 상상했다. H. J. 숀필드(H. J. Schonfield)는 다음과 같이 기록한다.

> [묵시론자들은] 태초에 시작된 엄청난 우주적 드라마의 마지막 막(Act)에서 자신이 주도적 역할을 하고 있다는 사실을 알았다. 그리고 이 막은 하시디즘(Chasidism)을 일으킨 대배교(Great Apostasy)가 있던 기원전 2세기 초에 시작한 것으로 간주되었다. … 그렇게 묵시 혹은 계시의 시대가 시작되었다. 모든 시대의 끝이 스스로 무너졌다고 믿었던 시대로, 그것은 인류 드라마의 종말, 즉 파국적인 막(curtain)을 목격하는 것이었다.[145]

『에녹1서』(71.15)에서 랍비의 문구 "다가올 세상"에 대한 최초의 언급이 발견된다.[146] 다니엘서 저자는 현재의 악한 세대가 미래의 의의 세대와 대비되는 두 세대에 대한 이원론적 관점을 공유한다(단 7-12장). 다니엘서 12장 13절에서 저자는 이렇게 말한다. "너는 가서 마지막을 기다리라 이는 네가 평안히 쉬다가 끝날에는 네 몫을 누릴 것임이라." 다른 저자들은 다니엘이 개척한 방식을 좇는다. 현시대와 미래 시대 사이의 대조는 후기 묵시록에서 더욱 꽃을 피운다(*4 Ezra* 4.27, 7.12, 31, 50, 112-114; *2 Bar.* 44.9). 오는 시대는 일반적으로 현 세상과는 불연속적인 것으로 간주된

145. H. J. Schonfield, *Secrets of the Dead Sea Scrolls: Studies Toward Their Solution* (New York: T. Yoseloff, 1957), 112-13.

146. *1 En.* 71.15: "그리고 그가 나에게 말씀하셨다. '그는 다가올 세상의 이름으로 너에게 평화를 선포하신다. 창세로부터 평화가 있으리니 그것이 네게 세세토록 있으리라.'"

다. "새로운 세상은 부패하지 않을 것이요"(*2 Bar.* 44.12); "가장 높으신 이가 한 시대 아닌 두 시대를 만드셨다"(*4 Ezra* 8.1).[147] 심판의 날은 두 시대 사이의 구분점으로 간주된다(*4 Ezra* 7.113). "심판의 날은 이 시대의 끝이요 다가올 불멸의 시대의 시작이 될 것이다."

4. 이원론적 인간학

대부분의 그리스 사상과는 반대로 구약성서에는 이원론적 인간학, 곧 인간이 물질적 몸과 영적 혹은 비물질적 영혼이라는 두 가지의 서로 다른 실체의 합성이란 주장이 없다. 구약성서는 몸-영혼의 이원론적 관점으로는 이해할 수 없는 비이원론적, 전체론적 인간학의 관점을 취한다. 인간은 몸과 영혼의 이분법이나 몸, 혼, 영의 삼분법이 아니라 생명력의 단위로 간주된다. 창세기 2장 7절의 창조 이야기는 하나님이 인간을 생령(נפש חיה, '네페쉬 하야'), 즉 하나의 실체로 지으셨다고 말한다.[148] 몸, 혼, 영과 같은 개념은 인간이 생명을 주는 불꽃이나 생명력(נשמת חיים, '니쉬마트 하임')으로 생기와 활력을 얻은 점토 같은 육체로 묘사된 창조 이야기(창 2-3장)와는 완전 이질적이고, 이 불꽃이나 생명력의 근원은 신적 영역에 있다. 몸이란 사람이며 실제 사람(곧 영혼이나 지성)이 단지 소유하는

---

147. *4 Ezra*의 연대를 추정하면서 George H. Box는 이 편집 작업의 시작점(terminus a quo)은 기원후 100년이고 도달점(terminus ad quem)은 Bar Kokba 반란의 날인 기원후 135년이라 말한다. G. H. Box, "General Introduction, IV Ezra," in *The Apocrypha and Pseudepigrapha of the Old Testament*, ed. R. H. Charles, 2 vols. (Oxford: Clarendon, 1913), 2:542-43 참조.

148. 창 2.7: "여호와 하나님이 땅의 흙으로 사람을 지으시고 생기를 그 코에 불어 넣으시니 사람이 생령이 되니라"(וייצר יהוה אלהים את־האדם עפר מן־האדמה ויפח באפיו נשמת חיים ויהי האדם לנפש חיה). 여기에서 사람은 하나의 통일체, 숨을 쉬고 살아 있는 흙덩어리로 창조된다. 창 3.19; 시 90.3, 103.14; 욥 10.9, 34.14-15과 비교.

어떤 것이 아니라고 말하는 게 적절할 것이다. 이것은 내적, 영적, 혹은 육체적 생명을 부인하려는 것이 아니라 오히려 영혼이 몸과 불가분 관계에 있음을 확인하려는 것이다.[149] 이러한 관점에서 몸은 앞서 논의한 대중적 그리스 사상이 주장하는 것처럼 불멸의 영혼을 가두는 필멸의 껍데기나 감옥이 아니다. 대부분 구약성서에 반영된 우주론에 따르면 필멸의 인류는 하늘이 아니라 땅에 속한다. 영생 개념은 구약성서의 초기 층에서는 전혀 증언되지 않는다.[150] 따라서 인간이 죽어 천국에 갈 수 있다는 개념은 없다. 창세기 2장 7절에 비추어 죽음은 "하나님이 원래 흙덩이에 불어 넣어 그것을 소생케 하신 생명의 숨이 몸으로부터 '나가는 것' 혹은 소멸하는 것을 의미한다."[151] 죽은 자들이 구별 없이 모두 구금되어 있는 '스올'(שאול)이라는 지하 세계에서 지식이나 감정 없이 단순히 존재할 뿐이라는 생각의 희미한 흔적이 있다고 해도(욥 14.13; 전 9.5), 생명은 임종의 자리에서 끝이 난다.

내세와 사후 보복에 대한 믿음이 구약성서의 묵시문학에 등장한 것

---

149. J. Pedersen, *Israel: Its Life and Culture*, 2 vols. (London: Oxford University Press, 1926), 1:99-181. Pedersen은 이렇게 말한다. "영혼과 몸은 아주 밀접하게 결합되어 둘 사이의 구별은 어렵다. 이들은 '결합' 이상으로, 몸은 외형적 형태의 영혼이다." 그의 책 *Israel*, 171 참조.

150. 초기 이스라엘 작가들은 '스올'(שאול)로 내려간 모든 죽은 자들이 "주술을 통해 스올로부터 어떤 음영을 불러내는(삼상 28.3-25)" 경우를 제외하고 그곳으로부터 올라오지 않는다(욥 7.9; 욥 10.21, 16.22, 삼하 12.23과 비교)는 메소포타미아의 신앙을 공유한 것처럼 보인다. Bauckham, *Fate of the Dead*, 16 참조. 삼상 28장에서 사울이 엔돌에서 온 여성을 만나는 주술 사건은 죽은 자의 부활 가능성을 암시하지 않는데 사무엘이 곧 '스올'로 영원히 돌아가기 때문이다. Neil Gillman, *The Death of Death: Resurrection and Immortality in Jewish Thought* (Woodstock, Vt.: Jewish Lights, 2002), 73 참조. '스올'의 이 같은 심상은 Homer의 서사시에 묘사된 '하데스'(ᾅδης)의 영역과 많은 유사점을 갖는다.

151. Gillman, *Death of Death*, 106.

은 바벨론 포로 이후였다. 하나님의 신실한 백성이 고통당하고 이들의 원수가 승리하는 현실 앞에서 묵시론자들은 죽은 자들의 운명, 곧 악인의 처벌과 의인의 보상을 다루고 지옥과 낙원의 교리를 옹호하는 것으로 하나님의 공의(즉 신정론[theodicy]) 입증을 요구했다. 기원전 200년에서 기원후 100년까지 초기 유대교에서 부활에 대한 생각이 널리 퍼져나갔다. 에녹서 이후 부활은 유대 작품에 정기적으로 등장하는데 여기에는 다니엘서와 마카베오2서(2 Maccabees), 『모세 묵시록』(*Apocalypse of Moses*), 위-필론/필론의 위서(Pseudo-Philo), 『에스라4서』(*4 Ezra*), 『바룩2서』(*2 Baruch*), 『솔로몬 시편』(*Psalms of Solomon*)이 포함된다. 영혼 불멸을 보여주는 첫 번째 유대 작품들 중 하나는 『에녹1서』다. '감시자들의 책'(6-36장)에서 저자는 모든 인간이 죽음으로 끝나지 않는다는 개념을 제시한다.

> 감시자들이 황폐하게 한 이 땅을 치유하라. 그리고 재앙이 치유되고, 이 감시자들이 그들의 아들들에게 말하고 가르친 신비로 인하여 모든 사람의 아들들이 멸망하지 않도록 이 땅의 치유를 선포하라. 아사엘(Asael)의 행위와 가르침으로 인하여 온 땅이 황폐해졌으니 그의 위로 모든 죄를 기록하라.[152]

그는 죽은 자의 혼이나 영이 모이는 네 개의 "아름다운 장소" 혹은 방을 에녹이 방문한 사실을 묘사하는바(*1 En.* 22), 거기는 이 땅에서의 삶의 특징에 따라 죽은 자의 혼을 분리한 커다란 동굴이 있는 가장 서쪽에 있

152. *1 Enoch: A New Translation*, trans. George W. E. Nickelsburg and James C. VanderKam (Minneapolis: Fortress, 2004), 28로부터 인용된 *1 En.* 10.7-8.

는 산이다.[153] 의인은 샘물로 소생이 되고 악인은 고통을 받는다. 에녹이 예루살렘으로 여행할 때(26-27장) 그는 의인들이 족장들과 같이 장수하고 생명나무의 열매를 먹는 시온산을 본다(*1 En*. 25.4-6). 이 심상은 몸적 존재로의 부활을 암시한다. 근처 힌놈의 골짜기에서 악인은 의인 앞에서 신적 형벌을 받는다(*1 En*. 26.4-27.4). 에녹서(*1 En*. 91-105)에서 죽음 이후 죽은 의인의 영은 별처럼 빛나고 천사들의 무리에 들어갈 것이다. 별의 불멸성에 대한 개념은 『에녹1서』 104장 2-6절에 표현되어 있다.[154]

---

153. *1 En*. 22.13("이들의 영혼[곧 서쪽의 동굴 혹은 골짜기에 갇힌 악한 영들]은 심판의 날, 죽임을 당하지 않을 것이나 그곳으로부터 일어나지 못할 것이다")에서 부활에 대한 암시가 제공된다.

154. 별의 불멸성은 고전 및 헬레니즘 시대 이후 두드러진 생각으로 별들은 영혼과 지성을 가진 천체로, 인간의 영혼 혹은 정신은 천상의/'에테르'의 물질로, 영혼은 죽음 이후 별 혹은 흡사한 천체로 돌아간다고(예, Plato, *Tim*. 32B-C, 40D, *1 En*. 39.4-7, 104.2-6, 단 12.2-3, *2 Bar*. 51.10, 그리고 Philo, *Opif*. 144, *Somn*. 1.135-37, 138-45; *Gig*. 7; *QE* 2.114; *Mos*. 2.108) 간주됐다. Plato, *Tim*. 40D은 별들을 "가시적인 창조된 신들"로 말하는데 이들은 신, 데미우르고스(Demiurge)로부터 신성을 가져왔다. 고전 그리스 희극작가 Aristophanes는 "우리가 죽으면 하늘의 별이 된다"고 믿는다(*Pax* 832-33). 이 대중적 믿음은 또한 그리스 문헌의 맨 처음으로 거슬러 올라갈 수 있다(Homer, *Od*. 5.274; Hesiod, *Op*. 598; Euripides, *Suppl*. 532-36; *Hel*. 1013-16). John J. Collins, *Daniel: A Commentary on the Book of Daniel* (Minneapolis: Fortress, 1993), 394; Dale B. Martin, *The Corinthian Body* (New Haven, Conn.: Yale University Press, 1995), 117-20; Hengel, *Judaism and Hellenism*, 1:197; Franz Cumont, *Astrology and Religion among the Greeks and Romans*, trans. J. B. Baker (New York: Dover, 1960); F. H. Cramer, *Astrology in Roman Law and Politics* (Philadelphia: American Philosophical Society, 1954) 참조. 이 주제에 대한 최근의 철저한 연구를 위해서는 Alan Scott, *Origen and the Life of the Stars: A History of an Idea* (Oxford: Clarendon, 1991) 참조. 단 12.2-3(별의 은유)과 *2 En*. 19.17(천사들과의 동등함을 함의하는 옷을 입는 은유)에서처럼 바울은 부활한 의인들이 영광스러운 상태를 즐거워할 것을 암시하기 위해 천상 옷과 비슷한 은유를 사용한다(고전 15.42-50). *2 En*. 19.17에서 하나님은 미가엘(Michael)에게 명하신다. "에녹을 데려다 그가 입은 땅의 옷을 벗기고 그에게 좋은 기름을 바르고 영광스러운 옷을 입히라." 구약성서에서 별들은 신적 전사들(삿 5.20) 혹은 하나님의 아들들(욥 38.7의 샛

> 담대하라, 이전에는 너희가 악과 환난으로 억압을 받았으나 이제는 하늘의 빛처럼 빛나고 나타나리니 천상의 문이 너희에게 열릴 것이라. … 담대하라, 너희 소망을 버리지 말지니 너희가 하늘의 천사들처럼 큰 기쁨을 얻게 될 것이라. … 지금 너 의로운 자들이여, 죄인들이 강하고 번성할 때에 두려워 말라. 이들과 사귀지 말고 이들의 모든 악행을 멀리하라. 너희는 천상 천사들의 동무가 될 것이다.

승천 묵시록에서 고귀한 천사들로 변화한 영웅들(에녹, 아담, 셋, 이사야 등)의 이야기는 우주 속 하나님과 인간 사이의 인식된 거리를 극복하기 위한 시도로, 이것은 불만족스러운 일상의 삶에서 인간의 가능성에 대한 낙관적 이해를 제시한다.[155]

구약성서에는 이른바 "이사야 묵시록"(24-27장)과 다니엘의 마지막 환상(10.2-11.4)을 제외하고는 부활이나 영생에 대한 분명한 언급이 없다.[156] 이사야 24-27장과 다니엘 12장에서 육체의 부활이라는 상징으로 상상된 불멸의 개념은, 무덤 속에서의 부분적 생존을 믿은 셈족의 믿음

별들[ἄστρα]과 연관된)과 같은 하늘 군대로 비유되기도 한다.

155. Himmelfarb, *Ascent to Heaven*, 110-114. Himmelfarb의 에세이 "Revelation and Rapture: The Transformation of the Visionary in the Ascent Apocalypses," in *Mysteries and Revelations: Apocalyptic Studies Since the Uppsala Colloquium*, ed. John J. Collins and James H. Charlesworth (Sheffield: JSOT Press, 1991), 89-90 또한 참조.

156. R. Martin-Achard, *From Death to Life. A Study of the Development of the Doctrine of the Resurrection in the Old Testament* (Edinburgh: Oliver & Boyd, 1960); H. Birkeland, "The Belief in the Resurrection of the Dead in the OT," *ST* 1 (1960): 60-78. 다니엘서는 악의 능력, 사탄, 귀신들과 같은 이원론적 성향과 천국과 지옥에 대한 추측, 미래의 이상 왕국에 대한 묘사(사 65.17-25, 겔 36.24-38, 슥 7-8장에서 발견되는)가 없다는 점에서 다른 묵시록과는 다르다. Donald E. Gowan, *Daniel* (Nashville: Abingdon, 2001), 30 참조.

79-80

이나 인간 영혼의 자연스런 영속성이라는 헬레니즘의 개념과는 근본적으로 다르다. 기원전 5세기에서 2세기로 거슬러 올라가는 이사야 24-27장의 포로기 이후의 묵시록은 죽은 자들의 부활에 대한 첫 번째 구약의 예언을 포함한다(26.19).[157] 이사야 26장 19절이 에스겔 37장 11-14절의 이상처럼 패망한 민족의 회복만을 약속한다면 부활에 대한 첫 번째 확실한 가르침은 다니엘 12장 2-3절에서 발견된다. 이사야 26장 19절에 근거하여 다니엘 12장 2-3절은 의인(마카베오 순교자들)과 악인(유대인 배교자들) 모두가 부활하고 이후 심판을 받아 "영생을 받는 자도 있겠고 수치를 당하여서 영원히 부끄러움을 당할 자도 있을 것"을 강조한다(12.2).[158] 다니엘 12장 3절에 따르면 부활의 때에 "지혜" 혹은 "지식"이 있는 자들(*maśkîlîm*)은 영원토록 궁창과(하늘 위로 펼쳐진 공간으로 천체들이 움직이는 곳)

---

157. Martin-Achard, *From Death to Life*, 123-124. Hanson은 사 24-27장의 연대를 사 34-35, 56-66장, 말, 슥 9-14장, 그리고 요엘의 최종 형태와 함께 기원전 6세기와 5세기 초로 추정한다. Hanson, *Dawn of Apocalyptic*, 440 참조.

158. 사 26.19: "주의 죽은 자들은 살아나고 그들의 시체들은 일어나리이다 티끌에 누운 자들아 너희는 깨어 노래하라 주의 이슬은 빛난 이슬이니 땅이 죽은 자들을 내놓으리로다"(נבלתי יקומון הקיצו ורננו שכני עפר כי טל אורת טלך וארץ רפאים תפול יחיו מתיך). Richard Bauckham은 사 26.19을 가리켜 "죽은 자의 장소(땅 이곳)를 부활 행위의 주제로 만드는 유일한 구약의 본문"이라고 말한다. 그의 책 *Fate of the Dead*, 277 참조. 단 12.2-3: "땅의 티끌 가운데에서 자는 자 중에 많은 사람이 깨어나 영생을 받는 자도 있겠고 수치를 당하여 영원히 부끄러움을 당할 자도 있을 것이며 지혜 있는 자는 궁창의 빛과 같이 빛날 것이요 많은 사람을 옳은 데로 돌아오게 한 자는 별과 같이 영원토록 빛나리라"(לחיי עולם ואלה לחרפות לדראון עולם כזהר הרקיע ומצדיקי הרבים ככוכבים לעולם ועד: ורבים מישני אדמת־עפר יקיצו אלה והמשכלים יזהרו). 12.2에서 다니엘은 의인과 죽은 악인들의 이중 부활을 말하고 이것은 의인의 부활만을 이야기한 이사야(26.19, 20-21)를 넘어서는 일이다. George W. E. Nickelsburg는 다음과 같이 주장한다. "이사야에게 의인의 부활은 그것 자체로 의인들을 위한 신원이다. 다니엘에게 부활은 의인과 죽은 악인 모두가 각자의 신원 혹은 정죄를 받는 수단이다." Nickelsburg, *Resurrection*, 19 참조.

별과 같이 되어 "별의 불멸"(astral immortality)을 얻을 운명에 처해 있다.[159] 조지 W. E. 니켈스버그(Gorge W. E. Nickelsburg)는 다니엘 12장 3절의 부활과 심판의 개념에 대해 다음과 같이 언급한다. "따라서 그 심판이 최종적일지라도 그 범위가 우주적이라고 묘사되지는 않는다. 마찬가지로 부활은 이런 심판의 일부로써 모든 사람에게 정의를 실현하기 위해 의도된 일반 부활이 아니다. 이것은 박해로 제기된 중요한 문제들 중 하나에 대한 해결책이다."[160]

마카베오2서(2 Maccabees)에는 오직 경건한, 죽은 자들(순교자들)만이 몸의 부활을 기대할 수 있다는 개념이 있다(7.9, 11, 14, 23, 14.46, 12.43-45).[161] 또 『바룩2서』 51장 10절은 의인이 "별과 같이 될 것"을 약속한다. "저 세상의 높은 곳에 거할 것이며/천사들과 같이 되고/별과 같아질 것이라. …"(51.10).

쿰란의 에세네 서고, 즉 사해문서(Dead Sea Scrolls)는 고립된 장소로 후퇴하여 분리주의를 실천했던 에세네파 사상에 미친 헬레니즘의 영향을 보여 준다. 유대-로마 고대 역사가인 요세푸스(Josephus, 기원후 39-100년)는 영혼의 불멸에 대한 그리스(특히 피타고라스)의 관점과 결부된 에세

---

159. '마스킬림'(*Maśkîlîm*)이라는 용어는 마카베오 혁명 때 신실함을 지킨 지혜로운 유대인들을 지칭하고 이들 중 일부는 순교를 당하나 부활 이후 높아지는 것으로 보상을 받는다(단 11.33, 35, 12.3).

160. Nickelsburg, *Resurrection*, 27.

161. 2 Macc 12.43: "그리고 유다는 각 사람에게서 모금을 하여 은 이천 드라크마를 모아 그것을 속죄의 제사를 위한 비용으로 써 달라고 예루살렘으로 보냈다. 그가 이와 같이 숭고한 일을 한 것은 부활에 대해서 생각하고 있었기 때문이었다." 2 Macc에서 가장 유명한 부분인 7장에서 부활(ἀνάστασις, '아나스타시스')은 순교자들의 정당성을 입증하기 위한 기대로 사용된다. 2 Macc는 하나님이 신실한 자들을 영생으로 일으키실 수 있다고 말한다. "… 이 우주의 왕께서는 당신의 율법을 위해 죽은 우리를 다시 살리셔서 영원한 생명을 누리게 할 것이다"(7.9).

네파 신앙에 대해 몇 가지 진술을 한다.[162]

> 몸은 부패할 수 있고 그 물질은 불안정하지만 영혼은 불멸하고 영원히 지속된다는 것이 그들 사이 확고한 믿음이다. 가장 세밀한 '에테르'(ether)에서 나온 그들은 감옥 역할을 하는 몸과 엮여 신체적 마력에 의해 끌어내려진다. 그러나 이들이 육체의 속박으로부터, 말하자면 오랜 종살이로부터 해방될 때 그들은 기뻐하며 천상 세계로 올라간다. 그리스의 아들들에 동의하여 그들은 바다 너머에 의인의 영혼들을 위한 거처가 예비되어 있다고 선언하는데, 이곳은 비나 눈이나 무더위가 지배하지 않고 언제나 바다로부터 불어오는 산들바람이 상쾌한 곳이다.

162. Josephus *Ant*. 15.371은 에세네파를 피타고라스학파에 대한 유대적 장식품으로 묘사한다. "이들[에세네파]은 Pythagoras가 그리스인들에게 가르친 삶의 방식을 따르는 무리이다"(γένος δὲ τοῦτ' ἔστιν διαίτῃ χρώμενον τῇ παρ' Ἕλλησιν ὑπὸ Πυθαγόρου καταδεδειγμένῃ). 기원전 160년경 하스몬 왕가의 요나단(Jonathan the Hasmonaean) 시기에 대한 그의 묘사에서, Josephus *Ant*. 13.5, 9는 오르페우스-피타고라스적(Orphic-Pythagorean) 특성을 보이는 에세네 종파의 교리를 언급한다. 에세네파와 피타고라스 교리 사이의 가능한 관계를 위하여는 Hengel, *Judaism and Hellenism*, 1:243-47 참조. 내세의 교리와 관련해 Josephus는 기원후 1세기 바리새파와 사두개파의 두 가지 다른 입장 역시 기록한다. 그에 따르면 바리새파는 "모든 영혼은 썩지 않는다. 그러나 선한 사람의 영혼은 다른 몸으로 옮겨질 뿐이며 악한 사람의 영혼은 형벌을 받는다"라고 믿고 사두개파는 "덧붙여 영혼이 불멸한다는 믿음과 '하데스'에서의 형벌과 보상에 관한 믿음을 제거한다." Neil Gillman, *Death of Death*, 118-119은 *J.W.*(2.8.14)에서 Josephus가 내세에 대한 세 가지의 대안적 입장을 정의하는 것 같다고 주장한다. "내세에 대한 사두개파의 부인, 영혼 불멸에 대한 순수 플라톤식 믿음에 대한 에세네파의 확언, 그리고 바리새파와 동일시되는, 몸의 부활과 영적 불멸의 요소들이 결합된 것 같은 중간 입장." Neil Gillman은 바리새파가 몸의 부활을 주장한다는 점에서 에세네파와는 다른 관점을 갖는다는 사실을 제시한다. 에세네파에 대한 Josephus의 설명과 그 신뢰성에 대한 보다 자세한 연구를 위해서는 Todd S. Beall, *Josephus' Description of the Essenes Illustrated by the Dead Sea Scrolls* (Cambridge: Cambridge University Press, 1988) 참조.

81-82

다만 악한 영혼은 끝이 없는 징벌로 가득하고 폭풍에 흔들리는 어두운 구덩이에 내버려둔다.[163]

요세푸스에 따르면 철저한 플라톤주의 모형에 따라, 에세네파는 몸과 영혼의 분명한 이원론을 믿었고 여기에는 영혼의 사후 생존뿐 아니라 영혼이 출생 전부터 존재한다는 믿음이 결합되어 있었다. 에세네파에게 있어 영혼은 죽음의 때에 몸의 감옥으로부터 해방되어 바다 건너편 의인의 영혼을 위한 장소로 옮겨 간다. 비슷한 방식으로 『희년서』(23.30ff.)와 『에녹1서』(103.2ff.)는 영혼의 부활에 대한 믿음을 언급하는 듯 보인다.

5. 유대 묵시 드라마와 율법

『희년서』는 이스라엘의 탁월한 지위와 이스라엘 역사에서 율법이 갖는 근본적 역할을 강조한다(5.17). 유대인에게 할례는 "모든 악령이 넘을 수 없는 장벽"이다.[164] 유대 묵시문학에서 하나님의 신실하심과 신원은 주로 하나님의 율법에 순종한 이스라엘 사람들을 신원하는 것과 관련 있다. 『바룩2서』와 『에스라4서』(에스드라 2서[2 Esd]로도 불린다)는 유대 묵시 작품인데, 고린도전서 15장 12-21절(고후 11.3과 비교; 딤전 2.13-14)에서 바울이 사용한 아담의 불순종 이야기를 반영한다. 『바룩2서』와 『에스라4서』(기원후 81-96년경)의 문학적 묵시 구조에서 고통은 곧 마지막 때에 절정을 이루고 메시아 왕국의 출범과 함께 끝나며, 이후에는 심판의 날과

163. Josephus, *J.W.* 2.154-55.

164. Paolo Sacchi, *Jewish Apocalyptic and its History*, trans. W. J. Short, JSPSs 20 (Sheffield: Sheffield Academic Press, 1990), 65.

구원 혹은 저주가 모든 사람을 기다리는 새로운 시대의 도래가 이어질 것이다.

악행 속 인간의 책임과 선과 악 사이 인간의 선택을 강조하는 『바룩2서』와 『에스라4서』에서 율법에 대한 태도는 다가오는 시대에 구원 혹은 형벌을 확정 짓는 결정적 요인이다. 그 두 저자 모두에게 율법을 지키는 것은 영생을 보장하지만 그것을 거부하는 것은 반드시 영원한 고통으로 이어질 것이다.[165] 두 저자 모두의 관점에서 율법을 지키는 것은 영생의 가능성을 크든 적든 허용하지만, 율법에 대한 신실함이 현세에서의 운명을 결정하는 데 도움을 준다고 주장하는 것은 『바룩2서』가 유일하다. 그러나 『에스라4서』에서 율법을 지키는 것은 현세의 인류에게 그다지 도움이 되지 않았다.

6. 유대 묵시문학과 바울

제2성전 유대교(Second Temple Judaism)의 상당 부분을 차지한 묵시적 세계관을 물려받은 바울은 보편 심판, 부활과 그리스도의 재림과 같은 우주적 의미를 지닌 특정한 종말 사건들을 고대했다. 바울의 세계관은 그의 사상이 이 세상을 지배하기 위해 분투하는 두 가지 상반되는 우주 세력과 두 가지 '에온'(*aeons*)/시대, 곧 현세와 내세에 대한 이원적이고 우주적인 믿음을 특징으로 한다는 점에서 묵시적이다. 바울에 따르면 사탄의 세력은 미래의 절정의 순간에 파멸될 것이고 하나님의 통치가 세워질 것이다. 바울은 유대의 묵시적 언어와 표현을 상당 부분 수용하면서도 그리스도 사건에 비추어 유대의 묵시적 관점을 수정했다. 예수의 부활을 묵시적 드라마, 다시 말해 그것의 최종 단계로 '파루시

165. *2 Bar*. 54.14.

아'(παρουσία) 혹은 재림이 있을 때까지 지속될 드라마의 첫 단계로 본 것이다.[166] 삼층천, 곧 낙원으로 끌려 올라간 바울의 환상적 경험은 묵시적인 것으로 간주된다.[167] 빛의 천사와 어둠의 천사 사이의 대립에 기초한 페르시아의 우주론적 이원론은 바울의 언어에서 반향을 일으킨다.[168] 그러나 대부분의 묵시문학과는 달리 바울은 악한 자들의 형벌과 고통을 묘사하거나 지옥(γέεννα)을 언급하지 않는다. 헬레니즘 유대인으로 바울은 유대의 묵시적 유산을 헬레니즘적 용어로 이해하고 설명한다. 전형적인 유대 묵시록은 민족적 곤경으로부터 유대인들을 해방하는 것에 관심이 있었다면, 바울의 묵시적 관점은 인간의 곤경으로부터 개개인을 구원하는 것에 그 초점이 있었다.[169] 바울의 묵시사상은 묵시적 움직임에 있어 민족 중심에서 그리스도 중심으로의 변화를 보여 준다. 바울은 그리스도의 구원 사역에 보편주의 근거를 두고자 노력했으며, 구원에 대한 그의 그리스도 중심적 이해는 그리스도의 죽음이 모든 사람의 구원에 충분하다고 말하도록 이끈다.[170]

---

166. 고전 15.12-20; 단 12.2-3과 비교.

167. 고후 12.1-4.

168. 살전 4.16-5.2, 5.5; 롬 13.12; 엡 2.2. 살전 5.5: "너희는 다 빛의 아들이요 낮의 아들이라 우리가 밤이나 어둠에 속하지 아니하나니"(πάντες γὰρ ὑμεῖς υἱοὶ φωτός ἐστε καὶ υἱοὶ ἡμέρας. Οὐκ ἐσμὲν νυκτὸς οὐδὲ σκότους). 이 같은 이원론은 쿰란 용어에서도 발견된다. 예로 4QFlor 1.7-13; 1QS 3.13-4.26.

169. Samuel Sandmel, *The Genius of Paul: A Study in History* (New York: Schocken Books, 1970), 18-20.

170. 이번 장의 각주 116번과 117번 참조.

C. 필론의 우주론과 인간학

플라톤과 초기 기독교 사이의 중요한 연결 고리는 필론이다(약 기원전 20년-기원후 45년). 필론은 헬레니즘 세계의 지성과 문화, 교육의 중심이자 이후 그의 사상에서 절정에 이른 유대적 헬레니즘 철학의 진정한 중심지, 이집트의 국제 도시 알렉산드리아(Alexandria)에서 태어났다. 그는 유대적 전통과 그리스 철학의 통합이 무르익은 시대에 살았다. 헬레니즘 유대교의 뛰어난 지식인 필론은 그의 동시대인 바울과 공통점이 많았는데, 그들은 그레코-로마 세계에서 디아스포라의 헬라적 유대인으로서 유대교의 배경을 공유했기 때문이다.[171] 필론은 자신의 유대적 전통을 헬레니즘 세계와 연관시키려 한 신실한 유대인이었다. 이를 위해 그는 자신의 유대적 유산을 설명하며 헬레니즘의 자원을 최대한 활용하였다. 이 같은 점에서 그는 자신의 삶과 사상에서 두 가지 주요 영향, 곧 플라톤주의와 유대교의 통합을 시도하였다. 그리스 철학을 유대 신학('토라')과 조화시키기 위해 필론은 한편으로는 유대 종교와 가장 잘 어울리는 그리스 사상의 요소들을 선택했다. 다른 한편으로는 그리스 사상과 조화롭게 하는 방식으로 유대 경전을 풍유적으로 해석했다.[172] 필

171. Henry Chadwick은 "St. Paul and Philo of Alexandria," *BJRL* 48 (1965-66): 292에서 Philo과 바울을 많은 점에서 명백하게 비교하면서 "두 사람이 같은 연못에서 낚시하는 정도의 유사성"을 보여 주었다고 논평한다.

172. Philo은 Plato 사상의 비밀이 '토라'에 잠겨 있는데 그 비밀을 푸는 열쇠는 풍유적 주석이라 여겼다. Gregory Sterling, "Platonizing Moses: Philo and Middle Platonism," *SPhA* 5 (1993): 100 참조. 예를 들어, Philo은 Plato의 네 가지 덕목인 지혜, 용기, 자기 절제, 공의를 유대적 맥락에서 풍유적으로 적용했다. Philo은 이들을 에덴동산에서 흘러나온 네 개의 강과 동일시했지만 거기에 연민, 회개, 경건이라는 보다 전통적인 유대적 덕목을 첨가했다.

론은 그리스 원천으로부터 온 모든 교리가 실제로는 구약성서에서 기인했다고 생각했다. 따라서 그는 그리스 사상의 가장 값진 결론들이 모세의 율법에 포함되어 있음을 증명하고자 했다. 그런 의미에서 그는 그리스인들 가운데 선하고 참되고 아름다운 모든 것들이 실제로는 플라톤에 의해 모세로부터 기인했다고 주장한 플라톤주의자였다. "플라톤이 필론화되었든지 필론이 플라톤화되었다"는 제롬(Jerome)의 표현이 이야기하듯, 필론은 플라톤과 조화를 이루었으며 그의 의견을 공개적으로 반박한 적이 없었다.[173] 필론이 그리스 철학을 전용한 것은 유대교와 헬레니즘의 심오한 융합의 징후를 의미한다.

필론의 저술(48편의 논문)을 보면 헬레니즘 유대교가 그 나름의 방식으로 발전하였고 아람어를 사용한, 팔레스타인과 바벨론의 유대인들과는 달랐다는 사실을 알 수 있다. 헬레니즘 유대교의 보다 광범위한 흐름에서 흘러나온 필론의 신학은 다양한 점에서 바울의 사상을 이해하는 데 도움이 된다. 이번 섹션은 우주론적, 인간학적 관점에서 필론과 바울 사이에 어떤 종류의 접촉이 있었을지를 살핀다. 필론과 바울은 그리스 철학과 문화에서 온 특정 모티프와 직간접적으로 상호 작용하는 그들만의 전통을 소중히 여겼을 수도 있다. 그 둘 사이에 차이점이 있다면 그리스 철학에 대한 필론의 관심은 상당히 노골적인 반면 바울의 관심은 은밀하다는 것이다.[174]

---

173. Jerome, *Vir. ill.* 11. Philo, *Prob.* 13은 Plato을 "가장 신성하다"고 묘사한다.

174. Troels Engberg-Pedersen, "Stoicism in the Apostle Paul: A Philosophical Reading," in *Stoicism: Traditions and Transformations*, ed. Steven K. Strange and Jack Zupko (Cambridge: Cambridge University Press, 2004), 56. 그는 같은 페이지에서 계속 이야기한다. "그러나 그들[Philo과 바울]은 그리스 철학에만 일종의 부수적 역할을 부여하는 데 동의한다. 그들은 자신의 유대교적 메시지 혹은 유대적 기독교의 메시지라 생각하는 것을 끌어내기 위해 그것을 사용한다. … 그리스 철학

필론에게 있어 우주론은 그의 사상 전체에 중요한 요소이며 인간학과도 밀접하게 연관되어 있다. 필론의 사상은 '올드 아카데미'(Old Academy)의 플라톤주의로부터 스토아학파와 중기 플라톤주의를 거쳐 유대교와 양립할 수 있는 체계로 발전했음을 보여 준다. 이런 점에서 그는 중기 플라톤주의자들(Middle Platonists) 가운데 한 명으로 꼽힌다.[175] 다른 말로 필론의 신학은 중기 플라톤 철학, 신피타고라스 철학, 스토아 철학과[176] 전통적인 유대 철학(특별히 지혜 전통)의 종합이다.[177] 필론의 창조

의 사용이 결국 그들 자신의 메시지를 변형시킨 것이다. Philo의 경우 그것과 비교가 가능한 모든 유대 자료가 있는 곳에서 그 대답은 아마도 '예'여야 할 것이다. 바울의 경우 기독교 메시지에 대한 그의 표현을 비교할 동시대 혹은 보다 이전 자료가 거의 없기 때문에 여기서 어떤 실제적 질문이 있는지 여부는 불분명하다. 따라서 바울의 메시지가 결국 그 근간을 이룬 것으로 볼 수 있는 (스토아 철학을 포함해) 그리스 철학에 의해 중요하게 형성되었다면, 이것은 우리가 알고 있는 것처럼 기독교 초기부터 그 종교[기독교]와 그리스 철학의 공생이 있었다는 사실을 보여 줄 뿐이다."

175. Dillon, *Middle Platonists*, 139-83.

176. Dillon, *Middle Platonists*, 140은 Philo이 Plato의 작품에 매료되었고 "『파이돈』(*Phaedo*)과 『테아이테토스』(*Theaetetus*), 『향연』(*Symposium*), 『국가』(*Respublica*), 『법률』(*Leges*)의 주요 부분 역시 사용했지만" 특별히 『티마이오스』(*Timaeus*)와 『파이드로스』(*Phaedrus*)를 가장 좋아했다고 말한다. David T. Runia는 "Was Philo a Middle Platonist? A Difficult Question Revisited," *SPhA* 5 (1993): 112-40에서 Philo이 플라톤주의자가 아니라고 결론을 내린다. 그러나 Sterling, "Platonizing Moses," 111은 Philo이 중기 플라톤주의자에 대한 자신의 정의에 부합한다고 주장한다. Philo과 피타고라스학파의 연관에 대해서는 David T. Runia, "Why does Clement Call Philo 'The Pythagorean?'" in *Philo and the Church Fathers: A Collection of Papers*, SVC 32 (Leiden: Brill, 1995), 54-76 참조.

177. 솔로몬의 지혜서가 Philo을 의존한다고 가정하면서 David Winston, *Wisdom of Solomon*, 59-63은 다른 언어적 유사성은 말할 것도 없고 둘 사이의 광범위한 유사점을 언급한다. 그러한 것들로는 창조 행위자로서의 지혜(Wis 9.1-2; Philo, *Her.* 199; *Det.* 54); 형태가 없고 선재하는 물질로부터 질서를 가져오는 하나님으로서의 창조(Wis 11.17; Philo, *Mos.* 2.267; *Spec.* 4.187); 죽음 이후에도 의인에게는 지속되는 불멸 의식(Wis 5.15; Philo, *Ios.* 264); 그리고 다른 언어적 유사점들은 말할 것도

교리는 하나님에 대한 그의 교리와 얽혀 있다. 필론 사상의 특징 가운데 특히 하나님의 본질에 대한 그의 사상은 그를 중기 플라톤주의적인 것으로 분류하게 한다.

1. '모나드'(μονάς)로서의 하나님과 그분의 창조

a. 필론의 창조 이야기

(1) 지구 중심적 우주(Geocentric Universe)로서의 하나의 세계

필론의 논문, 『세계 창조에 대하여』(*De Opificio Mundi*)는 창세기의 처음 세 장에 대한 해석이다. 플라톤의 『티마이오스』에 나오는 이야기를 바탕으로 필론은 하나님의 본질과 인간과 창조 세계와의 관계에 대한 그의 교리를 설명한다. 필론은 물질 세계가 어떻게 비물질 세계 이후 창조되었는지를 묘사한다.

> 하나님은 하나님이기에, 아름다운 모방품(μίμημα καλὸν, '미메마 칼론')은 아름다운 원본(καλοῦ παραδείγματος, '칼루 파라데이그마토스') 없이 제작할 수 없고, 감각 대상들은 정신으로만 인지할 수 있는 원형적 '이데아'에 따라 만들지 않으면 결함이 없을 수 없다는 사실을 미리 아셨다. 그러므로 하나님은 보이는 이 세계를 창조하고자 했을 때, 정신으로만 인지할 수 있는 세계를 먼저 설계하셨다. 이는 하나님과 가장 닮은 비물질적 원본(정신세계)을 토대로 물질적 세계를 완성함으로써, 이 물질적 세계가 연로한 피조물(비물질적 세계)을 닮은 연소한 것이 되게 만드시기 위해서였다. 물질적 세계는 감각으로 포착할 수 있는 다양한 종속들을 포함하

없이 몸보다 먼저 존재하는 것처럼 보이는 영혼(Wis 8.19-20; Philo, *Somn*. 1.33-43)이 있다.

86

고, 비물질적 세계는 정신으로만 인지할 수 있는 것들을 포함한다.[178]

필론은 창세기가 이중 창조를 묘사한다고 믿었는데 먼저는 정신이 감각으로부터 진행되고 감각을 넘어선 후 만날 수 있는, 지성적 우주(νοητὸς κόσμος, '노에토스 코스모스')이고 그다음은 감각이 만날 수 있는 감각적 우주(αἰσθητὸς κόσμος, '아이스테토스 코스모스')다.[179] 필론의 기본 우주론은 감각적 세계가 지성적 세계에서 발견되는 원본과 모형의 그림자와 사본(모방품)으로만 창조된다는 것인데, 이것은 플라톤의 『티마이오스』의 중심적인 우주론적 패턴이다.[180] 필론은 이 가시적 세계(φαινόμενος οὗτος κόσμος, '파이노메노스 후토스 코스모스')가 비물질적이고 지성적(ἀσώματος καὶ νοητός, '아소마토스 카이 노에토스')이거나 혹은 원형적인 관념에 따라 창조되었다고 주장한다. 모형과 사본의 관계는 플라톤의 『티마이오스』 48E-49A에서 이미 찾아볼 수 있다.

> 그러면 다시 우주와 관련하여 이번 출발은 앞에서보다 더 여럿으로 구별된 것으로 놓고 시작하지요. 왜냐하면 그때는 우리가 두 가지만을 구별했습니다만, 지금은 또 다른 세 번째 종류를 밝혀야 하기 때문입니다. 앞의 논의들을 위해서는 두 가지로 충분했습니다. 즉 하나는 본에 속하는 종류로 가정된 것으로 가지적(可知的, intelligible)이며 언제나 동일

178. Philo, *Opif.* 16-17. 필론, 『알렉산드리아의 필론 작품집 I』(*Philonis Alexandrini opera quae Vol.1*), 문우일 역(서울: 아카넷, 2022), 67. Philo, *Conf.* 34 참조.

179. Samuel Sandmel, *Philo of Alexandria: An Introduction* (New York: Oxford University Press, 1979), 54. Thomas H. Tobin, *The Creation of Man: Philo and the History of Interpretation*, CBQMS 14 (Washington: Catholic Biblical Association of America, 1983), 123-24, 170-71 참조.

180. Philo, *Opif.* 25.

86-87

> 하게 있는 것이요, 둘째 것은 본의 모상이자 생겨난 것이고 가시적인 것입니다. 그때는 우리가 세 번째 것을 구별하지 않았더랬지요. 둘만으로도 충분하다고 생각했으니까요. 그렇지만 지금의 논의는 어렵고도 모호한 종류를, 설명을 통해 밝혀내라고 강요하는 것처럼 보입니다. 그렇다면 그것은 본래 어떤 특성을 갖는다고 가정해야 할까요? 무엇보다도 이런 것이어야 하겠지요. 그것은 모든 생성의 수용자로서 마치 유모와도 같은 것이라고 말입니다.[181]

필론은 자신보다 앞선 플라톤과 마찬가지로 더 높고 영적인 영역과 더 낮고 물질적인 세상을 구별한다. 진리는 '궁극'(the Ultimate)이신 하나님의 마음에 고유한 영역인 전자에서만 얻을 수 있다.

필론은 우주가 네 가지의 요소, 곧 흙, 물, 공기, 하늘로 구성된다고 믿는다.[182] 필론에게 있어 물질적 우주는 둥근 지구를 중심으로 한, 동심원을 그리는 여덟 개의 구로 구성된다. 가시적 우주의 바깥 경계는 고정된 별들의 가장 바깥에 있는 구이다.[183] 지구 바로 위에는 달이 있는 구가 있고, 지구와 달 사이에는 천사와 영혼이 거하는 대기가 있다. 그다음 토성, 목성, 화성, 태양, 수성, 금성, 달로 구성된 일곱 개의 내부 구체가 나타난다.[184] 필론에게 이 행성들은 무형의 영혼(incorporeal souls)으로 달 아래 지역에 거주하는 천사들과는 대조적으로 "물질적 영

181. Plato, *Tim.* 28A-B 참조. 플라톤, 『티마이오스』(TIMAIOΣ), 김유석 역(서울: 아카넷, 2022), 84-85.

182. Plato, *Tim.* 31B-32C과 비교.

183. Philo, *Cher.* 23; *Her.* 233; *Spec.* 3.189.

184. Philo, *Her.* 225. '에테르'나 불의 응축된 덩어리로, 이 행성들에 대해서는 Philo, *Deus* 78; *Conf.* 156; *Somn.* 1.21; *Mos.* 1.217, 2.148; *QG* 3.3, 4.8; *Plant.* 3 참조.

혼"(corporeal souls)이다.[185]

필론은 『케루빔에 대하여』(*De Cherubim*)라는 그의 논문에서 두 '케루빔'(cherubim, 그룹)과 화염검을 하나님의 두 권능(창조력과 왕권)과 '로고스'로 각각 해석한다.

> 이제 알아봐야 할 것은 '케루빔'과 휘도는 화염검이라고 수수께끼처럼 표현한 것들이 무엇이냐 하는 것이다. 어쩌면 그(모세)는 하늘 천체가 움직이는 변화(φορά)를 함축적으로 표현한 것일지도 모른다. 천구들(αἱ κατ' ουρανὸν σφαῖραι)은 서로 마주 보며 움직이도록 정해져, 어떤 것은 고정된 항성 운동을 하며 오른쪽으로 움직이고, 다른 것은 행성 운동을 하며 왼쪽으로 방랑하도록 정해졌기 때문이다. 그리하여 소위 항성들로 구성된 가장 바깥쪽의 한 천구는 동쪽에서 서쪽을 향하여 주기적으로 휘돌지만, 행성들로 구성된 안쪽의 일곱 개의 천구들은 두 가지 상반되는 운동들, 즉 자발적 운동과 강제적(비자발적) 운동을 동시에 지속한다. 그 운동들 가운데 하나는 항성들의 경우와 같이 비자발적인 것으로 매일 동쪽에서 서쪽으로 가는 것 같고, 그들 특유의 자발적 운동은 서쪽에서 동쪽으로 향하며, 그런 자발적 운동에 따라 일곱 개의 별들이 일정한 시간 길이를 공전주기로 배분받아 정해진 원주 궤적을 따라 움직이는 것이다.[186]

필론은 고전 점성술의 일곱 행성을 태양이 그 중심에 있는 일곱 가지의

185. 예, 별들: *Gig.* 7; 천사들: *Plant.* 14. 별들은 "살아 있는 피조물이지만 전적으로 정신"(*Plant.* 12)과 신성한 영혼(*Gig.* 8)으로 구성된 종류의 피조물이다.

186. Philo, *Cher.* 21-22. 필론, 『알렉산드리아의 필론 작품집 I』, 330.

87-88

촛대와 관련시켰다.

> 이에 한해서 주목해야 한다. 거룩한 촛대와 그 위의 일곱 촛대는 일곱 행성 합창단이 부른 행진곡의 복사본이다. 어떻게 그럴까? 아마도 우리는 질문을 받게 될 것이다. … 이제 행성의 순서는 인간이 확신할 수 없는 문제이다. 정말 확실히 알 수 있는 다른 천체 현상이 있을까? 따라서 이들은 확률에 의존한다. 그러나 내 생각에 태양을 중간 위치에 두고 그 위에 세 개가 있고 그 아래에 같은 숫자가 있다고 주장하는 사람들의 추정이 최고의 추측일 테다. 위의 세 개는 토성, 목성, 화성이고 아래의 세 개는 수성, 금성, 달로 대기의 아래에 접해 있다.[187]

중심에 지구가 있고 그 주위를 회전하는 여덟 개의 동심원 구가 있는 이 물리적 우주는 필론이 제시하는, 하나님과 인간 사이 중개자들의 계층 구조에 있어 주요 부분이다.

(2) 유일신(μονάς)

하나님의 본성에 대한 필론의 설명은 주로 피타고라스 사상은 물론, 아스칼론의 안티오코스(Antiochus of Ascalon, 대략 기원전 130-68년)와 알렉산드리아의 유도로스(Eudorus, 기원전 30년경에 전성기)를 통해 스토아학파의 교리와 용어를 통합 개정한 당대 플라톤주의에 기초하고 있다.[188] 피타고

187. Philo, *Her.* 221, 224. Philo, *Mos.* 1.212 참조.

188. 기원전 79-78년 겨울, 6개월에 걸쳐 Cicero의 스승으로 알려진 Antiochus는 "적어도 부분적으로는 '이데아', 이성, 세계 영혼, '데미우르고스'(*Demiurge*)를 '로고스' 개념으로 통합한 일에 책임이 있고 이것은 이후 알렉산드리아의 Philo과 기독교 교부들에게 도움이 되었다." James R. van Cleave, *Plato and Jesus* (PhD diss., The

라스학파는 실재의 가장 기본적인 두 가지 원리인 일자(the One) 즉 '모나드'(*Monad*)와 '디아드'(*Dyad*)를 믿었으며, 이들을 "이차적인 원칙이 아닌 실재의 가장 근본적인 수준"에 두었다.[189] 피타고라스 전통을 약간 수정함으로써 유도로스는 이 두 가지 원리를 단일하고 최고이며 초월적인 하나에 종속시켰다. 유도로스의 교리를 자신의 신관에 관한 디딤돌로 사용하여 필론은 이 원리를 하나님으로 부를 수 있었다. 로버트 M. 버치만(Robert M. Berchman)은 말한다.

> 그러나 필론이 유도로스의 교리를 단순 계승한 것은 아니다. 이것을 비판적으로 평가하여 유용한 것은 취하고 그렇지 못한 것은 버렸다. 그는 유도로스의 철학적 신학에서 그의 신학적 정의들을 추려내 성서적 하나님의 근본적인 초월성을 확인했으나, 유도로스 이론의 존재론적 이원론을 거절했다. 『티마이오스』와 안티오코스의 물리학에 대한 그 자신의 성찰은 그가 우주와 신의 관계를 확인하는 데 도움이 되었다.[190]

그는 정기적으로 하나님을 일자(the One)이자 '모나드'(μονάς)라 부른다.

> 그러므로 '하나'(the One)와 '모나드'는 하나님이 속한 범주를 결정짓는 유일한 기준이다. 오히려 우리는 유일하신 하나님이 '모나드'[μονάς]를 위한 유일한 기준이라고 말해야 한다. 왜냐하면 시간과 마찬가지로 모

Claremont School of Theology, 2003), 195, 197 참조.

189. Kenneth Schenck, *A Brief Guide to Philo* (Louisville, Ky.: Westminster John Knox, 2005), 53.

190. Robert M. Berchman, *From Philo to Origen: Middle Platonism in Transition* (Chico, Calif.: Scholars Press, 1984), 27.

> 든 숫자는 우주 다음이며 하나님은 우주보다 먼저 계시고 그것의 창조주[δημιουργός, '데미우르고스']이시기 때문이다.[191]

다만 하나님을 일자와 동일시한 신피타고라스학파와 달리 필론은 신을 '모나드' 혹은 일자 너머에 있는 존재로도 이야기할 수 있었다.

> 아버지(구원자)께서 연민으로 열망하는 그의 신실함을 아시고서 그의 시력에 통찰력을 주시고, 적어도 창조된 필멸의 자연이 아버지(구원자) 자신의 비전을 포함할 수 있는 한에서 그에게 자신의 비전을 허락해 주시는 데 인색하지 않으셨다. 단, 그 비전은 그분이 계시다는 사실을 보여 주었을 뿐 그분이 어떤 분이신지는 보여 주지 못했다. 선보다 더 낫고 '모나드'보다 더 존귀하며 구성 단위보다 더 순수한 이것은 다른 누구도 분별할 수 없으며 오직 하나님께만 하나님을 이해하는 것이 가능하기 때문이다.[192]

필론에게 하나님은 플라톤의 유명한 표현을 빌리자면 "창조주이자 아버지"로 "비신체적 하늘과 비가시적 땅과 공기(ἀήρ, '아에르')의 '이데아'와 빈 공간(κενός, '케노스')의 '이데아'"를 처음 만드신 분이다.[193] 필론은 또 하나님을 "우주의 창조자(κτίστης, '크티스테스')이자 통치자"로 묘사한다.[194]

---

191. Philo, *Leg.* 2.3.
192. Philo, *Praem.* 39-40.
193. Philo, *Opif.* 7, 29. Plato은 이미 "최고의 신"을 "만물의 아버지이자 창조주"라 불렀다(*Tim.* 28C).
194. Philo, *Ebr.* 42; *Somn.* 1.76, 93; *Spec.* 1.30, 294; *Virt.* 179. Philo은 이렇게 주장한다. "오 신성모독자여, 이제야 이것을 아는 것이며 지금까지 만물을 다스리는 통치자의 위대함을 이해하지 못한 것인가? 당신의 과거 경험이 하나님보다 더 오래되고 더

'모나드'로서의 하나님에 대한 그리스 개념은 필론의 선조들이 지닌 일신론적 믿음과 조화를 이룬다. 이러한 방식으로 이스라엘의 하나님에 대한 특수주의적 개념이 헬레니즘의 보편주의적 개념과 합쳐진다. 하나님은 단일하고 복합적이지 않은 본성이시며(φύσις ἁπλῆ, '퓌시스 하플레')[195] 그분 안에 모든 것을 포함하신다.[196] 하나님은 그분 자신에게만 이해될 수 있기 때문에 인간의 감각을 초월하고 인간의 이성 바깥에 계신다. 『세계 창조에 대하여』 69-71장에서 필론은 창세기 1장 26절(LXX, "우리의 형상을 따라 우리의 모양대로 우리가 사람을 만들고"[ποιήσωμεν ἄνθρωπον κατ' εἰκόνα ἡμετέραν καὶ καθ' ὁμοίωσιν])을 반-신인동형적 관점에서 해석했는데, 이는 신인동형동성론에 반대할 수 있다고 인식한 헬레니즘 세계의 식자층이 제기한 비난에 답하기 위해서다.

> 전술했듯이, 다른 모든 것들을 창조한 이후에 하나님은 자신의 형상(εἰκών)과 모양(ὁμοίωσις)을 따라 사람을 창조하셨다고 그(모세)는 말(기록)한다. 이것은 참으로 옳은 말이다! 왜냐하면, 지구상의 생물들 가운데 사람보다 더 하나님을 닮은(ἐμφερής) 것은 없기 때문이다. 이러한 닮음(ἐμφέρεια)을 몸(σῶμα)의 특성과 유사한 것으로 여겨서는 안 된다. 하나님은 사람 모습을 하고 계시지 않을뿐더러 사람의 몸도 하나님과 같지 않기

존경할 만한 것을 보여 주었는가? 부모의 탁월함은 다른 어떤 것보다 자녀에게 먼저 알려지지 않는가? 우주의 창조주이자 아버지는 그것의 시작을 주재하신 분이 아니신가? 그러므로 이것을 지금 안다고 말한다면 여전히 참 지식이 없는 것인데 그것은 당신 존재의 처음부터 시작된 것이 아니기 때문이다"(*Ebr.* 42).

195. Philo, *Mut.* 184; *Leg.* 2.2.

196. Philo, *Conf.* 27, 136; *Somn.* 1.11, 63; *Leg.* 3.51; *Cher.* 49은 하나님이 상징하는 공간은 물질 세계가 아니라 비물질적 이상 세계를 포함한다고 좀 더 추상적으로 주장한다.

> 때문이다. 형상이란 혼의 통치자인 마음(νοῦς)을 의미한다. 개개인의 정신은 우주 안에 있는 유일한 정신의 모양을 원형으로 하여 그 원형을 드러내는 것으로, 그것을 이미지 삼아 품고 운반하는 개인에게는 일종의 신(θεός)과 같기 때문이다. 거대한 (우주의) 통치자가 온 세상 안에 로고스를 유지하듯이, 사람의 정신도 사람 안에 로고스를 유지한다.[197]

이러한 비난에 대한 필론의 반응은 인간 안에 있는 하나님의 신적 형상(εἰκών, '에이콘')이 인간의 몸이 아니라 인간의 마음(νοῦς, '누스')이라는 것이었다.[198] 필론이 묘사한 초월적 하나님은 구약성서의 신인동형동성적 하나님이 아니라 플라톤의 '이데아'인 '테오스'(Θέος)로 물질에 대비된다.[199] 필론은 절대적 초월의 역할에 하나님을 두었다.[200] 따라서 비신체적이고 무형의 존재이신 하나님은 육의 껍질을 벗을 수 있는 영혼의 벗들에게

197. Philo, *Opif.* 69. 필론, 『알렉산드리아의 필론 작품집 I』, 91.
198. 신인동형론을 불경한 것으로 규정하면서 Philo은 "그분이 몸을 창조하시는 동시에 장소와 공간을 창조하셨기 때문이며, 그분이 창조하신 것 안에 창조주가 들어 있다고 말하는 것은 불경하기 때문"이라고 이야기한다(*Conf.* 136). 반-신인동형적 패턴에 기초한 Philo의 인간 창조 이야기에 대한 보다 자세한 해석은 Tobin, *Creation of Man*, 36-55 참조.
199. 보이지 않고 초월하시는 하나님과 관련하여 Philo은 이렇게 말한다. "그러므로 하나님을 사랑하는 영혼이 존재의 본질에 대한 질문을 탐구할 때 그는 물질 너머와 시각 너머에 있는 것에 대한 탐구로 들어간다. 그리고 이 탐구를 통해 그에게는 막대한 혜택, 그러니까 실제 존재의 하나님은 아무도 이해할 수 없다는 사실을 이해하고 정확히 이것을 보는 것, 즉 그를 볼 수 없다는 것을 알게 되는 이익을 누리게 된다"(*Post.* 15); "… 이것은 그분이 모든 피조물보다 먼저 계시기 때문이다. 그분의 행적은 그 바깥에 있으며 그분은 그분 뒤에 오는 것 안에 계시지 않는다"(*Migr.* 183).
200. Philo, *Opif.* 8: "활동적 원인[하나님]은 우주의 완벽하게 순수하고 때 묻지 않은 정신으로, 덕을 초월하고 지식을 초월하며 선 자체와 아름다움 자체를 초월한다."

만 인식될 수 있는데 영혼이 비신체적이며 무형이기 때문이다.[201] 하나님의 초월성을 언급하기 위해 필론은 신에 대하여 "존재하는 자"(ὁ ὤν, '호 온')라는 표현을 사용한다.[202] 필론은 '에흐예 아쉐르 에흐예'(אהיה אשר אהיה, "I AM WHO I AM", 출 3.14)의 칠십인역(LXX)을 '에고 에이미 호 온'(ἐγώ εἰμι ὁ "Ων, "나는 스스로 있는 자니라")으로 번역한 것에 기초하며, 이것을 '토 온'(τὸ ὄν) 곧 "존재하는 것"으로 표현하여 유대교의 인격적 하나님을 철학의 플라톤적 절대자로 변환한다.[203] 하나님은 완전히 초월적이시고 세상과 구별되시며[204] 인간의 하급 부분의 창조를 하급 존재들, 즉 그의 조력자 또는 권능들(δυνάμεις, '뒤나메이스')에게 맡기신다.[205] 필론

---

201. Philo, *Deus* 52-56; *Gig*. 31.

202. Schenck, *Philo*, 57. Philo, *Praem*. 40; *Leg*. 2.3 참조. 하나님에 대한 Philo의 일반적 용어는 "참으로 계신 분"(ὁ ὄντως ὤν, '호 온토스 온', *Decal*. 8), "계신 분"(ὁ ὤν, '호 온', *Deus* 110; *Abr*. 76, 등), "있는 분"(τὸ ὄν, '토 온', *Gig*. 52; *Post*. 28; *Somn*. 1.230, 등)이다. Philo에게 이 같은 이름들은 하나님이 존재하신다는 사실만 알 수 있을 뿐 그 본질이 무엇인지는 알 수 없음을 보여 준다. Philo은 또한 하나님을 '모나드' 너머에 계신 것으로 말할 수도 있었다. "아버지(구원자)께서 연민으로 열망하는 그의 신실함을 아시고서 그의 시력에 통찰력을 주시고, 적어도 창조된 필멸의 자연이 아버지(구원자) 자신의 비전을 포함할 수 있는 한에서 그에게 자신의 비전을 허락해 주시는 데 인색하지 않으셨다. 단, 그 비전은 그분이 계시다는 사실을 보여 주었을 뿐 그분이 어떤 분이신지는 보여 주지 못했다. 선보다 더 낫고 '모나드'보다 더 존귀하며 구성 단위보다 더 순수한 이것은 다른 누구도 분별할 수 없으며 오직 하나님께만 하나님을 이해하는 것이 가능하기 때문이다"(*Praem*. 39-40).

203. Louis H. Feldman, *Judaism and Hellenism Reconsidered* (Leiden: Brill, 2006), 62.

204. Philo, *Somn*. 1.67; *Contempl*. 2; *Legat*. 6.

205. Philo, *Fug*. 68-70: "… '하나님이 이르시되 우리의 형상을 따라 … 우리가 사람을 만들고'(창 1.26)에서 '우리가 만들고'는 둘 이상을 나타낸다. 따라서 만물의 아버지는 그분이 우리 안에 이성적인 것을 빚으셨을 때 보여 주신 기술을 본받아 우리 영혼의 필멸의 부분을 빚으시도록 허락하신 그분의 권능과 의논하고 계시는데, 이것은 주권자가 그 영혼 안에 주권적 기능을 행해야만 하고 부하들이 종속된 부분을 행해야만 하는 것이 옳다고 여겼기 때문이다. 그리고 하나님은 자신과 연관된 권능들을 부리는데, 그 이유는 언급한 이유뿐만 아니라 피조물 가운데 인간의 영혼만이

에게 하나님은 "가장 오래된 존재이자 가장 완벽한 형태의 선"(τὸ πρεσβύτατον τῶν ὄντων καὶ τελειότατον ἀγαθὸν αὐτὸς ἦν)이다.[206] 그러나 필론은 플라톤이 『티마이오스』에서 그랬던 것처럼 창조의 직접적 행위자로서의 신론을 받아들일 수 없었다.[207] 하나님은 모든 것의 직접적 행위자가 아니시지만 그분의 초월적인 선하심으로 인하여 모든 것의 배후에 있는 능력으로 좋은 것들을 주시는 분일 뿐이다.[208] 우주는 하나님이 선하시기 때문에 선하다. 플라톤의 『티마이오스』 41A과 의견을 같이해, 필론은 하나님이 우주를 파괴하기로 선택하지 않으실 것이고 따라서 이 우주가 결코 파멸되지 않을 것이라 주장한다.[209] 초월적 하나님과 물질적 우주 사이의 큰 간격을 채우기 위해 필론은 플라톤으로부터 멀어져 스토아학파의 '로고스'(*Logos*) 개념에 기댄다. 필론은 "유출(발산)이 빛의 흐름과 같이 하나님으로부터 나와서 세상에 닿아 그분으로 하여금 인

악한 것과 선한 것의 개념에 민감하고, 그 둘 모두를 사용하는 것이 불가능하기에 한 종류나 다른 종류를 사용해야 하기 때문이다. 따라서 하나님은 악한 것의 창조는 다른 조물주들에게 맡기고 선한 것의 창조를 자신만이 보유하는 것이 필요하다고 생각하셨다." Philo은 인간의 악한 행위는 이러한 낮은 부분의 욕망에서 비롯된 것으로 하나님의 조력자 혹은 권능에 기인한다고 말한다. Philo, *Conf.* 179 또한 참조.

Philo, *Conf.* 179: "'우리가 만들고'라는 표현은 복수의 창조자들을 나타낸다. 그러므로 여기에서 아버지는 우리 영혼의 필멸의 부분을 만드는 임무를 맡은 자신의 권능들과 대화하고 계신다. … 그리고 그분은 그분에게 종속된 권능들로 우리를 만드셨다. … 그러므로 그분은 악의 근원을 자신이 아닌 다른 일꾼들에게 돌리고 선의 발생은 자신에게만 남겨 둘 필요가 있다고 생각하셨다."

206. Philo, *Conf.* 180.
207. Philo, *Leg.* 1.41.
208. Philo, *Leg.* 1.41; *Opif.* 74-75.
209. Philo, *Conf.* 181; *Her.* 246. Plato, *Tim.* 41A: "신들에게서 난 신들이여, 나는 그대들의 제작자이자 아버지이며, 그대들은 나의 작품들로, 나로 인해 생겨난 것들은 적어도 내가 원하지 않는 한 해체되지 않을 것이다." 플라톤, 『티마이오스』, 69.

류 안에 내재하고 인류에 접근할 수 있도록 한다"고 믿는다.[210] 유출의 과정에 있어 그 첫 단계는 '로고스'로 언급된다.[211]

b. 필론과 바울

필론과 바울은 각각 알렉산드리아(Alexandria)와 타르수스(Tarsus, 다소)를 중심으로 소용돌이치던 그리스 철학의 격랑 가운데 살았다. 그들은 그리스 문화와 문명이 매 순간마다 마주치는 땅에서 자신들 생의 대부분을 보냈다. 그들은 그리스의 우주론적 추측에 상당한 지적 부채를 졌다. 우주에 대한 필론의 견해는 바울의 것보다 덜 부정적이다. 사무엘 샌드멜(Samuel Sandmel)은 이렇게 주장한다. "바울은 마귀가 거한 세상에서 살았고 이 세상의 '요소'인 권세자들/정사들(principalities)의 통치를 받았다. 합리주의자 필론은 이 가운데 어떤 것도 반영하지 않는다."[212] 그러나 필론과 바울은 '모나드'라는 하나님의 초월적 개념을 공유한다. 필론이 하나님을 "참으로 계신 분"이라고 지칭한 방식은 참 하나님을 신화작가들의 신과 우상들로부터 구분한다. 비슷한 방식으로 바울은 고린도전서 8장 4-6절에서 거짓 신들과 한 분의 참 하나님을 분명하게 구별한다.

> … 우리가 '우상은 세상에 아무것도 아니며' 또한 '하나님은 한 분밖에 없는' 줄 아노라 비록 하늘에나 땅에나 신이라 불리는 자가 있어 많은

210. Lester L. Grabbe, *Judaic Religion in the Second Temple Period: Belief and Practice from the Exile to Yavneh* (London: Routledge, 2000), 229.
211. Philo, *Cher.* 27-28. 참조: Sir 24.3; Wis 7.25-26.
212. Samuel Sandmel, "Philo Judaeus: An Introduction to the Man, his Writings, and his Significance," *ANRW* 21.1:38. Chadwick, "St. Paul and Philo," 304 또한 참조.

> 신과 많은 주가 있으나 우리에게는 한 하나님 곧 아버지가 계시니 만물이 그에게서 났고 우리도 그를 위하여 있고 또한 한 주 예수 그리스도께서 계시니 만물이 그로 말미암고 우리도 그로 말미암아 있느니라.

이 본문은 '모나드'로서의 하나님, 곧 물질 세계를 직접 창조하지는 않으셨지만 중개자인 아들을 통하여 창조하신 하나님에 대한 바울의 이해를 보여 준다. 그레고리 라일리(Gregory J. Riley)는 다음과 같이 말한다. "그리스 철학의 무한하고 알 수 없는 분, 즉 존재하시는 분은 예수의 아버지로서 그 아들 안에 자신을 드러내지 않고서 알려질 수는 없다."[213] 이렇게 숨겨져 있고 알 수 없는 하나님을 인간이 알 수 있는 유일한 방법은 단일한 '모나드'가 여럿이 되는 과정을 통해서이다. 필론처럼 바울은 구약성서의 인격적 하나님을 그리스 형이상학이 요구하는 '모나드'(일자)이자 완벽하고 초월적인 신으로 인식하는 플라톤적 틀 안에서 이해한다.

2. '로고스'(λόγος)[214]

'로고스' 개념이 헬레니즘 유대문학에서 절정을 이룬 것은 필론의 작품

213. Riley, *River of God*, 49.
214. 하나님과 관련해서 사용되며, 그리스어 '로고스'(λόγος)로 번역되는 히브리어 '다바르'(דבר)는 하나님의 뜻과 행동(하나님의 자기 현현)의 표현 혹은 확장으로 이해된다. 하나님의 말씀으로 의인화되는 그리스어 '로고스'의 사용과는 상당히 다르다. 구약성서에서 그리스어 λόγος와 동등한 דבר의 일반적 사용과 관련해서는 O. Procksch, "λέγω, λόγος, κτλ," *TDNT* 4:91-100을 참조.

92-93

안에서다.[215] '로고스' 교리는 필론의 철학적, 신학적 사상의 핵심이다.[216] 필론은 신적 '로고스' 개념을, "초월성과 내재성의 역설"을 해결하거나 초월적 하나님과 피조물 전체 사이의 간격을 메우기 위한 중재적 인물로 소개하고, 하나님과 인간 사이의 대제사장과 대변자, 즉 인격적 중보자로 제시한다.[217] '로고스'는 신성의 마음과 의도를 담고 있으며 이것을 땅으로 흘려보낸다. 자신의 '로고스' 이론을 위해 필론은 그리스 철학의 사변—이성적 '로고스'의 스토아 의미를 지닌 패턴(pattern)과 사본(copy)의 플라톤적 형상(내재적이지만 동시에 초월적인 세상의 법 원리)—과 유대교 지혜 전통에서 발견되는 신적 지혜의 개념을 분명히 통합했다.[218] '로고스'에 대한 필론의 개념은 그로 하여금 초기 그리스도인들에게 호소하도록 했고 동시에 그를 랍비 유대교(Rabbinic Judaism)로부터 분리시켰다. 필론은 하나님의 창조 파트너로서 여성적 '소피아'(σοφία)를 남성적 '로고스'(λόγος)로 대체해 지혜를 남성화했다. 필론이 묘사한 '로고스'는 세 가지 다른 기능, 곧 우주론적, 인간학적, 영적(anagogical) 기능을 갖는다.

---

215. Philo의 신학에서 '로고스' 개념의 중요성은 그가 그의 저술에서 λόγος라는 단어를 1,300번 이상 사용한 사실로 뒷받침된다. H. Kleinknecht, "λέγω, λόγος, κτλ," *TDNT* 4:88 참조.

216. Philo, *Cher*. 27-30; *QG* 1.4.

217. Sandmel, *Philo*, 94. Goodenough, *By Light, Light*, 11 또한 참조. Philo은 '로고스'가 한편으로는 하나님과 인류 사이에서 다른 한편으로는 피조 세계와 인류 사이에서 대제사장(*Migr*. 102; *Gig*. 52; *Somn*. 1.215; *Cher*. 17)과 대변자(*Mos*. 2.133)로서 중재적 역할을 한다고 설명한다.

218. P. Merlan은 "Greek Philosophy from Plato to Plotinus," in *The Cambridge History of Later Greek and Early Medieval Philosophy*, ed. A. H. Armstrong (London: Cambridge University Press, 1967), 125에서 "스토아주의자들의 엄격한 내재론은 우주의 신성한 특징이나 신성의 지극히 평범한 특징을 주장하기 위하여 사용될 수 있다"고 주장한다.

a. 우주론적 기능

필론은 '로고스'를 "지적으로 인식되는 모든 존재들 중 최고이며, 홀로 참으로 존재하는 분에게 아무런 간격 없이 가장 가까이에 있는"(τῶν νοητῶν ἅπαξ ἁπάντων ὁ πρεσβύτατος, ὁ ἐγγυτάτω, μηδενὸς ὄντος μεθορίου διαστήματος, τοῦ μόνου, ὃ ἔστιν ἀψευδῶς, ἀφιδρυμένος) "하나님의 형상"(εἰκὼν θεοῦ, '에이콘 테우')이라 부른다.[219] 필론의 "형상" 개념은 창세기와 플라톤의 연결에서 비롯되었다.[220] 창조 행위에서 하나님의 '로고스'와 동일시되는, 인지적이거나 이해할 수 있는 우주(κόσμος νοητός, '코스모스 노에토스')는 물리적 세계가 형성되는 모델 혹은 청사진 역할을 한다. 하나님은 '로고스'가 그 모사 혹은 형상인 궁극의 패러다임이며 감각 세계는 그 '로고스'의 모조다. 필론은 '로고스'의 두 가지 특징적 측면 혹은 기능을 표현한다.

> … 하나님의 그림자[σκιὰ θεοῦ]는 그의 '로고스'[λόγος]로서, 하나님이 세계를 창조하는 도구로 사용하신 것이다. 이 그림자는 다른 것들을 만들

219. Philo, *Fug.* 101. Philo, *Leg.* 1.81, 3.96; *Plant.* 20; *Conf.* 146; *Somn.* 1.239 또한 참조.
220. Philo은 또한 유대의 지혜 전통에서 지혜(σοφία, '소피아')를 하나님의 형상(εἰκὼν θεοῦ, '에이콘 테우')과 분명하게 연결한다. Philo, *Leg.* 1.43: "그[모세]는 숭고한 천상의 지혜가 다양한 이름들로 칭송되고 있다는 사실에 착안하여, 지혜를 하나님의 시원(始原)과 형상과 현현이라고 다양하게 표현했다"(τὴν μετάρσιον καὶ οὐράνιον σοφίαν πολλοῖς ὀνόμασι πολυώνυμον οὖσαν δεδήλωκε· καὶ γὰρ ἀρχὴν καὶ εἰκόνα καὶ ὅρασιν θεοῦ κέκληκὲ ταύτης δ' ὡς ἂν ἀρχετύπου μίμημα τὴν ἐπίγειον σοφίαν νυνὶ παρίστησι διὰ τῆς τοῦ παραδείσου φυτουργίας); 또한 Wis 7.26 참조. Wis 7.26: "지혜는 영원한 빛의 찬란한 광채이며 하나님의 활동력을 비추는 티 없는 거울이며 하나님의 선하심을 보여 주는 형상이다"(ἀπαύγασμα γάρ ἐστιν φωτὸς ἀϊδίου καὶ ἔσοπτρον ἀκηλίδωτον τῆς τοῦ θεοῦ ἐνεργείας καὶ εἰκὼν τῆς ἀγαθότητος αὐτοῦ).

기 위한 견본이다. 하나님은 그 형상[ϵἰκών]의 패러다임[παράδϵιγμα]이 되시는데, 그 형상(Image)을 그림자(Shadow)라고 부르신 것이다. ….[221]

일반적으로 이 개념에서 필론은 '로고스'를 우주의 두 가지 방식, 즉 "이해할 수 있는 세계를 구성하는 원형적 개념과 그 개념의 모사이자 닮은꼴인 가시적 사물"로 소개한다.[222]

'로고스'는 하나님의 직접적인 능력일 뿐 아니라 창조의 도구로 이해된다. 필론은 '로고스'를 세계의 창조에서 하나님의 도구로 이해한, 첫 번째 사례다. 여기에서 필론은 자연 세계와 이상 세계를 연결하는 스토아학파의 '로고스' 개념을 소개하는 것으로 플라톤을 크게 벗어난다. 필론의 창조 모형은 플라톤의 『티마이오스』에서 나오지만 인간 창조의 직접적인 주체는, 플라톤에서 '데미우르고스'(*Demiurge*), 제작자, 혹은 기술자로 묘사되는 하나님 자신이 아니라, '로고스'다.[223] 인간 창조에 대한 『티마이오스』의 설명에서 플라톤은 세계 창조의 모형으로 사용된 패러다임을 언급하지 않는다.[224] 다른 중기 플라톤주의자들과 마찬가지

221. Philo, *Leg*. 3.96. 필론, 『알렉산드리아의 필론 작품집 I』, 264.

222. Philo, *Mos*. 2.127. '로고스'에 대한 스토아적 사상에 따라 Philo은 *Deus* 7, 34에서 '로고스'의 두 가지 측면 혹은 기능, 즉 예상치 못한 단어나 생각(ὁ λόγος ἐνδιάθϵτος, '호 로고스 엔디아테토스')과 표현된 것(ὁ λόγος προφορικός, '호 로고스 프로포리코스')을 구분한다. 첫 번째는 비물질적 관념의 세계에서 구성되고 두 번째는 이들이 비물질적 관념의 복사본이라는 한도 안에서 이 세상의 보이는 것에서 구성된다. Philo, *Abr*. 83과 비교.

223. Plato의 무형 물질로부터의 창조 개념(*Tim*. 51A)을 모델로 한 그의 창조 교리를 위해서는 Philo, *Aet*. 19 참조. Plato, *Tim*. 41A-D은 인간의 가장 높은 능력은 데미우르고스 자신에 의해 형성되는 반면 나머지 인간은 새로운 하위의 신들에게 넘겨진다고 주장한다.

224. Philo이 사용한 창조의 맥락에서 모델-모방의 관계는 Plato의 *Tim*. 48E-49A에서 발견된다. Plato의 모델과 모방의 틀은 인간학적이 아니라 우주론적인 것이다.

94-95

로, 필론은 하나님이 세계 창조에 직접 관여하실 수 없었기 때문에 '로고스'가 "하나님이 세계를 만드는 도구이자 정화된 인간 지성이 다시 하나님께 올라가는 매개체"라고 생각했다.[225] 필론은 초월적인 하나님과 감각 세계 사이에 무수히 많은 중재자가 있다고 가정했다.[226] 필론에게 있어 '로고스'는 신이지만 둘째 등급이다.[227] '로고스'는 하나님의 수석 메신저로 최상의 존재이신 하나님과 세계 사이를 중재한다. 따라서 필론에게 '로고스'는 "물질을 형성하고 감각적이고 경험적인 세계와 소통하고 상호 작용하기 위해 하나님이 자신을 확장하는 복잡한 방식을 나타내는 다의적 용어"다.[228]

Tobin, *Creation of Man*, 59 참조. 모델과 결과물 사이의 연결은 Plato, *Tim.* 28A-B 참조.

225. A. Hilary Armstrong, *An Introduction to Ancient Philosophy* (London: Methuen, 1947), 162.

226. Philo의 저서에서 Pythagoras의 '모나드'와 '디아드', Plato의 관념과 형태의 세계, 스토아학파의 '로고스', 그리고 유대교의 천사 등 무수한 중재자들이 등장한다. 하나님의 능력과 대리인으로서의 수많은 중재자에 대한 Philo의 생각은 Pythagoras의 '디아드'에 해당한다. *Opif.* 171에서 Philo은 이야기한다. "그는 세계(κόσμος)가 하나뿐이라고 가르친다. 조물주(δημιουργός) 자신이 하나이듯이, 그는 자신의 작품(ἔργον)을 자신의 유일성(μόνωσις)에 따라 자신을 닮도록 만드셨고, 질료(ὕλη)를 한꺼번에 투입하여 우주 전체를 창조하는 일에 모조리 쓰셨기 때문이다."

227. *Leg.* 2.86("가장 포괄적인 주체는 하나님이시고, 다음은 하나님의 '로고스'다"[τὸ δὲ γενικώτατόν ἐστιν ὁ θεός, καὶ δεύτερος ὁ θεοῦ λόγος])에서 Philo은 '로고스'를 분명 하나님보다 열등한 존재로 생각한다. Philo, *Somn.* 1.227-30 과 *Her.* 205-6 또한 참조.

228. George W. E. Nickelsburg, "Philo among Greeks, Jews and Christians," in *Philo und das Neue Testament: Wechselseitige Wahrnehmungen: I. Internationales Symposium zum Corpus Judaeo-Hellenisticum 1.-4. Mai 2003, Eisenach/Jena*, ed. Roland Deines and Karl-Wilhelm Niebuhr (Tübingen: Mohr Siebeck, 2004), 59.

필론이 지혜(חכמה, σοφία)를 '토라'와[229] '로고스'[230] 모두와 동일시하고 둘 모두에 동일한 속성(예로 하나님의 형상, 시작, 비전)을 부여했기 때문에, 필론의 '로고스' 사용은 창조의 주체로서 하나님의 지혜에 대한 헬레니즘 유대교 지혜사상의 전통 안에서 보아야 한다.[231] 필론은 자신의 '로고스' 교리를 정교하게 만들기 위해 창조의 주체로서 하나님의 지혜에 대한 유대 전통을 차용했다.

> 모세는 그의 아버지 곧 마음과 관련해서도, 그의 어머니 곧 외적 감각과 관련해서도 더럽혀질 수 없다고 이야기한다. 왜냐하면 그가 불멸의, 전적으로 순결한 부모를 받았기 때문인데, 만물의 아버지이신 하나님이 그의 아버지이시고 지혜가 그의 어머니이시기 때문이다. 지혜로 우

---

229. 예를 들어, Sir(Ecclesiasticus, 집회서)의 많은 구절들은 지혜와 '토라'의 동일시를 반영한다(15.1, 21.11, 24.23). 지혜와 '토라'의 연관성에 대해서는 Philo, *Virt*. 62-65 참조.

230. Philo은 *Leg*. 1.6(ἡ δὲ [σοφία] ἐστὶν ὁ θεοῦ λόγος)에서 '소피아'(σοφία)와 '로고스'(λόγος)를 동일시한다. 지혜의 형상과 밀접하게 관련된 '로고스' 개념에 대해서는 Philo, *Leg*. 1.65, 2.86; *Somn*. 1.65-66, 2.242-45; *Fug*. 97, 109; *Post*. 122; *Deus* 134-35 참조. 그러나 Philo은 *Fug*. 109에서 '로고스'의 아버지를 하나님으로, 그의 어머니인 지혜를 "그로 말미암아 만물이 존재하게 된" 것으로 언급하여 '로고스'와 지혜를 구분한다. 이 난해한 문제와 관련해 Ronald Williamson은 *Jews in the Hellenistic World: Philo* (Cambridge: Cambridge University Press, 1989), 140에서 이렇게 말한다. "그는 세상에 내재하는 '로고스'를 생각할 때에는 '로고스'라는 단어를 사용하고 때때로 지적 세계의 무형적 '로고스'를 생각할 때에는 지혜라는 용어를 사용하는 것처럼 보이지만, 대제사장이 두 가지 측면 모두에서 '로고스'의 상징이라는 것이 그가 말한 것에서 분명해진다."

231. Philo, *Conf*. 146; *Leg*. 1.43. Sandmel, *Philo*, 99에 따르면 חכמה('호크마', 지혜)-σοφία('소피아', 지혜) 그리고 σοφία('소피아', 지혜)-תורה('토라', 율법)-λόγος('로고스', 말씀)가 서로 동일시된 것은 기원전 323년 알렉산더 대왕의 정복 이후, Philo 시대 이전이었다.

95-96

주가 창조되었다.[232]

창조의 주체인 필론의 '로고스'(λόγος)는 세계가 만들어질 때 하나님의 보좌 옆에 있던, "장인"(τεχνῖτις, '테크니티스')으로 묘사된 솔로몬의 지혜서의 '소피아'(σοφία)와 다르지 않다.[233] 세상보다 앞서 창조된 필론의 '로고스'는 "첫 아들"(πρωτόγονος, '프로토고노스'), "장남"(πρεσβύτατος, '프레스뷔타토스'), "시작"(ἀρχὴ, '아르케')과 "형상"(εἰκών, '에이콘')으로 묘사되며 "영원한 빛의 광채[ἀπαύγασμα, '아파우가스마'], 하나님의 활동을 비추는 티 없는 거울[ἔσοπτρον ἀκηλίδωτον, '에소프트론 아켈리도톤'] 그리고 하나님의 선하심을 보여 주는 형상[εἰκών, '에이콘']"이다.[234] 반면 필론은 암시적 관계가 있음에도 불구하고 지혜와 '토라'를 명시적으로는 동일시하지 않는다.[235] 다만 만나가 하나님의 말씀인 참된 음식, 하늘의 '소피아'(σοφία)라는[236] 선물과 동일시된다는 점에서 필론이 지혜를 '토라'와 동일시했을 가능성이 높다.[237] 필론에게 지혜는 모세의 율법(*Migr.* 130과 비교)과 동일시되는 보다 덜 인격적인 '로고스'(*Fug.* 97, 108-109; *Somn.* 2.242, 245과 비교)와 관련이 있다.[238] 신적 지혜를 하나님의 속성으로 묘사하는 유대적 유산에 더해, 최고의 초월적 하나님과 감각 세계 사이의 관계를 설명하기 위해 필

232. Philo, *Fug.* 109. Philo은 잠 8.27-31과 Wis 9.9에서 창조 당시 하나님의 대리인 역할을 '소피아'(σοφία)에게 맡긴다.
233. 예를 들면, Philo, *Cher.* 35; *Post.* 8; *Deus* 58과 Wis 7.21-22, 8.6, 9.4, 9-10, 14.2.
234. Philo, *Conf.* 146f.; *Her.* 205f.과 Wis 7.26.
235. Philo, *Virt.* 62-65.
236. Philo, *Mut.* 258-60; 참조. *Leg.* 3.162f., 168.
237. Philo, *Congr.* 170, 173f.
238. Eckhard J. Schnabel, *Law and Wisdom from Ben Sira to Paul: A Tradition Historical Enquiry into the Relation of Law, Wisdom, and Ethics*, WUNT 2.16 (Tübingen: Mohr Siebeck, 1985), 92. Dunn, *Christology*, 171과 비교.

론은 플라톤의 패턴과 모방에 대한 이미지를, 모든 것을 관통하는 능동적이고 활력을 주는 힘으로서의 스토아적 의미의 이성적 '로고스'와 통합시켰다. 기원전 4세기에 스토아학파는 우주를 원래 질서있게 만들었고 우주가 그런 상태를 계속해서 유지하도록 하는 중간적 지성을 나타내기 위해 '로고스'를 사용했다. '로고스'가 세상을 지시하는 힘이라는 스토아 사상을 유지하면서 필론은 우주의 목자,[239] 만물의 통치자이자 조타수,[240] 지배자[241] 혹은 통치자,[242] 창조 세계에 대한 하나님의 대사이자 수석 사자(使者),[243] 그리고 적대적 요소들 사이의 중재자이자 조정자와[244] 같은 '로고스'의 이미지를 사용했다. 이런 의미에서 '로고스'는 창조의 주체이자 질서와 조화의 보존자 역할을 한다.

스토아 전통에 따라 필론은 '로고스'를 만물을 한데 묶는 접착제 혹은 그것을 지탱하는 버팀목으로 언급한다.[245] 하나님은 영원히 '로고스'

239. "목자"(ποιμήν, '포이멘'): Philo, *Agr.* 51-52.

240. "통치자"(δίοπος, '디오포스')와 "조타수"(κυβερνήτης, '퀴베르네테스'): Philo, *Cher.* 36; *Leg.* 3.80; *Sacr.* 51.

241. "지배자"(ὕπαρχος, '휘파르코스'): Philo, *Agr.* 51; *Fug.* 111; *Somn.* 1.241.

242. "통치자"(ἡγεμόν, '헤게몬'): Philo, *Leg.* 3.150.

243. "대사" 혹은 "특사"(πρεσβευτής, '프레스뷰테스'): Philo, *Her.* 205.

244. "중재자"(μεσίτης, '메시테스')와 "조정자"(διαιτητής, '디아이테테스'): Philo, *Plant.* 8-10; *QE* 2.68.

245. "접착제"(δεσμός, '데스모스')로의 '로고스': Philo, *Her.* 188; *Fug.* 112; "버팀목"(ἔρεισμα, '에레이스마')으로의 '로고스': *Plant.* 8. *Her.* 188: "다른 것들은 그 자체로 일관성이 없으며, 응축되어 있다면 그것은 접착제와 접합제인 신적 말씀에 의해 단단히 붙잡혀 모든 것을 그분의 존재로 채우기 때문이다. 각각 분리된 것을 고정하고 한데 엮는 그분은 문자 그대로 그 자신의 자아로 가득 찬 진리 안에 있으며 다른 것을 전혀 필요로 하지 않는다"(χαῦνα γὰρ τά γε ἄλλα ἐξ ἑαυτῶν, εἰ δέ που καὶ πυκνωθείη, λόγῳ σφίγγεται θείῳ. κόλλα γὰρ καὶ δεσμὸς οὗτος πάντα τῆς οὐσίας ἐκπεπληρωκώς· ὁ δ' εἴρας καὶ συνυφήνας ἕκαστα πλήρης αὐτὸς ἑαυτοῦ κυρίως ἐστίν, οὐ δεηθεὶς ἑτέρου τὸ παράπαν); *Plant.* 8: "그리고 영원하신 하나님

를 낳았고, 조화를 산출하는 우주가 깨뜨려지지 않게 하는 접착체로 '로고스'를 임명하셨다.[246] 접착제/버팀목으로의 '로고스' 개념은 기본적으로 합리성이 세계 본질의 바로 그 핵심에 있다는 믿음에 해당한다. 따라서 이 개념은 '종자-로고스'(*logoi spermatikoi*)가 인간의 감각적 세계에 도달할 수 있고 그들이 추론하도록 자극할 수 있다는 스토아 사상과 매우 유사하다.[247] 다만 인간이 지성계에 도달하는 역과정(reverse process. 감각적 세계에 이르는 과정이 하향성을 띠는 것에 반해, 지성계에 도달하는 것은 상향성을 띤다는 의미) 역시 인간의 고등 정신을 통해 가능하다. 세상에 내재하는 '로고스'의 역할은 인간의 몸속 영혼의 역할과 매우 유사하다. '로고스'가 우주를 하나로 결합하듯이 영혼도 몸의 지체를 하나로 묶는다. 필론에게 있어 '로고스'는 우주 도시(Cosmic City)의 법칙이자 세계 시민인 인간 현자의 이성으로서 우주에 만연한 신성한 원리로 기능한다.[248] 이 점은 '로고스'의 인간학적 기능을 고려하도록 한다.

b. 인간학적 기능

인간의 몸과 영혼을 이분법적으로 구분하는 플라톤주의자들의 대립적 인간학(antithetical anthropology)의 영향을 받은 필론은, 영혼의 불멸 부분

의 영원한 말씀은 전체의 매우 확실하고 확고한 버팀목이다"(λόγος δὲ ὁ ἀίδιος θεοῦ τοῦ αἰωνίου τὸ ὀχυρώτατον καὶ βεβαιότατον ἔρεισμα τῶν ὅλων ἐστίν). Philo, *Deus* 35과 *Mos*. 2.133. 참조. Wis 7.17.

246. Philo, *Plant*. 9-10.

247. '스페르마티코이 로고이'(*spermatikoi logoi*), "종자-'로고스'" 혹은 "씨앗 품은 이성"은 "스토아학파가 씨앗에 유기체의 질서 있는 성장을 결정짓는 일종의 공식이 포함되어 있어야 한다고 추론한 개념"이다. Runia, *Creation*, 184 참조.

248. "우주 도시"에 대해서는 Philo, *Mos*. 2.51; *Decal*. 53; *Spec*. 1.34; *Prob*. 2.39; *Ios*. 29-31, 69 참조. "세계 시민"에 대해서는 *Spec*. 2.45; *Migr*. 59; *Somn*. 1.243; *Conf*. 61; *Ios*. 69 참조.

이 하나님의 '로고스'의 일부로서 하나님의 신적 호흡으로부터 온다는 견해를 개진한다. 스토아 교리를 바탕으로 필론은 영혼을 합리적 부분과 비합리적 부분으로 구분한다. 케네스 쉥크(Kenneth Schenck)는 필론의 합리적-비합리적 도식을 다음과 같이 요약한다.

> 인간의 합리적 부분은 정신으로 이것은 영혼의 지배자(*Opif.* 30) 혹은 영혼의 영혼(*Opif.* 66) 역할을 한다. 대조적으로 영혼의 비합리적 부분에는 일곱 부분, 곧 음성기관과 생식기와 더불어 오감이 있다(예, *Leg.* 1.11). 필론은 영혼을 나누는 두 가지 방법 사이에 모순이 없다고 보았다.[249]

필론은 '로고스'를 하나님의 "첫 아들"(πρωτόγονος υἱός, '프로토고노스 휘오스', *Agr.* 51) 혹은 장자로 말하며, 나아가 '로고스'의 통치에 자신을 조율하는 이들을 "하나님의 아들들"로 부른다.[250] '로고스'는 하나님의 원형적 양식(archetypal patterns)을 살펴보는 것으로 형태(form)에 모양(shape)을 부여했다. '로고스'는 인간 전체가 아니라 오직 인간 정신이 만들어지는 패러다임이었다. 필론에게 있어 인간 정신은 "신적 '로고스'와 밀접하게 관련되어 있으며 축복받은 본성(*Opif.* 146; *Praem.* 163과 비교)의 흔적(*ekmageion*), 파편(*apospasma*), 광채(*apaugasma*) 혹은 그가 때때로 말했듯 신적 '에테르'의 일부이다."[251] 윌프레드 L. 녹스(Wilfred L. Knox)는 '로고스'

249. Schenck, *Philo*, 64. 그리스 철학 전통에서 이성적 영혼을 인간의 신적 요소로 묘사하는 것은 일반적이다. 이 모티프를 위해서는 위-플라톤의 대화편(pseudo-Platonic dialogue)인 *Alci. Maior* 133C 참조. "그러므로 우리가 알고 생각하는 부분보다 더 신적인 영혼의 부분이 있다고 이야기할 수 있는가? 아니, 그럴 수 없다. 그러므로 영혼의 이 부분이 신성을 닮는다." Plato, *Tim.* 41C, 90C 또한 참조.

250. Philo, *Conf.* 145-47.

251. Winston, *Logos*, 28.

의 우주론적, 인간학적 기능을 적절히 설명한다.

> 우주에서 작용하는 신적 능력, 곧 『티마이오스』에 따르면 그 살아 있는 원본에 따라 우주가 창조되었고, 하나님의 형상에 따라 인간이 창조되었으며, 그 형상(image)을 따라 영적 인간이 창조되었고(실제로 영적 존재가 아담과 동일하고 타락이 물질로의 타락인 것은 제외하고), 내재적 이성은 우주를 다스리고 함께 결합시키는데, 이 모두 '로고스'의 다양한 호칭에 포함된다.[252]

'로고스'는 우주(대우주)와 인간 정신(소우주)의 패러다임적 원형이다. 필론은 지혜나 '로고스'를 통한 인간 이성의 능력을 주장했다. 필론의 생각에서 '로고스'는 인간이 하나님에게 접근하는 수단이다. 나머지 인간 존재에 대한 인간 정신의 관계는 우주 전체에 대한 '로고스'의 관계와 유사하다.[253]

c. 영적 기능

인간이 신과 공유하는 '로고스'를 통해 인간은 하나님을 지각할 수 있다.[254] 스토아학파에게 궁극적으로 미덕에 도달하는 것은 '로고스'를 통

252. Wilfred L. Knox, *St Paul and the Church of the Gentiles* (Cambridge: Cambridge University Press, 1939), 81.

253. Philo, *Opif.* 69.

254. Philo, *Leg.* 1.37-38: "그런데 숨을 불어 넣으셨다는 표현이 더 자연스럽기도 하다. 왜냐하면 그것은 숨을 불어 넣는 주체, 불어 넣은 숨을 받는 객체, 그리고 불어 넣는 내용물 등 세 가지를 전제하기 때문이다. 불어 넣는 주체는 하나님이시고, 받는 객체는 정신[νοῦς]이며, 불어 넣는 내용물은 영[πνεῦμα]이다. 이것은 무슨 뜻일까? 그 세 가지 연합은 하나님의 능력[δύναμις]을 하나님 자신으로부터 확장하고 영[πνεῦ-

해서만 가능하다. 같은 맥락에서 필론에게 인간의 영혼이 신적 영역으로 인도되는 것은 하나님의 형상인 '로고스'를 통해서다. 다음 구절은 인간 영혼을 하나님께 인도할 수 있는 '로고스'의 영적 기능을 보여 준다.

> 하나님의 지식 안에 사는 이들은 당연히 "하나님의 아들들"로 불린다. … 그러나 아직 하나님의 아들이라고 불리기에 합당하지 않은 이가 있다면, 그로 하여금 천사들 가운데 장자의 직분을 맡고 있는 하나님의 맏아들, 곧 그들의 통치자 된 말씀 아래에서 그 자리를 차지하도록 힘쓰게 하라. 그리고 많은 이름이 그의 것인데 이는 그가 "시작", 하나님의 이름, 그분의 말씀, 그의 형상을 좇는 자, "그가 보는 자" 곧 이스라엘이라고 불리기 때문이다. … 우리가 아직 하나님의 아들로 여겨지기에 합당치 않더라도 우리는 그분의 보이지 않는 형상, 곧 지극히 거룩한 말씀의 아들이 될 수 있다. 말씀이 하나님 장자의 형상이기 때문이다[θεοῦ γὰρ εἰκὼν λόγος ὁ πρεσβύτατος].[255]

이 구절에서 '로고스'는 세상에 스며들었기 때문에 하나님을 묵상하는 적절한 길을 제공한다. 이러한 이유로 필론은 이 '로고스'를 대제사장,

---

μα]을 매개로 하여 보이는 대상까지 도달하게 함으로써, 우리가 하나님에 관한 식견을 가지도록 돕는 것이 아니겠는가? … 만약에 하나님 자신이 인간의 정신[νοῦς]을 그것이 다다를 수 있을 만큼 최대한 그분 자신에게까지 끌어당겨서 인식하기 쉬운 능력들로 인간 정신을 만들지 않으셨다면, 인간 정신이 어떻게 감히 하나님의 속성에 참여하는 수준까지 비상할 수 있었겠는가?" 필론, 『알렉산드리아의 필론 작품집 I』, 156.

255. Philo, *Conf.* 145-47.

곧 하나님과 인류 사이의 중재자로 부를 수 있다.[256]

d. '로고스', 지혜와 영

헬레니즘 유대교는 3층 우주로부터 지구 중심 우주에 이르는 진보된 천문 지식에 따라, 하나님이 자신과 감각 세계 사이의 접촉을 가능하게 하기 위해 중재자의 도움이 필요하다고 생각했다. '로고스', 지혜, 천사들과 더불어 필론의 신학에서 영은 이 중재자들 중 하나이다. 헬레니즘 환경과 유대 지혜 전통은 '로고스'(λόγος, "말씀"), '소피아'(σοφία, "지혜")와 '프뉴마'(πνεῦμα, "영")라는 용어들과 이들의 상호 관계에 대한 필론과 바울의 이해를 풍부하게 했다. 필론과 바울의 신학에서 '소피아'라는 인물은 '로고스'와 '프뉴마' 모두와 불가분의 관계에 있다. 바울은 위에서 언급한 바와 같이, 자신의 기독론적 모델을 위해 유대 지혜문학에서 영과 동일시되는 지혜의 인물을 이용하였다.[257] 다른 말로 바울은 하나님이 우리에게 지혜[σοφία]가 되셨으나(고전 1.30), 지금은 하늘로 올려진 그리스도 예수와 지상에 있는 그의 백성들 가운데, 그리스도의 내재적 임재로서의 영의 사역 사이에 연속성을 강조하기 위해 유대 지혜 전통에 근거한 지혜 개념을 잘 사용하였다.[258]

필론은 '프뉴마'(πνεῦμα)의 개념을 의미 위주로 사용한 많은 예시를 보여 주는바, 네 가지 요소들(흙, 물, 불, 공기) 가운데 하나인 공기,[259] 바

256. Philo, *Leg*. 3.82; *Migr*. 102; *Her*. 185; *Fug*. 108.

257. 롬 8.18-25; 고후 1.22, 5.5; 엡 1.13-14, 4.30과 비교. 유대 지혜문학 속 영과 지혜의 동일시에 대해서는 잠 1.20-33; Sir 39.6; Wis 1.1-7, 7.7, 22 참조.

258. 바울 신학에서 '프뉴마'(πνεῦμα) 개념과 기독론과의 관계는 다음 장에서 논의될 것이다.

259. Philo, *Gig*. 22; *Ebr*. 106.

람,[260] 호흡,[261] 우주의 모든 것을 하나로 묶는 응집력,[262] 영혼의 이성적 실체 혹은 힘,[263] 예언적 영감의 원천인 영이다.[264] 인간의 정신은 신성한 예언의 영(πνεῦμα προφητικόν, '프뉴마 프로페티콘')에 의해[265] 영감을 받고[266] 최고의 경지에 이르게 되며,[267] 진리 그 자체로 인도된다.[268] 이 점에서 인간은 하나님이 그에게 "신적인 영"(πνεῦμα θεῖον, '프뉴마 테이온')을 불어 넣어 주셨을 때에만 하나님을 알 수 있다. 필론은 영의 일에 대하여 두 가지 다른 패턴, 곧 모든 사람에게 숨을 불어 넣는 '프뉴마 테이온'(πνεῦμα θεῖον)과 예언자에게 영감을 주는 '프뉴마 프로페티콘'(πνεῦμα προφητικόν)을 언급하지만 전자와 후자를 동일시한다.[269] 신적인 영은 구약성서의 지혜자들 안에서 역사한 같은 영이다.[270] 하나님을 아는 이 신성하고 선천적인 능력은 창조 당시 사람에게 불어 넣어진 신적인 영이 계속 인간 안에 거할 때에만 실현된다. J. A. 데이비스가 말한 것처럼 필론의 생각에 신적인 영은 "그 안에 완전히 내재하지 않고 초월성을 유지한다."[271] 필

260. Philo, *Opif.* 41; *Abr.* 92.
261. Philo, *Spec.* 1.338; *Mos.* 1.93.
262. Philo, *Opif.* 131; *Deus* 35-36.
263. Philo, *Spec.* 4.123; *Leg.* 1.31-38.
264. Philo, *Spec.* 4.49; *Her.* 263-66.
265. Philo, *Fug.* 186.
266. Philo, *Leg.* 1.36f.
267. Philo, *Plant.* 24.
268. Philo, *Mos.* 2.265.
269. Philo, *Gig.* 56; *Virt.* 217. Fatehi, *Spirit's Relation*, 115 참조.
270. Philo, *Deus* 3; *Gig.* 20; *Plant.* 23-25.
271. Fatehi, *Spirit's Relation*, 110. Philo과 바울의 영에 대한 견해를 비교하면서 Fatehi, *Spirit's Relation*, 110-111은 이렇게 주장한다. "바울에게는 성령이 전적으로 초월적이고 종말론적인 반면 Philo에게는 초월적 측면과 내재적 측면 사이에 어떤 연속성이 있다는 것이 차이점인 듯하다."

100-101

론은 예언자들과 현자들 안에 영이 보다 더 영구적으로 거하는 것과 "인간 대중" 안에서 잠시 머무르며 일시적으로 일하는 것을 구별한다.[272] 영혼의 하위 측면과 구별하여 B. A. 피어슨(B. A. Pearson)은 "신성한 영"에 대한 필론의 개념을 영혼의 상위 측면으로 설명한다.

> 따라서 필론에 따르면 인간은 자신 안에, 숨으로 불어 넣어진 하나님을 아는 능력이 있다. … 이 능력은 인간의 자연적 영혼(*psyche*)에 속하지 않고 창조의 때에 하나님이 인간에게 불어 넣으신 신적인 영에 의해 주어진다. 따라서 인간의 보다 높은 영혼, 곧 그의 '정신' 혹은 '영'은 지상의 감각적-지각적 영혼의 수준을 뛰어넘어 천상 영역에서 오는 영향을 받도록 한다.[273]

피어슨이 지적한 대로 이 신적인 영(πνεῦμα θεῖον)은 영혼(ψυχή)의 보다 높은 이성적 측면이다. 이 신적인 영은 하나님 안에 그것의 근원과 본성을 갖는다.[274] 그 근원이나 출처가 언제나 하나님인 이 영은 "하나님과 구별되거나 분리될 수 있는 실체"로 간주될 수 없다.[275] 따라서 필론의 신학

---

272. Philo, *Gig.* 20f., 28f., 47f., 55; *Deus* 2. Isaacs, *Concept of Spirit*, 38, 40, 46, 그리고 n. 27 참조; Fatehi, *Spirit's Relation*, 111.

273. B. A. Pearson, "Hellenistic-Jewish Wisdom Speculation," in Wilken, *Aspects of Wisdom*, 54.

274. Philo, *Leg.* 1.37. 하나님의 호흡(πνεῦμα)의 능력에 대한 구약성서의 생각을 유지하는 Wis 11.20과 비교. Isaacs, *Concept of Spirit*, 19은 다음과 같이 주장한다. "Philo에게 '프뉴마'는 하나님이 그것의 창시자라는 점과 그것이 신성의 본질이라는 점에서 하나님에게 속한 것이다."

275. Philo, *Plant.* 18; *Det.* 86; *Leg.* 6.123; *Her.* 264-65; *Gig.* 26-27. Philo, *Det.* 86은 이렇게 말한다. "그는 보이지 않는 자신의 신성(θειότης)으로부터 보이지 않는 혼에 영을 불어 넣고, 자신의 흔적들(τύποι)을 혼에 새겨 놓음으로써 지상에 하나님의 형

에서 영은 신체적이고 죄 많은 인간들 사이에서 영원히 거할 수 없고, 비신체적이고 도덕적인 본성 때문에 일시적이고[276] 산발적이다.[277] 필론은 인간의 진정한 추론 능력과 하나님에 대한 지식의 원천이 숨 쉬는 영이라고 분명히 이야기한다.[278] 필론에 따르면 창세기 1장의 비물질적인 천상 인간은 원래 인봉(original seal, 즉 λόγος)의 사본으로, 모든 힘을 다해 이성을 소유한 반면, 창세기 2장의 물질적인 지상 인간은 '프노에'(πνοή)라는 보다 적은 추론 능력을 소유했다.[279] 플라톤 방식으로 필론은 '프뉴마'(πνεῦμα)를 "신성한 힘에 의해 각인된 인상", "하나님의 형상"으로 간주한다.[280]

상(εἰκών)이 부재하지 않도록 하셨다."

276. Philo, *Deus* 2; *Gig*. 19; *QG* 1.90. Philo은 신적인 영이 다른 사람들보다 모세와 더 오래 머물렀다고 말하고(*Fug*. 132; *Mos*. 1.175; *Gig*. 47) 모세의 영을 "가장 순수한 영"(*Mos*. 2.40)이라 묘사한다.

277. Philo, *Gig*. 19-20, 28-29, 53; *Deus* 2-3; *QG* 1.90. *Gig*. 19: "이러한 자들 가운데 하나님의 영이 거하고 영원히 그 거처를 삼는 것은 불가능하니 이는 입법자 자신도 분명히 밝히신 바이다"(Ἐν δὴ τοῖς τοιούτοις ἀμήχανον τὸ τοῦ θεοῦ καταμεῖναι καὶ διαιωνίσαι πνεῦμα, ὡς δηλοῖ καὶ αὐτὸς ὁ νομοθέτης). *Deus* 2-3: "… 현자가 하나님과 그분의 능력을 보는, 밝고 순수한 지혜의 광선으로 영혼이 조명을 받는 동안에는 거짓 사자들 중 누구도 이성에 접근할 수 없다. … 그러나 이해의 빛이 어두워지고 흐려질 때에는 어둠에 속한 자들이 승리한다. …." 신성한 영의 기능에 대해 Philo은 "영혼을 비추는 것" 혹은 "이해의 빛"을 언급한다.

278. Philo, *Leg*. 1.38; *Det*. 86.

279. Philo, *Leg*. 1.42; *Opif*. 144; Philo이, 이 땅의 사람이 "땅의 물질과 신적 호흡으로"(ἔκ τε γεώδους οὐσίας καὶ πνεύματος θείου) 구성되어 있다고 말한 *Opif*. 135과 비교. Isaacs, *Concept of Spirit*, 35 참조. Fatehi, *Spirit's Relation*, 113은 구약성서 속 신성한 영의 "다양한 수준의 연속적 경험 스펙트럼"을 내림차순으로 제시하는데(후대로 갈수록 영적 상태가 낮은 수준으로 저하되는 것을 가리킴), 창 1장에서 창조된 무형의 인간, 타락 이전의 아담, 신성한 영이 보다 영구적인 방식으로 머물렀던 현자들(브살렐과 모세, 칠십 장로를 포함), 그리고 영이 "잠시 동안"만 머문 "사람들의 무리"다.

280. Philo, *Opif*. 72-74.

필론의 신학에서 '로고스'(λόγος)와 '프뉴마'(πνεῦμα)는 역할에 있어 일치한다.[281] 그리스 철학 사상의 도움으로 유대 지혜문학에서 '소피아'/'프뉴마'(σοφία/πνεῦμα)의 식별은 필론으로 하여금 '로고스', '프뉴마'와 '소피아' 사이에 불가분의 관계로 나아가도록 했다. J. A. 데이비스는 필론의 신학에서 이들의 연관성을 제시한다.

> 위-솔로몬과 마찬가지로 필론에게는 하나님과 그의 '로고스'/'소피아'가 역동적으로 동일시된다. 그리고 영이 '로고스'/'소피아'와 관계하는 방식은 궁극적으로는 영에 대한 성서의 두 가지 핵심 개념, 곧 영이 하나님의 존재 자체의 지적인 중심이라는 드문 개념과 영이 지혜의 근원이라는 보다 일반적인 개념, 그리고 실은 이 둘의 조합에 뿌리를 내린 듯 보인다. 필론은 그의 전임자들보다 인간 안에 있는 이 '로고스'/'프뉴마'의 보편적 내재성을 더 강조하는 방향으로 이 전통을 발전시킨다.[282]

'로고스'가 하나님과 인간 사이의 중재자로 영적 기능을 하는 것처럼 신성한 영은 하나님과 인간 사이의 접촉을 가능하게 한다. '로고스'와 '프뉴마'의 필론식 결합은 이번 장에서 논의된 것처럼 "영과 지혜 사이의 관계에 대한 전승사(tradition-history)의 관점에서" 보아야만 한다.[283] 필론은 영(πνεῦμα)과 지혜(σοφία)를 동일시한다. "완전한 지혜의 영"이라는 표현이 암시하듯 그것은 70명의 장로들에게 영이 임한 결과로 생긴 지

281. Isaacs, *Concept of Spirit*, 55.
282. Fatehi, *Spirit's Relation*, 120.
283. Fatehi, *Spirit's Relation*, 120.

혜(σοφία)를 지칭한다.[284] 필론이 지혜와 '로고스'를 인간의 추론 능력과 연관시킨 것처럼 그는 영과 이성을 동일시한다.[285] 필론의 우주론적 측면에서 인간 이성의 능력은 전 우주를 관통하는 영과 연결되어 있다. 창조의 영은 신성한[286] 요소(στοιχεῖον, '스토이케이온')로[287] 묘사되며 이것은 "만물을 안전하게 하는 신의 영"이고 모든 피조물들을 살아가게 하는[288] "하나님의 보이지 않는 힘"이다.[289] 필론의 우주론에서 하나님 혹은 '로고스'가 "접착제"(δεσμός, '데스모스')로 언급되는 것처럼, 영은 근원적 생명 원리이자 물질에 스며들어 그 요소들을 함께 연결 짓는 응집력으로 특징되는바, 따라서 그것이 없다면 이 우주는 해체될 것이다.[290]

---

284. Philo, *Gig*. 24; 민 11.17과 비교.

285. Philo은 '정신'(νοῦς, '누스')이 '프뉴마'(πνεῦμα)로 만들어졌고(*Her*. 55), 창조 시(*Leg*. 1.33) 생각을 생성하는 힘이며(*Spec*. 1.6), 주어진 '프뉴마'의 수신자로(*Leg*. 1.37) 여겼다. Isaacs, *Concept of Spirit*, 38은 "'프뉴마'와 이성의 연관이 특히 필론적"이라고 주장하는데 Philo의 작품과 함께 4 Macc 7.13-14(καίτοι τὸ θαυμασιώτατον γέρων ω‡ν λελυμένων μὲν ἤδη τῶν τοῦ σώματος τόνων περικεχαλασμένων δὲ τῶν σαρκῶν κεκμηκότων δὲ καὶ τῶν νεύρων ἀνενέασεν τῷ πνεύματι διὰ τοῦ λογισμοῦ καὶ τῷ Ισακίῳ λογισμῷ τὴν πολυκέφαλον στρέβλαν ἠκύρωσεν)을 제외하고는 다른 곳에서 찾을 수 없기 때문이다.

286. Philo, *Virt*. 135.

287. Philo, *Gig*. 22: "이제 '하나님의 영'이라는 이름은 어떤 의미에서는 땅으로부터 흘러나오는 공기로 사용되는데, 그 땅은 물 위에 올라탄 세 번째 요소다"(λέγεται δὲ θεοῦ πνεῦμα καθ' ἕνα μὲν τρόπον ὁ ῥέων ἀὴρ ἀπὸ γῆς, τρίτον στοιχεῖον ἐποχούμενον ὕδατι).

288. Philo, *Gig*. 10.

289. Philo, *QG* 2.28.

290. Philo, *Opif*. 131; *Deus* 35-36. *Opif*. 131: "그것[우주]은 부분적으로는 그것을 하나로 만드는 생명의 호흡 덕분에 결합되고 지속된다. …"(συνέχεται δὲ καὶ διαμένει τὰ μὲν πνεύματος ἑνωτικοῦ δυνάμει). "접합체"(δεσμός)로서의 하나님: Philo, *Her*. 23-24; "접합체"(δεσμός)로서의 '로고스': Philo, *Her*. 188; *Fug*. 112; *Plant*. 10; *Det*. 187.

e. 필론과 바울

위에서 논의된 것처럼 일찍이 잠언(기원전 6세기)에서 '호크마'(חכמה, "지혜")는 의인화되었고 실체화되었다. 헬레니즘이 이루어진 세기 동안에는 ('호크마'[חכמה]와 동일하게 여겨진) '소피아'(σοφία)와 '토라'(תורה, "율법")/'노모스'(νόμος, "율법")가 이미 동일시되었고(시락서가 기록된 기원전 2세기 초반) 또한 '소피아'(σοφία)와 '로고스'(λόγος)가 동일시되기에 이르렀으며(솔로몬의 지혜서가 기록된 기원전 220년과 기원후 50년 사이), 이후 기원후 1세기에는 '토라'(תורה)/'노모스'(νόμος)와 '로고스'(λόγος)의 동일시가 이미 전통이 되었다. 필론 이전 시대와 필론 당대에 '소피아'(*Sophia*)-'토라'(Torah)-'로고스'(*Logos*)는 이미 서로 얽힌 헬레니즘 유대 혼합체가 되었다. 지혜의 형상이 신약성서 속 '로고스' 기독론의 원천들 중 하나라는 사실은 일반적으로 인정된다. 이 같은 혼합체와 같이 필론의 '로고스' 개념은 바울의 신학에 영향을 미쳤을 것이다.[291] 이 세상의 신성한

---

291. 고전 1-4장의 지혜에 대한 접근에서 바울은 '로고스'를 암시하며, 아볼로가 고린도 교회에 넘겨준 알렉산드리아 헬레니즘의 유대적 지혜 사변을 인용했다. 고린도 교회 일부 사람들은 아볼로의 유창한, 지혜롭고 영적인 가르침 안에서 '소피아'(*sophia*)를 발견했다고 믿었고, 십자가에 못 박히신 그리스도에 대한 바울 자신의 메시지를 그 지혜에 더했을 것이다. 바울은 인간 지혜의 영광에 근거한, 적대자들의 신학과 관련된 논쟁적 맥락에서(1.18-25), 그들의 잘못된 지혜 교리를 반박하기 위해 아볼로를 통한 알렉산드리아 헬레니즘의 유대적 지혜 사변으로 거슬러 올라갈 수 있는, 그들이 좋아하는 어휘와 문구를 채택하여 재정의하고, 이 같은 헬레니즘 유대교 지혜 전통을 새로운 방식, 곧 십자가에 달리시고 부활하신 그리스도 안에서 하나님의 지혜와 능력에 대한 자신의 관점으로 해석했다. 고전 1.24에서 바울은 하나님의 지혜(유대 지혜문학에서 '로고스'와 동일시되는)가 십자가에 달리신 그리스도 안에서 표현되고 구체화된다고 선언한다. 고전 1.24: "그리스도는 하나님의 능력이요 하나님의 지혜"(Χριστὸν θεοῦ δύναμιν καὶ θεοῦ σοφίαν). 고전 1.30, 2.7과 비교.

고전 1-4장 속 고린도 교인들의 지혜 추구와 행 18.24-26 속 "알렉산드리아에서 난" 그리고 "언변 좋은 사람"(ἀνὴρ λόγιος, '아네르 로기오스') 아볼로의 평가 사이

원리이자 원인으로서의 '로고스'에 대한 필론의 개념은, 바울의 사상에

에는 여러 유사점이 있다. Witherington III에 따르면 '아네르 로기오스'(ἀνὴρ λόγιος)라는 단어는 아볼로가 "복음을 전할 때 그레코-로마 수사학을 사용했던 사람"이라는 의미를 내포한다. Witherington은 고전 1-4장, 16.12과 행 18.24-26과 관련하여 바울의 진술과 알렉산드리아 헬레니즘의 지혜 사변 사이에 다양한 연관이 있다고 본다. (1) "고전 1장에서는 고린도 교인들 사이 분열의 문제가 제기되는 맥락('나는 아볼로에게 속한 자라', '나는 바울에게 속한 자라')에서 세례 문제가 등장한다." (2) "바울은 그리스도의 십자가가 그 능력을 상실하지 않도록 자신의 설교에서 '말의 지혜'(*sophia logou*)의 사용을 피하고 있었다고 길게 설명한다." 바울의 주장은 아볼로의 유창한 지혜와 영적 가르침이 고린도 교회에 분파주의와 지혜적 영성주의로 귀결될 수 있다는 사실을 암시한다. (3) "세례나 지혜가 고린도에서 쟁점이었을 뿐 아니라 누가 '프뉴마티코스'(*pneumatikos*)였으며 그것이 무엇을 수반했는지도 분명해진다." (4) 바울은 고전 3장에서 자신과 아볼로가 경쟁자가 아니라 하나님을 위하여 같은 일을 협력하고 있음을 강조하고자 노력을 기울인다. (5) 고전 4.6에서 볼 수 있듯이 "고린도 교인들이 한 사도가 다른 사도보다 낫다고 여겨 편을 나누는" 문맥에서 바울은 자신과 아볼로를 통해 고린도 교인들이 연합과 협력을 배워야 한다는 교훈으로 이 같은 분열에 대응하려고 한다(고전 16.12과 비교). 고전 4.8에서 바울이 영적인(*pneumatikoi*, '프뉴마티코이') 것에 대하여 말한 것("너희가 이미 배부르며 이미 풍성하며 우리 없이도 왕이 되었도다 우리가 너희와 함께 왕 노릇 하기 위하여 참으로 너희가 왕이 되기를 원하노라!")은 헬레니즘 유대교의 지혜 자료를 반영한다. Philo, *Somn.* 2.243-44("그리하여 그들은 현자만이 통치자이자[고전 2.6과 비교] 왕이며 미덕은 최종적 권위를 가진 통치와 왕권이라는 교리를 철학도들에게 제시하였다"); *Sentences of Sextus* 309-11("하나님 다음으로 '소포스 아네르'[*sophos aner*. "현자"]만큼 자유로운 이는 없다. 하나님이 소유한 것은 현자도 소유할 수 있다. '소포스 아네르'[*sophos aner*]는 '하나님의 나라'[*basileias tou theou*]를 공유한다"). 고전 1-4장 속 지혜와 성령의 긴밀한 연결은 Wis 1.6, 7.7, 23-24을 암시한다. 고린도 교인들 중 일부는 성령과 지혜를 통해 이들이 하나님에 대한 난해한 지식과 지혜를 가지고 이미 완벽한 상태에 이르렀다고 믿었다. 고전 1-4장에서 언급했듯이 바울은 단순한 궤변에 대한 Philo의 경멸을 공유한다(*Post.* 101; *Migr.* 171 또한 참조). Ben Witherington, *Jesus the Sage: The Pilgrimage of Wisdom* (Minneapolis: Fortress, 1994), 295-333 참조. Davies, *Wisdom and the Spirit*; Schnabel, *Law and Wisdom*, 227ff.; R. M. Grant, "The Wisdom of the Corinthians," in *The Joy of Study*, ed. S. E. Johnson (New York: Macmillan, 1951), 51-55; Scroggs, "Paul," 33-55; J. M. Reese, "Paul Proclaims the Wisdom of the Cross: Scandal and Foolishness," *BTB* 9 (1979): 147-53과도 비교.

서 하나님의 창조 대리인인 '소피아'로 나타난 그리스도 안에서 인간의 형태를 취할 것이다. 이것은 그리스도를 "하나님의 능력이자 하나님의 지혜"(θεοῦ δύναμιν καὶ θεοῦ σοφίαν, '테우 뒤나민 카이 테우 소피안')로 부른 고린도인들에게 보낸 편지에서 볼 수 있다.[292] 바울이 자신의 기독론의 인격적 요소를 '로고스'의 비인격적 측면과 구별 짓기 위하여 스토아적 용어 '로고스'를 사용하지 않았을 가능성이 크다. 그럼에도 불구하고 그는 그리스도를 "하나님의 형상"(εἰκὼν τοῦ θεου, '에이콘 투 테우'), "첫 열매"(ἀπαρχή, '아파르케') 그리고 창조의 대리인으로 묘사하는데, 이것은 솔로몬의 지혜서와 필론의 작품 속 '로고스'를 의미한다.[293] 필론이 하나님의

292. 고전 1.24; 고전 1.30과 비교. 지혜의 의인화는 골 1.15-20과 엡 3.8-10의 기독론적 발전의 배후에 있는 것으로 보인다.

293. 고후 4.4: "그중에 이 세상의 신이 믿지 아니하는 자들의 마음을 혼미하게 하여 그리스도의 영광의 복음의 광채가 비치지 못하게 함이니 그리스도는 하나님의 형상이니라"(ἐν οἷς ὁ θεὸς τοῦ αἰῶνος τούτου ἐτύφλωσεν τὰ νοήματα τῶν ἀπίστων εἰς τὸ μὴ αὐγάσαι τὸν φωτισμὸν τοῦ εὐαγγελίου τῆς δόξης τοῦ Χριστοῦ ὅς ἐστιν εἰκὼν τοῦ θεοῦ); 골 1.15-17: "그는 보이지 아니하는 하나님의 형상이시요 모든 피조물보다 먼저 나신 이시니 만물이 그에게서 창조되되 하늘과 땅에서 보이는 것들과 보이지 않는 것들과 혹은 왕권들이나 주권들이나 통치자들이나 권세들이나 만물이 다 그로 말미암고 그를 위하여 창조되었고 또한 그가 만물보다 먼저 계시고 만물이 그 안에 함께 섰느니라"(ὅς ἐστιν εἰκὼν τοῦ θεοῦ τοῦ ἀοράτου, πρωτότοκος πάσης κτίσεως, ὅτι ἐν αὐτῷ ἐκτίσθη τὰ πάντα ἐν τοῖς οὐρανοῖς καὶ ἐπὶ τῆς γῆς, τὰ ὁρατὰ καὶ τὰ ἀόρατα, εἴτε θρόνοι εἴτε κυριότητες εἴτε ἀρχαὶ εἴτε ἐξουσίαι· τὰ πάντα δι' αὐτοῦ καὶ εἰς αὐτὸν ἔκτισται· καὶ αὐτός ἐστιν πρὸ πάντων καὶ ἁ πάντα ἐν αὐτῷ συνέστηκεν); 골 3.10과 비교. 고전 15.20: "그러나 이제 그리스도께서 죽은 자 가운데서 다시 살아나사 잠자는 자들의 첫 열매가 되셨도다."; 고전 15.23: "그러나 각각 자기 차례대로 되리니 먼저는 첫 열매인 그리스도요 다음에는 그가 강림하실 때에 그리스도에게 속한 자요"(Ἕκαστος δὲ ἐν τῷ ἰδίῳ τάγματι· ἀπαρχὴ Χριστός, ἔπειτα οἱ τοῦ Χριστοῦ ἐν τῇ παρουσίᾳ αὐτου). 잠 8.22, 25; Wis 7.26; Philo, *Ebr*. 30-31에서 창조의 첫 열매로서의 '호크마'(חכמה)/'소피아'(σοφία)와 비교.

능력의 확장을 총괄적으로는 '로고스'인 일련의 능력으로 간주한 것처럼,[294] 바울은 로마서 1장 16-17절에서 복음을 "모든 믿는 자에게 구원을 주시는" 하나님의 '로고스'로 이해한바, 복음 가운데 "하나님의 의[δικαιοσύνη θεοῦ, '디카이오쉬네 테우']가 드러나기" 때문이다.[295] 바울의 기독론적 용어는 필론이 '로고스'에 적용한 표현과 유사하다. 필론의 '로고스'와 바울의 그리스도는 둘 다 초월적 하나님의 내재적인 측면이고 따라서 동의어다. 이 점에서 필론과 바울은 비슷한 지적 궤도 안에서 움직였다.

다만 필론과 바울 사이에는 뚜렷한 차이가 있다. "필론의 '로고스'는 정적이고 영원하며 시공간과 무관하나, 바울에게는 최근의 과거 역사에서 ['로고스'인] 그리스도가 살다가 죽으시고 부활하신 예수가 되셨을 때, 결정적 사건이 되었다."[296] 바울에 따르면 예수 그리스도는 이 비밀한 지혜를 계시하셨고 자신의 삶과 죽음, 부활을 통해 성육신하셨다. 바울은 인간의 지혜와 하나님의 지혜를 대조하였다.[297] 십자가의 어리석음, 즉 십자가에 못 박히신 그리스도의 선포가 신적 지혜의 참된 척도라는 놀라운 주장이 제기되고 있다.[298] 바울에게 그리스도는 지상에 있는

294. Goodenough, *By Light, Light*, 제1장: "The God of the Mystery" 참조.

295. 롬 1.16-17: "내가 복음을 부끄러워하지 아니하노니 이 복음은 모든 믿는 자에게 구원을 주시는 하나님의 능력이 됨이라 먼저는 유대인에게요 그리고 헬라인에게로다 복음에는 하나님의 의가 나타나서 믿음으로 믿음에 이르게 하나니 기록된 바 오직 의인은 믿음으로 말미암아 살리라 함과 같으니라"(Οὐ γὰρ ἐπαισχύνομαι τὸ εὐαγγέλιον, δύναμις γὰρ θεοῦ ἐστιν εἰς σωτηρίαν παντὶ τῷ πιστεύοντι, Ἰουδαίῳ τε πρῶτον καὶ Ἕλληνι. δικαιοσύνη γὰρ θεοῦ ἐν αὐτῷ ἀποκαλύπτεται ἐκ πίστεως εἰς πίστιν, καθὼς γέγραπται· ὁ δὲ δίκαιος ἐκ πίστεως ζήσεται).

296. Sandmel, "Philo Judaeus," 39.

297. 고전 1.17-31.

298. 고전 1.21-25.

일시적 어둠의 힘 속에 숨겨진 영원한 지혜/'로고스'다.[299] 이것은 고린도전서 8장 6절의 생각과 매우 유사할 수 있다. 예수 그리스도는 신성한 지혜에 대한 가장 명확한 해설과 설명이며, 십자가는 우주를 창조한 지혜의 가장 완전한 구현이자 인간이 선한 삶을 살기 위해 필요한 지혜다.[300] 바울은 이후 고린도전서 15장 45절에서 성령에 대해 동일한 말을 한다.[301] 생명을 주는 성령은 부활한 그리스도, 마지막 아담과의 동일시를 통해 가장 분명하게 인식될 수 있다. 따라서 하나님의 창조 지혜는 십자가에 못 박힌 그리스도와의 동일시를 통해 지금 가장 분명하게 인식될 수 있다. 이러한 방식으로 새로운 의미에서 옛 유대적 용어인 메시아를 지칭하기 위해 바울은 지혜, 영과 '로고스'를 동일시하는 것으로 보인다.

3. 인간학

필론에게 있어 인간 창조는 신적 창조 행위의 정점이다. 인간학은 필론과 바울의 사상이 겹치는 가장 중요한 영역에 해당한다. 바울은 필론이

---

299. 고전 2.7: "오직 은밀한 가운데 있는 하나님의 지혜를 말하는 것으로서 곧 감추어졌던 것인데 하나님이 우리의 영광을 위하여 만세 전에 미리 정하신 것이라"(ἀλλὰ λαλοῦμεν θεοῦ σοφίαν ἐν μυστηρίῳ τὴν ἀποκεκρυμμένην, ἣν προώρισεν ὁ θεὸς πρὸ τῶν αἰώνων εἰς δόξαν ἡμῶν).

300. 고전 8.6: "그러나 우리에게는 한 하나님 곧 아버지가 계시니 만물이 그에게서 났고 우리도 그를 위하여 있고 또한 한 주 예수 그리스도께서 계시니 만물이 그로 말미암고 우리도 그로 말미암아 있느니라"(ἀλλ' ἡμῖν εἷς θεὸς ὁ πατὴρ ἐξ οὗ τὰ πάντα καὶ ἡμεῖς εἰς αὐτόν, καὶ εἷς κύριος Ἰησοῦς Χριστὸς δι' οὗ τὰ πάντα καὶ ἡμεῖς δι' αὐτοῦ).

301. 고전 15.45: "기록된 바 첫 사람 아담은 생령이 되었다 함과 같이 마지막 아담은 살려 주는 영이 되었나니"(οὕτως καὶ γέγραπται· ἐγένετο ὁ πρῶτος ἄνθρωπος Ἀδὰμ εἰς ψυχὴν ζῶσαν, ὁ ἔσχατος Ἀδὰμ εἰς πνεῦμα ζῳοποιοῦν). 고전 15.22; 롬 5.12-21과 비교.

106-107

그의 환경으로부터 물려받은 동일한 전통의 일부와 상호 작용하는 듯 보인다. 그리스 인간학의 이원론적 사상의 영향을 받은 필론과 바울은, 창세기의 두 본문 1장 26-27절과 2장 7절을 두 가지 서로 다른 유형의 개인과 연관시켰다. 필론은 플라톤의 두 영역, 곧 유형이고 필멸인 영역과 무형이고 불멸인 영역에 비추어 두 가지 유형의 인류를 상정한다.

a. 인간학적 이원론

(1) '소마'(σῶμα)/'세마'(σῆμα) 개념

물리적 우주를 신과 인간 사이 중개자 계층의 일부로 간주하는 필론의 우주론적 개념은, 인간에 대한 그의 관점 및 물질과 정신의 근본적인 구분과 밀접하게 연관되어 있다. 몸과 영혼이 조화로운 연합을 형성한다고 이해한 초기 유대적 사상과 달리 필론은 인간을 몸과 영혼 두 부분으로 구성되어 있다고 인식했다. 그는 플라톤 역시 그랬던 것처럼 몸과 육체를 영혼의 방해물로 여겼다.

> 왜냐하면 하나님은 우리를 덮고 있는 가죽, 즉 '몸'(σῶμα)의 속성을 모르지 않으시는데, '엘'(Er)은 '가죽'이라는 뜻으로, 그것은 악하고, 혼을 기만하여 거역하고, 영원히 멸망하고, 죽은 몸을 상징하기 때문이다. 그러므로 우리 각자의 혼이 각자의 몸을 일으켜 끌고 다니는 일에 지치지 말아야 한다는 것 외에 우리 각자가 실천하고 견뎌 내야 할 일이 달리 무엇이라고 그대는 생각하는가? 여기서 몸은 그 자체로 죽은 것이다. 그리고 그대가 원한다면, 혼의 기운(εὐτονία ψυχῆς)이 어느 정도인지 알아보라![302]

302. Philo, *Leg.* 3.69. 필론, 『알렉산드리아의 필론 작품집 I』, 254.

필론의 인간학은 플라톤의 몸-영혼 이원론이라는 플라톤적 믿음으로 완전히 지배된다. 필론의 플라톤주의적 관점에서 몸은 "끝없는 재난이 거처하는 거소"인 시신(corpse)이다.[303] 이런 의미에서 필론은 영혼의 불멸과 영생을 믿었는데(*QG* 3.11; *Sacr*. 5-8) 이는 "영혼이 육체에 들어가기 전(*Somn*. 1.138-139)과 몸의 무덤에서 떠난 후(*Leg*. 1.108 참조) 모두 존재한다"는 것을 의미했다.[304] 필론은 몸을 감옥으로 여긴다.

> 그러므로 나의 친구여 너를 감싸는 지상의 부분들로부터 떠나 몸의 토대와 몸이라는 오염된 감옥으로부터, 그리고 그 감옥과 감옥의 쾌락과 욕망을 지키는 자들로부터, 여러분의 모든 힘과 능력을 다하여 여러분의 좋은 것들이 하나도 해를 입지 않도록 하고 너의 모든 선한 능력들이 함께 연합하여 개선되도록 하라.[305]

필론에게 "영혼은 몸에 파묻혀 있는 것으로 보일 수 있다."[306] 유사하게 영혼이 몸에 머무는 것은 유배의 기간으로 간주될 수 있다.[307]

> 지혜로운 자의 영혼에 관한 한, 그것이 곧 위의 '에테르'(ether)로부터 와

303. Philo, *Conf*. 177.
304. Schenck, *Philo*, 64.
305. Philo, *Migr*. 2.9. Philo이 몸과 육체를 영혼의 방해물로 본 *Leg*. 3.69과도 비교.
306. David Winston, "Philo and the Contemplative Life," in *Jewish Spirituality: From the Bible through the Middle Ages*, ed. Arthur Green; vol. 13 of *World Spirituality: An Encyclopedic History of the Religious Quest*, ed. Arthur Green (New York: Crossroad, 1988), 212.
307. Philo은 이 개념을 현명한 사람에게만 국한시키는데 곧 현명한 사람은 몸이라는 이방 땅의 임시 거주자로 천상이 그의 참된 조국이다(*Her*. 16.82; *Conf*. 17.77-82; *Agr*. 14.65).

> 서 필멸의 인간 안으로 들어가고 몸의 영역에 뿌려질 때, 진정으로 자신의 소유가 아닌 땅에 잠시 머무르게 된다. 몸의 지상적 본성은 순수한 마음에 이질적이며 그것을 노예로 만들어 구주께서 정욕에 사로잡힌 종족을 심판하고 정죄할 때까지 온갖 종류의 고통을 가져오며, 그렇게 하여 다시 한번 자유로 들어가기 때문이다.[308]

필론에게 있어 몸은 "악한 것, 영혼에 대항하여 음모를 꾸미는 것, 항상 생명이 없고 죽어 있는 것"이다.[309] 몸은 영혼 전체를 파괴하기 위해 감성을 공격하는 열정과 욕망의 근원인 감성의 유대 속으로 영을 쉽게 끌어들인다. 몸의 쾌락은 "죄악과 허물의 시작"(*Opif.* 152)이라 불리고, 모세는 "격정을 저지하는 정도를 넘어서 혼 전체 어디에도 격정이 없는 상태가 되기를" 바라는 것으로(*Leg.* 3.129) 칭송받는다. 필론의 인간학적 관점에 따르면 "본질적으로 인간은 순수한 지성의 본질이자 원천인, 멀리 떨어져 있는 신과 죄악된 정욕의 영역인 물질의 중간에 위치한다."[310] 필론은 비유적으로 이야기한다. "우리가 지금 살아 있는 동안에는 우리 혼이 마치 무덤[σῆμα, '세마']에 갇힌 것처럼 몸[σῶμα, '소마'] 안에 묻혀서 죽은 상태에 있으나, 우리가 죽으면 혼이 붙잡혀 있던 악하고 죽은 몸에서 해방되어 자기 고유의 삶을 살게 된다."[311] 따라서 무형의 존재로서 하나님을 지향하는 것은 몸을 거부하여 신적 혼/영의 영역으로 들어가는 것을 야기한다. 플라톤이 죽음을 영혼이 감옥과 같은 몸으로부터 벗어나 자유롭게 날아갈 수 있는 기회로 이해한 것처럼, 필론은 몸에 대항하는

308. Philo, *QG* 3.10.
309. Philo, *Leg.* 3.72-74; *Gig.* 15.
310. Hans Lewy, ed., *Philosophia Judaica: Philo* (Oxford: Phaidon, 1945), 18.
311. Philo, *Leg.* 1.108. *Opif.* 67-69과 비교.

영혼의 싸움과 그것의 열정을 표현하기 위해 운동 경기의 이미지를 사용했다.[312] 필론에게 의로운 영혼의 보상은 불멸과 "해와 달과 온 우주의 영생을 공유하며 하나님의 기록에" 새겨지는 것이다.[313]

영혼이 물질의 영역으로 내려온다는 플라톤의 개념에 따라, 필론은 철학자들의 영혼만이 지상으로 올라와 "이들이 출발했던 장소[천상에 있는 그들의 영역]로 다시 날아갈 수 있다"고 이야기한다.[314] 한편 필론에게 있어 인생의 궁극적 목적은 그리스 철학자들과 마찬가지로 "참되고 살아 계신 하나님을 아는 것"이었다.[315] 반면 필론은 플라톤적 삶의 목표(τέλος, '텔로스') 곧 "하나님을 닮는 것"(ὁμοίωσις θεῷ, '호모이오시스 테오')을 선호했는데 그에 따르면 "이러한 목표는 (도덕적) 탁월성(ἀρεταί, '아레타이')의 연습을 통해서만 도달할 수 있다."[316]

(2) 하늘의 사람과 땅의 사람

필론은 천체의 위계가 물질의 위계에 따라 존재한다는 스토아학파의 관점에 따라 이렇게 이야기한다.

> 이동의 힘을 가진 것들을 우리는 동물이라고 부른다. 이들은 우리 우주의 몇 가지 주요 부분에 속하도록 (즉 자연스럽게 속하도록) 만들어졌는데 육지의 동물은 땅으로, 헤엄치는 동물은 물로, 날개 달린 생물은 공중

---

312. Philo, *Migr.* 26.
313. Philo, *Opif.* 144; *Somn.* 1.135-37, 138-45; *Gig.* 7; *QE* 2.114; *Mos.* 2.108.
314. Philo, *Gig.* 12-15.
315. Philo, *Decal.* 81; *Abr.* 58; *Praem.* 14.
316. Runia, *Creation*, 331-332. "하나님을 닮는 것"(ὁμοίωσις θεω)의 개념에 대해서는 Philo, *Fug.* 63; *Opif.* 144 참조.

으로, 장자는 불에 속하는 것이다(belong ... to fire the first-born). … 별들은 천상에서 제자리를 찾는다. 철학을 자신의 학문으로 삼은 이들은 별들 역시 살아 있는 창조물이지만 전적으로 정신으로 이루어진 종류라고 이야기한다.[317]

필론에게 있어 우주적 위계는 소우주로서의 인간의 몸에 반영되어 있다. 필론은 인간의 이성적 영혼(λογική ψυχή, '로기케 프쉬케')이 "그 두려운 영[πνεῦμα], 곧 신적이고 눈에 보이지 않는 것의 주조물"이라는 그의 진술에 근거해 '프쉬케'(ψυχή)와 '프뉴마'(πνεῦμα)를 동일시했을 가능성이 크다.[318] 필론은 때때로 '프뉴마'(πνεῦμα, "영")를 '프쉬케'(ψυχή, "영혼")의 본질로 이야기하며[319] '프쉬케'(ψυχή, "영혼"), '누스'(νοῦς, "정신")와 '프뉴마'(πνεῦμα, "영")를 상호 교환적으로 사용한다.[320] 필론은 '프쉬케'와 '프뉴마'를 동일시하기도 하나, 영혼의 본질을 '에테르'(ether)로 말하거나, "상위의 혹은 이성적 영혼" 혹은 인간 정신이 '프뉴마'(πνεῦμα)로 이루어졌다고

317. Philo, *Plant.* 12; *Somn.* 1.141, 1.135과 비교; *Gig.* 6-11.

318. Philo, *Plant.* 18: ὁ μέγας Μωυσῆς … εἶπεν αὐτὴν τοῦ θείου καὶ ἀοράτου πνεύματος ἐκείνου δόκιμον εἶναι νόμισμα σημειωθὲν καὶ τυπωθὲν σφραγῖδι θεοῦ, ἧς ὁ χαρακτήρ ἐστιν ὁ ἀίδιος λόγος· 인간의 '프쉬케'와 사람의 '프뉴마'를 동일시하는 것으로 이 두 용어를 명확히 구분하지 않는 듯 보이는 Josephus, *Ant.* 9.240과 비교.

319. Philo, *Spec.* 4.123; *Opif.* 67과 비교.

320. '누스'(νοῦς)와 '프뉴마'(πνεῦμα)가 동일시된 Philo, *Fug.* 133. Philo은 '누스'(νοῦς)가 '프뉴마'(πνεῦμα)로 이뤄져 있으며(*Her.* 55) 생각을 생성하는 힘으로(*Spec.* 1.6; *Fug.* 182과 비교) '프뉴마'(πνεῦμα)의 수신자라고(*Leg.* 1.37) 이야기한다. Philo에게 '누스'(νοῦς)는 감각을 자극하는(*Leg.* 1.31-42) 하나님의 대리자이며 인간의 가장 신성한 부분(*Det.* 29), 신과 같은 형상(*Opif.* 137), 신성한 이유의 모사(*Opif.* 136), 그리고 하나님의 도구(*Abr.* 190)다.

이야기한다.[321] "참된 인간"(ἀληθινὸς ἄνθρωος, '알레티노스 안트로포스')으로서 지적인 능력과 동일시되지만, 보다 낮은 욕망에 반대되는 영혼의 상위 부분은 또한 플라톤 사상의 영역에 전적으로 속하는 초월적 원형이다.[322] 필론은 영혼의 이성적 부분인 '프뉴마'와 인간의 하위 부분인 '프쉬케'를 구분하고, 따라서 인간의 지배적 부분이 '프쉬케'가 아닌 '프뉴마'라고 생각한다.[323] 곧 인간의 임무는 자신의 낮은 존재를 버리고 하나님에게로 올라가는 것이다.

우주적 위계를 바탕으로 필론은 인간 창조에 대한 창세기의 설명을 언급한다. 필론은 창세기 1장 26-27절과 2장 7절을 두 가지의 다른 사람, 곧 천상의 원형적 인간과 지상의 인간이 창조된 것으로 각각 해석했다.[324] 창조의 이야기에서 그는 하나님의 형상(εἰκὼν τοῦ θεοῦ, '에이콘 투 테우')대로 창조된 1장 26-27절 속 천상의 사람과 흙으로 창조된 2장 7절 속 지상의 사람을 병치시켰다.

> 두 종속(γένος)의 인간이 있는바, 하늘의 인간(ὁ οὐράνιος ἄνθρωπος)과 땅의 인간(ὁ γήϊνος ἄνθρωπος)이 그것이다. 하늘의 인간은 하나님의 형상을 따라 출생했으므로 사멸하는 땅의 속성을 갖지 않으나, 땅의 인간은 흩날리는 물질을 고정하여 만든 것이므로 그(모세)는 그 물질을 흙(χοῦς)이라

---

321. Philo, *Leg*. 3.161; *Her*. 283; *Det*. 84; *Spec*. 4.122. Philo은 영혼을 두 가지 차원 혹은 수준으로 나누는데, 보다 높은 것과 보다 낮은 것이다. 영혼의 보다 낮은 수준의 물질은 피이며, 피는 인간과 다른 동물 모두에게 공통적인데 보다 높은 영혼의 물질은 '프뉴마'(πνεῦμα, "영")이다. Fatehi, *Spirit's Relation*, 108 참조.
322. Dillon, *Middle Platonists*, 176; Philo, *Fug*. 71 또한 참조.
323. Philo, *Leg*. 1.31-41.
324. 인간 창조에 대한 Philo의 주요 해석은 *Opif*. 69-88, 134-50, *Leg*. 1.31-47, 53-55, 88-96, *QG* 1.4-22에서 발견된다.

고 표현했다. 그러므로 그가 하늘의 인간에 대하여는 '제작되었다'고 하지 않고 '하나님의 형상을 따라 형성되었다'고 표현하는 반면에, 땅의 인간에 대하여는 '제작품'(πλάσμα)이라고 하면서도 그것을 제작자의 '자손'(γέννημα)이라 부르지는 않는데, 이는 당연하다. 땅에서 난 인간은 정신이 몸에 주입된 상태이지만 아직 적응된 상태는 아니었다고 보는 편이 합리적이다.[325]

인간 창조에 대한 필론의 추측은 플라톤의 『티마이오스』(30A-D)의 해석을 통해 이루어진 것으로 보인다.[326] 필론의 견해에서 창세기 1장 27절은 이상적 인간, 즉 인간 원형의 창조로 해석되는 반면, 창세기 2장 7절은 천상 양식의 사본을 지칭하는 것으로 간주된다. 필론은 이 땅의 분별력 있는 인간이 천상의 이해 가능한 패러다임을 따라 만들어졌다는 중기 플라톤 관점을 의존한다.[327] 창세기 2장 7절의 인간은 지상에 있고 부

325. Philo, *Leg.* 1.31-32. 필론, 『알렉산드리아의 필론 작품집 I』, 153. *Leg.* 1.90과도 비교: "왜냐하면 모세가 이전에 아담을 언급한 적이 없고, 여기서 처음으로 그를 호명했기 때문이다. 그렇다면 그는 그대(독자)가 이것을 보고 (흙으로) 제작된 인간의 이름임을 알아차리게 하려는 것일까?(창 3.19) 이처럼 그 이름이 해석될 수 있으므로, 그대는 '아담'이라는 이름을 들을 때, 그가 땅에 속하여 사멸하는 정신이라고 이해해야 한다. 왜냐하면 (하나님의) 형상을 따라 창조된 정신은 땅에 속하지 않고 하늘에 속한 자이기 때문이다." 필론, 『알렉산드리아의 필론 작품집 I』, 177-78.

326. Plato, *Tim.* 30B-D: "그러므로 그럼직한 설명에 따르면, 실로 그렇게 이 세계는 지성과 혼이 깃든 살아 있는 생물로서 진실로 신의 구상에 따라 생겨났다고 말해야 하는 것입니다. … 왜냐하면 그것은(우주는) 가시적인 생물 모두를 자기 안에 가지고 있기 때문이니까요. 마치 이 세계가 우리를 비롯하여 가시적인 것들을 이루는 여타 모든 피조물들을 포함하고 있듯이 말입니다. 신은 사유되는 것들 가운데 가장 아름답고 모든 면에서 완벽한 것과 이 우주가 최대한 닮도록 만들기를 바랐기에, 자신과 본성상 동류인 모든 생물을 자기 안에 담고 있는 것으로, 하나의 가시적인 생물을 구성했던 것입니다." 플라톤, 『티마이오스』, 52.

327. Tobin은 중기 Plato 사상이 창세기 속 창조 이야기의 유대적 해석에 유용한 모델을

패할 수 있으며 감각으로 지각할 수 있는 사람으로, 창세기 1장 27절 속 하나님의 형상을 따라 (즉 '로고스'를 따라) 창조된 남성도 여성도 아닌 이상적 인간의 모사다.[328] 그러나 필론은 창세기 2장 7절의 해석을 창세기 1장 26-27절에 비추어 보는 것으로 두 가지 해석을 결합하였다.[329] 필론은 두 가지 해석의 조합을 제안한다. "이제 '이성'은 이름으로는 한낱 작은 단어이지만 사실 그것은 가장 완전하고 가장 신성한 것, 우주 영혼의 한 조각, 또는 더 경건하게 표현한다면 모세 철학에 따른 신적 형상의 신실한 모사(模寫)이다."[330] 창세기 1장 26-27절과 2장 7절을 혼합하는 방식으로 필론은 "하나님의 형상을 따라 인간을 창조하고 신성한 영을 불어 넣은 것은 모두 인간의 이성적 영혼과 신성한 '로고스' 사이의 본질적 유사성을 가리킨다"고 해석한다.[331] 다시 말해 창세기 1장 27절의 인간은 '코스모스 노에토스'(κόσμος νοητὸς, "지성적 세계"), 창세기 2장 7절의 인간은 '코스모스 아이스테토스'(κόσμος αἰσθητὸς, "감각적 세계")로 이 같은 구분의 가장 분명한 예는 『세상 창조에 대하여』(*De opificio mundi*) 134장

제공했다고 주장한다. "중기 Plato 사상이 Plato의 텍스트, 특히 『티마이오스』에 대한 해석의 형태를 취한 것처럼 세계의 기원에 대한 유대적 설명 역시 창세기 초기 장(chapters)에 대한 해석의 형태를 취했다. 이후 중기 플라톤주의는 창세기의 창조 이야기에 대한 유대적 해석에 내용과 형식의 모든 면에서 유용한 모델을 제공했다." Tobin, *Creation of Man*, 18 참조.

328. 이것은 *QG* 1.4에서 가장 분명히 드러난다. "그러나 (하나님의) 형태를 따라 지어진 인간은 지성적이고 무형이며 이것이 눈에 보이는 한 원형의 모습과 유사하다. 그리고 그는 원래 인장(seal)의 모사다. 이것은 하나님의 '로고스', 첫 번째 원리(principle), 만물의 사전 측정자(pre-measurer)이다." Philo, *Opif*. 134-35; *Leg*. 1.31-32과 비교.

329. Philo, *Det*. 80-90; *Plant*. 14-27; *Mut*. 223; *Opif*. 139, 145-46; *Spec*. 1.171.

330. Philo, *Mut*. 223.

331. Richard A. Baer, *Philo's Use of the Categories Male and Female* (Leiden: Brill, 1970), 31.

에서 발견된다. 창세기 2장 7절을 인용한 후 그는 이렇게 쓴다.

> 이런 일들 이후에, 그(모세)는, "하나님이 땅에서 흙을 취하여 인간을 만들고, 그 얼굴에 생명의 숨(πνοὴ ζωῆς)을 불어 넣으셨다"고 기록한다(창 2.7). 이 표현을 통하여 모세는 여기서 창조된 인간과 하나님의 형상을 따라 만든 첫 인간이 현격히 다르다는 사실을 분명하게 밝힌다. 여기서 만든 인간은 감각 기관들을 통하여 파악할 수 있고, 사멸하는 자연 속성에 따라 몸과 혼을 가지며, 남자와 여자의 구분이 가능한 대상이다. 반면에 하나님의 형상을 따라 창조된 인간은 '이데아'(ἰδέα) 내지는 비가시적 종속(γένος)이거나 인장(σφραγίς)과 같은 존재로서, 지성으로만 인식할 수 있는 대상이고(νοητός), 비물질적이며(ἀσώματος), 남자와 여자의 구분이 불가능하고, 자연 속성에 따라 불멸하는(ἄφθαρτος) 존재다.[332]

『세상 창조에 대하여』 134장과 『알레고리 해석I』(*Legum allegoriae* I) 31장 속 창세기의 첫 두 장에 대한 해설에서, 필론은 창세기 1장 27절과 2장 7절을 설명하는 방식으로 두 가지 유형의 인류에 대한 자신의 견해를 제시한다. 필론은 흙으로 빚은 사람(창 2.7)은 육체와 영혼으로 구성된 반면 첫 사람(창 1.27)은 하나님의 형상을 따라 만들어졌다고 주장한다. 더욱이 흙의 사람은 그 안에 이 전형적 사람의 사본, 즉 혼(νοῦς)을 가지고 있다.

> 모세는 우리 위에 계신 분을 하나님의 형상으로, 우리 가운데 거하시는 분을 그 형상의 인상(the impression of that image)으로 부르는데, 그의 말에

332. Philo, *Opif.* 134. 필론, 『알렉산드리아의 필론 작품집 I』, 119-20.

> 따르면 "하나님이 인간을" 형상이 아니라 "그 형상을 따라 만드셨기" 때문이다. 그러므로 우리 각자에게 있는 혼, 즉 현실과 진리 안에 있는 인간은 창조주로부터 나오는 세 번째 형상이다. 그러나 중간자는 하나의 모형이자 다른 하나의 사본이다.[333]

필론이 "혼" 혹은 "이성"으로 부른 영혼의 이성적 측면은 인간을 동물과 구별하고 인간이 하나님의 형상과 모습을 지니도록 하는 데 있다.

토마스 H. 토빈(Thomas H. Tobin)에 따르면 필론의 저서에서 인간 창조에 대한 두 가지 주요 해석이 등장하는바, 플라톤적 관점에서 창세기 1장 26-27절을, 스토아적 관점에서 창세기 2장 7절을 해석하는 것이다.

> 창세기 1장 26-27절에 대한 해석은 플라톤적 사고 구조로 이루어져 있다. 인간은 지적 세계에 있어 패러다임의 감각 세계 속 형상이다. 지적 세계와 감각 세계의 관계는 철저하게 플라톤적 용어로 이해된다. 반면 창세기 2장 7절의 해석은 인간에게 신성한 영, 신성의 한 파편이 있다는 스토아적 관점이다.[334]

창세기 1-2장을 주해할 때 필론은 플라톤적 방식(1.26-27)으로 작업하는 것에 더해 하나님이 '프노엔 조에스'(πνοὴν ζωῆς), 즉 "생명의 호흡"(2.7)을 불어 넣은 인간 창조의 설명에서 "신성한 영"(πνεῦμα θεῖον., '프뉴마 테이온')을 중심 요소로 강조하는 스토아적 의미에 의존한다.

---

333. Philo, *Her*. 231.

334. Tobin, *Creation of Man*, 28.

b. 세 가지 다른 종류의 인간

스토아적 방식을 따른 필론은 인류에 대한 자신의 모형론을 제시하는 것으로 인간의 완전성 문제에 접근한다. 이 작업을 위해 필론은 하늘과 땅의 인간이라는 이분법적 구분으로부터 『누가 하나님의 상속자인가』(*Quis rerum divinarum heres sit*) 45-46장에서 묘사된 인류의 삼분법적 구분으로 나아간다.[335]

> 이제 세 가지의 삶이 있는데 하나님을 바라보는 삶, 피조물을 바라보는 삶, 그 경계선에 있는 두 가지가 혼합된 삶이 있다. 하나님을 바라보는 삶은 결코 우리에게 내려오지 않고 육체의 제약에 굴복하지도 않는다. 피조물을 바라보는 삶은 솟아오른 적도 없고 오르려 하지도 않으며 음부의 움푹한 곳에 둥지를 틀고 고통받을 가치도 없는 삶의 형태를 기뻐한다. 혼합된 삶은 종종 더 높은 계통의 사람들이 의존하며 하나님이 소유하시고 영감을 주시는 것인데 간혹 더 나쁜 것에 의해 뒤로 물러나 그 진로를 바꾼다.[336]

이러한 설명은 인류를 내림차순의 세 종류로 나눈다. 비물질적 존재들

335. Seneca, *Ep*. 94.50-51: "네가 말한 것은 이미 완전한 사람의 표식이다. … 이 같은 자질에 대한 접근은 느리고, 그러는 동안에 실질적인 문제에 있어 아직 완벽하지 않지만 발전 중인 사람의 유익을 위해 그 경로가 언급되어야 한다. 지혜는 주체적으로 훈계의 도움을 받지 않고도 이 경로를 보여 줄 수 있을 텐데 지혜가 그 영혼을 올바른 방향으로만 추진될 수 있는 단계로 데리고 왔기 때문이다. 그러나 보다 약한 성격은 그 앞에 누군가 나서서 '이것을 피하라' 혹은 '저것을 하라'고 이야기해 주어야 한다." 이 구절에서 Seneca는 사람을 세 가지 유형으로, 곧 현자, 진보적 사람, 그리고 보통 사람으로 분류한다. Plato, *Resp*. 4과 비교.

336. Philo, *Her*. 45-46.

(울프슨에 따르면 "육체가 없는 영혼이나 천사"), 혼합된 본성을 가진 인간(콜슨[Colson]에 따르면 "평범한 덕을 지닌 인간[*ho prokoptōn*]"), 그리고 악한 인간이다.[337] 필론은 『알레고리 해석I』(*Legum allegoriae* I) 92-94장에서 유사하게 인류를 규칙들(*praecepta*)의 필요성과 관련하여 세 가지 종류로 나누는바, 일반 인간(σπουδαῖος, '스푸다이오스'), 중립 인간(μέσος, '메소스') 그리고 악한 인간(φαῦλος, '파울로스')이다.[338]

> 하나님은 이 사람(아담)에게는 명령하지만, 자신의 형상과 모양을 따라 지은 사람에게는 명령하지 않으신다. 후자는 권고하지 않아도 스스로 덕을 습득하지만, 전자는 별도의 교육을 통하지 않고서는 스스로 명철을 선택하여 취할 수 없기 때문이다. 또한 조례(φρόσταξις), 금지(ἀπαγόρευσις), 계명과 권면(ἐντολὴ καὶ παραίνεσις)이라는 세 가지 항목은 서로 다르다. 금지는 잘못에 관한 것으로서 쓸모없는 자를 위한 것이고, 조례는 바른 질서를 위한 것이고, 권면은 쓸모없는 자와 성실한 자 사이의 어중간한 자를 위한 것이다. 어중간한 자는 죄를 짓지 않으므로 누군가 그에게 금지할 필요는 없으나, 그렇다고 그가 매사에 올바른 '로고스'의 조례를 따라 성취하는 편도 아니기 때문에 그에게는 쓸모없는 것들을 절제하라고 가르치고 고상한 것들을 추구하라고 촉구하는 권면이 필요하다. [하나님의] 형상을 닮은 완전한 사람에게 조례나 금지나 권면

---

337. Wolfson, *Philo*, 1:366-70.
338. Seneca, *Ep*. 94.50-51에 반영된 규칙에 대한 각각의 태도에 대해 I. G. Kidd는 이렇게 말한다. "현명한 사람은 규칙(*praecepta*)이 필요하지 않은데, 그는 외부의 규칙이 아니라 내적 '로고스'를 따라 행동하고 따라서 그것을 아는 사람에게 규칙을 부여하는 것이 불필요하기(praecepta dare scienti supervacuum est) 때문이다." I. G. Kidd, "Stoic Intermediates and the End for Man," in *Problems in Stoicism*, ed. A. A. Long (London: Athlone, 1971), 164 참조.

> 이 필요 없는 까닭은 그 가운데 어떤 것으로도 완전한 자는 제한받지 않기 때문이다.

알렌 멘델슨(Alan Mendelson)은 필론이 인류를 정적(static)으로 분류한 것에 대해 이렇게 설명한다. "나쁜 사람(*phaulos*)은 상승을 추구하지 않는다. 평범한 덕을 지닌 사람(*prokoptōn*)은 위를 열망할 수 있지만 종종 아래로 끌려 내려온다. 그리고 천사들은 천사들이다."[339] 『거인들에 대하여』(*De Gigantibus*) 60-63장에서 필론은 인간을 다른 용어를 사용하여 비슷한 삼분법으로 구분한다.

> … 어떤 사람은 땅에서, 어떤 사람은 하늘에서, 어떤 사람은 하나님에게서 태어난다. 땅에서 태어난 사람들은 육체의 쾌락을 자신의 원천으로 삼고 그것에 빠져 즐기는 것을 습관으로 삼으며 각 쾌락이 촉진되는 수단을 제공하는 사람들이다. 하늘에서 태어난 사람들은 예술 애호가들[τεχνῖται, '테크니타이']과 지식 애호가들이고 배움을 사랑하는 사람들이다. 마음이 그들 각자에 천상의 존재이듯 우리 안에 있는 천상의 요소가 마음이기 때문이다. 그리고 그것은 학교의 배움[τὰ ἐγκύκλια, '타 에기퀴클리아']과 다른 모든 예술의 배움을 추구하는 마음이다. … 그러나 하나님의 사람들은 이 세상 나라의 멤버십과 그곳 시민이 되기를 거절하고, 감각-지각의 영역을 완전히 넘어 지적 세계로 옮겨 가 불멸하는, 비신체적 '이데아' 국가[ἰδεῶν πολιτεία, '이데온 폴리테이아']의 자유인으로서 그곳에 거주하는 제사장들과 선지자들이다.

339. Alan Mendelson, *Secular Education in Philo of Alexandria* (Cincinnati: Hebrew Union College Press, 1982), 50.

> 따라서 아브라함은 그가 갈대아 사람들의 땅에 머무는 동안, 곧 단순한 의견[δόξη, '독세']으로 머무는 동안 그리고 그의 이름이 아직은 아브람에서 바뀌지 않았을 때에 "하늘의 사람"[ἄνθρωπος οὐρανου, '안트로포스 우라누']이었다. … 그가 보다 나은 상태가 되고 그의 이름을 바꾸어야 할 때가 가까워지면서 그는 하나님의 사람[ἄνθρωπος θεου, '안트로포스 테우']이 되었다. ….[340]

이 구절에서 필론이 사용한 용어, "하나님의 사람(οἱ θεοῦ, '호이 테우')", "하늘의 사람(οἱ οὐρανου, '호이 우라누')", "땅의 사람(οἱ γῆς, '호이 게스')"은 '스푸다이오스'(σπουδαῖος), '메소스'(μέσος), '파울로스'(φαῦλος)와 상호 교환이 가능하나, 앨런 멘델슨이 지적했듯 두 번째 범주에서 첫 번째 범주로 이동할 수 있는 가능성을 제시함으로, "필론은 그러한 이동의 예로 진보적 계층의 평범한 사람 아브람으로 삶을 시작한 아브라함의 경우를 제시한다."[341]

c. 필론과 바울

필론과 바울은 창세기 1장 26-27절과 2장 7절에 대한 플라톤의 해석을 충실히 따랐다. 로마서 5장 12-21절과 고린도전서 15장 20-22, 44-50절에서 바울은 하늘의 사람과 땅의 사람 사이의 차이에 대해 잘 알았다. 고린도전서 15장 44-50절은 이 둘의 차이를 분명히 보여 준다.

---

340. 비슷한 방식으로 Philo, *Gig.* 13은 세 가지 종류의 사람, 곧 땅의 사람과 하늘의 사람, 그리고 하나님의 사람에 대한 우화를 설명한다. 아브라함은 하나님의 사람이 되기 위해 일어나는 하늘의 사람이고 니므롯은 "버림"받아 땅의 사람이 되는 하늘의 사람이다.

341. Mendelson, *Secular Education*, 50-51.

> 육의 몸(σῶμα ψυχικόν, '소마 프쉬키콘')으로 심고 신령한 몸(σῶμα πνευματικόν, '소마 프뉴마티콘')으로 다시 살아나나니 육의 몸이 있은즉 또 영의 몸도 있느니라. 기록된 바 "첫 사람(ὁ πρῶτος ἄνθρωπος, '호 프로토스 안트로포스') 아담은 생령(εἰς ψυχὴν ζῶσαν, '에이스 프쉬켄 조산')이 되었다" 함과 같이 마지막 아담(ὁ ἔσχατος 'Αδὰμ)은 살려 주는 영이 되었나니 그러나 먼저는 신령한 사람(τὸ πνευματικὸν, '토 프뉴마티콘')이 아니요 육의 사람(τὸ ψυχικόν, '토 프쉬키콘')이요 그다음에 신령한 사람이라. 첫 사람은 땅에서 났으니 흙에 속한 자(ἐκ γῆς χοϊκός, '에크 게스 코이코스')이거니와 둘째 사람은 하늘에서 나셨느니라(ἐξ οὐρανου). 무릇 흙에 속한 자들은 저 흙에 속한 자와 같고 무릇 하늘에 속한 자들은 저 하늘에 속한 이와 같으니. 우리가 흙에 속한 자의 형상(τὴν εἰκόνα τοῦ χοϊκου)을 입은 것같이 또한 하늘에 속한 이의 형상(τὴν εἰκόνα τοῦ ἐπουρανίου)을 입으리라. 형제들아 내가 이것을 말하노니 혈과 육은 하나님 나라를 이어받을 수 없고 또한 썩는 것은 썩지 아니하는 것을 유업으로 받지 못하느니라.[342]

바울의 인간학적 진술은 창세기의 창조 기록(1.26-27과 2.7)에 대한 필론의 주석과 공통점이 있다. 구약성서에서 '프쉬케'(ψυχή)-'프뉴마'(πνεῦμα) 대립과 그리스어 '소마'(σῶμα, "몸")에 해당하는 히브리어는 나타나지 않는다. 그러므로 고린도전서 15장 44-50절에 나오는 바울의 주석은 구약성서의 본문에서 도출될 수 없다. 필론이 이 땅의 사람을 하나님의 형상('로고스')을 따라 만들어진 하늘의 사람 모조품으로 생각했듯이 바울은 땅에서 만들어진 사람, 곧 아담과 그의 자녀를 하늘에서 온 사람, 그리

342. H. Conzelmann, *1 Corinthians*, trans. James W. Leitch, Hermeneia, ed. George W. MacRae (Philadelphia: Fortress, 1975), 284 참조.

스도와 비교했다.[343] 플라톤의 원형-모사 도식에 따라, 바울은 아담-그리스도의 대립을 대표하지만 기독론과 종말론에 따라 자신의 전통을 변형한다.[344] 샌드멜은 바울과 필론의 인간학을 특징짓는 이원론적 경향을 강조하면서 다음과 같이 이야기한다.

> 두 가지 모두에서 인간이 악으로 추정되는 물질적인 면과 선으로 추정되는 비물질적인 면으로 구성된다는 이원론이 발견된다. 두 가지 모두에서 인간은 몸을 뛰어넘어 필론의 말처럼 "지적 세계"에서 살거나 바울의 말처럼 "영"으로 살도록 도전을 받는다.[345]

인간에 대한 필론의 이원론적 이해는 바울의 것과 비슷하지만 동일하지는 않다. 필론의 '소마'(σῶμα, "몸")/'프쉬케'(ψυχή, "영혼") 이분법과 달리 바울의 인간학은 '사륵스'(σάρξ, "육체")/'프뉴마'(πνεῦμα, "영") 이분법 관점에서 제시된다.[346] 필론에게 첫 번째 아담(하늘의 사람)은 본질적으로 완벽하고 덕이 있는 반면 두 번째 아담(땅의 사람)은 오류, 불순종과 미성숙의

---

343. Philo, *Conf.* 146: '로고스'는 "그분의 형상을 따른 사람"(ὁ κατ' εἰκόνα ἄνθρωπος)이다.
344. Conzelmann, *1 Corinthians*, 284.
345. Sandmel, *Philo*, 150.
346. 예를 들면, 롬 8.5-11; 갈 3.1-5, 5.16-26; 고전 3.1, 15.45-48. 고전 3.1에서 바울은 두 가지 다른 종류의 인간을 제시한다. "형제들아 내가 신령한 자들을 대함과 같이 너희에게 말할 수 없어서 육신에 속한 자 곧 그리스도 안에서 어린 아이들을 대함과 같이 하노라"(Κἀγώ, ἀδελφοί, οὐκ ἠδυνήθην λαλῆσαι ὑμῖν ὡς πνευματικοῖς ἀλλ' ὡς σαρκίνοις, ὡς νηπίοις ἐν Χριστῷ). *1 En.* 106.17은 감시자들의 신화를 육체/영혼의 이분법적 관점에서 제시한다. "그들은 영혼이 아니라 육체로 된 거인들을 땅에 낳을 것이다."

경향이 있어 계명이 제공하는 제한과 지도가 필요하다.[347] 로마서 5장 1-12절과 고린도전서 15장 47-50절에서 완전히 다른 방식으로 그의 주해에 유사한 유형학을 적용하는 바울은 필론의 연대기적 순서를 뒤집어 땅의 아담을 처음에, 하늘의 아담을 마지막에 둔다. 바울은 첫 번째 아담을 창세기 2장 7절의 아담과, 마지막 혹은 하늘의 아담을 예수 그리스도와 동일시한다.[348] 바울에게 필멸하고 사라지며 혼적인(soulish) 땅의 몸은 영적(*pneumatic*) 몸과 대조를 이룬다(고전 15.44). 이 땅의 필멸하는 몸은 땅의 사람 형상이지만 영광스럽게 부활하는 몸은 하늘 사람의 형상에 해당한다(고전 15.49). 바울은 부활체의 유형성에 대한 강조와 더불어 불멸의 영혼에 대한 그레코-로마의 견해와 유사한 용어로 부활체를 이야기한다. 플라톤적 인간학과 히브리적 인간학 사이의 균형을 유지하며 바울은 "부활을 미래적이고 몸의(somatic) 사건으로 언급한다는 점에서, 몸을 근본적으로 평가절하하지 않지만[349] 그럼에도 불구하고 영과 몸의 위계를 전제한다."[350]

은혜에 대한 바울의 견해는 묵시적-종말론적 틀 안에서 그리스도의 십자가에 근거한 반면, 은혜에 대한 필론의 견해는 율법의 준수와 어떠한 식으로든 충돌하지 않는데, 하나님께로 나아가는 목표를 어떻게 달성해야 할지를 보여 주는 것이 율법이기 때문이다.[351] 사무엘 샌드멜은

347. Philo, *Leg.* 1.30, 94-95.

348. 이러한 신학적 구성에서 바울은 모든 인간이 첫 아담의 운명(필멸과 죽음)을 공유하는 것처럼, 믿음을 통해 마지막 아담의 운명(구원과 생명)을 공유할 수 있다고 주장한다.

349. Beker, *Triumph of God*, 72-73.

350. Daniel Boyarin, *A Radical Jew: Paul and the Politics of Identity* (Berkeley: University of California Press, 1994), 15.

351. Runia, *Philo*, 73.

필론과 바울을 구원론적 관점에서 다음과 같이 비교한다.

> 필론과 바울은 육체적 본성을 초월하고 목표에 도달하려는 그리스적 분위기에 이끌린 유대인들이었기 때문에, 물질 세계로부터의 구원이 종교적 열망의 초점이었다. 필론은 유대 율법의 의미에 대한 풍유적 미드라쉬(allegorical midrash)를 통해 구원의 길을 닦았다. 바울은 예수의 생애가 갖는 의미에 대한 해석에서 구원을 발견했다.[352]

필론에게는 율법을 지키는 사람이 우주의 충성스러운 시민이 되는 반면(*Opif.* 3) 바울에게는 그리스도의 율법을 성취하는 사람이 하늘의 시민권을 얻을 수 있다(갈 6.2; 빌 3.20).[353] 율법과 우주/하늘 시민에 대한 필론과 바울의 개념은 다음 섹션에서 다루어질 스토아적 자연법을 이해하지 않고는 제대로 파악될 수 없다.

4. 두 가지 법: 자연법(νόμος τῆς φύσεως)과 모세 율법

그리스 철학자들, 특히 플라톤과 아리스토텔레스는 자연법(νόμος τῆς φύσεως, '노모스 테스 퓌세오스')의 법적 용어와 그것의 함의에 관심을 가졌다.[354] 그러나 자연법이 처음으로 크고 일반적인 표현을 얻게 된 것은 헬

---

352. Samuel Sandmel, *A Jewish Understanding of the New Testament* (Woodstock, Vt.: Jewish Lights Paths, 2005), 51.

353. 갈 6.2: "너희가 짐을 서로 지라 그리하여 그리스도의 법을 성취하라"('Ἀλλήλων τὰ βάρη βαστάζετε καὶ οὕτως ἀναπληρώσετε τὸν νόμον τοῦ Χριστοῦ); 빌 3.20: "그러나 우리의 시민권은 하늘에 있는지라 거기로부터 구원하는 자 곧 주 예수 그리스도를 기다리노니"(ἡμῶν γὰρ τὸ πολίτευμα ἐν οὐρανοῖς ὑπάρχει, ἐξ οὗ καὶ σωτῆρα ἀπεκδεχόμεθα κύριον Ἰησοῦν Χριστόν).

354. '노모스 테스 퓌세오스'(νόμος τῆς φύσεως, "자연법")라는 용어의 첫 번째 표현은 116–117

레니즘 시대 스토아 사상가들 사이에서였다.[355] 스토아학파는 자연법을 "기원전 5세기 철학자 헤라클레이토스(Heraclitus)가 처음 떠올린 '중심 불'(central fire)로 형상화하든, 아니면 철학적으로는 사물의 이성적 질서('로고스')로, 우주적으로는 자연의 질서(*heimarmenē*)로, 신학적으로는 제우스 신으로 알려지든" 우주 전체를 지배하는 원리로 추정했다.[356] 스토아 철학자들에게는 자연의 보편적 법칙과 조화를 이루어 사는 것이 그들의 철학적 목표였다. 스토아 철학자 마르쿠스 툴리우스 키케로(Marcus Tullius Cicero, 기원전 106-43년)는 자연 법칙에 대한 가장 유명한 설명 가운

Plato, *Gorg.* 483E에서 발견된다. "그렇다, 내 영혼에, 그리고 자연법을 따르라. …"(⋯ καὶ ναὶ μὰ Δία κατὰ νόμον γε τὸν τῆς φύσεως, ⋯), Aristotle, *Rhet.* 1373B은 특별 실정법의 문자가 불리해 보일 때 법원에서 자연법이 어떻게 원용될 수 있는지를 보여 준다.

355. Zeno, *Diogenes Laertius* 7.87-88: "다시 한번 고결하게 산다는 것은 Chrysippus가 그의 첫 번째 책 *De finibus*에서 이야기한 것처럼 자연의 실제 과정에 대한 경험을 따라 산다는 것과 동일하다. 왜냐하면 우리의 개인적 본성이 온 우주적 본성의 일부이기 때문이다. 그래서 그 끝은 자연에 따르는 삶, 다른 말로 우주의 본성은 물론 우리 인간의 본성을 따르는 삶, 만물에 공통된 율법이 금하는 모든 행동을 삼가는 삶, 곧 만물에 스며 있고 존재하는 모든 것의 주인이자 통치자인 제우스와 동일한 삶으로 정의될 수 있다."

356. L. H. Martin, *Hellenistic Religions*, 39. *The Hymn of Cleanthes*, trans. E. H. Blakeney (New York: Macmillan, 1921), 8으로부터 인용된 "Hymn to Zeus"에서 Zeno의 후계자, Cleanthes(기원전 331-232년)는 제우스에게 경의를 표하는 연설을 한다.

가장 영광스러운 불멸의 존재, 능력의 신[제우스],
많은 이름으로 불리는
보편적 자연의 왕, 오, 주권자 왕
당신은 법과 조화를 이루어 이 세상을 이끄십니다.—모두 만세!
필멸자들이 당신을 부르는 것이 옳습니다.
우리가 이 땅에서 살고 움직이도록 창조된
만물 중 유일하게 당신의 자손이며
당신으로부터 그분의 형상을 받았기 때문입니다.

데 하나를 다음과 같이 소개했다.

> 참된 법은 자연과 일치하는 올바른 이성이다[Est quidem vera lex recta ratio naturae congruens]. 이것은 보편적 적용으로 변화하지 않으며 영원하다. 명령으로 의무를 촉구하고 금지로 잘못을 피한다. … 로마와 아테네에 다른 법이 있거나 현재와 미래에 다른 법이 있는 것이 아니라 영원하고 불변한 하나의 법이 모든 나라와 모든 시대에 유효할 것이며 우리 모두를 다스리는 한 분의 주인이자 통치자, 즉 하나님이 계실 것인데 그분이 이 법의 저자이자 선포자, 집행의 재판관이 되실 것이다. 불순종하는 자는 자기 자신으로부터 도망치고 자신의 인간 본성을 부정하는 것이며, 바로 이 사실 때문에 일반적으로 처벌로 간주되는 것을 피한다고 해도 최악의 처벌을 받게 될 것이다.[357]

키케로는 다음 작품, 『법률론』(*De legibus*)에서 "어떤 성문법이 존재하거나 국가가 성립되기 이전부터 그 기원을 가지고 있던 최고의 법"을 자연(φύσις, '퓌시스')으로부터 도출한다.[358] 키케로에게 모든 특정법의 모델은 자연법이다. 자연에 따라 살겠다는 스토아적 이상은 자연법의 성취에서 실현된다.

자연법에 대한 스토아적 이해는 자연법을 하나님의 상위법으로 본 필론의 관점에 직접적으로 전달된다. 필론은 『세상 창조에 대하여』에서 유대교의 '토라'/성문법과 상위의/자연적/보편적/불문의 법과의 관계

---

357. Cicero, *Rep.* III.33.

358. Cicero, *Leg.* I.19. "법은 자연에 내재된 최고의 이성으로 해야 할 일을 명령하고 그 반대를 금지한다. 이 이성은 인간의 마음 안에 확고하게 고정되고 완성될 때 법이 된다"라고 이야기한 Cicero, *Leg.* I.18과 비교.

를 통해 자신의 창조 이론을 설명한다.[359] 필론은 영원한 법, 우주적 법, 모세의 율법이 모든 동일한 창조주 하나님으로부터 기원했다는 점에서 밀접한 상관관계가 있다고 보지만 세 단계의 법을 구분한다.[360] 필론은 우주(κόσμος)의 구조와 '토라' 사이 완벽한 일치를 주장한다.

> 우주는 법과 조화를 이루고, 법은 우주와 조화를 이루며, 그 법을 지키는 사람은 우주의 충실한 시민이 되고, 전 우주 자체 역시 관리되는 자연의 목적과 의지에 따라 자신의 행동을 통제한다.[361]

우주와 일치하는 모세의 율법 이면에는 "그것의 '불레마'(βούλημα, "목적")가 우주의 규범" 혹은 자연법인 '퓌시스'(φύσις, "자연")가 있다.[362] '토라'에 대한 순종을 통해 사람들은 우주의 질서에 따라 살도록 교육받는다. '토라'는 "선보다 더 좋고, 일자보다 더 순수하며, '모나드'(Monad)보다 더 원시의 자존자(Self-existent)를 예배하도록" 가르치는 교사이다.[363] 필론에게 있어 창조는 형상 혹은 율법 혹은 '로고스'가 하나님으로부터 원래의 형태 없는 물질(ἡ ἄποιος ὕλη, '헤 아포이오스 휠레') 속으로 들어와 우주가

---

359. Erwin R. Goodenough, *By Light, Light*, 51은 Philo에게 '노모스 테스 퓌세오스'(νόμος τῆς φύσεως, "자연법")라는 용어가 "물질적 우주의 엄격한 규칙으로의 자연법, 물질적 우주 안의 법칙, 또한 자연이 하나님이기 때문에 하나님의 법"을 의미한다고 이야기한다.
360. Philo, *Abr.* 1-6; *Mos.* 2.48-53; *Opif.* 3, 142-44; *Spec.* 1.13-14; *QE* 2.42; *Ebr.* 142; *Somn.* 2.174.
361. Philo, *Opif.* 3; 참조: *Mos.* 2.51f.
362. Goodenough, *By Light, Light*, 49. 롬 9.19과 비교.
363. Philo, *Contempl.* 2: … ἣ παρόσον ἐκ φύσεως καὶ τῶν ἱερῶν νόμων ἐπαιδεύθησαν θεραπεύειν τὸ ὄν, ὃ καὶ ἀγαθοῦ κρεῖττόν ἐστι καὶ ἑνὸς εἰλικρινέστερον καὶ μονάδος ἀρχεγονώτερον.

되는 과정이다.[364] '노모스'(νόμος, "율법")라는 용어는 "해야 할 일은 명령하고 해서는 안 될 일을 금지하는 선언[λόγος, '로고스']에 다름 아니다."[365] 필론은 참된 '로고스'(ὀρθὸς λόγος, '오르토스 로고스')를 우주법(ὁ νόμος ὁ κοινός, '호 노모스 호 코이노스')이나 자연법(νόμος τῆς φύσεως, '노모스 테스 퓌세오스')뿐 아니라 우주적 '로고스'와도 동일시한다.

> 하나님을 사랑하는 모든 사람이 이 시편[시 23:1]을 암송하는 것이 합당하다. 그러나 우주에게 이것은 여전히 더 적합한 주제이다. 땅과 물과 공기와 불, 그 안에 있는 모든 식물과 동물들이, 인간이든 신이든, 하늘과 해와 달의 순환, 그리고 다른 천체의 공전과 리듬 운동 모두 그것의 왕이자 목자 되신 하나님의 손 아래에 있는 양떼와 같다. 그분은 이 거룩한 양떼를 정의[δίκη, '디케']와 율법[νόμος, '노모스']에 따라 인도하시며 그 위에 그분의 참된 말씀 즉 맏아들[τὸν ὀρθὸν αὐτοῦ λόγον καὶ πρωτόγονον υἱόν]을 두어 위대한 왕의 총독처럼 그분의 통치를 맡기실 것이다.[366]

여기에서 필론은 자연법을 보통은 '로고스'라고 불리는 하나님의 맏아들로 말하며 이분은 '오르토스 로고스'(ὀρθὸς λόγος, "참된 '로고스'")와 동일

364. Goodenough, *By Light, Light*, 48-49.

365. Philo, *Praem*. 55: νόμος δὲ οὐδέν ἐστιν ἕτερον ἢ λόγος προστάττων ἃ χρὴ καὶ ἀπαγορεύων ἃ μὴ χρή. Philo, *Ebr*. 142(ὁ ὀρθὸς λόγος, ὃς δὴ νόμος ἐστίν)에서 '노모스'(νόμος, "율법")는 '오르토스 로고스'(ὀρθὸς λόγος, "참된 '로고스'")와 상호 교환이 가능하다. 비교. Philo, *Prob*. 46(νόμος ἀψευδής ὁ ὀρθὸς λόγος … ὑπ' ἀθανάτου φύσεως ἄφθαρτος ἐν ἀθανάτῳ διανοίᾳ τυπωθείς).

366. Philo, *Agr*. 51. Philo이 자연법/'노모스'(νόμος τῆς φύσεως)와 "참된 로고스"(ὀρθὸς λόγος)를 동일시한 것은 스토아 철학의 창시자 Zeno(기원전 333-264년경)에게까지 거슬러 올라간다. Cicero, *Nat. d*. I.36 참조.

시된다.[367] 필론에게 '로고스'는 세상 속 하나님의 대리인으로 모든 사람에게 적용되는 자연법을 사람에게, 일반적으로는 자연에 전달한다. 필론의 우주 체계에서 '로고스'-'노모스'(*Logos-Nomos*)는 형상과 질서를 도입하기 위하여 하나님으로부터 물질로 내려왔을 뿐 아니라 내재적 원리로서 우주에 스며들어 우주를 이끌었다.[368] 필립 보스만(Philip Bosman)은 '아레테'(ἀρετή, "덕목")와 이것과 동일한 개념들인 '로고스'(λόγος, "말씀"), '노모스 퓌세오스'(νόμος φύσεως, "자연법")와 '알레테이아'(ἀλήθεια, "진리") 사이 관계에 대한 자신의 견해를 다음과 같이 설명한다.

> 자연과 우주는 이성과 '아레타이'(ἀρεταί)로 스며들어 자연의 법칙을 충실히 대변하는 것으로 여겨졌다. 다른 말로 '아레테'(ἀρετή), '로고스'(λόγος), '노모스 퓌세오스'(νόμος φύσεως), '알레테이아'(ἀλήθεια) 사이에는 밀접한 유사성이 있다. 필론의 관점에서 창조주의 객관적 의지로서의 모세 율법은 동일한 개념 그룹에 속한다.[369]

---

367. Philo, *Opif.* 143, *Ebr.* 142, *Prob.* 46-47과 *Agr.* 51에서 Philo은 법과 '오르토스 로고스'(ὀρθὸς λόγος)를 동일시한다. 이러한 의미에서 Philo은 참된 법과 ὀρθὸς λόγος 곧 "올바른 이성"을 동일시한 스토아철학의 법 이론과 맥을 같이한다. Cicero, *Leg.* I.18은 법을 자연에서 가장 최고의 본능인 이성(ratio summa instia in natura)으로 간주하는데, "따라서 λόγος ἔμφυτος('로고스 엠퓌토스', "이식된 '로고스'")"로 정의했다. Zeno, *Diogenes Laertius* 7.88(ὁ νόμος ὁ κοινός, ὅσπερ ἐστὶν ὁ ὀρθὸς λόγος, διὰ πάντων ἐρχόμενος, ὁ αὐτὸς ὢν τῷ Διὶ, καθηγεμόνι τούτῳ τῆς τῶν ὄντων διοκήσεως ὄντι)은 우주적 법(ὁ νόμος ὁ κοινός, '호 노모스 코이노스')을 "만물에 스며든 올바른 이성"(ὁ ὀρθὸς λόγος, διὰ πάντων ἐρχόμενος)으로 특징짓는다.
368. Goodenough, *By Light, Light*, 58.
369. Philip Bosman, *Conscience in Philo and Paul: A Conceptual History of the Synoida Word Group*, WUNT 2.166 (Tübingen: Mohr Siebeck, 2003), 182.

필론은 기록되지 않은 자연법과 기록된 역사적 법을 구분하는 플라톤의 방식에 따라 "특별법", 즉 구체적이고 기록된 요구사항과 자연의 불문법(ἄγραφος νόμος, '아그라포스 노모스')을 구분한다.[370]

> 이 모든 것에 너무 많지만, 모세는 현자를 향한 그렇게 많고 큰 칭찬에 "이 사람은 신성한 율법과 신성한 명령을 행하였다"라는 말을 덧붙였다. 그가 이것을 행한 것은 기록된 말로 배웠기 때문이 아니라, 기록되지 않은 자연[ἀγράφῳ τῇ φύσει, '아그라포 테 퓌세이']이 그에게 건전하고 오염되지 않은 충동이 이끄는 대로 따르고자 하는 열정을 주었기 때문이다. 하나님의 약속이 그들 앞에 있을 때 사람들은 그 약속을 가장 굳게 신뢰하는 것 외에 무엇을 해야만 하는가? 이것이 첫 번째 사람, 국가의 창시자, 율법을 준수한 사람의 삶이었다고 말하는 이들이 있겠지만, 사실 우리의 담론에서 알 수 있듯 그 자신이 율법[νόμος, '노모스']이자 불문율[θεσμὸς ἄγραφος, '테스모스 아그라포스']이었다.[371]

370. Philo, *Agr.* 275f.; *Decal.* 1; *Virt.* 194. Erwin R. Goodenough는 그의 저서, *Jewish Symbols in the Greco-Roman Period*, 12 vols. (New York: Pantheon Books, 1953-65), 12:13f.에서 Philo의 네 가지 수준의 법을 간략히 묘사한다. (1) "가장 위에는 율법-'로고스'(nomos-logos), 곧 형이상학적 법이 있는데 (물론 그 위에는 참된 존재가 계시다) Plato이 『티마이오스』에서 창조주의 행위를 묘사한 것처럼 하나님은 이것을 우주 창조의 공식적 원리로 사용하신다." (2) 그다음으로 "이 형이상학적 법이 음성(*logikos*)이 되는 율법-'로고스'의 성육신"이 온다. 그런 사람은 Plato과 Aristotle의 용어로 철학자-왕 … *nomos empsuchos*[νόμος ἔμψυχος, 법의 성육신], *lex animata*, [스스로] 살아 있는 법이었다." 그리고 하나님은 "대다수의 사람들"을 위해 구두 율법을 주셨고, (3) 십계명과 (4) "긍정적이고 부정적인 명령들, 곧 '구체적 율법'"을 주셨다.

371. Philo, *Abr.* 275-76.

필론에게 있어 불문의 자연법은 지적인 우주(νοητὸς κόσμος, '노에토스 코스모스')에 존재하는 이상적 법칙을 의미하며 특별법은 자연법의 모방 혹은 대체물을 가리킨다.[372] 필론은 모세의 율법이 "가장 탁월하며 참으로 하나님에게서 왔고 … 그의 율법은 확고하고 흔들리지 않으며 움직이지 않고 자연의 인장이 찍힌 것과 같다"고 이야기한다.[373] 필론이 모세의 규범보다 훨씬 더 높은 수준의 율법 모델을 가지고 있었다는 사실을 누구도 놓칠 수 없을 것이다. "불문율은 이상적이기 때문에 완벽하지만 성문율은 물질적이어서 완벽함에 미치지 못할 수 있다."[374] 이제 질문해야 할 것은 이것이다. 어떻게 필론은 모세 이전에 살았던 족장들과 특별법의 관계에 대한 문제를 해결할 수 있었을까? 바울이 갈라디아서 3장 1-29절에서 아브라함의 약속과 비교해 '토라'를 평가절하한 것과 비슷한 방식으로, 필론은 자연의 보편적 법칙에 준하여 살았던 족장들을 표준으로 간주하며 모세의 율법을 족장들과 일치시켜야 한다고 주장한다.[375] 필론은 문자 그대로의 율법은 모세의 율법이 존재하기도 전에 족

372. Philo, *Mos*. 2.51은 모세가 '토라'를 "세계 정체(world-polity)에 대한 가장 신실한 그림[형상]"(ἐμφερεστάτην εἰκόνα τῆς τοῦ κόσμου πολιτείας)으로 간주했다고 말한다. 이러한 플라톤적 표현에 Philo은 "특정 법령의 본질을 주의 깊게 살피려는 사람은 그것이 우주의 조화에 도달하려고 하며 영원한 본질의 원리[τῷ λόγῳ τῆς ἀιδίου φύσεως συνᾳδούσας]와 일치한다는 사실을 알게 될 것이다"라고 덧붙인다(*Mos*. 2.52).

373. Philo, *Mos*. 2.12, 14.

374. Sandmel, *Philo*, 55. 히 10.1에서 옛 율법이 실재의 그림자에 불과하다고 한 사실과 비교. "율법은 장차 올 좋은 일의 그림자일 뿐이요 참 형상이 아니므로 해마다 늘 드리는 같은 제사로는 나아오는 자들을 언제나 온전하게 할 수 없느니라"(Σκιὰν γὰρ ἔχων ὁ νόμος τῶν μελλόντων ἀγαθῶν, οὐκ αὐτὴν τὴν εἰκόνα τῶν πραγμάτων, κατ' ἐνιαυτὸν ταῖς αὐταῖς θυσίαις ἃς προσφέρουσιν εἰς τὸ διηνεκὲς οὐδέποτε δύναται τοὺς προσερχομένους τελειῶσαι).

375. Philo, *Decal*. 1.

장 아브라함, 이삭, 야곱이 따랐던 보편법의 사본에 불과하다고 보았다. 필론이 볼 때에 모세 율법의 명령은 "원본"(ὡς ἂν ἀρχετύπους, '호스 안 아르케튀푸스')의 "사본"(ὡς ἂν εἰκόνων, '호스 안 에이코논'), 곧 "선하고 흠이 없는 삶을 살았고 그들의 덕이 가장 거룩한 경전에 영구히 보존된 사람들의 사본인데 … 그들에게 생명과 이성이 부여된 법(ἔμψυχοι καὶ λογικοὶ νόμοι, '엠프쉬코이 카이 로기코이 노모이')이 있기 때문이다."[376] 어윈 R. 굿이너프(Erwin R. Goodenough)는 이 족장들 안에서 육화된 보다 높은 법을 설명한다.

> 필론에 따르면 영의 법은 에노스(Enos)에서 모세까지 위대한 족장들에게도 드러나는데 이들은 문서화된 법이 존재하기 전 의롭게, 곧 법을 준수하며 살았던 사람들이다. 이들은 유대인들에게 보다 높은 율법에 대한 접근을 제공했는데, 영의 법이 이 족장들에 대한 이야기에서 '토라'에도 계시되었기 때문이다. 그들의 승리는 너무나 위대했고 다른 사람들을 위한 구원의 힘은 아주 강력했던바, 그들이 보다 높은 율법을 직접적으로 성문법 이전에 드러냈기 때문이다. 이것이 필론 메시지의 핵심이다. 그는 이 사람들을 율법의 화신인 '노모이 엠프쉬코이'(νόμοι ἔμψυχοι, "육화된 법")로 묘사한다.[377]

필론은 이 족장들을 '노모이 엠프쉬코이'(νόμοι ἔμψυχοι, "육화된 법") 곧 성

---

376. Philo, *Abr.* 3-6; 참조: Philo, *Abr.* 275-76; *Virt.* 194; *Mos.* 1.162; *Migr.* 89-94.
377. Erwin R. Goodenough, "Paul and the Hellenization of Christianity [with A. Thomas Kraabel]," in *Goodenough on the Beginnings of Christianity*, ed. A. T. Kraabel, *BJS* 212 (Atlanta: Scholars Press, 1990), 147. 이 에세이는 Erwin R. Goodenough의 기념 도서, *Religions in Antiquity. Essays in Memory of Erwin Ramsdell Goodenough*, ed. J. Neusner (Leiden: Brill, 1968), 23-68에서 재인쇄되었다.

문법이 파생된 불문법 '노모이 아그라포이'(νόμοι ἄγραφοι, "기록되지 않은 법들")로 말한다. 족장들은 '노모이 엠프쉬코이'(νόμοι ἔμψυχοι)로 모세의 율법 없이 하나님을 직접 경험하며 살았고, 이후 "[모세] 율법의 패턴과 족장들 자신이 하나님과의 연합을 이룬, 하나님에게로 가는 보다 높고 직접적인 길의 계시가 되었다."[378] 현자의 올바른 이성으로서 참된 법에 대한 필론의 개념은 스토아적 법 이론에 분명하게 뿌리를 내리고 있지만, 육화된 법(ἔμψυχος νόμος)으로서의 현자에 대한 그의 묘사는 스토아주의의 전형이 아니다.[379] 헬무트 쾨스터(Helmut Koester)는 자연의 올바른 이성(ορθὸς λόγος τῆς φύσεως, '오르토스 로고스 테스 퓌세오스')에 대한 그리스 개념과 하나님의 '토라'에 대한 유대적 지식을 종합하여, 참된 자연의 법칙이 진정으로 현명한 사람의 삶에서 어떻게 구현되는지를 보여 주고자 한 필론의 의도를 명확하게 파악했다.

> 그런 종합은 "율법, 곧 자연의 올바른 이치를 따라"(κατὰ νόμον, τὸν ὀρθὸν φύσεως λόγον, *Omn. prob. lib.* 62) 살았던 옛 사람들에게서 나타나고 의인화된다. 특히 필론은 아브라함에 대한 자신의 논문을 소개하면서 이 개념의 원리를 설명한다(*Abr.* 3-6). 보다 보편적인(καθολικώτεροι) 법은 모세의 성문법 이전에 존재했던 법이다. 이것은 모세를 통해 주어진 특정법들의 원본(ἀρχέτυποι)으로, 필론은 (모세의 성문법을) 그것들(성문법 이전의 보편법)의 사본(εἰκόνες)이라 부른다. 옛 사람들은 자연 자체를 가장 오래된 법(τὴν φύσιν αὐτὴν πρεσβύτατον θεσμὸν εἶναι)으로 주장하며 불문법(ἄγραφος νομοθεσία)

378. Goodenough, *By Light, Light*, 121.

379. Matt A. Jackson-McCabe, *Logos and Law in the Letter of James: The Law of Nature, the Law of Moses, and the Law of Freedom* (Leiden: Brill, 2001), 93.

> 의 원형을 따랐기 때문에 이 사람들은 "그들의 영혼에 부여된 신령한 법"(ἔμψυχοι καὶ λογικοὶ νόμοι) 자체다. 모세의 구체적이고 기록된 법은 "자연과 일치하지 않지 않는"(τὰ τεθειμένα διατάγματα τῆς φύσεως οὐκ ἀπᾴδει) 것으로 나타난다.[380]

필론에게 있어 무오한 율법으로서의 올바른 이성은 두루마리나 비석에 새겨져 있지 않고 불멸의 정신에 불멸의 본성으로 새겨져 있다. 모세의 율법은 족장들의 삶에 드러난 하나님의 보다 높은 자연법의 반영 혹은 형상이다. 같은 맥락에서 필론은, 현자는 그 자신이 "율법이자 불문율"이라고 이야기한다.[381] 필론의 보다 높은 보편적 율법은 바울이 로마서 2장 29절에서 이야기한 영의 법에 해당한다. "오직 이면적 유대인이 유대인이며 할례는 마음에 할지니 영에 있고 율법 조문에 있지 아니한 것이라"(ἀλλ' ὁ ἐν τῷ κρυπτῷ Ἰουδαῖος, καὶ περιτομὴ καρδίας ἐν πνεύματι οὐ γράμματι). 이 구절에서 바울은 두 가지의 법, 영의 법과 문자의 법, 곧 모세의 율법을 분명히 언급한다. 바울에게 있어 기록된 법은 영의 율법보다 열등하다. 바울은 로마서 1장 19-21절과 2장 14-16절의 두 본문에서 자연법의 교리를 분명하게 표현한다. 로마서 1장 19-21절에서 바울은 이방인들이 보이지 않는 하나님을 창조의 역사를 통해 유추할 수 있다고 말한다. 마찬가지로 로마서 2장 14-16절에서 바울은 유대 율법이 요구하는 것과 이방인들의 마음에 기록된 보편법이 요구하는 것 사이에 선을 긋는다.

380. Helmut Koester, *Paul & His World: Interpreting the New Testament in Its Context* (Minneapolis: Fortress, 2007), 138.
381. Philo, *Abr*. 46.

122-123

> 율법 없는 이방인들이 율법이 요구하는 것을 본성[φύσει, '퓌세이']에 따라 행할 때 이들은 비록 율법이 없다고 할지라도 스스로 율법이 된다. 그들은 율법이 요구하는 것이 그들 마음에 새겨져 있음[οἵτινες ἐνδείκνυνται τὸ ἔργον τοῦ νόμου γραπτὸν ἐν ταῖς καρδίαις αὐτῶν]을 보여 주고 이들의 양심[συμμαρτυρούσης, '쉼마르튀루세스'] 또한 증거하며 이들의 상충되는 생각은 서로 고발하거나 변명할 것인데, 그날에는 나의 복음에 따라 하나님이 그리스도 예수로 사람들의 은밀한 것을 심판하실 것이다.[382]

여기에서 바울은 부분적으로는 유대적 자료에서, 부분적으로는 스토아학파의 자료에서 제각기 유래한 자연법의 교리를 고수한다.[383] 바울에 따르면 율법 없는 이방인들은 그들 마음에 기록된 율법의 요구사항을 나타낸다. 따라서 덕이 있는 이방인들이 율법이 요구하는 일을 하는 것은 본성상 당연하다. G. B. 케어드(G. B. Caird)가 논증한 것처럼, "바울이 '노모스'[νόμος]라는 단어를 때로는 '토라'와 같은 의미로, 때로는 보다 넓은 헬레니즘적 의미로 사용해 계시된 법이 자연법의 보완적 개념으로 쉽게 넘어갈 수 있도록 했다."[384] 자연법에 비추어 바울은 돌(즉 고후 3.3의 "돌판")에 새겨진 문자를 고린도후서 3장 6-8절의 영과 대조한다.[385]

---

382. 고후 3.3과 비교. 고후 3.3: "너희는 우리로 말미암아 나타난 그리스도의 편지니 이는 먹으로 쓴 것이 아니요 오직 살아 계신 하나님의 영으로 쓴 것이며 또 돌판에 쓴 것이 아니요 오직 육의 마음 판에 쓴 것이라"(φανερούμενοι ὅτι ἐστὲ ἐπιστολὴ Χριστοῦ διακονηθεῖσα ὑφ' ἡμῶν, ἐγγεγραμμένη οὐ μέλανι ἀλλὰ πνεύματι θεοῦ ζῶντος, οὐκ ἐν πλαξὶν λιθίναις ἀλλ' ἐν πλαξὶν καρδίαις σαρκίναις).
383. C. H. Dodd, *New Testament Studies* (Manchester: Manchester University Press, 1953), 129-42.
384. G. B. Caird, *Principalities and Powers: A Study in Pauline Theology* (London: Oxford University Press, 1956; repr., Eugene, Oreg.: Wipf and Stock, 2003), 49.
385. 매우 유사한 방식으로 Dio Chrysostom, *Lib.* 80.5은 인간에게 버림받은 자연법이

> 그가 또한 우리를 새 언약의 일꾼 되기에 만족하게 하셨으니 율법 조문으로 하지 아니하고 오직 영으로 함이니[οὐ γράμματος ἀλλὰ πνεύματος] 율법 조문[τὸ γράμμα]은 죽이는 것이요 영[τὸ πνεῦμα]은 살리는 것이니라. 돌에 써서 새긴, 죽게 하는 율법 조문의 직분도 영광이 있어 이스라엘 자손들은 모세의 얼굴의 없어질 영광 때문에도 그 얼굴을 주목하지 못하였거든 하물며 영의 직분은 더욱 영광이 있지 아니하겠느냐?

자연법/보편법/상위법의 구현인 '노모스 엠프쉬코스'(νόμος ἔμψυχος, "성육화한 율법")는 가장 먼저 아브라함에게 주어졌고 그리스도를 통해 모든 사람이 사용할 수 있게 되었다. 아브라함은 충실한 자들의 아버지로서 열방에 복이 될 것이라는 하나님의 약속을 성취한다.[386] 그의 참된 자녀들은 육신의 후손이 아니라 믿음으로 그 약속을 받아들이고 그의 믿음을 공유하는 자들이다.[387] 이 믿음(πίστις, '피스티스')은, 아브라함의 약속을 모세의 율법이 주어지기 전과 그리스도가 오신 후에 믿음을 가진 모든 사람에게 구원을 주시는 그리스도와 연결시키는, 보다 높은 율법이다. 그리스도의 죽으심과 부활에 계시된 이 자연법(νόμος τῆς φύσεως, '노모스 테스 퓌세오스')을 통해 인간들은 우주적 '로고스'이신 그리스도 안에서 새

돌에 새겨진, 문자로 된 법과 규칙들과 대조된다고 이야기한다.

386. 롬 4.16: "그러므로 상속자가 되는 그것이 은혜에 속하기 위하여 믿음으로 되나니 이는 그 약속을 그 모든 후손에게 굳게 하려 하심이라 율법에 속한 자에게뿐만 아니라 아브라함의 믿음에 속한 자에게도 그러하니 아브라함은 우리 모든 사람의 조상이라"(Διὰ τοῦτο ἐκ πίστεως, ἵνα κατὰ χάριν, εἰς τὸ εἶναι βεβαίαν τὴν ἐπαγγελίαν παντὶ τῷ σπέρματι, οὐ τῷ ἐκ τοῦ νόμου μόνον ἀλλὰ καὶ τῷ ἐκ πίστεως Ἀβραάμ, ὅς ἐστιν πατὴρ πάντων ἡμῶν).

387. 갈 4.21-31; 롬 4.13-25, 9.6-9.

생명을 발견하고 자신들을 그분과 동일시하게 된다.[388]

5. '파이데이아'(Paideia, παιδεία)

그리스어 '파이데이아'(παιδεία)는 "지시", "훈계", "교육"과 같은 단어로 번역된다. 디아스포라 유대인의 교육은 의심의 여지없이 그들이 주변에서 보았던 그레코-로마 모델의 영향을 받았다. 그리스어 '파이데이아' 모티프는 율법에 대한 필론의 해설과 율법을 '파이다고고스'(παιδαγωγός, "초등교사")로 본 바울의 관점을 이해하기에 도움되는 배경을 제공한다. 마르틴 헹엘(Martin Hengel)은 알렉산드리아 유대인들이 그리스 교육을 받을 수 있었던 것은, 기원전 3세기부터 유대적 문화와 헬라적 문화의 융합이 이루어졌기 때문이라 주장한다.[389] 그의 논문, 『예비교육과의 합일에 대하여』(*De Congressu quaerendae Eruditionis gratia*)에서 필론은 '파이데이아'라는 주제에만 전념한다. 이 논문에서, 필론은 '엥퀴클리오스 파이데이아'(ἐγκύκλιος παιδεία, "예비 교육")에서 철학을 통해 '파이데이아'(παιδεία), '아레테'(ἀρετή) 혹은 지혜의 목표를 향해 나아가야 하는 학습자의 모습을 그린다.

a. 헬레니즘 '파이데이아'(παιδεία)와 덕목(ἀρετή)

'파이데이아'라는 용어는 플라톤(기원전 348년 사망)과 이소크라테스(Isocrates, 기원전 338년 사망) 시대부터 로마 시대를 거쳐 서양과 비잔틴 중세에 이르기까지 형성된, 자유인을 위한 헬라 교육의 과정과 이념을 모

388. 롬 6.5: "만일 우리가 그의 죽으심과 같은 모양으로 연합한 자가 되었으면 또한 그의 부활과 같은 모양으로 연합한 자도 되리라"(εἰ γὰρ σύμφυτοι γεγόναμεν τῷ ὁμοιώματι τοῦ θανάτου αὐτοῦ, ἀλλὰ καὶ τῆς ἀναστάσεως ἐσόμεθα).

389. Hengel, *Judaism and Hellenism*, 1:66.

두 의미한다.[390] 고대 그리스인들에게 있어 '파이데이아'는 "인간을 그의 참된 형상, 즉 참되고 진정한 인간의 본성으로 교육하는 과정"이다.[391] 그리스인들은 '파이데이아'가 그들의 문화와 사상을 지성적으로 발전시킨 것으로 알려진 귀족 계급에 의해 형성되었다고 간주했다. 그런 다음 문화와 젊은이들은 귀족적 이상에 따라 "형성"된다.[392] 이런 의미에서 '파이데이아'는 "고전적 세상에 활기를 불어넣은 문화적 이상"을 나타낸다.[393] 이 이상은 *kalos kagathos*(καλὸς κἀγαθός), 곧 "아름답고 선한 것"이다.[394] 이것은 호메로스의 그리스 문화가 추구했던 이상이었다.[395] 고대 그리스 교육의 역사는 "고귀한 전사"(noble warrior) 문화에서 "서기"(scribe) 문화로의 점진적 전환으로 구성된다. 전자는 호메로스의 『일리아스』(*Ilias*)에 반영된 영웅적 전통이 보여 주듯 인성 단련, 신체적 활력, 기술 연마를 목표로 한다면, 후자의 교육은 결과적으로 글쓰기 기술에 의해 지배된다.[396] 그리스어 '파이데이아'는 완벽함과 탁월함의 개념이다. 그리스인들의 사고방식은 "항상 탁월해야" 한다는 것이었다.[397]

---

390. 고대 그리스 교육의 역사를 위해서는 H. I. Marrou, *A History of Education in Antiquity*, trans. George Lamb (New York: Sheed and Ward, 1956), 특별히 95-101 참조. Frederick A. G. Beck, *Greek Education: 450-350 B.C.* (London: Methuen, 1964); M. L. Clarke, *Higher Education in the Ancient World* (Albuquerque: University of New Mexico Press, 1971) 참조.
391. Werner Jaeger, *Paideia*, 1:xxiii.
392. Werner Jaeger, *Paideia*, 32에 따르면 Homer는 이상에 따라 인간의 성격을 형성하기 위해서는 "유명한 영웅과 전통적 사례의 예시에 호소하는 것"을 "모든 귀족 윤리와 교육의 필수적 부분"으로 간주했다.
393. Mendelson, *Secular Education*, 1.
394. Jaeger, *Paideia*, 1:1-2, 19-20.
395. Jaeger, *Paideia*, 1:3-4.
396. Marrou, *History of Education*, xiv.
397. Bauernfeind, *TDNT* 1:458.

이 개념은 '아레테'로 불린다. 그리스 사회에서 가장 두드러진 가치는 선한 것(ἀγαθός)과 탁월함(ἀρετή, '아레테')이라는 용어로 표현되었다.[398] 사리사욕을 대의에 종속시킴으로써 시민들은 시민의 '아레타이'(ἀερταί)를 유지할 수 있었다. '아레테'는 좋은 성품을 구성하는 요소를 의미하는 고전적인 그리스어 명사다. "'아레테'는 모든 그리스 문화의 중심 이상이었다."[399] '아레테'는 영웅이 된다는 것의 의미와 전쟁에서 성공하기 위한 필수 요소의 의미를 담고 있다. 고대 시대에는 호메로스의 전쟁 윤리와 밀접한 관련이 있는 용기(ἀνδρεία, '안드레이아') 외에, 그리스어 '폴레이스'(πόλεις, "도시들", "도시국가들")의 보다 민간적 맥락에 맞추기 위해, '아레타이'(ἀρεται)의 목록은 경건(εὐσέβεια, '유세베이아'), 지혜(σοφία, '소피아'), 절제(σωφροσύνη, '소프로쉬네') 그리고 정의(δίκη, '디케')를 포함했다.[400]

그리스 교육(παιδεία)은 "전인 교육과 이상적인 내적 완성을 위한 교육"에 관심을 드러낸다.[401] 고대 그리스 시대부터 '아레테'는 개인뿐 아니라 시민으로서의 의무를 다하는 도덕적 탁월함의 성취를 의미했으며 이것은 '파이데이아'를 통해 습득되어야만 한다.[402] '엥퀴클리오스 파이

398. A. W. H. Adkins, *Merit and Responsibility: A Study in Greek Values* (Oxford: Clarendon: 1960), 30-60. Adkins는 그리스 문헌 속 가치 용어에 대한 자신의 연구에서, 그리스 사회에서 가장 두드러진 가치인 '아가토스'(ἀγαθός)와 '아레테'(ἀρετή)는 그 사회가 생존과 안정을 위해 전형적인 Homer의 영웅적 자질에 의존한, 특별한 역사적 맥락으로부터 어떻게 비롯되었는지를 보여 준다. 그리스어 '아레테'(ἀρετή)/'아레타이'(ἀερταί)와 관련하여 보다 자세한 설명은 이 책의 제2장 각주 73번 참조.

399. Jaeger, *Paideia*, 1:13.

400. Plato, *Resp*. 427D; *Leg*. 631C; Adkins, *Merit and Responsibility*, 336-40.

401. Marrou, *History of Education*, xvii.

402. Homer에게 있어서 '아레테'는 귀족의 자부심과 기품 있는 도덕성을 남성적 용기와 결합한 것이다. Jaeger, *Paideia*, 1:5 참조. Homer, *Il*. 6.208에서 '아레테'는 "무엇보다 용감하고 탁월한 것"(αἰὲν ἀριστεύειν καὶ ὑπείροχον ἔμμεναι ἄλλων)으로 표

데이아'(ἐγκύκλιος παιδεία, "예비 교육")는 헬레니즘 세계에서 초등 교육과 고등 교육 사이에 있는 교육의 단계를 가리킨다. 예비 교육 혹은 인문학과 과학은 철학에 종속된 것으로 간주되었다. 그 과목들(문법, 수사학, 변증법적 산술, 음악, 기하학, 그리고 천문학)은 철학과 같은 전문적 혹은 고급 수준의 배움을 위해 훈련시키는 예비 학문이었다.[403] 플라톤은 예비 교육을 철학이라는 보다 높은 지식으로 나아가는 디딤돌로 보았다. 플라톤의 『국가론』(*Respublica*) 7권에서 글라우콘과 소크라테스는 잠재적 후견인이 되려면 산술, 기하학, 천문학, 그리고 음악과 같은 예비 교육에 익숙해져야 한다는 사실에 의견을 모았다.[404] 스토아 철학자 키오스의 아리스톤(Ariston of Chios, 기원전 250년 활동)이 남긴 격언은 "철학을 무시하고 일상적 공부에 시간을 보내는 사람은 페넬로페(Penelope: 『오디세이아』[*Odysseia*]의 등장인물. 이타카의 왕 오디세우스의 아내)를 갈망했지만 그녀의 하녀와 동침한 구혼자와 같다"고 이야기한다.[405] 이 페넬로페의 비유는 필

현되는, 귀족의 최상급과 우월성을 의미한다.

403. Isocrates, *Antid*. 264-66. 철학은 보통 중등 교육을 전제했다. Zeno와 Chrysippus와 같은 일부 스토아주의자들은 예비 교육에 거의 가치를 부여하지 않은 것으로 알려져 있다. 다만 시간이 흐르면서 철학에 대한 예비 교육은 의무화되었다. Clarke, *Higher Education*, 3-4 참조. Plato은 절대적 존재에 도달하기 위한, 낮은 단계로부터 높은 단계로의 성숙을 향한 지속적 성장의 학습 과정에서(*Resp*. 7.537) 아이는 철학이나 변증법과 같은 고등 학문을 준비하기 위한 초기 훈련으로부터 교훈의 요소를 배우기 위해 끊임없이 노력해야 한다고 말한다(*Resp*. 7.536).

404. "그것[산술]은 우리가 추구하는 학문 가운데 하나로 자연스럽게 사고의 각성을 유도하는 듯하다. …"(523A). [기하학은] "영혼 자체가 생성의 세계에서 본질과 진리로 전환하는 것을 [용이하게 한다]"(525C). Plato에게 이런 연구는 "실재 중에서 무엇이 가장 좋은가"(532C)에 대한 고민으로 이어진다. Philo 안에 있는 예비 교육(encyclia)의 중요 참고 자료를 위해서는 *Congr*. 11, 15-18, 74-77; *Cher*. 105; *Agr*. 18; *Somn*. 1.205; *QE* 2.103, 3.21; *Mos*. 1.23 참조.

405. 이 격언은 Ariston, *Ancilla*, 139에서 인용.

론의 『예비 교육과의 합일에 대하여』와 바울의 하갈-사라 비유(갈 4.21-31)에서 다시 한번 등장하는데 여기에서 페넬로페와 하녀는 약간 변형된 형태로 각각 동일시된다.

b. 필론의 '파이데이아'와 지혜 전통

필론의 '파이데이아' 개념을 알아보기에 앞서 시락서, 동시대 작품인 『아리스테아스의 편지』(*Letter of Aristeas*), 솔로몬의 지혜서 속 지혜와 율법, 그리고 '파이데이아'의 관계를 살펴볼 필요가 있다. 시락서 4장 11, 16-18절은 지혜의 교육적 개념을 설명한다.

> 지혜[σοφία, '소피아']는 어미처럼 자녀를 키우고 자기를 찾는 사람들을 보살핀다. … 지혜를 믿는 사람은 지혜를 차지할 것이며 그의 후손들도 지혜를 물려받으리라. 지혜는 처음에 그를 험난한 길로 인도한다. 그를 믿게 될 때까지 법으로 그를 시험하여 무서운 공포심을 안겨 주고 규율로[ἐν παιδείᾳ αὐτῆς, '엔 파이데이아 아우테스'] 그를 괴롭힌다. 그러나 지혜는 마침내 그를 평탄한 길로 인도하여 기쁨을 주고 자신의 오묘함[τὰ κρυπτὰ αὐτῆς, '타 크뤼프타 아우테스']을 밝히리라.

지혜를 구하는 자들이 반드시 거쳐야 하는 참된 교육 과정 '파이데이아'는 "율법 준수에 다름 아니다."[406] 벤 시라는 시락서 6장 18절과 37절에서 이 점을 명확히 한다.

> 너는 들어라! 젊을 때부터 교양[παιδεία, '파이데이아']을 쌓아라. 그러면 늙

406. Boccaccini, *Middle Judaism*, 94.

> 어서도 지혜가 너를 떠나지 않으리라. … 주님의 계명[ἐντολαι, '엔톨라이'] 을 마음속에 새기고 그 명하신 모든 것[προστάγματα, '프로스타그마타']을 실천하여라. 그러면 주님께서 네 마음을 굳세게 해 주시고 네가 바라는 지혜[σοφία, '소피아']를 주시리라.

'파이데이아'와 율법의 동등하고 상호 교환 가능한 관계는 시락서 32장 14-15절에서 확인된다.

"주님을 두려워하는 사람은 훈육[παιδεία, '파이데이아': 공동번역성경은 이 단어를 "율법"으로 번역함]을 따르고 주님을 열렬히 찾는 사람은 주님의 총애를 얻게 될 것이다. 율법[νόμος, '노모스']을 찾는 사람은 율법으로 충족해지지만 위선자들에게는 율법이 걸림돌이 된다."[407] 벤 시라에게 율법은 "학습된 교육"이다.[408]

> 율법은 비손강 물처럼, 추수 때의 티그리스강처럼 지혜[σοφία, '소피아']를 넘치게 하며 유프라테스강 물처럼, 추수 때의 요르단강처럼 깨달음[σύνεσις, '쉬네시스']을 넘치게 하고, 나일강처럼, 포도철의 기혼강처럼 교훈[παιδεία, '파이데이아']을 넘치게 한다. … 나로 말하면 강에서 흘러나오는 운하와 같고 낙원으로 흘러가는 물줄기와 같다. 내가, "나의 정원에 물을 대고 화단을 흠뻑 적시리라" 하고 말하자 나의 운하는 곧 강이 되고, 강은 또 바다가 되었다. 나는 교훈[παιδεία, '파이데이아']을 아침 해같이 빛

407. 같은 맥락에서 Ben Sira는 이렇게 이야기한다. "교육은 어리석은 자[ἀνοήτος, '아노에토스']에게 족쇄와 같고, 오른손에 채운 수갑과 같다. … 교육은 지각 있는 사람[φρόνιμος, '프로니모스']에게 황금 패물과 같고 오른팔에 낀 팔찌와 같다(Sir 21.19-21).

408. Boccaccini, *Middle Judaism*, 97.

> 나게 하여, 그 빛을 멀리까지 뻗게 하리라. 나는 가르침[διδασκαλία, '디다스칼리아']을 예언과 같이 널리 펼 것이며, 미래의 세대까지 물려주리라. 진실로 나는 나 자신을 위하여 수고하지 아니하였고 지혜[혹은 가르침]를 찾는 모든 사람들을 위하여 수고하였다.[409]

같은 맥락에서 『아리스테아스의 편지』 144장은 지혜의 '파이데이아'로서의 '토라'가 지혜를 가르치는 철학적, 교육적 가치를 갖는다고 말한다.

> 모세가 그토록 주의를 기울여 율법을 만든 것이 쥐와 족제비, 그리고 다른 것들을 고려함이라는 천박한 생각에 빠지지 말라. 이 모든 규례는 미덕을 추구하고 인격을 완성하는 데 도움이 되는 의를 위해 만들어졌다.

아리스테아스에게 '토라'는 그 자체로는 중요하지 않지만 풍유적 해석이 제공하는 참된 의미 때문에 중요하다. '토라'는 신성한 지혜를 가르치기 위한 하나님의 선하고 필수적인 '파이데이아'다.

솔로몬의 지혜서에서 출애굽 여정(10-19장)에 대한 내레이션은 의로운 이들과 불경건한 이들 모두를 위한 지혜의 '파이데이아' 과정을 의미한다. 따라서 출애굽 이야기는 우주적 인물로서의 지혜가 시작하는 '파이데이아'의 전 과정을 상징한다. 이 여정에서 지혜의 '파이데이아'를 받는 의인의 길은 구원으로 인도하는 반면, 지혜의 '파이데이아'를

---

409. Sir 24.25-34. 참조. Sir 33.16-19, 50.27-29.

거절하는 불의한 자의 길은 심판과 멸망으로 이어진다.[410] 의로운 자의 '파이데이아'는 지혜의 '파이데이아'를 향한 열망으로 시작해 지혜가 주는 보상으로 마치는 지속적인 과정이다.[411]

필론은 독실한 유대인으로 유대 지혜문학에서 발견되는 헬라적 '파이데이아'의 전통에 열광하였다. D. T. 루니아(D. T. Runia)는 필론의 텍스트(오경)와 그의 헬라적 교육(παιδεία), 그리고 그의 개인적인 유대 왕족과의 관계를 설명한다.

> 그가 받은 교육과 이후 연구의 결과로 헬라적 '파이데이아'에 완전히 몰두한 필론 자신은, 그리스 철학이 제공하는 "이성의 언어"를 성경 설명의 지적 준거 틀(the intellectual framework of reference)로 받아들였다. 성경의 우선권은 유지되지만 이성의 언어 중 어떠한 측면이 그의 해석 목적에 더 도움이 되고 덜 도움이 되는지를 선택하는 범위 안에서만 유지된다.[412]

필론은 그의 저서 『예비 교육과의 합일에 대하여』에서 헬라적 '파이데이아'에 그의 관심을 집중했다. 『예비 교육과의 합일에 대하여』에서 필

---

410. Wis 3.5, 11, 4.17, 5.6-7. Wis 3.5: "그들이 받는 고통은 후에 받을 큰 축복에 비하면 아무것도 아니다. 하나님께서 그들을 시험하시고 그들이 당신 뜻에 맞는 사람들임을 인정하신 것이다"(καὶ ὀλίγα παιδευθέντες μεγάλα εὐεργετηθήσονται ὅτι ὁ θεὸς ἐπείρασεν αὐτοὺς καὶ εὗρεν αὐτοὺς ἀξίους ἑαυτοῦ). Wis 3.11: "지혜와 가르침을 멸시하는 자들은 화를 입을 것이다. 그들의 희망은 공허하고 그들의 노력은 헛되며 그들이 하는 일은 무익하다"(σοφίαν γὰρ καὶ παιδείαν ὁ ἐξουθενῶν ταλαίπωρος καὶ κενὴ ἡ ἐλπὶς αὐτῶν καὶ οἱ κόποι ἀνόνητοι καὶ ἄχρηστα τὰ ἔργα αὐτῶν).
411. Wis 6.17, 7.13-14, 21-22, 8.7, 9.10, 13.
412. David T. Runia, "How to Read Philo," *NTT* 40 (1986): 190.

론은 창세기의 이야기(16.1-6)를 교육적 과정과 목표를 설명하는 논제로 전환한다. 필론은 '엥퀴클리오스 파이데이아'(ἐγκύκλιος παιδεία)를 철학에 대한 "예비 학문"으로 보는 스토아 철학의 개념을 확장한다.[413] 페넬로페 비유에 따라 필론은 다음과 같이 지적한다.

> 각각의 예술은 그것의 노력과 관심을 끄는 자연 세계로부터의 몇 가지 작은 것들을 분리하고 합병한다. 기하학에는 선이 있고 음악에는 음표가 있지만 철학은 존재하는 것들의 모든 본질을 취하는데, 그것의 주제가 이 세계와 보이거나 보이지 않는 모든 형태의 존재이기 때문이다. … 그러므로 매우 자연스럽게 올바른 철학, 즉 여주인은 중간 교육, 즉 시녀를 보고 그녀가 임신했다는 것을 다른 사람보다 더 많이 알게 될 것이다.[414]

필론은 그리스 철학에 대한 자신의 친밀감을 유대인의 정체성에 종속시켰다. 필론에게 철학은 지혜의 추구였고 따라서 지혜는 그것의 목표였다. 필론은 철학을 하나님에 대한 지식을 포함하는 참된 지혜에 종속시키는 것으로 스토아학파를 넘어선다. 필론에게 '엥퀴클리오스 파이데이아'는 '로고스'와 '소피아'의 신적 개입을 통해서만 얻을 수 있는 신적 지식과 비교하여 헬라적 '파이데이아'를 보다 하급의 교육으로 입증한다.[415] 필론은 '엥퀴클리오스 파이데이아'와 고등 지식과의 관계를 공

413. 로엡고전총서(Loeb Classical Library)의 제4권 *De Congressu*에 대한 F. H. Colson의 분석적 소개, *Philo*, 452 참조.

414. Philo, *Congr*. 145.

415. Philo, *Post*. 102은 '로고스'와 지혜를 철학 혹은 하나님을 아는 지식과 동일시되는, 왕의 대로로 간주한다. 다만 Philo, *Congr*. 79-80에서 하나님을 아는 지식은 철학과

128–129

식화한다.

> 실제로 학교의 과목이 철학의 습득에 기여하는 것처럼 철학도 지혜를 얻는 데 기여한다. 철학은 지혜의 실천 혹은 연구이며 지혜는 신성한 것과 인간적인 것 그리고 그 원인에 대한 지식이다. 따라서 학교의 문화가 철학의 종인 것처럼 철학도 지혜의 종이 되어야 한다.[416]

이 본문이 보여 주듯 지식은 오름차순으로 계급에 따라 '엥퀴클리오스 파이데이아', 철학, 그리고 지혜로 구분된다. 필론에게 철학은 지혜의 실천 혹은 연구이며 지혜는 신성한 것과 인간적인 것 그리고 그 원인에 대한 지식이다. 하나님의 직관이라는 궁극적 목표에 이르는 길은 철학이다. '엥퀴클리오스 파이데이아'는 철학과 지혜의 종이다. 필론은 삼분법적 분열의 계획에서 '엥퀴클리오스 파이데이아'를 매우 일관된 체계로 통합해 신성한 지혜로 입문하는 것의 정점을 찍었다. 또한 필론은 『예비 교육과의 합일에 대하여』에서 '아레테'(ἀρετή)를 의인화된 지혜의 모습과 동일하게 묘사한다.[417]

> 이것이 사라가 낳지 않았다고 말하지 않고 특정 사람을 위하여 낳지 않았다고만 모세가 말하는 이유다. 왜냐하면 우리가 그녀의 시녀와 먼저 상대하지 않고는 미덕[ἀρετή]을 임신할 수 없고 지혜[σοφία]의 시녀는 학

는 별개의 것이고, 심지어 그 위에 있다.

416. Philo, *Congr*. 79-80.

417. Philo은 *Congr*. 9에서 덕목의 시녀를 학교 교육인 지혜의 시녀로 불러 사라를 미덕, 지혜와 동일시한다. 미덕과 지혜는 세상의 근본 원리와 동일한 본질을 공유하며 지적 세계의 태생적 시민이다(*Congr*. 22).

교 과정의 기본 학습을 통해[διὰ τῶν προπαιδευμάτων ἐγκύκλιος μουσικη] 얻는 문화이기 때문이다.

필론은 아버지는 '로고스', 어머니는 '파이데이아'가 된다는 비유적 표현을 사용한다. "… 그들은 그들의 아버지인 올바른 이성으로부터 우주의 아버지를 공경하고 그들의 어머니인 교육에 의해 확립되며 모든 사람이 정의에 근거한다고 생각한 관습과 법률을 무시하지 않도록 교육받았다."[418]

c. 필론의 작품 속 '파이데이아'와 영웅들

필론은 성경에 대한 우화적 접근을 통해 성경의 인물들을 추상적 덕목이나 인생의 여정에 있는 영혼의 대표로 만든다.[419] 이러한 방식으로 필론은 요셉은 물론 족장 아브라함과 이삭, 야곱을 율법의 전형이자 덕목의 원형으로 다룬다. 필론에게 이 세 명의 위대한 족장들은 아직은 기록되지 않은 모세의 율법을 지켰고, 따라서 그 자체가 살아 있는 율법으로 간주되어야 했다. 이 족장들에 덧붙여 필론은 아브라함에 대한 소개로만 논의되는 에노스와 에녹, 노아를 고려한다. 이 족장들은 그리스 영웅

418. Philo, *Ebr.* 81.

419. Philo이 선택한 해석 방식은 헬레니즘 세계에서 오랫동안 표준적인 문학 절차로 사용되어 온 Homer와 다른 그리스 본문들의 우화적 읽기 모형이었다. Kugel and Greer, *Early Biblical Interpretation*, 81-82은 이렇게 말한다. "[성경 인물들의] 이름은 실제 혹은 가상의 어원을 기초로 숨겨진 의미가 탐구되었으며 숫자와 치수, 다른 평범해 보이는 세부 사항에는 우주적 혹은 신비한 의미가 부여되었다." 적어도 기원전 6세기까지 거슬러 올라갈 수 있는 이 풍유적 해석 방식은 구약을 해석하기 위해 스토아학파의 우화적 방식을 적용한 Aristobulus(기원전 2세기)와 Philo의 작품은 물론 *Let. Aris.*, 4 Macc, Wis, 그리고 랍비 문헌에서 발견된다.

들의 삶에서 볼 수 있듯 자신의 덕목(ἀρετή)으로 스스로를 키운 인간들, 곧 신적 인간(θεῖος ἄνθρωπος, '테이오스 안트로포스')이었다. 앞서 언급한 대로, 필론에게 유대법은 이들의 이상적인 삶의 방식을 "성육신적이고 이성적인 법"(ἔμψυχοι καὶ λογικοὶ νόμοι, '엠프쉬코이 카이 로기코이 노모이')으로 묘사하려는 시도였다.

> 세계가 만들어진 질서의 이야기는 앞선 논문[『세상 창조에 대하여』]에서 가능했던 대로 자세히 설명했다. 그러나 우리의 검토를 규칙적인 순서에 따라 해야 할 필요가 있기 때문에, 말하자면 사본에 해당하는 특정 법률에 대한 고려는 연기하고 보다 일반적이고 이 사본의 원본이라고 할 수 있는 법률을 먼저 검토하도록 하자. 이들은 선하고 흠이 없는 삶을 살았던 사람들로 이들의 덕목은 가장 거룩한 성경에 영원히 기록되었는데, 이것은 단순히 칭송을 받기 위해서가 아니라 독자들이 교훈을 얻고 같은 것을 갈망하도록 유도하기 위해서다. 이 사람들에게는 생명과 이성이 부여된 법률[οἱ γὰρ ἔμψυχοι καὶ λογικοὶ νόμοι ἄνδρες ἐκεῖνοι γεγόνασιν]이 있다. … 제정된 법률은 고대인의 삶을 기념하여 후대에 그들의 실제적 말과 행동을 보존하는 것에 지나지 않는다. 그들은 학자나 다른 사람의 제자가 아니었고 교사에게 올바른 말과 행동을 배우지도 않았다. 이들은 자신의 목소리나 명령 외에는 무엇에도 귀 기울이지 않았다. 그들은 자연 그 자체가, 실제로 그렇듯, 가장 숭고한 법규[πρεσβύτατος θεσμός]라고 믿으며 자연에 순응하는 것[ἀκολουθίαν φύσεως ἀσπασάμενοι]을 기꺼이 받아들였고 따라서 그들의 삶 전체는 율법에 대한 행복한 순종[ἅπαντα τὸν βίον ηὐνομήθησαν]이었다.[420]

420. Philo, *Abr.* 2-6.

필론은 아브라함, 이삭과 야곱의 이름과 관련하여 세 가지 온전함의 방법을 제시한다.[421] 『예비 교육과의 합일에 대하여』에서 이 세 명의 족장들은 세 가지 다른 종류의 '파이데이아'를 나타내는데 아브라함은 배우는 자(69f.), 이삭은 독학하는 자(36f.), 야곱은 훈련받는 자(24, 31, 69f.)이다. 여기에서 교육 목표에 대한 세 가지 다른 수단의 개념이 사용된다. 아브라함과 이삭은 진보적인 인간과 온전한 인간의 원형으로 모방을 위한 모델이 된다. 필론의 사상에서 '소피아'(σοφία)가 남성적 '로고스'로 대체됐을 때, 지혜는 덕목(ἀρετή) 혹은 지혜를 지닌 마음의 신성한 결혼(ἱερὸς γάμος, '히에로스 가모스')에 관한 알레고리(풍유)에서 적절할 수 있었다. 필론은 하갈과 사라와 맺은 아브라함의 성적 연합에 대한 이야기인 창세기 16장 1-6절의 이야기를 영혼이 맺은 덕목 혹은 지혜와의 결합에 대한 이야기로 풍유적 해석을 했다.[422] 이 비유에서 아브라함은 배우는 자로 미덕이자 지혜인 사라를 취하기 위하여 하갈로 상징되는 '엥퀴클리오스 파이데이아'를 거친다. 예비 단계(하갈과의 결혼으로 상징되는 '엥퀴클리오스 파이데이아')에서 아브라함(배우는 자)은 덕목(ἀρετη, '아레테')이나 지혜(σοφία, '소피아')로서의 사라가 낳는 자녀를 얻을 수 없었다.[423]

아브라함이 덕을 쌓는 사람을 상징했다면 이삭은 천성적으로 덕을 직접 받았다.[424] 특히 필론은 아브라함과 모세를 '파이데이아'의 위대한

421. Philo, *Mos.* 1.76; *Mut.* 11-12; *Sacr.* 5-7.

422. Philo, *Abr.* 100f.은 두 가지 다른 종류의 결혼을 소개한다. "자, 쾌락에 의한 결혼의 결합은 몸과 몸[σωμάτων κοινωνίαν, '소마톤 코이노니안'] 사이의 결합이지만 지혜[σοφία]로 이루어진 결혼은 정화와 완전한 덕목을 추구하는 생각들 사이의 결합이다. 이제 두 종류의 결혼은 서로 정반대된다."

423. Philo, *QG* 3.19-26에서 덕목(ἀρετή)과의 결혼은 지혜(σοφία)와의 결혼과 같은 의미로 사용된다.

424. Philo은 *Sacr.* 5-7; *Sobr.* 38; *Migr.* 125; *Congr.* 34-38; *Mut.* 12 등에서 이삭-영혼을

대표와 위대한 증인으로 각각 묘사한다. 『모세의 생애』(*De Vita Mosis*)에서 필론은 모세를 플라톤적 용어로 이상적인 왕, 율법의 제정자, 제사장, 선지자, 현자로 묘사한다. 필론에게 모세는 신성한 사람(θεῖος ἀνήρ, '테이오스 아네르')이었다. 필론은 다음과 같이 말한다.

> 그는 온 나라의 신이자 왕으로 명명되었고 우리가 듣기로 하나님이 계셨던 어둠, 곧 볼 수 없고 보이지 않으며 실체가 없고 실존하는 것들의 원형적 본질로 들어갔다. 따라서 그는 필멸하는 자연의 시야로부터 숨겨진 것을 보았고, 자신과 자신의 삶을 모든 사람들이 볼 수 있도록 보여 주었으며, 잘 만들어진 그림, 아름답고 신을 닮은 작품과 그것을 기꺼이 모방하고자 하는 사람들의 모델을 우리 앞에 세웠다.[425]

모세는 "합리적이고 살아 있는 율법의 체현"(νόμος ἔμψυχός τε καὶ λογικὸς)으로 인간이 본받아야 할 가장 높은 예시이다.[426] 지혜의 전통에 비추어 필론은 모세를 그리스 지식뿐 아니라 유대적 지혜의 원천으로 간주한다. "그[모세]는 썩지 않고 흠 없는 부모의 자녀로, 그의 아버지는 만물의 아버지인 하나님이시고 그의 어머니는 그것을 통해 우주가 존재하게 된 지혜이다."[427] A. 멘델슨은 모세가 수행한(*Mos.* 1.23-24) '엥퀴클리오스

직관적이거나 노력보다는 본성으로 소유하는 종류의 지식으로 말한다.

425. Philo, *Mos.* 1.158.

426. Philo, *Mos.* 1.162.

427. Philo, *Fug.* 109. Eusebius, *Praep. ev.* 8.12, 13.12; *Hist. eccl.* 1.26-31이 인용한 Aristobulus(기원전 2세기)는 모세가 그리스 철학과 문화에서 가장 좋은 모든 것의 창시자라고 주장했다. Eusebius, *Praep. ev.* 9.27이 인용한 Artapanus(기원전 3세기 유대인 철학자)는 모세가 이집트 제사장들에게 상형문자술을 가르쳤다고 주장했다.

파이데이아'에 대한 필론의 설명을 언급하며 다음과 같이 지적한다.

> 모세의 교육에서 가장 눈에 띄는 점은 그것의 "국제적" 성격이었다. 가르치는 사람들은 문명 세계 각지로부터 왔지만, 실제 연구된 학문은 『국가론』의 제7권(522c ff.)에서 언급된 것과 매우 비슷해 그리스 학문의 흔적이 분명하다.[428]

필론은 갈대아 이교도의 점성술을 버리고 팔레스타인으로 이주한 역사적 아브라함을, 육체의 정욕과 감각의 노예 상태로부터 '파이데이아'를 통해 참된 지혜와 덕으로 나아가는, 영혼의 내적 여정의 관점에서 풍유적으로 바라보았다.[429] 필론은 아브라함의 경건을 다음과 같이 칭송한다.

> 그러므로 아브라함은 가장 높고 위대한 덕목인 경건을 향한 열정으로 가득 차 하나님을 따르고 그분의 명령에 순종하기를 열망했는데, 말과 글로 전달된 명령뿐 아니라 자연에 의해 보다 분명한 표징으로 드러난 명령을 이해했고 어떤 확실한 의존도 할 수 없는 청각보다 우위에 있으며 모든 것 중 가장 진실한 감각으로 그것을 파악하였다. 자연의 질서와 그 탁월함을 어떠한 말로도 설명할 수 없는 세계 도시가 향유하는 기본 원칙[constitution]을 생각하는 사람이라면, 그에게 법을 준수하고 평화로운 삶을 실천하며 그 아름다움에 동화되는 것을 목표로 삼도록

428. Mendelson, *Secular Education*, 5.
429. G. Walter Hansen, *Abraham in Galatians: Epistolary and Rhetorical Contexts*, JSNTSup 29 (Sheffield: JSOT Press, 1989), 190.

가르칠 연설자가 필요하지 않다.[430]

필론은 아브라함을 "기록된 말이 아니라 기록되지 않은 자연으로 배운" "신적 율법과 신적 명령을 행한" 사람으로 간주한다.[431] 필론에게 아브라함은 "율법(νόμιμος)에 순종했던 사람"보다 '노모스 엠프쉬코스'(νόμος ἔμψυχος, "성육화한 율법") 혹은 "율법과 기록되지 않은 법령"(νόμος καὶ θεσμὸς ἄγραφος)이었다.[432] 필론은 하나님에 대한 아브라함의 전적인 신뢰, 곧 그의 믿음을 "덕목의 여왕"(ἡ βασιλίς τῶν ἀρετῶν)이라고 칭송했다.[433] 그의 믿음의 결과로 아브라함은 더 이상 인간이 아니었다. "그분[하나님]은 더 이상 인간과 하나님으로 그와 대화하지 않으셨고 친숙한 친구로 그렇게 하셨다."[434] 현자 아브라함은 모세 율법 이전에 자연에 따라 사는 것으로 "지극히 별처럼 눈부신 미덕의 광선"을 발했고 '노모스 엠프쉬코스'로서 사람들에게 보다 높은 법의 중개자가 되었다.[435]

창세기 15장 6절로부터 온 로마서 4장 3-5절에서 바울은 아브라함을 믿음으로 의롭게 된 사람의 모형으로 제시한다.

성경이 무엇을 말하느냐? 아브라함이 하나님을 믿으매 그것이 그에게

430. Philo, *Abr.* 60-61. 하나님의 약속에 대한 아브라함의 반응은 Philo의 다음 작품 곳곳에 등장한다. *Migr.* 44 (창 12.1); *Her.* 90, 94, 101 (창 15.6-8); *Mut.* 177 (창 15.4, 17.17); 186 (창 17.17); *Leg.* 3.228 (민 12.7); *Abr.* 262; *Virt.* 216; *Praem.* 27.

431. Philo, *Abr.* 275.

432. Philo, *Abr.* 276.

433. Philo, *Abr.* 270.

434. Philo, *Abr.* 273.

435. Philo, *Her.* 88; 128에 따르면 하나님은 "지혜로워져야 하는 자들[족장들]과 이들을 위해 다른 사람들 모두에게" 선물을 주신다.

의로 여겨진 바 되었느니라. 일하는 자에게는 그 삯이 은혜로 여겨지지 아니하고 보수로 여겨지거니와 일을 아니할지라도 경건하지 아니한 자를 의롭다 하시는 이를 믿는 자에게는 그의 믿음을 의로 여기시나니.

아브라함에 대한 바울의 해석은 필론적인데 하나님이 아브라함을 "율법을 통해서가 아니라 믿음의 의를 통해" 약속으로 만드셨기 때문이다.[436] 바울이 말하는 구원의 우주적 드라마 속 아브라함의 자리는 율법을 상대화한다.[437] 이것은 두 가지 율법, 곧 기록된 법과 믿음의 법 사이의 대조를 의미한다. 아브라함은 보다 높은 믿음의 법을 준수하는 것으로 율법의 성육신(νόμος ἔμψυχος, '노모스 엠프쉬코스')이 될 수 있었다. 아브라함이 그의 순종을 통하여 하나님의 의(δικαιοσύνη, '디카이오쉬네')를 드러낸 것처럼, 하나님을 신뢰하는 유대인과 이방인 모두에게 예수 그리스도를 통한 보다 높은 믿음의 법, 곧 아브라함의 유산이 제공된다.

436. 롬 4.13: "아브라함이나 그 후손에게 세상의 상속자가 되리라고 하신 언약은 율법으로 말미암은 것이 아니요 오직 믿음의 의로 말미암은 것이니라"(Οὐ γὰρ διὰ νόμου ἡ ἐπαγγελία τῷ 'Αβραὰμ ἢ τῷ σπέρματι αὐτοῦ, τὸ κληρονόμον αὐτὸν εἶναι κόσμου, ἀλλὰ διὰ δικαιοσύνης πίστεως).

437. 갈 3.15-18.

제4장
우주적 드라마로서의 바울의 내러티브 세계

바울은 각 공동체가 직면한 상황과 관련하여 자신의 메시지를 전하는 바, 때때로 특정 서신 곳곳에 인류를 위한 하나님의 구원 이야기를 명시적으로 진술한다. 그러나 독자들은 진정성에 논란이 없는 바울 서신 어디에서도 완전한 형태를 갖춘 하나님의 구원 이야기를 만나지는 못한다. 대신 독자들은 바울이 하나의 통일된 구성으로 제시하지 않는, 일관된 이야기와 연관된 것처럼 보이는, 분리된 작은 내러티브들(mini-narratives)과 조우한다. 만일 독자들이 이러한 작은 내러티브들을 하나의 결합된 이야기로 조합한다면, 창조된 전체 우주를 인간 구원에 연결시키는, 잘 짜인 한 편의 드라마가 드러난다.[1] 우리는 바울이 "마치 수신인

1. Richard Hays는 그의 책 *Echoes of Scripture in the Letters of Paul* (New Haven, Conn.: Yale University Press, 1989)에서 바울 신학이 지닌 내러티브적 특징을 다룬다. Hays는 또 다른 책 *The Faith of Jesus Christ: An Investigation of the Narrative Substructure of Galatians 3:1-4:11*, 2nd ed. (Grand Rapids, Mich.: Eerdmans, 2001)에서 바울 신학을 생성하는 특징으로 예수 이야기에 초점을 맞춘다. N. T. Wright는 내러티브가 바울의 인지적 경관(cognitive landscape)에서 신학적 믿음을 명백히 공식화한다고 주장한다. 유사하게 Wright는 바울 서신(특히 로마서와 갈라

들에게 서신을 읽어 주기로 되어 있는 누군가를 통해 그의 청중에게 말하는 것처럼" 서신을 썼다는 것을 주목할 필요가 있다.[2] 따라서 바울 서신은 그의 개인적인 현존의 대체물이고 "살아 있는 수행"(live performance)으로 기능한다.[3] 이것은 화자가 공적으로 서신을 크게 읽을 때 바울 서신이 갖는 드라마적 특성을 암시한다. 브루스 W. 롱네커(Bruce W. Longenecker)가 지적한 것처럼, 바울 해석자들은 "그의 서한이라는 담론의 나무를 보느라 바울 신학의 내러티브 숲을 자주 보지 못한다."[4] 모든 서신 안의 많은 작은 내러티브를 통해 바울은 그의 세계관을 표현하며 그의 신학적 믿음을 명백히 공식화한다. 따라서 만일 바울 서신의 내러티브 측면을 보지 못하면, "바울이 말한 것(*what* he said)과 그가 그것을 어떻게 말했는지(*how* he said it)를 더 잘 인식하기 위해 '어떻게' 그의 정신이 작동했는지를 분석하는 데에는" 한계가 있을 수 있다.[5]

디아서)에서 보다 큰 암시적 내러티브를 발견하는데, 그는 다음과 같이 주장한다. "만일 우리가 다른 서신의 보다 제한된 내러티브 세계를 이러한 전반적 이야기 세계 안에, 그리고 실제로 그것과 동반하는 상징 세계 안에 각각의 적절한 지점에 놓을 때에만 우리는 그 내러티브 세계를 이해할 수 있다." N. T. Wright, *The New Testament and the People of God* (London: SPCK, 1992), 405을 보라. Ben Witherington, *Paul's Narrative Thought World: The Tapestry of Tragedy and Triumph* (Louisville: Westminster/John Knox, 1994) 또한 참조.

2. James D. G. Dunn, "The Narrative Approach to Paul: Whose Story?" in *Narrative Dynamics in Paul: A Critical Assessment*, ed. Bruce W. Longenecker (Louisville: Westminster John Knox, 2002), 222.
3. Dunn, "Narrative Approach," 222. 유사하게 서신 양식을 사용함에도 계시록은 환상적 드라마(visionary drama)의 성격을 지닌다. Gilbert Desrosiers, *An Introduction to Revelation: A Pathway to Interpretation* (London: Continuum, 2000), 10-24을 보라.
4. Bruce W. Longenecker, "Narrative Interest in the Study of Paul: Retrospective and Prospective," in Longenecker, *Narrative Dynamics*, 4.
5. Longenecker, "Narrative Interest," 10.

바울 드라마의 전체 이야기는 간막을 지닌 4개의 상호 관련 막(Acts), 즉 1막(무율법 시대), 2막(율법 시대), 간막(다메섹 도상의 그리스도 사건), 3막(교회 시대)과 4막(메시아/그리스도 시대)으로 구성된다. 바울의 구원 드라마는 이 세대(ὁ αἰὼν οὗτος)와 오는 세대(ὁ αἰὼν ὁ μέλλων 혹은 ἐρχόμενος) 사이의 지구 중심적 우주를 배경으로, 시공간적으로 전개된다. 이 두 세대는 예수의 부활과 재림 사이의 시간적 간격 동안 서로 중복된다. 이 드라마 중심에는 그리스도의 죽음과 뒤이은 부활이 놓여 있는데, 두 사건은 인류를 위한 하나님의 구원 계획의 심장이다. 그러나 시공간적 관점에서 바울의 드라마는 전통적 유대 드라마와는 전적으로 다른바, 후자는 중복 없이 날카롭게 대립하는 두 세대 사이에 삼층 우주(three-story universe)를 그 무대로 삼는다. 바울의 우주적 드라마에서 '토라'와 그리스도는 하나님과 인간 사이의 중재자들로, 이 세대와 오는 세대를 각각 대표하는 주인공들이다. 이런 의미에서 바울의 드라마는 '토라'와 그리스도를 중심인물로 하여 전개된다. 드라마는 그리스도가 다시 오실 때(παρουσία, '파루시아') 까지 끝나지 않을 것이다. 이번 장에서는 바울이 그의 진정성에 논란 없는 서신을 통해 표현하는 구원의 우주적 드라마를 알아보려 한다. 바울의 우주적 드라마의 배경/배경막을 다루는 제2장과 제3장에 이어 제4장에서는 드라마 구성의 3대 요소인, 플롯인 하나님의 전체 계획, 무대인 시간과 공간, 다양한 등장인물들/배우들을 스케치하는 데에 지면을 할애할 것이다.

A. 우주적 드라마의 플롯, 하나님의 구원 계획

그의 서신에서 바울은 "꽤나 잘 묘사된 하나님의 계획의 그림을 보여준다.[6] 그의 사상 세계에서 바울은 하나님의 목적(πρόθεσις, '프로테시스')이나 뜻(θέλημα, '텔레마')이나 예정(προορίζειν, '프로오리제인')을 구원 역사를 위한 신적 계획의 관점에서 언급한다.[7] 신구약 중간기의 몇몇 유대 작품들은 인간 역사에 일어나야만 하는 것을 예견하고 예정하며 지정하는 하나님에 대해 다양한 방식으로 말한다.[8] 바울은 하나님이 예정하신 계획을 크게 강조하기 위해 "전"(before)을 뜻하는 접두사 '프로'(Pro-)를 자주 사용한다.[9] 바울은 하나님이 예정하고 미리 결정하신 목표가 그 과정의 끝에 있고, 그리스도 사건의 빛에서 역사의 전체가 마침내 이해되기 때

---

6. J. Paul Sampley, *Walking between the Times: Paul's Moral Reasoning* (Minneapolis: Fortress, 1991), 1.
7. 하나님의 목적(πρόθεσις τοῦ θεοῦ): 롬 8.28-30, 9.11; 하나님의 뜻(τὸ θέλημα τοῦ θεοῦ): 갈 1.4; 고전 1.1; 고후 1.1, 8.5; 롬 1.10, 15.32; 하나님의 예정(προορίζειν): 롬 8.28-30. 하나님의 뜻/계획(βούλημα): 롬 9.19 참조. 예정 관련 언어를 사용하여 바울은 롬 9.19-24에서 하나님을 영광의 그릇과 진노의 그릇을 만드는 토기장이(도공)로 묘사한다. 이 섹션에서 바울은 의심 없이 Wis 15.7을 염두에 두었다. Wis 15.7: "자, 도공을 보아라, 그는 부드러운 흙을 열심히 주물러서 우리가 쓸 수 있게 갖가지 그릇을 빚어낸다. 도공은 같은 진흙을 가지고 거룩하게 쓸 그릇을 만들어 내기도 하며 똑같은 방법으로 그와 반대되는 종류의 그릇을 만들어 내기도 한다. 그러나 이 두 가지 그릇이 각각 어떻게 쓰일 것인가 하는 것은 도공이 결정한다." 사 29.16, 45.9, 64.8; 렘 18.6; Sir 33.13 참조.
8. 예를 들면, 하나님을 창조부터 세대의 끝까지 일어날 것을 예견하는 분으로서 말하는 *T. Mos.* 12.4-5, 13; 하나님이 명하시면 모든 것이 그대로 행해지는 것을 주장하는 *1 En.* 5.2; 예정한 대로 그것들이 일어날 때, 그분의 은혜로운 계획에 따른다는 1QS 3.16; 거짓을 끝내시기로 예정하셨다는 4.18; 결정된 종언까지를 주장하는 4.25; 사악한 왕국의 군주가 패배하고 정복되도록 그분이 작정하신 날을 언급하는 1QM 17.5.
9. 예를 들면, 롬 8.28-30, 9.11, 23, 11.2; 고전 2.7; 갈 3.8; 엡 1.5, 11, 2.10, 3.11.

문에 역사에 담긴 의미를 보았다. 그는 자신을 하나님의 복음을 위한 사도라 믿었는데, 그 복음이란 하나님이 성경에 그의 예언자들을 통해 미리 약속하신 것이었다(προεπηγγείλατο, '프로에펭게일라토').[10] 바울에 따르면 그의 소명은 예정되었다. "그러나 내 어머니의 태로부터 나를 택정하시고 그의 은혜로 나를 부르신 이가 그의 아들을 이방에 전하기 위하여 그를 내 속에 나타내시기를 기뻐하셨을 때에 내가 곧 혈육과 의논하지 아니하고."[11] 바울은 데살로니가전서 5장 9절에서 신자들이 그들의 믿음을 통해 구원받기로 정해졌다는 자신의 예정론적 신학을 가르친다. "하나님이 우리를 세우심은 노하심에 이르게 하심이 아니요 오직 우리 주 예수 그리스도로 말미암아 구원을 받게 하심이라." 유사하게 헬레니즘 유대 지혜 전통에 의지하여 바울은 고전도전서 2장 7절에서 그리스도 중심적인 예정론을 주장한다. "오직 은밀한 가운데 있는 하나님의 지혜를 말하는 것으로서 곧 감추어졌던 것인데 하나님이 우리의 영광을 위하여 만세 전에 미리 정하신 것이라."[12] 하나님의 지혜(σοφία, '소피아')이신 그리스도의 구원 활동은 인류 구원을 위해 세대 전(πρὸ τῶν αἰώνων)에 하나님이 예정하신 우주 계획으로 제시된다. 바울에 따르면, 그리스도의 죽음과 부활은 하나님 계획의 일부였고, 구약성서에서 시작된 하나님 목적의 성취로 간주되었다.[13] 바울이 구원의 전 과정을 하나님의 시간표에 따라 생각하고 있음을 우리가 엿볼 수 있는 것은, 그가 하나님의 정

10. 롬 1.1-2.
11. 갈 1.15-16.
12. 고전 2.7: ἀλλὰ λαλοῦμεν θεοῦ σοφίαν ἐν μυστηρίῳ τὴν ἀποκεκρυμμένην, ἣν προώρισεν ὁ θεὸς πρὸ τῶν αἰώνων εἰς δόξαν ἡμῶν.
13. 고전 15.3-4: "내가 받은 것을 먼저 너희에게 전하였노니 이는 성경대로 그리스도께서 우리 죄를 위하여 죽으시고 장사 지낸 바 되셨다가 성경대로 사흘 만에 다시 살아나사."

하신 시간(καιρός, '카이로스'), 아담부터 모세까지(ἀπὸ 'Αδὰμ μέχρι Μωϋσέως) 기간, 세대의 마지막(τὰ τέλη τῶν αἰώνων) 만남, 주의 날(ἡ ἡμέρα)의 가까워 옴을 언급할 때이다.[14]

로마서 8장에서 바울은 전체 창조를 신적 계획의 성취로 기대하고 있다. 바울은 모든 일이 하나님의 주권적 의지에 따라 발생한다는 그의 예정론적 관점을 진술한다. "피조물이 허무한 데 굴복하는 것은 자기 뜻이 아니요 오직 굴복하게 하시는 이로 말미암음이라."[15] 로마서 8장 28-30절에서 바울은 구원사의 중요한 개요를 알려 준다.

> 우리가 알거니와 하나님을 사랑하는 자 곧 그의 뜻[πρόθεσιν, '프로테신']대로 부르심을 입은 자들에게는 모든 것이 합력하여 선을 이루느니라 하나님이 미리 아신 자들을 또한 그 아들의 형상을 본받게 하기 위하여 미리 정하셨으니[προέγνω, '프로에그노'] 이는 그로 많은 형제 중에서 맏아들이 되게 하려 하심이니라 또 미리 정하신[προώρισεν, '프로오리센'] 그들을 또한 부르시고[ἐκάλεσεν, '에칼레센'] 부르신 그들을 또한 의롭다 하시고 의롭다 하신[ἐδικαίωσεν, '에디카이오센'] 그들을 또한 영화롭게 하셨느니라 [ἐδόξασεν, '에독사센'].

이 구절에서 바울은 '프로'(pro-) 접두사를 지닌 세 동사, '프로티테미'

---

14. 하나님이 "정하신 때"(καιρός): 고전 7.29-32; "아담으로부터 모세까지"(ἀπὸ 'Αδὰμ μέχρι Μωϋσέως): 롬 5.14; "세대의 마지막"(τὰ τέλη τῶν αἰώνων)의 만남: 고전 10.11; "주의 날"(ἡ ἡμέρα)의 가까워 옴: 롬 13.11-14. Joseph A. Fitzmyer, *Paul and His Theology: A Brief Sketch* (Englewood Cliffs, N.J.: Prentice Hall, 1989), 44을 보라.

15. 롬 8.20: τῇ γὰρ ματαιότητι ἡ κτίσις ὑπετάγη, οὐχ ἑκοῦσα ἀλλὰ διὰ τὸν ὑποτάξαντα, ἐφ' ἐλπίδι.

(προτίθημι, "예정하다"), '프로기노스코'(προγινώσκω, "미리 알다")와 '프로오리조'(προορίζω, "미리 정하다")를 사용하는데, 이는 하나님의 구원사에 관한 계획을 암시한다. 그것은 부르심을 입은 자들을 위해 모든 것에서 선을 이루시려는(πάντα συνεργεῖ εἰς ἀγαθόν) 하나님의 계획이었다. 바울이 말하는 "선"(ἀγαθόν, '아가톤')이란 구원과 동일시될 수 있다.[16] 로마서 8장 30절에서 바울은 보편적 방식으로 인류 구원의 과정을 세 단계, 즉 부르심, 칭의, 영화로 묘사한다. 바울은 칭의 및 영화와 관련하여 신적 선택과 부르심을 고려한다. 그에 따르면 하나님은 그리스도의 복음을 통해 선택받은 사람들을 "그의 아들의 형상을 본받게 하기 위해" 예정하셨고, 그들은 이미 영화롭게 되었다.[17] 로마서 8장 28-30절에 근거, 이중 예정을 주장하는 칼뱅주의자들에 반대하여, 티모 에스콜라(Timo Eskola)는 그리스도에 대한 믿음을 통한 구원을 강조하는 그리스도 중심의 예정론을 주장한다. "모든 인류는 하나님의 진노를 받을 운명에 처해졌으며 이 감옥으로부터 벗어나는 데에는 단 하나의 길만이 있는데, 그리스도 안에 있는 사람들, 그들만이 그의 은혜를 통해 구원받도록 되어 있다."[18] 하나님의 구원 예정 계획은 이제 그리스도와, "누구든지 주의 이름을 부르는 자는 구원을 받으리라"고 확신하는 그의 복음 안에 계시되었

16. Timo Eskola, *Theodicy and Predestination in Pauline Soteriology*, WUNT 2.100 (Tübingen: Mohr Siebeck, 1998), 169.
17. Eskola, *Theodicy*, 176.
18. Eskola, *Theodicy*, 171, 178. Timo Eskola에 따르면(*Theodicy*, 180-181, 184), 그리스도가 선택받은 자들만을 위해 죽으셨다는 칼뱅주의자들의 이중 예정 개념은 그리스도가 아담의 모든 후손들의 죄 때문에 죽으셨다는 바울의 가르침과는 어긋난다. E. P. Sanders, *Paul and Palestinian Judaism: A Comparison of Patterns of Religion* (Philadelphia: Fortress, 1977), 446-47은 이중 예정 개념이 바울의 구원론 해석을 막다른 지경에 이르게 한다고 주장한다.

다.[19] 바울의 그리스도 중심적 예정신학은 그의 우주적 드라마에서 구원에 관한 한, 모든 사람이 동등한 입장에 있음을 반영한다.

하나님의 구원 계획이 예정된 것으로 간주하는 바울은 다양한 인물들이 배우로서 공연하는, 4막으로 된 드라마를 생각한다. 그 드라마는 죄와 죽음이 지배하는 뒤죽박죽의 우주로부터 인류를 구원하도록 계획한 하나님의 신적 계획을 위해 정해진 것이다. 1막에서 하나님의 세계는 아담이 하나님의 계명 하나에 불순종하였을 때 무너져 내렸다.[20] 결과적으로 죄(ἁμαρτία, '하마르티아')와 죽음(θάνατος, '타나토스')이 아담의 불순종과 범죄로 인해 우주에 들어왔을 때 우주는 완전히 혼란스러워졌다. 1막은 신실한 자들의 아버지로서 아브라함이 모든 민족에 복이 될 것이라는 하나님의 약속을 성취할 것임을 우리에게 미리 알린다. "그러므로 상속자가 되는 그것이 은혜에 속하기 위하여 믿음으로 되나니 이는 그 약속을 그 모든 후손에게 굳게 하려 하심이라 율법에 속한 자에게뿐만 아니라 아브라함의 믿음에 속한 자에게도 그러하니 아브라함은 우리 모든 사람의 조상이라."[21] 1막에서의 아브라함의 언약은 3막에서 그리스도를 통해 모든 사람에게 유효할 것이다. 아브라함은 할례받은 유대인들만의 아버지가 아닌, 믿음으로 하나님의 은혜를 수용한 유대인들과 이방인들을 포함한 모든 이들의 아버지다.[22] 3막에서 아브라함 언약의 진정한 상속자들은 그리스도에 대한 믿음을 지니거나 그리스도에 속한

---

19. 롬 10.13. 참조: 롬 16.25-26; 엡 1.3-10; 딤전 1.1.
20. 롬 5.12-21. 참조: 창 2.17. 롬 5.14: "그러나 아담으로부터 모세까지[ἀπὸ 'Αδὰμ μέχρι Μωϋσέως] 아담의 범죄와 같은 죄를 짓지 아니한 자들까지도 사망이 왕 노릇 하였나니 아담은 오실 자의 모형이라."
21. 롬 4.16.
22. 갈 3.6-14.

이들임을 입증한다. "너희가 그리스도의 것이면 곧 아브라함의 자손이요 약속대로 유업을 이을 자니라."[23] 이미 430년 앞서 아브라함과 맺은 언약에 추가된 모세 율법은 중요한 역할을 수행한 것은 2막이었다.[24] 초등교사(παιδαγωγός, '파이다고고스')로서 모세의 율법은 3막, 즉 (그리스도의 초림으로 시작된) 교회 시대 전까지 인류를 훈육했다. 율법은 이 세상에 생명을 가져오기로 되어 있었으나 생명을 얻는 데 실패했다. 모세 율법은 생명을 가져오기는커녕 드라마에서 등장인물이기도 한 죄와 죽음과 공모하여 인간을 속박하였다. 모세 율법은 인간이 그것에 순종할 때 생명을 얻을 수 있도록 하는 데에는 아무 힘이 없어 아이러니하게도 죄의 도구가 되고 말았다. 율법은 생명을 줄 수 없을뿐더러 인간이 그것을 지킬 수 없기에 죄와 죽음과 동조하여 결과적으로 그것의 권세 아래서 인류를 저주에 놓이게 한다. 사탄(σατανᾶς, '사타나스')은 인류(ἄνθρωπος, '안트로포스')를 위한 하나님의 구원 계획을 좌절시키기 위해 악한 동조 세력들의 도움으로 우주적 드라마의 배경 뒤에 있는 인간, 율법, 죄와 죽음과 같은 인물들을 조종하였다. 사탄과 그의 악한 우주적 세력들의 악의적 계획은 빈틈없었지만 그럼에도 불구하고 그들은 한 가지 결정적인 것, 그리스도로서 모든 것을 포기하는 예수의 절박함을 간과했다. E. F. 스콧(E. F. Scott)은 그리스도의 죽음으로 야기된 극적 역전을 다음과 같이 묘사한다.

> 적대적 세력들은 하나님의 활동을 좌절시키려 하였고, 그리스도에 대항해 공모하여 그의 십자가 처형을 야기했을 때 그들은 성공했다고 믿

23. 갈 3.29. 참조: 갈 3.6-7.
24. 갈 3.17, 19.

> 었다. 그러나 그들은 뜻하지 않게 하나님의 손에 들린 단순한 도구가 되었다. 그리스도의 죽음은 하나님이 자신의 계획을 위해 고안하신 바로 그 수단이었다. 이로써 적대 세력들은 잠시 동안의 명백한 승리 후 자신들이 전혀 상상하지 않았던 신적 지혜를 비로소 알게 되었음이 여기에 선언되었다. 그들은 그리스도의 죽음의 결과로 교회가 생겨나고, 하나님의 숨은 목적이라고 지금 인식할 수 있는 것이 실현되는 것을 보았다.[25]

2막과 3막 사이의 간막으로서, 바울 생애의 전환점이 된 그리스도 사건이 무대에 올랐다.[26] 2막의 휘장이 내려졌을 때, 2막과 관련시키기 어려운 막간극(interlude)은 시작되었다. 바울은 다메섹으로 가는 길에서 자신이 경험한 그리스도 현현(Christophany)의 빛에서 자신이 새 시대에 살고 있음을 깨달았다. 그리스도 사건은 새로운 그리스도 중심적 전망을 도입했는데, 이 전망으로 바울은 구원사의 신적 계획을 이해했다. 다메섹 도상에서 그리스도와의 만남은 그리스도 중심의 신학에 일치하여 바울에게 그의 성경 읽기와 인간 곤경과 신적 구원에 대한 그의 이해에 새로운 전망을 제공했다. 인류를 위한 하나님의 구원 계획(*Heilsgeschichte*)을 설명하기 위해 바울은 그리스도 사건의 빛에서 인간 역사의 시작부터 새로운 의미를 지닌 구원 이야기를 말할 수 있었다. 그리스도의 초림으

---

25. E. F. Scott, *The Epistles of Paul to the Colossians, to Philemon, and to the Ephesians*, MNTC 11 (New York: Harper, 1930), 189.
26. 갈 1.16: "그의 아들을 이방에 전하기 위하여 그를 내 속에 나타내시기를 기뻐하셨을 때에 내가 곧 혈육과 의논하지 아니하고"; 고후 4.6: "어두운 데에 빛이 비치라 말씀하셨던 그 하나님께서 예수 그리스도의 얼굴에 있는 하나님의 영광을 아는 빛을 우리 마음에 비추셨느니라." 고후 4.6은 다메섹으로 가는 도상에서 바울이 경험한 소명/회심 사건을 암시한다. 참조: 행 9.1-9, 22.6-11과 26.12-18.

로 시작된 3막에서 예수의 십자가 처형과 부활의 극적 반전으로 사탄의 음모는 수포로 돌아갔다. 자신의 죽음으로 마지막 아담인 그리스도는 첫 번째 아담의 저주와 그것의 결과인 죽음을 제거하였는데, 죽음은 파멸되어야 할 하나님의 마지막 원수였다.[27] 그럼에도 우주의 주 그리스도는 아직 최고 권력을 장악하지 못했다. 인간 타락과 구원의 전 우주적 드라마는 그리스도의 구원 행위로 우세하게 전환되고, "만유 안에 계신 만유의 주"(τὰ πάντα ἐν πᾶσιν), 하나님에 대한 그리스도 자신의 복종에서 그 절정에 이를 것이다.[28] 인간 구원을 위한 하나님의 신적 계획은 "창조부터 그것의 성취에 이르는 인간 역사의 모든 단계를 아우르는 것으로 이해된다."[29]

바울은 '토라'의 요구사항을 그리스도에 대한 믿음으로 대체했고 그의 복음을 당대의 헬라적인 사회-문화적 배경에 일치하여 해석하였기 때문에, 그의 기독교는 유대교에 그것의 역사적 뿌리가 있지만, 그것은 신학적으로 독립적이어서 새로운 종교라 할 수 있다. 바울에게 있어, 그리스도는 인류를 위한 하나님의 목적과 계획을 이해하는 열쇠다. 모든 사람들은 죄의 노예가 될 것인가 아니면 하나님 말씀에 대한 순종의 종이 될 것인가 하는 선택의 교차점에 서 있다. "너희 자신을 종으로 내주어 누구에게 순종하든지 그 순종함을 받는 자의 종이 되는 줄을 너희가 알지 못하느냐 혹은 죄[ἁμαρτία]의 종으로 사망[θάνατος]에 이르고 혹은

27. 고전 15.26.

28. 고전 15.25, 28. 고전 15.28: ὅταν δὲ ὑποταγῇ αὐτῷ τὰ πάντα, τότε [καὶ] αὐτὸς ὁ υἱὸς ὑποταγήσεται τῷ ὑποτάξαντι αὐτῷ τὰ πάντα, ἵνα ᾖ ὁ θεὸς [τὰ] πάντα ἐν πᾶσιν. 구원 과정의 클라이맥스를 "그리스도 안에서 만물이 통일되게 하려"(ἀνακεφαλαιώσασθαι τὰ πάντα ἐν τῷ Χριστῷ) 하는 것으로 말하는 엡 1.10 참조.

29. Fitzmyer, *Paul and His Theology*, 44.

순종[ὑπακοή]의 종으로 의[δικαιοσύνη]에 이르느니라."[30] 죄, 저주와 죽음으로 예정된 모든 인간들은 하나님의 의가 계시되는 그리스도 안에서 구원을 얻기로 선택되었다.

B. 시간과 공간

많은 것들 뒤에 있는 일자에 대한 그리스의 철학적 탐색은 스토아학파의 우주적 조화에 관한 교리에서 그 절정에 이른다. 스토아학파의 교리에 따르면, 몸의 한 부분에 영향을 미치는 것은 무엇이든 몸 전체에 영향을 미치는 소우주(microcosm)에서처럼, 대우주(macrocosm)에는 단 하나의 거대한 유기체 안에 모든 것들을 함께 묶는 "전체의 통일과 조화"(ἡ τοῦ παντὸς ἕνωσίς τε καὶ συμπάθεια)가 있다.[31] 스토아학파 이전, 플라톤은 '데미우르고스'(δημιουργός)가 "영혼 안에 마음을, 몸 안에 영혼을 둠으로써 계속하여 우주를 만드는 것"으로 묘사한다.[32] 이것은 개인의 구성이 우주의 구성을 반영하는 것으로 고려될 수 있음을 의미한다. 유사한 방식으로 스토아학파는 소우주/인간과 "정돈된 자연의 보편적 조화"를 제공한 대우주/코스모스의 질서와의 조화로운 관계를 인식한다.[33] 스토아학파의 용어로 바울은 우주를 부패(퇴락)의 속박에 놓인 대우주로 이해

30. 롬 6.16.
31. Hans Friedrich August von Arnim, *Stoicorum veterum fragmenta collegit Ioannes ab Arnim*, 4 vols. (Lipsiae: in Aedibvs B. G. Tevbneri, 1903-24), 2:156; 참조: 2:170, 172, 302, 347.
32. Plato, *Tim*. 30B.
33. Franz Cumont, *Astrology and Religion among the Greeks and Romans*, trans. J. B. Baker (New York: Dover, 1960), xvi.

하고, 대우주는 허무한 데 굴복하는 소우주 인간과 그 운명을 같이한다.[34] 이것은 바울이 땅과 하늘, 이 세상의 사건과 사후 세계의 사건, 인간 생활과 역사와 천상 세력 사이에 밀접한 관련성이 있는 하나의 통합 세계관을 갖고 있음을 함의한다. 예수의 죽음과 부활을 통해 우주 캔버스 위로 투사된 드라마에서 하나님은 새 창조, 즉 인간 역사와 우주의 변화를 시작하신다.[35] 바울은 그의 추종자들에게 그들의 궁극적 운명이나 참된 시민권(πολίτευμα, '폴리튜마')이 부패하고 타락한 지상 세계가 아닌 완전한 천상의 영역에 있음을 글로써 알리는바, 후자는 하나님과 만나기 위해 그들이 올라갈 곳이다.[36] 이러한 사상은 "뿌리 깊은 그레코-로마의 아스트랄 종교(astral religions: 점성술보다 오래 전부터 있었던 별을 숭배하는 종교 행태. 많은 고대 종파의 기본 요소였으며, 다른 종파보다 일부 종파에서 더 눈에 띄게 나타난다—편주)의 신앙과 사상으로부터 기독교가 채택한 것이다."[37] 바울은 모든 인류의 운명이 죄와 죽음으로 특징되는 세계로부터 분리될 수 없음을 인식한다. 바울의 우주적 드라마에서 하나님의 구원 계획과 목적은 그의 최우선 관심사이고 개개인의 죄인들은 물론 "썩어짐의 종노릇한 데서 해방"될 것을 기대하는 모든 피조물을 겨냥한다.[38]

1. 두 세대 사이에서(Between the Two Aeons)

유대 묵시 양식으로 바울은 세속 역사를 두 세대/시대 도식, 즉 "이 세

34. 롬 8.19-23.
35. 바울의 새 창조 개념에 관해서는 갈 6.15과 고후 5.17을 보라.
36. J. Edward Wright, *The Early History of Heaven* (New York: Oxford University Press, 2000), 150. 참조: 빌 3.20-21; 살전 4.15-17; 고전 15.20-57; 고후 5.1-5; 엡 2.6.
37. J. E. Wright, *Early History*, 150.
38. 롬 8.21: ὅτι καὶ αὐτὴ ἡ κτίσις ἐλευθερωθήσεται ἀπὸ τῆς δουλείας τῆς φθορᾶς εἰς τὴν ἐλευθερίαν τῆς δόξης τῶν τέκνων τοῦ θεοῦ.

대/시대"(עולם הזה/ὁ αἰὼν οὗτος)와 "오는 세대/시대"(עולם הבא/ὁ αἰὼν ὁ μέλλων 혹은 ἐρχόμενος)로 구분한다. 두 세대/시대 도식은 바울의 "사상 세계" 혹은 "상징적 우주"의 틀을 형성한다. "하나는 새로운 신앙생활의 시작을 알리는 예수 그리스도의 죽음과 부활이다. 다른 하나는 세상을 향한 하나님의 목적의 정점을 알릴 그리스도의 귀환, 즉 '파루시아'(Parousia)다."[39] 이 점에서 바울은 시간의 과정을 영원회귀로 이해하는 그리스의 개념과는 달리 그것을 "창조부터 완성까지 역사 속 하나님의 개입의 의미 있는 기록으로" 이해한다.[40] 두 개의 반대 권세/세대 사이의 대조는 바울 신학의 기초다. R. C. 탄네힐(R. C. Tannehill)은 바울에게 있어 "모든 것이 옛 세계의 세력으로부터의 해방과 새 세계로의 편입이라는 실재에 달려 있다"고 주장한다.[41] 로마서 12장 2절에서 바울은 독자들에게 이 세대에(τῷ αἰῶνι τούτῳ) 순응하지 말고 그와는 반대로 "마음을 새롭게 함으로 변화를 받으라"고 경고한다.[42] 신자들은 두 세대/세계의 시민임을 스스로 알고 있기에 그들은 "덧없이 지나가는 이 세대에 순응하지 말고(고전 7.31), 새 시대의 도래로 끊임없이 변화되어야 한다(롬

39. Sampley, *Walking*, v.

40. Archibald M. Hunter, *The Gospel According to St Paul: A Revised Edition of Interpreting Paul's Gospel* (Philadelphia: Westminster, 1966), 10.

41. R. C. Tannehill, *Dying and Rising with Christ: A Study in Pauline Theology*, BZNW 32 (Berlin: Töpelmann, 1967), 71.

42. 바울은 롬 12.2; 고전 1.20, 2.6, 8, 3.18; 고후 4.4에서 "이 세대"(αἰὼν οὗτος)의 개념을 사용한다. 바울이 비록 그것에 대응하는 "오는 세대"(ὁ αἰὼν ὁ μέλλων. 참조: 마 12.32; 막 10.30; 눅 18.30; 엡 1.21, 2.7; 히 6.5)의 개념을 사용하지는 않지만 그는 롬 8.18-25과 고전 15.20-28에서 그 개념을 암시적으로 표현한다. 두 세대를 사용하는 대신, 바울은 현세대가 악이 증가하는 세대라는 의미를 강화하기 위해 용어 "이 세대"를 사용할 뿐이다.

12.2)."[43] 이 경우에 "세대" 개념의 퇴보는 우주가 지닌 악한 의미의 반영일 테다. 고린도후서 4장 4절에서 사탄은 "이 세상의 신"(ὁ θεὸς τοῦ αἰῶνος τούτου)으로 불린다. 갈라디아서 1장 4절에 따르면, 그리스도는 "이 악한 세대에서[ἐκ τοῦ αἰῶνος τοῦ ἐνεστῶτος πονηροῦ] 우리를 건지시려고 우리 죄를 대속하기 위하여 자기 몸을 주셨"다. 바울이 이런 종류의 두 세대의 종말론적 이원론을 수납하였음을 보여 주는 논증적 방식은 "이 세대"라는 구절의 사용에 있다. 현세대는 때때로 악한 것으로 묘사되고(갈 1.4), 세상 거주자들은 "어그러지고 거스르는 세대"(빌 2.15)이다. 이러한 현세대는 통치자들, 즉 사라지도록 운명 지어진 악마적 세력에 의해 지배된다.[44]

유대 묵시사상의 시간적인 이원론적 사상과 연계하여 바울은 현재의 악한 세대를 구원의 오는 세대와 대조하였다.[45] 그러나 바울의 묵시적 전망은 전통적인 유대의 묵시적 전망과는 중요한 방식에서 다르다.[46] 바울은 이 세대와 오는 세대 사이를 구분하지 않는다는 점에서 급진적

43. Charles B. Cousar, *The Letters of Paul* (Nashville: Abingdon, 1996), 97. 고전 7.31: "이 세상의 외형은 지나감이니라"(παράγει γὰρ τὸ σχῆμα τοῦ κόσμου τούτου).

44. 고전 2.6-7: "그러나 우리가 온전한 자들 중에서는 지혜를 말하노니 이는 이 세상의 지혜가 아니요 또 이 세상에서 없어질 통치자들의 지혜도 아니요 오직 은밀한 가운데 있는 하나님의 지혜를 말하는 것으로서 곧 감추어졌던 것인데 하나님이 우리의 영광을 위하여 만세 전에 미리 정하신 것이라."

45. 참조: 갈 1.4; 롬 8.18; 고전 1.26.

46. 바울이 유대 묵시사상을 변경한 것으로 Vincent P. Branick이 인정하는, 바울 작품 속 실현된 종말론을 나타내는 다수의 주제들은 다음과 같다. (1) 생명의 새로움(롬 6.4); (2) 내적 변화(고후 4.16); (3) 영적 실재(고전 15장; 고전 1.18-2.16); (4) 은혜, 은사, 영광, 사랑, 희망과 영의 능력과 같은 것들의 현재의 풍성함(롬 5.15, 15.13; 고전 14.12, 15.58; 고후 1.5, 3.9, 4.15, 8.7, 9.8; 살전 3.12, 4.10; 빌 1.9); (5) 그리스도 안에서의 공유(고후 5.17; 롬 6.3-4). 이런 요소들은 묵시적 언어 세계보다는 참여를 반영한다. Vincent P. Branick, "Apocalyptic Paul?" *CBQ* 47 (1985): 672-73을 보라.

인 이원론적 사상가는 아니다. 바울의 우주적 드라마에서 현재는 두 시대가 중복되는 시간이다. "그들에게 일어난 이런 일은 본보기가 되고 또한 말세를 만난 우리를 깨우치기 위하여 기록되었느니라."[47] 신자들은 두 세대 사이의 시대에 고군분투하는 삶을 산다. 바울이 그의 유대 상대자들과 두드러진 차이를 보이는 것은 그가 처음부터 끝까지 십자가에 달리고 부활하여 높여진 하나님의 아들 예수의 인격과 사역에 관심을 가지며, 그런 기독론적 관심에 따라 유대 묵시사상의 두 세대 도식을 변경한다는 점에 있다. 이 점에서 게르하르트 에벨링(Gerhard Ebeling)이 경구적으로 표현한 것은 바울의 묵시사상에 적용될 수 있다. "우리는 예수를 묵시사상의 빛에서 단순히 해석할 수 있을 뿐만 아니라 무엇보다 예수의 빛에서 묵시사상을 해석할 수 있다."[48] 두 세대/시대는 예수의 부활과 귀환 사이의 간격 동안에 뒤섞여 있다.[49] 따라서 그리스도 안에 있는 이들은 동시에 두 세대/시대에 살고 있다.[50] 그리스도의 죽음과 부활 안에서 시작된 새 세대/시대는 역사의 종언에 그리스도의 귀환(παρουσία, '파루시아')으로 완성될 것이다. 그때 마지막 원수, 사망은 패배할 것이다.[51]

바울의 사상에서 모세와 그리스도 사이의 획기적인 대조는 아담과 그리스도 사이의 보다 보편적인 대조에 의해 가려진다.[52] 로마서 5장

---

47. 고전 10.11: ταῦτα δὲ τυπικῶς συνέβαινεν ἐκείνοις, ἐγράφη δὲ πρὸς νουθεσίαν ἡμῶν, εἰς οὓς τὰ τέλη τῶν αἰώνων κατήντηκεν).
48. Gerhard Ebeling, "The Ground of Christian Theology," *JTC* 6 (1969): 58.
49. 예를 들면, 롬 8.29-30.
50. Sampley, *Walking*, 10.
51. 고전 15.54-57.
52. James D. G. Dunn, *The Theology of Paul the Apostle* (Grand Rapids, Mich.: Eerdmans, 1998), 146.

143–144

12-21절에서 제임스 D. G. 던(James D. G. Dunn)은 다양한 배우들이 하나님과 인류 사이에서 자신이 맡은 역할을 수행하는 인간 역사를 둘러싼 바울의 드라마를 본다.

> 인류의 비극을 연출할 첫 두 주체가 아담으로 말미암아 세계 무대에 "들어온" 지 얼마 되지 않아서(5.12), 세 번째 주체가 모세로 말미암아 "가만히 들어와서"(5.20) 그 둘과 합류하였다. "율법이 들어온 것은 범죄를 더하게 하려 함이라", 즉 죄가 사망으로 말미암아 더욱 기승을 부리게 되었다(5.20-21). 여기서 율법은 갈라디아서 3장에서와는 달리 아브라함과 그리스도 사이의 중간에 출현한 것이 아니다. 로마서 5장에서 염두에 둔 하나님 경륜의 범위는 아담으로부터 그리스도, 곧 창조로부터 구원까지이다. … 하나님의 경륜 중에서 모세로부터 그리스도까지의 단계가 아담으로부터 그리스도까지의 단계 내에 설정되면서, 이스라엘과 관련된 율법의 좀 더 긍정적인 기능은 시야에서 사라진다. 보다 넓은 시야에서의 시대 비교(아담과 그리스도) 안에서 주목을 끄는 것은 죄와 관련한 율법의 한층 부정적인 역할이다.[53]

바울은 예수의 죽음과 부활을 (모세 율법과 관련된) 옛 시대로부터 새 시대로 전환하는 표식으로 인식한다. 로마서 5장에서보다 훨씬 더 예리한 용어로 바울은 갈라디아서 4장 21-31절과 고린도후서 3장 1-18절에서 중대한 대조를 묘사한다.[54] 예수가 귀환할 때, 옛 시대는 끝날 것이다.

---

53. Dunn, *Theology of Paul*, 146. 제임스 D. G. 던, 『바울신학』(*The Theology of Paul the Apostle*), 박문재 역(서울: 크리스챤 다이제스트, 2005), 231-32.
54. Dunn, *Theology of Paul*, 146-47.

바울의 마음에 다메섹으로 가는 도상에서 영광 중에 나타난 예수의 계시란, 이전 것들은 지나가고 있으며 지나갈 것이며 새로운 것들이 생겨나고 있는 종말론적 시대의 도래를 알리는 전조가 되었을 것이다. 그리스도의 죽음과 하나님의 영은 신자들을 모세 율법과 죄 사이의 치명적 동맹의 손아귀로부터 벗어나게 하였고 모세의 율법 시대를 종식시켰다. 바울에게 있어 새 시대의 도래는 일반적으로 율법과 윤리에 대한 새로운 그리스도 중심적 관점을 가져왔다. 바울은 교회를 두 세대/시대 사이의 긴장 안에서 살고 있는 것으로 이해한다. 두 세대/시대 사이에는 중첩이 있다. 새 시대는 그리스도의 부활 사역 안에서 선취적으로 현존한다.

2. 지구 중심적 우주(Geocentric Universe)

그리스 사상은 히브리 사상가들에게 엄청난 영향을 미쳤고, 결과적으로 또 다른 사상의 조류를 생성하였다. 주전 4세기가 끝날 무렵, 알렉산더의 정복으로 초래된 헬레니즘 세계시민주의(보편주의)의 영향은 우주론적 혁명이 가져온, 공간적 구성(확장된 우주적 개념)의 일반적 수용과 함께 결합되어 헬레니즘 세계를 변화시켰다. 그리스인들과 로마인들에 의한 천문학적 진보는 바울에게 폐쇄된, 삼층으로 된 전체로의 고전적인 우주적 이미지와는 상당히 다른 우주론적 관점을 제공했다.[55] 주전 6세기의, 소크라테스 이전 철학자들은 최초로 호메로스 서사시와 구약성서에 묘사된 고전적인 우주적 이미지에 대해 이의를 제기하였다. 플

55. J. E. Wright, *Early History*, 133-35은 히브리서, 야고보서, 베드로전서와 후서, 요한 1, 2, 3서와 계시록과 같은 신약성서 작품들은 그리스 용어 '우라노스'(οὐρανός)와 '우라노이'(οὐρανοί)를 교차해서 사용하며, 일반적으로 하나님이 거주하시는 단 하나의 천상으로 유대적 모델을 일반적으로 계속 보존한다고 말한다.

144–145

라톤이 주장한 것처럼, 천체들의 실제 움직임은 등속원운동으로 해결되어야 한다. 동심원적 행성 구체로 둘러싸인 지구를 보여 주는 새로운 통합된 우주 그림은 인간 본성, 세계와 신(들)의 실재들을 이해하는 데에 혁명적 변화를 가져왔다. 바울에게 있어 이러한 지구 중심적 우주는 구원 시나리오의 신적 실행이 펼쳐지는 무대였다.

지상에서 우주 무대로의 우주론적 인식의 전환은 달 아래의 지상과 달 위의 천상 영역으로 구분되어 "제국주의적 국제주의에 직면하여 헬레니즘 사회정치적 무대에서의 지방자치의 붕괴에 부합한다."[56] 일곱 개의 행성 구체로 구성된 우주에 대한 진보된 지식 때문에 신들의 지상 현존은 더 이상 사실로 인정될 수 없었다. 달 아래의 지상 영역은 악마적 실재가 전체로서의 세계와 개개인을 장악하기 위해 그들의 권력을 실행하는 직접적인 현장이다. 크게 확대된 이런 우주의 새로운 구조에 상응하는 인간학적 전망으로부터 바울은 빌립보서 3장 20-21절에서 다음과 같이 말한다. "그러나 우리의 시민권[πολίτευμα, '폴리튜마']은 하늘에 있는지라 거기로부터 구원하는 자 곧 주 예수 그리스도를 기다리노니 그는 만물을 자기에게 복종하게 하실 수 있는 자의 역사로 우리의 낮은 몸을 자기 영광의 몸의 형체와 같이 변하게 하시리라."[57] 바울은 그의 내러티브 곳곳에서 천상 세계의 중요성을 강조한다.[58] 하나님 왕국에 대한

56. Luther H. Martin, *Hellenistic Religions: An Introduction* (New York: Oxford University Press, 1987), 21.

57. 빌 1.27("오직 너희는 그리스도의 복음에 합당하게 생활하라[πολιτεύεσθε] 이는 내가 너희에게 가 보나 떠나 있으나 너희가 한마음으로 서서 한뜻으로 복음의 신앙을 위하여 협력하는 것과") 참조.

58. 살전 4.13-18과 고전 15.51-54. 그리스도 출현 시 성도들이 천사들과 인간들을 심판하며 그리스도와 함께 천상의 영광과 기쁨을 영원히 공유할 것이라고 주장하는 고전 6.2-3 참조.

그의 관점은 천상적이거나 영적이다. "우리가 주목하는 것은 보이는 것[τὰ βλεπόμενα]이 아니요 보이지 않는 것[τὰ μὴ βλεπόμενα]이니 보이는 것은 잠깐이요[πρόσκαιρος] 보이지 않는 것은 영원함이라[αἰώνιος]."[59] 영적 영역에 대한 그의 비전에 일치하여 바울은 죽은 자들이 영광스럽게 변화된 영적 몸으로 부활될 때, 그리스도의 도래 시 살아 있는 자들은 즉시 육체로부터 영으로 변화될 것이라 주장한다.[60] 바울에게 있어 이런 인간의/지상의 세계는 신자들의 궁극적 목적지가 아니다. 그들의 시민권은 완전한 천상 영역에 속한다. 바울의 불멸 개념은 헬레니즘 천문학의 일곱 개의 구체로부터 유래한다.

고린도후서 12장 2-4절의 자전적 진술에서 바울이 명확히 하고 있는 것처럼, 그레코-로마의 다중 하늘 모델에 따라 바울은 셋째 하늘에 올라간 이야기를 전한다.

> 내가 그리스도 안에 있는 한 사람을 아노니 그는 십사 년 전에 셋째 하늘[ἕως τρίτου οὐρανου]에 이끌려 간 자라 (그가 몸 안에 있었는지 몸 밖에 있었는지 나는 모르거니와 하나님은 아시느니라) 내가 이런 사람을 아노니 (그가 몸 안에 있었는지 몸 밖에 있었는지 나는 모르거니와 하나님은 아시느니라) 그가 낙원으로 이끌려 가서 말로 표현할 수 없는 말을 들었으니 사람이 가히 이르지 못할 말이로다.

---

59. 고후 4.18. 고전 15.50("형제들아 내가 이것을 말하노니 혈과 육[σὰρξ καὶ αἶμα]은 하나님 나라를 이어받을 수 없고 또한 썩는 것[ἡ φθορα]은 썩지 아니하는 것[ἡ ἀφθαρσία]을 유업으로 받지 못하느니라") 참조.
60. 고전 15.52: "나팔 소리가 나매 죽은 자들이 썩지 아니할 것[ἄφθαρτοι]으로 다시 살아나고 우리도 변화되리라."

위 구절에 반영된 바울의 천상 여행은 다메섹으로 가는 도상에서 그리스도를 보았던 환상적 경험일 것이다(행 9.1-9, 22.3-16, 26.9-18). 예언자나 선견자가 묵시적 신화에서 묘사하고 있듯 천상을 통해 여행하는 것처럼, 바울은 셋째 하늘(τρίτος οὐρανός), 즉 '파라데이소스'(παράδεισος, 영어 단어 paradise에 해당)로 이끌려 올라간 신비적 경험을 언급한다.[61] 그러나 바울은 그가 생각하기에 얼마나 많은 하늘이 있는지도, 이런 경험의 정확한 본질이 무엇인지도 명확히 하지는 않는다. 승천의 이야기가 하나님의 비전을 언급하거나 일곱 번째 하늘과 그곳의 거주자들을 묘사함으로써 그 절정에 달하는 유대의 유사 작품들과는 달리 바울은 셋째 하늘('파라데이소스')로 그가 이끌려 간 것에 대해서만 말할 뿐이다. 그들과 달리 바울이 '하데스'(ᾅδης)나 지옥(γέεννα, '게엔나')에 대해 어떤 언급도 하지 않는 것은 주목할 만하다.[62] 고린도후서 12장 2-4절에서 언급된 셋째 하늘이 가장 높은 하늘인지, 아니면 유대 종교에서 자주 언급된 일곱 하늘 가운데 셋째 하늘인지는 분명하지 않다. 바울이 다중 하늘 모델을 채택했다는 것 외에는 아무것도 알 수 없다.[63] 문제가 되는 이 점과 관련하여, 마이클 파텔라(Michael Patella)는 다음과 같이 그의 관점을 설명한다.

61. 단어 '파라데이소스'(παράδεισος)는 창 13.10 LXX; 아 4.13; Sir. 40.17; *Pss. Sol.* 14.3; 욜 2.3; 사 1.30 LXX; Sus 1.4에서 발견된다.
62. 대신 바울은 롬 10.7에서 "무저갱"(ἄβυσσος, '아뷔소스')을 말한다. "혹은 누가 무저갱에 내려가겠느냐 하지 말라 하니 내려가겠느냐 함은 그리스도를 죽은 자 가운데서 모셔 올리려는 것이라"(롬 10.7). 용어 '하데스'(ᾅδης)와 '게엔나'(γέεννα, "지옥")는 신약성서에서 각각 아홉 번과 열세 번 나타난다. '하데스'(ᾅδης): 마 11.23; 눅 10.15, 16.23; 행 2.27, 31; 계 1.18, 6.8, 20.13, 14; "지옥"(γέεννα): 마 5.22, 29, 30, 10.28, 18.9, 23.15, 33; 막 9.43, 45, 47; 눅 12.5; 약 3.6; 벧후 2.4.
63. 바울이 우주구조론을 다중 하늘로 인식하고 있다는 부차적 암시는 엡 4.10에서 발견된다. "내리셨던 그가 곧 모든 하늘 위에[ὑπεράνω πάντων τῶν οὐρανῶν] 오르신 자니 이는 만물을 충만하게 하려 하심이라."

> 바울은 "셋째 하늘"을 언급하면서 그것을 "파라다이스"로 지칭한다. 헬레니즘적 모델에서 파라다이스는 일곱 번째 하늘에 속한다. 바울이 세 하늘의 페르시아 천상 구조에 의존하는 것처럼 보인다면, 바울에게 있어 천상의 수는 중요하지 않을 수 있다. 용어 "셋째 하늘"은 최상급으로만 사용된다. … 그러나 "궁창", "하늘의 반구형 덮개", 혹은 "땅의 기둥들"과 같은 셈어적 용어에 대한 어떤 언급은 전혀 없다. 바울은 파라다이스로의 진출(여행)을 묘사하기 위해 헬레니즘적 숫자 7을 사용하지 않을 수 있으나 그럼에도 비전은 천상 구체를 관통한다. 이 경우 유대인 바울은 신구약 중간기 시대의 위경과 외경 작품의 사용법에 있어 일탈을 보여 주지 않는 반면, 그는 학자들이 전형적 유대 사상으로 인식해 온 것으로부터의 어떤 변화를 보여 준다.[64]

바울은 신구약 중간기 시대 동안 유대 묵시적 사상이 고수한, 그레코-로마의 우주 이해를 논증하고 있을 가능성이 매우 높다. 파텔라가 주장하고 있는 것처럼, 바울의 우주구조론(혹은 우주론)은 구약성서에 반영된 고대 유대 모델이 아닌 헬레니즘적 모델에 기초한다. 파라다이스가 유대 묵시문학에서는 셋째 하늘에 위치한 것처럼, 바울은 셋째 하늘을 '파라다이스'(παράδεισος)의 거소와 동일시한다.[65] 루터 H. 마틴(Luther H. Martin)은 지적한다.

> [파라다이스에서] 첫째 하늘은 집합적으로 행성의 천상 영역을 나타내고,

64. Michael Patella, *Lord of the Cosmos: Mithras, Paul, and the Gospel of Mark* (New York: T & T Clark, 2006), 19.
65. 예를 들면, *Apoc. Mos.* 37.5과 *2 En.* 8.1.

> 둘째 하늘은 고정된 별들의 구체를 언급한다. 유대의 '메르카바'(*merkabah*) 신비주의, 『레위의 유언』(*Testament of Levi*, 2장과 3장), 『이사야 승천기』(*Ascension of Isaiah*, 6-11장)의 경우처럼, 삼중 천상의 지역적 분화는 행성 일곱 개로 확장될 수도 있다.[66]

두 부분, 순교(1-5장)와 비전/환상(6-11장)으로 구성된 『이사야의 순교기와 승천기』(*Martyrdom and Ascension of Isaiah*)는 우주의 일곱 구체의 예를 제공한다.[67] 그의 승천 설명에서, 예언자 이사야는 일곱 하늘을 여러 번 언급한다.[68] 일곱 번째 하늘로부터 온 천사 무리와 함께 하는 그의 천상 여행은 『이사야의 승천기』의 중심 초점이다. 『이사야의 순교기』에 나오는 한 구절에서 이사야는 바울에게 일어난 유사한 승천에 대해 이야기한다.

> [천]삼백삼십이 일 후, 주님은 일곱 번째 하늘로부터 그의 천사와 성도 무리와 함께 일곱 번째 하늘의 영광으로 와서 벨리알과 그의 군대를 게헨나로 끌고 갈 것이다. 이 세상에서 그가 몸 안에서 발견한 성도들에

66. L. H. Martin, *Hellenistic Religions*, 121-22. Gershom G. Scholem, *Major Trends in Jewish Mysticism*, 3rd ed. (New York: Schocken, 1961), 50, 54 또한 참조.
67. M. A. Knibb, trans. *Martyrdom and Ascension of Isaiah, in Old Testament Pseudepigrapha*, edited by J. H. Charlesworth, 2 vols. (Garden City, N.Y.: Doubleday, 1983, 1985), 2:149-50은 『순교기』(*the Ascension*) 저작 연대는 주후 1세기로 추정하고, 『승천기』(*the Ascension*) 작성 연대는 주후 2세기 중엽으로 추정한다. 이는 에베소인들에게 보내는 Ignatius의 서신(19.1)이 『승천기』의 일부를 인용했기 때문에 두 부분 모두 동시대에 기록된 것으로 보는 Robert H. Charles의 추측과는 다르다. M. A. Knibb의 기록 연대를 수용한다 하더라도 두 번째 부분, 『승천기』는 보다 이른 시기부터 전승이 회람되었을 가능성을 배제할 수 없다.
68. *Mart. Ascen. Isa.* 3.13, 18, 4.14, 6.6-16.

> 게 그는 안식을 줄 것이지만 태양은 수치를 당할 것이고 주님에 대한 그들의 믿음 때문에 벨리알과 그의 왕들을 저주한 모든 이들에게 안식을 줄 것이다. 그러나 성도들은 위의 일곱 번째 하늘에서 보관한 그들의 의복을 입고서 주님과 함께 올 것이다. 주님과 함께 그들의 영으로 옷 입혀진 이들이 올 것인데, 그들은 하강하여 이 세상에 있게 될 것이다.[69]

J. 에드워드 라이트(J. Edward Wright)는 위 부분에 대해 논평한다. "이 같은 본문은 몇몇 초기 유대인들과 그리스도인들이 일곱 천상 우주론에 대해 알았지만 그들은 그것을 충분히 이해하지 않았다고 제안한다."[70] 라이트의 주장에 추가하여 파텔라는 유대인들과 그리스도인들이 그레코-로마 우주론을 그들의 유일신론적 신앙 체계로 융합하였다고 주장한다. 그들의 유일신론적 신앙은 하나님을 우주 만물의 궁극적 창조주와 관리자로 묘사하며, 그들은 일곱 번째 하늘이 하나님의 거처인 천상의 일곱 영역으로 우주가 형성된 것으로 여긴다.[71]

고린도후서 12장 2-4절에서 묘사된 바울의 셋째 하늘로의 천상 여행은 『에녹2서』 8장 1절-10장 6절의 내용과 밀접한 유사성을 지닌다. 셋째 하늘이 파라다이스와 동일시되는 『에녹2서』 8장 1절의 보다 긴 J 개정본은[72] 다음과 같이 읽는다. "그리고 그 사람들은 그곳에서 나를 데

---

69. *Mart. Ascen. Isa.* 4.14-16b. Knibb, *Martyrdom*, 162으로부터 인용.
70. J. E. Wright, *Early History*, 159.
71. Patella, *Lord of the Cosmos*, 20-21.
72. 『에녹2서』의 보다 긴 버전의 주요 필사본은 R, J와 P로 지정되고, 보다 짧은 버전의 필사본은 U, B, V와 N으로 지정된다. 16세기에 작성된 J는 R의 개정본으로 추정된다.

려다가 셋째 하늘로 나를 이끌고 갔고 나를 그곳에 내려놓았다. 그러고서 나는 아래를 보았는데 그곳에서 파라다이스를 보았다. 그곳은 상상할 수 없을 만큼 쾌적한 장소였다."[73] F. I. 엔더슨(F. I. Andersen)은 에녹2서 8장 4절과 관련하여 "파라다이스가 필멸과 불멸 사이에 놓여 있다"고 논평할 때, 그는 바울의 우주론을 이해하는 데에 중요한 단서를 제공한다.

> 이 본문은 파라다이스가 하늘(불멸의)과 땅(필멸의) 사이의 지역을 암시할 수 있지만 또 다른 설명도 가능하다. 고대 천문학은 질서가 정연한 우주와, 상황이 보다 불규칙하고, 적어도 변화가 가능한 하늘 사이를 구분하였다. 만일 『에녹2서』의 우주론에서 첫 번째 천상과 두 번째 천상은 변화의 지역이고 네 번째 천상에서 일곱 번째 천상은 변함이 없는 곳이라면, 세 번째 하늘, 파라다이스는 그 둘 사이에 있다.[74]

앤더슨은 또한 『에녹2서』 8장 1절과 관련하여 고린도전서 15장 53절을 바울의 용어로 분석한다.[75] 그에 따르면, 고린도전서 15장 53절에서 슬라브어 용어, *tĭlěnije*("변화의")와 *netlěnije*("변화 없는")에 상응하는 그리스어 단어 '프타르톤'(φθαρτόν, "썩을")과 '아프타르시아'(ἀφθαρσία, "썩지 아니할")가 각각 발견된다. 앤더슨은, 썩는 것은 썩지 않는 것이 되는 게 아니라 오히려 썩지 않음을 입는다는 고린도전서 15장 53절에서, 바울이 구

73. F. I. Andersen, trans., "2 Enoch," *OTP* 1:114.

74. Andersen, trans., "2 Enoch," *OTP* 1:116, n. l; Patella, *Lord of the Cosmos*, 21.

75. 고전 15.53: "이 썩을 것이 반드시 썩지 아니할 것을 입겠고 이 죽을 것이 죽지 아니함을 입으리로다"(Δεῖ γὰρ τὸ φθαρτὸν τοῦτο ἐνδύσασθαι ἀφθαρσίαν καὶ τὸ θνητὸν τοῦτο ἐνδύσασθαι ἀθανασίαν).

체적인 것으로부터 추상적인 것으로 바꾼다고 결론짓는다.[76] 고린도전서 15장 53절에서 바울의 용어는 "지구 위 여러 개의 겹쳐진 층들이라는 헬레니즘적 관점"이라기보다는 행성들이 지구를 둘러싸고 있는, 보다 진보된 헬레니즘적인 천문학을 암시한다.[77] 『에녹2서』 8장 1절-10장 6절에서의 세 번째 하늘의 묘사를 고린도후서 12장 2-4절에서의 바울의 용어 사용에 적용하는 파텔라는 다음과 같이 결론 내린다. "바울은 헬레니즘적 우주론에 대한 이해를 보여 주기 위해 '일곱 번째 하늘' 대신에 '셋째 하늘'이라는 용어를 최상급으로 사용하지는 않는다." 그가 "셋째 하늘"을 사용하는 이유는 그에게 있어 "그 문구가 그레코-로마 세계에서 뜻하는 모든 것을 의미하기" 때문이다.[78] 결론적으로, 바울이 자신의 황홀한 경험에서 설명하는 것이 아니라, 그리스 철학자 피타고라스와 플라톤이 이해했고 유대적 헬레니즘 철학자 필론이 고수한 그레코-로마 우주론의 일곱 행성 구체에 대한 좋은 이해를 보여 주었다는 것은 충분히 근거 있는 추측이다.

C. 등장인물

하나님과 인간 사이의 간격을 메우기 위해 점점 더 늘어나는 중간 존재들은 우주가 삼층 우주(three-story universe)로부터 지구 중심적 우주(geocentric universe)로 그 영역을 확장한 것만큼 비례해서 확대되었다. 이

76. Andersen, trans., "2 Enoch," *OTP* 1:116, n. l; Patella, *Lord of the Cosmos*, 22, n. 16.
77. J. E. Wright, *Early History*, 159.
78. Patella, *Lord of the Cosmos*, 22.

러한 현상은 신구약 중간기의 현저한 특징인데, 이 기간에 유대인들은 하나님이 통치하시는 세계 속에서 악의 실재와 신정론(theodicy)의 문제에 직면했기에 천사론과 마귀론에 대한 관심은 상당히 고조되었다. 악의 현존과 기원에 직면하여 그들은 하나님의 도덕적 본성을 옹호해야만 했다. 일원론적 세계관을 지닌 그들은 이러한 문제에 대해 어떤 단서도 찾을 수 없었다. 그러나 이 문제는 "세상 종말"의 끝까지 서로 싸우는 하나님과 악마가 전쟁 중에 있는, 이원론적 우주에 비추어 해결될 수 있었다.[79] 묵시사상의 기간 동안(주전 200년에서 주후 100년), 히브리인들은 하나님을 두 개의 부분, 즉 "선한 주님과 악한 악마"로 나누고 악의 원천을 나쁜 영의 탓으로 돌림으로써 애매모호한 하나님 신앙으로부터 전적으로 선하신 하나님에 대한 신앙으로 점차 전환했다.[80] 제프리 버튼 러셀(Jeffrey Burton Russell)은 일원론으로부터 우주를 선과 악의 전장으로 이해하는 이원론으로 세계관이 변하였다고 다음과 같이 설명한다.

> 히브리 사상에 있어 하나님 개념이 선한 주님과 악한 악마라는 두 양상으로 점차 나뉜 것은 하나님에 대한 원래 사상에서 두 개의 단층선을 따라 진행되었다. 첫 번째 단층선은 "하나님의 아들"(*bene ha-elohim*)이었고, 두 번째 단층선은 "하나님의 사자"(*mal'ak Yahweh*)였다.[81]

하나님과 히브리어 '말라크'(מלאך, "사자", "천사")로부터 파생된 악한 것

79. Gregory J. Riley, *The River of God: A New History of Christian Origins* (San Francisco: HarperSanFrancisco, 2001), 19, 91.
80. Jeffrey Burton Russell, *The Prince of Darkness: Radical Evil and the Power of Good in History* (Ithaca, N.Y.: Cornell University Press, 1988), 30-31.
81. J. B. Russell, *Prince of Darkness*, 31.

(사탄이나 악마) 사이의 쟁투는 바울 작품의 중요한 부분이다.

바울은 이원론적이고 묵시사상적인 용어로 우주(κόσμος)와 그 안의 만물을 인식하였다.[82] 당대의 대중적인, 유대적이고 이교적인 사상과 연계하여 바울은 세계가 하나님, 선한 영들과 인간에게 적대적인 사탄과 그의 우주적 악령으로 가득하다고 상상했다. 바울의 이야기 세계에서 이러한 반항 세력들은 신적 통치를 받아들이기를 거부한다. 그레고리 J. 라일리(Gregory J. Riley)는 바울의 이야기 세계에 적용 가능한 우주적 드라마를 구성하는 네 개의 요소를 제시한다. "보이지 않는 하나님과 악마, 그들의 지상 대리인들, 의로운 자들을 박해하는 인간 통치자들, 그리고 의로운 자들."[83] 바울에게 있어, 예수를 십자가에 처형한 인간 통치자들은 "모래 상자 안 장난감처럼 이 세상의 사건들을 획책한 우주적 대리인들의 그림자에 불과"하다.[84] 조로아스터교로부터 유래하였으나 그리스에서 그 자체의 표현 양식을 찾은 이 사상은, 우주적 드라마로서 바울의 이야기 세계를 이해하는 데에 핵심 사항이다.[85] J. 크리스티안 베커(J. Christiaan Beker)가 관찰한 것처럼, 바울의 작품에서 많은 악한 세력

82. 이 시대와 오는 시대(ὁ αἰὼν οὗτος/ὁ αἰὼν ὁ μέλλων: 롬 5.12-21, 12.2; 고전 1.20, 2.6, 8, 3.18; 고후 4.4)의 이원론적 시간표; 육체와 영(σάρξ/πνεῦμα), 육신에 속한 자와 영적인(신령한) 자(σάρκινος/πνευματικός: 롬 8.5-11; 갈 5.16-26; 고전 3.1, 15.45-48), 깨달은 자들과 몽매한 자들(κατ' ἐπίγνωσιν/οὐ κατ' ἐπίγνωσιν: 롬 10.2)로서의 이원론적 인간학; 복과 저주, 자유와 노예로 각각 특징지어지는 아브라함에게 주어진 하나님의 언약과 모세에게 주어진 율법으로서의 이원론적 계약(갈 3-4장).

83. Gregory J. Riley, *One Jesus, Many Christs: How Jesus Inspired Not One True Christianity, But Many* (San Francisco: HarperSanFrancisco, 1997), 85.

84. 참조: 고전 2.8("이 지혜는 이 세대의 통치자들이 한 사람도 알지 못하였나니 만일 알았더라면 영광의 주를 십자가에 못 박지 아니하였으리라"). Dale B. Martin, *The Corinthian Body* (New Haven, Conn.: Yale University Press, 1995), 62을 보라.

85. Riley, *One Jesus*, 85.

150-151

들은 의인화되었다.

> 묵시주의적 사상은 삶의 역사적 구조에 새 차원을 부여한다. 인간 대리인들, 역사적 실재, 자연 현상은 초월적인 영적 세력에 의해 지배되고 스며든다. … "뱀이 그 간계로 하와를 미혹한 것처럼", 영적 세력들은 "혼미하게 하고"(고후 4.4) "속인다"(롬 7.10). 그들은 "시험하거나"(살전 3.5) "방해한다"("사탄이 우리를 막았다", 살전 2.18). … 바울은 "이 세상의 신"(고후 4.4)이나 "이 세상의 통치자들"(고전 2.8), "하늘에 있는 자들과 땅에 있는 자들과 땅 아래에 있는 세력들"(빌 2.10)과 "이 세상의 초등학문"(갈 4.3, 9)으로서의 사탄에 대해 말할 수 있다.[86]

바울은 죽음, 죄, 율법, 육체가 서로 얽혀 있는 세력의 "장"(field) 내에서 "우세한 묵시적 세력들"의 통제 아래에 있는 인간 조건을 묘사한다.[87] J. C. 베커는 다음과 같이 말한다.

> 그 영역의 모든 세력은 그들의 구체적 통치나 지배권을 가진다. 인간들은 "죄(*hamartia*)의 세력 아래"(롬 3.9)나 "율법(*nomos*)의 세력 아래"(롬 6.15) 있다. 죄는 통치하고(롬 5.21) 죽음(*thanatos*)은 군림한다(롬 6.9. 참조: 5.17). 육

86. J. Christiaan Beker, *Paul the Apostle: The Triumph of God in Life and Thought* (Philadelphia: Fortress, 1980), 188. Beker에 따르면, 바울에게 있어 묵시적 세력들은 인류학적으로 해석되었으며, 그 결과 인간 조건은 신화적 마귀들과 천사들이 아닌 오히려 죽음, 죄, 율법과 육체의 존재론적 세력에 의해 결정되었다(189-92). Walter Wink는 그의 저서, *Naming the Powers: The Language of Power in the New Testament* (Philadelphia: Fortress, 1984), 61-63에서 바울이 이미 세력들을 탈신화화하는(demythologizing) 데까지 상당히 나아갔다고 주장한다.

87. Beker, *Paul the Apostle*, 189.

> 체(*sarx*)는 자기만의 사고방식(롬 8.5-7)을 가지거나 욕망한다(갈 5.17). 그 영역은 상호 연관된 전체로서 작동한다. 각 세력들은 기원적으로 묘사될 수 없고 어떤 세력도 다른 세력들로부터 격리하여 생각할 수 없다.[88]

수많은 등장인물들의 군집은 바울의 드라마에 독자들을 때때로 압도할 수 있는 만화경적 성격을 부여한다. 바울은 죄(ἁμαρτία, '하마르티아'), 죽음(θάνατος, '타나토스'), 율법(νόμος, '노모스'), 육체(σάρξ, '사륵스')와 은혜(χάρις, '카리스')와 같은 의인화한 세력들과 함께 악마적 실체로서 사탄(σατανᾶς, '사타나스'), '벨리알'(Βελιάρ), 이방인들이 희생 제물을 바치는 마귀(δαίμονες, '다이모네스'), 사람을 노예로 삼는 "세상의 초등학문"(τὰ στοιχεῖα τοῦ κόσμου), "사탄의 사자"(ἄγγελος σατανα)와 아마도 "시험하는 자"(ὁ πειράζων)와 "혼미한 심령"(πνεῦμα κατανύξεως)을 열거한다.[89] 특이하게도 바울은 그의 작품(바울의 저작권이 분명한 서신)에서 마귀(διάβολος, '디아볼로스')를 결코

88. Beker, *Paul the Apostle*, 189-90. J. Christiaan Beker, *The Triumph of God: The Essence of Paul's Thought* (Minneapolis: Fortress, 1990), 80 참조.
89. Barbara Hall, "Battle Imagery in Paul's Letters: An Exegetical Study," (PhD diss., Union Theological Seminary, 1973), 132-60이 인용한 Jerome H. Neyrey, *Paul, in Other Words: A Cultural Reading of His Letters* (Louisville, KY: Westminster/John Knox, 1990), 162. Barbara Hall은 바울의 이야기 세계에서 나타나는 의인화한 악한 인물들을 다음과 같이 열거한다. (1) 죽음(고전 15.26; 롬 5.14, 17); (2) 죄(롬 5.21, 6.12, 7.11-23); (3) 사탄(롬 16.20; 고전 5.5, 7.5; 고후 2.11, 11.14, 12.7; 살전 2.18); (4) 통치/*archē*(고전 15.24; 롬 8.38); (5) 통치자들/*archontes*(고전 2.6, 8); (6) 권세/*exousia*(고전 15.24); (7) 능력/*dynamis*(고전 15.24; 롬 8.38); (8) 시험하는 자(살전 3.5); (9) 초등학문/*stoicheia*(갈 4.3, 9); (10) 본질상 하나님이 아닌 자들(갈 4.8); (11) 세상의 영(고전 2.12); (12) 귀신(고전 10.20-21); (13) 천사들(고전 6.3; 고후 11.14, 12.7; 갈 1.8; 롬 8.38); (14) 이 세상의 신(고후 4.4). 천상 세력들의 목록과 관련해서는 위 Hall의 논문 제2장의 각주 1과 Dunn, *Theology of Paul*, 105을 참조하라.

151-152

언급하지 않는다.[90] 특별히 세 폭군들, 즉 율법, 죄와 죽음은 3인조로 활동하지만 동일시되지는 않는다.[91] 강력하고 만연한 이원론적 우주론에서 바울의 가르침은 "영세 전부터 감추어졌"던 것인데 이제는 "너희 안에 계신 그리스도 곧 영광의 소망"으로 명백해진 비밀(μυστήριον, '뮈스테리온')에 초점을 맞춘다.[92]

1. 악한 등장인물

a. 사탄(σατανᾶς)과 바울의 적대자들로서 그의 종복들(διάκονοι)

죽은 자들의 천사 통치자들과 의인화된 죽음과 '하데스'(ᾅδης)와 달리, 유대와 초기 기독교 사상에서 사탄은 패배한 세력이 아니었다.[93] 사탄은 성서문학에 나타난, 처음으로 이름이 붙은 천사다. 그는 천사학 발전에 특별한 경우를 보여 준다. 히브리어 단어 '사탄'(שטן)은 "적대자"나 "반대자"를 의미한다. 발람(민 22.22-35)과 다윗(삼하 19.22) 이야기에서 예시된 것처럼, 단어 사탄의 최초 사용은 인간 적대자를 언급한다.[94] 사탄이 초자연적 존재로 나타나기 시작한 것은 페르시아 시기였는데, 그 본성은

90. 엡 4.27, 6.11; 딤전 3.6, 7; 딤후 2.26 참조. 엡 6.11에서, 바울은 에베소 교회 성도들에게 다음과 같이 권면한다. "마귀[διάβολος]의 간계를 능히 대적하기 위하여 하나님의 전신 갑주를 입으라."

91. 롬 7.7: "그런즉 우리가 무슨 말을 하리요 율법이 죄냐 그럴 수 없느니라 …."

92. 롬 16.25-26; 골 1.26-27; 엡 3.3, 8-12.

93. Richard Bauckham, *The Fate of the Dead: Studies on the Jewish and Christian Apocalypses* (Leiden: Brill, 1998), 42.

94. 민 22.32: "여호와의 사자[מלאך]가 그에게 이르되 너는 어찌하여 네 나귀를 이같이 세 번 때렸느냐 보라 내 앞에서 네 길이 사악하므로 내가 너를 막으려고[שטן] 나왔더니"; 삼하 19.22: "다윗이 이르되 스루야의 아들들아 내가 너희와 무슨 상관이 있기에 너희가 오늘 나의 원수[שטן]가 되느냐 오늘 어찌하여 이스라엘 가운데에서 사람을 죽이겠느냐 내가 오늘 이스라엘의 왕이 된 것을 내가 알지 못하리요 하고."

행악자를 방해하고 비난하는 것이다. 사탄을 '디아볼로스'(διάβολος), "비방자"나 "반대 증인"으로 번역하는 칠십인역을 확인하는 것은 도움이 된다.[95] 사탄은 또한 고린도전서 10장 10절에서 "멸망시키는 자"(ὀλοθρευτής, '올로트류테스')로 불린다. 제프리 버튼 러셀은 '사탄'(שטן/σατανᾶς)과 마귀(διάβολος)의 기원을 다음과 같이 설명한다.

> 에녹서는 필멸의 여인들에 대한 호색적인 관심으로 인해 지금 불리는 것처럼 이 감시자 천사들에게 세미야자(Semyaza)라는 지도자를 지명했다. 다른 기원의 풍부한 이름들, 벨리알(Belial), 마스테마(Mastema), 아자젤(Azazel), 사타나일(Satanail), 사마엘(Sammael), 세미야자(Samyaza)와 사탄(Satan)은 한 인물, 악의 단 하나의 기원과 본질을 인격화한 존재, 즉 악한 자(Evil One)라는 인물을 둘러싼 묵시적인 기간 동안에 굳어졌다. 악 자체의 의인화인 마귀는 그의 부하들로 일하는 악한 영, 귀신들과는 구별되어야 한다. 가장 중요한 것은 악의 단일한 원칙, 더 좋게는 주역이라는 개념의 발전이다.[96]

사탄은 욥기(1-2장)와 몇몇 마지막 예언서에서 나타나는데 이 모두는 페르시아 시기에 기록되었다.[97] 사탄은 보다 자주 바울 서신에 나타난다.[98]

---

95. J. B. Russell, *Prince of Darkness*, 33.
96. J. B. Russell, *Prince of Darkness*, 33.
97. 예를 들면, 슥 3.1-2: "대제사장 여호수아는 여호와의 천사 앞에 섰고 사탄[שטן]은 그의 오른쪽에 서서 그를 대적하는 것을 여호와께서 내게 보이시니라 여호와께서 사탄에게 이르시되 사탄아 여호와께서 너를 책망하노라 예루살렘을 택한 여호와께서 너를 책망하노라 이는 불에서 꺼낸 그슬린 나무가 아니냐 하실 때에." 삼하 24.1의 해석으로의 대상 21.1 참조.
98. 롬 16.20; 고전 5.5, 7.5; 고후 2.11, 11.14, 12.7; 살전 2.18; 살후 2.9; 딤전 1.20, 5.15.

바울은 사탄을 하나님과 그리스도 복음에 적대적인 세력으로 언급한다.

바울은 죽음을 죄의 결과로 돌리고 사망을 우주 안 사탄의 세력과 관련시키는 것처럼 보인다(롬 5.12; 고전 15.20-28).[99] 나아가 사탄을 언급하기 위해 바울은 용어 "벨리알"(Βελιάρ, 고후 6.15)과 "시험하는 자"(ὁ πειράζω, 살전 3.5; 고전 7.5)를 사용한다. 사탄은 그의 계획대로 사람들을 이용할 수 있고(고후 2.11), 광명의 천사로 자신을 위장함으로써 그들을 속일 수 있다(고후 11.14). 사탄(σατανᾶς)을 "이 세상의 신"(ὁ θεὸς τοῦ αἰῶνος τούτου)으로 언급하는 고린도후서 4장 4절의 날카로운 이원론적 표현은 이곳 외에 신약성서 어디에서도 나타나지 않는다. 고린도후서 4장 4절에서 바울은 어떤 이들이 복음의 광채로부터 그 어떤 혜택도 받지 못하는 이유를 설명한다.

그중에 이 세상의 신이 믿지 아니하는 자들의 마음을 혼미하게 하여 그

"이 세상의 신"(ὁ θεὸς τοῦ αἰῶνος τούτου, 고후 4.4); "벨리알"(Βελιάρ, 고후 6.15); "시험하는 자"(ὁ πειράζων, 살전 3.5); "악한 자"(ὁ πονηρός, 살후 3.3; 엡 6.16); "공중의 권세 잡은 자"("지금 불순종의 아들들 가운데서 역사하는 영"으로 묘사된 ὁ ἄρχων τῆς ἐξουσίας τοῦ ἀέρος, 엡 2.2)와 "마귀"(ὁ διάβολος, 엡 4.27, 6.11; 딤전 3.6-7; 딤후 2.26)도 주목하라. 그리스어 단어 '디아볼로스', 즉 "적대자"는 히브리어 '사탄'(שטן)의 번역이고, 영어 단어 '데블'(devil)의 기원이다.

99. 롬 5.12: "그러므로 한 사람으로 말미암아 죄가 세상에 들어오고 죄로 말미암아 사망이 들어왔나니 이와 같이 모든 사람이 죄를 지었으므로 사망이 모든 사람에게 이르렀느니라"(Διὰ τοῦτο ὥσπερ δι' ἑνὸς ἀνθρώπου ἡ ἁμαρτία εἰς τὸν κόσμον εἰσῆλθεν καὶ διὰ τῆς ἁμαρτίας ὁ θάνατος, καὶ οὕτως εἰς πάντας ἀνθρώπους ὁ θάνατος διῆλθεν, ἐφ' ᾧ πάντες ἥμαρτον); 고전 15.25-26: "그가 모든 원수를 그 발 아래에 둘 때까지 반드시 왕 노릇 하시리니 맨 나중에 멸망받을 원수는 사망이니라"(δεῖ γὰρ αὐτὸν βασιλεύειν ἄχρι οὗ θῇ πάντας τοὺς ἐχθροὺς ὑπὸ τοὺς πόδας αὐτοῦ ἔσχατος ἐχθρὸς καταργεῖται ὁ θάνατος).

> 리스도의 영광의 복음의 광채가 비치지 못하게 함이니 그리스도는 하나님의 형상이니라(ἐν οἷς ὁ θεὸς τοῦ αἰῶνος τούτου ἐτύφλωσεν τὰ νοήματα τῶν ἀπίστων εἰς τὸ μὴ αὐγάσαι τὸν φωτισμὸν τοῦ εὐαγγελίου τῆς δόξης τοῦ Χριστοῦ, ὅς ἐστιν εἰκὼν τοῦ θεοῦ).

이 구절은 "그러나 그들의 마음이 완고하여 오늘까지도 구약을 읽을 때에 그 수건이 벗겨지지 아니하고 있으니 그 수건은 그리스도 안에서 없어질 것이라 오늘까지 모세의 글을 읽을 때에 수건이 그 마음을 덮었도다"라는 바울의 이전 언급과 관련하여 살펴볼 필요가 있다.[100] 이 세상의 신, 사탄은 하나님의 백성이 하나님의 형상, 즉 "그리스도 영광의 복음의 빛"을 인지할 수 없도록 하기 위해, 그 백성에게 하나님을 드러내야만 하는 율법을 "불신자들의 마음을" 가리는 수단으로 사용하였다. 사탄은 그리스도는 물론 그리스도인들에게도 곧 패배하게 될 것이다.[101] 로마서 16장 17-20절에서 사탄은 자신을 빛의 천사로 위장하고(μετασχηματίζεται εἰς ἄγγελον φωτός), 자신의 사역자들(즉 바울의 적대자들)을 그리스도의 사도로 가장한다(μετασχηματιζόμενοι εἰς ἀποστόλους Χριστοῦ). 유사하게 바울은 갈라디아의 이방 그리스도인들에게 할례를 강요함으로써 자신의 복음을 반대한 율법주의자들에게 화를 내었다.[102]

그의 교회에서 바울은 언제나 자신의 권위와 가르침을 부정하고 도

---

100. 고후 3.14-15.
101. 다른 구절들(고전 15.25; 빌 2.10; 엡 1.22)은 시 110.1의 신화적 승리자(메시아)를 언급하는 반면에, 롬 16.20("평강의 하나님께서 속히 사탄을 너희 발 아래에서 상하게 하시리라 우리 주 예수의 은혜가 너희에게 있을지어다")에서 바울은 특히 자신의 추종자들에게 승리의 약속을 적용한다. Neil Forsyth, *The Old Enemy: Satan & The Combat Myth* (Princeton: Princeton University Press, 1987), 262-66, 271을 보라.
102. 갈 5.12.

전한 적대자들에 직면했다. 적대자들과의 논쟁 상황 속에서 바울은 자신의 신학적 토대를 구축했다. 이러한 점에서 바울의 서신을 적대자들의 반박에 대한 변증(apologia)으로 여기는 것은 과하지 않다. 기독교 기원의 정확한 복원과 바울 서신의 명확한 이해에 관한 한 바렛(C. K. Barrett)이 바르게 지적한 것처럼, 고린도 교회에서 바울을 인신공격한 적대자들의 정체성 탐색은 주요 질문 가운데 하나다.[103] 다음 제5장에서 필자는 바울 서신에서 그의 적대자들 정체를 확인할 것이다.

b. 정사들(ἀρχαί), **능력들**(δυνάμεις), **권세들**(ἐξουσίαι)**과 통치자들**(ἄρχοντες)

기원후 1세기, 인간의 삶은 보이지 않는 악한 세력에 대한 두려움으로 깊게 그늘져 있었다. 초자연적 힘에 대한 유대교의 뜨거운 관심은 헬레니즘 사상의 심오한 영향에 의해 발생되었던바, 정교한 마귀론과 천사론의 발전도 가져왔다. 이런 악마적 세력은 인간사에 해로운 영향을 행사하였고 사람들을 사로잡았다. 바울과 그의 독자들은 악한 영적 존재들에 대한 신앙이 번창하던 영적 환경에서 살았다.[104] 이러한 종교적 분위기에서 바울은 동시대인들이 악마적 세력들과 그들의 해로운 영향을 두려워하였음을 자연스레 알았을 것이다.[105] 세력들에 대한 바울의 용어

103. C. K. Barrett, "Paul's Opponents in II Corinthians," *NTS* 17 (1971): 233.

104. 기원후 1세기 소아시아의 종교적 분위기에 관한 자세한 연구를 위해서는 Clinton E. Arnold, *Ephesians, Power and Magic: The Concept of Power in Ephesians in Light of Its Historical Setting* (Cambridge, N.Y.: Cambridge University Press, 1989), 5-40을 보라.

105. 바울의 세력 개념에 대한 Walter Wink의 비신화적 해석은 바울의 독자들이 기원후 1세기 헬레니즘 세계에서 두려워하였을 악한 영적 존재들의 실재에 대한 만연한 신앙을 바울이 확실히 공유하였을 것이라 여긴다면 설득력이 없다. 세력들을 다루는 Walter Wink의 세 권의 도서, *Naming the Powers*; *Unmasking the Powers: the Invisible Forces that Determine Human Existence* (Philadelphia: Fortress Press,

154-155

는 그 시대의 유대 묵시문학으로부터 차용한 것일 수도 있다. 1세기 『슬라브어 에녹의 묵시록』(*Slavonic Apocalypse of Enoch*, 『에녹2서』)은 20장 1절에서 천상 세력들을 열거한다.

> 나는 그곳[일곱 번째 하늘]에서 유난히 큰 광채, 대천사장들의 모든 불 같은 군대, 비육체적 세력들[δυνάμεις, '뒤나메이스'], 주권들[κυριότητες, '퀴리오테테스']과 기원들[ἀρχαι, '아르카이']과 권세들[ἐξουσίαι, '엑수시아이'], '케루빔'(cherubim)과 '세라핌'(seraphim)과 많은 눈이 있는 보좌들[θρόνοι, '트로노이']을 보았다.

동일한 맥락에서 『에티오피아어 에녹서』(*Ethiopic Book of Enoch*, 『에녹1서』)는 61장 10절에서 세력을 위한 용어를 사용한다.

> 그분[하나님]은 천상의 모든 세력들[δυνάμεις, '뒤나메이스'], 위에 있는 모든 거룩한 것들, 주님의 세력들, 즉 '케루빔'(cherubim), '세라핌'(seraphim), '오파님'(ophanim), 모든 통치[ἀρχαι, '아르카이']의 천사들, 선택된 자(the Elect One), 지상과 물 위의 다른 권세들[ἐξουσίαι, '엑수시아이']을 소환할 것이다.[106]

이러한 본문들은 바울이 사용하는 정사들(ἀρχαι, '아르카이'), 능력들(δυνάμεις, '뒤나메이스'), 권세들(ἐξουσίαι, '엑수시아이'), 통치자들(ἄρχοντες, '알콘

1986)와 *Engaging the Powers: Discernment and Resistance in a World of Domination* (Minneapolis: Fortress Press, 1992)을 보라.

106. 또한 *T. Levi* 3.8("그분[하나님]과 함께 보좌들과 권세들이 있고 그들은 그곳에서 하나님을 영원히 찬양한다")을 보라.

테스')과 같은 용어의 원천을 설명할 수 있다.[107] 바울의 저작에서 이러한 용어들은 하나님을 적대하는 입장에 있는 우주적 세력들을 언급한다.[108] 히브리와 그리스 사상 사이의 가교로서 신중하게 선택되었을 수 있는 칠십인역(LXX)에서, 그 용어 모두는 천사와 같은 존재들에게 적용된다.[109] 맥그레거(G. H. C. MacGregor)는 기원후 1세기에 별과 같은 영을 믿는, 널리 퍼진 신앙이 능력들에 관한 바울의 사상에 가장 중요한 흐름임을 주장한다.[110] 바울의 사상 세계는 선과 악의 우주적 능력들 사이의 투쟁을 배경으로 하는, 한 편의 우주적 드라마와 같다. 드라마는 세계 패권 쟁취를 놓고서 그 두 능력이 싸우는데 사탄과 그의 악한 후예의 패배 및 자신의 모든 창조물 위에 있는, 최고의 주권을 지닌 하나님의 궁극적 승리로 귀결된다.[111] 따라서 바울에게 있어 구속이란 천상이든 지상이든 우주적 영역 안에 자신의 위치를 점하는 모든 악마적 능력으로부

---

107. '뒤나메이스'(δυνάμεις): 롬 8.38; 엡 1.21; '아르카이'(ἀρχαι): 롬 8.38; 고전 15.24; 엡 1.21, 3.10, 6.12; 골 1.16, 2.10, 15; '엑수시아이'(ἐξουσίαι): 고전 15.24; 엡 1.21, 2.2, 3.10, 6.12; 골 1.16, 2.10, 15; '퀴리오테테스'(κυριότητες): 엡 1.21; '트로노이'(θρόνοι): 골 1.16. Clinton E. Arnold, *Powers of Darkness: Principalities & Powers in Paul's Letters* (Downers Grove, Ill.: InterVarsity, 1992), 90을 보라.

108. 롬 8.38; 골 1.16, 2.10-15; 엡 1.21, 3.10, 6.12을 참조하라.

109. 예를 들면, "그의 모든 군대"(all his hosts)를 "그의 모든 능력"(all his powers, πᾶσαι αἱ δυνάμεις αὐτου)으로 번역한 시 102.21 LXX과 시 148.2 LXX; "권세들"(ἐξουσίαι)과 "정사들"(ἀρχαί)이 나타나는 단 7.27 LXX의 두 개의 대체 역본. 단 10.13, 21; 12.1 LXX에서 페르시아, 그리스와 이스라엘의 천사 같은 통치자들(angelic princes)은, 이 시대의 통치자, '알콘테스'(ἄρχοντες)가 된다. G. B. Caird, *Principalities and Powers: A Study in Pauline Theology* (London: Oxford University Press, 1956; repr., Eugene, Oreg.: Wipf and Stock, 2003), 11-12을 보라.

110. G. H. C. MacGregor, "Principalities and Powers: The Cosmic Background of Paul's Thought," *NTS* 1 (1954-55): 17-28.

111. D. S. Russell, *Divine Disclosure: An Introduction to Jewish Apocalyptic* (Minneapolis: Fortress, 1992), 129.

터의 자유를 의미했다. 능력들을 위해 바울이 사용한 모든 용어는 그레코-로마 시기의 유대 문서에서 발견할 수 있다. 악의 우주적 세력들과 그리스도에 의한 그들의 정복사상은 바울의 사고 구조가 된다. 바울에게 있어 악마적 세력이 하나님과 원수가 되는 우주란 하나님이 그의 백성을 위해 구원의 신적 시나리오를 여전히 실행하시는 경기장이었다. 바울은 창조된 전체 우주를 인간 구원과 연결함으로써 우주적 차원으로 신적 계획을 말한다.

> 내가 확신하노니 사망[θάνατος, '타나토스']이나 생명[ζωὴ, '조에']이나 천사들[ἄγγελοι, '앙겔로이']이나 권세자들[ἀρχαὶ, '아르카이']이나 현재 일[ἐνεστῶτα, '에네스토타']이나 장래 일[μέλλοντα, '멜론타']이나 능력[δυνάμεις, '뒤나메이스']이나 높음[ὕψωμα, '휩소마']이나 깊음[βάθος, '바토스']이나 다른 어떤 피조물[τις κτίσις ἑτέρα, '티스 크티시스 헤테라']이라도 우리를 우리 주 그리스도 예수 안에 있는 하나님의 사랑에서 끊을 수 없으리라.[112]

바울의 구원 드라마에서 모든 등장인물들은 그들의 무대로 지구 중심의 우주와 밀접히 연결된다. 그것은 바울이 신약성서의 다른 저자들보

112. 롬 8.38-39. 고전 15.24-26 참조. 롬 8.38-39에서 바울은 천문학적 용어로 "높음"(ὕψωμα, '휩소마')과 "깊음"(βάθος, '바토스')을 언급하는데, 이는 본질적으로 유대적이 아니다. "높음"은 천체가 도달하는 하늘의 가장 높은 지점인 최고점을 가리키는 반면에 "깊음"은 "별들이 떠오르는 수평선 아래 공간"을 나타낸다. Dunn, *Theology of Paul*, 106-7을 보라. Wink, *Naming the Powers*, 49-50은 두 용어가 "하늘의 궁창을 지탱하는 기둥들의 상단과 하단"을 언급한다고 제안한다. 골 1.16은 "하늘과 땅에서 보이는 것들과 보이지 않는 것들"인 "왕권들[θρόνοι, '트로노이']이나 주권들[κυριότητες, '퀴리오테테스']이나 통치자들[ἀρχαί, '아르카이']이나 권세들[ἐξουσίαι, '엑수시아이']이나" 만물[τὰ πάντα, '타 판타']이 그리스도로 말미암고 그를 위하여 창조되었다고 진술한다.

다 훨씬 더 높은 수준의 우주적 영의 세력을 제시하는 이유다.

바울은 천사 같은 능력을 표현하기 위해 열왕기하(LXX)의 "일월 성신"(כל־צבא השמים)을 언급하는 용어 '뒤나메이스'(δυνάμεις)를 사용한다.[113] 장차 이러한 적대 세력의 정복을 강조하기 위해 바울은 고린도전서 15장 24절의 "능력"을 언급한다. "그 후에는 마지막이니 그가 모든 통치와 모든 권세와 능력을 멸하시고 나라를 아버지 하나님께 바칠 때라"(πᾶσαν ἀρχὴν καὶ πᾶσαν ἐξουσίαν καὶ δύναμιν). 바울에게 있어 복수 형태의 용어 '엑수시아이'(ἐξουσίαι)도 천사 같은 권세/능력을 위한 표현이다.[114] 고린도전서 15장 24절에서 용어 '엑수시아이'의 바울 사용이 다니엘서 7장 27절의 그것과 병행된다면, '엑수시아이'는 "천사 같은 통치자"(angelic princes)를 언급하는 '알콘테스'(ἄρχοντες, "통치자")와 동의어다.[115] 바울은 "천사들"(ἄγγελοι, '앙겔로이')을 로마서 8장 38절의 "통치자들(혹은 권세자들)"(ἀρχαί, '아르카이')로 조정한다. 바울에 따르면, 이 세상 세대/시대의 통치자들(οἱ ἄρχοντες τοῦ αἰῶνος τούτου)과 그들의 신하들은 영광의 주를 십자가에 못 박았으며, 창조주에 계속 저항하였기에 이내 다가오는 결말에서 그들의 몰락을 마주하게 될 것이다.[116] 바울은 정사들

---

113. 왕하 17.16, 21.3, 5, 23.4f. LXX과 고전 15.24; 롬 8.38. 또한 *1 En.* 41.9, 61.1, 10, 82.8; 4 Ezra 6.6; Philo, *Spec.* 2.45; *Plant.* 14을 보라.

114. 고전 15.24; 롬 13.1; 엡 1.21, 2.2, 3.10, 6.12; 골 1.16, 2.10, 15.

115. 단 7.27: "나라와 권세와 온 천하 나라들의 위세가 지극히 높으신 이의 거룩한 백성에게 붙인 바 되리니 그의 나라는 영원한 나라이라 모든 권세 있는 자들이 다 그를 섬기며 복종하리라"(καὶ τὴν βασιλείαν καὶ τὴν ἐξουσίαν καὶ τὴν μεγαλειότητα αὐτῶν καὶ τὴν ἀρχὴν πασῶν τῶν ὑπὸ τὸν οὐρανὸν βασιλειῶν ἔδωκε λαῷ ἁγίῳ ὑψίστου βασιλεῦσαι βασιλείαν αἰώνιον καὶ πᾶσαι αἱ ἐξουσίαι αὐτῷ ὑποταγήσονται καὶ πειθαρχήσουσιν αὐτω). Arnold, *Ephesians*, 52; G. Delling, "ἀρχή" *TDNT* 1:483.

116. 고전 2.6: "그러나 우리가 온전한 자들 중에서는 지혜를 말하노니 이는 이 세상의

(principalities)과 능력들(powers)을 그리스도와 그의 교회에 적대하는 우주의 모든 세력들의 총체로 여겼다. 그리스도가 이러한 모든 악한 능력들을 십자가 위에서 이겼음에도, 그들은 "모든 피조물이 허무한 데 굴복하도록" 함으로써 여전히 활동 중에 있다.[117]

c. 죄(ἁμαρτία)와 죽음(θάνατος)

바울은 죄(ἁμαρτία, '하마르티아')를 아담의 범죄로 인해 세상에 들어온 지배 세력으로 묘사한다. 죄와 관련하여 신화적 언어를 사용함으로써 바울은 인류의 "일반적 상태"를 제시한다. 죄는 모세 율법 이전에 이미 존재하였지만(1막에서) 2막에서 율법의 도래를 통해서만 하나님 앞에서 선고하는 힘을 지닌다. "그러나 아담으로부터 모세까지 아담의 범죄와 같은 죄를 짓지 아니한 자들까지도 사망이 왕 노릇 하였나니 아담은 오실 자의 모형[τύπος τοῦ μέλλοντος]이라."[118] 바울은 죄와 그것의 삯인 죽음을, 인간들을 노예로 삼는, 억압하는 힘으로 인격화한다.[119] 이런 방식으로 죄와 죽음의 연계는 바울 사상에서 매우 강하다. 바울은 죄를 인간에 내주하면서 그를 지배하는 우주적 힘으로 본다. 죄와 죽음은, 그들의 주인들과 함께 아담과 그의 이후 사람들은 물론 전체 자연 우주의 통제권을 쥐기 위해 하나님과 겨루는 다른 악한 대리인들과 결합하였다.

바울은 죄를 아담의 범죄로 세상에 들어와 지배권을 확립하였고(롬

지혜가 아니요 또 이 세상에서 없어질 통치자들의 지혜도 아니요"(Σοφίαν δὲ λαλοῦμεν ἐν τοῖς τελείοις, σοφίαν δὲ οὐ τοῦ αἰῶνος τούτου οὐδὲ τῶν ἀρχόντων τοῦ αἰῶνος τούτου τῶν καταργουμένων).

117. Caird, *Principalities*, ix.

118. 롬 5.14.

119. 롬 5.12, 21, 6.23; 고전 15.26, 56 참조.

5.12-21) 그 결과 인류 전체를 끔찍한 속박에 가두는 무자비한 폭군으로 묘사한다(롬 3.9, 6.20; 갈 3.22). 죄는 율법과의 동맹을 통해서만 강력해진다. 바울은 죄가 율법을 통해 인간의 삶에 그 영향을 행사한다고 이해한다. 바울은 죄를 인간 정욕(ἐπιθυμία, '에피튀미아')과 연관시키는데, 그 정욕이란 갈라디아서 5장 16-17, 24절에 따르면 육체(σάρξ, '사릌스') "안에 거하며"(ἡ οἰκοῦσα ἐν) 그것으로부터 자란다.

> 내가 이르노니 너희는 성령을 따라 행하라 그리하면 육체의 욕심을 이루지 아니하리라 육체의 소욕은 성령을 거스르고 성령은 육체를 거스르나니 이 둘이 서로 대적함으로 너희가 원하는 것을 하지 못하게 하려 함이니라. … 그리스도 예수의 사람들은 육체와 함께 그 정욕과 탐심을[τοῖς παθήμασιν καὶ ταῖς ἐπιθυμίαις] 십자가에 못 박았느니라.

바울은 죄를 하나님의 율법과의 관련 속에서만 현존을 추정하는, 그림자 같은 인물로 그리는바, 죄의 법이 "내 지체 속에서"(ἐν τοῖς μέλεσίν μου) 역사한다고 주장한다.[120] 율법이 노예화하는 힘은 아니나 죄는 "자신의 목적을 성취하는 하수인이나 도구"로 율법을 이용한다.[121]

로마서 14장 23절에서 바울은 "믿음을 따라 하지 아니하는 것은 다 죄니라"(πᾶν δὲ ὃ οὐκ ἐκ πίστεως ἁμαρτία ἐστίν)고 말한다. 아브라함을 믿음의 모델로 언급하는 로마서 4장에서 바울은 "믿음"을 하나님의 약속에 대한 신뢰로 정의한다. "믿음이 없어 하나님의 약속을 의심하지 않고 믿음으로 견고하여져서 하나님께 영광을 돌리며"(20절). 바울에게 있어

120. 롬 7.8-10, 23. 참조: 롬 7.5.

121. Joseph A. Fitzmyer, *Romans*, AB 33 (Garden City, N.Y.: Doubleday, 1993), 463.

가장 심각한 죄는 "아브라함이나 그 후손에게 세상의 상속자가 되리라고 하신 언약은 율법[νόμος]으로 말미암은 것이 아니요 오직 믿음[πίστις]의 의로 말미암은 것이니라"는 사실을 불신하는 것이다.[122] 아브라함에 대한 하나님의 약속은 모세 율법이 아닌 "죽기까지 복종하셨으니 곧 십자가에 죽으"신 그리스도 안에서 성취되었다.[123] 하나님의 약속을 믿는 아브라함의 믿음에 근거한 그의 의(δικαιοσύνη, '디카이오쉬네')는 또한 "예수 우리 주를 죽은 자 가운데서 살리신 이를 믿는" 사람들을 위함이다.[124] 바울은 이런 의를 하나님의 은혜 행위로 간주한다. 그는 2막(율법 시대)이 끝나고 마지막/4막(그리스도/메시아의 새 시대)이 하나님의 구원 드라마에서 시작한다는 것을 명확히 깨닫고 있기 때문에 바울은 "그리스도 예수 안에 있는 생명의 성령의 법이 죄와 사망의 법에서 너를 해방하였음이라"고 말할 수 있다.[125]

바울은 죽음(θάνατος, '타나토스')을 "권세와 능력"과 함께 원수(고전 15.24-26)일 뿐만 아니라 죄와 함께 인격화한 우주적 통치자(롬 5.14, 17, 21)로 인식한다.[126] "죄의 삯은 사망이다"(τὰ γὰρ ὀψώνια τῆς ἁμαρτίας θάνατος, 롬 6.23). 구약성서에서 죽음을 독립된 힘으로 인격화한 흔적은 예레미야 9장 21절, 사무엘하 22장 5-6절, 호세아 13장 14절과 이사야 25장 8절에서만 발견된다. 이사야 25장 8절은 하나님과 이스라엘의 모든 원수에 대한 하나님의 궁극적 승리를 묘사하면서 이교의 신으로 인격화된 사

122. 롬 4.13.
123. 빌 2.8.
124. 롬 4.22-24.
125. 롬 8.2.
126. Martinus C. de Boer, *The Defeat of Death: Apocalyptic Eschatology in 1 Corinthians 15 and Romans 5*, JSNTS 22 (Sheffield: JSOT, 1988), 35.

망의 멸하심을 선포한다. "사망[מות, '모트']을 영원히 멸하실 것이라 주 여호와께서 모든 얼굴에서 눈물을 씻기시며 자기 백성의 수치를 온 천하에서 제하시리라 여호와께서 이같이 말씀하셨느니라."[127] 이 구절은 하나님이 잠시 동안 통제하지 않으시는 세력으로 의인화된 죽음을 가장 매력적으로 암시한다. 닐 질만(Neil Gillman)은 의인화한 죽음의 역사를 다음과 같이 묘사한다.

> 잠정적으로 우리는 인격화한 "죽음"이 유일신론적 하나님과 공존한다는 고대 개념의 편린을 성경이 보존하고 있다고 결론짓는다. 이 점은 본성과 역사에 있어 무정부 세력과 함께 하나님이 아직 없애지 않으신 원시적 혼돈의 일부를 나타낸다. 이후에 이 인물은 강등되어 하나님의 사자 가운데 하나지만 전적으로 하나님의 통치하에 있는 죽음의 천사(the Angel of Death)가 된다. 그 이후 전승은 하나님이 죽음의 천사를 도륙하여 영원히 죽음을 추방하는 것으로 묘사한다.[128]

하나님과 공존하는 독립된 세력으로서 그 힘이 여전히 제한적인 죽음은, 신구약 중간기(대략 제2성전기인 기원전 516년부터 기원후 70년)에 하나님의 절대 권력의 출현과 함께 파괴되어야 할 우주적 실재로 마침내 제시되었다. 바울은 죽음을 "모든 아담의 인류를 복종시키고 노예로 삼아 온

---

127. 사 25.8: אדני יהוה דמעה מעל כל־פנים וחרפת עמו יסיר מעל כל־הארץ כי יהוה דבר
בלעהמות לנצח ומחה. 고대 죽음의 신에 관해서는 Lloyd R. Bailey, *Biblical Perspectives on Death* (Philadelphia: Fortress, 1979), 15, 41을 보라.

128. Neil Gillman, *The Death of Death: Resurrection and Immortality in Jewish Thought* (Woodstock, Vt.: Jewish Lights, 2002), 51.

적대적이고 살인적인 준(quasi-)천사와 같은 세력"으로 의인화한다.[129] 다른 한편 그리스도의 죽음은 이 시대 속으로 들어와 죄와 죽음의 정체를 드러내시는 하나님의 침입이다. 그리스도의 죽음으로 하나님은 세상을 통치하실 수 있게 되었고 죽음은 정복되었다.

> 이 썩을 것[φθαρτός, '프타르토스']이 썩지 아니함[ἀφθαρσία, '아프타르시아']을 입고 이 죽을 것[θνητός, '트네토스']이 죽지 아니함[ἀθανασία, '아타나시아']을 입을 때에는 사망을 삼키고 이기리라고 기록된 말씀이 이루어지리라 사망[θάνατος, '타나토스']아 너의 승리가 어디 있느냐 사망아 네가 쏘는 것[κέντρον, '켄트론']이 어디 있느냐[130]

바울에게 있어 죽음은 옛 시대와 연합된 우주론적/인간학적 힘이다. 이사야 25장 8절이 죽음을 정복되어야 할 하나님의 원수로 간주하는 것처럼, 바울은 죽음을 "맨 나중에 멸망받을 원수"(ἔσχατος ἐχθρὸς καταργεῖται)로 이해한다.[131] 인간은 죄의 삯(ὀψώνια, '옾소니아')인 죽음(롬 6.23)과 사망의 쏘는 것(κέντρον, '켄트론')으로서의 죄(고전 15.56)라는 운명적 상호 작용으로부터 벗어날 수 없다. 죽음은 율법을 악용하는 죄의 활동을 통해 인간을 지배한다. 하나님만이 인간을 죄와 죽음의 힘으로부터 해방시키실 수 있고, 아들을 "죄 있는 육신의 모양으로 보내어"(ἐν ὁμοιώματι σαρκός ἁμαρτίας, 롬 8.3) 실행한 새로운 현실에 그들을 두실 수 있다. 인간의 죄와 죽음은 인류를 위해 저주가 되신 그리스도의 죽음과 부활로 정복

129. de Boer, *Defeat of Death*, 183.
130. 고전 15.54-55.
131. 고전 15.26. 참조: 롬 6.7-10, 7.4-6, 8.35-39; 고전 2.6-8.

되었다. "그리스도께서 우리를 위하여 저주를 받은 바 되사 율법의 저주에서 우리를 속량하셨으니 기록된 바 '나무에 달린 자마다 저주 아래에 있는 자'라 하였음이라"(Χριστὸς ἡμᾶς ἐξηγόρασεν ἐκ τῆς κατάρας τοῦ νόμου γενόμενος ὑπὲρ ἡμῶν κατάρα, ὅτι γέγραπται· ἐπικατάρατος πᾶς ὁ κρεμάμενος ἐπὶ ξύλου).[132] 그리스도의 죽음은 그의 마지막 원수인 죽음이 정복되는 수단이다. 부활의 기대 속에서 바울은 죽음과 그것의 왕국을 승리자 그리스도(*Christus victor*)에 의해 파괴된 힘으로 인식한다.[133]

J. C. 베커는 그리스도의 죽음과 부활이 죄, 죽음, 율법과 육체와 같은 묵시적 세력의 동맹을 분쇄하였다고 주장한다.

> 한편 죽음은 "죄의 삯"(롬 6.23)이기 때문에 죄는 대리인이고 죽음은 그것의 결과다. 그러나 다른 한편, 죽음은 또한 대리인으로 특징지어지고 죄는 그것의 수단(고전 15.56)으로 그러하다. 아무튼 죽음은 실제로 원초적 힘이고, 그것은 상호 연결된 묵시적 세력들의 네트워크 속 "마지막 원수"(고전 15.26)다. 두 시대 사이의 대립은 "죽음의 통치"와 "생명의 통치"(롬 5.17, 21) 사이의 대립으로 요약될 수 있다. 죽음은 그것의 동맹자들인 율법, 육체와 죄가 그리스도의 죽음과 부활로 패배한 후에도 어떤 면에서는 이 세상의 특징으로 남아 있다(고전 15.24-26).[134]

---

132. 갈 3.13.
133. 고전 15.44-45: "육의 몸으로 심고 신령한 몸으로 다시 살아나나니 육의 몸이 있은즉 또 영의 몸도 있느니라 기록된 바 첫 사람 아담은 생령이 되었다 함과 같이 마지막 아담은 살려 주는 영이 되었나니"(σπείρεται σῶμα ψυχικόν, ἐγείρεται σῶμα πνευματικόν. Εἰ ἔστιν σῶμα ψυχικόν, ἔστιν καὶ πνευματικόν. οὕτως καὶ γέγραπται· ἐγένετο ὁ πρῶτος ἄνθρωπος Ἀδὰμ εἰς ψυχὴν ζῶσαν, ὁ ἔσχατος Ἀδὰμ εἰς πνεῦμα ζῳοποιοῦν). 마 16.18; 계 20.14; *4 Ezra* 8.53 참조.
134. Beker, *Triumph of God*, 81. 그리스도의 죽음에 대한 바울의 이해를 바르게 해석하

우주의 묵시적 사건인 그리스도의 죽음과 부활은 죄와 죽음(마지막 원수)의 마지막 패배를 의미하는, 하나님의 우주적 승리가 시작되었음을 알리고 그리스도 안에서의 부활-생명의 통치의 전조가 된다. 썩는/필멸의 모든 것이 썩지 않는/불멸의 것을 입을 때, 죽음은 승리 속에 삼켜지게 될 것이다.[135] 죄와 죽음에 대한 그리스도의 우주적 승리는 종국에 완성될 것을 기대하며 이미 공표될 수 있다.[136] 그 승리에 도취된 바울은 "만물이 다 너희 것임이라"(πάντα ὑμῶν ἐστιν) 외친다.[137]

2. 양면성을 지닌 등장인물들(Double-faced Characters)

a. 율법(νόμος)

바울의 우주적 구원 드라마에서 배우(등장인물), 즉 모세 율법의 역할은 복잡하고 일시적이다.[138] 바울의 사상에서 예수 그리스도의 죽음, 부활, 높임(승귀)으로 권력을 잡은 새 시대(New Age)의 도래와 함께 율법의 기간은 종결된다.[139] 율법(νόμος) 혹은 '토라'(תורה)는 경전은 물론 일상생활

는 골 2.15 참조. 골 2.15: "통치자들과 권세들을 무력화하여 드러내어 구경거리로 삼으시고 십자가로 그들을 이기셨느니라"(ἀπεκδυσάμενος τὰς ἀρχὰς καὶ τὰς ἐξουσίας ἐδειγμάτισεν ἐν παρρησίᾳ, θριαμβεύσας αὐτοὺς ἐν αὐτω).

135. 고전 15.54: "이 썩을 것이 썩지 아니함을 입고 이 죽을 것이 죽지 아니함을 입을 때에는 사망을 삼키고 이기리라고 기록된 말씀이 이루어지리라"(ὅταν δὲ τὸ φθαρτὸν τοῦτο ἐνδύσηται ἀφθαρσίαν καὶ τὸ θνητὸν τοῦτο ἐνδύσηται ἀθανασίαν, τότε γενήσεται ὁ λόγος ὁ γεγραμμένος· κατεπόθη ὁ θάνατος εἰς νῖκος).

136. 고전 15.55-57.

137. 고전 3.21.

138. H. J. Schoeps는 그의 저서, *Paul. The Theology of the Apostle in the Light of Jewish Religious History*, trans. Harold Knight (Philadelphia: Westminster, 1961), 168에서 율법에 대한 바울의 태도는 "그의 신학에 있어 가장 복잡한 교리적 쟁점"으로 불린다고 말한다.

139. 롬 10.4: "그리스도는 모든 믿는 자에게 의를 이루기 위하여 율법의 마침이 되시니

에 그것의 해석과 적용을 언급한다.[140] 하이키 레이제넨(Heikki Räisänen)이 정의한 것처럼, 바울에게 있어 용어 '노모스'(νόμος)는 "유대인들을 다른 인류로부터 분리하는 시내산에서의 계시에 근거한, 이스라엘의 권위있는 전승"을 의미한다.[141] 바울은 갈라디아서, 빌립보서, 고린도전서와 후서, 로마서에서 자신의 율법관을 표현한다.[142] 본인 시대의 유대교와 관련하여 바울은 율법을, 노예화하고 파괴적인 힘을 지닌 우주적 실체로 상상한다.[143] 로마서에서 바울은 모세 율법이 범죄를 더하게 하기 위해 들어왔으며(5.20), "죄에 관한 지식"을 제공하며(3.20), "진노를 야기한다"(4.15)고 주장한다. 율법은 그것이 폭로하고 처벌하고자 하는 인간 죄와의 연결을 유지한다. 율법은 "세상의 초등학문"(τὰ στοιχεῖα τοῦ κόσμου)

라"(τέλος γὰρ νόμου Χριστὸς εἰς δικαιοσύνην παντὶ τῷ πιστεύοντι).

140. Dunn, *Theology of Paul*, 133은 "바울이 '율법'(*nomos*)과 '그 율법'(*ho nomos*)을 말했을 때 그는 '토라', 즉 모세의 율법을 염두에 두고 있다 추정한다. 바울은 정관사를 사용하지 않고서 모세의 율법을 언급한다(롬 2.12, 13, 14, 23, 25, 3.20, 21, 28, 31, 4.13, 5.13, 20, 7.1 등).

141. Heikki Räisänen, *Paul and the Law* (Philadelphia: Fortress, 1986), 16. Charles B. Cousar의 갈라디아서 주석에서 그는 바울의 "율법"(νόμος) 사용을 다음과 같이 분류한다. (1) "모세의 율법", 즉 오경(Pentateuch), 그러나 법률적 자료와 비법률적인 자료 사이에 차별화 없는 오경, (2) 전체로서의 구약성서, 그리고 위의 의미 외에 (3) "특별한 계명"; "요청의 의미"; "유대 종교"; 혹은 "그리스도의 법". Charles B. Cousar, *Galatians* (Atlanta: John Knox, 1982), 74을 보라.

142. 율법에 관한 바울의 가르침은 롬 7.1-25, 8.1-7, 9.31, 10.4-5, 13.8-10; 갈 2.16-6.13; 고전 9.20, 15.56; (νόμος['노모스'] 대신 용어 διαθήκη['디아테케']를 사용하는) 고후 3.7-18에서 볼 수 있다. 제2바울 서신(deutero-Pauline letters)에서 율법은 엡 2.15("법조문으로 된 계명의 율법을 폐하셨으니 이는 이 둘로 자기 안에서 한 새 사람을 지어 화평하게 하시고")에서만 언급된다.

143. Gottfried Nebe, "Creation in Paul's Theology," in *Creation in Jewish and Christian Tradition*, ed. Henning Graf Reventlow and Yair Hoffman, JSOTSup 319 (New York: Sheffield Academic Press, 2002), 136.

과 밀접한 연관이 있는 것으로 보인다.[144] 갈라디아서 4장 1-10절에서 바울은 갈라디아의 유대 그리스도인 청중에게 율법 아래 있는 것은 "약하고 천박한 초등학문"(τὰ ἀσθενῆ καὶ πτωχὰ στοιχεῖα)에게 종노릇하는 것과 동일하다고 경고한다. 이스라엘을 사로잡은 힘으로서 율법을 말하는 바울의 주장은 각 나라에는 그 자체의 천사 통치자와 수호자가 있는 반면, 이스라엘은 하나님의 직접 통치 아래 있다는 유대 전통을 반영한다.[145] 이런 전통에서 바울은 율법 아래 있는 이스라엘을 세상의 초등학문(στοιχεῖα, '스토이케이아') 아래 있는 이방인들에 비유하는데, 초등학문은 운명(μοῖρα, '모이라')으로 표현된, 사물의 자연적 혹은 우주적 질서를 뜻하는 점성술에 해당한다.[146] 나아가 바울은 율법을 부정적 대리인으로 간주한다. 로마서 7장 1-6절에서 결혼에서 파생한 어떤 유비를 사용하여 바울은 율법을 그리스도 안에 참여함으로 벗어나야만 하는 힘으로 묘사한다. 바울은 1절에서 인간이 살아 있는 한, 율법은 그를 지배한다고 주장한다. 남편 있는 여인이 그 남편이 죽으면 남편의 법에서 벗어나는 것처럼, "그리스도의 몸을 통해"(διὰ τοῦ σώματος τοῦ Χριστοῦ) 죽은 그리스

144. 용어 '스토이케이아'(στοιχεῖα)에 관해서는 갈 4.3, 9을 보라. 골 2.8, 20; 히 5.12; 벧후 3.10, 12 참조. 용어 '스토이케이아'는 히브리어에는 어떤 전례도 없지만 플라톤 시대부터 그리스어로 통용되었다. Wink, *Naming the Powers*, 69.

145. 신 32.8-9; Sir 17.17; *Jub*. 15.30-32.

146. 유대교 안에서 학파, 즉 바리새파, 에세네파와 사두개파를 구별하기 위해 "운명"(εἱμαρμένη, '헤이마르메네')이라는 개념을 사용한 Josephus, *Ant*. 13.172-73. L. H. Martin, *Hellenistic Religions*, 107은 사물의 헬레니즘적 자연 질서를 뜻하는, 여성형 단어인 "운명"에 해당하는 어떤 히브리어 단어도 없기 때문에, Josephus는 운명을 그것의 남성적 대체 단어인 '토라'로 대신했다. Josephus는 "자신이 발견한 헬레니즘 세계의 자연 질서, '헤이마르메네'(εἱμαρμένη)와 모세 율법을 통해 중재된 하나님의 요구사항인 '토라'와 그의 통치라는 둘 다의 측면에서 인간 실존을" 인식했다고 주장한다. Philo, *Migr*. 179; *Her*. 300-1은 '헤이마르메네'의 궁극성에 도전하였고 하나님을 우주의 유일한 통치자로 간주했다.

도인들은 율법과 그것의 저주로부터 벗어난다. "그러므로 내 형제들아 너희도 그리스도의 몸으로 말미암아 율법에 대하여 죽임을 당하였으니 이는 다른 이 곧 죽은 자 가운데서 살아나신 이에게 가서 우리가 하나님을 위하여 열매를 맺게 하려 함이라"(4절).[147] 역설적으로 십자가에 처형된 그의 몸을 통해 그리스도는 인간이 율법에 대해 죽고 일종의 "두 번째 남편"(ἀνήρ ἕτερος)으로 우의적으로 표현된 자신에 속하는 것을 가능하게 하였다. 율법을 "걸림돌과 거치는 바위"(λίθον προσκόμματος καὶ πέτραν σκανδάλου)로 묘사한 로마서 9장 33절에서 바울은 율법이 유혹자(ὁ πειράζων, '호 페이라존') 사탄의 역할을 한다고 암시한다.[148] 율법의 도움으로 죄는 바깥으로부터 인간계에 들어오며, 그들의 동맹은 사람들의 죽음을 초래한다.[149] 죄와 죽음은 인간의 삶을 제한하는, 한 쌍의 악한 세력으로 의인화된다.[150] 율법은 그들(죄와 죽음)의 일원으로 적합하지 않지만 죄의 힘에 의해 오용되었고 이제는 그것이 주어진 본래 의도와는 반대로 영향을 미친다.

바울의 우주적 드라마에서 율법은 "믿음이 나타날 때까지"(갈 3.23)

---

147. 고후 5.14-15도 보라. 골 1.22 참조.

148. 에녹서(*1 En.* 19.1; 99.7; 65.6; 69.6) 전승에서 이단이나 성적 방종에 빠지도록 시험하는 "감시자"(the Watcher)와 같은 유혹자(ὁ πειράζων)로서의 사탄의 이미지에 관해서는 살전 3.5; 고전 7.5을 보라. 마 4.3 참조.

149. 롬 7.11: "죄가 기회를 타서 계명으로 말미암아 나를 속이고 그것으로 나를 죽였는지라"(ἡ γὰρ ἁμαρτία ἀφορμὴν λαβοῦσα διὰ τῆς ἐντολῆς ἐξηπάτησέν με καὶ δι' αὐτῆς ἀπέκτεινεν); 롬 4.15: "율법은 진노를 이루게 하나니 율법이 없는 곳에는 범법도 없느니라"(ὁ γὰρ νόμος ὀργὴν κατεργάζεται· οὗ δὲ οὐκ ἔστιν νόμος οὐδὲ παράβασις); 롬 5.14: "그러나 아담으로부터 모세까지 아담의 범죄와 같은 죄를 짓지 아니한 자들까지도 사망이 왕 노릇 하였나니 아담은 오실 자의 모형이라"(ἀλλὰ ἐβασίλευσεν ὁ θάνατος ἀπὸ 'Αδὰμ μέχρι Μωϋσέως καὶ ἐπὶ τοὺς μὴ ἁμαρτήσαντας ἐπὶ τῷ ὁμοιώματι τῆς παραβάσεως 'Αδὰμ ὅς ἐστιν τύπος τοῦ μέλλοντος).

150. 롬 5.14, 21, 6.9, 14, 8.2.

죄와 죽음과 제휴하여 인간을 속박하는 부정적이고 모호한 힘을 행사할 뿐만 아니라, 모세부터 그리스도까지의 기간에 이스라엘의 훈육가로서 긍정적이고 일시적인 역할을 한다. G. B. 케어드(G. B. Caird)는 율법의 양면적 성격을 긍정적이면서 동시에 부정적인 것으로 지적한다. "율법은 또한 신적 법령이지만, 그것 역시 이차적 권위일 뿐이다. 인간이 율법의 권위를 절대적인 것으로 삼으려 시도했을 때 그들은 그것을 악마적인 것으로 만들었다."[151] 신적 계명으로의 율법은 죄를 자극하고 폭로한다. 율법의 이러한 이중적 본성은 신적 드라마의 무대에 나타나는 등장인물들 가운데 복잡한 관계를 드러낸다. 율법이 인간을 죽음의 지배권으로 건네줌에도 불구하고 율법은 거룩하고 영적이며 선하다.[152] 바울은 율법이 죽음의 직접적 원인이었다는 점을 단호히 부정한다.[153] 율법 자체가 인간에게 죽음을 가져다주지는 않았지만 "그것이 죽음의 원인임을 드러내었고 이차적 역할을 아주 우연하게 수행하였다."[154] 죄(ἁμαρτία, '하마르티아')는 인간의 삶에 진범으로서 죽음의 직접적 원인이다.

율법은 유대인들에게 법적 규율을 제공하였다. "율법을 통해 죄를 깨닫게 되었기 때문에"(διὰ γὰρ νόμου ἐπίγνωσις ἁμαρτίας)[155] 신적 권위를 구현한 율법은 사람으로 하여금 죄를 짓도록 자극했을 때 파괴적 힘으로

151. Caird, *Principalities*, 24.
152. 롬 7.12, 14, 16. 고후 3.14 참조.
153. 롬 7.13: "그런즉 선한 것이 내게 사망이 되었느냐 그럴 수 없느니라 오직 죄[ἁμαρτία]가 죄로 드러나기 위하여 선한 그것으로 말미암아 나를 죽게 만들었으니 이는 계명으로 말미암아 죄로 심히 죄 되게 하려 함이라."
154. Fitzmyer, *Romans*, 469.
155. 롬 3.20. 롬 4.15, 5.20, 7.7-9 참조.

퇴락하였고, 죽음은 죄를 통해 인간 세상 안으로 들어왔다.[156] 이것은 바울이 "죄가 기회를 타서 계명으로 말미암아 나를 속이고 그것으로 나를 죽였는지라"고 말할 수 있는 이유다.[157] 율법은 인간에게 죄에 대한 실제적 지식을 준 도덕적 정보원이지만(롬 3.20), 인간을 정죄하게 만들었는데(롬 8.1), 그것은 생명을 주는 어떤 힘도 없고(롬 8.3) 범죄를 더하게 하였기 때문이다(롬 5.20).[158] 율법은 인간에게 "하나님이 금하신 것을 피하거나 그가 명하신 것을 하게 하는 어떤 능력도" 주지 않는다.[159] 바울은 곤경이 율법에 있는 것이 아니라 "약하고, 그들 안에 내재하는 죄의 공격에 쉽게 굴복하는 경향이 있는 육체로 만들어진" 인간의 육욕적 조건에 있음을 발견한다.[160] 로마서 7장 7-13절에서 바울은 하나님이 율법을 주셨을 때 그것으로 생명을 부여하려는 의도와 함께 제공하셨지만, 그의 뜻과는 반대로 죄의 힘은 그 자체의 목적으로 율법을 왜곡시켜 사람으로 하여금 죄를 범하도록 부추겼고 그 결과 죽음을 선고하였다. 바울에게 있어 주요 문제는 율법 자체에 있지 않고 죄를 제어하지 못하는 인

156. 롬 5.12: "그러므로 한 사람으로 말미암아 죄가 세상에 들어오고 죄로 말미암아 사망이 들어왔나니 이와 같이 모든 사람이 죄를 지었으므로 사망이 모든 사람에게 이르렀느니라."

157. 롬 7.11: ἡ γὰρ ἁμαρτία ἀφορμὴν λαβοῦσα διὰ τῆς ἐντολῆς ἐξηπάτησέν με καὶ δι' αὐτῆς ἀπέκτεινεν.

158. 율법이 인간의 삶에 변칙(anomaly)을 가져왔음을 지적하기 위해 바울은 레 18.5(갈 3.12에서)과 시 143.2(롬 3.23에서)을 인용한다. 갈 3.12에서 바울에 의하면, 레 18.5("너희는 내 규례와 법도를 지키라 사람이 이를 행하면 그로 말미암아 살리라 나는 여호와이니라")이 약속한 것처럼, 모세의 율법은 인간을 생명으로 이끌도록 되어 있었으나 그렇게 할 수 없다는 것이 증명되었다. 롬 3.23에서 바울은 또한 시편 143.2("주의 종에게 심판을 행하지 마소서 주의 눈앞에는 의로운 인생이 하나도 없나이다")을 인용할 때 율법이 만든 변칙(비정상)을 진술한다.

159. Fitzmyer, *Romans*, 463.

160. Fitzmyer, *Romans*, 472.

164-165

간의 무능과, 벗어날 수 없는 인간의 육체적 상태에 있다. 바울은, 이스라엘이 율법을 통해 누리는 하나님과의 특권적 관계를 과도하게 강조한 결과, 그의 동료 유대인들이 이스라엘을 보호하고 훈육하는 율법의 잠정적 역할에 대해 정확한 이해를 지니지 못했음을 인식하였다. 바울은 율법에 대한 자신의 철저한 헌신으로 인한 무분별이 하나님의 교회를 박해하도록 자신을 추동하게 한 그 경험으로부터 이 점을 알게 되었을 것이다.[161]

율법의 주요 역할이란 죄를 정의하고 그것을 범죄로 의식하게 하며 그것을 심판하는 것이다. 그러나 사탄에게 귀속되는 검사, 사형집행인, 유혹자와 같은 그런 악마적 기능을 복제하는 율법으로 인해 인간은 그리스도가 오실 때까지 피할 수 없는 죄와 죽음의 거미줄에 빠졌다. 모세의 율법은 스토아의 자연법 교리에 상응하는, 노아와 맺은 계약과 아브라함과의 약속 둘 다와 대조를 나타낸다.

바울의 구원 이야기에서 모세 율법은 아브라함과 맺은 약속(갈 3.1-29; 롬 4.3-5; 창 15.4)과 그리스도 안에서의 그것의 성취 사이에 놓인다. 그러나 아브라함과 맺은 약속보다 더 오랜 계약이 있다. 노아 계약(the Noachian covenant)의 조건에 따라 하나님은 창세기 9장 4-6절에서 모든 인류에 보편적으로 적용할 수 있는 어떤 금기사항을 제공하셨다.

> 고기를 그 생명 되는 피째 먹지 말 것이니라 내가 반드시 너희의 피 곧 너희의 생명의 피를 찾으리니 짐승이면 그 짐승에게서, 사람이나 사람

161. 갈 1.13-14: "내가 이전에 유대교에 있을 때에 행한 일을 너희가 들었거니와 하나님의 교회를 심히 박해하여 멸하고 내가 내 동족 중 여러 연갑자보다 유대교를 지나치게 믿어 내 조상의 전통에 대하여 더욱 열심이 있었으나."

> 의 형제면 그에게서 그의 생명을 찾으리라 다른 사람의 피를 흘리면 그 사람의 피도 흘릴 것이니 이는 하나님이 자기 형상대로 사람을 지으셨음이니라.

이러한 노아 계약은 "우상의 제물과 피와 목매어 죽인 것과 음행을" 삼가라는 명령을 포함하는 사도행전 15장 29절에서 이방계 그리스도인들을 위한 최소한의 요구사항으로 자세하게 설명된다. 이방인들은 인류 모두에게 구속력이 있는 것으로 여기는 최소한의 표준 행동을 준수할 것이 요구된다. 이것은 모세 율법이 자연법인 노아 계약과 아브라함 계약으로부터 또 다른, 그러나 최상의 자연법인 믿음/성령/그리스도의 법으로 가는 길에 있는 임시 방편임을 의미한다. 제3장에서 진술한 것처럼, 아브라함 약속과 믿음/성령/그리스도 법 사이에는 밀접한 연결이 있다. 그 둘은 인간 마음에 기록되었으나 돌에 새겨진 모세 율법과는 명확히 구별되는 하나님의 보다 높은 법이다. "너희는 우리로 말미암아 나타난 그리스도의 편지니 이는 먹으로 쓴 것이 아니요 오직 살아 계신 하나님의 영으로 쓴 것이며 또 돌판에 쓴 것[ἐν πλαξὶν λιθίναις]이 아니요 오직 육의 마음 판에 쓴 것[ἐν πλαξὶν καρδίαις σαρκίναις]이라."[162] 로마서 6장 17-18절에서 바울은 그의 독자들에게 "하나님께 감사하리로다 너희가 본래 죄의 종이더니 너희에게 전하여 준 바 교훈의 본[τύπος διδαχῆς, '튀포스 디다케스']을 마음으로 순종하여 죄로부터 해방되어 의에게 종이 되었"음을 상기시킨다. 구절 "교훈의 본"(τύπος διδαχῆς)은 "행위의 본이나 모범이 되는 특정한 개인(개인들)"을 암시한다.[163] 바울은 거의 언제나 용

162. 고후 3.3.

163. Dunn, *Theology of Paul*, 195. 던, 『바울신학』, 291.

165–166

어 '튀포스'(τύπος)를 "인격적 언급"으로 사용하기 때문에, 이 구절은 예수와 그의 전승을 모델로 삼거나/본으로 삼는 행동 패턴이나 예를 시사한다.[164] 죽음으로써 그의 영웅적, 신적 '아레테'(ἀρετή, "덕목")를 성취한 예수의 본을 따라 바울은 율법을 사랑의 명령으로 요약되는 것으로 제시한다. 그리스도는 "율법의 마침"[τέλος, '텔로스']이고 그것의 완성/충만(πλήρωμα, '플레로마')은 사랑이다.[165] 레위기 19장 18절을 마음에 담아 둔 바울은 갈라디아서 6장 2절에서 신자들에게 "너희가 짐을 서로 지라 그리하여 그리스도의 법[τὸν νόμον τοῦ Χριστοῦ]을 성취하라"고 요청한다. 유사한 보편적 방식으로 바울은 다음과 같이 주창한다. "피차 사랑의 빚 외에는 아무에게든지 아무 빚도 지지 말라 남을 사랑하는 자는 율법을 다 이루었느니라. … 네 이웃을 네 자신과 같이 사랑하라 하신 그 말씀 가운데 다 들었느니라 사랑은 이웃에게 악을 행하지 아니하나니 그러므로 사랑은 율법의 완성[πλήρωμα οὖν νόμου ἡ ἀγάπη]이니라"(롬 13.8-10). "온 율법[ὁ πᾶς νόμος]은 네 이웃 사랑하기를 네 자신같이 하라 하신 한 말씀에서 이루어졌나니"(갈 5.14). 이 두 구절에서 하나님의 계명으로서의 율법은 사랑의 계명으로 인식되는 믿음의 법에 다름 아니다.[166] 빅터 퍼니

164. Dunn, *Theology of Paul*, 195은 골 2.6("그러므로 너희가 그리스도 예수를 주로 받았으니 그 안에서 행하되")을 가장 가까운 병행구절로 제시한다. 용어 '튀포스'(τύπος)를 "인격적 언급"으로 사용하는 바울에 관해서는 롬 5.14; 빌 3.17; 살전 1.17; 살후 3.9; 딤전 4.12; 딛 2.7을 보라. 벧전 5.3과 고전 10.6 참조.

165. 롬 10.4. 롬 13.9-10: "간음하지 말라, 살인하지 말라, 도둑질하지 말라, 탐내지 말라 한 것과 그 외에 다른 계명이 있을지라도 네 이웃을 네 자신과 같이 사랑하라 하신 그 말씀 가운데 다 들었느니라 사랑은 이웃에게 악을 행하지 아니하나니 그러므로 사랑은 율법의 완성[πλήρωμα]이니라."

166. 고전 7.19: "할례받는 것도 아무것도 아니요 할례받지 아니하는 것도 아무것도 아니로되 오직 하나님의 계명을 지킬 따름이니라." 레 19.18("원수를 갚지 말며 동포를 원망하지 말며 네 이웃 사랑하기를 네 자신과 같이 사랑하라 나는 여호와이니

쉬(Victor P. Furnish)가 주장하는 것처럼, "그리스도 안에서 새로운 피조물일 때, 그는 사랑 안에서 역사하는 믿음으로 사는데 이것이 실제로 중요한 문제다."[167] 바울에게 있어 그리스도의 법에 일치하여 사는 것은 "믿음의 법(원칙)"(διὰ νόμου πίστεως, 롬 3.27)에 따라, "영/그리스도"(κατὰ πνεῦμα Χριστὸν Ἰησοῦν, 롬 8.2, 4, 15.5)에 따라 혹은 "그리스도의 율법 안에서"(ἔννομος Χριστοῦ, 고전 9.21) 살아 가는 것과 상호 교환이 가능하다. 믿음/성령/그리스도의 법은 상위의 법/교육(παιδεία)이었다. 그것에 따라 바울은 신자들에게 그들의 인격과 삶을 형성할 것을 요구하였다.[168] 이러한 법은 모두 스토아의 자연법(νόμος τῆς φύσεως, '노모스 테스 퓌세오스') 및 필론의 성육신한 법(νόμος ἔμψυχος, '노모스 엠프쉬코스')과 동등한 상위법이나 모세 법전(the Mosaic code)과는 다르다. 엄격히 말하면, 모세 율법은 자연법의 모방 혹은 대체다.[169] 바울의 구원의 우주적 드라마에서 성문법인 모세 율법(תורה)은 두 자연법, 노아 계약/아브라함 약속과 믿음/성령/그리스도 법의 지도하에 1막과 3막 사이에서 잠정적 역할을 하였다. 자기희생적 죽음 안에서 최고로 구현된, 사랑에 근거한 예수의 생애 패턴은 바울과 그의 추종자들에게 그리스도의 법에 따라 사는 것이 의미하는 바의 모델을 제공하였다. 이것은 영웅적 본(παράδειγμα, '파라데이그마')을 통해 영웅들의 모방(μίμησις, '미메시스')을 고양하는 헬레니즘 교육에 일치한다. 그리스도의 본에 마음으로부터(ἐκ καρδίας) 순종하는 사람은

라") 참조.

167. Victor Paul Furnish, *The Love Command in the New Testament* (Nashville: Abingdon, 1972), 97.

168. 율법과 '파이데이아'(παιδεία)의 동일시에 관해서는 제3장을 보라.

169. Philo, *Mos.* 2.51-52 참조.

더 이상 모세 율법에 따라 살지 않는다.[170] 그런 이유로 믿음 있는 자는 누구나 의롭게 될 수 있다(롬 10.4).

『국가론』(*Respublica*) 제7장(514A-520A)의 초두에 소개된 플라톤의 동굴 비유는 바울의 율법관 이해에 도움을 제공한다. 비유에서 플라톤은 교육 과정을 그림자 그 자체에 대한 인식에서 그림자를 생성케 하는 대상으로의 인식 변화로 묘사한다. 비유는 눈에 보이는 현상 세계를 벗어나 참된 본체 세계를 인식하게 되는 과정을 그리는데, 교육 과정은 물론 가르치는 자의 역할을 설명하는 '파이데이아'(παιδεία) 관련 은유(514A)로 제시된다. 비유는 어린 시절, 어느 깊은 동굴 내부를 배경으로 시작한다. 동굴 안에 죄수들이 갇혀 있다. 이들은 오직 맞은편 동굴 벽에 있는 그림자만 볼 수 있도록 온몸과 목이 사슬에 묶여 고정된 상태다. 죄수들의 뒤에 있는 장벽 위에서 사람들이 모닥불을 피워 놓고 그 앞에서 그림자놀이를 하고 있다. 죄수들이 보고 있는 그림자의 정체가 바로 이것이다. 그러나 평생 벽만 보고 살아온 죄수들은 등 뒤에서 일어나고 있는 일들에 대해 전혀 알지 못하고, 심지어 자신들이 묶여 있다는 사실조차 느끼지 못한다. 그리고 자신들이 보고 있는 그림자들이 이 세상의 전부라고 믿는다. 이때 한 죄수가 사슬에서 풀려나 동굴 밖으로 끌려 나간다. 그 죄수는 지금까지 보아 온 그림자들이 모두 실물이 아니라는 것을 깨닫는다. 동굴 밖 세상을 보고, 모닥불이 아닌 진짜 태양 빛도 느끼게 된다. 그 후 그가 다시 동굴 안으로 돌아온다. 그는 동굴 안 그림자 세계에서 살아가는 사람들을 구조하기 위해 동굴의 지하 세계로 들어가는 현자에 비유된다. 동굴 죄수들이 보고 있는 것은 '실체'의 '그림자'이지

170. 롬 6.17: "하나님께 감사하리로다 너희가 본래 죄의 종이더니 너희에게 전하여 준 바 교훈의 본을 마음으로 순종하여."

만, 그것을 실체라고 믿어 버린다. 돌아온 죄수는 생명의 위협에 직면하는바, 동굴에 있던 죄수들이 자신들의 세계가 소크라테스적 구조자에 의해 혼란에 빠지자 격렬한 저항을 보였기 때문이다(517A). 동굴 비유가 죄수들이 그림자로부터 그것을 드리우는 대상으로 돌아서는 것처럼, 바울은 그리스도를 실재('소피아', '로고스')로, 모세 율법은 그 실재를 가리키는 그림자로 간주한다. 플라톤 비유에서의 현자처럼, 다메섹으로 가는 길에서 하나님의 형상인 그리스도의 영광의 복음에서 발현하는 광채(고후 4.4)를 본 이로서 바울은, 사람들이 "그 빛"이신 그리스도를 볼 수 있도록, 모세의 율법이라는 그림자 세계로부터 그들을 인도하는 철학적 멘토와 같다. 바울은 쇠사슬을 풀고 동굴 밖으로 나와 태양(지혜의 본체이신 예수 그리스도)을 보고 다시 동굴로 들어가, 그들이 보는 현상의 세계는 동굴 안의 그림자(율법)에 불과하다고 외치는 이에 비견된다. 바울에게 있어 모세 율법은 하나님에 대한 궁극적 진리가 아니다. 모세 율법은 "하나님 형상"(εἰκὼν τοῦ θεοῦ)인 그리스도의 그림자일 뿐이다. 율법을 하나님의 참된 목적으로 잘못 식별하는 이는 실재의 그림자에 속박되어 그것을 인식하지 못하는 죄수에 비유된다.

모세 율법의 역할은 그리스도나 "믿음"의 첫 도래 때까지 이스라엘을 훈육한 일종의 초등교사(παιδαγωγός, '파이다고고스')였다(갈 3.23, 25). 바울에게 있어 율법은 사람들을 가르치고 훈육함으로 그들을 그리스도인 교육의 최종 목표인 그리스도에게 이끄는 예비적 '파이데이아'일 뿐이다. 그러나 이전에 진술한 것처럼 율법은 불신자들의 마음으로 하여금 그리스도 영광의 복음의 광채를 볼 수 없게 하기 위해 사탄이 그것을 오용할 때 "수건"("너울", veil)으로서 기능한다.[171] 모세 율법이 인간의 마

171. 고후 3.14-15, 4.4. 참조: 엡 1.18, 2.9; 딤후 1.10; 히 6.4, 32.

음을 가리우는 한, "예수 그리스도의 얼굴에 있는 하나님의 영광을 아는 빛"(고후 4.6), 즉 "하나님의 감춰진 지혜"(고전 2.7)는 그 마음에 미치지 않는다. 모세 율법 배후에 있는 악마적 힘과는 반대로, 그리스도는 그의 후견인이자 그의 그림자 상대인 모세 율법이 성취할 수 없는 "칭의"/"의" (δικαιοσύνη, '디카이오쉬네')로 인간 영혼을 이끄는 힘이 있다. "육신으로 말미암아 율법이 미약해져서 해낼 수 없었던 그 일을 하나님께서 해결하셨습니다. 곧 하나님께서는 자기의 아들을 죄된 육신을 지닌 모습으로 보내셔서, 죄를 없애시려고 그 육신에다 죄의 선고를 내리셨습니다"(새번역).[172]

죄를 드러내고 인간들로 하여금 죄와 죽음의 지배 아래 있는 그들의 곤경을 깨닫게 함으로써, 율법은 그들을 하나님의 의(δικαιοσύνη θεοῦ, '디카이오쉬네 테우')나 영생(ζωή αἰώνιος, '조에 아이오니오스')으로 이끈다.[173] 죄의 힘을 인간의 진정한 곤경으로 드러내 보이는 율법은 죄가 그리스도에 의해 처리될 길을 예비한다. 인간은 그리스도의 초림 때까지 어린 시절 양육을 받는 동안 율법에 속박되어 있었다(갈 3.24-25). 그리스도의 도래는 하나님이 아브라함과 맺은 약속의 성취와 초등교사(παιδαγωγός)나

172. 롬 8.3. 참조. 갈 2.21: "내가 하나님의 은혜를 폐하지 아니하노니 만일 의롭게 되는 것이 율법으로 말미암으면 그리스도께서 헛되이 죽으셨느니라"(Οὐκ ἀθετῶ τὴν χάριν τοῦ θεοῦ· εἰ γὰρ διὰ νόμου δικαιοσύνη, ἄρα Χριστὸς δωρεὰν ἀπέθανεν); 갈 3.11: "또 하나님 앞에서 아무도 율법으로 말미암아 의롭게 되지 못할 것이 분명하니 이는 의인은 믿음으로 살리라 하였음이라"(ὅτι δὲ ἐν νόμῳ οὐδεὶς δικαιοῦται παρὰ τῷ θεῷ δῆλον, ὅτι ὁ δίκαιος ἐκ πίστεως ζήσεται); 롬 3.21: "이제는 율법 외에 하나님의 한 의가 나타났으니 율법과 선지자들에게 증거를 받은 것이라"(Νυνὶ δὲ χωρὶς νόμου δικαιοσύνη θεοῦ πεφανέρωται μαρτυρουμένη ὑπὸ τοῦ νόμου καὶ τῶν προφητῶν). 고후 4.4; 골 1.15을 보라. 골 3.10; 고전 15.20 참조.

173. "영생"(ζωή αἰώνιος): 롬 2.7, 5.21, 6.22-23.

간수(jailor)인 율법이 폐지되는 새 시대를 알린다.[174] 율법은 그리스도가 오실 때까지 구원의 신적 경륜에서 "교사"로 봉사하였다. 따라서 율법 아래 있기를 원하는 것은 예수 그리스도를 통한 하나님의 구속 계획에 참여하기를 거절하고 그리스도 예수 안에서 이방인들에게/민족들에 미치게 하였을 아브라함의 복을(갈 3.14) 파기하는 것과 같다. 하나님은 그리스도의 속죄의 죽음으로 그가 구원하는 의를 계시하셨기 때문에 율법으로부터 오는 의는 믿음으로부터 오는 의로 대체되었다. 이런 의미에서 '토라'를 하나님의 구속사 중심에 두는 것은 본말을 전도하는 것이다. 모세 율법은 거룩하고(ἅγιος, '하기오스'), 영적이며(πνευματικός, '프뉴마티코스'), 선하지만(καλός, '칼로스'), 인간을 그 아래 가둠으로써 하나님의 구원의 우주적 드라마에서 그 절정과 완성인 그리스도에게 가는 길을 막는다.[175] 얼핏 보면 바울의 율법관은 복잡하고 일관성이 없는 듯 보인다. 그러나 그레코-로마의 '파이데이아'와 바울 시대의 교과과정을 이해하지 않고서는 율법에 대한 그의 논증을 파악할 수 없다. 그의 구원 드라마에서 바울은 인류를 위한 하나님의 장기적 교육 계획에 대한 관점을 지니고 있다. 바울의 교육적 관점에서 볼 때 그의 율법관이 일관성을 결여하고 있다고 제안하는 것은 적절하지 않다. 후에 검토하겠지만 율법과, 그리스도와 그것의 관계에 대한 바울의 관점을 정확히 관찰하기 위해서는 '파이데이아'(παιδεία)의 헬라적 개념을 이해해야 한다.

---

174. 갈 3.23-24: "믿음이 오기 전에 우리는 율법 아래에 매인 바 되고 계시될 믿음의 때까지 갇혔느니라 이같이 율법이 우리를 그리스도께로 인도하는 초등교사가 되어 우리로 하여금 믿음으로 말미암아 의롭다 함을 얻게 하려 함이라"(Πρὸ τοῦ δὲ ἐλθεῖν τὴν πίστιν ὑπὸ νόμον ἐφρουρούμεθα συγκλειόμενοι εἰς τὴν μέλλουσαν πίστιν ἀποκαλυφθῆναι, ὥστε ὁ νόμος παιδαγωγὸς ἡμῶν γέγονεν εἰς Χριστόν, ἵνα ἐκ πίστεως δικαιωθῶμεν).

175. 롬 7.12, 14, 16.

b. 천사들(ἄγγελοι)

바울에게 있어 천사는 언제나 악하지 않고 선하거나 중립적이다. 바울은 두 그룹, 선한 천사와 악한 (혹은 타락한) 천사로 나누는 천사 세계를 본다. 하나님의 구원 드라마에서 그들의 도덕적 성격과 역할은 아주 양면적이다. 바울은 "하나님의" 혹은 "사탄의" 천사를 여러 번 언급한다.[176] 바울은 인간 사신의 의미로 단어 '앙겔로스'(ἄγγελος)를 결코 사용하지 않는다.[177] 바울은 '앙겔로이'(ἄγγελοι)를 하늘과 땅, 하나님과 인간 사이의 사신/중개인으로 말한다.[178] 바울이 "육체의 가시"(σκόλοψ τῇ σαρκί)로 언급하는 질병은 그를 계속 겸허하게 하는 "사탄의 천사/사자"(ἄγγελος σατανᾶ, '앙겔로스 사타나')를 암시한다.[179] 천사들은 인간을 구속하는 모세 율법의 공포자로 여겨진다. "그런즉 율법은 무엇이냐 범법하

176. 바울은 롬 8.38; 고전 4.9, 6.3, 11.10, 13.1에서는 "천사들"(ἄγγελοι, '앙겔로이')을, 고후 11.14, 12.7에서는 "사탄의 사자"(ἄγγελος σατανᾶ, '앙겔로스 사타나')를, 갈 1.8, 3.19, 4.14에서는 "하나님의 천사"(ἄγγελος θεοῦ, '앙겔로스 테우')를 언급한다. 살전 4.16 참조. J. A. Fitzmyer는 단어 '앙겔로이'의 경우 관사 없이는 나쁜 혹은 타락한 천사를 나타내지만 관사가 있을 경우 거룩한 천사를 가리킨다고 주장한다. J. A. Fitzmyer, "A Feature of Qumran Angelology and the Angels of I Cor. xi.10," *NTS* 4 (1957): 54을 보라. 그러나 이런 주장은 부정확한데, '앙겔로이'와 함께 바울이 관사를 사용하는 것이 임의적이기 때문이다. 예를 들면, 사람들이 천사들과 비교되는 고전 4.9과 고전 13.1에서 바울은 전자에서는 관사 없이, 후자에서는 관사를 붙여 각각 표현한다.

177. 단어 '앙겔로스'(ἄγγελος, "천사")는 눅 7.24, 9.52과 약 2.25에서 인간 사신의 의미로 사용된다.

178. 롬 8.38 참조. D. S. Russell, *Divine Disclosure*, 77은 "천사들"(ἄγγελοι, '앙겔로이')을 하나님에게 드리는 사람들의 기도와 사람들에 대한 하나님의 응답을 전하는 "천상의 우체부"로 표현한다.

179. 고후 12.7: "여러 계시를 받은 것이 지극히 크므로 너무 자만하지 않게 하시려고 내 육체에 가시 곧 사탄의 사자를 주셨으니 이는 나를 쳐서 너무 자만하지 않게 하려 하심이라"(καὶ τῇ ὑπερβολῇ τῶν ἀποκαλύψεων. διὸ ἵνα μὴ ὑπεραίρωμαι, ἐδόθη μοι σκόλοψ τῇ σαρκί, ἄγγελος σατανᾶ, ἵνα με κολαφίζῃ, ἵνα μὴ ὑπεραίρωμαι).

므로 더하여진 것이라 천사들을 통하여 한 중보자의 손으로[δι᾽ ἀγγέλων ἐν χειρὶ μεσίτου] 베푸신 것인데 약속하신 자손이 오시기까지 있을 것이라."[180] 천사들은 우주적 드라마에서 주연을 맡지 않는다. 그들의 역할은 본질적으로 조연이다.

타락한 천사들의 신화는 신구약 중간기 유대 묵시문학에 자주 나타난다. 그 신화의 가장 초기 암시는 창세기 6장 1-4절과 시편 82편 6-7절에서 발견된다.[181] 바울의 시대에는 창세기 6장을 타락한 천사인 "감시자"가 인간 여성들에게 욕정을 품고서 그들과 짝을 지었던 "원시적 사건에 대한 언급"으로 해석하는 것이 아주 흔하였다.[182] 제3장에서 언급한 것처럼, 창세기 6장 1-4절의 개요를 따라 "감시자"로 불리는 타락한 천사에 관한 신화는 (아마도 기원전 3세기의) 『에녹1서』 1장 1절-14장 8절에 처음으로 나타난다.[183] 다음 인용은 『에녹1서』 6:1-2에서 가져왔다.

> 인간의 자녀들이 수가 많아지게 되면서 그중에는 잘생긴 남자와 아리따운 여자들이 많아졌다. 하늘의 아들인 천사들이 땅 위의 아름다운 인

180. 갈 3.19.
181. 시 82.6-7: "내가 말하기를 너희는 신들이며 다 지존자의 아들들이라 하였으나 그러나 너희는 사람처럼 죽으며 고관의[ἀρχόντων] 하나같이 넘어지리로다." 타락한 천사의 신화는 Philo, *Gig.* 6; Josephus, *Ant.* 1.73; *1 Bar.* 3.26; *2 Bar.* 56.11-13; *L.A.E.* 12-17; *2 En.* 7.1-5, 18.1-9; *Acts Thom.* 32; *Pirqe R. El.* 26; *Apoc. Adam* 83.17; *Zost.* 4.28, 130.10에 나타난다. 이 본문들은 천사들을 성적 존재로 묘사하는 반면, 막 12.25과 병행본문(마 22.30; 눅 20.35)은 천사들을 무성(sexless)이라 주장한다.
182. D. B. Martin, *Corinthian Body*, 243.
183. 에녹서의 천사 하강 신화의 요소, 즉 타락한 천사(감시자)의 결박, 투옥 그리고/혹은 처벌은 창세기 6장에서는 그에 상응하는 것이 없다. Annette Yoshiko Reed, *Fallen Angels and the History of Judaism and Christianity: The Reception of Enochic Literature* (Cambridge: Cambridge University Press, 2005), 102을 보라.

> 간의 딸들을 내려다보게 되었다. 그들은 서로 말하기를 "보라, 우리가 지상으로 내려가 인간의 자녀들 중에서 아름다운 여인을 취하여 아내로 삼아 자식을 낳으면서 지상에서 살자"고 하였다.

이 신화는 신약성서의 고린도전서 6장 3절과 11장 10절, 로마서 8장 38절, 유다서 6절과 베드로후서 2장 4절에서 암시된다. '감시자들의 책'(『에녹1서』 1-36장)의 저자/편집자는 천사의 하강(내려옴)이 인간의 죄, 고통과 죽음을 설명한다고 단언하는 반면, 바울은 그것들의 기원을 전체 인종을 상징하거나 대표하는 아담의 불순종에서 찾는다.[184] 고린도전서 6장 3절은 죄를 짓고 타락한 몇몇 천사들이 심판받는다는 사실을 암시한다. "우리가 천사[ἄγγελοι]를 판단할 것을 너희가 알지 못하느냐 그러하거든 하물며 세상 일이랴." 로마서 8장 38-39절은 "우리 주 예수 그리스도 안에 있는 하나님의 사랑에서" 그리스도인들을 분리하려고 시도할 수 있는 악한 천사들을 언급한다. 게르하르트 키텔(Gerhard Kittel)은 다음과 같이 적절하게 말한다.

> 고려되는 것은 유대교에서 널리 받아들여지고 고립되어 불경건하고 악마적인 세력이 될 수 있는 정령적이거나 자연적인 천사들이다. 또한 초기의 이교 신들도 고려되는데, 그 신들은 하나님이 나라들을 다스리게 하신 수호 천사들과 부분적으로 동일시되었다.[185]

천사와 동일시되는 "하나님의 아들들"(בני־האלהים)이 사람들의 딸들과

184. Reed, *Fallen Angels*, 86.
185. Gerhard Kittel, "ἄγγελος, κτλ," *TDNT* 1:86.

관계한 것을 묘사한 창세기 6장 1-4절의 개요를 따르는 고린도전서 11장 10절에서 바울은 다음과 같이 말한다. "그러므로 여자는 천사들로 말미암아 권세 아래에 있는 표를 그 머리 위에 둘지니라"(διὰ τοῦτο ὀφείλει ἡ γυνὴ ἐξουσίαν ἔχειν ἐπὶ τῆς κεφαλῆς διὰ τοὺς ἀγγέλους).[186] 고린도전서 11장 10절은 『르우벤의 유언』(*T. Reu.*) 5장 4-6절이 이야기하는 천사 하강의 신화와 유사한 전승을 전제할 수 있다. 『르우벤의 유언』은 한 여성의 머리를 감시자들 혹은 타락한 천사들의 욕정과 연관 짓는다.

> 그러므로 내 자녀들아, 음란을 피하고 너희 아내들과 딸들에게 명하여 사내들의 건전한 마음을 속이는 머리와 외모를 꾸미지 말라고 하여라. 이런 식으로 계획을 세우는 모든 여성은 영원히 처벌받을 운명에 처해진다. 그들은 그런 식으로 홍수 이전에 있었던 감시자들을 매혹하였다. 그들이 여인들을 계속해서 쳐다보았을 때, 그들을 향한 정욕으로 가득 찼고 그들의 마음속으로 그런 행위를 저질렀다. 그러고 나서 그들은 인간 남성으로 변신하였고, 여인들이 자신들의 남편들과 동거하는 동안 감시자들은 그들(여인들)에게 나타났다. 여인들의 마음이 이러한 환영들을 향한 욕정으로 가득했기 때문에 그들은 거인들을 낳았다. 감시자들

186. 사해문서의 병행구절에 근거하여 Fitzmyer, "Feature of Qumran Angelology," 48-58은 바울이 고전 11.10의 천사들(ἄγγελοι)이 악하거나 타락했다고 결코 말하지는 않지만 예배 시 실제로 나타나는 자비로운 영이었다고 제안한다. 그는 그 천사들이 창 6.1-4과 『에녹1서』 6-16장의 타락한 천사들("감시자")이라는 Tertullian (*Cul. fem.* 1.2; 2.10; *Virg. vel.* 1.7)에 의해 처음으로 제시된 견해에 반대한다. 그 이유는 관사와 함께 사용된 "'앙겔로이'는 바울 작품에서 악하거나 타락한 천사를 결코 가리키지 않기 때문이다." 그러나 Fitzmyer의 주장은 (갈 3.19의 관점에서 그럴 가능성이 별로 없는) 갈 1.8과 함께 골 2.18, 살후 1.7에서 언급된 천사들은 그것에 적절히 예외적일 수 있다는 사실에 근거하여 실속없다.

은 하늘만큼 높은 존재로서 그들에게 노출되었다.

『르우벤의 유언』(*Testament of Reuben*)은 사람들이 여인들의 아름다움에 현혹되어서는 안 됨을 강조하기 위해 타락한 천사의 예에 호소한다. 천사 하강을 위해 인간 과실을 가정한다.[187] 창세기 6장 1-4절, 『에녹1서』 6장 1-2절과 『르우벤의 유언』 5장 4-6절에서 언급된 천사 하강 신화는 바울이 고린도전서 11장 10절에서 주장한 내용의 주석에 도움을 제공한다. 천사 하강 신화를 해석하는 바울은 천사 존재가 예배 시 너울을 쓰지 않은 여성들의 순결에 성적 위협이 되는 것으로 이해한다.[188] 창세기 6장의 빛에서 고린도전서 11장 10절을 읽는 테르툴리아누스(Tertullianus, 터툴리안)는 음탕한 천사들이 너울을 쓰지 않은 여인들에 의해 유혹을 받았을 것이라 주장한다.[189] 게일 패터슨 코링톤(Gail Paterson Corrington)이 제안한 것처럼, 고린도전서 11장 10절은 예언 활동을 하는 동안 자신들의 머리에 너울을 쓰지 않음으로(즉 또 다른 입구[구멍]인 자신들의 머리를 개방함으로) 고린도 교회의 여인들은 우주 천사의 잠재적 침입으로 해를 입을 수 있는 위기의 가능성을 암시한다.

187. *2 Bar.* 56.9-16 참조.

188. Tertullian, *Cul. fem.* 1.2, 2.10; *Virg. vel.* 1.7, 7.2. 고전 11장의 너울의 의미와 관련하여 창 24.64-65에 대한 Tertullian의 해석("그 하반신이 드러나지 않은 그녀[리브가]로 하여금 그녀의 상반신도 마찬가지로 가리도록 하라")을 따라 D. B. Martin, *Corinthian Body*, 246은 여성의 머리를 가리는 것은 그녀의 생식기를 가리는 것을 상징하는데, 어떤 면에서는 실제로 실행되는 것처럼 보인다고 주장한다. Tertullian, 'Apparel,' 1.1은 그의 교회에서 너울을 쓰지 않은 여성들에게 "너희는 마귀의 출입구다. 너희는 그 금지된 나무의 봉인을 해제하는 자들이다"라고 경고한다.

189. Gail Paterson Corrington, "The 'Headless Woman': Paul and the Language of the Body in 1 Cor. 11:2-16," *PRSt* 18 (1991): 227.

c. 육체(σάρξ)

바울은 용어 "육체"(σάρξ, '사륵스')를 신약성서의 다른 어떤 저자들보다 더 많이 사용한다.[190] 바울의 육체 개념은 유대적 영향과 헬라적인 영향의 조합을 반영하는데 물질적 몸인 '바사르'(בשר)라는 히브리적 의미와 하나님에게 적대적이라는 보다 헬라적 의미의 조합이다.[191] 바울이 육체를 사용하는 범위는 "인간 자아를 구성하는 낮은 형태의 물질"로부터 "하나님에게 적대적인 우주적 실존 영역"에까지 이르는 것 같다.[192] 그리스 사상에서 "몸"(σῶμα, '소마')과 "육체"(σάρξ, '사륵스')는 거의 동등한 것으로 여겨지지만 바울은 그 두 단어 사이를 보다 명확히 구별한다.[193] 구약성서는 인간을 몸과 영혼의 이분법이나 몸, 혼과 영의 삼분법도 아닌 "활력 단위"(a unit of vital power)로 생각하는 반면, 바울은 인간 본성에 관한 자신의 관점을 표현하기 위해 육체-영(σάρξ-πνεῦμα), 몸-영(σῶμα-πνεῦμα)과 마음-육체(νοῦς-σάρξ)와 같은 다양한 이분법적 용어나 몸-혼-영(σῶμα-

190. 요한복음 13번, 히브리서 6번, 베드로전서 7번과 계시록 7번과 비교했을 때 바울은 용어 '사륵스'를 91번(그 가운데 26번을 로마서에서만) 사용한다. Dunn, *Theology of Paul*, 62을 보라.

191. Dunn, *Theology of Paul*, 62. 바울은 용어 '사르키코스'(σαρκικός)와 '사르키노스'(σάρκινος)를 보다 중립적 의미로 사용하지만, 그럼에도 불구하고 약간 대조적으로(롬 15.27; 고전 9.11; 고후 3.3), 보다 부정적인 의미로(고전 3.3; 고후 1.12, 10.4; 롬 7.14; 고전 3.1) 사용한다.

192. D. B. Martin, *Corinthian Body*, 64.

193. Homer는 히브리어에서는 직접적으로 동등한 단어가 없는 "몸"(σῶμα)을 언제나 "시신, 시체"로 언급한다. H. G. Liddell and R. Scott, *A Greek-English Lexicon*, rev. H. S. Jones, 2 vols. (Oxford: Clarendon, 1940), 2:1749을 보라. 그러나 바울은 "시체"의 의미로 '소마'를 결코 사용하지 않는다. 그에게 있어 '소마'는 "특정 환경에서 육체를 지닌 인간"(고전 6.13-20; 롬 12.1)을 가리킨다. Dunn, *Theology of Paul*, 56d을 보라.

ψυχή-πνεῦμα)의 삼분법적 용어를 사용한다.[194] 히브리어 '바사르'(בשׂר)는 신체적인 측면에서의 전인(the whole person)을 가리키고 "주로 창조주 하나님과는 대조되는 인간의 나약함과 창조성"을 묘사하기 위해 확장된다.[195] 달리 표현하면, 구약성서 전통에서 인간은 전체로 육체(בשׂר) 자체다. 육체를 벗어난 인간 실존은 없다. 구약성서의 인간학을 고려하여 바울은 "육체로"(ἐν σαρκὶ) 살아가는 것을 말할 때, 그것으로 인간 실존의 방식을 표현한다.[196] 갈라디아서에서 바울은 "인간의 육체적 성격"(σάρξ καὶ αἷμα, "혈육", 1.16)이나 "전체로서의 인간"(πᾶσα σάρξ, 2.16)이나 "인간적이거나 자연적인 것의 영역"(ἐν σαρκί, 2.20)을 가리키기 위해 용어 "육체"(σάρξ)를 여러 가지 의미로 사용한다.[197] 바울이 '바사르'(בשׂר)의 히브리적 개념을 수용하기는 하나 그는 인간을 육체-영(σάρξ-πνεῦμα)의 이분법적 측면에서 이해한다. 바울은 인간적인 것과 신적인 것 사이의 구별

---

194. Σάρξ-πνεῦμα: 롬 1.4, 8.4-6, 27; 고전 5.5. Σῶμα-πνεῦμα: 롬 8.10-11, 13; 고전 5.3 [참조: 골 2.5 σῶμα = σάρξ], 7.34, 12.13; 엡 4.4 참조. Νοῦς-σάρξ: 롬 7.22-25; 골 2.18 참조. 삼분법적 명칭 σῶμα-ψυχή-πνεῦμα에 관해서는 살전 5.23 참조. David E. Aune, "Human Nature and Ethics in Hellenistic Philosophical Traditions and Paul: Some Issues and Problems," in *Paul in His Hellenistic Context*, ed. Troels Engberg-Pedersen (Minneapolis: Fortress, 1985), 299을 보라.

195. Gordon D. Fee, *God's Empowering Presence: The Holy Spirit in the Letters of Paul* (Peabody, Mass.: Hendrickson, 1994), 818; Udo Schnelle, *The Human Condition: Anthropology in the Teachings of Jesus, Paul, and John*, trans. O. C. Dean (Minneapolis: Fortress, 1996), 60. 인간 신체성을 나타내는 '바사르'(בשׂר)의 개념에 관해서는 창 2.23, 6.3, 13; 시 78.39, 119.120을 보라. 창 2.23: "아담이 이르되 이는 내 뼈 중의 뼈요 살 중의 살이라 이것을 남자에게서 취하였은즉 여자라 부르리라 하니라"(זאת הפעם עצם מעצמי ובשׂר מבשׂרי לזאת יקרא אשה כי מאיש לקחה-זאת ויאמר האדם).

196. 고후 10.3; 갈 2.20; 빌 1.22, 24; 몬 16 참조. 바울은 '파사 사륵스'(πᾶσα σάρξ, 시 142.2[LXX]과 관련해서 롬 3.20; 갈 2.16 참조)라는 구절로 모든 인류를 요약한다.

197. Cousar, *Letters of Paul*, 152.

을 강조하는 것과 같은 그런 방식으로 육체(σάρξ)와 영(πνεῦμα)을 대조한다. "육체가 하나님과의 비유사성을 강조하는 것처럼 '프뉴마'(πνεῦμα)는 하나님과 인간의 유사성을 강조한다."[198] 이러한 육체-영(σάρξ-πνεῦμα)의 구별을 고려하여 바울은 영이 이끄는 거룩한 삶을 하위의 본성이 통제하는 육체적 실재와 대조한다.[199] 데이비드 E. 아우네(David E. Aune)가 주장하는 것처럼, 바울에게 있어 "육체의 파멸[즉, 죽음]은 '프뉴마'의 구원을 보장할 것이다."[200] 바울은 히브리적 인간학의 전통을 고수하지만 그는 그것을 헬라적 인간학과 조화를 이룬다. "육체에 따른"(κατὰ σάρκα) 삶을 "영에 따른"(κατὰ πνεῦμα) 삶과 대조하는 바울의 사상은 "좀 더 고차원적으로 확대된 세계의 의미를 사용하려는 경향이 있는 제2성전 시기에서 유래하는데, 그 결과 '육체'는 우주론적이고 인간학적인 이원론의 일부를 형성한다"고 고든 피(Gordon D. Fee)는 주장한다.[201] 바울은 몸(σῶμα)과 영혼(ψυχή)의 플라톤적, 이원론적인 관점을 수정/축소하고 대신 육체-영(σάρξ-πνεῦμα)의 이원론을 말한다. 구약성서에서는 혼-영(ψυχή-πνεῦμα)의 대조(고전 15.44-50)와 그리스어 '소마'(σῶμα)와 동등한 히브리어 단어가 나타나지 않는다. 로마서 6장 6절("우리가 알거니와 우리의 옛 사람이 예수와 함께 십자가에 못 박힌 것은 죄의 몸[τὸ σῶμα τῆς ἁμαρτίας]이 죽어 다시는 우리가 죄에게 종노릇하지 아니하려 함이니")에서처럼, 죄와 몸의 동일시는 본질적 유대 사상에는 낯설다.[202]

198. Marie E. Isaacs, *The Concept of Spirit: A Study of Pneuma in Hellenistic Judaism and Its Bearing on the New Testament* (London: Heythrop College, 1976), 79.
199. 롬 8.4-9 참조. Isaacs, *Concept of Spirit*, 98을 보라.
200. Aune, "Human," 299. 고후 7.1; 갈 3.2-3, 4.29, 5.16-18; 골 2.5을 보라.
201. Fee, *God's Empowering*, 819.
202. Fee, *God's Empowering*, 818은 "죄의 기원이 인간 마음에 있기 때문에 죄가 육체에 있다는 것은 히브리인에게는 생각할 수 없는 일이었을 것이다"고 언급한다.

로마서 7장 5절에서 바울은 육체 안에 있는 사람들이 죄의 법과 자신들의 몸의 지체 안에서 활동하는 죄와 그 정욕에 지배받음을 분명히 한다. “우리가 육신[σάρξ]에 있을 때에는 율법으로 말미암는 죄의 정욕[τὰ παθήματα τῶν ἁμαρτιῶν]이 우리 지체 중에 역사하여 우리로 사망[θάνατος]을 위하여 열매를 맺게 하였더니.”[203] 제임스 던이 지적하는 것처럼, “육신에게 있어 문제는 그 자체가 죄악된 것이 아니라 그것이 죄의 유혹에 취약하다는 것이다. 그러므로, 육신이란 ‘탐심을 갖는 나’라고 말할 수 있을 것이다(7.7-12).”[204] 죄(ἁμαρτία)는 육욕적이기에 인간을 속박하는 악한 세력이다. 인간은 마음으로는 하나님의 법을 섬기지만 육신으로는 죄의 법을 섬긴다.[205]

마찬가지로 육신은 사탄의 활동 영역으로 묘사된다. “이런 자를 사탄에게 내주었으니 이는 육신은 멸하고 영은 주 예수의 날에 구원을 받게 하려 함이라”(παραδοῦναι τὸν τοιοῦτον τῷ σατανᾷ εἰς ὄλεθρον τῆς σαρκός, ἵνα τὸ πνεῦμα σωθῇ ἐν τῇ ἡμέρᾳ τοῦ κυρίου).[206] 육체는 죄가 인간의 몸 곳곳에 그 영향을 퍼뜨리는 수단이다. 바울의 사상에서 “육신의 일”(τὰ ἔργα τῆς σαρκός)을 하는 것, 죄가 죽을 몸을 지배하게 하는 것과 “육신에 마음을 두는 것”(τὸ φρόνημα τῆς σαρκὸς)은 상호 교환이 가능하다.[207] 인간을 암시하는 “육과 혈”(σὰρξ καὶ αἷμα, ‘사륵스 카이 하이마’)은 썩어 없어질 것이기 때문에 하나님 나라를 유업으로 받을 수 없다. 그것은 하나님과는 대조적이

203. 롬 7.5. 또한 롬 7.18 참조. 롬 7.18: “내 속 곧 내 육신에 선한 것이 거하지 아니하는 줄을 아노니 원함은 내게 있으나 선을 행하는 것은 없노라.”

204. Dunn, *Theology of Paul*, 67.

205. 롬 7.25.

206. 고전 5.5. 참조: 고후 12.7.

207. 갈 5.19; 롬 6.12, 8.5-6.

174-175

다.[208] "육신 안에"(ἐν σαρκί) 사는 삶은 "내 안에 사시는 그리스도"(ζῇ ἐν ἐμοὶ Χριστός)와는 대조를 이룬다.[209] 바울은 "육체 안에 사는 것"과 훨씬 나은 "그리스도와 함께 있는 것"을 대조한다.[210] 바울은 "육신에 있는 자들은 하나님을 기쁘게 할 수 없느니라"고 말한다.[211]

육과 영은 반대 원리다. 죄, 율법, 사망처럼 육신은 사람이 사는 영역이고, 영이 지배하는 영역과는 대조된다. 바울은 세속적 경향에 종속된 인간을 하나님의 영의 영향 아래 있는 인간과 비교한다.[212] 반대되는 우주적 세력으로서의 영과 육은 새 시대와 옛 시대의 도래와 각각 연계된다. 루이스 마틴(J. Louis Martyn)이 주장하는 것처럼, "영과 육은 그리스도와 성령의 묵시적 강림 이래 실제로 서로 싸우고 있는 두 개의 반대되는 세력(two opposed orbs of power)으로서 묵시적 이율배반(apocalyptic antinomy)을 구성한다."[213] 필멸의 존재일 뿐만 아니라 결함이 있는 육체의 부정적인 힘은 "영"과는 대조를 이룬다.[214] 로마서 8장 1-11절에서 바

208. 고전 15.50: "형제들아 내가 이것을 말하노니 혈과 육[σὰρξ καὶ αἷμα]은 하나님 나라를 이어받을 수 없고 또한 썩는 것[ἡ φθορά]은 썩지 아니하는 것[τὴν ἀφθαρσίαν]을 유업으로 받지 못하느니라"; 갈 1.16: "… 내가 곧 혈육과 의논하지 아니하고"; 고후 4.11: "우리 살아 있는 자가 항상 예수를 위하여 죽음에 넘겨짐은 예수의 생명이 또한 우리 죽을 육체에[ἐν τῇ θνητῇ σαρκὶ ἡμῶν] 나타나게 하려 함이라." 또한 롬 6.19; 고전 5.5; 고후 4.11 참조.

209. 갈 2.20.

210. 빌 1.22-23.

211. 롬 8.8.

212. 갈 3.3, 4.29; 롬 8.4-9, 13. 바울이 할례 문제를 논하는 갈 3.3("너희가 이같이 어리석으냐 성령으로 시작하였다가 이제는 육체로 마치겠느냐")에서 '프뉴마-사륵스'(πνεῦμα-σάρξ) 대조는 기독교 세대와 유대 세대를 각각 상징한다.

213. J. Louis Martyn, "Apocalyptic Antinomies in Paul's Letter to the Galatians," *NTS* 31 (1985): 417.

214. Dunn, *Theology of Paul*, 65.

울은 영을 로마서 7장 14-25절에서 노정된 딜레마에 대한 해법으로 여기고 육신을 따라 살아가는 사람들(οἱ κατὰ σάρκα)과 영을 따라 살아가는 사람들(οἱ κατὰ πνεῦμα) 사이에 이원론적 대조를 제시한다. 바울은 로마서 8장 5-8절에서 '사륵스'(σάρξ)와 '프뉴마'(πνεῦμα)를 두 개의 상호 배타적인 힘의 영역으로 언급한다.

> 육신을 따르는 자는 육신의 일을, 영을 따르는 자는 영의 일을 생각하나니 육신의 생각은 사망이요 영의 생각은 생명과 평안이니라 육신의 생각은 하나님과 원수가 되나니 이는 하나님의 법에 굴복하지 아니할 뿐 아니라 할 수도 없음이라 육신에 있는 자들은 하나님을 기쁘게 할 수 없느니라.[215]

하나님이나 그리스도의 영은 신자들 안에 내주하기 때문에, 그들은 육체 안에(ἐν σαρκὶ) 여전히 살지만 더 이상 "육신에 따라"(κατὰ σάρκα) 살지는 않는다. "우리가 육신으로 행하나 육신에 따라 싸우지 아니하노니"(Ἐν σαρκὶ γὰρ περιπατοῦντες οὐ κατὰ σάρκα στρατευόμεθα).[216] "육체 안의[ἐν σαρκὶ] 삶"은 단순히 지상에서의 삶을 의미하지만 "육신을 따라"(κατὰ σάρκα) 사는 삶은 "하나님을 가까이하지 않는 삶, 세상적이고 부패하기 쉬운 것에 사로잡힌 삶"을 의미한다.[217] 육신은 "사람이 자신의 삶을 그

215. 롬 8.5-6.

216. 고후 10.3.

217. Schnelle, *Human*, 61. Eduard Schweizer, "σάρξ, σαρκικός, κτλ," *TDNT* 7:131에 따르면 "육신에 따라"(κατὰ σάρκα)는 "세속적 수준의 의식적인 영적 삶의 성향"을 의미한다.

것[육신] 위에 건설할 때에만 악하게 된다."[218] 바울은 갈라디아 성도들에게 "성령을 따라 행하라 그리하면 육체의 욕심을 이루지 아니하리라"고 요청한다.[219] 하나님을 적대하는 그들의 삶은 폐지되고 그들은 성령의 일을 행한다.[220] 바울은 "육체의 일"(τὰ ἔργα τῆς σαρκός)을 "성령의 열매"(ὁ καρπὸς τοῦ πνεύματος)와 대조한다.[221]

'사륵스'(σάρξ)와 '프뉴마'(πνεῦμα)의 대조는 그들의 목표인 죽음과 생명을 각각 야기한다. "너희가 육신대로 살면 반드시 죽을 것이로되 영으로써 몸의 행실을 죽이면 살리니."[222] 갈라디아서 6장 8절에서 바울은 아주 동일한 방식으로 다음과 같이 말한다. "자기의 육체를 위하여 심는 자는 육체로부터[ἐκ τῆς σαρκὸς] 썩어질 것[φθορά]을 거두고 성령을 위하여 심는 자는 성령으로부터[ἐκ τοῦ πνεύματος] 영생[ζωὴν αἰώνιον]을 거두리라." 모세 율법을 준수할 수 없는 무능은 그 유래가 육신에 속한(σάρκινος, '사르키노스') 인간의 조건으로부터 나온다. "우리가 율법은 신령한 줄[πνευματικός, '프뉴마티코스'] 알거니와 나는 육신에 속하여[σάρκινος, '사르키노스'] 죄 아래에 팔렸도다."[223] 인간 곤경을 초래하는 문제는 하나님으로부터 소외된 육신의 세속적 조건에서 하나님을 적대하는 인간성으로 이뤄진다. 육체, 연약함과 부패함의 본성은 인간을 죄와 그것의 결과인 죽음에 종속시킨다. "우리가 육신에 있을 때에는[ἐν τῇ σαρκί] 율법으로 말미암는 죄의 정욕이[τὰ παθήματα τῶν ἁμαρτιῶν] 우리 지체 중에 역사

218. Schweizer, *TDNT* 7:135.
219. 갈 5.16. 참조: 살전 1.4-10, 4.3-8; 롬 8.4, 12-17.
220. 갈 5.22.
221. 갈 5.19-23.
222. 롬 8.13.
223. 롬 7.14. 11QPs[a] 19.9-10("나의 죄와 나의 불법이 나를 스올[음부]에 팔았기 때문에 나는 죽음에 속한다") 참조.

176-177

하여 우리로 사망[θάνατος, '타나토스']을 위하여 열매를 맺게 하였더니."[224] 하나님이 "죄로 말미암아 자기 아들을 죄 있는 육신의 모양으로"[ἐν ὁμοιώματι σαρκὸς ἁμαρτίας] 보내셨을 때 죄와 죽음의 운명적 상호 작용으로부터 벗어나게 된다.[225] 결과적으로 예수 그리스도의 죽음과 부활은 죄가 영향을 미치는 육체 안에서 그 힘을 분쇄하고, 그 결과 신자들은 자신들의 세속적 실존 속 육체의 영역으로부터 벗어나 영의 일을 하는 자신을 발견한다.

3. 선한 등장인물

a. 영/성령(πνεῦμα)

그레코-로마 시기에 시편 51편 13절(MT)과 이사야 63장 10-11절에서 발견되는 "성령"(רוח קדש, '루아흐 카도쉬')은 팔레스타인과 디아스포라 유대인들 가운데 하나님의 영을 지칭하는, 비교적 널리 사용된 명칭이 되었다.[226] 이전 장에서 언급된 것처럼, 그 시대의 주요 유대 지혜 문헌인 시락서와 솔로몬의 지혜서는 물론 필론의 작품은 영-지혜 관계와 영-지혜-'로고스' 관계를 가장 명확히 밝히는 증거를 각각 제공한다. 이런 유대 지혜전승은 영과, 그리스도와 영의 관계에 관한 바울의 관점을 밝히

224. 롬 7.5.

225. 롬 8.3.

226. 시 51.13(MT): "나를 주 앞에서 쫓아내지 마시며 주의 성령[רוח קדש]을 내게서 거두지 마소서." 사 63.10-11: "그들이 반역하여 주의 성령[רוח קדש]을 근심하게 하였으므로 그가 돌이켜 그들의 대적이 되사 친히 그들을 치셨더니 백성이 옛적 모세의 때를 기억하여 이르되 백성과 양 떼의 목자를 바다에서 올라오게 하신 이가 이제 어디 계시냐 그들 가운데에 성령을 두신 이가 이제 어디 계시냐." "성령"이라는 표현은 *4 Ezra* 14.22; *Pss. Sol.* 17.37; Wis 9.17; 1QS 4.21; 1QSb 2.24에서 발견된다. John R. Levison, *The Spirit in First-Century Judaism* (Leiden: Brill, 2002), 105을 보라.

는 실마리를 제공한다.

히브리어 단어 '루아흐'(רוח)는 마소라 본문(Masoretic Text)에서 약 90번 하나님의 영으로 언급되고, 그 단어의 그리스어 동격어, '프뉴마'(πνεῦ-μα)는 칠십인역에서 100번 나타나는 반면, 바울은 그의 작품에서 '프뉴마'를 (몇몇 구절의 주해에 따라) 112번에서 115번 하나님의 영(πνεῦμα θεοῦ)으로 언급한다.[227] 나아가 바울은 '프뉴마'(πνεῦμα)를 내적 본성(ὁ ἔσω ἄνθρωπος, '호 에소 안트로포스')을 가리키는 명칭으로 '프쉬케'(ψυχή)보다 자주 사용한다.[228] 구약성서에서 "오는 세대"(ὁ αἰὼν ὁ μέλλων, '호 아이온 호 멜론')는 "소생시키는 성령, 즉 새로운 영과 새로운 삶의 신선한 발현"으로 특징되었을 것이다.[229] 구약성서가 영을 "미래 메시아적 복의 시대에 대한 특징"으로 묘사하는 것처럼, 이러한 구약성서의 종말론적 희망으로, 바울은 새 시대의 권능인 영은 믿음을 통해 경험된다고 주장한다. "그리스도께서 우리를 위하여 저주를 받은 바 되사 율법의 저주에서 우리를 속량하셨으니 기록된 바 나무에 달린 자마다 저주 아래에 있는 자라

227. T. Paige, "Holy Spirit," *DPL* 405. 히브리어 구약성서에 나오는 378번의 '루아흐'(רוח) 사례 가운데 칠십인역에서는 277번이 '프뉴마'(πνεῦμα)로 나온다. Isaacs, *Concept of Spirit*, 10을 보라. 표현 "하나님의 성령"(πνεῦμα θεοῦ)은 바울 서신에서 11번 나타나는데, 바울은 고전 3.16(Οὐκ οἴδατε ὅτι ναὸς θεοῦ ἐστε καὶ τὸ πνεῦμα τοῦ θεοῦ οἰκεῖ ἐν ὑμῖν;)에서 '테오스'(θεός)를 '프뉴마 테우'(πνεῦμα θεοῦ)와 상호교환적으로 사용한다. 용어 '프뉴마'와 그 동족어는 신약성서에서 요한2서와 요한3서를 제외하고 409번 나타나며 바울 서신과 누가-행전은 그것을 아주 빈번히 사용한다.

228. W. D. Stacey는 자신의 작품, *The Pauline View of Man in Relation to Its Judaic and Hellenistic Background* (London: Macmillan, 1956), 126에서 "'프뉴마'(πνεῦμα)가 중심이고 '프쉬케'(ψυχή)는 보다 적게 기능한다. … 영은 극적으로 진전하고 혼은 급격히 후퇴한다"고 언급한다. 바울의 '에소 안트로포스'(ἔσω ἄνθρωπος, "속사람")에 대한 언급을 위해서는 롬 7.22; 고후 4.16을 보라.

229. 겔 11.19, 36.25-27, 37.1-14. Dunn, *Theology of Paul*, 417-18을 보라.

하였음이라 이는 그리스도 예수 안에서 아브라함의 복이 이방인에게 미치게 하고 또 우리로 하여금 믿음으로 말미암아 성령의 약속을 받게 하려 함이라."[230] 구약성서에서 영은 여호와의 현존을 중재하는 것처럼, 신약성서에는 그의 백성 가운데 그리스도의 현존을 가리키기 위해 사용된다.[231] 그리스도의 초림이 새 시대의 개시를 알리는 것과 같이 하나님 아들의 영을 신자들의 마음속으로 보내는 것은 새 시대를 경험하게 하는 것을 가능하게 한다.[232] 영은 종말론적 희망이 현재에 실현되는 수단이다. 마리 E. 이삭스(Marie E. Isaacs)가 말한 것처럼, "영의 소유가 계시에 대한 이스라엘의 주장을 인증하는 것으로 이스라엘이 간주하듯, 교회의 성령 소유는 참 이스라엘이라는 교회의 주장을 구성한다."[233] 바울에게 있어 성령의 현존은 메시아 시대가 동텄다는 사실을 암시한다. 바울은 율법과 성령/그리스도의 대조로 옛 세대(*aeon*)와 새 세대를 구별한다. 따라서 그는 성령 안에서의 생활을 새 창조(κτίσις)의 삶으로 본다.

바울은 하나님의 구원 드라마에서 영의 역할에 열렬한 관심을 보인다. 바울의 영 개념은 승천한, 부활하신 예수와 지상에 있는 그의 백성에게 내재하는 그의 현존 사이에 종말론적 긴장을 경감하는 단서를 제공한다.[234] 바울 사상에서 영은 "죽은 자들로부터 부활하신 역사적 예수

230. 갈 3.13-14. Paige, *DPL* 404을 보라.
231. 겔 39.29: "내가 다시는 내 얼굴을 그들에게 가리지 아니하리니 이는 내가 내 영을 이스라엘 족속에게 쏟았음이라 주 여호와의 말씀이니라."
232. 갈 4.4: "때가 차매 하나님이 그 아들을 보내사 여자에게서 나게 하시고 율법 아래에 나게 하신 것은." 갈 4.6: "너희가 아들인고로 하나님이 그 아들의 영을 우리 마음 가운데 보내사 아바[Abba] 아버지라 부르게 하셨느니라"(개역한글).
233. Isaacs, *Concept*, 91. 빌 3.3: "하나님의 성령으로 봉사하며 그리스도 예수로 자랑하고 육체를 신뢰하지 아니하는 우리가 곧 할례파라."
234. 롬 8.18-25; 고후 1.22, 5.5. 엡 1.13-14, 4.30 참조.

와, 그의 백성과 동시에 함께하시는 천상의 주님의 연합을 가능하게 한다."[235] 바울은 영을 부활하신 주님을 대신하여 하나님과 사람 사이의 간격을 메우는 중개자로 생각한다. 성령 안에서 부활하신 주님은 지상에서의 그의 현존과 주권을 나타낸다. 높임 받은 예수 그리스도는 "생명을 주시는 영"으로 일한다. "기록된 바 첫 사람 아담은 생령이 되었다 함과 같이 마지막 아담은 살려 주는 영[πνεῦμα ζῳοποιοῦν]이 되었나니."[236] 아돌프 다이스만(Adolf Deissmann)이 지적했듯, 바울 신학에서는 공식 "그리스도 안"(ἐν χρίστῳ, '엔 크리스토')은 공식 "성령 안"(ἐν πνεύματι, '엔 프뉴마티')과 밀접한 관련이 있고 그 두 공식은 상호 교환이 가능하다.[237] 신자 안에 계시는 성령에 대한 바울의 언급은 그들 안에 계시는 그리스도에 대한 언급과 병행된다.[238] 그러므로 "그리스도 안에 있는 것"과 "성령이 내주하시는 것" 사이에는 어떤 차이도 없고, 그 둘은 "동전의 양면"과 같다.[239] 바울은 로마서 8장 9-10절에서 다음과 같이 진술한다.

> 만일 너희 속에 하나님의 영이 거하시면 너희가 육신에[ἐν σαρκί] 있지

235. Paige, *DPL* 406-8.

236. 고전 15.45.

237. Adolf Deissmann, *Paul: A Study in Social and Religious History*, trans. W. E. Wilson, 2nd ed. (New York: Doran, 1927), 139-40. 공식 '엔 크리스토'(ἐν χρίστῳ)와 '엔 프뉴마티'(ἐν πνεύματι)는 바울 서신에서 각각 164번과 19번 나타나지만 Deissmann이 보여 준 것처럼 거의 모든 곳에서 "성령 안에서"(in the Spirit)라는 표현은 다른 곳에서 "그리스도 안에서"(in Christ)라는 표현과 관련된 바울의 개념과 동일하게 연결된다. Deissmann, *Paul*, 138을 보라.

238. 어떤 경우 바울은 신자들 속에 있는 그리스도를 언급한다(갈 2.20; 롬 8.10; 골 1.27). 다른 경우 그는 그들 안의 성령을 언급한다(롬 8.9-10; 고전 3.16, 6.19). Isaacs, *Concept*, 93을 보라.

239. Dunn, *Theology of Paul*, 414.

> 아니하고 영에[ἐν πνεύματι] 있나니 누구든지 그리스도의 영[πνεῦμα Χριστοῦ]이 없으면 그리스도의 사람이 아니라 또 그리스도께서 너희 안에 계시면 몸은 죄로 말미암아 죽은 것이나 영은 의로 말미암아 살아 있는 것이니라.

바울에게 있어 영은 구원 과정의 "보증"(ἀρραβών, '아르라본')으로 그 역할을 한다.[240] 영이 "첫 열매"(ἀπαρχή, '아파르케')로서 보내짐으로 신자들은 몸의 종말론적 구속을 가리키는 미래 영광(δόξα, '독사')을 미리 맛볼 수 있다.[241]

> 생각하건대 현재의 고난은 장차 우리에게 나타날 영광과 비교할 수 없도다 피조물이 고대하는 바는 하나님의 아들들이 나타나는 것이니 … 피조물이 다 이제까지 함께 탄식하며 함께 고통을 겪고 있는 것을 우리가 아느니라 그뿐 아니라 또한 우리 곧 성령의 처음 익은 열매[τὴν ἀπαρχὴν τοῦ πνεύματος]를 받은 우리까지도 속으로 탄식하여 양자 될 것 곧 우리 몸의 속량을 기다리느니라.[242]

바울은 교회의 현재의 성령 경험을 성령의 미래 사역의 보증으로 이해한다. 성령의 임재는 하나님 목적의 임박한 완성을 가리키는 징조다. 믿

240. 고후 1.21-22: "우리를 너희와 함께 그리스도 안에서 굳건하게 하시고 우리에게 기름을 부으신 이는 하나님이시니 그가 또한 우리에게 인 치시고 보증[ἀρραβών, '아르라본']으로 우리 마음에 성령을 주셨느니라." 고후 5.5 참조. 엡 1.13, 4.30에서 약속된 성령은 보증과 관련된다. Dunn, *Theology of Paul*, 421은 그리스어 용어 '아르라본'(ἀρραβών)을 "계약금", "첫 할부금" 혹은 "개시"로 번역한다.

241. Beker, *Paul the Apostle*, 281-83.

242. 롬 8.18-19, 22-23.

음을 통한 성령의 수용은 종말론적 공동체 안으로 입문하는 전 과정과 관련된다. 바울에게 있어 믿음은 성령의 수용에 필요한 전제 조건이고 그 반대도 마찬가지다.[243] "보증"(guarantee), "계약금"(down payment) 혹은 "첫 할부금"(first installment)으로 이해하는 바울의 성령 개념은 현재의 성령은 메시아 시대가 완전히 도래했을 때 신자들이 받을 것의 한몫이라는 종말론적 관점을 반영한다. 구약성서에서 성령은 우주적 창조의 대리인은 물론 재생의 대리인으로 기능한다.[244] 미래의 메시아 시대에 성령은 "의로운 삶으로 살도록 영향을 주어 이끌며, 도덕적이고 경건한 갱신을 가져오는 신적 힘으로" 경험될 것이다.[245] 바울은 구약성서와 신구약 중간기 유대교의 전통에 서 있지만 그의 영 개념은 그러한 관점의 단순한 반복이 아니다. 바울에게 있어 성령은 하나님과 적대하는 이 세대의 세력들, 특히 육신과 죄와 싸우는 신자들을 위한, 오는 세대의 권능의 극적인 도착(inbreaking)이다.[246] 이것은 바울이 구약성서와 신구약 중간기 유대문학과는 다른 점인데, 전자에 관한 한 성령은 현시대에 마지막 때의 극적인 도착을 나타내는 반면, 후자는 미래 시대에 영의 일반

243. 갈 3.14: "이는 그리스도 예수 안에서 아브라함의 복이 이방인에게 미치게 하고 또 우리로 하여금 믿음으로 말미암아 성령의 약속을 받게 하려 함이라"(ἵνα εἰς τὰ ἔθνη ἡ εὐλογία τοῦ Ἀβραὰμ γένηται ἐν Χριστῷ Ἰησοῦ, ἵνα τὴν ἐπαγγελίαν τοῦ πνεύματος λάβωμεν διὰ τῆς πίστεως). 고전 12.3: "그러므로 내가 너희에게 알리노니 하나님의 영으로 말하는 자는 누구든지 예수를 저주할 자라 하지 아니하고 또 성령으로 아니하고는 누구든지 예수를 주시라 할 수 없느니라."

244. 우주 창조의 대리인인 '루아흐'(רוח): 창 1.2; 시 33.6, 104.30; 욥 26.13, 33.4, 34.14; 재생의 대리인인 '루아흐'(רוח): 겔 37.14; 사 32.15, 44.3.

245. 시 51.12-14, 143.10; 느 9.20; 사 32.15, 44.3-5; 겔 36.26-27. Mehrdad Fatehi, *The Spirit's Relation to the Risen Lord in Paul*, WUNT 2.128 (Tübingen: Mohr Siebeck, 2000), 52을 보라.

246. Paige, *DPL* 411. 유사하게, 영의 유출은 종말론적 대파국의 징조(행 2.19-21)와 다가올 세상의 좋은 일을 미리 맛보는 것(히 6.4-5)으로 묘사된다.

적 수여를 희망하는 점에 있어 그렇다. 그리스도 영의 보냄은 신자들 안에서 지금 진행 중인 구원의/변화의 과정이 시작되었음을 알리고, ("돌판"에 쓴) 율법의 죽어 가는 효력을 ("인간 마음"에서 역사하는) 생명을 주는 성령의 새로운 경험으로부터 구별하는 분기점이 된다.[247]

로마서 8장 1-7절에서 바울은 로마서 7장 14-25절에 드러난 딜레마에 대한 해결은, 인간 자아에 거하여 죄의 힘을 몰아내고 새 생활을 가능하게 하는 성령이라 설명한다. 바울에게 있어 성령의 힘은 그리스도 안에서의 새 삶을 사는 것과 직접적으로 관련된다. 돌판에 쓰인 모세 율법(τὸ γράμμα, '토 그람마')은 사람들의 마음에 새겨져, 그리스도 안에서 성취된 성령의 새 언약에 비해 열등한 것으로 묘사된다.[248] 바울에 따르면, "하나님의 자녀"(τέκνα θεοῦ)라는 아들 됨에 관한 지식은 "성령 안에"(ἐν πνεύματι) 있는 이들의 소유다.[249] 뚫고 들어오는 새 시대의 능력인 성령은 예수 그리스도의 시대에 육체를 복종시키기 위해 육체의 영역에 침입하였다. 성령은 율법으로부터(갈 5.18; 롬 8.2 참조), "육신의 정욕"(갈 5.16)으로부터, 모든 부도덕한 행위인 육신의 일로부터(갈 5.19-21) 인간을 자유롭게 한다.[250] 성령으로 신자들은 이 시대의 치명적 권능으로부터 벗어난다. "이는 그리스도 예수 안에 있는 생명의 성령의 법[ὁ νόμος τοῦ πνεύματος τῆς ζωῆς]이 죄와 사망의 법[ὁ νόμος τῆς ἁμαρτίας καὶ τοῦ θανάτου]에서 너를 해방하였음이라."[251] 이는 바울이 "주는 영이시니 주의 영이 계

247. 고후 3.3, 6. 겔 11.19; 렘 31.33 참조.

248. 고후 3.6. 렘 31.31-34; 겔 32.26 참조.

249. 롬 8.16: "성령이 친히 우리의 영과 더불어 우리가 하나님의 자녀인 것을 증언하시나니"(αὐτὸ τὸ πνεῦμα συμμαρτυρεῖ τῷ πνεύματι ἡμῶν ὅτι ἐσμὲν τέκνα θεοῦ).

250. 갈 5.18: "너희가 만일 성령의 인도하시는 바가 되면 율법 아래에 있지 아니하리라"(εἰ δὲ πνεύματι ἄγεσθε, οὐκ ἐστὲ ὑπὸ νόμον).

251. 롬 8.2.

신 곳에는 자유[ἐλευθερία, '엘류테리아']가 있느니라"고 주장하는 이유다.[252] 성령은 육신과 죄의 원리와는 반대된다.[253] 바울에게 있어 육에 속한 사람(ψυχικός, '프쉬키코스')은 하나님의 영적 은사(τὰ τοῦ πνεύματος τοῦ θεοῦ)를 받을 수 없다.[254] 갈라디아서 5장 19-23절의 "육신의 일"의 목록은, 단수로 사용되는 단어 "열매"(καρπός, '카르포스')가 "성령이 산출하는 것에 응집력 있고 통일된 성격"을 부여한다는 점에서 "성령의 열매"(ὁ καρπὸς τοῦ πνεύματός)의 단일성과는 대조를 이룬다.[255] 이런 방식으로, 바울은 영을 단수 형태로, 즉 성령(Holy Spirit)이나 하나님의 영(Spirit of God)으로 언제나 말한다.[256] 이러한 성령의 특이성에 근거하여 바울은 교회의 통일성을 논증한다. "우리가 유대인이나 헬라인이나 종이나 자유인이나 다 한 성령으로 세례를 받아 한 몸이 되었고 또 다 한 성령을 마시게 하셨느

---

252. 고후 3.17. 갈 5.1에서 바울은 "그리스도께서 우리를 자유롭게 하려고 자유를 주셨으니 그러므로 굳건하게 서서 다시는 종의 멍에를 메지 말라"고 주장한다. 바울 작품에서 "자유"(ἐλευθερία, '엘류테리아')라는 개념의 중요성에 관해서는 롬 6.18, 20, 22, 7.3, 8.21; 고전 7.21, 22, 39, 9.1, 19, 10.29, (12.13); 고후 3.17; 갈 5.13; 골 3.11; 엡 6.8을 보라. 바울의 개념에 관한 추가 문헌으로는 Rudolf Bultmann, *Theology of the New Testament*, trans. Kendrick Grobel, 2 vols. (New York: Scribner, 1951-55), 1:38-40; Hans Conzelmann, *An Outline of the Theology of the New Testament*, trans. John Bowden (New York: Harper & Row, 1969), 275ff.; Heinrich Schlier, "ἐλεύθερος," *TDNT* 2:487-502이 있다.

253. 롬 8.6: "육신의 생각은 사망이요 영의 생각은 생명과 평안이니라." 참조: 롬 8.1-4, 12-15.

254. 고전 2.14.

255. Cousar, *Letters of Paul*, 153. 바울의 "열매"(καρπός, '카르포스') 개념은 스토아 철학, 특히 Philo의 작품에서 발견된다. Philo, *Leg.* 1.22f., 3.93; *Migr.* 140, 202, 205; *Deus* 166; *Mut.* 74, 98, 192; *Post.* 171; *Det.* 111; *Agr.* 9; *Mos.* 2.66; *Cher.* 84("영혼의 열매[들]); *Plant.* 138; *Somn.* 2.272; *Fug.* 176("관상 생활은 지식의 열매다"); Epictetus, *Diatr.* 1.4.32. 참조: 1.15.7, 8, 2.1.21, 4.8.36; Cicero, *Tusc.* 1.119("지성의 열매").

256. 롬 8.9; 고전 3.17, 12.4-6; 고후 5.5; 갈 3.5.

니라."[257] 하나님은 성령을 보내거나 성령으로 신자들을 인봉하는 것으로 말씀한다.[258]

하나님의 신비한 지혜가 십자가에 못 박힌 그리스도인 것처럼, 바울 신학에서 생명을 주는 영은 유대 지혜전통에서처럼 율법과의 동일시가 아닌, 마지막 아담인 부활하신 그리스도(고전 15.45)와 동일시될 수 있다.[259] 이것을 보다 명확히 하기 위해, 바울은 영을 율법과 대조한다. "이제는 우리가 얽매였던 것에 대하여 죽었으므로 율법에서 벗어났으니 이러므로 우리가 영의 새로운 것으로 섬길 것이요 율법 조문의 묵은 것으로 아니할지니라."[260] 유사하게 갈라디아서 5장 1-12절에서 바울은 자유롭게 하는 권능인 성령의 경험과 율법의 예속을 대조적으로 병치하여 율법의 멍에를 지고 할례 의식을 수용하지 말라며 갈라디아 교회 성도들에게 경고한다. 그리스도 예수와 그의 영을 통해 하나님은 "율법의 정당한 요구사항이 성취될 수 있도록" 육신과 죄의 권능을 파멸하셨다.[261]

고린도후서 3장 18절에서, 바울은 영의 일을 신자들이 그리스도인 신적 형상으로 변화하는 것으로 말한다. "우리가 다 수건을 벗은 얼굴로 거울을 보는 것같이 주의 영광을 보매 그와 같은 형상으로 변화하여

257. 고전 12.13. 이 구절에서 바울이 사용한 "한 성령을 마시게 하셨다"(ἓν πνεῦμα ἐποτίσθημεν, '헨 프뉴마 에포티스테멘')는 이미지는 구약성서에 나오는 위에서부터 광야에 부어지는 영의 이미지를 연상하게 한다(사 32.15, 44.3; 겔 39.29; 욜 2.28).

258. 갈 4.6; 고후 1.21-22, 5.5; 롬 5.5.

259. 예를 들면, Wis 6.18과 7.22-23에서 지혜(σοφία, '소피아'), 우주적 '토라'(תורה)와 영(πνεῦμα, '프뉴마')은 동일시된다.

260. 롬 7.6.

261. 롬 8.4.

영광에서 영광에 이르니 곧 주의 영으로 말미암음이니라."[262] 여기서 바울은 예수를 "주, 영"(고후 3.18)으로 말하며, 심지어 "주는 영이시다"(ὁ κύριος τὸ πνεῦμά ἐστιν, 고후 3.17)고 말하기까지 한다. 이스라엘이 모세 율법 대신 돌아서야만 하는, 높임 받은 주는 성령과 동일시된다.[263] "신자들에게 그리스도 현존의 중재자"인 성령은 그리스도의 인격과 가르침에 일치하는 새 인류를 창조하는 일을 한다.[264] 부활하신 주 예수와 영의 연합은 성령에 대한 바울의 가르침을 성령의 유대적 개념으로부터 구별하는, 한 가지 주목할 만한 측면이다.[265] 바울은 로마서 8장 9-10절에서 예수와 영의 연관성을 다음과 같이 확증한다.

> 만일 너희 속에 하나님의 영이 거하시면 너희가 육신에[ἐν σαρκὶ] 있지 아니하고 영에[ἐν πνεύματι] 있나니 누구든지 그리스도의 영[πνεῦμα Χριστοῦ]이 없으면 그리스도의 사람이 아니라 또 그리스도께서 너희 안에 계시면 몸은 죄로 말미암아 죽은 것이나 영은 의로 말미암아 살아 있는 것이니라.

이 구절에서 영은 그리스도의 인격을 지닌 것으로 묘사된다. 따라서 영

262. 고후 3.18: "우리가 다 수건을 벗은 얼굴로 거울을 보는 것같이 주의 영광을 보매 그와 같은 형상으로 변화하여 영광에서 영광에 이르니 곧 주의 영으로 말미암음이니라"(ἡμεῖς δὲ πάντες ἀνακεκαλυμμένῳ προσώπῳ τὴν δόξαν κυρίου κατοπτριζόμενοι τὴν αὐτὴν εἰκόνα μεταμορφούμεθα ἀπὸ δόξης εἰς δόξαν καθάπερ ἀπὸ κυρίου πνεύματος). 참조: 골 3.3-4. "하나님의 형상"인 그리스도에 관해서는 고후 4.4을 보라.

263. 롬 10.4-5; 고전 10.2.

264. Paige, *DPL* 410.

265. Paige, *DPL* 406-7.

은 "그리스도의 영"(롬 8.9), "[하나님의] 아들의 영"(갈 4.6), "예수 그리스도의 영"(빌 1.19)으로 불릴 수 있다.[266] 영의 능력은 부활하신 그리스도의 능력에 다름 아니다. "너희 중에 이와 같은 자들이 있더니 주 예수 그리스도의 이름과 우리 하나님의 성령 안에서 씻음과 거룩함과 의롭다 하심을 받았느니라."[267] 성령 안에서 교제하는 것은 하나님의 아들, 예수 그리스도와 교제하는 것과 동일하다.[268] 하나님의 지혜, 십자가에 달리신 그리스도는 영으로부터 동떨어져 이해될 수 없다.[269] 고린도전서 2장 10-16절에서 언급된 것처럼, 하나님의 지혜는 성령으로 인간에게 전달될 수 있는데, 그 까닭은 성령만이 하나님의 마음을 아시기 때문이다. "오직 하나님이 성령으로 이것을 우리에게 보이셨으니 성령은 모든 것 곧 하나님의 깊은 것까지도 통달하시느니라."[270] 이런 의미에서 영은 하나님을 알 수 있는 유일한 통로다. 그의 부활과 승천 이래 예수는 이제 성령을 통해 그의 교회와 세상과 소통한다.[271] 바울은 하나님(혹은 아버지), 그리스도(혹은 아들)와 성령을 "삼위일체 속 구별되는 세 인격의 후대 교리"의 토대를 놓는, 3인조의 공식으로 묘사한다.[272]

266. 참조: 행 16.7; 벧전 1.11.

267. 고전 6.11. 참조: 롬 15.16.

268. 고전 1.9; 고후 13.13 [14]; 빌 2.1.

269. 고전 1.23-24, 2.2, 6-12.

270. 고전 2.10: ἡμῖν δὲ ἀπεκάλυψεν ὁ θεὸς διὰ τοῦ πνεύματος· τὸ γὰρ πνεῦμα πάντα ἐραυνᾷ, καὶ τὰ βάθη τοῦ θεοῦ. 사 40.13의 히브리어는 "주님의 영[רוח, '루아흐']"으로, 칠십인역은 "주님의 마음[νοῦς, '누스']"으로 읽는다. Fatehi, *Spirit's Relation*, 85-86은 사 40.12-14에서 "주님의 영"(רוח יהוה)은 "하나님의 마음인 지혜의 궁극적 원천"을 가리킨다고 주장한다.

271. Paige, *DPL* 407.

272. 롬 5.1-5, 8.14-17, 15.30; 고전 2.7-16, 6.11, 12.4-6; 고후 1.21-22, 13.13. Fitzmyer, *Paul and His Theology*, 57을 보라.

b. 하나님(θεός)과 그 아들, 예수 그리스도(Ἰησοῦς Χριστός)

우주가 그 경계를 확장함에 따라 하나님의 이미지와 역할은 점차 변화되었고 그 통치 영역은 우주의 크기와 일치할 때까지 꾸준히 커졌다. 크게 진보한 점성술과 천문학의 출현과 함께, 이전 시대의 신인동형동성적 신들은 '모나드'(μονάς), 즉 '일자'(the one Who Is)로서의 하나님에게 자리를 양보하기 시작했다.[273] 인간과 하나님 사이의 간격이 넓어짐에 따라 하나님은 접근할 수 없는 높은 곳으로 물러가셨다. 거대 우주를 창조하신 하나님은 무한해졌고 그의 본질은 영으로 구성된 것으로 이해되었다.[274] 이러한 새로운 상황으로 인해 기존 국가적 예배는 제대로 기능하지 못했다. 다섯 행성(수성, 금성, 화성, 목성, 토성)과 동일시되는, 다섯 주요 올림포스 신들은 그들의 변덕스러운 성격과 예측할 수 없는 행동으로 인해 확실하고 계산 가능한 행성들의 움직임과는 조화되지 못하였다. 우주적 질서의 안전성에 대해 커지는 깨달음과 거대 우주의 발견은 몸이 없는, 영적이고 욕정 없이 자족하는 한 분 하나님을 필요로 하였다. 만물 배후에 계시는 일자(μονάς)로서의 하나님은 그들의 원천으로 인식되었고 그 어떤 것에도 포함되지 않았다.[275] 헬레니즘 시대에 하나님의 단일성에 대한 유대적 신앙(즉 유일신론적 신조)은 그리스 철학자들이 가정하는 '모나드'로서의 최상의 초월적 하나님 개념과 쉽사리 조화될

273. L. H. Martin, *Hellenistic Religions*, 43은 점성술이 헬레니즘 시대에 가장 광범위하고 영향력 있는 인위적 점복(artificial divination)의 형태로, 가장 발전되고 정확한 헬레니즘 과학인 천문학을 전제로 한다. 유사하게 F. H. Cramer는 별 숭배와 운세 점성술(catarchic astrology)은 헬레니즘 시대부터 로마 제국의 이교주의가 끝날 때까지 줄곧 대중적이었다고 주장한다. F. H. Cramer, *Astrology in Roman Law and Politics* (Philadelphia: American Philosophical Society, 1954), 19을 보라.

274. Riley, *One Jesus*, 111.

275. Riley, *One Jesus*, 76.

수 있다.[276]

우상에 바쳐진 음식에 관한 논의에서 바울은 단 한 분 하나님에 대한 그의 조상의 믿음을 공유하였다. "그러므로 우상의 제물을 먹는 일에 대하여는 우리가 우상은 세상에 아무것도 아니며 또한 하나님은 한 분밖에 없는 줄[ὐδεὶς θεὸς εἰ μὴ εἷς] 아노라."[277] 이 점에 있어 바울의 신관은 이미지, 즉 신들의 개념을 통한 신 숭배를 배제하는 스토아학파 사상의 유일신론과 조화될 수 있다. 바울은 계속해서 말한다.

> 비록 하늘에나 땅에나 신이라 불리는 자가 있어 많은 신과 많은 주가 있으나 그러나 우리에게는 한 하나님 곧 아버지가 계시니 만물이 그에게서 났고 우리도 그를 위하여 있고 또한 한 주 예수 그리스도께서 계시니 만물[τὰ πάντα]이 그로 말미암고 우리도 그로 말미암아 있느니라.[278]

이 구절은 창조의 대리인인 하나님의 지혜에 대한 헬라적 유대 지혜사상의 전승을 반영한다. 여기서 바울은 우주를 가리키는 "만물"(τὰ πάντα)의 창조를 말한다.[279] 창세기 1장 1절에서 하나님의 말씀하심(דבר/λόγος)으로 창조된 세계는 바울 사상에서 하나님의 창조 대리자, '로고

---

276. 일자(one)로서의 유대적 신관에 대해서는 신 6.4; 출 20.3; Aristotle, *Ep*. 132; Philo, *Decal*. 65; Josephus, *Ant*. 3.91; *Ag. Ap*. 2.167, 190-91을 보라.
277. 고전 8.4. 참조: 갈 3.20; 롬 3.30; 엡 4.4-6; 딤전 1.17, 2.5, 6.15-16. 참조: 신 6.4; 시 99.1-5. 바울의 우상에 대한 정죄에 관해서는 살전 1.9; 롬 1.18-23; 고전 5.10-11, 6.9, 10.7, 14; 갈 5.20을 보라. 참조: 골 3.5; 엡 5.5.
278. 고전 8.5-6. 신이 "하나에서"(ἐξ ἑνὸς) 모든 인간을 창조하였고 "세계와 만물이 천지의 주님이신 그 안에서 만들어졌다"[τὸν κόσμον καὶ πάντα τὰ ἐν αὐτῷ]는 스토아학파의 교리에 바울이 호소하는 행 17.16-29 참조.
279. 예를 들면, 고전 15.27-28; 엡 3.9; 비교: 요 1.3.

스'(λόγος)와 '소피아'(σοφία)로 나타난 그리스도에 의해 창조된 것으로 묘사된다.[280] 하나님은 만물보다 먼저 계셨던 그리스도를 통해 만물, 즉 우주를 창조하셨다. 유대 지혜전승의 신적 '소피아'/'로고스'에 귀속된 역할을 그리스도에게 돌림으로써 바울은 창조주로서의 하나님의 원래 역할과 그리스도의 도구적 역할 사이를 구별한다.[281] 신적 '소피아'/'로고스'인 그리스도의 역할은 초월적 하나님과 창조된 실재 전체 사이의 간격을 메우는 것이다. 유대 지혜전통의 빛에서 바울은 그리스도를 창조의 대리인 혹은 중개인으로서 활동하는 하나님의 지혜와 동일시한다. 바울의 하나님은 자신을 세상에 나타내는, "하나님의 능력이요 하나님의 지혜"(θεοῦ δύναμιν καὶ θεοῦ σοφίαν)인 그리스도, 곧 그의 대리인을 통해 세상을 창조하신 초월적 신이었다.[282] 그것은 바울이 하나님을 구약성서의 신인동형동성적 개념과는 부합하지 않는, 그리스 철학의 완전하고 초월적인 신으로 이해했음을 함의한다. 진보한 그리스 우주론에 대한 그의 인식과 함께 이방인의 사도(롬 11.13)인 바울은 특수주의적 신관(이스라엘의 하나님)이 아닌, 보편주의적 신관(한 분 하나님)으로부터 그의 구원의 우주적 드라마를 이해했다. 바울에게 있어 이러한 한 분 하나님은 유대인들과 이방인들을 동일하게 믿음으로 의롭다 인정하신다. "하나님은 다만 유대인의 하나님이시냐 또한 이방인의 하나님은 아니시냐 진실로

---

280. 고전 1.24, 30("하나님의 지혜"인 그리스도), 15.20, 23("첫 열매"인 그리스도); 고후 4.4("하나님의 형상"인 그리스도). 참조: 골 1.15-17, 3.10; 엡 3.8-10. 참조: 잠 8.22, 25; Wis 7.26; Philo, *Ebr*. 30-31에서 창조의 첫 열매인 '호크마'/'소피아'(חכמה/σοφία).

281. 유대 지혜문학에서의 신적 '소피아'/'로고스'의 개념에 관해서는 제3장을 보라. 참조: 잠 3.19, 8.22, 25; Wis 8.5, 9.2; Philo, *Ebr*. 30-31; *QG* 4.97; *Som*. 1.62-64; *Det*. 54; *Her*. 199; *Fug*. 109; 골 1.15.

282. 고전 1.24. 참조: 롬 11.36.

이방인의 하나님도 되시느니라 할례자도 믿음으로 말미암아 또한 무할례자도 믿음으로 말미암아 의롭다 하실 하나님은 한 분이시니라"(롬 3.29-30). 바울에게 있어 하나님은 그의 아들 그리스도를 통해 창조하신 전 우주의 한 분 하나님이시다. "너희는 하나님으로부터 나서 그리스도 예수 안에 있고 예수는 하나님으로부터 나와서 우리에게 지혜와 의로움과 거룩함과 구원함이 되셨으니."[283]

바울은 그의 작품이 보여 주듯 예수에 대한 지식이 별로 없는, 예수의 역사적 일생과 가르침에 근거하지 않고 "예수 그리스도의 계시"(ἀποκαλύψις Ἰησοῦ Χριστοῦ)라 주장하는 것에 근거하여 인간 존재와 역사를 이해했다. "이는 내가 사람에게서 받은 것도 아니요 배운 것도 아니요 오직 예수 그리스도의 계시로 말미암은 것이라"(갈 1.12).[284] 하나님은 그리스도 안에서 최종적으로 자신을 계시하였고 그리스도는 개인적으로 바울에게 자신을 드러내셨다.[285] 다메섹으로 가는 길에서 자신에게 주어진, "예수 그리스도의 계시"의 빛에서 바울은 그의 신학을 재구성하였다.[286] "십자가에 달리신 그리스도"는 "비밀로 감추어져 있는 하나님의 지혜"(θεοῦ σοφίαν ἐν μυστηρίῳ τὴν ἀποκεκρυμμένην)를 아는 열쇠가 된다.[287] 바울의 우주적 구원 드라마에서 하나님 지혜의 가장 완전한 구현

283. 고전 1.30.

284. 갈 1.12: οὐδὲ γὰρ ἐγὼ παρὰ ἀνθρώπου παρέλαβον αὐτὸ οὔτε ἐδιδάχθην ἀλλὰ δι' ἀποκαλύψεως Ἰησοῦ Χριστοῦ.

285. 갈 1.12. 참조: 갈 1.16(하나님은 "그 아들을 나에게 나타내시기를 기뻐하셨다"); 고전 2.7-13(10절: 하나님은 "성령으로 우리에게 보이셨다"); 고후 4.6("'어두운 데에 빛이 비치라' 말씀하셨던 그 하나님께서 예수 그리스도의 얼굴에 있는 하나님의 영광을 아는 빛을 우리 마음에 비추셨느니라"); 행 9.1-9, 22.6-16, 26.12-18.

286. Seyoon Kim, *The Origin of Paul's Gospel*, WUNT 2.4 (Tübingen: Mohr Siebeck, 1981).

287. 고전 2.7-8. "십자가에 달리신 그리스도"(Χριστὸν ἐσταυρωμένον): 고전 1.23, 2.2. 바

은 십자가에 달리신 그리스도다. 하나님의 구원 계획은 그리스도의 도래와 죽음에서 그 절정에 도달하였다. 그리스도의 죽음은 죽음과 그것의 협력자(죄, 율법과 육체)에 대한 그의 우주적 승리로 이끌었고, 이는 구원의 신적 드라마에서 전환점이 되었다.[288] 바울은 우주를 변화시키는 중요성에 비추어서 그의 그리스도 중심의 드라마를 펼친다. 그 드라마에서 바울은 그리스도의 죽음과 부활을 위대한 전환점으로 간주한다. 바울의 그리스도는 우주의 모든 원수들에 대한 승리자다. 그러나 그의 회심과 소명 전에 바울은 나사렛 예수가 메시아로서 십자가에 달리셨다는 그리스도인의 신념에 동조할 수 없었다. 십자가에 달린, 저주받은 인간이 메시아라는 주장은 바울 조상의 신앙과는 불일치했다.[289] 그것은 유대 사고에 전적으로 낯설고 심지어 모욕적이었다. 에스라4서 7장 29-30절을 제외하고서 메시아 죽음은 구약성서와 유대 묵시문학 어디에도 언급되지 않는다.[290] 십자가에 달리신 그리스도는 "유대인에게는 거리끼는 것이요 이방인에게는 미련한 것"(Ἰουδαίοις μὲν σκάνδαλον, ἔθνεσιν δὲ μωρίαν)이었다.[291] 다메섹으로 가는 길에서 그리스도 현현의 경험으로부터 바울은 십자가에 달리신 그리스도가 승리자 그리스도(*Christus*

울의 "신비"(μυστήριον) 주제 사용에 관해서는 고전 2.1, 4.1, 15.51; 롬 11.25; 살후 2.7; 골 1.26-27, 2.2, 4.3을 보라.

288. 갈 3.13, 4.4-5; 롬 6.1-10, 8.3; 고후 5.21.

289. 신 21.23: "그[범죄자의] 시체를 나무 위에 밤새도록 두지 말고 그 날에 장사하여 네 하나님 여호와께서 네게 기업으로 주시는 땅을 더럽히지 말라 나무에 달린 자는 하나님께 저주를 받았음이니라."

290. *4 Ezra* 7.29-30: "이 세월이 지나면[400년의 일시적 메시아 왕국 후] 나의 아들 메시아는 죽을 것이고 모든 사람은 생명을 유지할 것이다. 처음 시작과 마찬가지로 세상은 칠 년 동안 원시적 침묵으로 돌아갈 것이다. 그 결과 어느 누구도 남아 있지 않을 것이다."

291. 고전 1.23. 참조: 갈 3.13.

186-187

victor)였다는 진리에 눈을 뜨게 되었다. 그 경험 이후, 바울이 처음에는 반대하고 파괴하려 했던 대상, 부활하신 예수는 되려 그 자신의 믿음의 중심이 되었다.[292]

예수가 어떻게 십자가에 달리신 분으로서 메시아가 될 수 있는지의 문제에 대한 결정적 해결은 헬레니즘 세계에 만연한 그리스 영웅 전통이 제공해 주었다. 그레코-로마 기간에 영웅들이 신들의 영역을 인간의 영역과 연결해 준 것처럼, "육신으로는 다윗의 혈통에서" 나신 예수는 "성결의 영으로는 죽은 자들 가운데서 부활하사 능력으로 하나님의 아들[υἱός θεοῦ]로 선포"되셨다.[293] 예수는 하나님이 인간 세계에 자신을 드러내시는 신적 대리인이었다. 용기와 인내로 고통과 심지어 죽음에 정면으로 맞섬으로써 그들의 신성을 얻은 영웅들의 이야기는 전통적인 유대 신학과는 불일치하는, 십자가에 달려 저주받은 메시아의 신비를 푸는 열쇠를 제공하였다. 영웅들의 '고결한 죽음'(noble death), 특히 "소크라테스의 죽음은 자기희생으로 자유의 확립을 위한 위대한 모델을 제공했다."[294] 소크라테스의 고귀한 죽음 전통에 비추어, 한스 디터 베츠(Hans Dieter Betz)는 "바울이 그리스도의 자기희생을 과거의 축적된 죄를 위한 속죄의 행위일 뿐만 아니라 해방에 영향을 미치는 행위로 이해하

---

292. 갈 1.13: "내가 이전에 유대교에 있을 때에 행한 일을 너희가 들었거니와 하나님의 교회를 심히 박해하여 멸하고."

293. 롬 1.3-4.

294. Hans Dieter Betz, *Paul's Concept of Freedom in the Context of Hellenistic Discussion about the Possibilities of Human Freedom: [Colloquy of] the Center for Hermeneutical Studies in Hellenistic and Modern Culture*, Colloquy (Center for Hermeneutical Studies in Hellenistic and Modern Culture) 26 (Berkeley: The Center, 1977), 9.

였다"고 주장한다.[295] 나아가 그리스 영웅 전통은 바울을 '토라'에 대한 그리스도 중심적 이해로 이끌었다. 바울은 구원자 그리스도에게 그의 영웅적이고 모범적인 삶과 그의 고귀한 죽음을 부여함으로써 그의 구속 행위를 강조하였다. 바울에게 있어 "우리가 범죄한 것 때문에 내줌이 되고 또한 우리를 의롭다 하시기 위하여 살아나"(ὃς παρεδόθη διὰ τὰ παραπτώματα ἡμῶν καὶ ἠγέρθη διὰ τὴν δικαίωσιν ἡμῶν, 롬 4.25)신 그리스도는 그의 영웅적 고난과 고귀한 죽음으로 유대 율법과 그것의 결과인 죄와 죽음을 무효화하였다.

바울은 모세 율법의 저주 아래서 바닥 없는 죄와 죽음의 구덩이로 떨어지는 인류로부터 그 저주를 제거하기 위해 저주받으신 분으로 예수를 이해한다. 따라서 바울은 "죄로 말미암아 자기 아들을 죄 있는 육신의 모양으로 보내"신 하나님은 죄를 없애시려고 그 육신에다 죄의 선고를 내리셨고[296] 죄를 알지도 못하신 이를 인간을 대신하여 죄로 삼으셨다.[297] 예수는 죽음의 능력을 제거하기 위해 죽으셨다. 죄와 죽음으로부터의 구속이 발견되는 것은 모세 율법이 아닌, 두 번째 아담인 그리스도 안에서다.[298] 그리스도는 하나님의 한 계명에 순종하지 않은 아담의 원형(prototype)이고 대형(antitype)이다.[299] 아담이 보여 주지 않았지만 아브라함이 예시한 신뢰는 이제 믿음의 본이 된 그리스도의 법이 되었다. 그의 불순종으로 죄와 죽음을 세상에 가져온 것에 책임 있는 원형적 인간, 아담의 부패한 발자취를 철회함으로써 그리스도는 인류를 그들(죄와

295. Betz, *Paul's Concept of Freedom*, 9.

296. 롬 8.3.

297. 고후 5.21.

298. 고전 15.45, 47.

299. 롬 5.12-21. 참조: 창 2.17.

죽음)의 노예상태로부터 구속할 수 있었다.[300] 하나님의 뜻에 대한 흔들리지 않는 확신과 충성심을 지닌 예수의 영웅적 행위와 죽음은 덕(ἀρετή, '아레테')으로 명예를 얻는 것을 지향했다. 자신 스스로를 "죄 있는 육신의 모양으로"(롬 8.3) 낮추시고 십자가에 죽기까지 순종하심(빌 2.7-8)으로써 십자가에 달려, 저주받은 예수는 역설적으로 죄와 죽음의 힘을 결정적으로 분쇄한, 승리하신 우주적 그리스도가 되었다. 그리스 영웅들의 죽음과 승천이 그들의 영웅적 지위의 인증이었던 것처럼, 예수 또한 죽은 자들로부터 부활하심으로 하나님의 아들로 지명되었다.[301] 예수의 부활은 그가 하나님의 아들이심을 입증하고 그 아들 됨과 불멸/영생은 그를 믿는 이들과 공유된다. "그러나 이제 그리스도께서 죽은 자 가운데서 다시 살아나사 잠자는 자들의 첫 열매[ἀπαρχή, '아파르케']가 되셨도다."[302] 예수의 죽음을 통해 죽음은 "전갈의 치명적인 꼬리를 지닌 큰 용인, 그 이름이 죽음을 뜻하는 '모트'[Mot, מות]과 같이 그것의 치명적인 침을 잃고서" 주님에게 패배하였다. "사망아 너의 승리가 어디 있느냐 사망아 네가 쏘는 것[κέντρον, '켄트론']이 어디 있느냐 사망이 쏘는 것은 죄요 죄의 권능은 율법이라."[303] 예수의 고귀한 죽음과 부활은 모세 율법인 죄의 힘과 그 결과인 죽음에 의해 지배당한 인류의 저주받은 운명을 역전시켰다. 그리스도는 스스로 저주를 받아 내어 인류 대신 십자가에서 죽으셨다. 한편으로 그리스 영웅 전통은 바울에게 "유대인들에게

---

300. 롬 5.14.

301. 롬 1.4: "성결의 영으로는 죽은 자들 가운데서 부활하사 능력으로 하나님의 아들로 선포되셨으니 곧 우리 주 예수 그리스도시니라."

302. 고전 15.20. 참조: 고전 15.21; 롬 6.5("만일 우리가 그의 죽으심과 같은 모양으로 연합한 자가 되었으면 또한 그의 부활과 같은 모양으로 연합한 자도 되리라").

303. 고전 15.55-56. 참조: 사 25.7. Riley, *River of God*, 29을 보라.

는 거치는 돌[σκάνδαλον, '스칸달론']"이었던 십자가에 달린 그리스도/메시아의 신비를 해결하는 방법을 제공하였으며, 다른 한편으로 그것은 그리스도를 닮음(*imitatio Christi*)으로 신자들의 성품을 세우는 기초를 형성하였다. 그리스도 예수는 신자들에게는 롤 모델이었다. 로마서 6장 3절에서, 바울은, 신자들은 세례 시 그리스도와 함께 죽는다고 단언한다. "무릇 그리스도 예수와 합하여 세례를 받은 우리는 그의 죽으심과 합하여 세례를 받은 줄을 알지 못하느냐." 주엣 M. 베이슬러(Jouette M. Bassler)의 지적처럼, "신자들이 세례받을 때 그들은 그리스도로(갈 3.27), 그리스도의 몸으로(고전 12.13), 그리스도의 죽음으로(롬 6.3) 세례받는다."[304] 세례 시 모델(그리스도)의 죽음을 모사(반복)함으로써 신자들은 그의 죽음과 부활을 공유하였을 것인데, 그 결과 그들은 죄에 죽고 새 생활 안으로 걸어 들어갔을 것이다.[305] 이는 유대의 메시아 전통과 그리스의 영웅 전통이, 바울이 그의 선포의 초점으로 삼은, 예수의 인격과 사명 안에서 만나는 바로 그 지점이다.

D. 인간

그의 작품 전체에서 바울은 사탄과 우주적 세력과 죄와 죽음이라는 그들의 멍에로부터 인간을 구하는 그리스도의 승리에 찬 드라마를 제시한다. 이 드라마의 중심에는 우주적 경기장에서 하나님과 그 아들 예수

304. Jouette M. Bassler, *Navigating Paul: An Introduction to Key Theological Concepts* (Louisville: Westminster John Knox, 2007), 4.

305. 롬 6.2-11, 22-23.

그리스도가 사탄과 그의 부하들과 비참한 인간을 놓고 벌이는 경쟁이 있다. 바울은 인간 상태를 그런 악한 세력들에 속박된 것으로 본다. 바울의 우주적 드라마에서 인간학적 이원론은 두 세력권이 충돌하는 이원론적 우주론의 축소판으로 연출된다. 인간 안의 두 경쟁 요소인 육체(σάρξ, '사륵스')와 영(πνεῦμα, '프뉴마')은 대립하는 우주 세력들과 조화를 이룬다. 그리스도 안에서 하나님의 구속 행위는 인간이 처한 곤경을 역전시킬 수 있는 치료법이다.[306] 바울의 우주적 드라마에서 그 중심적 존재(centerpiece)인, 생명을 주는 그리스도 사건을 통해 보편적 의미로 인간을 이르는 비참한 자아(the wretched Ego)는 죄의 법(νόμος τῆς ἁμαρτίας)으로부터 벗어나 첫 아담이 초래한 죽음으로부터 두 번째 아담인 그리스도가 가져온 생명으로 옮겨졌고, 기독교 '파이데이아'(παιδεία)의 최종 단계이자 목표인, "육화한 율법"(νόμος ἔμψυχος, '노모스 엠프쉬코스'), 곧 그리스도/믿음/성령의 법에 일치하여 산다. 따라서 어느 누구도 인간에 대한 그의 관점을 파악하지 않고서, 우주적 구원 드라마를 실제 그대로 볼 수는 없다.

1. 이분법적이거나 삼분법적인 인간

그의 우주적 드라마 중심에서 바울은 그리스도를 통한 인간 구속을 인간 곤경에 대한 하나님의 응답으로 말한다. 바울의 인간 이해, 즉 인간학은 기독론, 구원론, 우주론과 같은 그의 다른 신학적 주제와 정교하게 연결된다. 제2장과 제3장에서 이미 논의된 것처럼, 바울의 인간관은, 죽을 시에 영혼이 몸으로부터 분리될 것이라는 플라톤과 필론의 이원론적 인간학을 밀접하게 추구하였다. 플라톤과 필론은 인간을 두 개의 본

306. 롬 6.1-7.6.

질적 부분인 몸과 영혼으로 구성된 것으로 이해했고, 영혼이 육신의 몸을 입은 실제 인간임을 인식했다. 기원전 6세기부터 이후 그리스문학에서는 영혼의 관점이 '프뉴마'(πνεῦμα)보다는 오히려 '프쉬케'(ψυχή)의 측면에서 발전했다.[307] 마리 이삭스(Marie E. Isaacs)는 그리스문학에서 '프쉬케'와 '프뉴마' 사이의 관계를 다음과 같이 제안한다. "그러므로 '프뉴마'는 몸 구성의 한 요소로, 또한 임종 시 몸으로부터 분리되기 때문에 '소마'(σῶμα)와 대조적인 요소로 사용될 수 있다."[308] 플라톤과 필론은 사후에 몸을 위한 존재가 없을 것이고 영혼은 신체 없이 하나님과 연합하여 살아 생존할 것임을 확고히 주장하였다. 플라톤과 필론이 주장한 것처럼, 바울은 영혼이 하나님으로부터 왔으며 죽음 이후 신자들의 국민/시민권(πολίτευμα, '폴리튜마')이 존재하는 영원한 곳으로 돌아간다고 믿었다.[309] 빌립보서 3장 20-21절에서 바울은 다음과 같이 주장한다. "그러나 우리의 시민권[πολίτευμα]은 하늘에 있는지라 거기로부터 구원하는 자[σωτήρ, '소테르'] 곧 주 예수 그리스도를 기다리노니 그는 만물을 자기에게 복종하게 하실 수 있는 자의 역사로 우리의 낮은 몸을 자기 영광의 몸의 형체와 같이 변하게 하시리라." 바울에게 있어, 위에서 언급한 것처럼, 구원은 신자들의 몸이 그리스도의 몸으로 변화하는 것을 의미하였다.[310] 여기서 바울은 고린도전서 15장 42-44절에서 설명한 것처럼 부

307. Isaacs, *Concept of Spirit*, 11. W. Jaeger, *Die Theologie der frühen griechischen Denker* (Stuttgart: W. Kohlhammer, 1953), 88-106 참조.

308. Isaacs, *Concept of Spirit*, 15.

309. 빌 3.20.

310. 용어 "국민"/"시민권"(πολίτευμα, '폴리튜마')은 빌 3.20-21에서 정치적 용어로 사용되는 것처럼, 구원의 의미와 구세주의 역할은 정치적 함의를 지닌다. 헬라 세계에서 하나의 직함인 "구세주"(σωτήρ, '소테르')는 군사적으로, 정치적으로, 지적으로 혹은 종교적으로 상황을 더 좋게 변화시킨 것으로 간주된, 신적이거나 인간적인

활체의 육체성을 강조하는 히브리적 인간학으로 플라톤의 몸과 영혼의 급진적 이원론을 누그러뜨린다. 플라톤의 몸-영혼(σῶμα-ψυχή, '소마-프쉬케') 이원론 대신 바울은 인간을 육체-영(σάρξ-πνεῦμα, '사륵스-프뉴마') 이분법의 측면에서 이해하였다. 바울은 이원론적 용어로 인간을 두 개의 분리할 수 있는 실재, 정욕과 죽음으로부터 벗어날 수 없는, 필멸의 육체와 하나님과 직접 관계할 수 있는, 불멸의 영으로 구성된 것으로 보았다.[311] 인간학적 범주의 영역에서, E. P. 샌더스(E. P. Sanders)가 설득력 있게 논증한 것처럼, 바울의 육체(σάρξ)와 영(πνεῦμα)은 필론의 몸(σῶμα)과 영혼(ψυχή)과는 다르다.

> 바울이 '영'과 '육' 사이의 갈등을 말할 때(갈 5.16-25), 두 단어를 대문자로 표기하는 것이 나을 것이다. 그 갈등은 하나님의 영(God's Spirit)과 하나님에게 대항하는 세력인 육신(Flesh) 사이의 것이다. … 여기서 투쟁하는 영은 그리스도인들이 지니고 있고 그들 안에 거하는 동일한 영이다. 그것은 육체성과 싸우는 인간 영이 아니다. 바울은 가끔 플라톤의 '소마'/'세마'(σῶμα/σῆμα, 몸/무덤) 개념을 연상하게 하는 방식으로 육체를 인간 탐욕과 욕정과 연관시키지만 그 유사성은 엄청나지 않다. 바울은 인간의 열망을 몸이라는 무덤으로부터 자신의 영이 벗어나는 것으로 표현하지 않는다. 인간의 필요는 되레 그리스도 예수와 하나가 되고 하나님의 영을 가지는 것이다.[312]

비범한 사람을 가리킨다. L. H. Martin, *Hellenistic Religions*, 24을 보라.

311. 롬 1.9, 8.16과 고전 2.11, 6.17에서 바울은 인간 영을 신적인 영의 명시로 본다. 그 둘 사이의 차이를 구별하기 어렵게 만드는 바울의 애매한 언급에 대해서는 고전 4.21, 14.15, 32; 고후 4.13; 갈 6.1; 빌 1.27; 엡 1.17을 보라.
312. E. P. Sanders, *Paul and Palestinian Judaism*, 553.

바울은 육체와 영(spirit)의 이분법을 "종말론적 지평 안에 두어" 육체와 영혼(soul)의 플라톤적 구분을 재작업한다. "전자[육체]는 이 세대와 관련되고 후자[영]는 오는 세대와 관련된다."[313] 이러한 바울의 전망은 고전 그리스 인간학의 수정이다. 정확히 표현하자면 바울은 종말론적 방식과 히브리 인간학의 측면에서 그리스 인간학을 이분법적이거나 삼분법적인 인간관으로 수정하였다. 바울의 인간관을 논의하기 전에 다음의 질문을 고려할 필요가 있다. 바울은 구약성서가 보여 주는 것처럼(창 2.7) 인간을 "생기 있는 몸"(animated body)으로서만 인식하는가?[314] 용어 "생기 있는 몸"은 헬레니즘적 언어와 사상 안에 바울이 복잡하게 연관되어 있음을 전적으로 놓친다. 로마서에서 바울은 인간학에 대한 이분법적/이원론적 관점으로 인간을 바라본다. "내 속사람으로는[κατὰ τὸν ἔσω ἄνθρωπον] 하나님의 법을 즐거워하되 내 지체 속에서 한 다른 법이 내 마음[νοῦς]의 법과 싸워 내 지체 속에 있는 죄의 법으로 나를 사로잡는 것을 보는도다"(롬 7.22-23). 이는 인간 안에 서로 다른 부분 사이의 분리가 있음을 의미한다. 발터 슈미탈스(Walter Schmithals)는 바울의 인간학을 이원론적 용어로 설명한다. "인간의 천상적 자아는 '죽음의 몸'(롬 7.24) 안으로 추방되어 천상의 본향에 대한 지식을 빼앗겼다."[315] 약간 다른 형태

313. Matthew J. Goff, *The Worldly and Heavenly Wisdom of 4QInstruction*, STDJ (Leiden: Brill, 2003), 125.

314. W. D. Davies, *Paul and Rabbinic Judaism: Some Rabbinic Elements in Pauline Theology*, 4th ed. (Philadelphia: Fortress, 1980)과 John A. T. Robinson, *The Body: A Study in Pauline Theology*, SBT 5 (Chicago: H. Regnery Co., 1952)은 인간에 대한 바울의 일원론적 견해를 주장한다. 인간에 대한 히브리적 이해를 지지하여 Davies와 Robinson은 바울의 인간학에 미친 그리스의 영향을 부정한다.

315. Walter Schmithals, *The Theology of the First Christians*, trans. O. C. Dean (Louisville: Westminster John Knox, 1997), 64.

로 고린도후서 4장 16절은 동일한 이분법을 보여 준다. "그러므로 우리가 낙심하지 아니하노니 우리의 겉 사람[ὁ ἔξω ἡμῶν ἄνθρωπος]은 낡아지나 우리의 속사람[ὁ ἔσω ἡμῶν]은 날로 새로워지도다." 겉 사람이 쇠약해지는 동안 속사람이 자랄 수 있다고 상상하기란 불가능하다. 명백하게도 바울이 "겉 사람/겉 본성"과 "속사람/속 본성"을 그리스의 '소마'(σῶμα)와 '프쉬케'(ψυχή)로 동일시하지는 않으나 그 둘은 이 방향으로 가는 경향이 있다. 고린도후서 4장 16절 이전에 바울은 일시적인 외적 자아와 불멸의 내적 자아(4.6)라는 명확한 개념과 "질그릇 안의 보배"(θησαυρός ἐν ὀστρακίνοις σκεύεσιν, 4.7)라는 이미지로 그의 인간학적 전망을 드러낸다. 동일한 방식으로 고린도후서 5장에서 바울은 1절의 "땅에 있는 우리의 장막 집"(ἡ ἐπίγειος ἡμῶν οἰκία τοῦ σκήνους)으로, 8절의 일시적 거처("장막")에 다름 아닌, "몸을 떠나"(ἐκδημῆσαι ἐκ τοῦ σώματος) 주와 함께하고자 하는 소망으로 몸에 대해 말한다. 바울은 인간의 지상 존재 안에서 씨름하는 다른 부분을 알았다. 그의 인간학에 나타난 몇몇 헬레니즘적 관점에도 불구하고, 바울은 "성령의 전"(고전 3.16, 6.19)과 하나님의 영화의 거처(고전 6.20)로 몸을 간주한다. 동일한 방식으로 바울은 부정적 이미지 없이 몸의 부활을 주장한다(고후 5.1-4). 빌립보서 3장 21절에서 바울은 부활을 그리스도의 영광스런 몸에 일치하는 낮은 몸의 변형으로 생각한다. "그[주 예수 그리스도]는 만물을 자기에게 복종하게 하실 수 있는 자의 역사로 우리의 낮은 몸을 자기 영광의 몸의 형체와 같이 변하게 하시리라." 바울은 마지막에 몸 없이 자유롭게 되는 불멸의 영혼의 생존을 믿지 않는다. 바울은 몸을 한 개인의 정체성의 필수적 부분으로 받아들인다. 이 점에서 바울의 인간 이해는 그리스의 몸과 영혼의 급진적 이원론과는 구별된다. 그의 독특한 인간 이해는 그가 몇몇 헬레니즘적 인간관을 그의 히브리적 배경 안으로 이어받았음을 드러낸다.

플라톤의 인간학과 히브리적 인간학 사이의 균형을 유지하면서 바울은 부활체를 썩지 않는 몸, 즉 부패에서 구원받은 사람의 몸으로 생각한다.[316] 바울은 하나님이 몸의 죽음 이후 영혼을 위해 또 다른 집이나 의복같이 새로운 몸을 준비하셨다고 믿었다.[317] 그의 구원 계획에 따라 하나님은 죽은 자들에게 새롭고 썩지 않을 영적 몸을 최종적으로 제공하실 것이다. "죽은 자의 부활도 그와 같으니 썩을 것으로 심고 썩지 아니할 것으로 다시 살아나며[σπείρεται ἐν φθορᾷ, ἐγείρεται ἐν ἀφθαρσίᾳ]"(고전 15.42).[318] 고린도전서에서 바울은 다른 두 종류의 사람, "신령한 사람"(πνευματικοί, '프뉴마티코이')과 "육의 사람"(σαρκικοί, '사르키코이': "영적이 아닌 사람들"[고전 2.14 공동번역], "자연에 속한 사람"[새번역])을 소개한다. 고린도전서 3장 1절에서 바울은 "육의 사람들"을 "예수의 윤리적 추종자들로서 그들의 성장에 있어 완전히 성숙하지 않은, 그리스도 안에서의 유아들"로 묘사한다.[319] 다른 한편, 바울은 인간을 세 유형, '프뉴마티코이'(πνευματικοί), '프쉬키코이'(ψυχικοί)와 '사르키코이'(σαρκικοί)로 명확히

316. 고전 15.50: "형제들아 내가 이것을 말하노니 혈과 육은 하나님 나라를 이어받을 수 없고 또한 썩는 것은 썩지 아니하는 것을 유업으로 받지 못하느니라"(Τοῦτο δέ φημι, ἀδελφοί, ὅτι σὰρξ καὶ αἷμα βασιλείαν θεοῦ κληρονομῆσαι οὐ δύναται οὐδὲ ἡ φθορὰ τὴν ἀφθαρσίαν κληρονομεῖ).

317. 고후 5.1-4.

318. 참조: 고전 15.50-54. 고전 15.50: Τοῦτο δέ φημι, ἀδελφοί, ὅτι σὰρξ καὶ αἷμα βασιλείαν θεοῦ κληρονομῆσαι οὐ δύναται οὐδὲ ἡ φθορὰ τὴν ἀφθαρσίαν κληρονομεῖ.

319. Goff, *Worldly and Heavenly Wisdom*, 124. 고전 3.1: "형제들아 내가 신령한 자들을 대함과 같이[ὡς πνευματικοῖς] 너희에게 말할 수 없어서 육신에 속한 자 곧 그리스도 안에서 어린 아이들을 대함과 같이[ὡς νηπίοις] 하노라."

구분한다.[320] 퓌메 퍼킨스(Pheme Perkins)는 고린도전서에 나오는 일련의 인간학적 범주와 그 조합을 다음과 같이 분석한다.

> "자연에 속한 사람"(*psychikos*, "육의 사람"[개역개정])은 고린도전서(2.14; 15.44, 46)로 제한된다. "흙으로 되어 있는 사람"(*choikos*)은 신약성서 전체에서 고린도전서 15장 47-49절에서만 나타난다. "육의 사람"(*sarkikos*)은 그것의 동족어 '사르키노스'가 로마서 7장 14절에서 나타나지만 고린도전서에서는 인간학적 범주로서만 나온다. 마지막으로 "신령한 사람들"(*pneumatikoi*)은 이곳에서 다른 인간학적 범주와 조화를 이룬 채 나타난다. 바울은 권면(paraenesis)할 때(갈 5.16-6.10을 보라) 용어 '프뉴마티코이'를 사용할 수 있다. 그러나 거기에는 인간학적 맥락이 결여되어 있다. 결과적으로 범주들의 조합은 아마도 고린도에서의 특정 논쟁에서 파생된다. 그런 인간학적 범주를 위한 철학적 토대는 육체적 몸 자체와는 아무 관련이 없다. 그 질문은 인간의 신적 부분인 마음의 통제에 반대하는 영혼의 욕정의 파괴적 기능에 관심한다.[321]

이미 언급한 것처럼, 바울의 인간학은 그리스의(플라톤적)/헬레니즘적 유대교의(필론적) 인간학이 특징으로 삼는 인간의 이원론적(σῶμα/ψυχή)

---

320. 고전 2.13-14에서 바울은 형용사 '프뉴마티코스'(πνευματικός)를 '프쉬키코스'(ψυχικός)와 대조하나 롬 7.14에서 그는 그것('프뉴마티코스')을 '사르키노스'(σάρκινος)/'사르키코스'(σαρκικός)에 대항시킨다. Fitzmyer, *Romans*, 474은 '쉬키코스'(ψυχικός)가 '사르키노스'(σάρκινος)와 거의 동일한 함의를 지닌다고 논증한다. M. C. Parsons, "ΣΑΡΚΙΝΟΣ, ΣΑΡΚΙΚΟΣ in Codices F and G: A Text-Critical Note," *NTS* 34 (1988): 151-55을 또한 보라.

321. Pheme Perkins, *Resurrection: New Testament Witness and Contemporary Reflection* (Garden City, N.Y.: Doubleday, 1984), 301.

이해나 삼분법적(πνευματικοί/ψυχικοί/σαρκικοί) 구분을 반영한다. 그러나 플라톤적/필론적 인간학에 비해, 바울은 히브리적 인간학과의 조화로 그러한 이원론적 경향(*Tendenz*)을 축소한다. 바울의 인간 본성 이해는 그의 동시대 유대인들에 비해 회의적이지만 전적으로 부정적이지는 않다. 그 이유는 그가 '사륵스'(σάρξ)를 '프뉴마'(πνεῦμα)와 대립시키지만 '사륵스'를 꽤 중립적 의미로 사용하기 때문이다.[322]

2. 죄의 법과 하나님의 법 사이에 존재하는 "나"(I)/'에고'(ἐγώ)

바울은 로마서 7장 19절에서 악을 피하기 원하나 여전히 악을 행하는, 분열된/비참한 "나"/'에고'(ἐγώ)를 소개한다. "내가 원하는 바 선은 행하지 아니하고 도리어 원하지 아니하는 바 악을 행하는도다"(οὐ γὰρ ὃ θέλω ποιῶ ἀγαθόν, ἀλλὰ ὃ οὐ θέλω κακὸν τοῦτο πράσσω). 로마서 7장 14b-25절에서, '토라'는 배경으로 물러나고 인간학이 도드라진다. 이 구절에서, W. G. 큄멜(W. G. Kümmel)의 학술 논문(monograph) 이후 일반적으로 동의하는 것처럼, 바울은 수사학적으로 그리스도인의 견지에서 인칭대명사 "나"(ἐγώ)를 "육신에 속하여 죄 아래에 팔린"(14절) 것으로 언급된, 율법 아래 인류의 상황을 극적으로 표현하기 위한 연설의 인물로 표현한

322. Stephen Westerholm, *Israel's Law and the Church's Faith: Paul and His Recent Interpreters* (Grand Rapids, Mich.: Eerdmans, 1988), 142. Timo Laato, *Paul and Judaism: An Anthropological Approach*, SFSHJ 115 (Atlanta: Scholars Press, 1995), 75-77; Brad Eastman, *The Significance of Grace in the Letters of Paul* (New York: Peter Lang, 1999), 207-8 또한 참조. Charles H. Talbert는 "Paul, Judaism, and the Revisionists," *CBQ* 63 (2001): 16에서 바울의 "비관적 인간학"(pessimistic anthropology)에 비해 팔레스타인 유대교는 인간 능력을 보다 낙관적으로 바라본다고 진술한다. Bassler는 바울 신학에서 그의 비관적 인간학은 "신적 은혜라는 보다 강력한 이미지"를 환기한다고 주장한다(*Navigating Paul*, 2).

다.[323] "나"를 바울 자신 안에서 일어나는 내적 투쟁에 대해 말하는 자서전적 언급이 아닌, 되레 형식적인 문체적 혹은 수사학적 장치로 이해하는 것이 보다 설득력 있다. 그런 자서전적 해석은 적절하지 않은바, "바울이 빌립보서 3장 6절과 갈라디아서 1장 13-14절에서 율법과 관련하여 그 자신의 심리적 배경과 소명 이전의 경험에 대해 말한 것"과 양립할 수 없기 때문이다.[324] 에른스트 케제만(Ernst Käsemann)이 지적했듯, 어떤 경건한 유대인도 율법을 원칙적으로 성취하지 못하는 것으로나, 율법을 죄짓게 하는 박차로나, 죽음으로 가는 기만의 수단으로 간주하지는 않았을 것이다.[325] 나아가 스탠리 스토워스(Stanley Stowers)는 그레코-로마 세계에 흔한 '가상의 대화 상대자'(speech-in-character) 형태인, 바울의 '프로소포포이아'(*prosōpopoiia*, '프로소폰'[πρόσωπον]: "얼굴, 마스크, 드라마의

323. 롬 5.12-21. Werner G. Kümmel, *Römer 7 und die Bekehrung des Paulus* (Lexington, Ky.: American Theological Library Association, 1965); Krister Stendahl, "The Apostle Paul and the Introspective Conscience of the West," *HTR* 56 (1963): 199-215, repr. *Paul among Jews and Gentiles* (Philadelphia: Fortress Press, 1976), 78-96; Ernst Käsemann, *Commentary on Romans*, trans. Geoffrey W. Bromiley (Grand Rapids, Mich.: Eerdmans, 1980), 196; Fitzmyer, *Romans*, 463-65을 보라. 그러나 J. C. Beker가 지적한 것처럼, 롬 7.7-25에서 바울은 어느 정도 그 자신의 경험을 말하고 있다. "로마서 7장으로부터 모든 자서전적 영향을 지우는 것은 그 장[7장]으로 하여금 바울의 유대교와의 만남을 이해할 수 없고 무익하게 한다." Beker, *Paul the Apostle*, 241. 유사하게 R. H. Gundry는 다음과 같이 주장한다. "우리는 우리가 원한다면 그 구절을 모든 이들의 전기라 부를 수 있지만, 여기서는 이 모든 이들의 전기는 바울의 자서전이다." R. H. Gundry, "The Moral Frustration of Paul before His Conversion: Sexual Lust in Romans 7:7-25," in *Pauline Studies: Essays Presented to Professor F. F. Bruce on His Seventieth Birthday*, ed. D. A. Hagner and M. J. Harris (Grand Rapids, Mich.: Eerdmans, 1970), 229을 보라.

324. Fitzmyer, *Romans*, 464. 빌 3.5-6: "… 히브리인 중의 히브리인이요 율법으로는 바리새인이요 열심으로는 교회를 박해하고 율법의 의로는 흠이 없는 자[ἄμεμπτος]라."

325. Käsemann, *Commentary on Romans*, 192-93, 195.

등장인물" + '포이에인'[ποιεῖν]: "만들다, 생산하다") 사용에서 로마서 7장 7-25절에 반영된 고대 그리스 수사학의 영향을 본다. 가상의 대화 상대자로서 화자는 상상 속 인물 혹은 부재 인물의 입으로 말하거나 생명 없는 대상으로 말한다.[326]

선을 행하려는 소욕은 악을 행하려는 소욕으로 언제나 파괴되기에 '에고'(Ego)는 분열된다.[327] 로마서 7장 14-25절에서 '디아트리베'(diatribe)를 사용하여 바울은 아담 시대의 개인에 대한 언급으로 "나"를 묘사한다.[328] 이를 쉽게 표현하면, "나"는 "그리스도의 빛에서 곤경이 명백한, (단순히 아담 자신이 아닌) 아담의 자아를 가리킨다".[329] 로마서 7장 14-25절에서 "나"는 바울의 우주적 드라마에서 "연약하고 타락하기 쉬우며, 죄의 감언이설에 쉽게 넘어가는" 육신에 속한 주요 등장인물이다.[330] 바울에 따르면 '에고'는 하나님의 영적 법과 죄의 법 사이의 전쟁에 연루되어 있다. "내 속사람으로는 하나님의 법[νόμος τοῦ θεοῦ]을 즐거워하되 내

---

326. Stanley Stowers는 Cicero, Quintilian와 Theon의 '프로김나스마타'(progymnasmata: 초보적인 수사학 연습), Hermogenes와 Aphthonius를 제국 초기에 '프로소포포이아'(prosopopoiia)에 대한 수사학 전통의 최상의 증거로 인용한다. Stowers가 인용한 Cicero (*ad Herennium* IV.53.66)에 따르면, 이런 장치는 "부재 인물을 마치 현재 있는 것처럼 나타내거나 무언의 것 혹은 결핍된 형태를 명확하게 표현하여 … 그 성격에 적절한 … 언어를 그것에 귀속하는 것으로 구성된다." Stanley Stowers, *A Rereading of Romans* (New Haven, Conn.: Yale University Press, 1994), 264-69을 보라.
327. 롬 7.19의 병행본문을 Ovid, *Metam*. 7.19-20에서 본다. "욕망은 어떻게든 나에게 이성을 설득한다. 나는 더 좋은 것을 보고 인정하지만 더 나쁜 것을 따른다."
328. 롬 5.12-21을 또한 보라. '디아트리베'(διατριβή)는 "담화"(discourse)를 뜻한다. 바울서신에서 '디아트리베'는 가상적 대화 상대자를 놓고 논쟁을 벌이는 부분을 가리키는데, 롬 2.1-11, 2.17-29, 3.1-8, 6.1-14, 9.30-10.4 등에서 '디아트리베'가 전체적으로 혹은 부분적으로 사용되고 있다.
329. Leander E. Keck, *Romans*, ANTC (Nashville: Abingdon, 2005), 180.
330. Dunn, *Theology of Paul*, 157.

지체 속에서 한 다른 법이 내 마음의 법과 싸워 내 지체 속에 있는 죄의 법[νόμος τῆς ἁμαρτίας]으로 나를 사로잡는 것을 보는도다(롬 7.22-23).” 하나님이 그 백성에게 생명을 주시기 위해 모세 율법을 의도하셨으나, 인간은 그들의 육체적 본질에 거하는 죄의 법 때문에 그 율법에 순종할 수 없다. 육체로 연약해진 율법은 죄와 죽음의 법으로부터 ‘에고’(Ego)를 자유롭게 할 수 없었다.[331] 인간의 비참한 상태는 “예수 그리스도 우리 주”(롬 7.25) 혹은 “그리스도 예수 안에 있는 생명의 성령의 법”(롬 8.2)을 통해서만 고칠 수 있다. 로마서 7장에서 ‘에고’의 마음 상태는 좌절의 외침으로부터(24절) 그리스도 예수를 통해 오는 자유의 희망(25절)으로 나아간다. “오호라 나는 곤고한 사람이로다 이 사망의 몸에서 누가 나를 건져 내랴 우리 주 예수 그리스도로 말미암아 하나님께 감사하리로다 그런즉 내 자신이 마음[νοῦς]으로는 하나님의 법[νόμος θεοῦ]을 육신[σάρξ]으로는 죄의 법[νόμος ἁμαρτίας]을 섬기노라.” 지상의 육체성에 갇힌 ‘에고’의 절망과 그에 따른 구원을 향한 외침은 “영혼의 운명”이 “‘소마’-‘세마’(σῶμα-σῆμα) 등식으로 아주 간명하게 공식화될 수 있는 우주적 드라마임”을 반영한다.[332] 여기서 비참한 ‘에고’는 첫 아담(ὁ πρῶτος Ἀδάμ)의 그림자 아래에 있는 인류를 의미한다. 그러나 ‘에고’의 절망적 방향은 마지막/두 번째 아담(ὁ ἔσχατος Ἀδάμ), 그리스도에 의해 극적으로 역전된다.

3. 두 아담의 인물 사이에서

바울의 사상에서 두 유형의 아담은 인류의 통합된(집합적) 단위를 언급

331. 롬 8.2-3.

332. Käsemann, *Romans*, 208.

한다.[333] 플라톤의 원형-모사 구조에 따라 바울은 아담-그리스도 대조를 제시한다. 바울은 그의 우주적 드라마를 "두 명의 원형적 인물", 아담(Ἀδάμ)과 그리스도(Χριστός) 아래에 있는 것으로 요약한다.[334] 바울에게 있어, 아담과 그리스도는 위대한 두 인물일 뿐만 아니라 인류 전체가 포함되는 집합적 존재로 이해될 수 있다. 아담과 그리스도는 옛 인류와 새 인류를 각각 대표한다.[335] 아담은 타락한 인류를, 그리스도는 구원받은 인류를 각각 구현한다. 따라서 바울의 구원 개념은 "아담 안에" 있는 것으로부터 "그리스도 안에" 있는 것으로의 전이로 이해될 수 있다. 바울은 첫 아담의 범죄로 인한 비참한 결과를 십자가상에서 그의 순종의 행위로 인해 반전시키는 두 번째/마지막 아담으로 그리스도를 묘사한다.[336] 로마서 5장 12-21절과 고린도전서 15장 21-22, 45절에서 바울은 예수를 아담과 함께 놓는다.

> 그러나 이 은사는 그 범죄와 같지 아니하니 곧 한 사람의 범죄로 인하여 많은 사람이 죽었은즉 더욱 하나님의 은혜와 또한 한 사람 예수 그리스도의 은혜로 말미암은 선물은 많은 사람에게 넘쳤느니라. … 한 사

333. 롬 5.12-21; 고전 15.21-22, 45. 참조: *2 Bar.* 54.19.

334. Dunn, *Theology of Paul*, 94. 롬 5.18: "그런즉 한 범죄로 많은 사람이 정죄에 이른 것같이 한 의로운 행위로 말미암아 많은 사람이 의롭다 하심을 받아 생명에 이르렀느니라"(Ἄρα οὖν ὡς δι' ἑνὸς παραπτώματος εἰς πάντας ἀνθρώπους εἰς κατάκριμα, οὕτως καὶ δι' ἑνὸς δικαιώματος εἰς πάντας ἀνθρώπους εἰς δικαίωσιν ζωῆς).

335. Sang-Won (Aaron) Son, *Corporate Elements in Pauline Anthropology: A Study of Selected Terms, Idioms, and Concepts in the Light of Paul's Usage and Background*, AnBib 148 (Roma: E.P.I.B., 2001), 61.

336. T. L. Carter, *Paul and the Power of Sin: Redefining 'Beyond the Pale'* (Cambridge: Cambridge University Press, 2002), 168.

> 람의 범죄로 말미암아 사망이 그 한 사람을 통하여 왕 노릇 하였은즉 더욱 은혜와 의의 선물을 넘치게 받는 자들은 한 분 예수 그리스도를 통하여 생명 안에서 왕 노릇 하리로다(롬 5.15-19).

> 사망이 한 사람으로 말미암았으니 죽은 자의 부활도 한 사람으로 말미암는도다 아담 안에서 모든 사람이 죽은 것같이 그리스도 안에서 모든 사람이 삶을 얻으리라(고전 15.21-22).

> 기록된 바 첫 사람 아담은 생령이 되었다 함과 같이 마지막 아담은 살려 주는 영이 되었나니(고전 15.45).

첫 번째 아담은 "오실 자의 모형"(τύπος τοῦ μέλλοντος), 즉 그리스도의 원형이다.[337] 전체 인종을 구현하거나 대표하는 아담은 마찬가지로 그런 역할을 하는 그리스도의 대형(antitype)이다. 아담과 그의 모범(pattern), 그리스도의 상호 작용은 예수의 죽음과 부활이 "아담의 원시적 범죄에 상응하는, 획기적 행위"로 이해되는 인류 역사에 대한 바울의 관점을 반영한다.[338] 아담의 범죄가 모든 사람을 정죄받게 하듯, 그리스도의 십자가 처형과 부활은 모든 사람을 무죄 방면과 생명으로 이끈다.[339] 바울은 예수의 부활을 "아담-그리스도 모형론으로 새 창조의 시작과 오는 메시아 시대의 현존의 표현"으로 간주한다.[340] "새 창조"(καινὴ κτίσις, '카이네 크티시스')는 그리스도의 구원 행위가 가져온, 하나님과 인류의 새 연합을

337. 롬 5.14.

338. Dunn, *Theology of Paul*, 200.

339. 롬 5.18.

340. Son, *Corporate Elements*, 61.

암시한다.[341] 모든 사람은 아담의 불순종에 그 기원이 있는, 공통의 죄에 연루되고, 그 결과 그들은 죄와 죽음의 통치 아래에 놓인다. 죄 많은 인류와 자신을 동일시하고 하나님의 뜻에 따른 순종적인 죽음으로 그리스도는 아담의 불순종에 응답한다.[342] N. T. 라이트(N. T. Wright)에 따르면 아담의 범죄에 대한 신적 응답은 새 인류, 즉 이스라엘의 아버지여야만 하는 아브라함과 계약을 맺는 것이었다. 예수의 죽음과 부활의 빛에서 바울은 새 인류가 전 세계적 신앙 공동체로서 정의되어야 한다고 주장한다.[343] 바울에게 있어, 라이트가 주장하는 것처럼, 아담과 그리스도는 옛 인류와 새 인류를 각각 대표하는 인물들이다. 아담을 통해 죄와 죽음이 우주에 들어와 모든 인류가 그들의 통제하에 놓인 것처럼, 이제는 그리스도의 죽음과 부활이 그들(인류)을 죽음에서 생명으로 옮겼다.[344] 아담 안에서 모든 사람이 죽은 것처럼,[345] 예수의 죽음은 모든 인류를 위한 죽음이다. "그리스도의 사랑이 우리를 강권하시는도다 우리가 생각하건대 한 사람이 모든 사람을 대신하여 죽었은즉 모든 사람이 죽은 것이라."[346] 폴 샘플리(J. Paul Sampley)에 따르면 바울은 두 적대적 아담 형상(two rival Adamic figures)을 두 개의 다른 삶의 방식을 대표하는 것으로 생각한다. "하나는 아담과 그의 죄와 그에 따른 죽음에 일치하고, 다른 하

341. Fitzmyer, *Paul and His Theology*, 84. 용어 "새 창조"(καινὴ κτίσις)에 관해서는, 갈 6.15; 고후 5.17을 보라. 참조: 갈 2.20("내 안에 그리스도께서 사신다"); 롬 6.4("새 생명").

342. 빌 2.7-8.

343. N. T. Wright, *The Climax of the Covenant* (Edinburgh: T & T Clark, 1991), 18-40, 137-230.

344. 롬 5.12-14. 참조: *4 Ezra* 3.21; *2 Bar*. 23.4, 48.42, 43.

345. 고전 15.22.

346. 고후 5.14.

나는 그리스도 안에서 의의 자유로운 은사와 영생의 약속에 일치한다."[347] 하나님의 구원 드라마가 완성될 때까지 모든 사람은 두 아담 형상, 즉 아담과 그리스도가 각각 대표하는 이런 두 개의 삶의 방식 사이에 서 있다.

4. 두 개의 법, 두 가지 형태의 '파이데이아'(Παιδεία) 사이에서

그리스 철학과 필론의 '파이데이아'(παιδεία) 개념은 율법과, 율법과 그리스도와의 관계에 대한 바울의 관점에 새로운 빛을 던진다. 제3장에서 관찰한 것처럼, 필론의 작품에서는 지혜(σοφία)와 교육(παιδεία)의 조합은 주요 주제가 된다. 필론은 '토라' 속 모든 것의 신적 기원을 믿는다. 필론에게 있어 모세 율법은 "천성적으로 그 법대로 살지 않는 사람들을 위한 이상적 철학을 보는 창"이 된다.[348] '토라'와 이교 철학의 탁월함을 비교함으로써 필론은 '토라'의 수위성을 강조한다. "가장 뛰어난 철학을 배우는 문하생들이 그 가르침으로부터 이익을 얻는 것처럼, 유대인들은 그들의 관습과 법으로부터 이익을 얻는데, 그것은 가장 높고, 만물의 가장 오래된 원인을 알며, 창조된 신들의 미혹을 배격하는 것이다."[349] 인간 역사의 무대에 관한 바울의 반추는 인류를 위한 하나님의 구원론적이고 교육적인 관심에 대한 그의 이해에 비추어 보아야만 한다. 바울과 그의 사상에 미친 헬레니즘적 '파이데이아' 전통의 영향은 유대 디아스포라가 그것에 의해 영향받았고 바울이 그 개념을 사용하였기 때문에 아주 쉽게 인정될 수 있다. 비록 그렇다 하더라도 바울은

347. Sampley, *Walking*, 12.
348. Schenck, *Philo*, 5.
349. Philo, *Virt.* 65.

율법('토라')의 의식적 규정 요구를 이행하는 것으로 유대적 '파이데이아'를 지지하지는 않는다. 바울은 덕목(ἀρεταί, '아레타이')이나 지혜(σοφία, '소피아') 훈련과 그것의 점차적 획득을 목표로 하는 헬레니즘적 '파이데이아'를 추구하지 않는다. 그러나 '파이데이아'의 헬레니즘적 개념은 바울에게 중요한 신학적 뼈대를 제공하는바, 그것은 율법과 그리스도의 관계를 묘사한다. 달리 표현하면, 바울은 율법과, 율법과 그리스도의 관계를 그레코-로마의 '파이데이아'의 개념과 방식에 비추어 이해하였다. 바울 서신에서 용어 '파이데이아'('파이다고고스'[παιδαγωγός]와는 별개로)의 부재는 그가 그것에 대해 무지하다는 것을 의미하지는 않는다. 오히려 율법이 그리스도와 어떤 관계에 있는가에 대한 그의 논증은 '파이데이아'의 역사적이고 철학적인 함의 때문에 그가 용어 사용에 대해 의도적으로 회피했음을 암시한다. 두 단계의 헬레니즘적인 '파이데이아'의 모델을 따라, 바울은 두 가지 기독교 '파이데이아', 율법과 그리스도와 그 둘의 관계를 다만 설명하였다.

바울의 우주적 구원 드라마에서 율법과 그리스도는 2막의 유대적 '파이데이아'와 3막의 바울의 '파이데이아'의 정점에 각각 해당된다. 바울은 율법과, 그것과 그리스도의 관계를 '파이데이아'의 헬레니즘적 개념의 측면에서 전망하였다. 이런 의미에서 인간 구원을 교육적 관점에서 다루는 바울의 우주적 드라마는 인간 역사에 두루마리처럼 펼쳐진 파노라마 사진과 같다. 헬레니즘적 '파이데이아'가 예비 교육(ἐγκύκλιος παιδεία, '엥퀴클리오스 파이데이아')과 그것의 최종 목표인 지혜(σοφία, '소피아') 추구로서의 철학으로 구성된 두 단계 교과과정 교육이었던 것처럼, 바울의 '파이데이아' 또한 '토라'(νόμος, '노모스')와 그것의 최종 목표, 지혜

198-199

(*Sophia*)로서의 그리스도로 구성된 두 단계 기독교 교육이었다.[350] 바울의 '파이데이아'에서 '토라'와 그리스도는 연속적이지만 구별되는, 헬레니즘적 '파이데이아'에 상응하는 기독교 교육이다. 율법과, 그것과 그리스도의 관계에 대한 바울의 관점은 헬레니즘적 '파이데이아'의 이해 없이는 정확하게 파악될 수 없다.

바울의 구원 드라마는 연대기적으로 네 개의 서로 연결된 막(acts)으로 나눌 수 있다. 이러한 구원 역사의 구분은 그의 교육적 관점으로부터 이해될 수 있다. 창조로부터 시작하여 예수 그리스도 안에서 절정에 달하고 완성되는 구원 역사의 전 과정에서 주요한 세 등장인물들, 양심(συνείδησις, '쉬네이데시스'), '토라'(νόμος, '노모스')와 메시아/그리스도는, 연대기적으로 인류를 위한 교육적 역할을 해당 무대(막)에서 각자 수행한다. 필론도 사용한, 갈라디아서 4장 29절의 하갈과 사라 이야기를 풍유적으로 해석하면서 바울은, 하갈의 아들이 노예의 아들이기에 "육체를 따라"(κατὰ σάρκα, '카타 사르카') 난 아들이나 사라의 아들은 이삭이 자유인이기에 "성령을 따라"(κατὰ πνεῦμα, '카타 프뉴마') 난 아들이라 주장한다. 필론이 그 이야기를 주해할 때, 하갈로 비유된 예비 교육(ἐγκύκλιος παιδεία)은 사라로 비유된, 참된 지혜에 이르는 예비 학문(일반 교육)으로 간주된다.[351] 그러나 그의 교육적 관점에서 볼 때, 바울은 그리스도가 참된 지혜(σοφία, '소피아')이며 율법의 '텔로스'(τέλος: "마침")가 됨을 보여 주기 위해 그 이야기를 언급한다. 바울에게 있어 참된 '소피아'이자 '로고스'인 그리스도는 '파이데이아'(παιδεία)의 최종 단계이며 목표가 된다.

일시적 '파이데이아'인 율법은 사람들을 그리스도의 초림까지, 즉

350. 그리스의 예비 교육(ἐγκύκλιος παιδεία)에 관해서는, 본서 제3장을 보라.
351. Philo, *Congr.*; *Abr.* 100f.; *Cher.* 4-9.

그들의 미성년(minority) 기간 동안 훈육하였다. 이는 율법의 예비적 역할을 암시하며, 율법이 천사들(ἄγγελοι, '앙겔로이')에 의해, 그리고 한 중보자(μεσίτης, '메시테스') 모세를 통해 공포되었다는 점에서 아브라함과 맺은 약속에 비해 열등함을 가리킨다.[352] 1막에서 모든 유대인들의 아버지가 되는 아브라함은 3막에서 이제 칭의(δικαίωσις, '디카이오시스')에 이르는, 믿음의 길을 걷는 모든 이들의 아버지가 된다.[353] 이런 의미에서 기록된 법전, 모세 율법을 준수해야 하는 2막 없이, 1막은 3막에 바로 연결될 수 있는데, 이는 자연법(νόμος τῆς φύσεως)이 열방에 복이 되었을 아브라함에게 처음으로 주어졌고, 그다음에 그리스도를 통해 모든 사람에게 가능하게 되었다는 점에서 그러하다. 바울은 율법을 "하나님의 두 가지 행위, 즉 아브라함과 맺은 약속[1막]과 그리스도를 보내심[3막] 사이에 놓여 있는 막간(parenthesis)으로" 생각한다.[354] 구원사에서 아브라함과 맺은 약속 이후 430년에 더해진 율법의 일시적 역할과 열등한 지위는 "하나님께서 미리 정하신 언약[διαθήκη, '디아테케']을" 무효화하지 못하였는데, "그리하여 그 약속을 헛되게 하지 않기 위함이다."[355] 그리스도 중심의 구원론적 관심에 일치하여 그리스도의 십자가 처형 장면에서 그 절정에 달한 믿음의 길을 이제 따르는 모든 이들의 아버지, 아브라함의 예에 호소한다. 2막에서, 바울이 인식한 것처럼, 율법을 준수하지 못하는 인간의 무능력이 드러났고 그로 인해 인간의 궁핍이 야기되었다. 바울은

352. 갈 3.19-20: "그런즉 율법은 무엇이냐 범법하므로 더하여진 것이라 천사들[ἄγγελοι]을 통하여 한 중보자[μεσίτης]의 손으로 베푸신 것인데 약속하신 자손이 오시기까지 있을 것이라 그 중보자는 한편만 위한 자가 아니나 하나님은 한 분이시니라." 참조: 신 33.2 LXX.

353. 롬 4.3, 11.

354. J. Louis Martyn, *Galatians*, AB 33A (New York: Doubleday, 1997), 355.

355. 갈 3.17.

그 곤경의 원인이 율법에 있는 것이 아니라 육체(σάρξ)를 지닌 연약한 인간 조건에 있음을 보여 준다.[356]

바울은 지혜 인물의 우주론적이고 구원론적인 양상을 모세 율법이 아닌, 선재하는 아들, 창조의 중개인이자 하나님의 형상인 그리스도에게 이전하였다.[357] 그의 기독론적 관점에서 바울은 전통적으로 지혜의 의인화라는 유대 지혜사상에서 이해되는 율법과 지혜의 동일시를 폐기하였다. 대신 그는 신적 지혜의 특성을 그리스도에게 귀속시켰다. 그리스 '파이데이아'가 이상적 인간상에 맞춰 인간 성품을 형성하려 한 것처럼,[358] 바울에게 있어 하나님 지혜의 구현으로 그의 죽음과 부활에서 신적 '파이데이아'를 완성한 그리스도는 일시적이고 예비적인 '파이데이아'인 율법의 '텔로스'(τέλος, "마침")였다.[359] 기록된 율법이 그리스 사상과 필론에서처럼 하나님과 자연의 참된 법과 그 형상에 열등하듯, 바울의 사상에서 '토라'는 믿음/성령/그리스도의 법에 열등하며 그 이미지에 다름 아니다.[360] 바울이 사용한 두 표현, "믿음의 법"과 "성령의 법"은 행함과 "문자"(γράμμα, '그람마')로 이해되는 율법과는 각각 대조된다. "율법 조문은 죽이는 것이요 영은 살리는 것이니라"(τὸ γὰρ γράμμα ἀποκτέννει, τὸ δὲ πνεῦμα ζῳοποιεῖ).[361] 따라서 '영'은 율법의 '문자'는 물론 '육체'와 대조

356. 롬 7.14. 8.3. Fitzmyer, *Paul and His Theology*, 78을 보라.

357. 그리스도의 선재는 고전 8.6, 빌 2.6-11과 골 1.15-20에서 나타난다.

358. Jaeger, *Paideia*, xxii.

359. 롬 10.4. 참조: 마 5.17; 눅 16.16.

360. "믿음의 법"(ὁ νόμος πίστεως): 롬 3.27; "성령의 법"(ὁ νόμος τοῦ πνεύματος): 롬 8.2; "그리스도의 법"(ὁ νόμος τοῦ Χριστοῦ): 갈 6.2. 참조: "그리스도의 율법 아래에"(ἔννομος Χριστοῦ)—고전 9.21.

361. 고후 3.6. 영과 조문(문자) 사이의 차이는 롬 2.28-29; 7.6; 고후 3.3에서도 발견된다.

된다.[362] '토라'는 행함으로 상징되고 문자(γράμμα, '그람마')는 눈에 보이는 공개적인 성격을 지니는 반면, 믿음/성령의 법은 "육신이 아닌 성령에 따라 걷는"(τοῖς μὴ κατὰ σάρκα περιπατοῦσιν ἀλλὰ κατὰ πνεῦμα) 사람들의 일상 생활에서 구현되는, 하나님의 뜻을 표현하는 상위법이다.[363] 바울 사상에서 믿음을 갖는 것은 기록된 법이 아닌, 영으로 살며 걷는 것과 동일한바, 그리스도인의 의는 믿음을 통해 역사하는 영으로 성취되기 때문이다.[364] 마찬가지로 주님과 합류하는 것은 한 성령과 합치하는 것이다.[365] 따라서 바울 사상에서 믿음(πίστις, '피스티스')을 갖는 것, 성령(πνεῦμα, '프뉴마')으로 걷는 것과 그리스도 안(ἐν χρίστῳ, '엔 크리스토')에 있는 것은 밀접히 연결되어 있다.

모범이신 그리스도의 법(ὁ νόμος τοῦ Χριστοῦ)에 일치하여 그들의 성품을 형성함으로써[366] 신자들은 율법의 선고로부터 구원받아[367] 새 피조물이 된다.[368] 참된 법(ὁ ἀληθής νόμος)인 믿음/성령/그리스도의 법은 기록할 필요가 없고 그 법에 따라 살아가는 사람들의 영혼 안에 거한다.

---

362. 육신(σάρξ) 안에서의 삶의 방식이 성령(πνεῦμα) 안에서의 삶과 대조되는 롬 7.5-6. 참조: 롬 8.9.

363. 롬 8.4. 참조: 갈 3.3, 5.16, 18, 25, 6.8; 롬 6.4, 8.13-14.

364. 갈 5.5: "우리가 성령으로 믿음을 따라 의의 소망을 기다리노니"(ἡμεῖς γὰρ πνεύματι ἐκ πίστεως ἐλπίδα δικαιοσύνης ἀπεκδεχόμεθα).

365. 고전 6.17: "주와 합하는 자는 한 영이니라"(ὁ δὲ κολλώμενος τῷ κυρίῳ ἓν πνεῦμά ἐστίν).

366. 갈 6.2: "너희가 짐을 서로 지라 그리하여 그리스도의 법을 성취하라"(Ἀλλήλων τὰ βάρη βαστάζετε καὶ οὕτως ἀναπληρώσετε τὸν νόμον τοῦ Χριστοῦ).

367. 갈 3.10, 13.

368. 고후 5.17: "그런즉 누구든지 그리스도 안에 있으면 새로운 피조물이라 이전 것은 지나갔으니 보라 새것이 되었도다"(ὥστε εἴ τις ἐν Χριστῷ, καινὴ κτίσις· τὰ ἀρχαῖα παρῆλθεν, ἰδοὺ γέγονεν καινά).

> 이제는 우리가 얽매였던 것에 대하여 죽었으므로 율법에서 벗어났으니 이러므로 우리가 영의 새로운 것으로 섬길 것이요 율법 조문의 묵은 것으로 아니할지니라(νυνὶ δὲ κατηργήθημεν ἀπὸ τοῦ νόμου ἀποθανόντες ἐν ᾧ κατειχόμεθα, ὥστε δουλεύειν ἡμᾶς ἐν καινότητι πνεύματος καὶ οὐ παλαιότητι γράμματος).[369]

> 이는 그리스도 예수 안에 있는 생명의 성령의 법이 죄와 사망의 법에서 너를 해방하였음이라. … 하나님은 … 육신에 죄를 정하사 육신을 따르지 않고 그 영을 따라 행하는 우리에게 율법의 요구가 이루어지게 하려 하심이니라(ὁ γὰρ νόμος τοῦ πνεύματος τῆς ζωῆς ἐν Χριστῷ Ἰησοῦ ἠλευθέρωσέν σε ἀπὸ τοῦ νόμου τῆς ἁμαρτίας καὶ τοῦ θανάτου … ὁ θεὸς … κατέκρινεν τὴν ἁμαρτίαν ἐν τῇ σαρκί, ἵνα τὸ δικαίωμα τοῦ νόμου πληρωθῇ ἐν ἡμῖν τοῖς μὴ κατὰ σάρκα περιπατοῦσιν ἀλλὰ κατὰ πνεῦμα).[370]

바울의 관점에서 성령의 법에 따라 걷는 이들은 "기록된 옛 법전 아래가 아닌 성령의 새 삶으로 산다"(ἐν καινότητι πνεύματος καὶ οὐ παλαιότητι γράμματος). 바울에게 있어 기독교는 도덕적이거나 법적인 규정이 아니라 성령 안에서의 삶이었다. 따라서 기록된 율법, 즉 '토라'는 신령한 자들(οἱ πνευματικοὶ)에게는 불충분하다. 신령한 자들은 "사본[즉 기록된 법]에 순종하는 것이 아니라 '호이 알레테이스 노모이'(οἱ ἀληθεῖς νόμοι, "참된 법")가 그의 영혼 안에 거하게 함으로써 '노모스 엠프쉬코스'(νόμος ἔμψυχος, "성육신한 법"), 즉 율법의 화신이 되려" 열망하는 사람들이다.[371] 갈라디아

369. 롬 7.6.

370. 롬 8.2-4.

371. E. R. Goodenough, *By Light, Light: The Mystic Gospel of Hellenistic Judaism* (New Haven, Conn.: Yale University Press, 1935), 88. "신령한 자(들)"(ὁ πνευματικὸς/οἱ

서 6장 2절의 바울에게 있어 "그리스도의 법을 성취하는 것은 그리스도 안에서의 삶이 살아져야만 하는 방식을 사는 것이다. … 그리스도의 '법'은 말 그대로의 법이 아니다."[372] 하나님은 그의 백성들에게 생명을 부여하시는데, 그들과 그리스도와의 동일시를 통해서만 아니라 그리스도와 그의 사역에 대한 믿음을 통해서 그렇게 하신다. 하나님은 모세 율법이 아닌 특히 그리스도의 죽음과 부활을 통해 생명을 주신다. 바울의 이해에 있어, 유대 율법의 요구사항은 믿음의 필수 전제 조건이 아니었다. 율법의 화신인 그리스도의 법은 그리스도의 초림까지 일시적 기능을 한 모세 율법으로부터의 해방을 가져왔다.

앞서 언급한 [그리스] 영웅 전통을 따라 바울은 신자들이 그리스도를 닮음으로 성육화한 율법(νόμος ἔμψυχος)을 성취할 수 있다. 바울은 닮음(μίμησις, '미메시스')을 통해 최종 목적인 그분의 형상에 이르는 영혼 여정의 모범이자 지도자로서 그리스도를 모든 신자들에게 제시한다.[373] 그레코-로마 세계에서 "교사나 주인을 닮는 것은 매우 존중되고 널리 실행된 교육적 원칙이었다."[374] 당대의 철학자들, 도덕주의자들, 아카데미의 스승들과 종교 지도자들이 닮음의 원칙을 신봉하고 실행한 것처럼, 바울은 그의 독자들에게 영웅적 고난/수난(롬 15.3), 관대함(고후 8.9), 겸손과 고귀한 죽음(빌 2.5)을 특징으로 하는 그리스도를 본받으라 명령하였다.

πνευματικοι)에 관해서는, 고전 2.15, 3.1, 15.46; 갈 6.1을 보라.

372. Räisänen, *Paul and the Law*, 80-81.

373. 롬 8.29: "하나님이 미리 아신 자들을 또한 그 아들의 형상을 본받게 하기 위하여 미리 정하셨으니 이는 그로 많은 형제 중에서 맏아들이 되게 하려 하심이니라"(ὅτι οὓς προέγνω, καὶ προώρισεν συμμόρφους τῆς εἰκόνος τοῦ υἱοῦ αὐτοῦ, εἰς τὸ εἶναι αὐτὸν πρωτότοκον ἐν πολλοῖς ἀδελφοῖς). 살전 1.6, 2.14; 살후 3.7-9; 고전 4.16, 11.1; 빌 3.17; 엡 5.1; 히 6.12, 13.7을 보라.

374. Fred B. Craddock, *Philippians* (Atlanta, Ga.: John Knox, 1985), 67.

바울은 인간의 고통을 “그리스도를 온전히 아는 은혜로운 선물의 일부, 즉 그는 물론 믿음과 세례로 그리스도와 연합되는 모든 이들을 위한 선물”로 이해한다.[375] ‘파테이 마토스’(πάθει μάθος), 즉 “배움은 고난으로 온다”는 아이스킬로스(Aeschylus)의 말은 그리스도를 아는 것은 신자들의 삶 속에서 그의 고난을 공유함으로써 성취된다는 바울의 ‘파이데이아’에서 반향된다.[376] 나아가 바울은 스스로 그리스도를 본받아 복음에 적절한 삶을 살기에 자신을 타당한 모델로 제시하고 그의 모방적 역할(mimetic role)을 강조한다. 바울은 그의 몸에 그리스도의 흔적을 지녔다고 말한다.[377] 빌립보서 1장 21절, “이는 내게 사는 것이 그리스도니 죽는 것도 유익함이라”(Ἐμοὶ γὰρ τὸ ζῆν Χριστὸς καὶ τὸ ἀποθανεῖν κέρδος)에서 베츠는 다음과 같이 설명한다. 바울은 “죽음을 유익으로 여기고” 다른 곳에서(롬 9.3, 15.30-31; 고전 4.9, 13; 고후 4.12; 참조: 골 1.24) “그는 그의 자발적 자기 희생을 가능성으로 인식한다.”[378] 고린도후서 11장 23-27절에서, 바울은 그리스도의 영웅적 고난을 공유하고 닮으려 그가 감내한 극심한 고난에 대한 그 자신의 영웅적 목록을 소개한다. 예수의 죽음을 그의 몸에 짊어짐으로써 바울은 “우리가 항상 예수의 죽음을 몸에 짊어짐은 예수의 생명이 또한 우리 몸에 나타나게 하려 함이라” 말한다.[379] 그리스도

375. Bassler, *Navigating Paul*, 4.

376. Aeschylus, *Ag.* 176ff. 고후 4.10-11: “우리가 항상 예수의 죽음을 몸에 짊어짐은 예수의 생명이 또한 우리 몸에 나타나게 하려 함이라 우리 살아 있는 자가 항상 예수를 위하여 죽음에 넘겨짐은 예수의 생명이 또한 우리 죽을 육체에 나타나게 하려 함이라.”

377. 갈 6.17: “이후로는 누구든지 나를 괴롭게 하지 말라 내가 내 몸에 예수의 흔적[τὰ στίγματα τοῦ Ἰησοῦ]을 지니고 있노라.”

378. Betz, *Paul's Concept of Freedom*, 11.

379. 고후 4.10.

닮음(*imitatio Christi*)이든 바울 닮음이든 간에 닮음(μίμησις, '미메시스')의 개념은 모세 율법 이전 믿음의 법에 따라 살았던 아브라함의 예와 관련이 있다. 이런 의미에서 예수의 '미메시스'는 신자들을 그의 성품과 생애에 일치하게 하여 본받게 하는 교육적 기능을 지닌다. 이를테면 바울의 윤리적이고 교육적인 구호는 다음과 같다. "그리스도가 행하신 것처럼 행하라" 혹은 "내가 그리스도를 본받은 자가 된 것처럼, 나를(바울을) 본받는 자가 되어라." 아브라함의 믿음이 그로 하여금 의롭다 인정받게 한 것처럼,[380] 하나님에 대한 그리스도의 순종은 마스터 패턴(master pattern), 즉 신자들이 자신의 삶을 구조화해야 하는 자연법이 된다.[381] 바울은 자신을 그의 신자들이 닮아야 하는 견실한 모델(solid model)로 소개하고, 유서 깊은 영웅 전통에 비추어 자신의 사역을 그리스도를 낳는 것으로 말한다.[382]

바울은 율법에 그리스도의 초림 때까지 모든 이들을 임시로 훈육하는 예비적 '파이데이아'를 위한 초등교사(혹은 "훈육가", παιδαγωγός, '파이다고고스')의 성격을 부여한다.[383] 인간은 그리스도에 대한 믿음이 계시되어

380. 롬 4.3, 9; 갈 3.6, 8-9. 갈 3.8-9: "또 하나님이 이방을 믿음으로 말미암아 의로 정하실 것을 성경이 미리 알고 먼저 아브라함에게 복음을 전하되 모든 이방인이 너로 말미암아 복을 받으리라 하였느니라 그러므로 믿음으로 말미암은 자는 믿음이 있는 아브라함과 함께 복을 받느니라"(προϊδοῦσα δὲ ἡ γραφὴ ὅτι ἐκ πίστεως δικαιοῖ τὰ ἔθνη ὁ θεὸς, προευηγγελίσατο τῷ Ἀβραὰμ ὅτι ἐνευλογηθήσονται ἐν σοὶ πάντα τὰ ἔθνη· ὥστε οἱ ἐκ πίστεως εὐλογοῦνται σὺν τῷ πιστῷ Ἀβραάμ).

381. 참조: 빌 2.3-4, 12-13.

382. 갈 4.19: "나의 자녀들아 너희 속에 그리스도의 형상을 이루기까지 다시 너희를 위하여 해산하는 수고를 하노니"(τέκνα μου, οὓς πάλιν ὠδίνω μέχρις οὗ μορφωθῇ Χριστὸς ἐν ὑμῖν).

383. 갈 3.24-25: "이같이 율법이 우리를 그리스도께로 인도하는 초등교사가 되어 우리로 하여금 믿음으로 말미암아 의롭다 함을 얻게 하려 함이라 믿음이 온 후로는 우리가 초등교사 아래에 있지 아니하도다"(ὥστε ὁ νόμος παιδαγωγὸς ἡμῶν γέγονεν

야 할 때까지 율법의 보호를 받았다. 바울에게 있어 율법은 예비 '파이데이아'의 단계를 결코 넘지 못하는 초보자를 위한, 특정 행위에 있어 교훈의 원천과 같다. 율법은 모세로부터 그리스도까지의 기간에 유대인들의 영적 어린 시절 동안 초등교사의 기능을 한다. 율법은 '파이다고고스'의 방식으로 죄와 정죄의 의미를 확증하고 사람들을 가르치기 위해 왔다. 율법의 화신인 그리스도의 법에 따라 살아가는 이는 더 이상 모세 율법의 영향권 안에 있지 않다.

교육적 기능을 통해 율법은 궁극적으로 사람들을 율법의 화신(νόμος ἔμψυχος), 즉 상위법/자연법의 성육신인 그리스도에게 인도한다. 예비적 '파이데이아'(παιδεία)가 철학과 그것의 목표인 지혜(σοφία)에 이르는 디딤돌이었던 것처럼, 율법은 우리를, "하나님이 우리의 지혜로 삼으신"(ὃς ἐγενήθη σοφία ἡμῖν ἀπὸ Θεοῦ, 고전 1.30) 그리스도에게 인도한 훈육가나 교육자였다.[384] 바울의 우주적 구원 드라마에서 시락서 32장 14-15절의 '파이데이아'와 동일시되는(필론의 작품에서는 최고의 '파이데이아'와 동일시되는) '토라'는, 참된 '로고스'이자 '소피아'인 그리스도에 비해 예비 교육('파이데이아') 단계로 강등되었다. '토라'에서 구원을 찾는 것과는 반대로 바울은 그리스도인들이 그리스도 예수 안에서 믿음을 통한 은혜로 구원을

εἰς Χριστόν, ἵνα ἐκ πίστεως δικαιωθῶμεν· ἐλθούσης δὲ τῆς πίστεως οὐκέτι ὑπὸ παιδαγωγόν ἐσμεν). 갈 3.23에서는 율법이 간수로 묘사된다. 갈 3.23: "믿음이 오기 전에 우리는 율법 아래에 매인 바 되고 계시될 믿음의 때까지 갇혔느니라"(Πρὸ τοῦ δὲ ἐλθεῖν τὴν πίστιν ὑπὸ νόμον ἐφρουρούμεθα συγκλειόμενοι εἰς τὴν μέλλουσαν πίστιν ἀποκαλυφθῆναι).

384. 고전 1.30: "너희는 하나님으로부터 나서 그리스도 예수 안에 있고 예수는 하나님으로부터 나와서 우리에게 지혜와 의로움과 거룩함과 구원함이 되셨으니"(ἐξ αὐτοῦ δὲ ὑμεῖς ἐστε ἐν Χριστῷ Ἰησοῦ, ὃς ἐγενήθη σοφία ἡμῖν ἀπὸ θεοῦ, δικαιοσύνη τε καὶ ἁγιασμὸς καὶ ἀπολύτρωσις).

찾는다고 주장한다. 바울에게 있어, 일시적으로 구원사의 특정 시대로 제한되는 '토라'의 지배 아래 사는 것은 "역사라는 시계를 되돌리는 것"이다.[385] 그러므로 율법은 하나님의 우주적 구원 드라마의 절정에서 그리스도에 의해 정의되고 자격이 부여되는 예비적 '파이데이아'다.

385. G. Walter Hansen, *Abraham in Galatians: Epistolary and Rhetorical Contexts*, JSNTSup 29 (Sheffield: JSOT Press, 1989), 132.

제5장
바울의 4단계 우주적 드라마, 율법, 그리스도

바울은 저작권에 논란이 없는 그의 서신에서, 인류 구원을 위한 하나님의 예정된 세계 계획(God's preordained world-plan)에 초점을 맞춘 4단계 우주적 드라마를 제시한다. 바울은 하나님의 구원 계획을 우주적 드라마로 본다. 바울이 설명하는 우주적 드라마는 인류 역사를 1막(아담에서 모세까지/무율법 시대), 2막(모세에서 그리스도까지/율법 시대), 3막(교회 시대), 4막(그리스도 시대)의 4단계로 나눈다. 바울은 기독론적 관점으로 구약성서를 읽음으로써, 하나님께서 우주적인 구원 드라마 속에 부여하신 언약백성으로서의 정체성을 찾으라고 교회에 요구한다. 바울은 하나님께서 그리스도 안에서 행하신 구원론적이고 교육적인 사역을 따라, 자신의 공동체를 윤리적으로 훈계하기 위한 자료로 구약성서를 사용하였다.[1]

1. 바울이 윤리적 가르침에서 구약성서를 사용한 것과 관련하여 V. P. Furnish는 결론을 내린다. "윤리적 훈계와 가르침과 관련해, 다른 곳과 마찬가지로 중요한 전제는 성서가 하나님께서 그의 백성을 다루신 역사와 그들에 대한 그의 주장, 그리고 그들의 미래와 관련된 그의 약속에 대한 성경적 증언이라는 것이다. … 구약성서는 규칙, 아포리즘, 격언과 잠언을 제공하기 때문에 그[바울]의 윤리적 가르침의 원천

바울은 그레코-로마의 발전된 우주론과 인간학의 도움을 받아 인류를 위한 하나님의 구원 드라마에 우주적 차원을 부여했다.[2]

제4장에서 언급했듯 바울의 서신은 "시작, 중간, 끝이 있고, 잘 정의된 줄거리와 명확하게 식별할 수 있는, 등장인물이 있는 내러티브 또는 서사"로 볼 수 있다.[3] 4막으로 구성된 드라마의 주요 배역은 양심, 율법, 그리스도라는 세 가지 주요 인물에 배정된다. 바울 사상의 내러티브 성격과 그 안에서 양심(συνείδησις), 율법(νόμος), 그리스도의 역할을 이해하는 것이 중요하다. 이들 각각은 하나님이 인류를 구원으로 인도하시는 긴 여정에서 교육적 역할을 한다. 하나님의 구속 계획에 따라 전개되는 드라마의 각 단계에서 바울은 각자에게 교육적 역할을 부여한다. 바울이 설명하는 구원 드라마의 과정은 하나님의 시간표와 일치한다.[4] 바울은 그의 서신에서 아브라함과 아담으로 거슬러 올라가 그리스도의 죽음, 부활과 재림에 이르는 하나님의 구원에 대해 설명한다.[5] 1막에서 양심은 율법이 존재하기 이전부터 신적 심판의 증인이자 전령으로서 내적 법정(the inner court of law)의 역할을 수행한다. 이처럼 인간의 마음속에 기록된 율법과 동일시되는 양심은 하나님의 뜻에 부합하도록 교육하는 역할을 한다. 더구나 1막에서 아브라함에게 처음 주어진 하나님의

인 것이 아니다. 오히려 구약성서는 바울이 그리스도 안에서 하나님이 행하신 전체 사건과 하나님이 신자에게 주시는 부수적이고 결과적인 주장을 해석하는 관점을 제공한다는 점에서 그의 윤리적 가르침의 원천이다." V. P. Furnish, *Theology and Ethics in Paul* (Nashville: Abingdon, 1968), 34을 보라.

2. 예를 들면, 롬 8.18-25.
3. James D. G. Dunn, "The Narrative Approach to Paul: Whose Story," in *Narrative Dynamics in Paul: A Critical Assessment*, ed. Bruce W. Longenecker (Louisville: Westminster John Knox, 2002), 217.
4. 갈 4.4; 고전 7.29, 10.11. 참조: 고전 15.28.
5. Leander E. Keck, *Paul and His Letters*, 2nd ed. (Philadelphia: Fortress, 1988) 참조.

약속은 3막에서 믿음을 가진 모든 이들에게 구원을 주시는 그리스도를 통해 모든 사람이 누릴 수 있게 된다. 2막에서 모세의 율법은 하나님의 뜻을 정의하고 하나님의 계시된 뜻에 따라 살도록 부름받은 백성의 정체성을 형성한다. 그러나 결과적으로 율법은 그들뿐만 아니라 세상 전체에 대해 정죄를 선고한다. 일시적 교육(παιδεία)인 모세 율법은 그리스도의 초림 때까지 인간을 훈련시켜 3막의 주요 인물이자 바울 '파이데이아'의 최종 목표(τέλος, '텔로스')인 그리스도에게 인도한다. 이런 의미에서 율법은 "예수 그리스도 안에 있는 하나님의 의에 대한 긍정적인 복선"(a positive foreshadowing of the righteousness of God in Jesus Christ)으로 간주된다.[6] 3막에서 하나님은 특별히 중요한 두 가지 구원론적 순간을 통해 인류를 구원하신다. 즉 그리스도의 죽음과 부활이다. 이 사건에 비추어 볼 때, 1막에서 아브라함이 예시한 믿음은 이제 3막에서 믿음의 본보기가 되는 그리스도의 법(ὁ νόμος τοῦ Χριστοῦ)으로 제시된다. 하나님의 인류 구원에 대한 바울의 설명은 이 4막의 드라마에서 내러티브 순서대로 표시된다. 1막의 두 주인공인 아담과 아브라함은 3막에서 각각 그리스도의 대형(antitype)과 원형(antetype)으로 묘사된다. 하나님 아들의 영이 신자들의 마음속에 보내짐으로써 시작된 구원의 과정(갈 4.6, 참조: 롬 8.22-23)과 3막 그리스도의 죽음과 부활은 4막 재림으로 완결될 것이다. 교회 시대(3막)에 신자들의 마음속에 부어지는 성령의 임재는 그리스도의 귀환, 즉 재림(4막)에서 신자들이 받게 되는 것의 첫 번째 할부/계약금으로 간주된다. 구원의 전체 과정에는 악의 세력에 대한 그리스도의 지속

6. Richard B. Hays, "Three Dramatic Roles: The Law in Romans 3-4," in *Paul and the Mosaic Law*, ed. James D. G. Dunn, WUNT 89 (Tübingen: Mohr Siebeck, 1994), 163.

적 승리가 포함되며, 마지막 원수인 죽음(θάνατος, '타나토스')에 대한 궁극적 승리로 끝날 것이다.

전개되는 드라마의 각 단계는 인류 구원을 향한 하나님의 교육적 관심을 보여 준다. 본서 제2장과 제3장에서 바울 사상의 배경과 본서 제4장에서의 바울의 우주적 드라마의 주요 요소를 살펴본 후, 그의 서신에서 이러한 사상과 요소가 어떻게 반영되었는지 살펴보겠다. 특히 저작권에 논란의 여지가 없는 바울의 각 서신에 드러난 율법, 그리스도, 바울의 적대자들 사이의 역동적인 상호 관계를 조사할 것이다.

A. 1막(아담에서 모세까지): 율법이 없던(무율법) 시대

바울은 우주적 드라마에서 "아담에서 모세까지"(ἀπὸ Ἀδὰμ μέχρι Μωϋσέως)로 이어지는 이야기로 1막을 시작한다.[7] 아담과 모세는 둘 다 하나님의 법 아래 있었다는 점에서 유사하다.[8] 바울의 신학에서 아담은 하나님의 한 가지 명령(창 2.17)을 어긴 죄과(παράπτωμα, '파라프토마')로 인해 죄와 죽음이 세상에 들어온 것을 설명하는 역할을 한다.[9] 플라톤의 원형-모사 도식에 따라 바울은 인류 전체를 대표하고 구현하는 아담과 그리스도

7. 롬 5.14: "그러나 아담으로부터 모세까지[ἀπὸ Ἀδὰμ μέχρι Μωϋσέως] 아담의 범죄와 같은 죄를 짓지 아니한 자들까지도 사망이 왕 노릇 하였나니 아담은 오실 자의 모형이라."
8. John A. T. Robinson은 롬 5.14의 "오실 자"(τοῦ μέλλοντος)는 모세를 가리킨다고 제안한다. John A. T. Robinson, *The Body: A Study in Pauline Theology*, SBT 5 (Chicago: H. Regnery Co., 1952), 35.
9. 창 2.17: "선악을 알게 하는 나무의 열매는 먹지 말라 네가 먹는 날에는 반드시 죽으리라 하시니라."

라는 두 인물을 대조한다.[10] 아담은 "장차 오실 자"(롬 5.14), 즉 "마지막[ἔσχατος] 아담"(고전 15.45)이신 그리스도의 모형(τύπος, '튀포스')이다.[11] 모형론적 용어로 첫 아담의 역사는 마지막 아담의 역사와 대비된다.[12] 1막의 아담과 아브라함, 2막의 모세, 마지막으로 3막의 그리스도는 바울이 인류와 인류의 구원 역사를 이해하는 데 실마리를 제공하는 대표적 인물로서, 인류를 통합한다. 1막의 아담은 3막의 그리스도와 대조를 이룬다. 대립적 모형론에서 아담과 그리스도는 각각 원시시대의 아담(the Adam of *Urzeit*)과 마지막 시대의 아담(the Adam of *Endzeit*)으로 제시된다.[13] 한편

10. 예를 들면, 고전 15.22: "아담 안에서 모든 사람이 죽은 것같이 그리스도 안에서 모든 사람이 삶을 얻으리라." 롬 5.17: "한 사람의 범죄로 말미암아 사망이 그 한 사람을 통하여 왕 노릇 하였은즉 더욱 은혜와 의의 선물을 넘치게 받는 자들은 한 분 예수 그리스도를 통하여 생명 안에서 왕 노릇 하리로다." Philo과 바울이 창세기 3장을 Plato의 원형과 모사(사본)의 이미지로 해석한 내용은 본서 제3장을 참조하라.

11. Goppelt, "τύπος," *TDNT* 8:246-59 참조.

12. Leonhard Goppelt는 그의 저서, *Typos: The Typological Interpretation of the Old Testament in the New*, trans. Donald H. Madvig (Grand Rapids: Eerdmans, 1982), 237에서 "모형론적 접근은 신약성서에 나타나는 구원의 현재성에 대한 주요 신학적 해석으로서 우리에게 가장 중요하다"고 주장한다. E. Earle Ellis는 그의 저서, *Paul's Use of the Old Testament* (Grand Rapids, Mich.: Eerdmans, 1957), 105에서 "모형론적 해석은 … 초기 기독교에서 성서를 이해하는 기본 열쇠가 되었다"고 말한다.

13. Seyoon Kim은 그의 저서, *The Origin of Paul's Gospel*, WUNT 2.4 (Tübingen: Mohr Siebeck, 1984), 135-268에서 바울의 그리스도에 대한 다메섹 환상은 하나님의 형상(εἰκών, '에이콘')이신 그리스도를, 신성한 형상을 잃은 아담의 옛 인류와 대조되는 새 인류의 아담으로 제시하는 아담-그리스도 모형론으로 이끌었다. 대립적 모형론(antithetical typology)에서 아담과 그리스도는 인류 역사 또는 영적 발전의 서로 다른 측면을 대표하는 대조적 인물로 묘사된다. 독일어 '우르자이트'(*Urzeit*)는 "원시" 또는 "과거"를 뜻하므로 '우르자이트'의 아담(the Adam of *Urzeit*)은 인류의 초기 불순종과 하나님으로부터의 분리를 상징한다. '엔트자이트'(*Endzeit*)는 "종말", 또는 "종말론적 시대"를 뜻한다. '엔트자이트'의 아담(the Adam of *Endzeit*)은 종말의 아담 즉 그리스도로서 구원의 희망, 하나님과의 화해, 인류의 궁극적인

으로 아브라함의 언약은 예수의 죽음과 관련된 새 언약과 연속성을 가지며, 다른 한편으로 아브라함의 언약과 새 언약은 모세의 언약과 대조를 이룬다.[14]

이전에는 창세기에서 아브라함에게 주어진 약속(13.14-17, 15.1-7, 18, 17.1-8, 22.17)이 땅과 후손을 언급했지만, 이제 그 약속은 그리스도 안에서 "믿음으로 인한 성령의 약속"을 의미한다(갈 3.14, 참조: 3.1-5).[15] 바울에게 있어 그리스도를 믿음으로 성령 받음은 아브라함에게 약속된 축복이며, 이방인도 아브라함의 후손임을 나타내는 표징이다. 바울은 히브리어와 그리스어에서 모두 단수인 "씨"(히브리어 זרע, 그리스어 σπέρμα)라는 단어를 사용함으로 원래 아브라함과 그의 자손(창 12.7, 22.17-18)에 대한 약속이 많은 사람에게 한 것이 아니라 실제로는 그리스도 한 사람을 가리키는 것이라고 주장한다(갈 3.16).[16] 그리스도를 믿는 믿음으로 인해 이전에는 아브라함의 후손 밖에 있는 것으로 간주되었던 이방인들이 이제 아브라함의 후손이 되었다.

1막의 아브라함 언약은 3막에서 죽음에 이르기까지 순종하신 그리스도의 행위를 통해 모든 사람이 누릴 수 있게 된다.[17] 제3장과 제4장에

회복을 상징한다.

14. 바울은 고전 11.25에서 '새 언약'을 예수의 죽음과 연관시킨다. "그와 같이 잔을 가지시고 이르시되 이 잔은 내 피[αἷμα]로 세운 새 언약[καινὴ διαθήκη]이니 이것을 행하여 마실 때마다 나를 기념하라 하셨으니."
15. 갈 3.13-14: "그리스도께서 우리를 위하여 저주를 받은 바 되사 율법의 저주에서 우리를 속량하셨으니 기록된 바 '나무에 달린 자마다 저주 아래에 있는 자'라 하였음이라 이는 그리스도 예수 안에서 아브라함의 복이 이방인에게 미치게 하고 또 우리로 하여금 믿음으로 말미암아 성령의 약속을 받게 하려 함이라."
16. "씨"(히브리어 זרע, 그리스어 σπέρμα)라는 용어를 집합 단수로 사용하는 것에 대해서는 Ellis, *Paul's Use of the Old Testament*, 73을 보라.
17. 빌 2.8; 롬 5.19.

서 논의한 바와 같이, 이 점에서 문서화된 규범으로서의 모세 율법(즉 시내산의 옛 언약)은 두 가지 자연법의 인도를 받으며 1막과 3막 사이에서 임시 역할을 수행한다. 두 가지 자연법은 아브라함 언약과 인간의 마음속에 기록된 자연적/보편적/상위의 법인 "새 언약"(καινὴ διαθήκη, '카이네 디아테케')이다.[18]

1. 아담: 죄와 사망의 원조

바울은 그의 서신에서 아담(Ἀδάμ)이라는 이름을 다섯 번만 언급하지만, 죄, 죽음, 인간의 본성, 종말론적 희망, 기독론과 같은 중요한 신학적 주제를 전달하는 수단으로 사용하였다.[19] 바울이 아담 모티프를 사용한 것은 창세기 3장뿐만 아니라 당시의 다른 유대교 및 기독교 문서와도 밀

---

18. 고후 3.3, 5-6: "너희는 우리로 말미암아 나타난 그리스도의 편지니 이는 먹으로 쓴 것이 아니요 오직 살아 계신 하나님의 영으로 쓴 것이며 또 돌판에[ἐν πλαξὶν λιθίναις] 쓴 것이 아니요 오직 육의 마음 판에[ἐν πλαξὶν καρδίαις σαρκίναις] 쓴 것이라. … 우리가 무슨 일이든지 우리에게서 난 것같이 스스로 만족할 것이 아니니 우리의 만족은 오직 하나님으로부터 나느니라 그가 또한 우리를 새 언약[καινή διαθήκη]의 일꾼 되기에 만족하게 하셨으니 율법 조문으로 하지 아니하고 오직 영으로 함이니[οὐ γράμματος ἀλλὰ πνεύματος] 율법 조문은 죽이는 것이요 영은 살리는 것이니라."
19. 아담과 그리스도에 대한 명시적 언급에 대해서는 롬 5.12-21(2회), 고전 15.20-28, 42-49(2회)을 보라. 빌 2.5-11; 골 1.15-20, 3.9-10; 롬 1.18-32; 엡 4.22-24은 두 인물을 암시적으로 언급한다. 딤전 2.13, 14 참조. L. J. Kreitzer, "Adam and Christ," *DPL* 9. 바울의 아담-그리스도 유비에 관한 보다 자세한 연구를 위해서는 C. K. Barrett, *From First Adam to Last* (London: A. & C. Black, 1962); Robin Scroggs, *The Last Adam: A Study in Pauline Anthropology* (Philadelphia: Fortress, 1966); M. D. Hooker, *From Adam to Christ: Essays on Paul* (Cambridge: Cambridge University Press, 1990); Sang-Won (Aaron) Son, *Corporate Elements in Pauline Anthropology: A Study of Selected Terms, Idioms, and Concepts in the Light of Paul's Usage and Background*, AnBib 148 (Roma: E.P.I.B., 2001) 참조.

접하게 연결되어 있다. 이런 맥락에서 바울이 아담을 "예수 그리스도와 대비되는 모형적 또는 비유적 인물"로 제시한다는 점을 주목할 필요가 있다.[20] 바울의 거룩한 구원 드라마에서 아담의 이야기에 대해 알아야 할 가장 중요한 점은 구원 역사에서 그리스도와 극명한 대조를 이루는 아담의 역할이다. 바울은 아담을 그리스도와 상응할 뿐만 아니라 대조적인 것으로 바라보았다.[21] 바울의 우주적 드라마에서 옛/타락한 인류를 대표하는 첫 번째 아담(ὁ πρῶτος Ἀδάμ)은 새롭게/구속된 인류를 대표하는 그리스도와 종말론적으로 대비되는 존재로 묘사된다.[22] 바울은 아담과 그리스도를 인류의 모든 역사(바울의 구원 드라마)를 요약하는 전형적 인물로 비교한다.[23] 제임스 던(James D. G. Dunn)은 "신자들의 나누어진 상태의 순서"를 종말론적 관점에서 두 세대(*aeons*), 즉 "첫 아담의 지체로서 죄와 죽음으로 특징짓는 이 세대와 생명을 주는 성령으로 특징짓는 다가올 세대로서" 설명한다.[24] 고린도전서 15장 20-22절에서 바울은 "첫 열매"(ἀπαρχή)라는 단어를 도입하며 인류를 포괄하는 아담과 그리스도를 나란히 놓고 설명한다.[25]

---

20. Kreitzer, *DPL* 11. 예를 들면, Wis 2.23-24; *Jub.* 3.17-25; Philo, *Opif.* 165-66; *Virt.* 205; *QG* 1.40, 51; *Apoc. Mos.* 20.2, 21.6; *4 Ezra* 3.7-10, 20-26, 7.118; *2 Bar.* 4.3, 17.3, 18.2, 19.8, 48.42-43, 56.6. 성서시대 이후 유대 지혜전통에서의 아담 모티프에 관한 자세한 논의를 위해서는 James D. G. Dunn, *The Theology of Paul the Apostle* (Grand Rapids, Mich.: Eerdmans, 1998), 84-90; Scroggs, *Last Adam*, 16-31을 보라. 당시의 다른 문서들과 비교할 때, 그리스도를 "마지막(혹은 두 번째) 아담"(ὁ ἔσχατος/δεύτερος Ἀδὰμ)으로 묘사한 바울의 설명은 독창적인 것으로 보인다. Kreitzer, *DPL* 10 참조.
21. Son, *Corporate Elements*, 42.
22. 롬 5.12-21.
23. Dunn, *Theology of Paul*, 94.
24. Dunn, *Theology of Paul*, 482.
25. 바울은 "첫 열매"(ἀπαρχή, '아파르케') 외에도 그리스도를 "죽은 자 가운데서 먼저

20: Νυνὶ δὲ Χριστὸς ἐγήγερται ἐκ νεκρῶν ἀπαρχὴ τῶν κεκοιμημένων.
그러나 이제 그리스도께서 죽은 자 가운데서 다시 살아나사 잠자는 자들의 첫 열매가 되셨도다.

21a: ἐπειδὴ γὰρ	δι' ἀνθρώπου	θάνατος,
말미암았으니	한 사람으로	사망이,
21b:	καὶ δι' ἀνθρώπου	ἀνάστασις νεκρῶν.
	한 사람으로 말미암는도다	죽은 자의 부활도
22a: ὥσπερ γὰρ	ἐν τῷ 'Αδὰμ	πάντες ἀποθνήσκουσιν,
같이	아담 안에서	모든 사람이 죽은 것
22b: οὕτως καὶ	ἐν τῷ Χριστῷ	πάντες ζῳοποιηθήσονται.
(이와 같이)	그리스도 안에서	모든 사람이 삶을 얻으리라.

그리스도의 부활과 신자들의 부활 사이의 일치를 설명하기 위해 바울은 아담-그리스도 모형론을 사용한다. 위의 그리스어 본문(고전 15.21-22)의 배치에서 볼 수 있듯, 바울은 아담-그리스도 모형론을 이중 병렬식으로 제시한다.[26] C. K. 바렛(C. K. Barrett)은 아담-그리스도의 유비에 대해 다음과 같이 언급한다. "바울은 역사가 정점에 이르러 탁월한 인물, 즉 개인으로도 주목할 만하지만 대표 인물로서 더욱 주목할 만하다고 보았다."[27] 구체적으로 말하자면, 바울은 이 그리스어 문장 구조를 통해 아

나신 자"(πρωτότοκος, '프로토토코스'), "시작"(ἀρχή, '아르케'), "많은 형제들 가운데서 먼저 나신 자"(πρωτότοκος)로 지칭한다. 고전 15.23; 롬 8.29을 보라. 참조: 골 1.18.

26. Gordon Fee, *The First Epistle to the Corinthians*, NICNT (Grand Rapids, Mich.: Eerdmans, 1987), 749.

27. Barrett, *First Adam*, 5.

담과 그리스도가 전체 인류의 운명과 존재 방식에 어떻게 직접적으로 연결되는지를 보여 준다.[28]

바울은 로마서 5장 12-21절에서 아담과 그리스도를 광범위하게 비교한다. 아담은 인류의 조상일 뿐만 아니라 인류 역사에 죄와 죽음을 가져온 책임이 있는 인류의 원형으로 묘사된다.[29] 바울은 아담이 인류 역사에 죄와 죽음을 가져온 인과적 연관성을 가지고 있다고 말한다. 반면에 바울은 그리스도를 아담으로 야기된, 인간의 곤경에 대한 유일한 해결책으로 제시한다. 바울은 아담이 모든 인간에게 죄와 정죄와 죽음을 가져온 반면, 그리스도는 의와 은혜와 영생을 가져온다는 점에서 대형(그리스도)이 원형(아담)을 능가한다고 본다.[30] 에른스트 케제만(Ernst Käsemann)은 로마서 5장 15-17절에 대한 주석에서 아담과 그리스도가 각각 인간의 운명을 어떻게 결정하는지 표현한다.

> 여기서 중요한 것은 아담과 그리스도가 서로 기능은 다르지만 둘 다 세상을 위한 운명의 담지자들(bearers)이라는 측면에서 상반되는 대응을 한다. 종말론적 구원의 담지자는 첫 번째 아담에 대한 유일한 대안이다. 이 두 사람만이 세상 전체의 운명을 결정한다.[31]

---

28. Son, *Corporate Elements*, 61-65.
29. Charles B. Cousar, *The Letters of Paul* (Nashville: Abingdon, 1996), 127.
30. Son, *Corporate Elements*, 43. 참조: 롬 5.15("그러나 이 은사는 그 범죄와 같지 아니하니 곧 한 사람의 범죄를 인하여 많은 사람이 죽었은즉 더욱 하나님의 은혜와 또한 한 사람 예수 그리스도의 은혜로 말미암은 선물은 많은 사람에게 넘쳤느니라"); 5.20("율법이 들어온 것은 범죄를 더하게 하려 함이라 그러나 죄가 더한 곳에 은혜가 더욱 넘쳤나니"); 고전 15.20-28, 45-49.
31. Ernst Käsemann, *Commentary on Romans*, trans. and ed. Geoffrey W. Bromiley (Grand Rapids, Mich.: Eerdmans, 1980), 153.

1막의 첫 번째 아담은 원형(prototype)이며 3막의 두 번째/마지막 아담이신 그리스도는 그의 대형(antitype)이다. 그리스도의 오심은 아담의 불순종으로 인해 죄와 사망으로 점철되었던 인류 역사를, 그리스도의 순종으로 인한 은혜와 생명으로 특징짓는 새로운 시대로 전환시켰다. 두 시대의 종말론적 이원론 관점에서 바울은 "현시대"(죄와 죽음의 세대)를 특징으로 하는 "육적 몸"(ψυχικὸν σῶμα)에서 "다가올 시대"(생명의 새 세대)를 특징으로 하는 "영적 몸"(πνευματικὸν σῶμα)으로 변화될 수 있는 인간 존재를 표현한다. 그리스도 안에(ἐν Χριστῷ) 있는 사람은 죽은 자의 부활(ἀνάστασις νεκρῶν)을 맛보고 새로운 생명의 시대에 속하게 된다.[32]

로마서 7장 7-25절에서 바울은 "나"라는 대명사를 사용하는바, 이는 일반적인 의미에서 아담이라는 인물과 비교할 수 있다. 모세의 율법이 우주적 무대(cosmic stage) 전면에 나타나기 전에 아담의 불순종(롬 5.19, 참조: 창 2.17)으로 죄가 세상에 들어왔고, 죄로 인해 사망이 왔다.[33] 또한 아담의 죄는 온 우주의 타락으로 이어졌지만, 바울의 우주적 드라마는 그것으로 끝나지 않는다.[34] 그리스도의 은혜와 순종을 통해 아담의 불순종으로 인한 죄와 사망의 통치는 "실제로 무력화되고, 극복되고, 돌파되고, 패배했고, 제거되었다."[35] 아담-그리스도 모형론의 틀을 통해, 바울은 인류 역사가 1막에서 3막으로, 즉 옛 창조에서 새 창조로 확장되는 것으로 본다. 이러한 방식으로 바울은 아담의 저주와 그 결과인 죽음이 율법의 저주를 짊어지고 죽으신 그리스도를 통해, 인류에게 축복과 생

32. 고전 15.21.
33. 롬 5.12.
34. 롬 8.18-22.
35. Karl Barth, *A Shorter Commentary on Romans*, trans. D. H. van Daalen (London: SCM, 1959), 63.

명으로 바뀌는 놀라운 이야기를 소개한다. 인류를 죄와 죽음으로 이끈 아담의 저주(1막)와 율법의 저주(2막)로 인한 치명적 독에 대한 신성한 해독제는 신자들의 조상인 아브라함 이야기에서 발견된다.

2. 아브라함: 믿음의 조상

갈라디아서와 로마서에서 바울은 아브라함을 믿음에 비추어 의롭다 인정함을 받은 핵심 인물로 묘사한다.[36] 바울은 아브라함 이야기를 소개하면서 누가 아브라함의 자손이라 불릴 수 있는지를 다시 정의한다. 아브라함의 진정한 후손은 하나님을 믿는 자라는 주장을 뒷받침하기 위해 바울은 갈라디아서 3장 6-9절에서 다음과 같이 말한다.

> 아브라함이 하나님을 믿으매 그것을 그에게 의로 정하셨다 함과 같으니라 그런즉 믿음으로 말미암은 자들은[οἱ ἐκ πίστεως] 아브라함의 자손인 줄 알지어다 또 하나님이 이방을 믿음으로 말미암아 의로 정하실 것을 성경이 미리 알고 먼저 아브라함에게 복음을 전하되 모든 이방인[πάντα τὰ ἔθνη]이 너로 말미암아 복을 받으리라 하였느니라 그러므로 믿음으로 말미암은 자는 믿음이 있는 아브라함과 함께 복을 받느니라.

바울은 아브라함과 관련된 구약성경의 두 본문(창 12.3, 15.6)을 인용하면서 아브라함을 그리스도 이전에 실제로 복음을 믿은 유일한 사람으로 간주한다. "하나님은 믿음으로 이방인을 의롭다 하셨느니라"(ἐκ πίστεως δικαιοῖ τὰ ἔθνη ὁ θεὸς).[37] 갈라디아서 3장 8-9절에서 바울은 "아브라함은

---

36. 참조: 갈 3.6; 롬 4.2-5, 9, 13, 22.

37. 창 12.3: "너를 축복하는 자에게는 내가 복을 내리고 너를 저주하는 자에게는 내가

믿음으로 말미암아 은혜로 의롭다 하심을 얻는다는 복음을 듣고 그것을 받아들인 최초의 사람이므로, 그를 그리스도인의 원형으로, 더 대담하게는 갈라디아 이방 그리스도인의 원형 혹은 대형으로도 볼 수 있다"고 주장한다.[38] 바울은 이방인도 포함시키려 하시는 하나님의 궁극적 구원 계획을 엿볼 수 있는 주요 인물로서 아브라함을 묘사한다. 그리고 믿음으로 사는 사람들은 "아브라함의 약속된 후손이기 때문에 아브라함과 함께 축복을 받는다"고 말한다.[39] 아브라함에 대한 바울의 해석은 1세기 유대 전통의 해석과는 정반대다. 유대 전통은 아브라함의 믿음을 행위로 해석하여 아브라함의 믿음과 그의 행위를 대조하지 않았지만, 바울은 하나님의 약속에 대한 아브라함의 믿음과 율법에 대한 그의 순종을 분리했다.[40] 바울은 아브라함의 믿음을 "율법의 행위"(τὰ ἔργα

저주하리니 땅의 모든 족속이 너로 말미암아 복을 얻을 것이라 하신지라"; 창 15.6: "아브람이 여호와를 믿으니 여호와께서 이를 그의 의로 여기시고."

38. Ben Witherington, *Grace in Galatia: A Commentary on St Paul's Letter to the Galatians* (London: T & T Clark, 2004), 229.

39. Frank J. Matera, *Galatians*, SP 9 (Collegeville, Minn.: Liturgical, 1992), 123.

40. 1세기 유대 문헌에 나타난 아브라함의 신앙에 대한 해석은 Sir 44.19-21; *Jub*. 23.10, 24.11; 1 Macc 2.52; Philo, *Abr*. 270 참조. 또한 약 2.21-23과 *1 Clem*. 10 참조. Sir 44.19-21: "아브라함은 허다한 민족의 위대한 시조이며 아무도 그 영광을 따를 사람은 없다. 그는 지극히 높으신 분의 율법을 지키고 그분과 계약을 맺었다. 자기 살에 그 계약의 표시를 새기었고 시련을 당했을 때에도 그는 충실하였다. 그러므로 맹세로써 그에게 약속하시기를, 그의 후손을 통해서 만백성을 축복하고 땅의 먼지처럼 번성하게 하며 그의 후손을 별과 같이 높여 주고 이 바다에서 저 바다까지, 이집트 강에서 땅끝까지 유산으로 주겠다고 하셨다." *Jub*. 23.10: "아브라함은 여호와께 모든 행실이 온전하였고 그의 평생에 의로움을 기뻐하였으니." 헬라파였던 스데반(행 7장)의 연설이 "아브라함에서 시작하여 '토라'에 대한 논쟁으로 끝나고" 결국 순교를 초래한 것에 주목하면서, Hans Dieter Betz는 그의 저서, *Galatians* (Philadelphia: Fortress, 1979), 139-40에서 바울이 아브라함의 신앙과 모세의 율법을 대조하는 것이 "소위 '헬라파 운동'에서 유래했을 가능성"을 제기한다.

νόμου), 즉 유대인의 율법에 대한 순종에 반대하는 것으로 규정한다. 로마서 4장 13-17절에서 바울은 아브라함과 그의 자손에게 주신 약속은 율법을 통해서가 아니라 "믿음의 의"를 통해 이루어졌다고 말한다. 아브라함과 그의 후손이 세상을 상속받을 것이라는 약속은 율법을 통해서(διὰ νόμου)가 아니라 믿음의 의를 통해(διὰ δικαιοσύνης πίστεως) 이루어졌다는 것이다. 율법을 준수하는 사람들이 상속자가 될 것이라면 믿음은 무효이며 약속도 무효다. 율법은 진노를 가져오지만, 율법이 없는 곳에는 법 위반이 없어진다. 그러므로 약속은 은혜에 달려 있고 그의 모든 후손들, 즉 율법 신봉자들뿐만 아니라 아브라함의 믿음을 공유하는 사람들에게 약속이 보장되기 위해서는 믿음에 의존해야 한다. "내가 너를 많은 민족의 조상으로 세웠다"(롬 4.17)고 기록된 대로 그는 죽은 자에게 생명을 주시고 존재하지 않는 것들을 존재하게 하시는 하나님 앞에서 우리 모두의 조상이다.

바울은 아브라함에게 하신 하나님의 약속에 근거하여 이방인들도 믿음의 계보를 따라 복을 받을 것이라고 보장한다. 로마서 4장 23-24절에서 바울은 이 점을 다시 한번 확인한다. "그에게 의로 여겨졌다 기록된 것은 아브라함만 위한 것이 아니요 의로 여기심을 받을 우리도 위함이니 곧 예수 우리 주를 죽은 자 가운데서 살리신 이를 믿는 자니라." 창세기 21장 12절을 염두에 두고 바울은 로마서 9장 8절에서 약속의 자녀가 아브라함의 후손으로 간주된다는 점을 명확히 하였다.[41] 아브라함의 믿음과 그리스도에 대한 믿음이라는 두 가지 믿음의 시대는, 율법이

41. 창 21.12: "하나님이 아브라함에게 이르시되 네 아이나 네 여종으로 말미암아 근심하지 말고 사라가 네게 이른 말을 다 들으라 이삭에게서 나는 자라야 네 씨라 부를 것임이니라."

라는 중간 시대를 괄호로 묶는다. 율법 시대는, 그 시대의 양쪽 끝을 서로 연결하는, 1막(무율법 시대)에서 3막(교회 시대)까지 이르는 믿음의 두 시대에 비해 범위가 제한적이고 잠정적이다. 바울은 창세기 12장 3절과 18장 18절의 혼합 구절을 인용함으로써 아브라함에게 약속된 축복이 처음부터 "모든 민족"(πάντα τὰ ἔθνη)이라는 구절에서 언급된 이방인들을 염두에 두고 있었다고 주장한다.[42] 바울에게 "모든 민족 또는 이방인"은 아브라함처럼 믿는 이방인들을 의미한다. 바울은 열방을 위한 축복의 원천으로 아브라함의 역할에 대한 해석에서 믿음, 의로움과 이방인을 연결시킨다. 바울은 갈라디아서 3장 16절에서 아브라함에게 주신 약속이 그리스도 안에서 성취되었음을 확언한다. "이 약속들은 아브라함과 그 자손에게 말씀하신 것인데 여럿을 가리켜 그 자손들[τοῖς σπέρμασιν]이라 하지 아니하시고 오직 한 사람을 가리켜 네 자손[τῷ σπέρματι]이라 하셨으니 곧 그리스도라." 집합 단수형 "씨"(σπέρμα, '스페르마')는 바울이 지목한 그리스도 곧 한 상속자를 가리킨다. 아브라함의 씨는 아브라함에게 주어진 약속의 상속자로서 "그리스도 안에"(ἐν Χριστῷ) 있는 모든 신자를 말한다. 이러한 관점에서 바울은 갈라디아서 3장 25-29절에서 "그리스도 안에 있는" 모든 사람이 똑같이 아브라함의 씨라는 것을 더욱 명확히 한다.

> 믿음이 온 후로는 우리가 초등교사 아래에 있지 아니하도다 너희가 다 믿음으로 말미암아[διὰ τῆς πίστεως] 그리스도 예수 안에서 하나님의 아들이 되었으니 누구든지 그리스도와 합하기 위하여 세례를 받은 자는 그리스도로 옷 입었느니라 너희는 유대인이나 헬라인이나 종이나 자유

---

42. 갈 3.8.

인이나 남자나 여자나 다 그리스도 예수 안에서 하나이니라 너희가 그리스도의 것[Χριστοῦ]이면 곧 아브라함의 자손[τοῦ Ἀβραὰμ σπέρμα]이요 약속대로[κατ' ἐπαγγελίαν] 유업을 이을 자니라.

이러한 생각의 흐름을 따라, 바울은 아브라함의 약속, 아브라함의 씨, 아브라함의 믿음을 연결한다. 아브라함의 믿음 이야기는 바울에게 이방인을 포함하려는 하나님의 궁극적 의도를 일찌감치 엿볼 수 있게 해주었다. 한스 디터 베츠(Hans Dieter Betz)는 29절을 적절하게 주석했다. "유대교에서 '율법에 대한 순종을 통한 의'의 원형인 아브라함은 이제 '믿음의 사람'의 원형이 되었다. 그들은 같은 믿음을 공유하기 때문에 '그와 함께 복을 받았다'고 할 수 있다."[43] 바울의 주장 가운데 "'우리'[25절]에서 '너희'[26절ff.]로, 관리인(후견인) 아래의 종살이에서 상속자로서의 삶으로, 율법에서 그리스도로, 분열과 배타성에서 강조된 '모두'로의 전환"을 발견할 수 있다.[44] 아브라함이 이방인의 복이 되리라는 약속은 갈라디아서 3장 14절에서 "이는 그리스도 예수 안에서 아브라함의 복이 이방인에게 미치게 하고 또 우리로 하여금 믿음으로 말미암아 성령의 약속을 받게 하려 함이라"는 말씀으로 요약할 수 있다.

알렉산드리아 철학자이자 바울보다 나이 많은 동시대인 필론(Philo)은 아브라함을 자연법(natural law)을 따르는 사람으로 묘사했다.[45] 필론은 아브라함을 "하나님을 믿은 최초의 사람"으로 언급하였다.[46] 그는 아브라함을 믿음의 완벽한 모범으로 제시하였다. 그는 헬레니즘적 범주와

43. Betz, *Galatians*, 143.
44. Charles B. Cousar, *Galatians* (Atlanta: John Knox, 1982), 83.
45. Philo, *Abr.* 275-76.
46. Philo, *Virt.* 216.

표현 방식을 사용하여 족장들을 보편적 자연의 법칙에 따라 살았던 사람들로 간주한다. 다시 말해, 필론이 보기에 족장들은 살아 있는 법이었던 반면, 모세의 율법은 단지 그들의 생활 방식을 기록한 것에 불과했다.[47] 필론은 모세의 율법보다 훨씬 더 높은 법의 이상을 꿈꾸었다.[48] 이전 장에서 논의했듯, 필론은 영혼의 내적 여정이라는 관점에서 아브라함을 바라보았다.[49] 그는 갈대아(Chaldea)에서 이교도의 점성술을 버리고 팔레스타인으로 이주한 아브라함을 하나님에 대한 경건과 주요 덕목의 실천을 통해 마침내 완전에 도달하는 인물로 제시했다.[50] 또한 필론은 아브라함을 "율법에 순종한 사람"(νόμιμος)이 아니라 "성육신한 율법"(νόμος ἔμψυχος) 또는 "율법이자 기록되지 않은 법령"(νόμος καὶ θεσμὸς ἄγραφος)으로 묘사했다.

> 이처럼 현자에 대한 찬사가 너무나 많고 대단하지만, 모세는 "이 사람은 신성한 율법과 신성한 명령을 행했다"는 최고의 찬사를 덧붙였다. 그는 기록된 말로 배운 것이 아니라 기록되지 않은 본성[ἀγράφῳ τῇ φύσει]이 건전하고 순전한 열심을 주었기 때문에 그렇게 행했다. 그리고 그들 앞에 하나님의 약속이 주어졌을 때 사람들은 그 약속을 가장 확실하게 신뢰하는 것 외에는 무엇을 해야 하는가? 어떤 사람들은 율법을 준수한 최초의 사람, 국가 창시자의 삶이 그러하다고 말할 것이다. 그러나 오히려 우리의 담론에서 보았듯 그 자신은 율법이요, 불문율[νόμος αὐτὸς

47. Philo, *Abr.* 1.5-6, 11.52, 46.276; *Migr.* 22.127-23.131.
48. Philo, *Agr.* 275f.; *Decal.* 1; *Virt.* 194.
49. Philo, *Abr.* 14.66, 15.68; *Migr.* 1.2.
50. G. Walter Hansen, *Abraham in Galatians: Epistolary and Rhetorical Contexts*, JSNTSup 29 (Sheffield: JSOT, 1989), 190.

ὢν καὶ θεσμὸς ἄγραφος]이었다고 말할 것이다.[51]

원형과 사본(모사)이라는 플라톤적 이미지의 관점에서 필론은 모세의 율법을 원형적이고 기록되지 않은 자연법의 후대 사본으로 간주하였다. 필론이 보기에 모세의 율법은 아브라함을 비롯한 족장들의 삶에서 드러난 하나님의 더 높은 자연법의 반영이거나 이미지였다. 필론은 하나님의 율법에 대한 순종을 참된 믿음의 필연적 표현으로 받아들이면서, 아브라함의 믿음을 주로 하나님의 약속에 대한 그의 태도로 이해했다.[52] 비슷한 방식으로 바울은 모세의 율법과 그리스도/믿음/성령의 법을 구분한다. 바울은 아브라함의 약속이 이루어진 지 430년 후에 율법이 왔다는 점을 강조한다.[53] 바울의 우주적 드라마에서 아브라함은 율법을 상대화시키려는 장면에서 나타난다.[54] 유대인과 이방인 모두 율법에 순종함으로 얻은 정체성으로써가 아니라 아브라함의 약속을 믿음으로 받아들임으로써 아브라함의 진정한 후손으로 접붙임을 받았다.[55] 바울이 보기에 아담은 보여 주지 않았으나, 아브라함이 예시한 그 믿음은 모든 인류가 하나님의 선택을 받고 구원받을 수 있게 한, 믿음의 모범이 된 그리스도의 법이 되었다. 어떤 의미에서 이방인을 향한 바울의 선교는 이제 아브라함 너머 그리스도에게까지 이어진 구약성서의 언약(창 17.4-8)에 뿌리를 두고 있다. 아브라함은 또한 모든 신자들을 위해 바울이 제시

51. Philo, *Abr*. 275f.

52. Hansen, *Abraham*, 192. Halvor Moxnes, *Theology in Conflict: Studies in Paul's Understanding of God in Romans*, NovTSup 53 (Leiden: Brill, 1980), 163-64을 또한 보라.

53. 갈 3.17.

54. 갈 3.15-18.

55. N. L. Calvert, “Abraham,” *DPL* 8.

하는 기독교 '파이데이아'(παιδεία)의 주요 모델이다. 그의 하갈과 사라 이야기는 바울이 '파이데이아' 개념을 아브라함 모델로 제시하는 것과 관련하여 고려되어야 한다.

3. 두 단계 '파이데이아'(Παιδεία)와 하갈-사라 풍유

헬레니즘 '파이데이아'(παιδεία) 전통은 바울의 하갈-사라 풍유를 이해하는 데 빛을 비춰 준다. 갈라디아서 4장 21-31절에서 바울은 호메로스의 페넬로페 유비(Penelope analogy)와 필론의 하갈-사라 풍유(*Congr.*; *Abr.* 100f.)와 유사한 방식으로 하갈-사라 풍유를 설명한다. 헬레니즘 '파이데이아' 전통에 비추어 볼 때, 호메로스의 『오디세이아』(*Odysseia*) 속 페넬로페와 그녀의 하녀들은 철학과 그것의 예비적 학문, 즉 '엥퀴클리오스 파이데이아'(ἐγκύκλιος παιδεία)로 각각 비유적으로 해석됐다.[56] 필론은 그의 당대 헬레니즘적 교육 전통에 따라 아브라함이 하갈과 사라와 가진 성적 결합을 영혼이 지혜 혹은 덕목과 맺은 연합 이야기로 해석하였다.

> 육체적 쾌락을 위한 결합으로서의 결혼은 몸과 몸 사이의 교제[σωμάτων κοινωνίαν]이지만, 지혜[σοφία]로 맺어진 결혼은 정결함과 완전한 덕목을

---

56. K. Freeman이 번역한, *Ancilla to the Pre-Socratic Philosophers* (Cambridge: Harvard University Press, 1966), 139은 "철학을 등한시하고 일반 학문에 시간을 보내는 사람들은 페넬로페를 원하지만, 사실은 하녀들과 잠자리를 가지는 것과 같다"고 말한다. 오디세우스가 오랜 기간 동안 자리를 비우자, 그의 아내 페넬로페를 탐내는 많은 구혼자들이 있었다. 그러나 페넬로페는 남편에 대한 충성심이 흔들리지 않았다. 페넬로페는 수많은 구혼자들의 유혹을 물리치기 위해 홀로 남은 시아버지의 수의를 짠다는 핑계를 댔지만, 하녀들의 고자질로 들통이 났다. 키오스의 아리스톤의 페넬로페 비유에서 페넬로페는 지식과 진리(철학)에 대한 끊임없는 추구를 반영하지만, 하녀들은 철학을 공부하기 위한 예비 학문(문법, 수사학, 논리학, 산술, 기하학, 천문학, 음악)이라는 은유적 방식으로 표현되었다.

> 추구하는 생각 사이의 결합이다. 이 두 종류의 결혼은 정반대다.[57]

필론은 두 가지 다른 종류의 결혼을 소개함으로써, 아브라함의 내적 여정을 설명하였다. 그 여정은 (하갈로 상징되는) 예비적 '파이데이아'(παιδεία)를 매개로 하여 (사라와 동일시되는) 참된 지혜를 추구하며 철학에 도달하는 과정이다.

바울은 이러한 헬레니즘 교육(παιδεία) 전통에 의지하여 창세기의 사라와 하갈 이야기(16.15, 17.16)를 약간 수정하여 약속(ἐπαγγελία)과 율법(νόμος), 즉 아브라함에게 주신 하나님의 약속(아브라함 언약)과 모세의 율법(시내산 언약)을 대조하였다.

> 내게 말하라 율법[νόμος] 아래에 있고자 하는 자들아 율법을 듣지 못하였느냐 기록된 바 아브라함에게 두 아들이 있으니 하나는 여종에게서, 하나는 자유 있는 여자에게서 났다 하였으며 여종에게서는 육체[σάρξ]를 따라 났고 자유 있는 여자에게서는 약속[ἐπαγγελία]으로 말미암았느니라 이것은 비유니 이 여자들은 두 언약[δύο διαθῆκαι]이라 하나는 시내산으로부터 종[δουλεία]을 낳은 자니 곧 하갈이라 이 하갈은 아라비아에 있는 시내산으로서 지금 있는 예루살렘과 같은 곳이니 그가 그 자녀들과 더불어 종노릇하고 오직 위에 있는 예루살렘은 자유자니 곧 우리 어머니라 기록된 바 잉태하지 못한 자여 즐거워하라 산고를 모르는 자여 소리 질러 외치라 이는 홀로 사는 자의 자녀가 남편 있는 자의 자녀보다 많음이라 하였으니 형제들아 너희는 이삭과 같이 약속의 자녀라 그러나 그때에 육체를 따라 난 자가 성령[πνεῦμα]을 따라 난 자를 박해한

57. Philo, *Abr.* 100f.

것같이 이제도 그러하도다.[58]

바울의 하갈-사라 비유에서는 위에서 언급한 바와 같이 아브라함 언약과 종으로 이어지는 시내산 언약이 대조적으로 묘사된다. 자유-종(ἐλευθερία-δουλεία)과 영-육(πνεῦμα-σάρξ)의 대조를 사용함으로써 바울은 종과 육을 하갈, 시내산 언약과 현재(지상의) 예루살렘의 공통된 특징으로, 자유와 영은 사라, 아브라함 언약과 천상의 예루살렘이 가지는 공통된 특징임을 강조한다. 율법의 이러한 종 이미지는 "수건"(고후 3.14-15의 κάλυμμα['칼륌마']), "죄수"(갈 3.23) 또는 "세상의 초등학문"(갈 4.3, 9의 τὰ στοιχεῖα τοῦ κόσμου) 이미지와 연관되어 있다.[59] 하갈과 그녀의 자식은 시내산 언약과 그 자손과 동일시되는 반면, 사라와 이삭은 갈라디아 교회 신자들과 동일시된다. 월터 한센(G. Walter Hansen)이 올바르게 지적했듯, "종은 모세 율법을 준수하는 것으로 간주된다는 차원에서, 여종 하갈을 시내산 언약과 연관시켰다."[60] 유대교의 두 시대(*aeons*) 교리에 근거한 종말론적 관점에서 바울은 기독교의 가르침(παιδεία)을 율법과 그 마침(τέλος)인 그리스도, 두 단계로 구분한다. 바울 사상에서 아브라함의 약속과 모세의 율법 사이의 시대적 대조는 예비적 '파이데이아'(ἐγκύκλιος παιδεία)와 지혜와 덕을 추구하는 철학으로 구성된 헬레니즘 '파이데이아'의, 연속적이나 구별되는 과정과 일치한다. 모세의 율법(즉, 시내산 언약)은 이제 그리스도를 믿거나 그에게 속한 모든 사람이 아브라함의 약

58. 갈 4.21-29.
59. 갈 3.23: "믿음이 오기 전에 우리는 율법 아래에 매인 바 되고 계시될 믿음의 때까지 갇혔느니라."
60. Hansen, *Abraham*, 152.

216-217

속/언약을 이용할 수 있도록 한 그리스도와 반대되는 입장에 서 있다.[61] 바울은 단호한 어조로 갈라디아서 5장 2-4절에서 율법의 멍에(특히, 할례)를 벗어버리지 아니하고는 그리스도를 통해 모든 사람이 누릴 수 있는 약속을 얻을 수 없다고 주장한다.

> 보라 나 바울은 너희에게 말하노니 너희가 만일 할례를 받으면 그리스도께서 너희에게 아무 유익이 없으리라 내가 할례를 받는 각 사람에게 다시 증언하노니 그는 율법 전체를 행할 의무를 가진 자라 율법 안에서 의롭다 함을 얻으려 하는 너희는 그리스도에게서 끊어지고 은혜에서 떨어진 자로다.

당대의 그레코-로마 교육자들이 '엥퀴클리오스 파이데이아'(ἐγκύκλιος παιδεία)를, 지혜를 추구하는 철학의 예비 학문으로 여겼던 것처럼, 바울은 율법을 "하나님이 우리의 지혜가 되신"(ὃς ἐγενήθη σοφία ἡμῖν ἀπὸ θεου) 그리스도에게로 우리를 이끄는 훈육가 또는 초등교사로 여겼다.[62] 따라서 바울은 동시대 유대인들이 옛 시대의 '파이데이아'인 모세의 율법에 집착하는 한, 새 시대의 '파이데이아'인 그리스도께 나아갈 수 없다는 사실을 지적했다. 바울이 보기에 문제를 일으키는 것은 율법 자체가 아니라 그리스도에 대한 믿음에 기반하지 않고서 율법으로부터 의(δικαιοσύνη)를 구하려는 인간의 어리석은 맹목이며, 율법을 지킬 수 없는 인간의 육체적 조건에 따른 인간의 무능력이다. 율법이 그리스도를 믿

61. 갈 3.29: "너희가 그리스도의 것이면 곧 아브라함의 자손이요 약속대로 유업을 이을 자니라." 참조: 갈 3.6-7.
62. 고전 1.30.

는 믿음으로 구원에 이르는 길을 막을 때 이 문제가 제기된다. 바울은 자신의 적대자들이 그리스도 대신 율법이 구원 역사의 주도권을 가지고 있다고 주장하거나, 율법을 통해 그리스도의 구원 사역을 무위로 만들려고 할 때에만 율법을 부정적인 방식으로 진술한다. 율법은, 율법을 지키지 못하는 인간을 그리스도께로 인도하는 초등교사로서의 역할을 다한 후 하나님의 구원 드라마에서 사라진다. 그리스도의 오심(즉, 바울 '파이데이아'의 마지막 과정)을 알지 못한 채 율법의 의를 이루기 위해 노력하는 사람들은 플라톤의 동굴 비유에서 진리를 인식하지 못하는 죄수에 비유할 수 있다.[63] 따라서 율법의 종으로 돌아가는 것은 아브라함 언약의 완전한 상속인 진리, 자유, 영의 향유로부터 인간을 배제하는 것이다. 이러한 헬레니즘 '파이데이아' 전통을 배경으로, 하갈과 사라의 창세기 이야기는, 바울이 인류 구원을 위한 그의 교육학적 전체 계획에 따라 배열된, 신성한 드라마에서 율법과 주된 구원의 중보자인 그리스도 사이의 관계를 설명하기 위해 세심하게 만들어졌다.

4. 율법의 내면 법정으로서의 양심(συνείδησις)

알렉산더 정복 이후 발생한 사회-정치적 혁명과 불안정은 호메로스 서사시에 반영된 전통적 가치 체계를 시대착오적인 것으로 바꾸어 놓았다.[64] 새로운 세계 질서와 함께 철학적-윤리적 초점은 외적인 명성에서 내적인 마음의 평화로 옮겨 갔다. 사회-정치적으로 변화하는 격동기에

63. Plato, *Resp*. 514A-520A.
64. Philip Bosman, *Conscience in Philo and Paul: A Conceptual History of the Synoida Word Group*, WUNT 2.166 (Tübingen: Mohr Siebeck, 2003), 179-80. W. K. C. Guthrie, *A History of Greek Philosophy*, vol. 1: *The Early Presocratics and the Pythagoreans* (Cambridge: Cambridge University Press, 1967), 16-22 참조.

덕(ἀρετή)을 추구하여 행복을 얻을 수 있는 사람은 거의 없었다. 인간미 없는 거대 세계에서 활동하는 비인격적 세력에 직면하여, 많은 사람들은 운명의 맹습으로부터 "내면의 삶을 확보하고 영혼의 상태에서만 행복을 찾으려고" 노력하였다.[65] 소크라테스의 자아 완성(ἐγκράτεια, '엥크라테이아')을 본보기로 삼은 헬레니즘 철학자들은 더 이상 명성, 영예, 평판과 같은 사회적 가치로 행복(εὐδαιμονία, '유다이모니아')을 추구하지 않고 인간 자아에 관심을 돌렸다. 그들은 숨 가쁘게 돌아가는 일상에서 벗어나 마음의 평화를 수련하는 데 몰두하였다. 새로운 세계가 개인에게 요구한 이상은, 당시 다양한 철학(특히 스토아주의와 에피쿠로스주의)에서 사용한 "평정심"(ἀταραξία, '아타락시아'), "정념으로부터 벗어남"(ἀπάθεια, '아파테이아'), "만족"(εὐθυμία, '유튀미아'), "자기 통제"(αὐταρκεία, '아우타르케이아'), "독립"(αὐτοπραγία, '아우토프라기아')과 같은 단어들로 표현되었다.[66] 이러한 정신적 분위기에서 덕(ἀρετή, '아레테')과 이성(λόγος, '로고스')의 요구에 따라 살지 않을 때, 양심(συνειδός, '쉬네이도스')은 장애(ταραχή, '타라케')를 일으키고 내면의 조화/행복에 위협이 되는 것으로 인식하였다. 이러한 방식으로 양심은 자신의 신념과 실천 사이의 조화로운 관계로서 일관성을 달성하고 불일치를 피하는 데 도움되는 요소로 이해하였다. 내면의 고통

---

65. Bosman, *Conscience*, 180.

66. Bosman, *Conscience*, 181. R. M. Strozier, *Epicurus and Hellenistic Philosophy* (Lanham, Md.: University Press of America, 1985), 54; L. Edelstein, *The Meaning of Stoicism* (Cambridge, Mass.: Harvard University Press, 1966), 1-2 참조. 이러한 지적 분위기 속에서 바울은 헬레니즘의 "자유"(ἐλευθερία, 갈 5.1, 13), "양심"(συνείδησις, 고전 8.7, 10, 12, 10.25-29; 고후 5.11; 롬 2.15)을, 빌 4.8에서는 "만족스러운, 사랑받을 만한"(προσφιλής), "칭찬받을 만한"(εὔφημος), "덕"(ἀρετή), "칭찬할 만한 것"(ἔπαινος)을, 스토아 철학 개념인 "자족, 만족"(αὐτάρκεια, 고후 9.8) 및 "본성"(φύσις, 롬 2.14)을 사용하였다.

과 형벌을 유발하는 본질적 양심(συνειδός) 개념은 영혼의 구성 요소 중 하나로 자리 잡았다. 필론과, 신약성서에서 양심을 독점적으로 사용한 바울은 모두 양심(συνειδός)에 대해 발전된 이해를 가졌다. 필론과 바울 신학에 따르면, 양심에 어긋난 행동을 할 때 내면 법정이 작용하여 내적 고통을 유발하고, 이러한 내적 고통은 하나님과 화해로 이어질 수 있다.

a. 그리스문학과 필론의 '쉬노이다'(σύνοιδα)

'쉬네이데시스'(συνείδησις, "양심")라는 용어는 적어도 기원전 6세기부터 널리 퍼진, 그리스의 대중 개념이었다. 히브리어 구약성서와 쿰란 문서에는 이 용어와 정확히 일치하는 단어가 없으며, 칠십인역(LXX)을 통해 유대 전통에 들어왔다.[67] 그리스문학에서 '쉬네이데시스'(συνείδησις)는 은유적으로 궤양이나[68] 질환으로[69] 묘사되어 불편함이나 불안을 암시하였다. 소크라테스는 이 개념을 대중화하는 데 중요한 역할을 하였다. 그는 '데몬'/'다이몬'(daemon, δαίμων)의 목소리를, 그를 인도한 양심의 목소리

67. 예를 들면, 욥 27.6; 전 10.20; Sir 42.18; Wis 17.10-11. 참조: Philo, *Virt*. 124; *Spec*. 2.49; *Det*. 23f., 146; 참조: *T. Reub*. 4.3. Joseph A. Fitzmyer, *Romans*, AB 33 (Garden City, N.Y.: Doubleday, 1993), 128을 보라. 유대 저서로는 솔로몬의 지혜서에서 이 용어를 "[나쁜] 양심"이란 뜻으로 처음 사용하였다(17.11).

68. Plutarchus, *Tranq. an*. 476F-477A은 범죄로 인해 영혼의 고통을 느끼는 양심(συνείδησις)을 육체의 궤양으로 표현할 수 있다고 말하였다.

69. Euripides, *Orest*. 395f. 고대 그리스 3대 비극 작가 중 한 명인 Euripides는 종종 등장인물의 심리 상태를 깊이 파고든다. 그는 Orestes와 삼촌 Menelaus와의 대화를 통해서 양심(συνείδησις)을 질병으로 묘사한다.

Menelaus: 너에게 무슨 문제가 있니? 어떤 질병이 너를 괴롭히니?(τί χρῆμα πάσχεις; τίς σ' ἀπόλλυσιν νόσος;)

Orestes: 양심, 내가 저지른 끔찍한 행위를 알기에(ἡ σύνεσις, ὅτι σύνοιδα δείν' εἰργασμένος).

로 여겼다.[70] 소크라테스는 내적으로만 인식되는 불문율을 알고 있었으며 국가의 법에 반대된다 하더라도 이 불문율을 준수해야 한다고 생각하였다. 그의 죽음은 기원전 400 년경에 양심의 개념과 그 주장이 정점에 이르렀다는 증거다. 에피쿠로스학파는 죄인을 괴롭히는 양심의 고통을 끊임없이 강조했다.[71] 스토아 철학자 세네카(Seneca)는 도덕적 자기 성찰 시 양심의 긍정적인 역할을 도덕 교사가 하는 것과 같이 언급했다.[72] 솔로몬의 지혜서 17장 10절은 내면의 정죄라는 측면에서 양심(συνείδησις)을 해석한다. "악은 원래가 소심해서 제 입으로 자신을 단죄하며 양심[συνείδησις]의 가책을 몹시 받으면 언제나 최악의 경우를 생각한다."[73] 초월적 힘으로서의 양심에 대한 필론의 개념은 그리스 사상에서는 동등한 것이 없지만, 소크라테스의 이야기에서 볼 수 있듯 인간의 수호자 '데몬'/'다이몬'(daemon)에 대한 그리스 개념이 그것과 동등한 것을 부분적으로 제공한다는 점은 주목할 만하다.[74] 수호자 '다이몬'은 양

---

70. Socrates가 '다이몬'(δαίμων)이라고 부르는 것을 현대의 악마와 혼동해서는 안 된다. 고대 그리스 문화에서 '다이몬'은 일종의 정령 또는 신성한 힘으로 자비로운 존재일 수도 있고 악의적인 존재일 수도 있다. Socrates는 자신이 실수하거나 잘못된 행동을 하려고 할 때마다 '데몬'/'다이몬'이 자신을 제지하는 것으로 이해하였다. Socrates는 이 내면의 목소리에 귀를 기울임으로써 죽음에 이르는 순간에도 높은 도덕적 소명에 대한 헌신을 보여 주었다.

71. 예를 들면, Lucretius, *Rer. nat.* 3.1011ff.; Seneca, *Ep.* 97.15, 105.7.

72. Seneca, *Ira* 3.36; *Ep.* 28.9("구원의 시작은 죄를 인식하는 것이다"[*initium est salutis notitia peccati*]). 참조: Cicero, *Tusc.* 4.45("양심에 찔리는 것이 낫다"[*Morderi est melius conscientia*]).

73. Wis 17.10: δειλὸν γὰρ ἰδίῳ πονηρία μάρτυρι καταδικαζομένη ἀεὶ δὲ προσείληφεν τὰ χαλεπὰ συνεχομένη τῇ συνειδήσει.

74. Plato, *Tim.* 90A은 '다이몬'(δαίμων)을 "우리 영혼의 가장 권위 있는 요소"로, 우리를 지상으로부터 하늘에 있는 우리의 친척들(συγγένεια)을 향해 일으켜 세우는 그 무엇으로 언급한다. Plato의 작품에서 '다이몬'이 여러 차례 등장하지만 그 성격과 의미는 다양하다. '다이몬'은 일종의 인도하는 정신 또는 신성한 힘을 의미하며, 본

심과 마찬가지로 인간의 마음속에서 초월적 존재로서 도덕적 역할을 한다. 리처드 T. 월리스(Richard T. Wallis)는 필론의 양심 개념과 그리스의 수호자 '다이몬' 개념을 명확하게 구분한다.

> 우리는 먼저 아풀레이우스(Apuleius)를 손쉽게 고려할 수 있는데, 그는 … 수호자 '다이몬'의 도덕적 역할을 가장 크게 강조한다. 그러나 『소크라테스의 신에 관하여』(*De Deo Socratis*) 16장에 묘사된 대로 '다이몬'(daemon)의 활동은 필론의 양심과 여러 면에서 놀라울 정도로 유사하다. '다이몬'은 양심처럼 인간의 가장 깊은 마음속에서 활동한다고 한다(*ipsis penitissimis mentibus vice conscientiae deversetur*). 그것은 전적으로 초월적인 존재로 생각되고 인간 영혼에 내재된 힘이나 속성이라는 의미는 전혀 없다. 따라서 필론과 완전히 일치하지는 않는다.[75]

필론은 양심이라는 개념을 '엘렝코스'(ἔλεγχος, "증거, 확신, 책망")와 '토 쉬네이도스'(τὸ συνειδός, "양심")라는 두 가지 주요 용어를 단독으로 또는 조합하여 설명하였다.[76] 양심을 뜻하는 일반적 그리스 용어를 사용할 때, 후자 '토 쉬네이도스'는 '쉬네시스'(σύνεσις) 또는 '쉬네이데시스'(συνείδησις) (혹은 이 단어들의 동족어) 형태로 보다 자주 사용되는 반면, 전자 '엘렝코스'는 필론 이전에 그런 의미로 표현되는 경우가 거의 없었다.[77] 필론의 사상에서 '엘렝코스'(ἔλεγχος)는 범죄한 자를 자비로운 하나님에

질적으로 긍정적이거나 중립적인 것으로 볼 수 있다.

75. Richard T. Wallis, *The Idea of Conscience in Philo of Alexandria* (Berkeley: The Center for Hermeneutical Studies in Hellenistic and Modern Culture, 1975), 7.
76. Wallis, *Idea of Conscience*, 2.
77. Wallis, *Idea of Conscience*, 2-3.

게 인도하는 것을 목표로 하지만, '쉬네이도스'(συνειδός)는 하나님의 자비를 언급하는 대신 하나님의 임박한 심판이나 복수(τιμωρίαι, '티모리아이')를 경고한다.[78] 필론은 이전의 그 어떤 저자들보다 더 자주 '쉬노이다'(σύνοιδα) 단어군을 사용하였다.[79] 실사(실명사적) 분사 '쉬네이도스'(συνειδός)와 동사적 실명사 '쉬네이데시스'(συνείδησις)는 동사 '쉬노이다'(σύνοιδα)가 포함된 구문에서 발전했다.[80] '쉬네이도스'(συνειδός)의 기능은 인간으로 하여금 자신의 잘못을 인식하고 자각하게 하여 내면으로부터 유죄 판결을 내리게 하는 것이다.[81] 필론이 '쉬네이도스'를 사용할 때, 이는 "내면의 고통, 비난, 판단, 처벌을 나타내는 다양한 동사의 주어 역할을 한다."[82] '쉬네이도스'로 인한 내적 고통은 범죄자에게 다가올 하나님의 보복을 경고하고, 죄책감을 인정하도록 촉구하며, 궁극적으로 하나님과 화해하도록 이끈다.[83] 즉, '쉬네이도스'는 죄를 바로잡는 것을 목표로 하는 교육적 기능을 가지고 있다. 따라서 필론은 '엘렝코스'(ἔλεγχος)를 '파이데이아'(παιδεία)와 관련하여 언급한다.

> 선보다 악을, 명예로운 것보다 비천한 것을, 정의로운 것보다 불의한 것을, 더 높은 감정보다 더 낮은 정열을, 불멸하는 것보다 필멸하는 것을 선호하고, 경고하는 자와 검열하는 자의 목소리와 그들과 함께 책망

---

78. Philo, *Conf.* 121. Bosman, *Conscience*, 186을 보라.
79. Bosman, *Conscience*, 106에 따르면 Philo은 동족어 가운데 '토 쉬네이도스'(τὸ συνειδός, 32번)를 선호하였다.
80. '쉬노이다'(σύνοιδα) 단어군의 어휘 역사에 대해서는 Bosman, *Conscience*, 49-75을 참조하라.
81. Philo, *Virt.* 124; *Spec.* 2.49; *Det.* 23f., 146.
82. Bosman, *Conscience*, 277.
83. Bosman, *Conscience*, 190.

> 과 교훈[ἔλεγχος καὶ παιδεία]을 외면하고, 아첨하는 자와 쾌락으로 이끄는 말, 게으름과 무지, 사치를 만드는 자를 환영한다면, 맹인이 아니고서야 어떻게 그럴 수 있겠는가?[84]

양심이라는 주제에 관해서는 필론의 독특함을 용어 '엘렝코스'(ἔλεγχος)의 사용에서 찾을 수 있다. 필론의 윤리 이론에서 양심은 악을 미워하고 미덕을 사랑하며 인간에게 그러한 가치를 심어 주는 것이 그 본성이기 때문에 "유죄 선고자"(convictor, ἔλεγχος)로서 큰 역할을 한다.[85] 『십계명에 대하여』(*De decalogo*) 87장에서 필론은 '엘렝코스'(ἔλεγχος)의 본질을 설명한다.

> 모든 영혼은 그 동갑내기 친구[birth-fellow]와 동거인[house-mate]으로 한 감시자[ἔλεγχος]가 있다. 그의 방식은 비난받을 만한 일을 인정하지 않고, 그의 본성은 항상 악을 미워하고 덕을 사랑하며, 그는 고발자이자 동시에 재판관이다. 그가 한 번 고발자로 일깨워지면 그는 비난하고 고발하여 영혼을 수치스럽게 만든다. 다시 심판자로서 그는 지시하고 훈계하고 그 길을 변경하도록 권면한다. 그가 그것을 설득할 힘을 갖게 되면, 그는 기뻐하고 평화를 이룬다. 그러나 그가 그렇게 할 수 없으면, 그는 낮이든 밤이든 절대 혼자 두지 않고서 끝까지 전쟁을 벌이지만, 비참하고 불행한 삶의 실타래를 끊을 때까지 그는 찌르고 치명적인 상처를 입힌다.

84. Philo, *Her.* 77. 참조: 잠 5.12, 12.1, 13.18.
85. Philo, *Spec.* 1.235, 4.6; *Prob.* 149; *Det.* 24; *Fug.* 203f.; *Conf.* 121 등.

필론 사상에서 '엘렝코스'(ἔλεγχος)는 고발자나 재판관이라는 부정적 역할 외에[86] 사람을 인도하고 실족하지 않게 하는 교사나[87] 상담원[88] 또는 주의 천사라는 긍정적 역할도 수행한다.[89] 이런 의미에서 '엘렝코스'의 기능은 이중적이다. 한편으로는 고발과 처벌, 다른 한편으로는 가르침과 권면이다. 이러한 이중 기능을 통해 '엘렝코스'는 하나님과의 화해(내면의 조화를 회복하는 것)와 치유를 가져온다.[90] '쉬네이도스'(συνειδός)에는 '엘렝코스'(ἔλεγχος)의 이러한 긍정적 의미가 없다.

『하나님의 불변성』(*Quod Deus sit immutabilis*) 135-138장에서 양심은 대제사장과 동일시된다. "양심은 순수한 광선처럼 영혼에 들어와 우리를 정화하고 치유하기 위해 우리의 숨겨진 죄를 드러내는 것으로 거의 신화적인 용어로 표현하였다."[91] 필론은 양심을 죄의 본질을 드러내는 신성한 '로고스'(ὁ θεῖος λόγος)와 동일시한다.[92] 대제사장으로 상징되는 '엘렝코스'는 개인 영혼에 죄와 죄책감을 불러일으킨다. 이런 의미에서 양

86. Philo, *Decal*. 87; *Opif*. 128은 양심을 영혼에 자리 잡은 재판관으로 묘사한다.
87. Philo, *Det*. 23: "이 사람은 각 개인의 혼에 거하면서 어느 때는 통치자와 왕으로, 다른 때는 인생에서 벌어지는 다툼들의 재판관과 심판관으로 등장하고, 때로는 증인이나 고소인의 형태를 취하여 눈에 띄지 않게 내부에서 우리를 교정해 주는데, 입을 열지 못하게 하고 고삐 받기를 거부하며 고집부리는 자를 양심의 고삐들로 붙잡아 재갈 물린 채로 혀의 경로를 감시한다." 필론, 『알렉산드리아의 필론 작품집 I』, 433. 참조: Philo, *Decal*. 87.
88. Philo, *QE* 2.13.
89. Philo, *Deus* 182.
90. Philo, *Decal*. 87; *Det*. 146.
91. Philo, *Deus* 135: ὅταν δὲ εἰσέλθῃ ὁ ἱερεὺς ὄντως ἔλεγχος εἰς ἡμᾶς ὥσπερ φωτός τις αὐγὴ καθαρωτάτη, τηνικαῦτα γνωρίζομεν τὰ ἐναποκείμενα ἡμῶν οὐκ εὐαγῆ τῇ ψυχῇ βουλεύματα …. 참조: Philo, *Fug*. 118.
92. Philo, *Deus* 134. '쉬네이도스'(συνειδός)가 '로고스'(λόγος)와 동일시되는 *Cher*. 30 참조.

심은 하나님이 사람의 영혼에 보내신, 신성한 '로고스'로 묘사된다. 하나님의 '로고스'는 영혼에 들어가서 영혼의 '엘렝코스', 즉 내면의 고발자 역할을 한다.[93] 자연의 '로고스', 즉 온 세상을 지배하는 하나의 법칙(양심)이[94] 인간의 마음에 각인되어 있기에, 인간에게는 악한 사람에게도 영향을 미치는 양심이 있다.[95] 순수하고 오염되지 않은 양심을 가진 사람만이 하나님께 다가갈 수 있다.[96] 『탈출과 발견에 대하여』(*De fuga et inventione*) 117-118장에서 '로고스'와 동일시되는 '엘렝코스'는 영혼과 분리된다는 의미에서 죽음이라고 보는 것을 야기하는, 비자발적 죄조차도 영혼에 들어가는 것을 막는다. 『나쁜 자들이 더 나은 자들을 공격함』(*Quod deterius potiori insidari soleat*) 22-23장에서 필론은 '엘렝코스'를 "각 개인의 영혼에 거하는 참된 사람으로, 때때로 통치자와 왕, 인생 시합의 재판관이자 심판의 기능을 수행하는 사람이라 묘사한다. 또는 말하는 것조차 사람에게 허용하지 않고 양심의 고삐로(ταῖς τοῦ συνειδότος ἡνίαις) 완고한 혀를 묶는, 무언의 내부 증인이나 고발자의 역할을 실행하는 이로도 묘사한다."[97] 나아가 필론은 '쉬네이도스'가 내면의 법정으로서 기능함을 은유적으로 설명한다. 필립 보스만(Philip Bosman)은 필론이 법정의 측면에서 '쉬네이도스'에 다양한 역할을 부여한다고 하였다.

---

93. Philo, *Det*. 146.
94. Philo, *Ios*. 28-31. *Ios*. 29: "이 세상은 메가폴리스 또는 '큰 도시'이며, 하나의 정책과 하나의 법을 가지고 있다. 이것은 자연의 말이거나 원리인데, 해야 할 일을 명령하고 해서는 안 되는 일을 금지한다. 그러나 우리가 보는 지방 도시는 그 수가 무한하고 다양한 정책과 법의 적용을 받는데, 이는 추가적으로 고안되고 덧붙여지는, 민족마다 다른 관습과 규정이 있기에 결코 동일하지 않다."
95. Philo, *QG* 4.62.
96. Philo, *Her*. 6f.
97. Wallis, *Idea of Conscience*, 3. Philo, *Det*. 22-23.

> 내적 법정은 '누스'(νοῦς)/'로고스'(λόγος) 주제와 직접적으로 연관된다. 『나쁜 자들이 더 나은 자들을 공격함』 23장에서 '알레티노스 안트로포스'(ἀληθινὸς ἄνθρωπος, "참된 인간")/'로기케 디아노이아'(λογικὴ διάνοια, "합리적인 정신")는 다른 것들 사이에서 '디카스테스'(δικαστής, "심판관"), '마르튀스'(μάρτυς, "증인"), '카테고로스'(κατήγορος, "고소인")와 '엘렝코스'(ἔλεγχος, "검증")로 불린다. '쉬노이다'(σύνοιδα, "양심") 단어군은 이성적인 '디카스테리온'(δικαστήριον, "법원")과 자연스레 연결된다. 『나쁜 자들이 더 나은 자들을 공격함』 146장은 '엘렝코스'(ἔλεγχος)와 '로고스'(λόγος)를 서로 동일시하고 내적 책망의 영역을 '디아노이아'(διάνοια, "정신")로 식별한다. 『가인의 후예에 대하여』(*De posteritate Caini*) 59장에서 '누스'(νοῦς)는 차례로 '쉬네이도스'(συνειδός, "양심")의 작용에 병행하여 '마르튀스'(μάρτυς, "증인")의 역할을 한다.[98]

필론은 "인간의 도덕적 삶에 있어 양심의 역할"을 매우 강조한다는 점에서 동시대인들과 구별된다.[99] 특히 필론은 '엘렝코스'(ἔλεγχος)를 "영혼에 대한 하나님의 초월적 선물" 또는 "'로고스'나 천사와 같은 초월적 존재"로 간주하는 독창성을 지니고 있다.[100] 바울의 양심 개념은 필론이 '쉬노이다'(σύνοιδα) 단어군을 사용한 것과 같은 방식으로 이해할 수 있다.

98. Bosman, *Conscience*, 185. Philo은 자기 인식, 자기 판단, 도덕적 분별력에서 이성(λόγος), 지성(νοῦς), 양심(συνειδός)의 상호 연결된 역할을 강조한다. 그는 이성과 양심이 함께 작용하여 인간의 행동을 안내하고 판단하며 교정하는 인간 영혼의 내적 역동성을 강조한다.
99. Wallis, *Idea of Conscience*, 5, 8.
100. Wallis, *Idea of Conscience*, 5.

b. 바울의 '쉬노이다'(σύνοιδα)

바울 서신을 예외로 하고, "양심"을 뜻하는 명사 '쉬네이도스'(συνειδός)는 초기 기독교문학 전통과 신약성서에서는 발견되지 않는다. 특히 필론은 '쉬네이도스'(συνειδός)를 주로 사용하는 반면, 바울은 그 동족어 '쉬네이데시스'(συνείδησις)를 선호한다.[101] 바울은 그의 서신(고린도전서와 로마서)에서 15번이나 '쉬노이다' 단어군을 언급한다.[102] 그중 절반 이상이 우상에 제물로 바쳐진 음식을 먹는 것과 관련하여 나타난다.[103] 바울은 '쉬네이데시스'(συνείδησις)를 영혼의 구성 요소인 내적 실체로 사용하여 "자신의 행동을 회고적으로(옳고 그름으로) 혹은 전망적으로(적절한 활동을 위한 지침으로) 판단"한다.[104] R. 불트만(R. Bultmann)에 따르면 바울의 사상에서 '쉬네이데시스'는 "선악과 그에 따른 행동에 관해 그 자신과 공유된 지식"으로 이해된다.[105] 필론과 마찬가지로 바울은 양심을 내면의 법정으

101. Bosman, *Conscience*, 276. '쉬노이다'(σύνοιδα) 단어군과 관련하여 고린도전서와 로마서에서 바울은 '쉬네이데시스'(συνείδησις)를 14번 사용하고, 재귀 동사 구문 '에마우토 쉬노이다'(ἐμαυτῷ σύνοιδα), "내가 자책할 아무것도 깨닫지 못한다"를 단 한 번만 사용한다(고전 4.4). 참고로, 신구약 중간기를 거치면서 헤브라이즘에 없는, '양심'의 의미를 지닌 명사 '쉬네이도스'(συνειδός) 혹은 '쉬네이데시스'(συνείδησις)는 그레코-로마 시대의 헬레니즘적 유대교에 속한 저자들(Philo, Josephus), 신약성서와 교부들의 문서에 나타난다. 명사 '쉬네이데시스'(συνεί-δησις)는 신약성서에 30번 나오는데, 복음서에는 전혀 나오지 않고, 바울 서신에 14번 나오고, 다른 곳(사도행전, 목회서신, 히브리서, 베드로전서)에 16번 나온다. 이 단어의 기원은 동사 '쉬노이다'(σύνοιδα)에서 온다. 전치사 접두어를 가진 이 동사는 "함께 알다"라는 뜻으로 누구와 "지식을 공유하다", "공모하다"의 의미를 가지고 있다(행 5.2).

102. 고전 4.4, 8.7-12, 10.25-29; 고후 1.12, 4.2, 5.11; 롬 2.15, 9.1, 13.5. Bosman, *Conscience*, 191을 보라.

103. Bosman, *Conscience*, 191.

104. Fitzmyer, *Romans*, 128, 311.

105. R. Bultmann, *Theology of the New Testament*, 2 vols. (New York: Scribner, 1951-

223-224

로 인식하여 자신의 행위가 도덕적 기준에 부합하는지를 결정한다.[106] 고린도 교인들에게 우상에 바쳐진 고기를 먹는 것에 대한 지침에서 바울은 양심을 행동을 평가하는 도덕적 기준으로 다루었다.[107] 인간의 행동에 대한 자율적 심판관으로서 양심은 행동과 도덕적 규범 사이의 일치를 기록할 수 있다.[108] 이런 의미에서 양심은 그러한 일치에 대한 증인으로도 불릴 수 있다.[109] 그러나 바울은 양심이 사용하는 도덕적 규범은 하나님의 뜻에 부합하는 한에서만 옳기 때문에 양심의 평결을 신적 판단과 동일시하지는 않는다. 바울은 종말론적 관점에서 그리스도의 최후 심판 때 증거하는 양심(συνείδησις)의 역할을 강조한다.[110] 필립 보스만에 따르면 고린도전서 4장 1-5절에서 "바울은 인간의 판단과 부분적 지식에 의존하기에 불완전하고 예비적인 내적 법정의 성격을 명확히 진술한다."[111]

바울이 용어 양심(συνείδησις)의 사용을 위해 스토아학파와 직접적으로 접촉하지는 않았을 것이라고 인정한다 하더라도 그의 양심 개념은 스토아주의의 자연법을 반영한다. 그리스의 영향을 많이 받은 바울은 로마서 2장 14-15절에서 양심을 마음에 기록된 법으로 비유하였다.

> 율법[νόμος] 없는 이방인이 본성[φύσει]으로 율법의 일을 행할 때에는 이

55), 1.216-17.

106. C. A. Pierce, *Conscience in the New Testament*, SBT 15 (London: SCM, 1958), 78.

107. 고전 8.7-12, 10.25-29.

108. 롬 9.1; 고전 10.25, 27; 고후 4.2, 5.11. Judith M. Gundry-Volf, "Conscience," *DPL* 154을 보라.

109. 롬 9.1; 고후 1.12. Gundry-Volf, *DPL* 154.

110. 롬 2.15-16.

111. Bosman, *Conscience*, 272.

사람은 율법이 없어도 자기가 자기에게 율법이 되나니 이런 이들은 그 양심[συνείδησις]이 증거가 되어 그 생각들이 서로 혹은 고발하며 혹은 변명하여 그 마음에 새긴 율법의 행위를 나타내느니라.

여기서 스토아학파의 방식에 있어 양심은 이방인의 마음속에 기록된 법과 동일시된다. 양심은 이방인의 행동이 그들의 마음에 기록된 법과 일치하는지를 결정한다. 예상할 수 있듯이, 이것은 기록된 법을 자연법(νόμος τῆς φύσεως)의 모방 또는 대체물로 언급하는 필론의 사상을 떠올리게 한다.[112] "증거하다"(συμμαρτυρέω), "고발하다"(κατηγορέω), "변명하다"(ἀπολογέομαι)라는 용어에서 알 수 있듯, 양심은 "내면화된 도덕 기준에 따라 행동을 검사하고 안내하는 내적 재판소(inner tribunal)" 역할을 한다.[113] 2막에서 율법이 그렇게 했던 것처럼, 1막에서 양심은 사람들에게 죄의식을 갖게 했다.[114] 바울은 양심을 통해 이방인이 모세 율법에 대한 직접적 지식 없이도 모세 율법의 특정 원칙을 준수할 수 있다고 가정한다. 그러나 이 같은 양심은 최후의 심판에서도 증거가 될 것이며 그 누구도 하나님의 심판을 피하기 위해 율법에 대한 무지를 주장할 수 없게 될 것이다. 이런 점에서 양심이 1막에서 인류를 위한 교육적 기능을 수행한 것은, 2막의 유대 율법(νόμος, '노모스')이 인간을 그리스도께로 인도하는 초등교사(παιδαγωγός, '파이다고고스')로서 긍정적이고 일시적인 교육 역할을 한 것뿐만 아니라, 3막에서 초등학문(στοιχεῖα, '스토이케이아')으로서 부정적이고 노예적인 역할을 수행한 것과 유사하다. 1막에서 양심

112. Philo, *Mos*. 2.51; *Agr*. 275f.; *Decal*. 1; *Virt*. 194. 자연법에 대한 보다 자세한 설명은 제3장을 참조하라.

113. Gundry-Volf, *DPL* 154.

114. 롬 3.20, 7.7.

(συνείδησις, '쉬네이데시스')은 율법 없는 상황에서 공정한 증인의 역할을 수행했다.

B. 2막: 율법 시대(모세에서 그리스도까지)

바울은 다메섹 도상에서 그리스도 사건(Christophany, 그리스도 현현) 이후 율법에 대한 자신의 견해를 분명히 해야 했다. 따라서 율법은 그에게 신학적 문제로 남게 되었다.[115] 다메섹 도상에서의 바울의 경험은 그의 영적 여정에 있어 전환점이 되었으며 그의 세계관과 상징 세계에 급격한 변화를 가져왔다. 다메섹 도상의 경험이 바울의 삶을 변화시키고 그를 이방인의 사도로 만들었음은 의심할 여지가 없다.[116] 다메섹 사건 이전에 바울은 율법과, 그 저주로 십자가에 달린 그리스도 사이에는 근본적 모순이 있다고 믿었다. 바울은 회심 후 그리스도를 알고 그를 믿는 믿음으로 구원을 얻는다는 고귀한 진리를 가지게 되었다. 그것에 비하면 유대적 유산과 율법은 무가치한 것이었다. 이러한 회심의 결과로 바울은 율법과, 인류 역사에 있어서의 율법의 역할에 대한 패러다임의 전환을 경험하였다. 이러한 사실을 고려한다면, 바울의 율법관은 그리스도 사건에 의존하고 있음이 분명하다. 달리 말하면, 바울은 회심 전에 가졌던

115. 바울이 사용한 그리스어 '노모스'(νόμος)는 거의 모든 경우 모세의 율법, 즉 '토라'를 의미하였다. 따라서 바울의 '노모스'에 대한 비판은 일반적인 법이 아니라 모세의 율법을 향한 것이다. 참조: D. J. Moo, "Paul and the Law in the Last Ten Years," *SJT* 40 (1987): 287-307.

116. 갈 1.12-16: "이는 내가 사람에게서 받은 것도 아니요 배운 것도 아니요 오직 예수 그리스도의 계시로 말미암은 것이라. … 그러나 내 어머니의 태로부터 나를 택정하시고 그의 은혜로 나를 부르신 이가 그의 아들을 이방에 전하기 위하여 …."

225-226

율법에 대한 자신의 견해를 이제 그의 주요 신학적 관심사가 된 그리스도 사건에 비추어 재조정해야 했다. 그리스도 현현 체험으로 인해 회심한 바울은 하나님의 백성이 모세 율법의 지도 아래 있는 것을 넘어서서, 이제는 그리스도의 인격과 사역을 통해 세워진 새 언약 공동체의 일원으로 그리스도의 법을 성취해야 할 때가 왔음을 깨달았다(갈 6.2).[117] 그러므로 율법에 대한 바울의 신학적 태도는 표면적으로 흔들리는 것처럼 보인다. 후에 논하겠지만, 율법에 관한 그의 진술을 얼핏 보면, 그의 율법관이 일관성이 없는 것 같지만 그의 서신 중에 일관되지 않은 것처럼 보이는 진술들 속에서도 그는 일관된 관점을 유지하고 있다. 그레코-로마(와 유대-헬레니즘)의 '파이데이아'(παιδεία) 전통을 배경으로, 율법과 율법-그리스도의 관계에 대한 바울의 견해를 살펴보면, 그는 율법에 대한 일관된 자신의 견해를 그의 서신 전면에 드러낸다. 바울은 그리스도의 초림이 하나님의 백성에게 영적 성숙에 필요한 수단이나 본을 제공할 때까지만, 율법이 일시적인 초등교사 역할을 하는 것으로 보았다. 이를 위해 바울의 율법관과 관련하여 성서학계에서 제기된 두 가지 상충되는 문제를 간략히 살펴본 후, 바울의 율법관을 살펴보고자 한다. 바울의 율법관과 관련하여 상충하는 두 진영의 학자들은 발전 이론의 지지자들인 존 드레인(John W. Drane), 한스 휘브너(Hans Hübner), 울리히 빌켄스(Ulrich Wilckens)와 새 관점 지지자들인 E. P. 샌더스(E. P. Sanders), 하이키 레이제넨(Heikki Räisänen), W. D. 데이비스(W. D. Davies), 제임스 D. G. 던(James D. G. Dunn)이다. 그리고 저작권에 논란의 여지가 없는 바울 서신(데살로니가전서, 고린도전후서, 갈라디아서, 빌립보서, 로마서)에서 바울과 그의 적대자들 사이에 있었던 기독론과 율법에 관련된 변증법을 살펴봄으로써

117. Witherington, *Grace in Galatia*, 341-55.

그리스도와 율법 사이의 역동적인 상호 관계를 다룰 것이다.

발전 이론과, 바울과 그의 율법관에 대한 새 관점의 한계를 지적한 후, 헬레니즘 '파이데이아'와 그 커리큘럼에 대한 연구가 바울의 율법관에 대한 현재의 정체된 논의를 해결하는 방안이 될 수 있음을 제안할 것이다. 나아가 헬레니즘의 '파이데이아' 개념은 바울의 교육학적 관점에 비추어 4막으로 구성된 드라마의 매 단계에서 인류를 위한 하나님의 구원 계획을 이해하는 데 중요한 단서를 제공한다.

1. 바울의 율법관에 대한 새로운 접근을 향해

알브레히트 리츨(Albrecht Ritschl)은 1850년에 한스 휘브너가 언급했듯, 갈라디아서와 로마서에서 바울이 율법을 다루는 방식에 차이가 있음을 발견하였다. 리츨은 율법과 관련하여 갈라디아서의 주된 관심사는 예전적이지만 로마서의 초점은 윤리적 측면에 있다고 주장했다.[118] 그러나 바울의 율법 이해에서 "개념적 발전"을 제기한 프리드리히 시퍼트(Friedrich Sieffert)는 갈라디아서의 지배적 주제는 자유인 반면 로마서에서는 하나님의 의라고 주장하였다. 시퍼트는 또한 로마서에서는 율법의 목적이 생명으로 이끄는 것인 반면(롬 7.10), 갈라디아서는 그것을 부정한다는(갈 3.21) 점에서 로마서와 갈라디아서 사이에는 차이가 있다고 설명한다.[119] 시퍼트에게 있어 로마서와 갈라디아서 사이의 차이는 명백한 모순을 의미하는데, 갈라디아서는 율법을 외형적이고 민족적인 표

118. Hans Hübner, *Law in Paul's Thought* (Edinburgh: T. & T. Clark, 1984), 1-2.

119. 롬 7.10: "생명[ζωή]에 이르게 할 그 계명[ἡ ἐντολή]이 내게 대하여 도리어 사망[θάνατος]에 이르게 하는 것이 되었도다"; 갈 3.21: "그러면 율법이 하나님의 약속들과 반대되는 것이냐 결코 그럴 수 없느니라 만일 능히 살게 하는 율법을 주셨더라면 의가 반드시 율법으로 말미암았으리라."

현의 측면에서 이해한다면, 로마서는 내면적이고 도덕적인 내용의 측면에서 본다는 것이다.[120] 시퍼트에 따르면 이 점은 "구원의 선포와 함께 유대교와 율법에 어떤 지위를 부여하는, 절제된 태도가 나타났다"는 것을 의미한다.[121] 최근 알브레히트 리츨과 프리드리히 시퍼트가 제기한 이 논쟁적 이슈는 두 개의 상반된 진영으로 나뉘었다. 존 W. 드레인, 한스 휘브너, 울리히 빌켄스는 바울의 사상이 갈라디아서를 포함한 초기 서신으로부터 로마서로 발전했다고 보는 반면, 하이키 레이제넨, E. P. 샌더스와 W. D. 데이비스는 그러한 발전이 없다고 본다. 이제 바울 신학의 가장 까다로운 이슈에 관한 그들의 논쟁을 다룰 때다.

a. 발전 이론

지금까지 바울의 사상에서 율법에 관해 서로 상충하는 진술들을 해결하기 위한 가장 그럴듯한 이론은 발전이론이다. 존 W. 드레인, 한스 휘브너, 울리히 빌켄스 모두 갈라디아서에서 율법은 전적으로 부정적으로 묘사되지만, 로마서에서 율법은 거룩하고, 의롭고, 선하며(7.12), 신령한(7.14) 하나님의 법이라 주장한다는 점에서 바울의 율법 이해가 갈라디아서와 로마서에서 뚜렷한 대조를 보인다고 추정한다. 로마서 7장 12절에서 바울은 율법이 하나님의 뜻을 긍정적으로 드러낸다고 강하게 확신한다.[122] 그러나 갈라디아서에서 바울은 율법과 그 권위를 폄하하므로 로마서 7장 12절의 확신을 무색하게 만든다. 바울에게 있어 모세의

120. Hübner, *Law*, 4.

121. Hübner, *Law*, 4.

122. 롬 7.12: "이로 보건대 율법은 거룩하고 계명도 거룩하고 의로우며 선하도다"(ὥστε ὁ μὲν νόμος ἅγιος καὶ ἡ ἐντολὴ ἁγία καὶ δικαία καὶ ἀγαθη).

율법은 그리스도의 초림으로 폐기된 일시적 계시에 불과했다.[123] 그리스도인의 인격을 형성하기 위해 갈라디아서는 성령(5.16-26)에 의존하는 반면, 고린도전서는 율법(7.10ff., 19)에 의존한다. 그러므로 갈라디아서는 "하나님의 계명에 순종하는 것이 전부"(NRSV)라는 고린도전서 7장 19절과 정면으로 대립한다.[124] 그러나 고린도후서 3장 6절의 "율법 조문[γράμμα]은 죽이는 것이요 영[πνεῦμα]은 살리는 것이니라"는 말씀은 고린도전서보다는 갈라디아서에 더 가깝고, 로마서와 가장 유사하다. 이러한 변화의 흐름에 주목한 드레인은 변증법적 관점을 통해 네 서신 간의 차이점을 설명하려고 시도하였다. 갈라디아서는 논제(정, thesis)이고, 고린도전서는 반대 논제(반, antithesis)이며, 고린도후서와 로마서는 그것을 종합(합, synthesis)한다.[125] 드레인과 마찬가지로 휘브너도 바울이 갈라디아서와 로마서 사이에서 마음을 바꾼다고 주장한다. 휘브너의 기본 논지는 갈라디아서와 로마서 사이의 율법에 대한 바울의 이해에 있어 "매우 큰 신학적 발전"이 있다는 것이다.[126] 갈라디아서에서 율법은 "부정적인 용어로만 나타난다. 율법은 죄 된 행위를 유발하기 위해 주어졌다. 그것은 사악한 천사의 힘에서 비롯된다. 그것은 종속을 위한 도구로 사용된다." 그러나 로마서에는 갈라디아서와 동일한, "할례에 대해 전적으로 부정적 평가"가 없다.[127] 로마서에서 율법은 긍정적 기능을 한다.

---

123. 갈 3.24-25.

124. 바울의 작품에서 단어 "계명"(ἐντολή)은 모세 율법을 언급하는 것으로 한 번만 사용된다(롬 7.8, 9, 10, 11, 12, 13, 13.9; 고전 7.19). 유일한 예외는 고전 14.37인데, 여기서는 "주님의 명령"(ἐντολή κυρίου)이라고 구체적으로 언급된다.

125. John W. Drane, "Tradition, Law and Ethics in Pauline Theology," *NovT* 16 (1974): 167-78.

126. Hübner, *Law*, 55.

127. Hübner, *Law*, 36.

갈라디아서에서 바울은 율법이 폐지되었다고 주장하지만, 로마서에서는 그리스도가 율법의 육체적 오용을 종식시킨 것으로 이해된다.[128] 빌켄스는 율법에 대한 바울 이해의 발전을 설명하면서 다음과 같은 흐름도를 제시한다. 그것은 바울이 갈라디아서에서 제기한, 오직 믿음으로 의롭게 된다는 칭의 교리는 (율법을 긍정적으로 이해하는) 그의 선교와 관련하여 초대교회 전체를 위기로 이끌었고, 이 위기를 극복하기 위해 그가 로마서에서 율법을 하나님의 율법이라 부르며, 유대인과 이방인을 하나님의 심판 아래 모으는 새로운 버전의 칭의 교리를 제시하기에 이른, 바울 사고의 흐름에 기반한다.[129]

b. 새로운 관점

드레인, 휘브너, 빌켄스가 주장하듯 우리는 바울의 율법관이 본질적으로 발전했다고 이해하는 것이 옳은가? 아니면 바울은 초기 서신에서 말한 것을 후기 서신에서 철회하는가? 레이제넨은 드레인의 이론에 동의하지 않는다. 드레인은 자신의 견해를 지지하기 위해 남부 갈라디아 가설(갈라디아서가 1차 예루살렘 공의회가 열리기 전, 아마도 가는 길에, 혹은 얼마 후에 쓰여졌다는 가설로서, 작성 연대를 기원후 49년경으로 추정한다—편주)을 수용하지만, 레이제넨은 갈라디아서와 로마서의 유사성과 갈라디아서와 데살로니가전서 사이의 심각한 차이점을 근거로 북부 갈라디아 가설(갈라디아서가 행 18.23의 언급에 근거하여 바울이 갈라디아를 두 번째로 방문한 직후 쓰여졌다고 보는

128. Hübner, *Law*, 149.

129. Ulrich Wilckens, "Statements on the Development of Paul's View of the Law," in *Paul and Paulinism: Essays in Honour of C. K. Barrett*, ed. M. D. Hooker and S. G. Wilson (London: SPCK, 1982), 17-26.

가설로서, 작성 연대를 기원후 56-57년경으로 추정한다—편주)을 지지한다.[130] 휘브너는 갈라디아서와 로마서 기록 시기의 간격이 짧다는 것을 식별함으로 그 둘 사이에 두드러진 신학적 발전이 있었다는 그의 견해를 변호한다.[131] 레이제넨은 휘브너의 의견에 반대하여 다음과 같이 주장한다. "그러나 이미 약 20년 동안 선교 사역에 종사한 사람의 생각이 매우 짧은 기간 내에 극적인 신학적 발전을 이뤘다는 것은 매우 이상한 일이다."[132] 더욱이 레이제넨은 바울 사상에 있어 갈라디아서뿐만 아니라 로마서에서도 바울의 율법에 대한 자기 모순적 진술이 있다고 지적한다.[133] 이 점은 발전 이론에 대한 매우 설득력 있는 반론이다.

E. P. 샌더스는 그의 획기적인 저서 『바울과 팔레스타인 유대교: 종교 유형의 비교』(*Paul and Palestinian Judaism: A Comparison of Patterns of Religion*)에서 바울에 대한 "새 관점"(new perspective)을 주장했지만, 이 용어를 처음 만든 사람은 제임스 던이다.[134] 샌더스는 유대교가 엄격한 율법주의적 종교라는, 지금까지의 통념을 과감히 수정하려고 노력했다. 샌더스에 따르면, 유대교에 대한 이러한 이해는 행위-의(works-righteousness)와 은혜-칭의(grace-justification) 사이의 대조를 조장했다. 샌더스가 보기에 유대교는 율법주의적 종교라기보다는 하나님의 은혜가 주도하는 "언약

130. Räisänen, *Paul*, 8.

131. Räisänen, *Paul*, 8.

132. Räisänen, *Paul*, 8.

133. 예를 들어, 갈 5.3에서 바울은 개종자들에게 할례를 받으면 율법 전체를 준수해야 한다고 권고하지만, 갈 5.14에서는 "'네 이웃을 네 몸과 같이 사랑하라'는 한마디로 완성된 율법을 온전히 이행해야 한다"고 강조한다. 갈 5.14에 언급된 율법은 신자에게 유효한 하나님의 법으로 간주된다.

134. E. P. Sanders, *Paul and Palestinian Judaism: A Comparison of Patterns of Religion* (Philadelphia: Fortress, 1977); Dunn, *Theology of Paul*, 5-6, 338-40, 354, 632.

적 율법주의"(covenantal nomism)였다. 그는 "언약적 율법주의"를 이렇게 정의했다.

> 언약적 율법주의는 언약에 근거하여 하나님의 계획 안에서 자신의 위치가 정해지며, 그 언약은 인간의 적절한 반응으로써 계명에 대한 순종을 요구하고, 동시에 범죄에 대한 속죄의 수단을 제공한다. … 순종은 [언약 백성이라는] 그의 지위를 언약 안에서 유지하도록 해 주지만, 그 자체로 하나님의 은혜를 얻지는 못한다. … 유대교에서 의는 택함 받은 자들 사이의 신분 유지(*maintenance of status*)를 의미하는 용어다.[135]

선택된 백성에 속하는 것은 율법을 준수함으로써 성취되는 것이 아니라, 하나님의 은혜에 근거한 언약을 통해 하나님의 백성에 속하는 것이다. 따라서 율법 규정을 준수하는 것은 엄격한 율법주의가 아니라 "그 은혜에 대한 반응으로 이해되는 인간의 순종"이다.[136] 다시 말해, 율법을 준수하는 것은 언약 구성원으로서의 정체성과 관련이 있다. 샌더스의 "새로운 관점"에 비추어 볼 때, 율법에 대한 바울의 견해는 일관성이 없고 모순적이다. 위에서 레이제넨이 언급했듯, E. P. 샌더스는 바울이 율법에 대해 자기 모순적 진술을 한다는 견해를 가진다. 샌더스는 바울이 일관성은 있지만 체계적이지 않은 사상가라는 1997년의 진술과 달리,[137] 이제 그는 로마서 1장 18절-2장 29절, 5장 12-21절, 7장 7-25절이 내부적으로 일관성이 없으며 각각 서로 모순되며, 로마서 3장의 결론은 로마

135. Dunn, *Theology of Paul*, 338-39. 참조: E. P. Sanders, *Paul and Palestinian Judaism*, 75, 420, 544.
136. Dunn, *Theology of Paul*, 338.
137. E. P. Sanders, *Paul and Palestinian Judaism*, 433.

서 2장의 논증을 따르지 않는다고 주장한다.[138] 로마서 2장에서 바울은 모든 사람이 죄인이므로 그리스도께서 주시는 구원이 필요하다고 논증하면서 율법을 지킴으로 의롭다 함을 얻을 수 있는 가능성을 제시하였다.[139] 로마서 2장과 달리, 로마서 3장에서 바울은 율법이 죄를 정죄하도록 하나님께서 의도하셨고, 죄는 율법이 사람들을 범죄하게 하도록 의도했으며, 내면의 율법은 사람들이 하나님의 법에 순종하는 것을 막는다고 주장한다.[140] 로마서 7장과 달리 로마서 1장 18절-2장 29절과 5장 12-21절은 아무도 율법에 순종할 수 없다고 논증하는 것이 아니라, 죄가 보편적이라고 주장한다.[141] 샌더스는 그의 저서『바울, 율법, 유대인』(*Paul, the Law, and the Jewish People*)에서 바울이 갈라디아서와 로마서에서 율법에 대해 일관성 없는 태도를 가진 이유를 이렇게 설명한다. "바울이 한정된 신념을 가졌기에, 다양한 상황에 처했을 때, 율법에 대해 각기 다른 말을 하게 되었다."[142] 다시 말해, 바울의 모순된 진술은 상충되는 신념을 하나로 묶으려는 그의 고뇌에 찬 시도를 보여 준다. 자신의 백성을 향한 하나님의 약속은 취소될 수 없으며, 구원은 율법이 아니라 오직 그리스도를 믿는 믿음으로만 가능하다는 것이다. 레이제넨은 바울이 율법의 기원, 효력, 준수에 대해 설득력 있고 일관된 논증을 유지하지 못했을 뿐만 아니라, 유대교에서 율법의 역할을 잘못 전했다고 주장한다. 레이제넨은 바울이 근본적인 결함을 가졌다고 샌더스보다 그를 강

138. E. P. Sanders, *Paul, the Law, and the Jewish People* (Philadelphia: Fortress, 1983), 35f., 125, 129.
139. E. P. Sanders, *Paul*, 123-35.
140. E. P. Sanders, *Paul*, 75.
141. E. P. Sanders, *Paul*, 35-36, 125.
142. E. P. Sanders, *Paul*, 147.

도 높게 비판하였다.[143] 레이제넨은 갈라디아서와 로마서가 본질적으로 일관성이 없기 때문에, 갈라디아서와 로마서 사이의 긴장과 모순을 발전 이론으로 설명하는 드레인, 휘브너, 빌켄스와 같은 학자들과 반대 입장을 취하였다. 레이제넨은 율법에 대한 바울의 일관성 없는 진술은 이방인 선교의 정당성을 지키기 위한 바울의 전략에서 비롯되었다고 주장한다.[144] 레이제넨은 바울의 모순된 진술들을 역사적, 심리적 조건으로 설명하려고 시도하였으며, 그러한 모순된 발언은 바울 자신의 바리새파적 배경과 인지 부조화의 결과라고 주장한다.[145]

발전 이론 지지자들은 바울이 처한 상황에 비추어 갈라디아서, 고린도전후서, 로마서에서 바울이 율법을 강조하는 데 차이가 있음을 인정하는 것 같다.[146] 드레인은 바울의 율법관에 있어 갈라디아서의 자유분방한 입장이 고린도전서의 준율법주의에 의해 반박되었고 이후 종합

143. Räisänen은 갈라디아서와 로마서에서 율법과 그리스도에 대한 믿음을 대조하는 많은 구절이, 유대교에서 율법이 구원의 관문(gateway to salvation) 역할을 했다는 인상을 준다고 주장한다. Räisänen은 계속해서 유대교에서의 구원은 은혜로 주어지는 것이며, 율법은 단지 언약 백성의 행위를 위한 하나님의 뜻에 관한 진술을 제공했다고 말한다. Heikki Räisänen, *Paul and the Law* (Philadelphia: Fortress, 1986), 177-91.

144. Heikki Räisänen, "Legalism and Salvation by the Law," in *Die Paulinische Literatur und Theologie*, ed. S. Pederson (Aarhus: Forlaget Aros, 1980), 81.

145. Räisänen, *Paul*, 11-12. Räisänen, *Paul*, 200은 바울이 어느 정도 다른 기독교 저술가들과 마찬가지로 율법의 목적을 결정하는 데 어려움을 겪지만, 긍정적 의도와 부정적 의도 사이의 긴장은 바울만의 독특한 특징이라고 진술한다.

146. Brice L. Martin은 발전 이론 지지자들이 바울이 글을 쓰는 상황의 맥락에 따른 차이를 식별하지 못하는 것 같다고 넌지시 지적한다. Martin은 다음과 같이 주장한다. "바울은 (Drane과 Hübner의 주장과 달리) 자신이 초기 서신에서 말한 내용을 후기 서신에서 철회하지 않았다. 갈라디아서, 고린도전서, 로마서의 차이점은 바울이 글을 쓰고 있는 상황을 통해 더 잘 설명할 수 있다." Brice L. Martin, *Christ and the Law in Paul* (Leiden: Brill, 1989), 53-54 참조.

(synthesis)으로 나아가는 조짐을 보이는 고린도후서를 거쳐 그 양극 사이에 균형을 잡은 대작(*magnum opus*)인 로마서에 마침내 도달하였다고 본다.[147] 드레인과 마찬가지로 빌켄스도 바울의 율법 이해가 발전한 것은 이방 선교와 관련된 논쟁적 상황의 산물로 간주한다. 드레인과 빌켄스의 이론은 바울이 처한 상황 속에서 바울의 사상을 이해한다는 점에서 데이비스의 주장과 맥을 같이한다.[148] 필자는 발전 이론의 장점과 바울의 선교 활동 기간 동안 그의 사상이 발전했다는 점을 어느 정도 인정한다. 그러나 바울 서신에서 율법에 대해 상충되는 관점은 발전 이론으로 설명하기보다는 바울이 적대자들과 논쟁하는 상황으로 더 잘 설명할 수 있다. 즉, 갈라디아서와 로마서가 율법에 대해 내적으로 일관성이 없다는 레이제넨의 의견을 받아들인다 해도, 한 서신에서 다른 서신으로 단순하게 발전했다고는 볼 수 없다. 필자는 바울이 율법에 관하여 다른 발언을 했음에도 불구하고, 그가 적대자들의 도전에 자신의 신학을 적절하게 변호했다고 생각한다. 이는 바울이 조직신학자가 아니라 목회자(목회신학자)로서 특정 상황을 고려하여 글을 썼다는 것을 의미한다. 율법에 관한 바울의 진술에 불일치하는 부분이 있다고 강조한 샌더스와 레이제넨의 설명에 동의하지만, 필자의 입장에서는 그들이 한 가지 점, 즉 바울 사상에서 율법과 기독론 사이의 상관관계를 바울과 적대자들의 논쟁 상황 속에 놓고 진지하게 다루지 않은 것을 지적하지 않을

147. Wilckens, "Statements," 25. 바울의 이신칭의 교리가 갈라디아서의 위기를 유발했다는 Wilckens의 의견과 달리 Martyn은 "그의 사역에 대한 오해"로 인하여 위기가 발생했을 가능성을 제시한다. B. L. Martin, *Christ and the Law*, 54.

148. W. D. Davies, "Paul and the Law: Reflections on Pitfalls in Interpretation," in *Paul and Paulinism: Essays in Honour of C. K. Barrett*, ed. M. D. Hooker and S. G. Wilson (London: SPCK, 1982), 9-10.

수 없다.

『바울, 율법, 유대인』에서 E. P. 샌더스는 그리스도에 대한 믿음의 중요성을 강조한다. 그의 이전 저서인 『바울과 팔레스타인 유대교』는 이 점을 더욱 분명하게 드러내고 있는 것 같다. 그는 바울의 사상이 유대교에 뿌리를 두기보다는 그리스도가 세상의 구세주라는 확신에 뿌리를 두고 있다고 주장한다.[149] 샌더스에 따르면 바울은 올바른 출발점이 그리스도 안의 참여요, 도달해야 할 올바른 목적지는 그리스도에 대한 믿음으로 말미암는 의라고 주장했다.[150] 바울의 율법관에 대한 샌더스의 기독론적 해석은 율법에 관한 바울의 상반된 진술들을 설명할 수 있는 단서를 제공한다. 샌더스의 통찰은 곤경의 정확한 본질보다는 해결책(그리스도)에 대해 바울이 더 명확해지는 데에 놓여 있으며, 이는 율법에 대한 바울의 진술을 이해하는 데 도움이 된다. 따라서 바울 사상에서 율법에 대한 샌더스의 기독론적 해석을 바탕으로 바울 서신, 특히 데살로니가전서, 갈라디아서, 고린도전후서, 빌립보서, 로마서에서 바울과 그의 적대자들 사이의 논쟁과 관련하여 율법과 기독론의 상호 관계를 살펴보고자 한다. "새로운 관점"을 지지하는 이들의 관점에서 볼 때 바울 신학, 특히 율법에 대한 그의 견해는 모순으로 가득 차 있었고, 나아가 레이제넨이 주장한 것처럼 동시대 유대교에 대한 오해를 가지고 있었다. 바울의 율법관을 둘러싼 학자들 간의 논쟁은 새로운 전환점을 찾지 못한 채 답보 상태에 머물러 있다. 이러한 혼란과 교착 상태에서 헬레니

149. E. P. Sanders, *Paul*, 474. Sanders, Räisänen과 Davies는 바울의 모든 사상이 그의 기독론적 견해에 의해 결정되었다는 데 견해를 같이 한다. Räisänen, "Legalism," 특히 71; W. D. Davies, *Paul and Rabbinic Judaism: Some Rabbinic Elements in Pauline Theology*, 4th ed. (Philadelphia: Fortress, 1980), xxxi, 324 참조.

150. E. P. Sanders, *Paul*, 506.

즘의 교육(παιδεία, '파이데이아') 개념과 커리큘럼은 이 까다로운 문제를 해결하는 실마리를 제공할 수 있다. 복잡한 성격에도 불구하고, 필자의 판단으로는 바울의 율법관은 헬레니즘의 '파이데이아' 전통을 고려할 때 일관성을 얻을 수 있다. 따라서 필자는 헬레니즘 '파이데이아' 전통에 비추어 바울의 율법관에 대한 새로운 대안적 접근 방식을 제시할 것이다.

c. 헬레니즘 '파이데이아'(παιδεία) 전통의 관점에서 본 새로운 접근법[151]

율법에 대한 바울의 견해는 "그의 신학에서 가장 복잡한 교리 문제"다.[152] 주엣 베이슬러(Jouette M. Bassler)가 지적했듯, 바울의 "율법신학"을 율법에 관한 그의 논평으로부터 도출하는 것은 "매우 다양하고, 수사학적 표현으로 가득 차 있으며, 상황에 따라 달라지기 때문에" 어렵다.[153] 바울의 서신들 사이에서 상충되는 것처럼 보이는, 바울의 일관성 없는 율법관은 그의 기독론적 인식에 비추어 설명해야 하는 독특한 신학적 결과물이다. 바울은 문자 그대로의 율법 준수와 상관없이 유대인과 이방인 모두에게 그리스도가 필요하다고 생각했다.

바울의 율법신학을 올바르게 이해하려면, 해석학적 핵심인 기독론적 관점 외에도 헬레니즘의 '파이데이아'(παιδεία)와 그 커리큘럼을 고려할 필요가 있다. 고대 그리스인들에게 교육은 "인간을 자신의 진정한

151. 헬레니즘 '파이데이아' 전통과 바울의 '토라' 신학과의 관계에 대해서는 제3장과 제4장에서 이미 다루었으므로 이 장에서는 그 내용을 다루지 않겠다.

152. H. J. Schoeps, *Paul. The Theology of the Apostle in the Light of Jewish Religious History*, trans. Harold Knight (Philadelphia: Westminster, 1961), 168.

153. Jouette M. Bassler, *Navigating Paul: An Introduction to Key Theological Concepts* (Louisville: Westminster John Knox, 2007), 17. 또한 Leander E. Keck, *Romans*, ANTC (Nashville: Abingdon, 2005), 32-34을 참조.

모습, 즉 참되고 진정한 인간 본성으로 교육하는 과정"이었다.[154] 디아스포라 유대인 바울이 이방인의 사도로서 직면한 시급한 문제, 즉 율법과 그리스도의 관계의 실마리를 제공한 것이 바로 이 '파이데이아' 개념이다. 바울은 이것을 그리스도를 믿거나 성령과 동행하는 삶을 통해 최종 과정이 완성되는 신성한 교육 과정으로 보았다. 다메섹 도상에서 세례받은 후 바울은 (2막의) 율법 지향의 '파이데이아'에서 (3막의) 그리스도 중심의 '파이데이아'로 전환했다.

누가 전승에 따르면 바울은 고대 세계에서 지적, 교육적 전통으로 유명한 다소(Tarsus)의 유대인이었다.[155] 헬레니즘 교육 환경에서 바울은 헬레니즘 사상과 문화에 푹 빠져 있었다. 헬라화된 유대인으로서 바울은 그리스 사상과 문학에 대한 좋은 교육을 받았을 것이다. 바울의 문체와 표현 방식은 "그가 당시 헬레니즘 전통에서 자유롭게 교육받았음"을 드러낸다.[156] 헬레니즘적 교육 배경은 바울의 율법관에 그런 배경을 적용하는 방향으로 나아가게 했을 것이다. 바울의 율법관이 일관성이 있다는 것은 이러한 헬레니즘의 교육 배경에 놓고 볼 때에 지지될 수 있다. 바울의 우주적 구원 드라마에서 율법의 역할은 일시적 교육(παιδεία)으로 그리스도의 초림 때까지 인간을 훈육한다는 점에서 교육적이다. 결국 율법은 인간의 죄성이라는 더 지속적인 문제를 해결하기 위한 일시적 교육이었을 뿐이다. 필요한 것은 새로운 율법이 아니라 완전히 새로운 방식, 즉 그리스도 닮음의 방식으로 사는 것이다.

이전 장에서 주장한 바와 같이, 예비 교육(ἐγκύκλιος παιδεία, '엥퀴클리오

154. Jaeger, *Paideia*, 1.xxiii.
155. 행 9.11, 21.39, 22.3.
156. Joseph A. Fitzmyer, *According to Paul: Studies in the Theology of the Apostle* (New York: Paulist, 1992), 6.

스 파이데이아')과 그 최종 목표인 지혜(σοφία, '소피아') 추구로의 철학으로 구성된 헬레니즘의 두 단계 '파이데이아'에 따라, 바울은 자신의 두 단계 '파이데이아'를 율법(νόμος)과 그 최종 목표인 진정한 지혜(σοφία)로서의 그리스도라 인식했다. 바울은 교육학적 관점에서 오래전에 기록된 법전인 유대 율법의 타당성을 부인했으며, 그리스도를 유대 지적 전통에서 지혜의 '파이데이아'에 해당하는 율법의 마침(τέλος, '텔로스')으로 간주했다. 그리스도의 도래와 함께 바울은 상위의/보편적인 '파이데이아', 즉 그리스도/성령/믿음의 법을 기록되지 않은 새 법전으로 여겼다. 바울은 구원의 우주적 드라마에서 인간의 교육(παιδεία)을 위해 율법의 필요성을 인정했지만, 그것을 '파이데이아'의 최종 목표로 삼지는 않았다. 따라서 바울의 '파이데이아'는 성육신한 율법(νόμος ἔμψυχος, '노모스 엠프쉬코스')인 그리스도 닮음으로 그 목표에 도달할 수 있다. 모방(μίμησις, '미메시스')이라는 개념은 바울의 '파이데이아'에 매우 중요했다. 프레드 크래독(Fred Craddock)은 바울 시대에 있어 모방(닮음)에 의한 '파이데이아'의 중요성을 강조한다.

> 어떤 선례나 역사도 없고, 신약성서도 없고, 소수의 설교자들은 있지만 그들 대부분이 순회하며, 이교도 문화에서 소수로 분투하는 1세대 신자들에게 어떻게 걸어가야 하는지(또는 어떻게 살아야 하는지)를 보여 주기 위해서는 지도자로서 그들 앞에 서 있던 이들의 삶보다 더 나은 교과서는 제공될 수 없다.[157]

이러한 모방에 의한 '파이데이아'는 초기 그리스도인들에게 신앙의 지

157. Fred B. Craddock, *Philippians* (Atlanta, Ga.: John Knox, 1985), 67-68.

침과 함께 그들이 처한 다양한 상황에서 그들의 신앙을 구현하는 방법에 대한 구체적 예를 제공했을 것이다.[158] 바울에게 있어 그리스도의 생활 방식은 그의 '파이데이아'를 위한 교과서였다. 바울은 회중에게 그리스도 닮음(μιμησίς)에 근거한 삶의 방식을 가르쳤다. 이러한 모방 전통에 비추어 바울은 신자들에게 자신과 다른 사람들을 본받으라고 권면했다.[159] 또한 에베소서 저자는 5장 1절에서 "그러므로 사랑을 받는 자녀같이 너희는 하나님을 본받는 자[μιμηταὶ, '미메타이']가 되라"는 말로써 이를 하나님에 대한 모방으로 확대했다. 바울은 이 모방 '파이데이아'를 통해 신자들을 그리스도 또는 그리스도의 법에 따라 양육하는 것이 목표였다. 이 시점에서 율법에 대한 바울의 이중적(긍정적이면서 부정적인) 견해가 그의 일관성 없는 사고 방식을 나타내는 것인지에 대한 의문이 생긴다.[160] 그러나 필자는 바울이 그의 율법신학은 물론 율법과 그리스도와

158. S. E. Fowl, "Imitation of Paul/of Christ," *DPL* 430.

159. 예를 들면, 살전 1.6; 고전 4.16, 11.1; 빌 3.17; 살후 3.7, 9; 엡 5.1.

160. Brice L. Martin은 그의 저서에서 율법에 대한 바울의 이중적(긍정적이면서 부정적인) 진술을 요약한다. 긍정적인 측면에서 바울은 율법을 "하나님의 법"(롬 7.22, 25, 8.7)으로 간주하며, 이는 하나님이 주시고(롬 9.4, 참조: 롬 3.2), 하나님이 기록하신 것이다(고전 9.9, 14.21, 참조: 고전 14.34). 율법은 하나님의 뜻을 담고 있으며(롬 2.17-18), 하나님의 의를 증거하고(롬 3.21), 하나님의 약속과 일치한다(갈 3.21). 율법은 "거룩하고", "의롭고", "선하고", "영적인" 것이다(롬 7.12, 14, 16). 그 본질은 사랑이며(롬 13.8-10; 갈 5.14), 그 구체적인 실체는 "지식"과 "진리"이며, 그것은 믿음으로 확립된다(롬 2.20). "육신을 따라 행하지 않고 성령을 따라 행하는"(롬 8.4) 사람에 의해 그 "정당한 요구"가 충족될 수 있다. 바울은 부정적인 측면에서 율법을 저주(갈 3.13), 진노(롬 4.15), 죄(롬 7.7f.), 사망(롬 7.9-11)과 그 능력(고전 15.56)을 가져오는 것으로 간주한다. 율법은 또한 우리에게 죄의 책임을 물을 수 있게 한다(롬 5.13). 율법은 죄를 낳고(롬 4.15, 참조: 고전 15.56), 죄를 증가시키며(롬 5.20), 노예로 삼고(갈 3.23, 4.5, 21-31; 롬 6.14f., 7.4-6, 23-25), 죽음을 선고한다(롬 2.12; 고후 3.9, 참조: 롬 8.1, 3; 골 2.14). 또한 "죄의 법"이라고도 불린다(롬 7.23, 25, 참조: 8.7). C. Marvin Pate, *The Reverse of the Curse*, WUNT 2.114 (Tübingen: Mohr Siebeck,

의 관계와 관련하여 그가 동시대 헬레니즘 '파이데이아' 전통에 비추어 일관된 견해를 유지하고 있다고 주장한다.

바울의 율법관을 더 정확하게 이해하기 위해서는 헬레니즘 '파이데이아' 전통 외에 스토아주의의 자연법을 고려해야 한다.[161] 기원전 1세기부터 일부 유대 사상가들은 모세의 율법이 "스토아주의의 자연법을 실제 기록으로 표현한 것"이라고 주장했다. 이들 중 가장 잘 알려진 사람은 모세에게 계시된 율법을 이해하기 위하여 스토아주의의 자연법 이론을 사용한 필론이었다. 필론은 교육과 추가 연구의 결과로 헬레니즘 '파이데이아'에 완전히 몰입되어 있었다. 플라톤 방식으로 필론은 기록된 법을 족장 아브라함, 이삭, 야곱의 삶에서 구현된 법, 즉 자연에 깃든 상위의/보편적 법의 사본이라고 보았다.[162] 필론이 보기에, 족장들은 율법이 기록되기 전에, 하나님을 직접 경험하며 '노모이 엠프쉬코이'(νόμοι ἔμψυχοι, 성육신한 율법)로 살았다. 필론이 말하는 성육신한 율법(νόμοι ἔμψυχοι) 개념은 "스토아학파가 자연법이라 부르는 것은 본질적으로 규범이 될 수 없는 법"이라는 말을 의미한다.[163] 문자적 율법의 준수를 강조한 필론보다 더 자유로운 방식으로 바울은 문자적 율법의 중요성을 약화시켰다.[164] 바울은 문자적 율법을 성령의 법보다 열등한 것으로 간

2000), 2-3 참조.

161. Matt A. Jackson-McCabe, *Logos and Law in the Letter of James: The Law of Nature, the Law of Moses, and the Law of Freedom* (Leiden: Brill, 2001), 88.

162. 예를 들면, Philo, *Abr.* 5-6.

163. Erwin R. Goodenough, "Paul and the Hellenization of Christianity [with A. Thomas Kraabel]," in *Goodenough on the Beginnings of Christianity*, ed. A. T. Kraabel, BJS 212 (Atlanta, Ga.: Scholars Press, 1990), 147.

164. Kenneth Schenck, *A Brief Guide to Philo* (Louisville, Ky.: Westminster John Knox, 2005), 75.

주했다. 바울은 믿음/성령/그리스도의 법과 사랑하라는 계명을 문자적 율법을 넘어서는 보다 보편적인 법으로 여겼다.[165] 바울의 율법관은 스토아주의의 자연법뿐만 아니라 기록되지 않은 자연법과 모세의 율법을 구분하려 한 필론의 영향을 받은 것으로 보인다. 유사한 방식으로 바울은 모세의 율법을 스토아주의의 자연법/상위법/보편법에 해당하는 믿음/성령/그리스도의 법의 모방이거나 모세의 율법을 대체하는 것이라 여겼다.[166] 바울은 문자로 된 율법을 성령의 상위법과 대조한다. 어윈 R. 굿이너프(Erwin R. Goodenough)는 바울이 윤리적 권면에서 성령의 상위법에 큰 비중을 두었다고 지적한다.

> 필론의 전체 작품의 기본 논제인, 일종의 플라톤적 실재로서 참된 법에 대한 이러한 이해는, 바울이 문자의 법과 성령의 상위법을 대조하는 데서 직접적으로 이어진다. 바울은 모든 서신에서 그리스도인들이 윤리의 모든 영역에서, 차원 높은 윤리의 원칙인 성령의 법을 지키며 살도록 권면했다. 그것은 원하는 것은 무엇이든 할 수 있게 해 주는 반율법주의가 아니며, 도덕의 상위 원칙을 따르되, 특정 명령이 아닌 삶의 원리로서 따른다.[167]

바울에게 율법은 신성한 '로고스'(λόγος)와 진리(ἀλήθεια, '알레테이아')와 완전히 일치하는 자연법의 지상적 현시다. 바울의 우주적 구원 드라마에서, 진정한 지혜(*Sophia*)/말씀(*Logos*)이신 그리스도의 초림과 함께 율법의

---

165. "믿음의 법": 롬 3.27; "성령의 법": 롬 8.2; "그리스도의 법": 갈 6.2. 참조: "그리스도의 법 아래"—고전 9.21; 사랑의 계명—롬 13.8-10.
166. Philo, *Mos*. 2.51-52 참조.
167. Goodenough, "Paul and the Hellenization of Christianity," 148.

시대는 끝났다. 2막(율법 시대)에서는 율법이 이스라엘 백성의 '파이데이아'를 위임받은 반면, 3막(교회 시대)에서는 바울의 '파이데이아'가 상위의/보편적인 법인 믿음/성령/그리스도의 법에 따라 효력을 발휘하게 된다. 아브라함이 예시하고 그리스도가 성취한 믿음/성령/그리스도의 법에 따라 사는 것은 자연/상위/우주의 법에 동조하여 사는 것에 비유할 수 있다. 이런 이유로 인하여 그리스도는 바울/기독교 '파이데이아'의 정점이며, 율법을 넘어 믿음의 상위법을 통해 유대인과 이방인 모두 구원으로 이끌 여정을 시작할 수 있다. 율법으로는 누구도 의롭다 함을 얻거나 구원을 얻을 수 없기 때문에 다른 구원의 수단이 필요했다. 바울의 교육학적 관점에서 볼 때, 하나님의 백성은 더 이상 율법이 아니라, 그리스도에게 속함으로써, 즉 "그리스도의 법"(ὁ νόμος τοῦ Χριστοῦ)에 부합하는 성품을 형성함으로 결정된다.[168] 바울의 '파이데이아'(παιδεία)는 규범이면서 규범을 주는 자, 그리고 모범과 교훈과 교사이신 그리스도에 초점을 맞춘다. 바울의 교육학적 관점에서 볼 때, 모세 율법에 근거한 '파이데이아'는 그리스도를 아는 것이 최고의 가치인 것에 비하면, 더 이상 적절하지 않고 쓸모 있지 않다.[169] 그리스도를 얻고 그 안에서 발견된 사람들은(빌 3.8-9) 상대적으로 낮은 단계의, 율법 지향적 '파이데이아'로 회귀할 필요가 없다.

얼핏 보면 실제로 바울의 율법에 대한 논평은 위에서 언급했듯이 긍정적이면서 동시에 부정적이기도 하다. 이로 미루어 볼 때 바울의 율법신학에서 일관된 사고 방식을 인식하는 데에는 어려움이 있는 것처럼 보인다. 이러한 외관상의 모순을 해결하기 위해서는 율법의 교육적

168. 갈 6.2: "너희가 짐을 서로 지라 그리하여 그리스도의 법을 성취하라."
169. 빌 3.7-8.

측면에 대한 바울의 이중적 관점을 주의 깊게 고려해야 한다. 바울의 율법신학을 특징짓는 이중적 관점은 바울의 '파이데이아'의 핵심인, 그의 기독론적 관심과 관련 있다. 율법의 이중적 측면은 동전의 양면과 같다. 율법의 긍정적인 측면은 신성한 기원뿐만 아니라 '파이다고고스'(παιδαγωγός, "초등교사", "후견인", "훈육가")로서 교육적 역할이며, 부정적인 측면은 그리스도께로 가는 길을 막고 율법에 얽매이게 하는 '간수'로서의 역할이다.

바울은 헬레니즘의 '파이데이아' 개념을 우주적 드라마에서 율법과, 율법의 역할과, 율법과 그리스도와의 관계에 통합했다. 이 '파이데이아' 개념은 율법에 대한 바울의 일관성 없는 것처럼 보이는 견해를 밝혀 준다. 바울은 두 단계의 헬레니즘 '파이데이아'를 바탕으로 율법이 인간을 그리스도에게로 인도하는 교육적 가치를 지니고 있다는 점에서 율법에 대해 긍정적으로 말한다. 바울의 구원 드라마 2막에서 핵심 '파이데이아'인 율법은 3막의 최종 '파이데이아'인 그리스도를 준비하기 위해 긍정적이고 일시적으로 기능했다. 반면에 그리스도께서 오신 후 일시적인 율법은 인류의 구원 또는 의를 위한 과정에서 교육적 기능을 다했다. 바울에게 있어 율법 중심의 '파이데이아'는 일시적인 예비 교육으로, 사람들을 바울 '파이데이아'의 정점인 그리스도에게로 인도한다. 그의 기독론적 관점에서 볼 때, 자신의 적대자들이 구원 역사에서 그리스도의 우월성을 훼손하거나 그의 구속 능력을 제한함으로써 율법의 권위를 절대화하려는 상황에서만, 바울은 율법을 부정적인 실재로 묘사했다. 그러한 상황 외에 바울은 율법에 대해 부정적으로 언급하지는 않았다. 구원 역사에서 (3막에 나타난 바울 '파이데이아'의 최종 목표로서의) 교회 시대의 빛에서 그의 적대자들이 시계(clock)를, 율법이 이방인을 이스라엘로부터 분리시킨 2막(또는 이전 '파이데이아'로서의 율법)으로 되돌리려 할 때에만 율법에 대해 부정적으로 말했다. 그 부정적 언사는 "죄의 권능"(ἡ δύναμις τῆς ἁμαρτίας, 고전 15.56), 그리스도 안에서 "없어질"(καταργεῖται, 고후 3.14), "초등교사"와 "초등학문"(παιδαγωγός, τὰ στοιχεῖα τοῦ κόσμου, 갈 3.24; 4.3, 9), "배설물"(σκύβαλον, 빌 3.8), "육신으로 말미암아 연약하여"(롬 8.3)라는 표현에서 나타난다.[170] 바울은 율법이 그리스도에게로 가는 길을 막고 그리스도를 대신하여 기독교 '파이데이아'의 정점을 차지하려고 할 때에는 율법에 대하여 '아니오'라고 말했지만, 율법이 하나님의 뜻을 표현하고 그의 '파이데이아'의 최종 과정(그리스도)을 위한 준비 역할을 할 때는 '예'라고 말했다. 바울은 이러한 부정적 용어를 사용함으로써, 구원은 율법이 아니라 그리스도를 믿는 믿음을 통해 온다는 사실을 보여 주려고 했다.

고린도후서, 갈라디아서, 빌립보서에서 바울은 그리스도께로 가는 길을 막는 적대자들의 율법 지향적 복음에 대한 반작용으로 율법의 부정적 역할을 강조했다. 다른 한편 고린도전서에서 바울은 자유주의적인/강한(ἰσχυρός) 자 그룹이 보수적인/약한(ἀσθενής) 자 그룹보다 고린도 교회 회중에 보다 위협적이라는 사실을 이유로 율법의 신적 권위에 호소했다. 고린도전서에서 바울과 그의 회중은 적대자들(자유주의자/강한 자 그룹)과 그들의 가르침으로 [바울의] 그리스도 중심의 '파이데이아'를 방해할 만큼 위협을 받지는 않았다.[171] 바울은 하나님의 구속 계획에서 율

170. 롬 8.3: "율법이 육신으로 말미암아 연약하여 할 수 없는 그것을 하나님은 하시나니 곧 죄로 말미암아 자기 아들을 죄 있는 육신의 모양으로 보내어 육신에 죄를 정하사."

171. 용어 '이스퀴로스'(ἰσχυρός, "강한")라는 용어와 그 유사어는 고전 1.27, 4.10에서 찾을 수 있다. 참조: 고후 10.10. 용어 '아스테네스'(ἀσθενής, "약한")와 그 유사어는 고

법의 마침(τέλος)인 그리스도 중심의 '파이데이아'를 추구할 뿐만 아니라, 죄를 조장한다고 비난하는 적대자들과 맞서면서, 율법에 대한 이중적 관점을 그의 대작(*magnum opus*)인 로마서에서 보다 자세히 제시했다.[172] 이러한 헬레니즘의 '파이데이아' 전통에 비추어 볼 때, 바울은 율법을 그리스도에 대한 예비적 '파이데이아'로 표현함으로써, 율법에 기초한 유대인 모체(matrix)에서 이방인들을 로마 제국 세계로 데려가는 데 따르는 문제와 어려움을 극복할 수 있었다. 모세의 율법이 2막에서 이스라엘을 구별된 백성으로 규정하고 훈련하는 데 사용되었다는 바로 그 사실이, 그 신성한 구원 계획을 향하여 나아가는, 모든 민족을 위한 하나님의 보편적 '파이데이아'의 기초가 될 자격을 상실한다. 3막 교회 시대에는 모든 민족이 믿음/성령/그리스도의 법에 근거하여 하나님의 의에 도달할 수 있도록 하는 새로운 '파이데이아'가 필요하다. 바울 드라마의 모든 막은 (1막의 아브라함 언약이 보여 준 것처럼) 믿음의 법에서 (2막의 기록된 법전으로서) 모세의 율법을 거쳐 (아브라함에게 주신 하나님의 약속이 3막에서 성취된) 그리스도를 믿는 믿음의 법에 이르는, 그 '파이데이아'의 과정을 통해 인류를 구원하시려는 하나님의 본래적이고 궁극적인 목적을 따른다.

2. 바울의 신학적 회고와 전망으로서의 다메섹 경험, 그리스도 현현(Christophany)

바울은 헬라화된 시리아의 중요 도시 다메섹으로 가는 도중 부활하신

전 1.27, 4.10, 8.7, 9-12, 22, 11.30에서 찾을 수 있다. 참조: 고후 10.10, 11.21, 29, 12.10, 13.3-4, 13.9; 갈 4.9; 롬 5.6, 14.1-2, 15.1. 고후 12.10과 롬 15.1에서는 '뒤나토스'(δυνατός, "힘 있는", "강한")라는 단어가 사용된다.

172. 롬 3.8과 6.1에서 바울은 율법으로부터 자유로운 복음으로 인해 사람들로 하여금 죄를 짓도록 부추겼다는 혐의를 비방적으로 받았다.

238-239

예수, 즉 승천하신 그리스도를 보았다고 주장했다.[173] 그 후 바울은 교회를 핍박하던 사람에서 이방인의 사도가 되었다. 그리스도인들을 박해하고 그의 다른 연갑자보다 유대교를 지나치게 믿도록 그를 추동한 바울의 열심은 그리스도의 고난당하는 영웅적 모델을 따라 복음을 널리 전하는, 강력한 헌신으로 바뀌었다. 바울의 영적 여정에서 전환점이 된 다메섹 사건은 그로 하여금 복음을 정립할 수 있게 하였고 인류를 향한 하나님의 구원 계획에 관한 결정적 통찰력을 제공했다. 바울은 다메섹 경험을 통해 자신의 가치체계를 완전히 뒤집었으며 그리스도만이 인류를 향한 하나님의 구원 계획을 이해하는 열쇠임을 알게 되었다. 이런 의미에서 그리스도의 죽음과 부활 사건은 바울 및 그의 서신과 신앙 공동체를 이해하는 해석학적 렌즈가 된다. 바울은 그리스도께서 이방인의 사도로 자신을 부르신 다메섹 경험을 선지자들의 부르심과 비교했다.[174]

---

173. 사도행전에서는 바울의 다메섹 체험을 세 차례(9장, 22장, 26장)에 걸쳐 상당히 정교하게 기술한 데 반해 바울 서신에서는 이 내용을 거의 언급하지 않는다. 바울 서신에는 사도행전과 같이 자세히 기록하지는 않았지만, 갈 1.11-17; 빌 3.4-11; 고전 9.1, 15.8; 고후 4.6에서 자신의 소명/회심에 대해 명시적으로 언급했다. 고전 9.1: "내가 자유인이 아니냐 사도가 아니냐 예수 우리 주를 보지 못하였느냐 주 안에서 행한 나의 일이 너희가 아니냐"(ὐκ εἰμὶ ἐλεύθερος; οὐκ εἰμὶ ἀπόστολος; οὐχὶ Ἰησοῦν τὸν κύριον ἡμῶν ἑόρακα; οὐ τὸ ἔργον μου ὑμεῖς ἐστε ἐν κυρίῳ;); 고전 15.8: "맨 나중에 만삭되지 못하여 난 자 같은 내게도 보이셨느니라"(ἔσχατον δὲ πάντων ὡσπερεὶ τῷ ἐκτρώματι ὤφθη κἀμοί). 참조: 고후 4.6("어두운 데에 빛이 비치라 말씀하셨던 그 하나님께서 예수 그리스도의 얼굴에 있는 하나님의 영광을 아는 빛을 우리 마음에 비추셨느니라"[ὅτι ὁ θεὸς ὁ εἰπών· ἐκ σκότους φῶς λάμψει, ὃς ἔλαμψεν ἐν ταῖς καρδίαις ἡμῶν πρὸς φωτισμὸν τῆς γνώσεως τῆς δόξης τοῦ θεοῦ ἐν προσώπῳ ['Ιησοῦ] Χριστοῦ]).

174. 갈 1.15-16: "그러나 내 어머니의 태로부터 나를 택정하시고 그의 은혜로 나를 부르신 이가 그의 아들을 이방에 전하기 위하여 그를 내 속에 나타내시기를 기뻐하셨을 때에 내가 곧 혈육과 의논하지 아니하고." 참조: 사 49.1("섬들아 내게 들으라 먼 곳 백성들아 귀를 기울이라 여호와께서 태에서부터 나를 부르셨고 내 어머니의 복중

바울은 다메섹 도상에서 자신이 변화된 경험의 실체를 예수 그리스도의 "계시(묵시)"라고 정의한다(갈 1.12, ἀποκαλύψις Ἰησοῦ Χριστοῦ). 제임스 던이 지적했듯, 바울은 "계시"(ἀποκαλύψις, '아포칼륍시스')라고 묘사한 다메섹 경험을 "천상의 권위를 강조할 뿐만 아니라 종말론적 의미, 즉 하나님의 창조 목적의 신비를 여는 열쇠, 곧 인류 역사 전체의 핵심(keystone)"으로 이해했다.[175] 바울은 이 계시를 "오랜 세월 동안 비밀로 간직되었으나 이제는 모든 민족에게 알려진 비밀"(ἀποκάλυψις μυστηρίου χρόνοις αἰωνίοις σεσιγημένου)로 언급한다.[176]

a. 바울에게 계시된 하나님의 신비(μυστήριον)

다니엘서에서[177] "비밀"(μυστήριον, '뮈스테리온')라는 용어는 "종말론적 신비, 즉 하나님이 정하신 미래 사건에 대한 숨겨진 암시의 공개(폭로)와 해석은 오직 하나님께만 맡겨져 있음"을 의미한다.[178] 다니엘서와 달리 바울은 "비밀"이라는 용어를 사용할 때 하나님의 계획에 숨겨진 어떤

에서부터 내 이름을 기억하셨으며"); 렘 1.5("내가 너를 모태에 짓기 전에 너를 알았고 네가 배에서 나오기 전에 너를 성별하였고 너를 여러 나라의 선지자로 세웠노라 하시기로").

175. J. D. G. Dunn, *The Epistle to the Galatians* (Peabody, Mass.: Hendrickson, 1993), 53.

176. 롬 16.25-27: "나의 복음과 예수 그리스도를 전파함은 영세 전부터 감추어졌다가 이제는 나타내신 바 되었으며 영원하신 하나님의 명을 따라 선지자들의 글로 말미암아 모든 민족이 믿어 순종하게 하시려고 알게 하신 바 그 신비의 계시를 따라 된 것이니 이 복음으로 너희를 능히 견고하게 하실 지혜로우신 하나님께 예수 그리스도로 말미암아 영광이 세세무궁하도록 있을지어다 아멘."

177. 단 2.18, 19, 27-30, 47(개역개정에서는 "은밀한 것[일]"로 번역—편주). 참조: 사 59.20-21.

178. G. Bornkamm, "μυστήριον, μυέω," *TDNT* 4:802-28.

미래 사건을 언급하지 않는다.[179] 대신 바울은 하나님의 목적을 오랜 세월 동안 감춰져 있다가 선택된 소수에게만 드러나는 신비로 간주한다.[180] 바울에게 계시된 신비의 중심은 그리스도다.[181] 이런 의미에서 바울에게 그리스도는 신비의 개념에 대한 진정한 이해를 위한 출발점이다.[182] 바울은 십자가에 못 박히신 메시아(예수)를 신비에 담긴 하나님의 지혜로 본다. 이 개념은 당시 유대 신학에서는 쉽게 받아들여지지 않았다. 바울은 율법과, 그 저주로 십자가에 못 박히신 그리스도를 믿는 구원의 믿음을, 하나님 백성의 경계를 정의하는 두 가지 상반된 수단으로 보았다. 하나님의 집회(성회)는 율법에 대한 순종이 아니라 예수 그리스도를 통한 은혜와 그에 대한 믿음에 기초하여 정의된다. 회심 전 바울은 그리스도인들을 외부인으로 여겼지만 이제는 그들을 하나님 집회의 일원으로 인식한다. 바울이 보기에 유대인과 이방인 모두 그리스도를 믿음으로 말미암아 그리스도 안에서 연합되어 하나님의 집회가 된다. 바울의 영적 여정에서 그에게 계시된 신비와 "이방인의 사도"(ἐθνῶν ἀπόστολος)라는 자의식은 다메섹 도상에서 그가 체험한 계시에 뿌리 내린 확신에서 연유한다.[183] 로마서 16장 25-26절에서 바울은 이 신비를 모든

179. P. T. O'Brien, "Mystery," *DPL* 622.

180. 롬 11.25: "형제들아 너희가 스스로 지혜 있다 하면서 이 신비를 너희가 모르기를 내가 원하지 아니하노니 이 신비는 이방인의 충만한 수가 들어오기까지 이스라엘의 더러는 우둔하게 된 것이라." Dunn, *Theology of Paul*, 40 참조.

181. 참조: 엡 3.4("그것을 읽으면 내가 그리스도의 비밀[μυστήριον τοῦ Χριστοῦ]을 깨달은 것을 너희가 알 수 있으리라").

182. '뮈스테리온'(μυστήριον)이라는 단어는 바울의 저작권이 확실한 서신에서는 8번(롬 11.25, 16.25; 고전 2.1, 7, 4.1, 13.2, 14.2, 15.51), 저작권 논쟁이 있는 바울 서신에서는 11번(엡 1.9, 3.3, 4, 9, 5.32, 6.19; 골 1.26, 27, 2.2, 4.3; 살후 2.7)과 목회서신 가운데에는 딤전(3.9, 16)에서 2번 나타난다.

183. 갈 1.16: "[하나님께서] 그의 아들을 이방에 전하기 위하여 그를 내 속에 나타내시

민족이 믿어 순종하게 하시려는 하나님의 목적이라고 설명한다. 이 다메섹 계시를 통해 바울은 예수 그리스도와 동일시되는 "하나님의 비밀하고 감추어진 지혜"(θεοῦ σοφίαν ἐν μυστηρίῳ τὴν ἀποκεκρυμμένην)를 분배하는 "청지기"(οἰκονόμος, '오이코노모스')로 자신을 인식했다.[184] 바울은 아브라함에게 하신 하나님의 약속에서 하나님께서 이스라엘과 동등하게 이방인을 받아들이실 것이라는 전조를 보았다.

이 종말론적 사건을 전환점으로 삼아 바울은 자신이 태어나기 전에 하나님께서 자신을 구별하셨고 은혜로 부르셨다는 것을 깨달았다. 갈라디아서 4장 4절에서 바울은 "때가 차매 하나님이 그 아들을 보내사 여자에게서 나게 하시고 율법 아래에 나게" 하셨다고 말한다. 바울은 그의 서신 어디에서도 예수의 지상 사역에 대해 언급하지 않았다. 두 가지 경우를 제외하고[185] 바울은 십자가에서의 죽음 외에는 예수의 생애와 말씀에 대해 거의 언급하지 않았다.[186] 바울은 고린도후서 4장 6절에서 다메섹 경험을 하나님께서 최초에 창조하신 빛에 비교했다. "어두운 데

기를 기뻐하셨을 때에 내가 곧 혈육과 의논하지 아니하고." 참조: 롬 11.13("내가 이방인인 너희에게 말하노라 내가 이방인의 사도인 만큼 내 직분을 영광스럽게 여기노니"). 참조: 행 13.47. Seyoon Kim, "The Mystery of Rom. 11:25-26 Once More," *NTS* 43 (1997): 412-29을 보라.

184. 고전 4.1: "사람이 마땅히 우리를 그리스도의 일꾼이요 하나님의 비밀을 맡은 자로 여길지어다." 참조: 고전 2.1-2, 7("형제들아 내가 너희에게 나아가 하나님의 증거를 전할 때에 말과 지혜의 아름다운 것으로 아니하였나니 내가 너희 중에서 예수 그리스도와 그가 십자가에 못 박히신 것 외에는 아무것도 알지 아니하기로 작정하였음이라. … 오직 은밀한 가운데 있는 하나님의 지혜를 말하는 것으로서 곧 감추어졌던 것인데 하나님이 우리의 영광을 위하여 만세 전에 미리 정하신 것이라").

185. 바울은 단 두 번, 고전 7.10-11과 9.14에서 예수의 말씀을 언급했다.

186. 갈 6.14: "그러나 내게는 우리 주 예수 그리스도의 십자가 외에 결코 자랑할 것이 없으니 그리스도로 말미암아 세상이 나를 대하여 십자가에 못 박히고 내가 또한 세상을 대하여 그러하니라." 참조: 고전 1.18.

에 빛이 비치라 말씀하셨던 그 하나님께서 예수 그리스도의 얼굴에 있는 하나님의 영광을 아는 빛을 우리 마음에 비추셨느니라." 바울은 부활하신 그리스도의 얼굴을 창조주 하나님의 영광을 비추는 거울로 묘사한다.[187] 이 다메섹 경험은 바울의 마음을 밝게 비추고 하나님의 신성한 구원 드라마에서 예수 그리스도의 죽음과 부활의 구원론적 가치에 대한 통찰을 주었다. 따라서 바울 신학의 핵심은 다메섹 도상에서 그에게 주어진 예수 그리스도의 계시에 있다.

b. 유대 율법의 열렬한 수호자에서 우주적 경기장에 서 있는 전사(Warrior)로

바울은 시리아와 소아시아에서 그 너머 그리스와 로마를 오가는 교차로로서 중요한 국제적 중심지, 길리기아 다소에서 태어났다.[188] 바울의 증언에 따르면 다메섹 도상에서 회심/소명을 경험하기 전, 바울은 유대교 전통에서 높은 수준의 교육을 받았다. 바울은 자신의 동년배보다 "유대교를 지나치게 믿었다"고 말하며, "내 조상의 전통에 대하여" 매우 열심이었다고 진술한다.[189] 이런 이유로 바울은 기독교를 유대교에서

---

187. Wis 7.25-26 참조. 이 구절은 지혜(*Sophia*)를 "하나님의 역사를 비추는 흠 없는 거울"이라고 묘사한다.

188. 행 9.11, 21.39, 22.3. 다소(Tarsus)에 대해서는 William Mitchell Ramsay, *The Cities of St. Paul* (Grand Rapids, Mich.: Baker Book House, 1949), 85-244 참조. 그러나 Jerome(4세기 기독교 작가)은 그의 책, 『위인들의 생애』(*De viris illustribus*)에서 바울이 세포리스에서 북쪽으로 약 25마일 떨어진 유대인 마을, 갈릴리의 기살라에서 태어났다고 썼다. Philip Schaff and Henry Wace, ed., *A Select Library of the Nicene and Post-Nicene Fathers of the Christian Church*, Series 2, 14 vols. (Grand Rapids: Eerdmans, 1952), 3:362 참조.

189. 갈 1.14: "내가 내 동족 중 여러 연갑자보다 유대교를 지나치게 믿어 내 조상의 전통에 대하여 더욱 열심이 있었으나"(καὶ προέκοπτον ἐν τῷ Ἰουδαϊσμῷ ὑπὲρ πολλοὺς συνηλικιώτας ἐν τῷ γένει μου, περισσοτέρως ζηλωτὴς ὑπάρχων τῶν πατρικῶν μου παραδόσεων). 이 구절(갈 1.13-14)은 신약성서에서 "유대교"(Ἰουδαϊσμός)라는

241-242

벗어난 것으로 보고 박해했다. 바울은 자신의 환상적 경험인 다메섹 사건을 통해 조상의 신앙에 기초한 이전 신학을 숙고하였고, 구원론적이고 교육학적인 관점에서 인류 역사 전체를 이해하는 파노라마적 관점을 갖게 되었을 것이다. 이전에는 율법의 렌즈를 통해 인류 역사를 바라보았지만, 이제는 십자가에 못 박히시고 부활하신 그리스도에 대한 다메섹 경험을 통해 인류 역사를 바라보았다. 다메섹 도상에서 받은 계시를 사상의 중요한 전환점으로 삼은 바울은 한편으로는 예수의 죽음과 부활을 새 시대의 개막으로 보면서, 다른 한편으로는 예수의 재림, 즉 영광의 '파루시아'(Parousia)를 고대했다. 다시 말해, 이 다메섹 사건은 바울에게 하나님의 새로운 구원 방식을 그리스도 중심적으로 이해하는 신학적 디딤돌을 제공했다. 바울은 자신의 기독론을 신학의 기준으로 삼음으로써 아담 시대와 모세 시대를 되돌아보고, 인류 역사의 창조부터 완성에 이르기까지 모든 단계를 포괄하는 하나님의 구원 계획 안에서 메시아 시대를 보았다. 따라서 다메섹 사건은 바울에게 우주적 구원 드라마에 대한 신학적 회고와 전망을 제공한다. 그리스도 사건 이후, 바울은 지나치게 열성적인 유대 율법 수호자에서 변하여 우주적 경기장(cosmic arena)에 서 있는 우주적 전사가 되었다. 제4장에서 언급했듯 바울 당시의 우주론에서는 사탄, 정사, 권세, 통치자, 천사, 보좌, 지배자, 정령(초등학문) 등으로 불리는 다양한 우주 세력들이 인간 문제를 다스리는 지배자로 간주되었다. 이러한 우주론에 근거하여 바울의 구원 드라마는 우리에게 그리스도께서 죽음에 이르기까지 적대적인 세력 아래 있었지만, 우주적 승리자로서 그들을 이기시고, 악한 우주적 세력들 아래 있어 그들의 지배를 당하는 사람들을 해방시켜 주실 것을 보여 준

단어를 사용한 유일한 예이다.

242

다.[190] 그리스도를 본받는 자로서 바울은 로마 경기장에서 사형 선고를 받거나 로마의 개선 행렬에서 죽음에 이르는 사람으로 자신을 간주했다.[191] 바울은 이렇게 말한다. "내가 생각하건대 하나님이 사도인 우리를 죽이기로 작정한 자같이 끄트머리에 두셨으매 우리는 세계 곧 천사와 사람에게 구경거리가 되었노라."[192] 이 광경은 사람뿐만 아니라 천사를 포함한 전 세계가 볼 수 있다는 점에서 우주적인 차원을 가진다. 그레고리 J. 라일리(Gregory J. Riley)는 바울이 자신에게 검투사의 이미지를 투영하는 것을 본다.

> 다메섹 경험 이후, 바울은 자신만만하고 당당한 박해자가 아니라 경기장에서 사형수로서 영혼을 위해, 믿음으로 인내하며 싸우는 자신의 모습을 보았다. 그는 검투사의 교훈을 잃지 않았다.[193]

바울은 검투사(gladiator)/전사(warrior)의 이미지를 사용하여 자신의 생애와 사역을 십자가에 못 박히신 메시아와 일치시켰다. 우주적 경기장에서 죽음을 선고받은 바울은 예수의 영광스러운 고난과 고귀한 죽음을 모델로 삼았다. 고난받는 메시아의 대리자가 고난받는 사도가 되는 것은 당연한 일이다. 바울이 사용한 이 모델-모방자(model-imitator) 이미지는 그리스 영웅 전통에 비추어 이해할 수 있다. 회심 후 바울은 예수가 살았던 것처럼 살려고 노력했다. 바울은 자신을 그리스도를 본받는 자라고 명시적으로 묘사했다. 바울 자신이 그리스도를 비추는 한, 바울은

190. 롬 8.35-39; 고전 15.24-28; 엡 1.20-22; 골 1.15-20. 참조: 벧전 3.18-22.
191. 고전 4.9; 고후 1.9, 2.14, 4.11; 골 2.15; 딤후 1.11-12 참조.
192. 고전 4.9.
193. Riley, *One Jesus*, 178.

본받음의 대상이어야 한다. 바울은 이 모델-모방자 이미지를 사용하여 고린도 교인들에게 자신을 본받으라고 했다. "나를 본받는 자가 되라"(μιμηταί μου γίνεσθε).[194] 바울은 자신의 이미지와 묘사를 위해 고난의 영웅이었던 그리스도 예수의 삶의 방식을 모델로 삼았으며 구속의 복음을 위해 우주적 무대에서 고군분투하는 그리스도의 고난의 대리자로 자신을 제시했다.

3. 왜 율법인가/왜 율법이 아닌가. 새 가죽 부대에 새 포도주를, 새 우주론에 새 질서를

갈라디아서 3장 19절에서 바울은 묻는다. "율법은 무엇이냐"(Τί οὖν ὁ νόμος;). 바울의 말을 다른 방식으로 표현하자면, 인류 역사에 율법이 존재해야 하는 이유는 무엇인가? 이 질문에 대해 바울은 같은 구절에서 답을 제시한다. "그것은 범법하므로 더하여진 것이라 천사들을 통하여 한 중보자의 손으로 베푸신 것인데 약속하신 자손이 오시기까지 있을 것이라." 바울은 하나님이 아브라함에게 하신 약속으로 이루어진 장면에 율법이 천사들에 의해 추가된 것으로 언급한다.[195] 루이스 마틴(J. Louis

194. 고전 4.16. 살전 1.6, 2.14; 살후 3.7-9; 고전 11.1; 빌 3.17; 엡 5.1을 또한 보라. 참조: 히 6.12, 13.7. 모방(μίμησις)의 개념은 Wis 4.2(지혜를 본받음)에서도 찾아볼 수 있으며, *Let. Aris.* 188, 210, 281(하나님 닮음); 4 Macc 9.23(거룩한 순교자 닮음); Josephus, *Ant.* 1.68(셋의 길을 본받은 그의 후손), 8.315(다윗을 본받은 아사); Philo, *Virt.* 66(모세를 본받은 여호수아). 특히 *Congr.* 70에서 Philo은 모방에 대한 개념을 설명한다. "실천자는 말의 듣는 자가 아니라 삶의 모방자[μιμητής]여야 하는데, 후자는 가르침을 받는 자의 특징적 표식이고 전자는 격렬한 자기 수행자의 특징적 표식이기 때문이다." Gordon D. Fee, *The First Epistle to the Corinthians*, NICNT (Grand Rapids, Mich.: Eerdmans, 1987), 186 n. 24 참조. 위의 예들 외에 어떤 종류의 도덕적 모범을 모방한다는 개념은 Isocrates에게도 발견된다. *Demon.* 4.11; Seneca, *Ep.* 6.5-6, 7.6-9, 11.9; Quintilian, *Inst.* 2.28; Philostratus, *Vit. Apoll.* 1.19.

195. 갈 3.19. J. Louis Martyn, *Galatians*, AB 33A (New York: Doubleday, 1997), 354 참조.

Martyn)이 제안했듯, "율법은 아브라함(과 아브라함의 후손)에게 주신 하나님의 약속과 하나님의 외아들 그리스도의 오심 사이에 삽입된, '노예화하는 막간극'(enslaving parenthesis)이다."[196] 율법은 하나님의 구속 드라마 2막 안으로 우주적 실체로서 죄를 유발할 수 있도록 들어왔다.[197] 율법은 "죄를 있는 그대로 드러내려는 하나님의 뜻을 수행하는 도구"다.[198] 2막에서 하나님은 자신의 부르심에 따라 그 백성이 살 수 있도록 그들을 도와주는 수단으로 율법을 주셨지만, 그 과업은 율법으로 성취될 수 없었다. 대신 3막에서 하나님 아버지의 뜻에 따라 십자가에 죽기까지 순종하시고 부활로 입증된 구주이신 자신의 아들을 하나님께서 보내셨다. 마틴의 말처럼 "율법이 생겨났을 때 하나님께서 직접적 역할을 하지는 않으셨지만 먼 배경 어딘가에 서 계셨을 것"이다.[199] 하나님의 약속을 받은 그리스도께서는 3막이 오를 때 현장에 도착하셨고, 갈라디아 교회 신자들은 그분께 편입됨으로 성령받은 아브라함의 자녀, 참으로 하나님의 자녀가 되었다(갈 3.14, 26-29).[200] 바울은 율법이 그리스도를 통한 구원의 경로를 막을 때만 그것을 부정적으로 묘사한다. 바울에게 있어 모세의 율법은 아브라함의 약속보다 나중에 주어졌지만, 그 자체는 선하고 거룩하며 하나님께로부터 온 것으로, 가르치고 제지하며, 죄를 명확하고 분명하게 한다.[201] 동시에 바울은 율법과 죄 사이의 불가분의 관계를 인정한다. 바울이 보기에 율법은 죄를 깨닫게 하고 심지어 죄를

---

196. Martyn, *Galatians*, 353.
197. 율법에 대한 바울의 견해는 율법이 범죄에 대한 저항력을 증가시킨다고 생각하는 유대인의 전통에는 적합하지 않다. Schoeps, *Paul*, 194-95.
198. Dunn, *Theology of Paul*, 161.
199. Martyn, *Galatians*, 366.
200. Martyn, *Galatians*, 355.
201. 롬 7.12: "이로 보건대 율법은 거룩하고 계명도 거룩하고 의로우며 선하도다."

자극하기도 한다(롬7.7-8). 로마서 7장 13절에서 바울은 "죄"(ἁμαρτία, '하마르티아')가 "사망"(θάνατος, '타나토스')의 진짜 주범이자 원인임을 분명히 밝힌다. 죄는 아담 시대부터 율법과 불가분의 관계를 맺어 왔으며, 따라서 바울은 율법을 지키는 것이 생명을 주는 의도를 가지고 있지만 실제로는 사망에 이르게 한다고 인식했다. "죄가 기회를 타서 계명으로 말미암아 나를 속이고 그것으로 나를 죽였는지라"(롬 7.11). 그리스도의 초림과 함께 교회 시대(3막)가 시작되었을 때, 예수께서 마태복음 9장 17절에서 "새 포도주는 새 부대에 넣어야 한다"고 말씀하신 것처럼 새 시대는 새로운 법도를 요구하기 때문에 율법의 시대(2막)는 종말을 고했다.

4. 바울의 우주적 구원 드라마에 등장하는 율법, 그리스도, 그리고 적대자들

신약성서에서 바울만큼 우주론적 사상을 폭넓게 다룬 저자는 없다.[202] 인간이 지은 죄의 결과는 인류 역사를 넘어 우주 전체에 영향을 미쳤다. 인류뿐만 아니라 창조 질서 전체가 타락과 파괴의 대상이 되었다. 그리하여 모든 피조물은 구원을 기대하며 신음하고 있다(롬 8.19-22). 다메섹 도상에서 부활하신 그리스도를 만난 바울은 구속사에 대한 새로운 시각을 갖게 되었다. 이 만남 이후, 신음하고 부패한 피조물을 위하여 죽으신 예수의 구원론적이고 대속적인 가치를 바라보게 된 바울은, 율법의 저주를 받은 그리스도와 이방인 가운데 율법에서 자유로운 복음을 전했다. 나아가 바울은 예수 그리스도께서 모든 인류를 대신하여 율법의 저주를 지심으로, 그것을 역전시키셨다는 것을 깨달았다. 저주받은 예수는 종말에 우주의 모든 악한 세력을 정복할 승리자 그리스도(*Christus victor*)가 되실 것이다. 이러한 새로운 구원론적 관점을 받아들인

202. 예를 들면, 롬 8.19-22. 바울의 우주론적 관점에 대해서는 본서 제4장 참조.

결과, 바울은 새로운 신학적 문제, 즉 구원 역사에서 율법과 그리스도의 관계를 고민해야 했다. 이 단계에서 고려해야 할 두 번째 문제는 바울이 선교하는 동안 여러 곳에서 자주 마주쳤던 적대자들이다.

바울은 모든 서신에서 자신의 신학과 권위를 부정하고 도전하는 적대자들에 의해 항상 공격받았다.[203] J. C. 베커(J. C. Beker)는 바울의 사상을 "우발성(contingency)과 일관성(coherence)" 사이의 상호 작용으로 인식하였다.[204] 바울 사상에 있어 우발성은 그를 둘러싼 다양한 적대자들과 그의 교회들과 주로 관련이 있다. 따라서 바울의 율법신학을 깊이 있게 이해하기 위해서는 그의 적대자들이 그의 신학적 주장에 대해 제기한 논쟁적 상황을 이해할 필요가 있다. 특히 그들 대부분은 모세의 율법에 순종할 필요성을 주장했다. 중요한 것은 바울이 논쟁적인 상황에 놓였을 때 자신의 유대적 유산을 강조했다는 점이다.[205] 그들은 바울이 세운 교회에 실질적인 위협이었다. 바울은 그의 편지를 통해 할례(갈라디아서

203. 바울의 적대자들에 대한 학자들의 논의는 John J. Gunther, *St. Paul's Opponents and Their Background: A Study of Apocalyptic and Jewish Sectarian Teachings* (Leiden: Brill, 1973), 특히 1-58 참조. Gunther의 책은 학자들 사이에서 모든 바울 서신에 등장하는 적대자들의 정체와 관련하여 다양한 의견이 있음을 보여 준다. Gerd Luedemann, *Opposition to Paul in Jewish Christianity*, trans. M. Eugene Boring (Minneapolis: Fortress, 1984), 특히 1-115 또한 참조. 각 서신에 등장하는 바울의 적대자들을 연구하는 것은 본서의 직접적인 범위를 벗어나는 문제다.

204. J. C. Beker, "Contingency and Coherence in the Letters of Paul," *USQR* 33 (1978): 141-50; 동일 저자, *Paul the Apostle: The Triumph of God in Life and Thought* (Philadelphia: Fortress, 1980); 동일 저자, *The Triumph of God: the Essence of Paul's Thought* (Philadelphia: Fortress, 1990).

205. 예를 들어, 이러한 논쟁적인 문맥은 다음과 같다. 갈 1.13-14에서 바울은 율법 지향적 복음을 선포하는 적대자들에 대항하여 글을 썼다. 고후 11.22에서 바울은 명예에 관한 도전에 응답했다. 그리고 빌 3.4-6에서 바울은 이방인 할례를 주장하는 적대자들과 치열하게 논쟁했다.

와 빌립보서), 음식 정결법(고린도전서와 로마서), 율법에 근거한 사역(고린도후서) 등 율법과 관련하여 적대자들이 제기한 문제를 다루었다.[206] 바울의 교회에서 그의 적대자들은 구원을 위해서 그리스도를 믿는 믿음에 할

---

206. 바울은 갈라디아서와 로마서에서 각각 31번과 74번 '노모스'(νόμος, "율법")라는 단어를 언급한 바 있다. 바울의 다른 서신인 고린도전서, 고린도후서, 빌립보서에서는 상대적으로 두 서신보다 훨씬 적은 횟수로 율법을 언급한다. 바울의 저작이 분명한 서신 가운데 데살로니가전서에는 율법에 대한 언급이 없다. 율법 외에도 할례, 자랑, 칭의, 자유와 같은 율법 논쟁과 관련된 신학적 개념이 데살로니가전서에는 전혀 없다는 점을 특별히 언급할 필요가 있다. Howard Marshall, "Pauline Theology in the Thessalonian Correspondence," in *Paul and the Paulinism: Essays in honour of C. K. Barrett*, ed. M. D. Hooker and S. G. Wilson (London: SPCK, 1982), 174-75. T. J. Deidun, *New Covenant Morality in Paul* (Rome: Biblical Institute, 1981), 10-12을 또한 보라. "하나님의 총회"라는 구약 개념에 기초하여(신 4.9-14, 9.10, 10.4, 18.16), "하나님 아버지와 주 예수 그리스도 안에 있는 데살로니가 교회"(살전 1.1)라는 구절과 바울이 유대 그리스도인들을 "하나님의 교회"(살전 2.14)라고 묘사한 것을 지적하는 Deidun은, 바울이 데살로니가 교회 회중을 하나님의 백성과 새 언약을 맺겠다는 하나님의 약속의 성취로 본다고 주장한다. Deidun에게 데살로니가 교인들을 "하나님을 모르는 이방인"과 구별하는 "구체적인 교훈"(τίνας παραγγελίας, 살전 4.2)은 새 언약을 의미한다. 이 사실은 데살로니가 교회 공동체의 정체성에 관한 Frank Thielman의 의견과 관련이 있다. 살전 1.9과 4.3-5에 근거하여 Thielman은 데살로니가 교회의 청중이 유대 그리스도인이나 하나님을 경외하는 이방인이라기보다는 "회당에 대한 애착이 없고 유대교를 잘 모르는 이전의 이교도"라고 추정한다. Thielman에 따르면, 살전 1.9의 표현, "너희가 어떻게 우상을 버리고 하나님께로 돌아와서 살아 계시고 참되신 하나님을 섬기는지"라는 표현과 살전 4.3-5의 성적 부도덕을 피하라는 권면은 유대 그리스도인이나 하나님을 경외하는 이방인이 아니라 유대교와 아무런 관련이 없는 이전 이교도들을 암시한다. Frank Thielman, *Paul & the Law: A Contextual Approach* (Downers Grove, Ill.: InterVarsity, 1994), 70 참조. 데살로니가 회중에 관한 Thielman의 분석은 데살로니가전서가 율법에 대해 침묵하는 이유와 정확하게 연결되어 있는 것 같다. 바울은 데살로니가 회중이 겪고 있는 고난과 핍박의 상황(1.2-3.13)에서 제기된 질문에 답하고 있었기 때문에, 그것과 직접적으로 연결되지 않는 문제는 생략했을 것이다. 데살로니가 교회에게는 율법 문제가 중심이 아니었던 것으로 추정된다. 데살로니가전서에서는 그리스도의 재림('파루시아')이 적대자들이나 율법에 관계없이 바울과 데살로니가 교인들 사이에 진행 중인 토론을 지배한다.

례를 더하거나(갈 2.1-5; 빌 3.2-4), 모세의 율법을 더하거나(롬 10.4-13), 천사 숭배를 덧붙여야 한다고(골 2.8-23) 설파했다.[207] 이런 의미에서 적대자들은 바울이 율법에 관해 논쟁할 때와 율법 관련 문제들을 다룰 때 영향을 미친 또 다른 주된 요소였다. 바울의 기독론적 진술이 적대자들의 반박과 직접적으로 연결되었다는 가정하에, 이러한 상호 요소들(적대자들과 기독론)은 그의 율법관을 이야기할 때 반드시 고려되어야 할 사항이다. 따라서 필자는 바울이 적대자들이 제기한 기독론적 논쟁의 결과로 바울이 율법에 대한 견해를 어떻게 재조정했는지에 초점을 맞출 것이다. 필자는 바울이 적대자들의 반박에 대한 그의 기독론적 변증을 명확하게 한 후, 그것에 따라 그가 율법을 어떻게 이해했는지 살펴보겠다.

a. 고린도전서: 선재하는 지혜(σοφία)는 율법이 아니라 그리스도다

율법에 대한 갈라디아서의 부정적 진술과 달리 고린도전서는 율법을 긍정적으로 다루고 있다. 바울은 갈라디아서에서는 모든 형태의 율법주의를 거부하는 반면, 고린도전서에서는 15장 56절을 제외하고는 율법의 권위(7.19, 9.8-9, 9.20-21, 14.21, 14.34)에 호소한다. 갈라디아서와 고린도전서 사이의 긴장은 갈라디아서에서 바울이 자신의 메시지를 계시적 측면에서 강조하는 반면(1.12), 고린도전서에서 바울은 자신의 메시지가 전승적 계승에 기반하고 있음을 강조하고 있다는 점(7.10, 9.14, 15.3)에서 잘 드러난다. 율법과 관련된 각 구절을 살펴보면, 바울이 고린도전서 전체에서 율법에 대해 보다 긍정적인 태도를 취하고 있음을 알 수 있다.

고린도전서에서 바울은 갈라디아서의 부정적인 진술에 비해 대체로 율법주의적인 태도를 취하고 있다. 바울은 고린도전서 7장 19절에서

207. Craddock, *Philippians*, 56.

"할례받는 것도 아무것도 아니요 할례받지 아니하는 것도 아무것도 아니로되 오직 하나님의 계명을 지킬 따름이니라"고 율법에 대해 긍정적인 견해를 취하고 있다.[208] 존 W. 드레인이 설명한 것처럼, 7장 19절 전반부는 갈라디아서의 할례에 대한 그의 태도와 조화를 이루지만, 할례가 하나님의 계명 중 하나(창 17.10-14)라는 점을 주목한다면 이 구절의 후반부와는 전혀 양립할 수 없다.[209] 이 본문은 의와 생명을 얻기 위해 할례를 받아야 한다고 주장하는 사람들에 대한 논쟁을 반영한다. 엄밀히 말하면, 바울은 원칙적으로 현상 유지(status quo)를 선언한다(7.17, 20, 24). 9장 1-17절의 맥락에서 바울은 자신의 사도직과 관련된 문제를 다루고 있다. 바울의 적대자들은 바울이 고린도 교인들로부터 지원받을 수 있는 권리를 행사하지 않았다는 이유로 바울의 사도직을 의심한다. 바울은 율법의 권위와 더 나아가 예수 전승(9.14)에 호소함으로써 자신의 사도직에 대한 그들의 자의적 판단을 반박한다. 바울은 모세 율법(신 25.4)의 동물에 관한 규정을 인간에게 은유적으로 적용함으로써, 종말론적 의미에서 율법의 지속적인 타당성을 주장한다(9.10).[210] 9장 9-10절의 문맥과 마찬가지로, 출처 없이 인용된 14장 34절에서 바울은 회중 가운데 해당 여성들을 침묵시키기 위해 율법에 호소한다. 9장 8-9절과 14장 34절에서 바울은 지침의 문제에 관해 율법에 호소한다. 바울은 9장 20-21절에서 자신의 환경에 따라 율법에 대한 태도를 바꾼다고 분명히 말한다.

208. 율법에 대한 바울의 긍정적인 견해는 롬 3.31, 8.4, 10.4, 갈 5.14에서도 찾아볼 수 있다.
209. Drane, "Tradition," 170-71.
210. Hans Conzelmann, *1 Corinthians: A Commentary on the First Epistle to the Corinthians*, trans. James W. Leitch, Hermeneia (Philadelphia: Fortress, 1975), 154-55.

> 유대인들에게 내가 유대인과 같이 된 것은 유대인들을 얻고자 함이요 율법 아래에 있는 자들에게는 내가 율법 아래에 있지 아니하나 율법 아래에 있는 자같이 된 것은 율법 아래에 있는 자들을 얻고자 함이요 율법 없는 자에게는 내가 하나님께는 율법 없는 자가 아니요 도리어 그리스도의 율법 아래에 있는 자이나 율법 없는 자와 같이 된 것은 율법 없는 자들을 얻고자 함이라.

고린도전서 9장 19-23절은 9장 8-9절과 같은 맥락, 즉 모든 사람을 복음으로 부르기 위해 자신의 공동체로부터 지원받을 권리와 자신의 자유를 모두 포기한 것과 같은 맥락에서 나온다. 프랭크 틸만(Frank Thielman)은 고린도전서에서 율법에 대한 바울의 일관된 견해를 주장하면서 9장 19-20절에 표현된 율법은 "유대인을 이방인으로부터 분리하는 역할을 하는, 율법의 독특한 유대적 측면"으로 간주할 수 있으며, 특히 할례와 음식 정결법이 이에 해당한다고 주장한다.[211] 마찬가지로 그는 갈라디아서 5장 14절에 근거하여 율법을 제의-의식적 측면(19a)과 도덕적 측면(19b)으로 양분하여 7장 19절의 상반된 진술들을 이해한다. "… 바울은 독자들에게 윤리적 조언을 할 때 율법에 호소하고(갈 5.14), 구원을 위해 율법의 행위를 요구하는 것이 정당하지 않다는 주장을 할 때에도 율법 자체에서 제기한다(갈 3.6-18; 4.21-31)."[212] 바울이 항상 단수로 '노모스'(νόμος, "율법")를 사용하기 때문에 모세의 율법(갈 5.14에서 표현한 "온 율법"[ὅλος ὁ νόμος])을 완전한 단위로 간주하는 것이 타당해 보인다. 할

---

211. Frank Thielman, "The Coherence of Paul's View of the Law: The Evidence of First Corinthians," *NTS* 38 (1992): 243-46.
212. Thielman, "Coherence," 237-40.

례를 받으려는 모든 사람은 율법 전체(ὅλος ὁ νόμος)에 순종할 의무가 있다는 사실에 특별한 주의를 기울인다면(갈 5.3), 그리고 '홀로스 호 노모스'(ὅλος ὁ νόμος)는 갈라디아서 5장 14절의 '호 파스 노모스'(ὁ πᾶς νόμος)와 동일하므로, 바울은 율법의 제의-의식적 측면과 윤리적 측면을 구분하지 않는다는 것을 확인할 수 있다. 바울이 도덕적 율법과 의식적 율법을 모두 사용한다는 점을 고려하면 틸만의 주장은 설득력이 없다. 바울은 고린도전서 14장 21절에서 황홀한 말(ecstatic utterance), 즉 방언을 다루면서 하나님께서 믿지 않는 유대인들에게 "다른 방언을 말하는 자와 다른 입술로"(διὰ φαυλισμὸν χειλέων διὰ γλώσσης ἑτέρας) 말하겠다고 위협하는 이사야 28장 11-12절을 인용한다. 여기에 방언(*glossolalia*)의 실제 가치를 설명하기 위해 율법이 추가되었다. 고린도전서 9장 9절과 14장 21절에서 구약성서 인용문이 "율법에 기록된 바"(신적 수동태를 암시하는 '게그랍타이'[γέγραπται])라는 표현과 함께 소개된다는 사실에 비추어 볼 때, 율법이 신적 권위를 보존하고 있다는 것은 확실하다. 위에서 언급한 구절과는 달리 15장 56절은 고린도전서에서 율법에 대한 유일한 부정적 설명이다. "사망이 쏘는 것은 죄요 죄의 권능은 율법이라." 15장 56절에서 죄와 율법의 관계는 로마서 5-8장에서 자세히 설명한 "죄-죽음-율법의 트리아드(triad)"와 관련이 있다.[213] 15장 56절에서 율법은 죄를 증가시키기 위한 것이다. 그러나 레이제넨이 관찰한 것처럼, 율법이 죄를 가져온다는 15장 56절의 착상은 불쑥 나온 것이라 이 절의 주요 요지와는 관련이 없다.[214]

213. Thielman, "Coherence," 249. Conzelmann, *1 Corinthians*, 293 참조.

214. Räisänen, *Paul and the Law*, 143. Conzelmann, *1 Corinthians*, 293은 고전 15.56에서 갑자기 '사고의 흐름'이 바뀌는 것처럼 보이지만, 죄와 죽음 사이의 연결은 바울이 "체계적으로 확립한 관계"이므로 이 구절을 바울 이전의 것으로 간주할 이유는

대략적인 조사로 알 수 있듯, 바울은 갈라디아서에 비하여 고린도전서에서는 율법을 긍정적으로 취급했다. 그렇다면 바울은 왜 갈라디아서에서 고린도전서로 이동할 때, 또는 그 반대의 경우에 율법에 대한 태도를 바꾸었는가? 이 질문에 대한 답을 찾으려면, 고린도전서에 나타난 바울의 적대자들과 그들의 신학적 입장을 파악해야 한다. 가장 먼저 해결해야 할 문제는 바울이 자신의 적대자들에게 한 주장으로부터 그들이 바울과 그의 신학에 반대하여 말한 것을 복원하는 것이다. 바울은 고린도전서에서 상대방이 말하는 구호(slogans)를 자주 인용하는 동시에 자신에게 유리하도록 그것들을 약간 비튼다. 바울이 아래와 같이 고린도 교인들의 구호를 인용하는 것을 통해 그들(적대자들)의 신학적 관점을 짐작할 수 있다.

> **6.12, 10.23**: "모든 것이 [내게] 가하나"
>
> **6.13**: "음식은 배를 위하여 있고 배는 음식을 위하여 있으나"
>
> **7.1**: "남자가 여자를 가까이 아니함이 좋으나"
>
> **8.1**: "우리가 다 지식이 있는 줄을 아나"
>
> **8.4**: "우상은 세상에 아무것도 아니며 또한 하나님은 한 분밖에 없는 줄 아노라"
>
> **8.8**: "음식은 우리를 하나님 앞에 내세우지 못하나니"

위의 인용문에서 일부 고린도 교인들의 행동은 자유 원칙에 근거하며, 이는 결국 "지식"(γνῶσις, '그노시스')에 의존하고 있음을 알 수 있다. 6장 12절과 6장 13절에서 그들은 영적 정체성과 물질적 현실은 서로 아무런

없다고 주장한다.

249-250

상관이 없는 것으로 간주했다. 8장 1절에서 그들은 지식을 크게 중요시했고, 그들의 영적 상태는 충분히 안전하여 세상과 무분별하게 참여해도 된다고 생각했다. 언뜻 보기에, 고린도전서에서 바울의 적대자들은 강한 자와 약한 자로 구분할 수 있다.

고린도전서 4장 8-13절에서 바울은 고린도 회중과 매우 논쟁적으로 소통한다.

> 너희가 이미 배부르며 이미 풍성하며 우리 없이도 왕이 되었도다 우리가 너희와 함께 왕 노릇 하기 위하여 참으로 너희가 왕이 되기를 원하노라 내가 생각하건대 하나님이 사도인 우리를 죽이기로 작정된 자같이 끄트머리에 두셨으매 우리는 세계 곧 천사와 사람에게 구경거리가 되었노라 우리는 그리스도 때문에 어리석으나 너희는 그리스도 안에서 지혜롭고 우리는 약하나 너희는 강하고 너희는 존귀하나 우리는 비천하여 바로 이 시각까지 우리가 주리고 목마르며 헐벗고 매맞으며 정처가 없고 또 수고하여 친히 손으로 일을 하며 모욕을 당한즉 축복하고 박해를 받은즉 참고 비방을 받은즉 권면하니 우리가 지금까지 세상의 더러운 것과 만물의 찌꺼기같이 되었도다.

바울은 자신("우리")과 그 적대자들("너희")을 다음과 같이 분명하게 비교한다. "너희는 부요하고 우리는 가난하며, 너희는 왕이고 우리는 노예이며, 너희는 지혜롭고 우리는 어리석으며, 너희는 강하고 우리는 약하며, 너희는 명예롭고 우리는 찌꺼기이다." 바울이 논쟁을 벌이는 "너희"는 누구인가? "너희"는 바울이 고린도전서 1장 27절("하나님께서 세상의 미련한 것들을 택하사 지혜 있는 자들을 부끄럽게 하려 하시고 세상의 약한 것들을 택하사 강한 것들[τὰ ἰσχυρα]을 부끄럽게 하려 하시며")에서 언급한 강한 그룹임이 명확하다. 고린도 회중 가운데 일부는 새로운 지식과 자유, 황홀한 말을 하는 능력에 크게 경외심을 느낀 나머지 자신들이 완전히 성숙하고 완벽하다고 생각했다(2.6-3.4). 그들은 서로를 판단하고 심지어 자신들의 지도자들을 판단하는 경향이 있었으며(4.1-5), 동시에 소명에 따른 도덕적 요구도 무시했다(5.1-6.20). 바울은 그들을 강한 자들이라고 불렀다(4.10, 10.22). 강한 자들은 오만하여서, 자신들의 정체성을 지키려고 행동에 관한 규범에 대해 염려하는 약자들을 경멸했다(8.7-10). 강한 자들과는 대조적으로 약한 자들은 그리스도인의 정체성이 연약하여 사회의 관습과는 다른, 명확한 사회적 관습이 필요하다고 믿었다. 고린도전서 7장 1절의 구호는 약한 자 그룹에 있어 성생활은 독특하고 급진적임을 보여 준다. T. W. 맨슨(T. W. Manson)은 두 집단 사이에서 동요하는 바울의 태도를 다음과 같이 설명한다.

> [바울에게 있어] … 방종주의적 집단(libertine party)은 (팔레스타인) 게바파[게바에게 속한 자들]의 공격과 연관된 자신의 지위에 대한 위협보다 훨씬 치명적인 위협이 되었다. 그[바울]는 두 전선에서 싸우지 않으면 안 되었다. … 바울은 자신이 게바파의 비판을 지지할 수밖에 없다는 것을 깨달을 때조차도 그 의견에 동의할 수 있는 자신만의 근거를 찾으려고 주의를 기울였다.[215]

215. T. W. Manson, *Studies in the Gospels and Epistles* (Manchester: Manchester University Press, 1962), 207. 마찬가지로 C. K. Barrett은 두 그룹 사이에서 동요하는 바울의 입장을 다음과 같이 잘 묘사한다. "바울은 유대 기독교의 율법주의와 영지주의적 이성주의라는 거짓 자유주의 사이에서 줄타기를 해야 했다." C. K. Barrett, "Things Sacrificed to Idols," *NTS* 11 (1965): 152 참조.

고린도에 게바파가 존재했다고 가정하는 맨슨과는 달리, 고린도전서 4장 6절의 "본을 보였으니"(μετασχηματισμος)에 대한 크리소스톰의 해석을 지지하는 데이비드 R. 홀(David R. Hall)은 "이러한 네 당[바울, 아볼로, 게바, 그리스도]은 실제로 존재하지 않았으며, 바울은 재치 있게 실제 네 파당 지도자들의 이름 대신 이 네 이름을 사용했다"고 믿는다.[216] 그러므로 P. 램프(P. Lampe)가 표현했듯, 바울은 다음과 같이 말한다.

> 너희를 위해 나는, 심고 물을 주는 것, 기초를 닦고 그 위에 집을 짓는 것, 청지기의 집안일을 살피는 것에 대해 위장된 언사로 3장 5절-4장 2절의 생각을 표현했다. 그리고 나는 이 위장된 은유를 나와 아볼로에게 적용했는데, 이는 다른 사도에 대해 한 사도를 편들어 우쭐대지 않는 법을 너희가 배울 수 있도록 하기 위함이다.[217]

고린도전서 1장 12절에서 바울이 네 파당을 언급한 것은, 잘못된 지혜와 지식으로 인한 분파주의를 해결하기 위해 사용한 바울의 "은밀한 암시"(covert allusion)로서 일반적인 수사학적 장치로 보는 것이 합리적이다.[218] M. D. 후커(M. D. Hooker)는 고린도 교인들이 푹 빠져 있던 지혜의

216. David R. Hall, "A Disguise for the Wise: ΜΕΤΑΣΧΗΜΑΤΙΣΜΟΣ in 1 Corinthians 4.6," *NTS* 40 (1994): 143-49.

217. P. Lampe, "Theological Wisdom and the 'Word about the Cross.' The Rhetorical Scheme in 1 Corinthians 1-4," *Int* 44.2 (1990): 117-31. T. H. Lim, "Not in Persuasive Words of Wisdom but in the Demonstration of the Spirit and Power," *NovT* 2 (1987): 137-49 참조.

218. Benjamin Fiore는 이 장치와 관련된 비유(figures)로 과장, 대조, 은유, 직유, 알레고리를 열거한다. Benjamin Fiore, "Covert Allusion in 1 Corinthians 1-4," *CBQ* 47 (1985): 85-102 참조. 자신들의 주장과 관련하여 Hall과 Fiore는 바울이 확실히 바울 그룹과 자신을 일치시키지 않고 그런 그룹을 전적으로 거부하면서 전체 공동체

본질을 설명한다.

> 이 교사들이 선포한 '지혜'는 십자가에 못 박히신 그리스도를 전하는 바울의 메시지, 즉 하나님의 목적과 '기록된 것'의 성취로 그가 여겼던 메시지에 추가된 어떤 것이었다. 그것은 복음과 무관한 사상에 집중된 지혜였으며, 따라서 하나님의 지혜가 아니라 사람의 지혜였다. 고린도 교인들이 이 무가치하고 해로운 가르침을 따라갈 때 바울의 가르침에 단순히 추가하는 것이 아닌, "기록된 것을 넘어서" 갔으며 이런 부가적 지혜의 추구는 결국 그들을 분열로 이끌었고 서로를 향해 우쭐대게 하는 상황을 초래했다.[219]

네 분파와 관계없이 바울이 자신의 적대자들과 논쟁하는 과정에서 약한 자와 강한 자라는 문제적 두 집단이 표면 위로 떠올랐다. 바울은 회중 안에서 두 극단적 성향 사이의 미묘한 공간에서 운신하며 조언해야 했다. 강한 자들의 부도덕으로는 우상에게 바친 음식을 먹는 것(8장, 10장), 성적 부도덕을 일삼는 것(5장, 6.12-20), 주의 만찬에서조차 술에 취한 것(5.11, 6.10, 11.21), 종말론적 성취에 관심을 잃고 부활을 부인하는 것(4.8, 6.14, 15장)을 열거할 수 있다. 이러한 조건은 종교적 열정과 중요한 방식으로 연관되어 있다. 강한 자들과 충돌하는 동안 약한 자들은 어떻게 처

의 교사이자 아버지로서의 역할을 주장한다는 점에서 추론의 힘을 얻는다(4.14-21). 바울은 또한 아볼로를 라이벌이 아니라 하나님과의 동역자로 묘사한다(4.6-9). Hooker, *From Adam to Christ*, 111은 그 의미를 단순히 '언사의 비유'(figure of speech)로 여기지만, '메테스크헤마티사'(μετεσχημάτισα)의 동사 형태는 그리스문학 어디에도 이런 의미로 사용된 바 없다.

219. Hooker, *From Adam to Christ*, 109.

신해야 할지에 대해 전혀 계몽되지 않은 이들로 묘사되었으며 다음과 같이 강한 자들과 현저한 대조를 이루었다. 결혼과 성적 친밀감에 대한 금욕적인 태도(7장), 사도의 권리에 관한 주장(9장), 특정 영적 은사를 더 높은 영적 지위의 증거로 오해하는 무지(14장)가 그것이다.

존 J. 군터(John J. Gunther)는 바울의 적대자들과 관련하여 고린도전서를 "유대적 진영"(the Judaic wing)을 언급하는 단락(3.10-15, 12.28-31과 함께 7장, 9장, 13-14장)과 "반-규범적 진영"(the anomian wing)을 다룬 단락(1-6장, 8장, 10장, 15장 외에 11.1, 19-30; 16.12-14, 3.10-15)으로 나눈다.[220] 여기서 군터는 전자를 약한 자들(혹은 유대 그룹)로, 후자를 강한 자들(혹은 자유주의 그룹)로 보았다. 군터는 고린도 회중이 주로 이방인으로 구성되었기 때문에(6.10-11, 8.7, 12.2), 그런 자유분방한 경향에 빠지기 쉬웠을 것이라고 진술한다.[221] 군터는 강한 자 그룹은 주로 이방인으로 구성되었다고 본다. 그러나 우리는 바울과 교제하는 이들 가운데 그의 동역자들이 주로 이방인들이었음을 고려하고, 고린도전서 5장 1절("너희 중에 심지어 음행이 있다 함을 들으니 그런 음행은 이방인 중에서도 없는 것이라")을 상기한다면, 군터의 주장은 반대에 직면하게 된다. 그에 의해 약한 자 그룹으로 분류된 유대 그룹이 실제로는 강한 자 그룹으로 간주되어야 한다. 고린도 교회 구성원 가운데에는 글로에(1.11), 그리스보와 가이오(1.14, 참조: 행 18.8; 롬 16.23), 스데바나(1.16, 16.15, 17), 브드나도와 아가이고(16.17), 아굴라와 브리스가(16.19; 롬 16.3-4, 참조: 행 18.2)가 있었다. 7장 전체는 고린도 교인들이 바울에게 제기한 문제들을 다룬다. 이는 고린도 교회 공동체 일부가 논쟁적 문제에 대해 바울에게 조언을 구했다는 가정을 전제로 한다. 이런 요청은 스데바

220. Gunther, *St. Paul's Opponents*, 11.
221. Gunther, *St. Paul's Opponents*, 11.

나, 브드나도, 아가이고(16.17) 또는 글로에의 집 하인(1.11)에 의해 전달되었을 수 있다. 고린도전서 1장 11절이 언급하듯, 어떤 경우에는 "글로에의 집"에서 더 진전된 소식을 바울에게 전했다. 1장 11, 16절과 16장 15-17절이 암시하는 것처럼, 글로에와 스데바나는 공동체로 모이는 가정의 가장들이었다. 바울은 고린도 회중 가운데 그리스보, 가이오와 스데바나 가정을 제외하고는 자신의 이름으로 세례를 받은 사람이 없다고 지적한다(1.14-16). 다시 말해, 고린도 회중에서 세례를 받은 그리스도인들은 모두 이방인들이었다. 브리스가와 아굴라를 제외한 글로에, 그리스보, 가이오, 스데바나, 브드나도, 아가이고가 이방인이었고, 특히 글로에와 스데바나는 회중을 위해 자신의 집을 제공할 정도로 유명한 사람들이었다는 점을 주목한다면(참조: 1.11, 16, 16.15), 바울의 주요 적대자들인 강한 자들이 이방인으로 구성되었다고 보는 것은 받아들이기 어려운 주장일 테다.[222] 더욱이 5장 1절에서 바울은 고린도 교회의 일원이 연루된 성적 부도덕을 다루면서 다음과 같이 말한다. "너희 중에 심지어 음행이 있다 함을 들으니 그런 음행은 이방인 중에서도 없는 것이라 누가 그 아버지의 아내를 취하였다 하는도다." 이 구절에서 "이방인 중에서도 없는 것이라"는 표현을 어떻게 이해할 수 있을까? 한스 콘첼만

222. 행 18.8에서 그리스보를 "회당장"(ἀρχισυνάγωγος)으로 언급한다. Jerome Murphy-O'Connor는 유대의 비문 증거에 비추어 볼 때 이 직함은 "자신들의 기도처에 기부한 것에 대한 감사의 표시로 공동체가 수여하는 영예로운 칭호"였으며 유대인이 아닌 사람에게도 주어질 수 있다고 한다. 그는 이 칭호가 특히 이교도 상황에서도 사용되었다는 가정을 바탕으로 그리스보가 유대인이 아니라 하나님을 경외하는 사람일 수 있다고 주장한다. Jerome Murphy-O'Connor, *Paul: A Critical Life* (Oxford: Clarendon, 1996), 267 참조. 행 18.1-4에서는 아굴라와 브리스길라(브리스가)를 클라우디우스 칙령으로 인해 다른 유대인들과 함께 로마에서 추방된 유대인으로 묘사한다.

(Hans Conzelmann)은 이 구절에서 이방인이 "공동체 안에서 이 사건에 관한 그의 판결의 예리함을 돋보이게 하는 것"으로 역할한다고 생각한다.[223] 여기서 바울의 실제 상대가 이방인이라면 5장 1절에서 바울이 이방인을 언급하는 것은 사리에 맞지 않다. 군터의 주장과 달리 이 구절이 숙련된 수사적 표현이 아니라 문자 그대로 이교도들을 의미한다면, 바울의 진정한 적대자들은 유대 집단이나 헬레니즘적 유대 그리스도인들일 것이다. 이는 이교도들도 혐오하는 부도덕한 행동을 허용하고, 근친상간을 범한 사람이 공동체 안에 머물도록 허용했다는 사실에서 충분히 짐작할 수 있다(5.1-2).

8장 1절부터 11장 1절까지에서 바울은 고린도 교인들을 괴롭혔던 문제, 즉 이교 제사 의식에서 사용하고 남은 고기를 먹어도 되는지에 대한 지침을 제시한다. 당시 고기를 가장 쉽게 구할 수 있는 곳은 이교도 사원과 연결된 육류 시장이었다. 이러한 이유로 우상에게 바쳐진 음식(εἰδωλόθυτα, '에이돌로퉈타') 문제에 관해서는 강한 자들과 약한 자들이 서로 완전히 반대되는 입장을 보였다. 일부 강한 자들은, 우상은 실재가 아니기 때문에 순전히 사교적인 모임에 참여해도 아무 해가 없다고 주장했다(8.4-6). 그러나 약한 자들은 그러한 접촉이 무해하다고 확신하지 못했다. 이런 맥락에서 바울은 세상에 한 분 하나님 외에 어떤 궁극적인 세력은 없으며, 우상은 인간의 투영물에 다름 아니다는 신조를 확언함으로써 개념적으로는 강한 자들에게 동의한다. 그러나 이러한 지식은 그것을 확신할 수 없는 이에게는 가치가 없다. 고린도 교회 회중 가운데 일부가 우상이 실재하고, 우상에게 바쳐진 고기를 먹는 것이 우상의 실재를 인정하는 것이라고 생각한다면, 그런 상황 가운데에서 우상에게

223. Conzelmann, *1 Corinthians*, 96.

바쳐진 제물을 섭취하는 일은 잘못된 것이다. "하나님 외에는 다른 신이 없다"는 고백은 모세가 율법에서 지속적으로 가르치는 교훈이다(신 6.4). 유일하신 참 하나님과 거짓 신에 대한 지식 이해는 헬레니즘 유대교의 전통과 관련이 있다. 우상에게 바쳐진 음식이 문제가 되었을 약한 자들은 누구인가? 약한 자들은 이방인 개종자들인가, 아니면 헬레니즘적 유대 그리스도인들인가? 바울은 이방인 개종자를 "우상으로부터 하나님께로 돌아선 자"(살전 1.9)로 묘사한다. 우상에게 바쳐진 음식에 관한 문제는 이방인 회심자들이 기독교로 개종한 후 그들이 이전에 이해한 우상 숭배와 관련이 있다. 8장 8절의 전반절을 강경파 고린도 교인들의 입장으로 간주하는 리처드 호슬리(Richard A. Horsley)는 강한 자들이 "계몽된 헬레니즘적 유대인(또는 개종자)"과 관련이 있다고 주장한다. 호슬리는 8장 8절의 전반절을 고린도 교회의 구호로 보는 C. K. 바렛의 독해를 지지하지만, 바울이 후반절의 두 절(clauses)에서 자신의 응답을 시작한다고 본다.[224]

> 그러나 바렛의 독해는 8장 8절을 바울의 변증적 논증 과정에서나 그의 재구성 이전에서 보다 약하거나 더 엄격한 형제들의 망설임을 반대하는 "계몽된" 이들의 입장으로 이해할 수 있게 한다. 우상의 제물을 먹는 "강한" 고린도 교인들은 어떤 강박적인(영지주의적인) 방종주의의 경우나 단지 종교적인 관습의 일반적인 헬레니즘의 영성화의 경우처럼 보이지 않는다. 그들은 계몽된 헬레니즘적 유대인들(혹은 개종자들)의 유

224. Richard A. Horsley, "Consciousness and Freedom among the Corinthians: 1 Corinthians 8-10," *CBQ* 40 (1978): 578. 아울러 C. K. Barrett, *The First Epistle to the Corinthians* (New York: Harper & Row, 1968), 195 참조.

형을 가장 닮았는데, 그들은 우상으로 대표되는 신들은 실제로 존재하지 않는다는 자신들의 지식이 의미하는 바를 분별했다.[225]

이러한 맥락에서 호슬리의 주장대로 약한 자들은 이방인 개종자들이고 강한 자들은 계몽된 헬레니즘 유대인이라고 보는 것이 타당해 보인다. 최근 기독교로 개종한 이방인들은 우상에게 바쳐진 고기 문제를 놓고 제의적 환경과 무관하게 생각하기 어려웠을 것이다. 이런 이유로 이방인 개종자들은 죄책감을 가지고서 음식을 먹었을 것이다(8.7). 약한 이방인 개종자들과는 달리, 강한 자들은 우상의 존재와 타당성을 부인하는 "지식"을 주장했다(8.1). 이러한 관점에서 볼 때, 다른 신들의 존재가 부정되었기 때문에 봉헌된 고기의 소비는 유대교의 유일신론에 위협이 되지 않았다. 더욱이 바울은 이 친숙한 본문(8.6) 한가운데에 예수를 언급함으로써 '쉐마'(*Shema*, "한 분 하나님 외에 다른 신은 없다")를 재정의했다. 바울은 강한 자들에게 '쉐마'에 대한 기독교적 관점을 실천하라고 권고하는 것처럼 보인다.[226] 이 문맥은 강한 자들을 헬레니즘 유대계 그리스도인들로 간주하면 적절하게 설명될 수 있다.

이 점과 관련하여 루크 티모디 존슨(Luke Timothy Johnson)의 주장에서 다음과 같은 힌트를 얻을 수 있다.

225. Horsley, "Consciousness and Freedom," 578.

226. N. T. Wright, "One God, One Lord, One People: Incarnational Christology for a Church in a Pagan Environment," *ExAud* 7 (1991): 49. Wright는 고전 8.6("그러나 우리에게는 한 하나님 곧 아버지가 계시니 만물이 그에게서 났고 우리도 그를 위하여 있고 또한 한 주 예수 그리스도께서 계시니 만물이 그로 말미암고 우리도 그로 말미암아 있느니라")에 근거하여 "기독론적 유일신론"(christological monotheism)이라는 용어를 만든다.

254-255

> [고린도] 교회에는 유대적이면서 이방인의 배경이 있는 교인들이 있었다. 첫 번째 서신에서 다룬 문제들은 이전에 이교도였던 자들의 어려움을 강조하지만, 전체 공동체가 스스로 이해한, 가장 중요한 상징성은 율법에서 비롯되었다(특히 고전 10.1-13 참조).[227]

존슨이 주장하듯, 바울은 고린도전서 10장 1-13절에서 언급한 성서 내러티브를, 율법에 근거한 '가장 중요한 상징성'을 통해 그들 자신의 이야기로 간주하기를 원한다. 바울은 출애굽과 광야 이야기(출 14-34장, 민 11-20장 참조)에 대해 미드라쉬(midrash)를 사용하여 고린도 그리스도인들을 광야의 이스라엘 백성에 견준다. 이 같은 맥락에서 이스라엘 백성의 이야기는 고린도 공동체에 경고로 예시된다. "그들에게 일어난 이런 일은 본보기가 되고 또한 말세를 만난 우리를 깨우치기 위하여 기록되었느니라"(10.11). 콘첼만에 따르면, "우리 조상들"(10.1)이라는 표현은 "바울이 유대인으로서 말하지만 이방 그리스도인 독자들도 포함한다"는 것을 가리킨다.[228] 그러나 8장 1절-11장 1절의 실제 독자는 헬레니즘 유대 그리스도인들인 것으로 보인다. 이 부분에서 앞에서 이미 논의한 두 가지 주요 주제인 우상 숭배와 성적 부도덕(10.7-8)은 이스라엘 백성과 직접 연결된다. 바울의 적대자들이 이방 그리스도인들이었다면, 이스라엘 조상들의 앞선 이야기는 그들이 직면한 위험의 "본보기"로 쉽게 인식될 수 없었을 것이다(10.5-11). 이 이야기는 강경한 헬레니즘 유대 그리스도인들에게 경고를 주기 위해 기록됐다. "그런즉 선 줄로 생각하는 자

227. Luke T. Johnson, *The Writings of the New Testament: An Interpretation* (Philadelphia: Fortress, 1986), 273.
228. Conzelmann, *1 Corinthians*, 165.

는 넘어질까 조심하라"(10.12). 이 경고는 또한 하나님 앞에서 음행(5.1-13)과 교만(4.6, 18f., 5.2, 8.1)과 같은 부도덕을 저지르고 방탕한(특히 8장, 6.9-11) 강한 자들과 직접적으로 연결된다.

바울 적대자들의 헬레니즘적 유대 배경과 관련하여, 버거 피어슨(Birger A. Pearson)의 방대한 연구를 통해 신령한 사람-육의 사람(πνευματικός-ψυχικός, '프뉴마티코스-프쉬키코스') 용어(2.13-15, 15.44-50)를 살펴볼 필요가 있다. 피어슨은 '프뉴마티코스-프쉬키코스' 용어가 창세기 2장 7절에 대한 헬레니즘적 유대교 주석의 맥락에서 유래했으며, 고린도의 적대자들이 이 용어를 사용한 것은 이러한 종교적-역사적 배경에서 이해되어야 한다.[229] 피어슨이 관찰한 바와 같이 필론은 창세기 2장 7절을 인간이 필멸의 혼과 불멸의 영을 모두 가진 복합적 피조물이라는 의미로 해석한다.

> 땅에서 유래한 몸과 혼의 아랫부분으로 이루어진 지상의 사람은, 경험적 인간이 살고 있는, 이성(νοῦς)이나 영(πνεῦμα)을 가진 천상의 사람에 비해 부차적이다. 따라서 우리는 창세기 2장 7절의 주해에서 고린도 교회 내 바울의 적대자들이 주장하는 대조의 근거를 발견한다. 그 대조란 신령한(πνευματικός, '프뉴마티코스') 사람과 육/흙에 속한(ψυχικός-χοϊκός, '프쉬키코스-코이코스') 사람 사이의 것으로, 그 두 범주의 사람 사이의 대비와 바울이 신령한 영이나 신성한 형상(필론이 주장하는 '로고스', 혹은 솔로몬의 지혜서 7.26의 지혜)에 참여함으로써 후자(육/흙에 속한 사람)에 비해 전자(신령한

229. Birger A. Pearson, *The Pneumatikos-Psychikos Terminology in 1 Corinthians. A Study in the Theology of the Corinthian Opponents of Paul and its Relation to Gnosticism*, SBLDS 12 (Missoula, Mont.: University of Montana, 1973), 11-12, 17-21.

255-256

사람)가 우선한다는 사실이다.[230]

피어슨은 필론의 논문에서 '프뉴마티코스-프쉬키코스'(*pneumatikos-psychikos*) 용어 외에 고린도 교회의 바울 적대자들이 사용하는 용어 '텔레이오스-네피오스'(τέλειος-νήπιος, "성숙한/장성한-유아/어린아이")가 헬레니즘적 디아스포라 유대교에 그 배경이 있음을 발견한다.[231] 피어슨은 다음과 같이 말한다. "'지혜'에 도달한 사람은 이미 더 높은 수준의 존재이고, 성숙한 사람(τέλειος, '텔레이오스')으로서 하나님의 자비로 온전한 선(τέλεια ἀγαθα, '텔레이아 아가타')을 받은 자였다. 그런 지혜(σοφία) 개념은 고린도 교회 적대자들에게 기인한다고 확신할 수 있다."[232] 피어슨의 견해에 따르면, 창세기 2장 7절에 대한 필론의 해석에서 '프뉴마티코스-프쉬키코스' 용어의 기원과 고린도전서에서 발견되는 이런 기본 대비에 관한 신학적 배경과 맥락을 모두 찾을 수 있다고 하나, 호슬리는 피어슨의 견해에 이의를 제기한다. 그는 필론의 작품과 솔로몬의 지혜서에서는 용어 "영혼"(ψυχή), "영"(πνεῦμα), "마음"(νοῦς 혹은 διάνοια), "이성적 영

230. Pearson, *Pneumatikos-Psychikos Terminology*, 20.

231. Philo은 *Migr*. 28f.에서 한 "장소"는 "유아/어린아이들"(νήπιοι)을 위한 곳이고 다른 장소는 "성숙한/장성한 사람들"(τέλειοι)을 위한 곳이라고 말한다. "… 그러나 당신은 당신의 조국, 거룩한 말씀의 땅, 훈련 중인 사람들의 아버지에게 여행하는 이주민이어야 한다. 그 땅은 미덕을 사랑하는 영혼들의 가장 아름다운 안식처, 곧 지혜다. 이곳은 유아기의 젖을 먹는 식단에서 벗어나 스스로 가르치고 스스로 배우는 성품이 있는 여러분의 땅이다." Philo, *Leg*. 1.94 참조. 신약성서에서 용어 '텔레이오스'(τέλειος)와 동족어는 마 5.48, 19.21; 롬 12.2; 고전 2.6, 13.10, 14.20; 엡 4.13; 빌 3.15; 골 1.28, 4.12; 히 5.14, 9.11; 약 1.4, 17, 25, 3.2; 요일 4.18에서, 용어 '네피오스'(νήπιος)와 그 동족어는 마 11.25, 21.16; 눅 10.21; 롬 2.20; 고전 3.1, 13.11; 갈 4.1, 3; 엡 4.14; 살전 2.7; 히 5.13에서 각각 나타난다.

232. Pearson, *Pneumatikos-Psychikos Terminology*, 30.

혼”(λογική ψυχή)을 상호 교환할 수 있음을 지적한다.[233] 따라서 호슬리는 창세기 2장 7절에 대한 필론의 다양한 주해가 ‘프뉴마티코스-프쉬키코스’ 구분의 실제적 언어나 그런 언어의 기초가 되는 ‘프뉴마’(πνεῦμα)와 ‘프쉬케’(ψυχή) 사이의 인간학적 구분을 제공하지 않는다고 주장한다.[234] 그러나 호슬리는 용어 ‘프뉴마티코스-프쉬키코스’에 유사한, 용어 ‘텔레이오스-네피오이’(τέλειος-νήπιος)는 필론의 저술에서만 적절하게 평행된다는 점에서 피어슨의 의견에 일치한다.[235] 필론이 제시한 헬레니즘적 유대 전승은 고린도 교회 교인들의 종교적 언어를 이해하는 데 도움이 되는 유비(analogy)를 제공한다. 바울과 그의 적대자들은 같은 용어를 사용하지만, 바울은 그것을 종말론적으로 재해석한다. ‘프뉴마티코스-프쉬키코스’ 용어와 관련하여 고린도전서에서의 바울 적대자들과 그들의 신학은 헬레니즘적 유대 배경에서 이해해야 한다는 것이 그럴듯한 추측이다.

고린도전서의 문맥은 바울의 다른 적대자들, 즉 헬레니즘적 유대 그룹(강한 자들)과 이방인 그룹(약한 자들)을 반영한다. 필자는 고린도전서에서의 바울의 지배적 적대자를 (계몽된) 헬레니즘적 유대 그리스도인이라 판단하는바, 1장 11절, 14-16절, 5장 1절, 16장 15-17절에 반영된 것처럼 이교도에 우호적인 경향이 있기 때문이다. 이 점 외에도 우상에게 바쳐진 고기 문제, 고린도전서 10장 1-13절에 언급된 성서 이야기, ‘프뉴마티코스-프쉬키코스’ 용어 역시 (계몽된) 헬레니즘적 유대 그리스도인들

---

233. 예를 들면, Wis 2.22-3.1, 9.15, 15.11; Philo, *Opif.* 135; *Leg.* 3.161; *Som.* 1.34; *Plant.* 18-20; *Det.* 79-90; *Her.* 54-57; *Spec.* 4.123.
234. Richard A. Horsley, “Pneumatikos vs. Psychikos Distinctions of Spiritual Status among the Corinthians,” *HTR* 69 (1976): 273.
235. Horsley, “Pneumatikos vs. Psychikos Distinctions,” 280.

이 바울의 진정한 적대자라고 가정할 때에만 정확하게 이해될 수 있다.

고린도전서에서 바울의 동역자들은 주로 이방인들이었고(1.11, 14, 16, 16.15, 17, 19, 참조: 행 18.2, 8; 롬 16.1, 3-4, 23), 성적 부도덕(근친상간)과 관련된 비판의 대상은 이교도가 아니었다(5.1). 이것은 바울의 적대자들이 이교도/이방인 그리스도인이 아니라 유대 그리스도인이라는 것을 암시한다. 더욱이 적대자들의 구호와 고린도전서의 중요한 주제인 우상에게 바치는 음식 문제(8장), 이스라엘 역사에 대한 미드라쉬 경고(10.1-13), '프뉴마티코스-프쉬키코스' 용어(2.13-15, 15.44-50)는 적대자들의 헬레니즘적 유대 배경을 전제하고 있다. 요약하자면, 계몽된 헬레니즘적 유대 그리스도인들이 바울의 적대자들이었을 가능성이 높다.

바울은 율법의 신성한 권위에 호소함으로써 헬레니즘적 유대인 그룹(강한 자들)의 거짓 교리를 반박하는 동시에 수적으로는 열세나, 보다 건전한 이방인 그룹을 인정함으로써 두 그룹 사이의 균형을 유지하려고 노력했다(특히 7장). 바울은 고린도 교회 회중 가운데 더 위험하고 부도덕한 헬레니즘 유대인 그룹에 대항하여, 이방인 그룹(약한 자들)의 편에 서서 두 그룹 사이의 균형을 유지했다. 이는 그리스도께 속하여, 함께 일치와 화합을 이루도록 분열된 회중에 요구하는 바울 서신의 전체 목적과 일치한다(1.10-17).

고린도전서에서 바울은 회중의 연합에 대해 주로 언급한다.[236] "국가를 몸의 정치(the body politic)로 보는 그레코-로마 사상"에 비추어 바울은 교회를 "그리스도의 몸"(σῶμα Χριστοῦ)으로 이해한다.[237] 이 서신은 하나

236. 참조: 고전 1.10, 3.1-3, 4.14, 16, 5.4, 5, 7, 8, 6.1, 4, 6-7, 18, 20, 8.9, 13, 10.14, 11.33-34, 12.14 등.

237. Fitzmyer, *Paul*, 8. 당대 그레코-로마 국가 개념을 '몸의 정치'(body politic)로 표현한 작품은 다음과 같다. Aristotle, *Pol.* 5.2.7; 일부 스토아철학, Cicero, *Phil.* 8.5.15;

됨을 요청하며 시작한다(1.10-17). 바울이 강조하는 연합은 그리스도의 몸을 '세우는 것'이라는 개념과 직접적으로 연결되어 있는데, 바울 서신 전체에서 반복되는 주제이다.[238] 바울이 자신의 이익이 아닌, 고린도 교회 교인들이 구원받을 수 있도록 많은 이들의 이익을 구한다고 주장하는 고린도전서 10장 31절의 빛에서, 그는 그들에게 자신이 그리스도를 본받는 것처럼 자신을 본받으라 촉구한다(11.1). 이러한 모방(μίμησις, '미메시스')을 통해 바울은 고린도 교회에 그리스도의 몸을 세우라 요구한다. 바울에게 교회 분열은 그리스도가 분열되었다는 것을 의미한다(1.13). 분열은 특별한 종교적 지혜(σοφία, '소피아')나 지식(γνῶσις, '그노시스')을 소유했다고 자랑하는 사람들로부터 비롯된다.[239] 이러한 이유로 바울은 인간 중심의 지혜, 즉 "지혜 있는 자들의 지혜"(1.19, 2.6ff., 3.19)의 종말을 선포하고 십자가에 달리신 그리스도가 하나님의 능력이요 하나님의 지혜임을 선포한다(1.18, 24, 30, 2.7).[240] 바울에게 십자가에 못 박히신 그리스도는 신적 지혜의 패러다임(방식)이다. 하나님의 지혜는 "세상의 지혜"(1.20), "사람의 지혜"(2.5), "이 시대의 지혜"(σοφία τοῦ αἰῶνος τούτου), 즉 "이 시대의 통치자들"의 세속적 지혜와는 정반대이다(2.6). 바울은, 참된 지혜는 십자가에 못 박히신 그리스도 자신 또는 그리스도 안에 있는 하나님의 구원 계획이라고 말한다(1.30, 2.1-5, 8-9). 고린도전서 1장 30절의 "너희는 하나님으로부터 나서 그리스도 예수 안에 있고 예수는 하나님으로부터

Seneca, *Ep.* 95.52; Plutarch, *Cor.* 6.3-4; *Mor.* 426A. Fitzmyer, *Paul*, 124 참조.

238. 예, 고전 8.1, 14.5, 12, 17, 26과 직접적이지 않지만 고전 11.17-34과 12.4-27.

239. 방언의 은사가 높은 평가를 받았던 고린도 교회에서(1.5, 12.8, 28, 14.26), 특히 웅변적인 설교자의 등장으로 인해 분열이 일어났을 것이라고 Barrett은 말한다. Barrett, *First Epistle to the Corinthians*, 44 참조.

240. 바울 서신 중에서 그리스도를 지혜(σοφία, '소피아')라고 명시적으로 부른 것은 고전 1.24, 30에만 있다.

나와서 우리에게 지혜와 의로움과 거룩함과 구원함이 되셨으니"라는 바울의 진술은 고린도후서 5장 21절의 "하나님이 죄를 알지도 못하신 이를 우리를 대신하여 죄로 삼으신 것은 우리로 하여금 그 안에서 하나님의 의가 되게 하려 하심이라"는 말과 유사하다. 벤 위더링턴(Ben Witherington)은 십자가에 달리신 그리스도 안에 구현된 하나님의 지혜가 갖는 역설적 성격을 다음과 같이 설명한다. "세상은 그 지혜로 하나님의 지혜를 십자가에 못 박았으나 그렇게 함으로써 역설적으로 하나님의 지혜는 신자들이 그리스도를 통해 바로 설 수 있고 구원의 다른 모든 측면을 가질 수 있도록 실행한다."[241]

바울은 인간 지혜에 대한 비판으로서 십자가의 메시지를 확증한다. 바울의 기독론적 주장은 분열을 가져온 소위 영적인 사람(πνευματικοί, '프뉴마티코이')의 거짓 지혜와 지식에 반대한다. 복음이 그들의 부도덕을 낳는 지혜와 결합하면 그 능력을 상실하게 된다(1.17). 인간의 지혜는 그리스도의 십자가를 거리끼고 어리석은 것으로(1.18, 23) 이해하기에 그리스도의 십자가를 무효화하려 하지만, 실제로는 "하나님의 약하심"이 그분의 능력을 보여 주는 것이다(1.24-25). 하나님의 지혜는 그리스도 안에서 인격화된(1.24), "하나님으로부터 온 지혜"(1.30)다. 기독론에 있어 십자가가 중심이 아니라면, 하나님의 신비한 계시(2.1, 7-10), 즉 구원 역사의 절정을 잃게 된다. 바울은 교회의 기초가 참 지혜(σοφία)이신, 십자가에 못 박힌 그리스도임을 명확히 하면서, 적대자들의 거짓 지혜와 호도하는 기독론으로 인한 당파주의에 반대한다(3.11). 바울은 지체들(특히 약한 자들)에게 죄짓고 그들의 약한 양심을 해하는 것은 그리스도에게 죄짓는

241. Ben Witherington, *Jesus the Sage: The Pilgrimage of Wisdom* (Minneapolis: Fortress, 1994), 311.

258-259

것이라고 자유주의자들(방종주의자들, libertines)에게 경고한다(8.12). 두 그룹의 각 교리는 참된 '소피아'(σοφία, 즉 그리스도)에 반대하며 그리스도의 몸인 교회를 혼란에 빠뜨린다(12.12-31). 바울의 기독론적, 교회론적 관점에서 볼 때, 그의 두 적대자들의 교리는 모두 위험했다. 고린도 교회의 일치를 유지하기 위해 바울은 율법의 신성한 권위에 호소함으로써 보다 지배적인 집단(자유주의적인 그룹 혹은 강한 자들)을 반박한다. 이를 통해 바울은 율법을 신적 권위로 묘사함으로써 강한/자유주의적인/유대적 그룹(또는 헬레니즘적 유대 그리스도인)을 견제하고 약한 자 그룹을 인정함으로써 교회의 분열을 막으려 했다. 적대자들의 (십자가의 중심성을 상실한) 기독론은 십자가에 못 박히신 그리스도를 하나님의 참된 지혜와 능력이라 부르는 바울의 기독론과 불일치한다. 십자가 중심의 기독론을 주장하는 바울은 유대인에게는 "걸림돌/거치는 것"(σκάνδαλον, '스칸달론')이고 이방인에게는 "미련한 것/어리석은 것"(μωρία, '모리아')인 십자가의 그리스도가 진정한 "지혜"(σοφία, '소피아')와 "지식"(γνῶσις, '그노시스')인 것을 믿으라고 두 집단에게 권고한다. 제3장에서 논의한 바와 같이, 유대 지혜 전통에 비추어 볼 때, 바울은 그리스도를 '소피아'(혹은 '로고스')와 동일시했다. 그러나 율법을 지혜로 여기는 유대 지혜문학과 달리, 바울은 율법과 그리스도를 같은 수준에 두지 않았다. 그리스도를 율법과 동일시하는 대신, 바울은 율법의 신성한 권위에 호소함으로써 오만(hubris)에 근거한 자유주의적인 적대자들의 주장을 논박했다. 고린도전서에서 율법, 기독론, 적대자들의 상호 관계는 자신의 권면으로 적대자들이 십자가에 못 박히신 그리스도가 교회의 기초와 참된 지혜가 되심을 정확하게 이해할 때에만 분열된 회중이 통합될 수 있다는 바울의 판단과 연결된다. 율법에 관한 바울의 주장은 주로 자유주의자들을 대상으로 하나 그

259

의 기독론은 두 그룹을 똑같이 겨냥한다. 바울의 십자가의 신학(*theologia crucis*)은 인간 지혜의 영광에 기초한 적대자들의 신학(*theologia gloriae*, "영광의 신학")에 맞서 그리스도의 십자가에 나타난 하나님의 참된 지혜에 주목한다.[242] 바울은 자신의 기독론과 교회관을 바탕으로 고린도 교회의 분쟁과 혼란을 신학적으로 조명했다.

b. 고린도후서: 하나님의 참된 형상과 영광은, 그리스도와 율법 가운데 어느 것인가

고린도후서 3장 7-18절은 율법과 관련된 논쟁적이고 변증적인 의도를 모두 보여 준다. 바울은 이 서신에서 "율법"(νόμος, '노모스')이라는 용어를 사용하지 않지만, 3장 14절에서 모세의 율법을 가리켜 "옛 언약", 즉 "구약"(ἡ παλαιὰ διαθήκη)이라는 용어를 한 번 사용하는데, 이는 성서 전체를 가리키는 것이 아니다. 새 언약의 우월성을 언급하기 전, 바울은 3장 6절에서 죽이는, 기록된 옛 언약/규범과 달리 자신은 새 언약의 일꾼이라고 주장한다. "그[하나님]가 또한 우리를 새 언약의 일꾼[διάκονοι καινῆς διαθήκης] 되기에 만족하게 하셨으니 율법 조문[γράμμα]으로 하지 아니하고 오직 영[πνεῦμα]으로 함이니 율법 조문은 죽이는 것이요 영은 살리는 것이니라." 디터 게오르기(Dieter Georgi)는 3장 7-18절이 명백히 논쟁적이라고 하면서, 적대자들이 작성한 미드라쉬를 바울이 개정했다고 본다.[243] 다른 한편으로 3장 7-18절은 바울이 두 언약을 비교하여 자신의

242. 고전 1.18-25.

243. Dieter Georgi, *The Opponents of Paul in Second Corinthians* (Philadelphia: Fortress Press, 1986), 247. Georgi의 가설은 바울의 적대자들이 카리스마 있고 기적을 행하였던 예수와 모세의 뒤를 이은 "신적 인간들"(θεῖοι ἄνδρες)이라고 주장했다는 것이다. 그러나 그의 이론이 갖는 약점은 '테이오이 안드레스'(θεῖοι ἄνδρες)가 명확하

사역을 방어하는 상황을 반영한다.[244] 바울이 옛 언약과 새 언약에 따른 각각의 사역을 비교하고 있다는 사실에 비추어 볼 때, 이 섹션의 초점은 언약보다는 그의 사역에 맞춰져 있다. 이는 4장 1절의 "그러므로"(διὰ τοῦτο)에 의해 뒷받침된다. 3장 7-11절에서 바울은 죽음과 영(7-8절), 의와 정죄(9절), 일시적인 것과 영원한 것(10-11절)이라는 서로 다른 짝을 이루는 세 가지 용어를 통해, 모세의 사라져 가는 옛 언약의 사역과 비교하여 자신의 사역이 우월함을 설명한다. 바울은 옛 언약인 '토라'를 통하여 '생명을 주는 자'(life-giver)의 위치에서 모세를 몰아낸다. 바울은 이처럼 뚜렷하게 대조되는 용어를 사용하여 율법이 죽음에 이르는 정죄의 효과가 있고 일시적인 것으로 묘사한다. 이와 대조적으로 새 언약과 그 사역은 의로 인도하는 생명을 주며 영원한 것이다. 모세는 이스라엘 백성과 대화할 때 희미해지는 광채를 감추기 위해 얼굴을 가려야 했다(3.13). 오직 그리스도만이 마음을 덮고 있는 수건(너울)을 제거할 수 있으며, 이는 "사람이 주님께로 돌아갈 때" 일어난다(3.16). 바울은 왜 율법을 부정적이고 매력적이지 않다고 묘사하는가. 이 질문은 옛 언약의 일꾼으로 활동하는 바울의 적대자들을 향한 것이다.

고린도후서에 반영된 바울의 적대자들에 대한 묘사는 바울 진영(camp)에서만 나온다. 그들에 대한 바울의 직접적 진술에서 그러한 묘사를 얻을 수 있다. 이 점 외에도 바울은 자신의 적대자들과 비교하면서

게 정의된 유형이 아니며 일반적으로 신약성서보다 늦은 텍스트에서 나온다는 것이다. B. Blackburn, "Miracle Working THEIOI ANDRES in Hellenism (and Hellenistic Judaism)," in *Gospel Perspectives 6: The Miracles of Jesus*, ed. D. Wenham and C. Blomberg (Sheffield: JSOT, 1986), 185-218 참조.

244. Edmund Hill, "The Construction of Three Passages of St. Paul," *CBQ* 23 (1961): 300-1.

강조할 필요가 있다고 느끼는 것들, 즉 자기 제시(self-presentation)를 강조하는 표현으로부터 우리는 그들의 특징을 추측할 수 있다. 이러한 관점에서 볼 때, 고린도후서에서 바울의 적대자들을 식별하기 위한 첫 번째 단계의 결과로 우리는 그들의 특징을 다음과 같이 열거할 수 있다.

> 2.17: "우리는 수많은 사람들처럼 하나님의 말씀을 혼잡하게 하지 아니하고 곧 순전함으로 하나님께 받은 것같이 하나님 앞에서와 그리스도 안에서 말하노라."
>
> 3.1: "우리가 다시 자천하기를 시작하겠느냐 우리가 어찌 어떤 사람처럼 추천서를 너희에게 부치거나 혹은 너희에게 받거나 할 필요가 있느냐."
>
> 4.2: "이에 숨은 부끄러움의 일을 버리고 속임으로 행하지 아니하며 하나님의 말씀을 혼잡하게 하지 아니하고 오직 진리를 나타냄으로 하나님 앞에서 각 사람의 양심에 대하여 스스로 추천하노라."
>
> 10.10, 11.6: "그들의 말이, 그의 편지는 무게가 있고 힘이 있으나 그가 몸으로 대할 때는 약하고 그 말도 시원하지 않다 하니 … 내가 비록 말에는 부족하나 지식에는 그렇지 아니하니 이것을 우리가 모든 사람 가운데서 모든 일로 너희에게 나타내었노라."
>
> 10.12: "우리는 자기를 칭찬하는 어떤 자와 더불어 감히 짝하며 비교할 수 없노라 그러나 그들이 자기로써 자기를 헤아리고 자기로써 자기를 비교하니 지혜가 없도다."
>
> 11.4: "만일 누가 가서 우리가 전파하지 아니한 다른 예수를 전파하거나 혹은 너희가 받지 아니한 다른 영을 받게 하거나 혹은 너희가 받지 아니한 다른 복음을 받게 할 때에는 너희가 잘 용납하는구나."

11.13: "그런 사람들은 거짓 사도요 속이는 일꾼이니 자기를 그리스도의 사도로 가장하는 자들이니라."

11.22: "그들이 히브리인이냐 나도 그러하며 그들이 이스라엘인이냐 나도 그러하며 그들이 아브라함의 후손이냐 나도 그러하며."

12.12: "사도의 표가 된 것은 내가 너희 가운데서 모든 참음과 표적과 기사와 능력을 행한 것이라."

위 구절에 비추어, 고린도후서에 나타난 바울의 적대자들을 추측해 보자. 2장 17절과 4장 2절에서 바울은 아마도 자신을 향해 교활하고 하나님의 말씀을 혼잡하게 했다는 적대자들의 비난을 부인하며(12.16 참조), 되레 그들이 사기꾼과 장사꾼이라는 반론을 제기한다. 3장 1절에서 볼 수 있듯, 적대자들은 고대 그레코-로마 세계에서 친구나 지인을 다른 사람에게 소개할 때 널리 사용하던 추천서라는 관습을 이용하여 자신들의 권위를 입증하고 과시하려 했다. 10장 10절과 11장 6절에서 적대자들은 자신들에 비해 바울의 신체가 약하고 언변이 부족하다고 여겼다.[245] 그들은 자기 칭찬에 사로잡혀 다른 사람들과 비교하여 자신들을 평가했다(10.2). 11장 4절에서 설명한 바와 같이, 예수와 복음에 대한 그들의 가르침은 바울의 가르침과 크게 달랐다. 바울은 11장 13절에서도 그들을 "거짓 사도"와 "미혹하는 일꾼"으로 여겼다. 이 점은 11장 7-10절에 묘사된 바울의 자기 표현과 관련이 있다. "내가 너희를 높이려고

245. Dale B. Martin은 고대 그레코-로마 사회에서 신체적 외모와 수사학적 능력 사이의 상관관계를 지적한다. "… 수사학자들에게 신체적 외모는 매우 중요했기에 그들은 자신을 표현하는 방법과 상대방의 신체적 특징을 공격하는 법을 배우기 위해 관상학을 연구했다." Dale B. Martin, *The Corinthian Body* (New Haven, Conn.: Yale University Press, 1995), 54 참조.

나를 낮추어 하나님의 복음을 값없이 너희에게 전함으로 죄를 지었느냐?"(11.7). 자비량으로 복음을 전한 바울과 달리 그들은 돈을 받고 설교하였다. 그들은 자신들의 주장을 뒷받침하기 위해 기적을 행하기도 하였다(12.12).[246] 11장 22절에서 바울과 마찬가지로 그의 적대자들은 그들이 민족적으로 히브리인이고, 종교적으로 이스라엘 사람이라는 사실을 강조함으로써 유대적 혈통(계보)을 주장했다.

바울 적대자들의 유대적 특징과 관련하여, 율법에 대한 바울의 태도와 율법에 근거한 적대자들의 사역에 대한 그의 비판을 살펴보는 것은 중요하다. 고린도전서에서 바울은 그리스도인의 행동에 관한 문제에서 "기록된 말씀 밖으로 넘어가지 말라"(4.6)는 원칙에 호소하고 율법에 의존하는 반면(7.10ff., 19), 고린도후서에서 바울은 율법을 정죄하는 직분으로 묘사한다(3.6, 9). 이것은 고린도전서와 고린도후서 사이에서 율법에 대한 바울의 견해가 눈에 띄게 변화했음을 의미한다. 이런 변화는 고린도 공동체에 강력한 새 율법주의자들(Judaizers)이 유입된 것으로 설명할 수 있다(2.17, 3.1, 11.4-5). 아마도 고린도전서에서 볼 수 있는 '그노시스'(γνῶσις, "지식")에 근거한, 계몽된 헬레니즘적 유대인들과는 다른, '노모스'(νόμος, "율법")에 근거한 율법주의자들의 유입은, 고린도후서에서 바울로 하여금 그들의 신념에 근거하여 율법에 관한 공격을 보다 더 급진적으로 하게 하였을 것이다. 이 점은 디터 게오르기의 주장과 직접 관련이 있다. 게오르기는 바울이 고린도전서에서 반영된 적대자들과 다

246. 고대에는 표적과 기사, 권능이라는 세 가지 용어가 기적을 행하는 자들과 그들의 주장을 검증하는 데 사용되었다(참조: 행 2.22, 14.3, 15.12; 롬 15.19; 히 2.4). Dieter Georgi는 이 구절을 고린도후서에서 바울의 적대자들을 헬라 유대인들과 헬라의 "신적 인간들"(θεῖοι ἄνδρες)로 가정하는 단서로 간주한다. Georgi, *Opponents of Paul*, 236 참조.

른 적대자들의 전선을 고린도후서에서 마주한다고 주장한다. 그는 고린도후서에 나타난 바울의 적대자들을 율법주의적 경향이 강한, 헬레니즘적 유대 그리스도인 선교사들로 간주한다.

바울은 서신 전체에 걸쳐 자신의 적대자들을 묘사하지만, 10-13장에서는 자신을 겨냥한 그들의 중상모략에 대해 신랄하게 반박한다. 바울이 고린도 교회를 떠난 후 일군의 거짓 사도들(11.13)이 고린도 교회에 들어왔다. 추천서(3.1, 10.12, 18)로 교회에 들어올 수 있었던 그들은 그리스도에게 속해 있다고 고백했지만(10.7), 갈라디아서 1장 6-9절을 연상시키는 용어인 "다른 예수"(ἄλλος Ἰησοῦς)와 "다른 복음"(εὐαγγέλιον ἕτερον, 11.4)을 전했다. 그들은 자기들의 업적과 영적 체험을 공공연히 자랑했는데, 이를테면 황홀경, 환상, 방언, 기적(10.8, 13-18, 11.16-21, 30, 12.1-10) 등이다. 11장 20절에서 바울은 그들의 모욕적 행위에 대해 말하고, 그들의 장단에 맞춰 춤추는 고린도 교회 교인들을 모조(거짓) 칭찬(mock praise) 형식으로 부끄러워하였다. 그들은 "하나님의 말씀을 혼잡하게 하는 자"(2.17)였기에 간교하게 행했으며 하나님의 말씀을 왜곡하였다(4.2). 그들은 자신들의 지위에 대한 특별한 표시로 "대사도들"(super-apostles)이 부여한 권위를 주장했으며(11.5, 12.11), 자신들의 유대적 유산을 강조했다(11.22). 바울은 그들을 모두 사탄의 일꾼들로 여겼다(11.13-15). 적대자들이 볼 때, 바울은 진정한 카리스마를 지닌 사람이 아니었고 사도로서 적절한 권위가 부족했다. 고린도후서의 이러한 맥락에서 바울은 적대자들이 투사한 자신의 사도직에 대하여 심각한 위협을 느꼈다.

3장 2절에서 바울의 적대자들은 추천서에 호소하여 자신들 권위의 타당성을 보여 주려는 반면, 바울은 고린도 교회 교인들을 자신의 추천서라 주장한다. 바울은 자신의 추천서가 훨씬 더 높은 권위자인 그리스

262-263

도에 의해 발급되었다고 주장한다(3.3). 진정한 권위의 기원에 관한 바울의 논의는 의도적으로 바울의 사역과 적대자들의 사역 사이의 논쟁과 연결되어 있다(3.7-18). 율법의 기능은 모세 사역에 대한 논의에 반영되어 있다. 바울에게 모세 사역의 특징은 죽음, 정죄와 덧없음(일시적인 것)으로 일반화된다. 3장 6-7절에서 돌판에 새긴, 죽게 하는 율법 조문(γράμμα, '그람마')이 십계명 자체를 가리킨다는 점에서 이것은 아주 분명하다. 바울의 적대자들이 전하는 복음과 사역은 모세의 법과 사역에 기초하며, 그것은 바울의 사역과 복음에 정면으로 대치된다. 율법은 모세의 일시적인 사역과 그 운명을 같이한다. 즉, 율법이 그리스도의 복음에 자리를 내어 주었기 때문에 전자의 역할은 임시적이고 예비적인 것일 수밖에 없다.

바울이 고린도후서를 쓸 무렵, 바울의 사도직과 사역을 폄하하는, 유대적 배경의 외부인들(11.4, 22)이 고린도에 도착하면서, 고린도전서와는 다른 상황이 벌어졌다(10.2, 10-12).[247] 그들은 스스로를 "그리스도의 사도"와 "그리스도의 사역자"로 표현했다(11.13, 23). 자신들의 유대적 혈통과 환상적 경험에 근거하여, 바울의 적대자들은 고린도 교회 교인들은 수용하나 바울은 거부한, 특권적 권위를 자랑했다. 바울의 적대자들은 또한 복음의 진정한 본질을 잘못 전하였다. 그들은 율법을 구원의 수단으로 제시하므로 그리스도의 본질적 역할을 강조하지 못하였고, 그리스도의 구속 사역을 하찮은 것으로 축소했다. 율법에 대해 서로 반대 견해를 가진 바울과 그 적대자들 사이의 줄다리기는 바울 적대자들을 율법주의자들로 규정한다.

247. 고린도전서와 고린도후서 사이의 상황 변화는 디모데와 디도, 심지어 바울 자신이 회중을 방문하는 방식에서 잘 드러난다.

바울의 권위는 그의 적대자들의 비방과, 새 언약의 영광스러운 사역으로부터 분리될 수 없다. 고린도후서는 바울이 권위를 행사한 사례로 묘사되어 왔다.[248] 바울은 자신의 사도직을 그리스도의 모범과 연관시켜 설명함으로써 변호한 것이 분명하다. 레그너 레이브스태드(Ragnar Leivestad)는 10장 1절에서 바울은 자신의 편지를 읽는 사람들이 그리스도와 자신을 하나로 인식하기를 원하면서 "너희를 대면하면 유순하고 떠나 있으면 너희에 대하여 담대한 나 바울은, 이제 그리스도의 온유와 관용으로 친히 너희를 권"한다고 말한다.[249] 레이브스태드는 바울이 '케노시스'(*kenosis*), 즉 문자 그대로 주님의 약함과 낮아짐을 암시한다고 다음과 같이 주장한다. "사도의 '타페이노테스'(ταπεινότης, "온유함")는 그리스도의 '케노시스', 즉 인간적 '아스테네이아'(ἀσθένεια, "약함")를 통해 역사하는 신성한 '뒤나미스'(δύναμις, "능력")의 역설적 시현의 결과이며, 모방이며, 지속이다."[250] 바울이 고린도 교회 교인들에게 그리스도의 모범을 촉구하는 8장 9절에서도 동일한 '케노시스' 사상이 공식화된다. "우리 주 예수 그리스도의 은혜를 너희가 알거니와 부요하신 이로서 너희를 위하여 가난하게 되심은 그의 가난함으로 말미암아 너희를 부요하게 하려 하심이라."[251] 10장 1절의 표현은 바울의 권위에 대한 근거로 사용된 것 외에도 바울의 호소력을 뒷받침하고 고린도 교인들에게 본을 보여 주기 위한 것이다. 바울에게 예수의 '케노시스'는 사도로서의 시련

---

248. Frances Young and David F. Ford, *Meaning and Truth in 2 Corinthians* (Grand Rapids: Eerdmans, 1989), 207.
249. R. Leivestad, "'The Meekness and Gentleness of Christ' II Cor. X. 1," *NTS* 12 (1966): 163.
250. Leivestad, "Meekness," 164.
251. 이 구절은 일반적으로 바울 시대 이전의 찬송으로 바울이 빌 2.6-11에서 인용한 것으로 간주된다. 고전 15.47-49 참조.

(11.23-27)과 자신의 연약함(11.30, 13.4)에 대한 자랑과 비교된다. 바울은 적대자들이 주장하는 그리스도 안의 능력과 대조적으로 "약하여 십자가에 못 박히신" 그리스도의 모범에 호소한다(13.4). 바울은 고린도 교회 교인들에게 "예수의 생명이 또한 우리 몸에 나타나도록 항상 예수의 죽음을 몸에 짊어짐"으로써(4.10) 십자가에 못 박히신 그리스도의 생활 방식을 따르라 촉구한다. 바울은 자신의 사도직을 변호하고, 자신의 사역이 모세의 사역보다 우월함을 예수 그리스도의 케노시스적 이미지에 기대어 주장하고 있음이 분명하다. 그렇다면, 바울의 사도직(사역)과 그의 기독론적 이해 사이의 관계를 고려할 때, 고린도후서에서의 율법의 기능은 무엇인가?

3장 2절에서 바울의 적대자들은 추천서에 호소함으로 권위를 주장하는 반면, 바울은 고린도 교인들 그 자체가 자신의 추천서라고 주장한다. 바울은 자신의 추천서가 훨씬 더 높은 권위자인 그리스도에 의해 발급되었음을 주장한다(3.3). 진정한 권위의 기원에 관한 바울의 논의는 의도적으로 바울의 사역과 적대자들의 사역 사이의 논쟁으로 연결된다(3.7-18). 위에서 언급했듯, 율법(언약)은 바울의 진정한 사역과 권위에 비해 부차적인 문제이다. 이러한 관점에서 볼 때 옛 영광, 옛 언약, 옛 사역은 새 영광, 새 언약, 새 사역으로 대체되었다. 우리는 헬레니즘의 '파이데이아' 전통의 관점에서 바울이 새 언약과 옛 언약 아래에서의 사역에 관해 그의 적대자들과 어떻게 논쟁했는지 이해할 수 있다. 예비적 '파이데이아'(encyclical *paideia*)가 철학의 고등 지식을 배우기 위한 준비 과정이고 예비적인 연구인 것처럼, 율법은 바울 '파이데이아'가 지향하는 최종 목표인 그리스도에 대한 잠정적이고 예비적인 과정이다. 헬레니즘 '파이데이아' 전통의 관점에서 볼 때, 바울은 적대자들의 사역이

264-265

옛 언약에 기반을 둔 낡고 일시적인 '파이데이아'로 간주했다. 이스라엘 백성이 일시적인 것에 영원한 가치를 부여했기 때문에(3.14), 그들의 생각과 마음은 가려졌다. 이스라엘 사람과 마찬가지로, 바울을 반대하는 자들의 권위와 가르침도 일시적인 토대, 즉 율법에 근거하고 있다. 바울은 그리스도의 복음에 비추어 볼 때, 모세의 사역과 중첩된 율법의 일시적 이미지를 통해, 옛 언약(율법)과 유대적 배경에 근거한 그들의 사역과 복음이 쓸모없고 퇴색하였음을 지적한다.

제3장에서 논의했듯, 유대 지혜문헌과 특히 필론의 작품에서 하나님의 형상은 실체화한 하나님의 지혜를 지칭하는 용어였다.[252] 필론은 하나님의 중보자이자 계시자인 '로고스'를 "하나님의 형상"(εἰκὼν θεοῦ)으로 지칭한다.[253] 필론이 '로고스'를 하나님의 형상으로 묘사한 것은 바울이 고린도후서 4장 4절에서 그리스도를 "하나님의 형상"으로 읽은 것과 매우 유사하다. "그중에 이 세상의 신이 믿지 아니하는 자들의 마음을 혼미하게 하여 그리스도의 영광의 복음의 광채가 비치지 못하게 함이니 그리스도는 하나님의 형상이니라."[254] 여기서 그리스도는 필론의 '로고스'를 연상시키는 용어로 묘사된다. 바울은 그리스도를, 유대 지혜문헌(특히 집회서와 솔로몬의 지혜서)과 필론이 말한 중보자와 유사한, 지혜와 '로고스'로 제시한다.[255] 바울은 또한 다메섹 도상의 경험에 비추

252. 참조: Wis 7.25-26; Philo, *Conf.* 145-47.

253. Philo, *Fug.* 101; *Leg.* 1.81, 3.96; *Plant.* 20; *Conf.* 146; *Somn.* 1.239; *Her.* 230ff.

254. 참조: 골 1.15("그는 보이지 아니하는 하나님의 형상이시요 모든 피조물보다 먼저 나신 이시니"[ὅς ἐστιν εἰκὼν τοῦ θεοῦ τοῦ ἀοράτου, πρωτότοκος πάσης κτίσεως]).

255. 본서 제3장에서 나는 지혜/율법, 지혜/'로고스', 지혜/율법/'로고스'의 연결이 Sir (15.1; 21.11; 24.23), Wis (7.22-23; 9.1-4), Philo의 저서들(*Virt.* 62-65; *Leg.* 1.65, 2.86; *Somn.* 1.65-66, 2.242-45; *Fug.* 97, 109; *Post.* 122; *Deus* 134-35)에서 명시적으로 이루어졌다는 점을 자세히 설명하였다. 처음에 '소피아'를 '로고스'와 동일시했던

어 자신을 비춘 하늘의 빛을 "그리스도의 얼굴에 있는 하나님의 영광"과 동일시했다. "어두운 데에 빛이 비치라 말씀하셨던 그 하나님께서 예수 그리스도의 얼굴에 있는 하나님의 영광을 아는 빛을 우리 마음에 비추셨느니라."[256] 바울의 적대자들은 율법을 지혜/'로고스'와 혼동하여, 그리스도의 죽음과 부활로 시작된 옛 시대에서 새 시대로의 획기적인 전환과, 율법의 일시적인 역할을 깨닫지 못했다. 율법에 영원한 가치를 두었던 그들은 영적 소경으로서 참된 지혜이자 '로고스'이신 그리스도 영광의 복음의 빛을 보지 못하였다. 일시적이고 쓸모없는 율법에 권위를 두는 한, 그들은 그리스도 복음의 빛으로 나아갈 수 없다. 고린도후서에서 바울은 그리스도가 오셨기 때문에 율법을 쓸모없는 것으로 보았다.

요약하면, 바울이 고린도후서를 쓸 무렵에는, 바울을 적대하는 일군의 유대 그리스도인들이 고린도에 도착하면서 고린도전서와는 사뭇 다른 상황이 전개되었다. 바울의 적대자들은 복음의 진정한 본질을 잘못 표현하였다. 그들은 율법을 구원의 수단으로 제시함으로써, 그리스도의 본질적 역할을 강조하지 못했고, 그리스도의 공로를 중요하지 않은 것으로 축소했다. 그러나 바울은 그리스도 안에서 율법이 쓸모없게 되었다고 묘사함으로써, 율법에 근거한 그들의 복음에 대항하여, 그리스도의 '케노시스'(κένωσις)에 근거한 복음을 제시하였다.

Philo은, '로고스'의 남성적 인격이 하나님의 맏아들 형상을 포함하여 '소피아'의 신성한 역할 대부분을 대신할 때까지, '소피아'를 '로고스'로 대체하였다.

256. 고후 4.6.

c. 갈라디아서: 초등교사와 초등학문인 율법에 저주받은 고귀한/영웅적 죽음

바울은 갈라디아서에서 일반적으로 표현하는 감사(εὐχαριστέω, '유카리스테오') 인사를 하지 않고, 자신의 복음과 반대되는 "다른 복음"(ἕτερον εὐαγγέλιον)을 갈라디아 사람들에게 선포한 일부 사람들을 격렬하게 비판하며 논쟁하였다. 바울은 "다른 복음"은 없다고 분명히 말한다(1.7).[257] 바울이 그들의 가르침을 "복음"이라고 인정한 것은 그들이 그리스도에 대해 설교하고 있었음을 나타낸다. 갈라디아서 4장 10절과 6장 13절에 근거하여, 그들이 할례와 특정 유대 절기 준수를 제외하고는, 율법 전체를 순종하지는 않았다고 가정할 수 있다(5.3 참조). 그들의 가장 명확한 교리는 6장 11-18절에 나와 있다. 본문은 바울의 적대자들이 구원의 조건으로 할례(περιτομή, '페리토메')를 요구했음을 보여 준다. 바울의 적대자들은 이방 그리스도인들에게 할례를 받도록 요구함으로써, 그들의 자유를 빼앗으려 했다(2.3-6). 바울은 율법주의(nomism)의 위협으로부터 그들의 자유를 지키기 위해 노력했다. 이러한 점에 비추어 볼 때, 예수 그리스도께서 할례를 통해 이방인들이 선택된 영적 공동체에 들어갈 수 있게 하셨다고 적대자들이 설교했을 것이라 짐작할 수 있다. 다시 말해, 바울의 적대자들은 이방인들이 그리스도께로 돌아서는 것만으로는 충분하지 않다고 생각했기에, 그들이 진정한 아브라함의 자녀임을 확인하기 위해서는 모세의 율법, 특히 할례를 행해야 한다고 생각했다.[258] 바울의 적대자들은 예수 그리스도에 대해 설교하였지만, 그럼에도 불구

257. 살전, 살후, 고전, 고후, 빌, 롬, 골, 딤후, 엡, 몬에는 감사 문단이 수신자 뒤에 나오지만 갈, 딤전, 딛에는 감사 문단이 나오지 않는다.

258. 갈 3.1-2, 4.8-10, 5.2-3, 6.12-13. Beker, *Paul the Apostle*, 42-44 참조.

하고 그들은 율법을 완전히 버리는 것과 율법 전체를 엄격하게 준수하는 것 사이에서 타협점을 찾고 있었다. 로버트 주엣(Robert Jewett)은 바울의 적대자들이 할례와 율법의 절기 준수를 "아브라함의 약속, 즉 그리스도께서 재림하실 때(*parousia*), 하나님께서 구원할 선민으로 온전히 들어가기 위한 전제 조건"으로 여겼다고 주장한다(갈 3.6-18).[259] 바울의 적대자들이 갈라디아 교인들에게 할례를 받으라고 강요한 두 가지 동기는, 그리스도의 십자가로 말미암은 박해를 피하고(6.12), 그들의 "육체로 자랑"하기 위함(6.13)이었다는 사실에 주목할 필요가 있다. 왜 "그리스도의 십자가"는 그들에게 골칫거리가 되었을까? 이 질문은 5장 11절에서 바울이 한, 다음의 풍자적 질문과 관련 있다. "형제들아 내가 지금까지 할례를 전한다면 어찌하여 지금까지 박해를 받으리요 그리하였으면 십자가의 걸림돌이 제거되었으리니." 주엣의 가설에 따르면, 바울의 적대자들은 기원후 40년대 후반부터 기원후 66년 유대 전쟁이 발발할 때까지, 팔레스타인에서 열심당의 박해 위협에 자극을 받아, 소아시아의 이방 그리스도인들에게 할례를 행함으로써, 이 박해를 피하려 했다고 한다.[260] 이 가설의 진위 여부와는 별개로, 반대파의 복음은 어떤 식으로든 유대 율법 준수 및 할례 의식과 연관되었을 가능성이 높다.[261] 바울의 적대자들에게 할례가 구원의 조건이었다면, 예수 그리스도는 그들에게 어떤 의미였을까? 바울의 적대자들은 구원을 위한 할례의 효능을 주장

---

259. Robert Jewett, "The Agitators and the Galatian Congregation," *NTS* 17 (1971): 207. 창 17.1-8에서 아브라함에게 주어진 완전함(τέλειος)에 대한 약속은 할례가 완전함을 가져다주는 것으로 생각할 수 있는 해석적 열쇠를 제공한다고 Jewett은 말한다.

260. Jewett, "Agitators," 204-5. Jewett은 주로 사도행전을 중심으로 가설을 세웠지만, 그가 언급하는 구절에는 열심당이 언급되지 않았다.

261. 참조: 갈 2.15-21, 3.2-5, 4.21, 5.2-12, 6.12-17.

한 반면, 바울은 2장 5, 14절에서 "복음의 진리"라고 부르는 것을 옹호했다. 바울은 기독론적 변증을 통해 그들의 주장을 반박하였다. 3장 1-5절에서 바울은 의문법을 사용하여 "율법의 행위"(ἔργα νόμου)가 그리스도 안에서 구원의 전제 조건이 될 수 없다고 주장한다. 그리스어를 구사하는 유대 저술가들은 믿음과 율법 준수를 연관시키지만, 바울은 이 두 가지를 대립적인 것으로 제시하였다.[262] 2장 16절에서 바울은 믿음(πίστις, '피스티스')을 유대 율법의 행위와 대립시켰다. "사람이 의롭게 되는 것은 율법의 행위로 말미암음이 아니요 오직 예수 그리스도를 믿음으로 말미암는 줄 알므로 우리도 그리스도 예수를 믿나니 이는 우리가 율법의 행위로써가 아니고 그리스도를 믿음으로써 의롭다 함을 얻으려 함이라 율법의 행위로써는 의롭다 함을 얻을 육체가 없느니라." 바울의 관점에서 볼 때, 반대파가 주장한 율법에 의한 칭의는 하나님의 은혜를 무효화하고 인간의 성취를 강조하는 것이었다(2.16-21). 그들이 전하는 율법 중심의 복음을 견제하기 위해, 바울은 믿음을 율법과 연관 짓지 않고, 믿음과 그리스도를 연관시켰다.[263] 이러한 맥락에서 바울에게 있어서 믿음은 "예수 그리스도의 죽음과 부활을 통한 하나님의 구원을 구체적으로 지향하며, 그런 의미에서 그리스도에 대한 믿음이기도 하다."[264] 바울은 갈라디아서 5장 2-4절의 맥락에서 "그리스도"와 "은혜"만으로는 충분하지 않으므로 율법 아래 있어야 구원을 얻을 수 있다는 적대자들의 가

262. 헬레니즘 시대의 유대인 저술, 4 Macc (7.16-23; 13.13; 16.22 참조), Sir (2.7-17; 32.24), Philo (*Her.* 91, 101; *Abr.* 275)에서는 믿음과 율법에 대한 순종이 일치하는 것으로 묘사한다. 4 Macc 13.13: "우리 생명을 주신 하나님께 온 마음을 다해 헌신하고, 우리 몸을 율법의 보루로 사용합시다." Sir 32.24: "율법을 신뢰하는 사람은 그 계명을 지키고 주님을 신뢰하는 사람은 어떤 해도 입지 않는다."

263. 갈 2.20, 3.22; 롬 3.22, 26; 빌 3.9. 엡 3.12을 또한 보라.

264. Bassler, *Navigating Paul*, 27. 참조: 빌 1.29; 롬 9.3, 10.11.

르침에 현혹되지 말라고 갈라디아 교인들에게 권고한다.

> 보라 나 바울은 너희에게 말하노니 너희가 만일 할례를 받으면 그리스도께서 너희에게 아무 유익이 없으리라 내가 할례를 받는 각 사람에게 다시 증언하노니 그는 율법 전체[ὅλος ὁ νόμος]를 행할 의무를 가진 자라 율법 안에서 의롭다 함을 얻으려 하는 너희는 그리스도에게서 끊어지고 은혜에서 떨어진 자로다.

바울에게 율법 전체(ὅλος ὁ νόμος)를 준수한다는 것은, 하나라도 범하면 그동안의 모든 노력이 위험에 처할 수 있기에, 율법의 요구사항 전체를 모두 이행해야 함을 의미하였다. 그러므로 율법으로 의롭게 되기를 원하는 사람은 누구든지 그리스도와 단절된다.[265] 갈라디아 교회 교인들이 "율법의 행위"로 의롭다 함을 얻으려고 하는 한, 그리스도는 더 이상 구원의 유일한 이유가 될 수 없으며 은혜는 더 이상 은혜가 될 수 없다. 바울의 입장에서 볼 때, 그의 적대자들의 신학적 입장은 마지막(율법 순종)을 첫째(복음)보다 우선시하는 것이다. 환언하면, 율법이 구원에 있어 그리스도를 밀어내고 그 수위성(primacy)을 대신 차지함을 의미한다. 바울의 적대자들이 전하는 다른 복음을 그대로 방치하면, 그리스도 복음의 기초가 무너질 수 있었다. 그리스도가 아닌 율법에 우선순위를 두는 그들의 복음에 맞서, 바울은 자신의 복음을 지키기 위해 율법을 올바른 위치에 두어야만 했다.

갈라디아서에서 율법 아래 있는 것(3.23)은 죄 아래 있는 것(3.22), 감옥에 있는 것(3.23), "종의 멍에"(ζυγός δουλείας, 5.1)를 메는 것과 동일하게

---

265. 참조: 갈 1.6, 2.21; 롬 3.24, 4.16, 6.14, 15, 11.6.

묘사된다. 더군다나 율법은 "훈육자" 또는 "초등교사/노예교사"(παιδαγωγός)와 "세상의 초등학문"(τὰ στοιχεῖα τοῦ κόσμου)으로 정의된다. 3장 19-25절에서 바울은 율법의 시간적, 기능적 한계를 명확히 하고, 율법에 대한 그리스도인의 입장을 다음과 같이 정의한다. "이같이 율법이 우리를 그리스도께로 인도하는 초등교사[παιδαγωγός]가 되어 우리로 하여금 믿음으로 말미암아 의롭다 함을 얻게 하려 함이라 믿음이 온 후로는 우리가 초등교사 아래에 있지 아니하도다"(3.24-25). 바울은 율법이 "중보자[모세]를[266] 통해 천사들에 의해 정해졌다"는 것을 보여 줌으로써, 하나님께서 아브라함에게 직접 주신 약속보다 모세 율법의 간접적인 중재가 열등하다는 것을 확인시켜 준다.[267] 약속과 대조적으로 율법은 인간을 죄 아래 가두었다(3.22).[268] 약속의 성취는 예수 그리스도의 신실한 행동을 통해 이루어졌다. 믿음으로 의롭다 하심을 얻는다는 것은, 율법의 행위와는 별개로, 약속의 성취로 하나님 나라에 모든 민족이 포함되는 것이다. 3장 10, 13절에서 바울은 신명기 27장 26절과 21장 23절의 두 구절을 그리스도 사건에 비추어 각각 바라보았다.[269] 바울이 보기

266. 갈 3.19. 신 33.2에서 히브리어 표현인 מימינו אשדת은 칠십인역(LXX)에서 ἐκ δεξιῶν αὐτοῦ ἄγγελοι μετ' αὐτοῦ("그의 오른손에는 그의 천사들이 그와 함께 있었다")로 번역된다.

267. 하나님의 중보자로서의 천사에 대해서는 Betz, *Galatians*, 168-69 참조. In-Gyu Hong은 그의 저서, *The Law in Galatians* (Sheffield: JSOT Press, 1993)에서 하나님의 조력자로서의 천사 이미지가 바울 시대에 상당히 유행했음을 보여 준다. 이를 보여 주는 본문을 다음과 같이 열거한다. 신 33.22 LXX; Josephus, *Ant*. 15.136; *T. 12 Patr.*, *T. Dan* 6; *Jub*. 1.29-2.1; 행 7.38, 53; 히 2.2. 그의 책, 155 참조.

268. 갈 3.22: "그러나 성경이 모든 것을 죄 아래에 가두었으니 이는 예수 그리스도를 믿음으로 말미암는 약속을 믿는 자들에게 주려 함이라."

269. 신 27.26: "이 율법의 말씀을 실행하지 아니하는 자는 저주를 받을 것이라 할 것이요 모든 백성은 아멘 할지니라." 신 21.23: "그 시체를 나무 위에 밤새도록 두지 말고 그날에 장사하여 네 하나님 여호와께서 네게 기업으로 주시는 땅을 더럽히지 말

269

에 하나님 앞에서 의롭게 되고 아브라함의 아들이 되는 것은 "율법의 저주에서[ἐκ τῆς κατάρας τοῦ νόμου] 우리[ἡμᾶς]를 속량"하시며 우리를 위해 저주를 받으신 그리스도를 믿는 믿음에 달려 있다(3.13). 율법책에 기록된 모든 것을 지키지 않는 사람은 누구나 이 저주 아래 있다(3.10). 3장 13절에서 1인칭 복수 대명사(ἡμᾶς, "우리")를 사용한 것은 유대인과 이방인 모두를 지칭하는 것으로 이해할 수 있다. 예수가 율법의 지배를 받는다는 것은 율법 아래 있는 유대인과 이방인 모두가 어떻게 구속받는지를 나타내는 데 중요하다. 갈라디아서 3장 14절은 갈라디아의 이방 그리스도인과 유대 그리스도인 모두가 그들을 대신하여 저주받으신 그리스도로 인해 받게 될 혜택을 설명한다. 그러나 그것은 바울의 복음에 충실할 때만 그 혜택을 얻을 수 있다. 바울은 3장 23절에서 시간을 율법의 시대와 그리스도의 시대로 양분하여, 그리스도께서 오시기 전까지는 율법이 단지 초등교사로서 기능했다는 사실을 말한다(3.24). 바울은 "종말론적 엄숙함"으로 "신자는 새 창조의 일부이며(6.14-15), 율법은 구속할 능력이 없는 옛 창조의 일부"라고 묘사한다.[270]

베츠에 따르면, 용어 "초등교사"(παιδαγωγός)는 교사가 아니라 아이들을 학교에 데려다주고 모든 종류의 위험으로부터 보호하는 임무를 맡은 노예를 암시한다.[271] 베츠는 비천한 초등교사의 이미지와 관련하여 다음과 같이 제안한다.

사도[바울]에게 있어, "초등교사 아래"에 있는 존재는 "세상의 초등학

라 나무에 달린 자는 하나님께 저주를 받았음이니라."

270. Bassler, *Navigating Paul*, 18. J. Louis Martyn, "Apocalyptic Antinomies in Paul's Letter to the Galatians," *NTS* 31.3 (1985): 410-24을 또한 보라.

271. Betz, *Galatians*, 177.

문" 아래에 있는 "노예"와 같으며, "자유"와 "성숙"이 없는 "감옥"에 해당한다. 따라서 그 상황은 그리스도인의 존재와 정반대이며, 축복 아닌 저주다.[272]

3장 24-25절의 맥락에서는 율법의 노예 이미지가 외려 부각된다. 이것은 바울이 율법의 예속, 즉 율법 아래에서 자유의 결여를 설명하기 위해 초등교사(노예교사) 은유를 사용했음을 보여 준다. 그리스도의 초림과 함께 율법은 대체되었다(3.24). 바울은 '파이다고고스'(παιδαγωγός)라는 용어로 율법의 미천한 이미지를 묘사하면서도, 인간을 그리스도께로 인도하는 초등교사로서의 역할을 긍정적으로 묘사하였다. 다시 말해, 바울은 율법이 성인이 될 때까지만 교육적 역할을 하고, 성인이 된 후에는 보호자나 초등교사와 같은 율법의 구속을 더 이상 받을 필요가 없다고 보았다. 바울이 사용한 '파이다고고스'는 지혜(σοφία)를 최종 목표로 추구하는 철학의 "예비 학문"(preliminary studies)으로 보는 헬레니즘/필론의 '파이데이아'(παιδεία) 관점에서 고려해야 한다. 앞서 언급한 바와 같이, 헬레니즘 철학의 개념은 바울의 율법관을 이해하는 데 핵심적 역할을 한다. 바울은 헬레니즘의 '파이데이아' 전통을 바탕으로, 철학 대신 그리스도를 '파이데이아'의 정점으로 삼았다. 율법이 제한적이고 일시적이긴 하지만, 그럼에도 불구하고 '파이다고고스'로서의 율법의 중요한 역할은, 사람들을 바울 '파이데이아'의 최종 단계이자 목표인 그리스도(3.24), 그리스도의 법(6.2)이나 그리스도 닮음(*imitatio Christi*)으로 인도하는 것이다.[273] 따라서 바울은 율법을 교육학적 관점에서 그의 '파이데이

272. Betz, *Galatians*, 178.

273. 모방/닮음(μίμησις)의 개념은 살전 1.6, 2.14; 고전 4.16, 11.1; 빌 3.17. 참조: 살후 3.7-

아'의 정점으로서, 참된 '소피아'(σοφία)와 '로고스'(λόγος)와 율법의 마침(τέλος)이신 그리스도를 향한 디딤돌로 간주한다. 바울은 하나님의 백성이 그리스도 중심의 '파이데이아'를 통해 성숙할 때까지만, 율법이 교육적 역할을 하는 것으로 본다. 바울의 견해에 따르면, 하나님께서 아들을 보내실 때까지 잠시 율법에게 '파이데이아' 역할을 맡기셨기에, 그리스도께서 오신 지금, 예전으로 다시 돌아가 율법에게 복종하는 것은 시대착오적일 뿐만 아니라 하나님의 교육과 구원에 관한 계획을 부정하는 것과 다름없다.

믿음의 도래는 3장 19, 24절과 4장 4절에서 그리스도의 도래와 동일하다. 3장 17절에서 바울은 "하나님께서 미리 정하신 언약[διαθήκη, '디아테케']을 사백삼십 년 후에 생긴 율법[νόμος, '노모스']이 폐기하지 못하고 그 약속[ἐπαγγελία, '에팡겔리아']을 헛되게 하지 못하리라"고 단호한 어조로 말한다. 여기서 바울은 율법과 그리스도 사이의 내적 연관성을 제시한다. 그에 따르면, 하나님은 메시아의 "씨"(σπέρμα, 3.18)를 통해 아브라함에게 취소할 수 없는 약속을 주신 반면, 율법은 나중에 "범법하므로 더하여진 것이라"(3.19)고 한다. 여기서 바울은 "씨"(σπέρμα)를 단수형 "자손"으로 언급하여, 그리스도를 아브라함에 대한 하나님의 약속의 성취로 제시할 수 있도록 한다. 예수 그리스도에 대한 믿음으로 이방인 그리스도인들이 하나님의 자녀가 되었다는 표현은 바울 적대자들의 교리에 반대하는 것으로 보아야 한다.[274] 더욱이 바울은 "율법이 천사들을 통하여 한 중보자[모세]를 통해 제정되었다"(3.19)고 말함으로써 율법의 신적 기원을 부정하지는 않지만, "이 주장을 사용하여 율법을 하나님으로부

9; 엡 5.1; 히 6.12, 13.7.

274. 갈 3.25-26.

터 분리시킨다"고 주장한다. "이제 중보자는 하나 이상을 의미하지만, 하나님은 하나이시다"(3.20).[275] 바울은 아브라함에게 약속을 주신 하나님이 한 분이심(단수)을, 율법을 전한 중보자들의 복수와 대조함으로써, 아브라함에게 주신 약속이 율법보다 우월하다는 것을 보여 준다.[276]

4장 3, 9절에서 바울은 율법에 대한 또 다른 은유로 "세상의 초등학문"(τὰ στοιχεῖα τοῦ κόσμου)을 사용한다. 바울은 이 용어를 어떻게 이해했을까? 여기서는 이 용어에 대한 다양한 해석을 다룰 수 없으므로, 이 용어와 율법 사이의 관계만 다루고자 한다.[277] 일반적으로 '스토이케이아'(στοιχεῖα)는 이교에서 신으로 숭배되었던 천체와 원소들을 가리킨다고 가정한다. 바울은 '스토이케이아'를 1장 4절과 6장 14절에 묘사된, 현재의 악한 시대를 지배하는 악마의 세력으로 생각한다.[278] 바울에게 있어, '스토이케이아' 아래 노예는 율법 아래 노예와 동일한데, '스토이

---

275. Bassler, *Navigating Paul*, 18. 참조: 롬 7.22, 25—"하나님의 율법"(ὁ νόμος τοῦ θεοῦ). 율법이 천사들에 의해 주어졌다는 기록은 유대교 전통에서 자주 발견된다. 신 33.2 LXX; 시 67.18 LXX; *Jub.* 2.2; *1 En.* 60.1; 또한 행 7.38, 53; 히 2.2. 이러한 유대인의 전통과 달리 바울은 이 이야기를 율법에 반대하는 근거로 삼았다.

276. Calvert, *DPL* 4.

277. 용어 '타 스토이케이아 투 코스무'(τὰ στοιχεῖα τοῦ κόσμου)의 해석에 대해서는 다음을 참조하라. Betz, *Galatians*, 204-205; W. Carr, *Angels and Principalities: The Background, Meaning and Development of the Pauline Phrase hai archai kai hai exousiai* (Cambridge: Cambridge University Press, 1981), 75; L. L. Belleville, "'Under Law': Structural Analysis and the Pauline Concept of Law in Galatians 3.21-4.11," *JSNT* 26 (1986): 53-78; E. Schweizer, "Slaves of the Elements and Worships of Angels: Gal 4:3, 9 and Col 2:8, 18, 20," *JBL* 107 (1988): 455-68.

278. 갈 1.4: "… 이 악한 세대에서[ἐκ τοῦ αἰῶνος τοῦ ἐνεστῶτος πονηροῦ] 우리를 건지시려고 우리 죄를 대속하기 위하여 자기 몸을 주셨으니"; 갈 6.14: "그러나 내게는 우리 주 예수 그리스도의 십자가 외에 결코 자랑할 것이 없으니 그리스도로 말미암아 세상[κόσμος]이 나를 대하여 십자가에 못 박히고 내가 또한 세상을 대하여 그러하니라."

케이아'와 율법 둘 다 이 악한 세상을 구성하고 지배하는, 노예화하는 세력들이다.[279] 갈라디아 교인들은 할례에 대한 요구에 동의하는 것 외에도 천문 세력(astral powers) 숭배를 재개하였고 "날과 달과 절기와 해"를 준수하였다(4.10). 믿음의 타당성을 확립하기 위해 바울은 4장 3절에서 율법이 유대인을 그리스도에게 이끄는 '파이다고고스'(παιδαγωγός)로 기능하는 것처럼 '스토이케이아'(στοιχεῖα)가 이방인에게도 기능할 수 있다고 말함으로써 율법과 '스토이케이아' 사이의 유사성을 암묵적으로 묘사한다(3.24). 이방인 신자가 모세 율법에 복종하는 것은 그들이 그리스도인이 되었을 때 뒤에 남긴, 세상의 초등학문 아래 돌아가는 것과 같다. 율법을 지킴으로 의롭게 된다고 주장하는 적대자들과 논쟁하면서, 바울은 율법의 저주 아래 죽을 수밖에 없는 자들을 구원하시려고, 율법의 저주를 감당하신 그리스도의 십자가(혹은 "나무", 3.13)와 칭의의 연관성을 강조한다. 그리스도께서 십자가에서 죽으심은 율법을 완벽하게 복종하지 못하는 사람들에게 내리는 저주를 대신 짊어지신 것으로 간주된다.[280] 바울은 십자가 중심의 기독론을 선포함으로써, 갈라디아 교인들을 적대자들로부터 구하였고, 의롭다 함을 얻기 위해 기울이는 인간의 모든 노력을 수포로 만들었다.[281]

갈라디아 교회의 상황에서, 바울은 "다른 복음", 즉 율법의 행위로 의롭게 됨을 가르치는 적대자들이 불러온 논쟁적 상황에 직면하였다. 바울에게 그들의 복음은 그리스도의 복음에 대한 강력한 도전이었다.

279. Betz, *Galatians*, 205.

280. 갈 3.10. 참조: 신 27.26.

281. 갈 6.14("세상이 나를 대하여 십자가에 못 박히고 내가 또한 세상을 대하여 그러하니라")과 6.17("예수의 흔적")은 적대자들의 할례 중심 신학에 대항하여 십자가 중심의 기독론에 기초한 바울의 자서전적 묘사를 반영한다.

바울은 율법의 부정적 은유인 '파이다고고스'(παιδαγωγός, "초등교사")와 '타 스토이케이아 투 코스무'(τὰ στοιχεῖα τοῦ κόσμου, "세상의 초등학문")를 사용함과 동시에 십자가 중심의 기독론을 선포함으로써, 그리스도의 복음을 기초부터 흔드는 적대자들의 거짓 신학으로부터, 그리스도를 믿음으로 의롭게 되는 복음을 지키려고 하였다. 리처드 헤이스(Richard B. Hays)가 지적했듯, 갈라디아서의 주요 초점은 십자가의 중요성과 십자가에 못 박힌 메시아와 연합하여 살아가는 공동체의 십자가적 특성이다.[282] 바울의 입장에서는 율법에 근거한 행위 복음을 반박하고, 구원을 위하여 그리스도의 수위권(우선권)을 되찾는 것이 시급했다. 따라서 갈라디아서에서 바울이 율법에 대해 완전히 부정적으로 말한 것은 이방인 개종자들에게 율법을 강요하는 적대자들과의 논쟁적 상황의 맥락에서 이해될 수 있다. 그러나 5장 3절에서 율법의 부정적인 역할은 5장 14절에서 율법의 긍정적인 역할과 대조를 이룬다. 갈라디아서에서 바울의 적대자들에 의해 야기된 논쟁적 맥락과 관련하여 찰스 쿠사(Charles B. Cousar)는 율법에 대한 바울의 부정적인 언급을 다음과 같이 설명한다. "논쟁적인 문맥은 그[바울]로부터 극도로 부정적인 언급(예, 3.19-25)을 불러일으키지만, 동시에 그는 율법이 마치 여전히 엄청난 권위를 가지고 있는 것처럼 율법을 반복해서 인용한다."[283] 쿠사가 적절하게 지적한 것처럼, 논쟁적인 맥락을 고려하지 않고 율법에 대한 바울의 견해를 완전히 부정적으로 이해하는 것은 성급한 판단일 수 있다. 갈라디아서에는

282. Richard B. Hays, "Crucified with Christ: A Synthesis of the Theology of 1 and 2 Thessalonians, Philemon, Philippians and Galatians," in *Pauline Theology I: Thessalonians, Philippians, Galatians, Philemon*, ed. Jouette M. Bassler (Minneapolis: Fortress, 1991), 227-46 (특히 242).

283. Cousar, *Galatians*, 76.

율법에 대한 부정적 발언 외에도 율법에 대한 긍정적 발언도 있다. 루이스 마틴은 율법 내부에 유사한 긴장이 있음을 감지한다.

> 갈라디아 교인들은 율법 아래 들어가서 율법의 억압적이고 저주하는 목소리의 힘에 종이 되거나(4.21a, 참조: 3.10), 율법이 이방인 가운데 할례로부터 자유로운 교회의 탄생을 말하는 약속의 음성을 들을 수 있는데, 그렇게 함으로써 하나님의 약속의 자녀로서 자신의 진정한 정체성을 느낄 수도 있다(4.21b, 22, 27, 31).[284]

갈라디아서 4장 21절-5장 1절에서 바울은 율법으로 의롭게 되려는, 적대자들인 율법주의자들에 맞서 율법의 부정적인 역할을 '파이다고고스'("초등교사", 3.19-25)와 '타 스토이케이아 투 코스무'("세상의 초등학문", 4.3, 9)로서 강조했다. 바울에게 율법은 저주(3.13)이자 교육자/관리인(3.24)이며, 인간을 가두고 감시한다(3.23). 바울이 보기에 율법의 효과는 율법 아래 있는 사람들을 마치 후견인이 지켜보는 것처럼 노예의 형태로 가두는 것이다. 이제 그리스도께서 저주가 되심으로써 믿음의 시대가 도래했다. 그리스도는 자기 백성을 대신하여 스스로 저주가 되심으로써 율법이 가져온 저주를 제거하셨다. 칼뱅(John Calvin)의 표현을 빌리자면, "스스로 쇠사슬을 매어 다른 사람의 쇠사슬을 풀어 주셨다"고 할 수 있다.[285] 그리스도는 저주의 결과인 죄와 죽음으로부터 인간을 구원하기

284. J. Louis Martyn, "The Crucial Event in the History of the Law (Gal 5:14)," in *Theology and Ethics in Paul and His Interpreters: Essays in Honor of Victor Paul Furnish*, ed. Eugene H. Lovering and Jerry L. Sumney (Nashville: Abingdon, 1996), 50.

285. John Calvin, *The Epistles of Paul the Apostle to the Galatians, Ephesians, Philippians*

위해 율법이 저주한, 영웅적 고난과 고귀한 죽음을 받아들였다. 그분의 구속 행위로 아브라함에게 약속한 축복이 그리스도 안에서 이방인에게까지 확장되었다. 바울은 이방인들도 믿음을 통해 새 시대의 능력인 성령을 받을 수 있다는 사실을 주장한다. "이는 그리스도 예수 안에서 아브라함의 복이 이방인에게 미치게 하고 또 우리로 하여금 믿음으로 말미암아 성령의 약속을 받게 하려 함이라."[286]

주목할 만한 점은 바울이 율법을 저주하고 노예로 만드는 힘으로 묘사하면서도, 약속의 능력으로 태어난 자녀에 대해 말할 때, 율법의 긍정적 역할을 부정하지 않는다는 것이다(4.21-31). 더 나아가 바울은 율법의 일시적인 교육적 역할을 그리스도께서 오실 때까지의 초등교사/관리인(παιδαγωγός)으로 특징지었다. 바울의 적대자들은 갈라디아 교회 신자들이 할례를 통해 아브라함의 씨를 나누지 않고는 아브라함의 축복을 공유할 수 없다고 주장했다. 율법에 근거한 그들의 주장과는 반대로, 바울은 율법이 그리스도의 출현으로 이어질 뿐만 아니라 그리스도의 출현으로 끝나는 초등교사/관리자로서의 필수적 기능을 수행했다고 설명했다. 따라서 율법은 그리스도께서 오시기 전까지 초등교사/관리자로서의 역할을 수행했지만, 그리스도께서 율법을 성취하시고 저주를 받으심으로써 율법의 관리 기능은 쓸모없게 되었다. "믿음이 온 후로는 우리가 초등교사 아래에 있지 아니하도다"(3.25). 바울은 율법을 미성년자의 관리자로 묘사함으로써 율법 자체가 아닌 율법의 기능에 대한 잘못된 평가를 비판한다.[287] 바울은 율법이 사람들을 그리스도께로 인도하

---

and Colossians, eds. David W. Torrance and Thomas F. Torrance, Calvin's New Testament Commentaries Series 11 (Grand Rapids, Mich.: Eerdmans, 1996), 74.

286. 갈 3.14.

287. Dunn, *Theology of Paul*, 154.

는 길을 막는다고 인식할 때만, 율법을 부정적으로 묘사한다. 그러나 율법이 그리스도/믿음/성령의 법과 충돌하지 않는 한, 바울은 율법이 긍정적인 역할을 한다고 주장한다.

율법과 그리스도의 관계를 보다 적절하게 설명하기 위해서는, 그레코-로마 시대의 '파이데이아' 개념을 중요하게 고려해야 한다.[288] 그레코-로마의 '파이데이아' 개념과 체계의 관점에서 볼 때, 예비 교육

288. 바울 서신에서 율법과 그리스도의 관계에 대한 현대 바울학자들의 견해는 다음과 같이 세 가지 다른, 편리한 제목으로 나눌 수 있다. (1) 불연속성: Albert Schweitzer, *The Mysticism of Paul the Apostle*, trans. William Montgomery (New York: Henry Holt, 1931), 23, 25, 69-70, 177ff.; H. J. Schoeps, *Paul. The Theology of the Apostle in the Light of Jewish Religious History*, trans. Harold Knight (Philadelphia: Westminster, 1961), 171, 173, 180-83; Ernst Käsemann, *Commentary on Romans*, trans. Geoffrey Bromiley (Grand Rapids: Eerdmans, 1980), 191, 210, 215, 218; F. F. Bruce, *Paul: Apostle of the Heart Set Free* (Grand Rapids: Eerdmans, 1977), 191-92; 동일 저자, *Commentary on Galatians*, NIGTC (Grand Rapids: Eerdmans, 1982), 151-52, 218, 239, 240, 243, 255; (2) 연속성: C. E. B. Cranfield, "St. Paul and the Law," *SJT* 17 (1964): 43-68; 동일 저자, *The Epistle to the Romans, I-VIII*, ICC (Edinburgh: T. & T. Clark, 1975), 158-59, 384-85; George E. Howard, "Christ the End of the Law. The Meaning of Romans 10:4ff.," *JBL* 88 (1969): 331-37; C. Thomas Rhyne, *Faith Establishes the Law*, SBLDS 55 (Chico, Calif.: Scholars, 1981); Robert Badenas, *Christ, the End of the Law: Romans 10.4 in Pauline Perspective*, JSNTSup 10 (Sheffield: JSOT, 1985); J. D. G. Dunn, "The Incident at Antioch (Gal 2:11-18)," *JSNT* 18 (1983): 2-57; 동일 저자, "'Works of the Law and the Curse of the Law' (Galatians 3:10-14)," *NTS* 31 (1985): 523-42; 동일 저자, *Romans*, WBC 38A, B (Waco, Tex.: Word, 1988); (3) 연속성/불연속성: John W. Drane, *Paul: Libertine or Legalist? A Study in the Theology of the Major Pauline Epistles* (London: SPCK, 1975); E. P. Sanders, *Paul, the Law and the Jewish People* (Philadelphia: Fortress, 1983); Heikki Räisänen, *Paul and the Law*, WUNT 29 (J. C. B. Mohr [Paul Siebeck], 1983); Frank Thielman, *From Plight to Solution. A Jewish Framework for Understanding Paul's View of the Law in Galatians and Romans*, NovTSup 61 (Leiden: Brill, 1989); 동일 저자, *Paul and the Law: A Contextual Approach* (Downers Grove, Ill.: InterVarsity, 1994).

(ἐγκύκλιος παιδεία)은 지혜 또는 덕(ἀρετή)을 추구하는 철학의 고등 지식에 이르는 디딤돌이었다. 따라서 모세의 율법은 바울의 우주적 드라마에서 예정된 대로 인간을 그리스도께로 인도한 후에 그 역할을 끝내도록 예정된 제한적 '파이데이아'였다. 유대인들이 '파이다고고스'로서의 율법의 지배를 받는 한, 또는 이방인들이 '스토이케이아'가 그들의 일을 통제하도록 허용하는 한, 바울이 보기에 그들은 지혜나 덕(ἀρετή)에 도달하지 못한 채 여전히 '파이데이아'의 예비 과정에 있는 어린 제자와 같은 존재이다. 바울은 적대자들의 율법에 근거한 복음(바울의 표현을 빌리면 "다른 복음")에 맞서 갈라디아 교인들에게 기독교 '파이데이아'의 최종 목표인 참된 '소피아'(σοφία)로서의 그리스도, 즉 실질적으로 말하면 "그리스도의 법[ὁ νόμος τοῦ Χριστοῦ]을 성취할" 것을 촉구했다.[289] 그리스도인이 따라야 하는 그리스도의 법은 그리스도의 생애와 가르침에 이미 포함되었고, 십자가상에서 그가 행하신 사역으로 최종 구현된 그의 본보기 또는 규범이다. 모세의 율법 전체는 "네 이웃을 네 몸과 같이 사랑하라"는 하나의 계명으로 요약되며, 신자들은 이 계명을 계속해서 이행해야 한다.[290] 바울에 따르면, 신자들이 "서로 짐을 지라"고 요구하는 그리스도의 법은 성령의 강력한 역사 없이는 신자들의 삶에서 성취될 수 없다.[291] 갈라디아서 5장 13절-6장 10절에서 바울은 신자들이 "성령 안에서 행하고"(5.16), "성령의 인도하심을 받고"(5.18), "성령의 열매를 맺고"(5.22-23), "성령으로 살고"(5.25), "성령에 심을"(6.8) 때만 그리스도의 법을 성취할 수 있다고 권면하는 방식으로 주장한다. 이것은 그리스도

289. 갈 6.2: "너희가 짐을 서로 지라 그리하여 그리스도의 법을 성취하라."
290. 갈 5.14: "온 율법은 네 이웃 사랑하기를 네 자신같이 하라 하신 한 말씀에서 이루어졌나니." 참조: 엡 5.33.
291. T. R. Schreiner, "Law of Christ," *DPL* 542-44 참조.

의 법이 성령의 법과 분리될 수 없음을 나타낸다. 바울이 보기에, 그레코-로마의 예비 '파이데이아'에 해당하는 모세의 율법은 믿음으로 그리스도를 받은 사람들에게는 끝났다. 철학의 목표인 지혜나 덕에 도달한 사람은 그 전 단계인 예비 '파이데이아'로 돌아갈 필요가 없듯이, 사랑의 법으로 요약되는 그리스도의 법을 성취한 사람은 모세의 율법에 따라 살 필요가 없다(5.14). 자신의 적대자들이 인간 구속을 위한 그리스도의 우위를 무너뜨리려 했던 갈라디아 교회의 위기 상황에서, 바울은 그리스도께서 자기 백성을 대신하여 스스로 저주가 되어 어떻게 고귀하고 영웅적으로 죽으셨는지, 그리고 그 죽으심으로 율법이 가져온 저주를 어떻게 제거했는지 설명함으로써, 그리스도께서 율법의 저주를 무효화하셨음을 강조했다. 바울은 그리스도 안에서 율법의 저주가 인류에게 드리운 암울한 운명의 그림자에 맞서 고군분투하는 영웅을 보았다. 그리스 영웅들이 고난과 죽음을 통해서만 '아레테'(ἀρετή, "탁월함", "미덕")를 완성했듯이, 바울이 보기에 그리스도께서는 율법의 저주를 스스로 짊어지셨고, 그 저주를 정반대로 변환함으로써 인류를 저주에서 해방시키셨다.

d. 빌립보서: 율법에 근거한 의를 배설물로 만드는 '케노틱'(자기 비움의) 그리스도

바울은 빌립보서를 시작하면서 자신과 디모데를, 십자가에서 죽으심으로 모든 사람을 위해 "자기를 비워 종의 형체를 가지신"(2.7) "그리스도 예수의 종들"(1.1)이라고 밝힌다. 바울은 2장 5-11절의 그리스도 찬송을 통해 그리스도의 자기 비움 행위를 자신의 구원 드라마의 중심 사건이자 적대자들에 대한 변론의 중심 사건으로 제시한다. 무엇보다 빌립보서에서 바울의 적대자들을 파악하려면, 3장으로 넘어가야 한다. 바울은 "십자가의 원수"(3.18)인 사람들을 언급하고 할례에 자부심을 두는 "개들"과 "악한 일꾼들(행악하는 자들)"을 언급한다(3.2-4). 바울의 적대자들은 이방인 신자들에게 할례를 행하므로 "몸을 상해하는[κατατομή] 자들"(3.2)이었을 가능성이 높다. '카타토메'(κατατομή, "절단")라는 용어는 "할례"를 의미하는 '페리토메'(περιτομή)를 패러디한 것이다. 바울은 그러한 절단자들에 대해 논쟁적인 스타일로 다음과 같이 말한다. "하나님의 성령으로 봉사하며 그리스도 예수로 자랑하고 육체를 신뢰하지 아니하는 우리가 곧 할례파라"(3.3). 바울은 "육체"(σάρξ, '사륵스')라는 단어에서 할례 의식을 언급하지만, 더 넓은 의미에서 육체를 인간의 노력이나 성취를 뜻하는 동의어로 사용한다.[292] 3장 1-16절은 3장 17절-4장 1절에 나타난 것과는 다른 문제를 다루고 있을 가능성이 높다. 3장 18-19절에서 바울은 "내가 여러 번 너희에게 말하였거니와 이제도 눈물을 흘리며 말하노니 여러 사람들이 그리스도의 십자가의 원수로 행하느니라 그들의 마침은 멸망이요 그들의 신은 배요 그 영광은 그들의 부끄러움에 있고 땅의 일을 생각하는 자라"는 전형적인 비방을 사용하였다. 바울의 말에서 알 수 있듯, 그의 적대자들은 육체적 욕구에 대한 방종을 그리스도 안에서의 새로운 삶의 표현으로 제시하는 사람들과 동일시될 수 있다.[293]

그리스도 찬송(2.5-11)에 비추어 볼 때, 자신의 성취와 지위를 자랑하는 경쟁 선교사들과 대조적으로 바울은 십자가를 자기 비움의 순종과 섬김의 상징으로 여긴다. 바울은 빌립보 교회 교인들에게 바울의 긍정

292. 참조: 롬 10.3("하나님의 의를 모르고 자기 의를 세우려고 힘써 하나님의 의에 복종하지 아니하였느니라").

293. Craddock, *Philippians*, 65.

적인 모범과 대조되는 이미지로, 육체를 자랑하는 사람들을 생각해 보라고 말한다. 3장에서 언급된 바울의 적대자들은 유대-그리스도인 선교사들로, 자신들의 자격을 근거로 우월성을 주장한다. 그들은 또한 이방인들에게 할례를 받으라고 요구한다. 3장 2-3절에 보면 바울의 적대자들은 바울의 이방인 개종자들이 할례를 받아들이도록 하려고 애쓰고 있는 것으로 보인다. 바울이 3장 3절에서 우리는 "그리스도 예수로 자랑하고 육체를 신뢰하지 아니"한다고 말할 때, 그는 적대자들이 육체를 자랑하거나 신뢰한다는 것을 암시한다. 이것은 갈라디아서 6장 13-14절의 논쟁을 연상시킨다.[294] 바울의 적대자들, 아마도 유대계 그리스도인들 혹은 율법주의자들은 "육체를 자랑"(할례)하는 반면, 바울은 "우리 주 예수 그리스도의 십자가를 자랑"한다. 이것은 바울이 자신의 신학을 자기를 비우신 그리스도(*kenotic* Christ)에 집중하고자 함을 보여 준다.

할례를 설교하는 사람들과 달리, 3장 7-9절에서 바울은 그리스도를 믿는 믿음으로 말미암는 의를 위해 "율법에서 나오는 자신의 의"를 거부한다. 바울은 그리스도의 자기 비움(κένωσις, '케노시스')을 자기 자신의 존재 형태가 되도록 하였다. 바울은 그리스도께 드리는 찬송(Christ hymn)에 나오는 그리스도를 자신의 모델로 삼아, 자신의 가치가 아니라 그리스도 예수의 지극히 높은 가치에 근거하고, 자신의 지위가 아니라 희생에 근거하여, 자기 권위를 내세우는 적대자들에게 맞대응하였다(3.2-21).[295] 그리스어 '케노시스'(κένωσις)는 '케노스'(κενός, "텅 빈")에서 파생

294. 갈 6.13-14: "할례를 받은 그들이라도 스스로 율법은 지키지 아니하고 너희에게 할례를 받게 하려 하는 것은 그들이 너희의 육체로 자랑하려 함이라 그러나 내게는 우리 주 예수 그리스도의 십자가 외에 결코 자랑할 것이 없으니 그리스도로 말미암아 세상이 나를 대하여 십자가에 못 박히고 내가 또한 세상을 대하여 그러하니라."

295. 바울은 롬 9.3, 15.30; 고전 4.9, 13; 고후 4.12에서 자신의 자발적인 자기희생에 대

된 "비움" 또는 "낮아짐"을 의미한다. 빌립보서 2장 5-8절에서 바울은 다음과 같이 말한다.[296]

> 너희 안에 이 마음을 품으라 곧 그리스도 예수의 마음[ἐν Χριστῷ Ἰησοῦ]이니 그는 근본 하나님의 본체시나 하나님과 동등됨을 취할 것[ἁρπαγμὸν]으로 여기지 아니하시고, 오히려 자기를 비워[ἑαυτὸν ἐκένωσεν] 종의 형체를 가지사 사람들과 같이 되셨고 사람의 모양으로 나타나사 자기를 낮추시고 죽기까지 복종하셨으니 곧 십자가에 죽으심이라.

하강-상승 모티프(descent-ascent motif)로 표현된 위의 찬송에서 바울은 그리스도를 빌립보 교인들의 첫 번째이자 최고의 모범으로 제시하였다.[297]

해 이야기한다. 골 1.24 참조.

296. 빌 2.5-11의 저자에 관한 더 자세한 연구는 Ralph P. Martin, *Carmen Christi: Philippians ii 5-11 in Recent Interpretation and in the Setting of Early Christian Worship* (Grand Rapids, Mich.: Eerdmans, 1983), 42-62 참조. 그리고 Morna D. Hooker, "Philippians 2:6-11," in *Jesus und Paulus: Festschrift für Werner Georg Kümmel zum 70. Geburtstag*, ed. E. E. Ellis and E. Grässer (Göttingen: Vandenhoeck und Ruprecht, 1978), 151-64; N. T. Wright, "ἁρπαγμός and the Meaning of Philippians 2:5-11," *JTS* 37 (1986): 321-52; 그리고 David A. Black, "The Authorship of Philippians 2:6-11: Some Literary-Critical Observations," *CTR* 2 (1988): 269-89 참조.

297. 빌 2.5-11의 그리스도 찬송에는 두 가지 상반된 해석 견해가 있다. 이 찬송을 따라야 할 그리스도의 모범을 제시하는 것으로 보는 E. Larsson의 윤리적 패러다임 해석(ethical-paradigmatic interpretation); 그리고 '엔 크리스토'(ἐν Χριστῷ)에 대한 E. Käsemann의 교회론적 견해와 6-11절에서 이어지는 구원론적 드라마가 그것이다. 빌 2.5-11에 대한 두 가지 경쟁적인 해석에 대해서는 R. P. Martin, *Carmen Christi*, 63-95 (ch. IV: "Philippians II.5-11: Main Lines of Twentieth Century Interpretation") 참조. 두 가지 상반된 견해에 대한 또 다른 좋은 요약은 Peter T. O'Brien, *Commentary on Philippians*, NIGTC (Grand Rapids, Mich.: Eerdmans, 1991), 253-62에서 찾을 수 있다. 빌립보 찬송에 나오는 그리스도가 모방의 모델로

여기서 겸손과 관대함, 그리고 비(非)이기심을 특징으로 하는 그리스도의 생활 방식이 그들에게 삶의 본보기가 되기를 원하였다(2.1-4). 바울은 그리스도께 드리는 찬송을 통해 빌립보 교인들에게 그들의 공동 생활에서 그리스도의 본을 따르라 촉구했다. 찰스 쿠사에 따르면, 바울은 빌립보서 2장 6-11절에서 그리스도 찬송을 사용하여 그리스도의 이야기가 어떻게 공동체의 삶의 모범이 되는지를 설명한다.[298] 이 찬송은 또한 아담-그리스도 유비(Adam-Christ analogy)로써, 하나님처럼 되려는 아담의 시도와 하나님으로서 인간이 되신 그리스도를 반영한다.[299] 그리스도께서 자신을 비우는 행위는 그를 (첫 번째) 아담과 구별하는 열쇠다. 그리스도는 자신을 비우고 십자가에서 죽기까지 순종함으로써 아담의 저주와 그 결과인 죽음을 없애셨다. 캐롤린 오시크(Carolyn Osiek)은 7a절에서의 그리스도의 자기 비우심을 죽음을 면할 수 없음과 죽음을 받아들인 것으로 해석한다.

> 그[그리스도]가 부패성을 포함한 인간의 모든 것을 취하셨고(7b-c절), 죽기까지 자신을 낮추셨고(8절), 우리를 위해 죽음을 자유롭게 수용하신 모든 결과는 상세히 설명된다. 그런 다음 승천(9-11절)은 더 쉽게 설명된다. 인간으로 태어난 예수 메시아는 인간이 되신 것이 아니라 죽음이라는 "완전한 파국"을 받아들인 순종으로 인해 하나님에 의해 천상의 영역

제시되지 않았다는 E. Käsemann의 해석과 달리, Carolyn Osiek는 다음과 같이 주장한다. "그러나 서신에서 찬송의 사용을 보면서, 바울이 예수의 순종을 본받아야 할 모델로 제시하려는 의도가 없다고 생각하는 것은 매우 곤란하다." Carolyn Osiek, *Philippians, Philemon* (Nashville: Abingdon, 2000), 69 참조.

298. Cousar, *Letters of Paul*, 139.
299. 참조: 고전 15.21-22, 45-49; 롬 5.12-21.

으로 들어 올려져 하나님 우편에 앉으셨고(시 110.1), 그곳에서 모든 정사와 권세를 받았다(단 7.13-14, 참조: 마 28.18).[300]

바울은 예수의 죽음 방식, 즉 죽기까지 다른 사람을 위해 자기를 부인하는 섬김을 구체적으로 설명한다. 바울은 2장 8-9절에 언급된 그리스도의 죽음에 대한 순종과 그 결과로 인한 높아지심을 근거로, 빌립보 교인들에게 "지속적으로 자신의 소망에 주의를 기울이라고 간청함으로써 그리스도의 예를 따르라 호소할 수 있다."[301]

그리스도 찬송의 저자는 "두 문화와 두 종교 전통의 교차로에 서 있었다. 그 배경은 유대인이지만 그는 그리스 사상에 깊은 영향을 받았고, 그리스도인으로서 복음을 헬레니즘이라는 더 큰 세계와 연결시키는 데 관심이 있다."[302] 헬레니즘의 '파이데이아' 전통이 빌립보서의 모방(μίμησις, '미메시스') 언어에 스며들었다는 것은 주목할 만한 일이다. 특히 이 찬송은 그리스도의 본을 따라 신자들이 행동하는 것을 목표로 하는 바울의 '파이데이아'를 반영한다. 헬레니즘의 '파이데이아' 전통에서 제자들은 '미메시스'(μίμησις, "모방", "닮음")를 통해 스승이 제시한 모델/패턴을 내면화하여 실천해야 했다. 십자가에 달린 그리스도를 본받았던 바울은 빌립보 교인들에게 그들의 인격과 생활 방식을 그리스도나 자신의 인격과 생활 방식에 따라 형성함으로써 "함께 [나를] 본받는 사람"(συμμιμηταί, '쉼미메타이')이 되라고 권면한다. 3장 17-18절에서 바울은 자신의 교육적 관심사를 '모방'(*imitatio*)이라는 분명한 언어로 표현한다.

300. Osiek, *Philippians*, 67.
301. Osiek, *Philippians*, 69.
302. R. P. Martin, *Carmen Christi*, 297, 317-18.

"형제들아 너희는 함께 나를 본받으라[συμμιμηταί] 그리고 너희가 우리를 본받은 것처럼 그와 같이 행하는 자들을 눈여겨보라 내가 여러 번 너희에게 말하였거니와 이제도 눈물을 흘리며 말하노니 여러 사람들이 그리스도의 십자가의 원수로 행하느니라." 3장 17절-4장 1절에서 바울은 2장의 그리스도 찬송에 비추어 "모범을 통한 변화의 희망"에 대해 이야기한다.[303] 3장 10절에서 바울은 "'그리스도의 죽음에 일치하는' 방식으로" 자신의 '파이데이아'를 제시한다. "나는 그리스도와 그분의 부활의 능력을 알고 싶고, 그분의 죽음에 그분과 같이 됨으로써 그분의 고난을 나누고 싶습니다"(NRSV).[304] 여기서 바울은 자신의 삶을 십자가의 삶으로 보았다. 바울의 생각에 육체를 생활 방식의 중심으로 여기는 적대자들은 결국 멸망으로 끝날 것이다(3.19). 이런 의미에서 바울의 적대자들은 그가 빌립보 교인들을 위해 설정한 모범과 반대로 걷는 사람들, 즉 "그리스도의 십자가의 원수들"(3.18)로 묘사된다. 그들의 생활 방식에 반대하여, 바울은 그 자신뿐만 아니라 본받아야 할 다른 사람들의 생활 방식을 제시한다. 여기서 바울은 모방/닮음의 언어로 빌립보 교인들에게 자신을 본받기 위해 함께 동참하라고 요구하거나, "그들 눈앞에 놓인 '전형'(type) 또는 '인상'(imprint)이 되도록 그 자신을 자기와 같은 길을 걸어온 다른 사람들과 연합한다."[305] 바울 자신이 그리스도를 본받아 살았던 것처럼, 빌립보 교인들도 (갈 5.16에서처럼) 성령 안에서/성령에 의해 살도록 요청받았다.

바울은 율법에 근거한 의와 그리스도를 믿는 믿음을 통해 하나님으

303. Osiek, *Philippians*, 100.

304. Gordon D. Fee, *Paul's Letter to Philippians*, NICNT (Grand Rapids, Mich.: Eerdmans, 1995), 364.

305. Osiek, *Philippians*, 101.

279-280

로부터 오는 의를 분명하게 대조한다.

> 또한 모든 것을 해[ζημία, '제미아']로 여김은 내 주 그리스도 예수를 아는 지식이 가장 고상하기 때문이라 내가 그를 위하여 모든 것을 잃어버리고 배설물[σκύβαλα, '스퀴발라']로 여김은 그리스도를 얻고 그 안에서 발견되려 함이니 내가 가진 의는 율법에서 난 것이 아니요 오직 그리스도를 믿음으로 말미암은 것이니 곧 믿음으로 하나님께로부터 난 의라.[306]

바울이 보기에 율법에 근거한 이전의 이점은 그리스도를 얻었기 때문에 이제 "해/손실"(ζημία)로 간주된다. "그리스도를 아는 것의 탁월한 가치"와 비교할 때, 모든 것은 길거리 "쓰레기/배설물"(σκύβαλα)에 비유된다. 바울에게 그리스도를 안다는 것은 "부활의 능력을 통해 현재 그리스도의 고난에 참여하는 것을 의미하며, 여기에는 부활할 때 '그리스도의 죽으심을 본받는 것'과 '그의 영광의 몸을 본받는 것'을 기다리는 것이 포함된다."[307] "가장 고상한, 내 주 그리스도 예수를 아는 지식" 때문에 바울이 배설물로 여기는 것들은 무엇일까? 그리스도를 얻는 것은 이전의 모든 것을 잃는 것을 동반한다. 3장 9절에서 반복적인 수사를 사용함으로써, 바울은 '이전의 모든 것'이 할례와 다른 모든 형태의 율법 준수를 의미한다는 사실을 암시한다.

I. a. 내가 가진 의는 … 것이 아니요
    b. 율법에서 난

---

306. 빌 3.8-9.
307. Fee, *Philippians*, 314. 빌 3.21 참조.

c. 오직 그리스도를 믿음으로 말미암은 것이니

II. a. 의

b. 하나님께로부터 난

c. 믿음으로 말미암은[308]

위의 레이아웃(layout)에서 볼 수 있듯이 율법 준수에 근거한 의는 그리스도를 믿는 믿음을 통한 의와 현저한 대조를 이룬다. 율법에 근거한 "나 자신의 의"는 바울의 적대자들이 그들의 의에 대해 믿는 것에 다름 아니다. 바울은 이방인의 할례(3.3-4)를 주장하는 이들에게 대항하여, 율법 준수에 근거한 그들의 의를 아무것도 아닌 것으로 간주하고, 새로운 의의 근원이 되시는 '케노틱'(*kenotic*, "자기 비움의") 그리스도를 제시한다. '케노틱' 그리스도의 삶의 패턴을 따라 사는 바울은 빌립보 교인들에게 그들의 행동도 그분의 패턴을 따르라고 권면한다. 바울이 보기에 새로운 의는 율법 준수를 기반으로 하는 것이 아니라, 그리스도를 믿는 믿음과 그리스도를 본받는 것에 기초한다. 바울은 빌립보 교인들에게 자기를 비워, 십자가 죽음에 순종하신 그리스도의 모습에 부합하는 방식으로 살 것을 촉구한다. 앞서 언급처럼, 바울 '파이데이아'의 본질은 율법이 아닌, 예수의 삶을 본받는 것이다. 바울의 '파이데이아'에서 그리스도를 본받는다는 것은 율법에 근거한 의를 거부하는 것이다. 바울의 '파이데이아'는 모세 율법을 기록된 법전(성문)으로 준수하는 것이 아니라, 그리스도의 삶의 패턴을 따라 살았던 사람들의 실제 모범을 본받는 것

308. 필자는 RSV에 따라 위의 빌 3.9의 레이아웃을 수정했는데, 이는 Gordon D. Fee가 제공한 것이다. Gordon D. Fee는 빌 3.9이 (a) "의"의 뉘앙스, (b) "율법에 근거한/하나님께로부터"라는 대조, 그리고 (c) 구절 "그리스도를 믿는 믿음으로"라는 세 부분의 구절로 형성된다고 본다. Fee, *Philippians*, 322 참조.

을 목표로 한다.

e. 로마서: 율법의 약점과 율법의 마침/목표(τέλος)이신 그리스도

로마서에서 바울은 "율법의 행함으로 의롭다 함을 얻을 자"(2.13)와 "율법의 행위[ἔργα νόμου]로 그의 앞에 의롭다 하심을 얻을 육체가 없나니"(3.20)를 언급함으로 율법에 대해 긍정적인 면과 부정적인 면을 모두 진술했다. 바울은 한편으로는 누구도 율법에 순종하지 못한다고 주장하고(1.18-3.30, 7.14-25), 다른 한편으로는 오직 그리스도인만이 율법의 요구를 이룰 수 있다고 주장한다(8.3-8).[309] 1장 18절-3장 20절에서는 유대인이든 이방인이든 율법이 요구하는 바를 온전히 행하는 사람은 아무도 없으며(3.20), 유대인이나 이방인이나 모두 죄 아래 있다는 사실을 분명히 하는 것이 바울의 주된 관심사다(3.9). 바울은 유대인이 이방인과 구별되는 것으로 자랑하는 것을 배제한다(3.27).[310] 3장 27절에서 행위의 법은 믿음의 법과 대조된다. 3장 27절을 믿음 안에서 율법을 바르게 이해함으로써 율법이 제자리를 찾았다고 해석하는 한스 휘브너와 달리,[311] 레이제넨은 바울이 "'행위의 법'(3.27) 즉, 율법의 질서는 옛 법과 근본적으로 다른 '법'으로 대체되었다"고 논쟁적으로 진술한다고 주장한다.[312] 2장 13절에서 언급된 행위의 법에 의한 칭의 개념은, 3장 28절의 "그러므로 사람이 의롭다 하심을 얻는 것은 율법의 행위에 있지 않고 믿음으

309. 롬 8.4: "육신을 따르지 않고 그 영을 따라 행하는 우리에게 율법의 요구가 이루어지게 하려 하심이니라."
310. 롬 3.27: "그런즉 자랑할[καύχησις] 데가 어디냐 있을 수가 없느니라 무슨 법으로냐 행위로냐 아니라 오직 믿음의 법[νόμος πίστεως]으로니라."
311. Hans Hübner, *Law in Paul's Thought* (Edinburgh: T. & T. Clark, 1984) 참조.
312. Räisänen, *Paul*, 52.

로 되는 줄 우리가 인정하노라"는 주장과 모순되는 것처럼 보인다. 모든 사람이 율법으로는 하나님의 의를 얻을 수 없다는 바울의 회의적 진술은 3장 21-26절에서 드라마틱하게 희망적으로 역전되어, 예수 그리스도를 믿는 믿음으로 인한 하나님의 의를 모든 사람에게 설명한다. 예수를 믿음으로 말미암는 칭의는 자랑, 특히 유대인의 특별한 지위를 배제하는 근거가 될 뿐만 아니라, 이방인에게도 구원의 문이 열려 있음을 의미한다. 바울은 3장 31절의 "우리는 율법을 굳게 세우느니라"[νόμον ἱστάνομεν]"는 주장과는 반대로 그가 율법을 폐했다는 적대자들의 중대한 반대에 직면했을 것이다. 바울은 이러한 반대를 해결하기 위해, 믿음으로 의롭다 함을 얻은 증거로 아브라함 이야기(4장)를 사용한다. 4장 1-12절에서 아브라함은 3장 28절에서 말한 논지를 예시하고, 4장 13-25절에서 바울은 복음을 믿는 모든 사람에게 이 논지를 적용한다. 바울은 할례를 받기 전에 하나님께 의롭다 인정받은 아브라함 이야기(4.11, 참조: 창 15.6, 17.11-14, 23-27)에 근거하여, 아브라함이, 믿는 유대인은 물론 믿는 이방인의 원형이 된다고 주장한다(4.11-12). 로마서 3-4장에서 율법에 대한 바울의 진술의 전반적인 수사학적 의도와 관련하여 리처드 헤이스는 "바울은 율법에 대한 체계적인 교리를 말하는 것이 아니라, 오히려 의도적으로 도발하는 방식으로, 율법을 유대 민족이 주장하는 선민의 특권적 지위와 연관시키는 확고한 입장을 불안정하게 만들려 노력하고 있다"고 말한다.[313]

바울에게 율법은 아브라함에게 주신 약속과 아무 관련이 없으며, 오히려 진노를 불러일으키는 반면, 아브라함이 세상을 상속받게 될 것이라는 약속은 율법이 아닌 믿음에 달려 있다. 바울의 논지와 관련하여 그

313. Hays, "Three Dramatic Roles," 158.

의 적대자들은 다음 질문을 제기할 것이다. "율법이 유대인에게 아무런 유익이 없다면, 하나님은 왜 율법을 주셨는가?" 바울은 먼저 율법이 거룩하고 의롭고 선하며 영적이라는 점을 인정한다(7.12, 14). 바울이 율법을 긍정하는 것은 율법을 죄와 죽음, 속박과 노예와 밀접하게 연관시켰던 바울의 이전 진술을 수정하는 역할을 한다(5.12-21, 7.1-6). 반면에 7장 7-13절에서 그는 율법의 근본적 문제, 즉 죄를 억제할 수 없다는 사실을 분명히 한다. 다음 섹션인 7장 14-25절에서 바울은 율법이 의도하는 선을 행할 수 없는 이유를 설명한다. 그 이유는 율법 아래에서는 내재하는 죄의 힘을 이길 수 없기 때문이라고 바울은 말한다(7.17). 율법은 죄를 정의하고(3.20), 죄를 계수하고(5.13), 죄를 드러내며(7.13), 그 결과 죄를 증가시킨다(5.20). 7장 14-25절에서 율법과 죄의 관계에 대한 바울의 주장은 이 절의 주체인 "나"/'에고'(ἐγώ)에 대한 그의 경험적 인식에서 비롯된 것으로 보인다. 여기서 외형적으로 묘사된 율법은 강력한 것처럼 보이나 실제로는 아무런 힘이 없다. 다시 말해, 율법은 죽음으로만 벗어날 수 있는 힘처럼 보이지만(7.6), 사실상 "더 강력한 죄의 힘에 의해 지배되어, 그 강대한 힘에 의해 악한 목적으로 사용되며, 비극적 결과를 초래한다(7.7-25)"는 것이다.[314]

결국 율법의 역할은 사람들이 하나님의 뜻을 알 수 있도록 그 뜻을 명백히 함으로써 죄를 깨닫게 하는 것이다(3.20, 4.15, 5.13, 7.7, 21-23). 율법의 무능력과 사망에 이르는 죄의 증가로 우리의 상황이 교착 상태에 빠진다면, 우리는 어떻게 이 딜레마에서 벗어날 수 있을까? 8장 5-11절에

314. Bassler, *Navigating Paul*, 19. 롬 7.6: "이제는 우리가 얽매였던 것에 대하여 죽었으므로 율법에서 벗어났으니 이러므로 우리가 영의 새로운 것으로 섬길 것이요 율법 조문의 묵은 것으로 아니할지니라."

서 바울은 그리스도인들은 생명의 성령 법으로 율법이 요구하는 것을 성취할 수 있다고 주장한다(8.4). 이것은 결국 그리스도인과 비그리스도인의 존재 사이의 대조를 보여 준다. 믿음으로 하나님의 의를 발견한 이방인 그리스도인들과 달리 이스라엘은 행위에 의지하는 잘못으로 의를 얻지 못했다(9.30-10.4). 이스라엘이 하나님을 향한 열심이 있었음에도 불구하고 하나님의 의에 이르지 못한 이유는 자신들의 의를 세우려고 노력했기 때문이다. "하나님의 의를 모르고 자기 의를 세우려고[στῆσαι] 힘써 하나님의 의에 복종하지 아니하였느니라"(10.3).[315]

10장 4절의 '텔로스'(τέλος)가 "마침/종결" 또는 "목표" 가운데 어떤 것을 의미하는지는 확실하지 않다. '텔로스'가 그리스도의 오심으로 율법이 없어졌다는 의미인지(종결), 아니면 그리스도께서 율법을 완성 또는 충만하게 하셨다는 의미인지(목표)가 모호하다. 이 두 가지 의미의 절대적 긴장을 해결할 방법은 없다. 그러나 8장 3-4절에 비추어 볼 때 후자(목표)가 더 합리적일 가능성이 높다. 로버트 바데나스(Robert Badenas)는 10장 4절의 핵심 신학 용어인 '텔로스'(τέλος)에 대한 면밀한 검토를 통해 다음과 같은 결론에 도달한다.

> 바울은 그리스도를 율법이 지향하는 목표로 보았기 때문에, 율법에 대한 존경심은 그대로 유지됐지만(3.31, 7.12, 14), 바울의 삶에서 그리스도는 율법을 대신하여 중심에 자리하였다고 추론할 수 있다. 그러나 그리스

315. 참조: 1 Macc. 2.27("그리고 마따디아는 거리에 나서서, '율법에 대한 열성이 있고 우리 조상들이 맺은 계약을 지키려고 하는[ἱστῶν] 사람은 나를 따라 나서시오' 하고 큰 소리로 외쳤다"). 마따디아가 계약을 지키라는 소환에서 동사 '이스톤'(ἱστῶν)을 사용한 것과 관련하여 Dunn은 바울이 롬 10.3에서 염두에 두었던 것과 같은 종류의 열심과 언약 충성심을 발견한다. Dunn, *Theology of Paul*, 368-69.

> 도에 대한 바울의 존경은 율법에 대한 존경을 넘어섰다. 바울은 이스라엘에게 율법을 뛰어넘는 그리스도를 가르치려고 했지만, 이스라엘은 이를 받아들이지 않았다. 그리스도에 비추어 율법을 이해한 결과, 바울은 율법을 더 이상 목표가 아니라 수단으로 볼 수밖에 없었다. 바울이 유대인들을 책망한 것은 바로 율법 그 자체를 목표로 보고(9.31-32), 율법이 그리스도를 가리키고 그에게로 이끈다는 것을 보지 못했기 때문이다(10.4).[316]

바울에게 율법은 구원의 목표가 될 수 없으며, 그리스도에게로 인도하는 수단일 뿐이라는 것이 바데나스의 정확한 관찰이다. 10장 4절에서 바울은 율법과 그 최종 목표인 그리스도로 구성된, 연속적이지만 독특한 두 단계 '파이데이아'를 염두에 두었을 것이다. 바울은 '텔로스'라는 용어를 교육적 의미로 사용하여 율법이 그 완성 또는 충만함을 가져올 수 있는 분으로서의 그리스도를 가리키고 있음을 암시한다. 율법에 집착하는 것이 구원에 이를 수 없음을 보여 주기 위해 바울은 10장 4-5절에서 두 구절(레 18.5, 26.14-46)을 인용한다. 바울은 이 두 구절을 제시함으로써 모세의 언약은 순종하는 자에게 생명을 약속했지만, 이스라엘은 이를 지키지 않았다는 사실을 독자들에게 알린다. 이 율법은 그리스도 안에서 절정(τέλος)에 이르렀다(10.4). 바울은 사랑하라는 계명에 순종하는 것이 율법을 완수하는 것이라고 선언한다(13.8-9). 바울이 보기에 그리스도는 "율법의 마침[τέλος]"이며, 그 성취 또는 충만함(πλήρωμα, '플레로

316. Robert Badenas, *Christ, the End of the Law: Romans 10.4 in Pauline Perspective*, JSNTSup (Sheffield: JSOT, 1985), 150-51.

마')은 사랑이다.[317] 십자가에서 희생적인 사랑으로 구체화된 그리스도의 법은 율법의 성육신(νόμος ἔμψυχος)이며, 바울 '파이데이아'의 최종 목표이다. 8장 3-4절에서 바울은 이 성육신한 율법에 관해 주목할 만한 진술을 한다.

> 율법이 육신으로 말미암아 연약하여 할 수 없는 그것을 하나님은 하시나니 곧 죄로 말미암아 자기 아들을 죄 있는 육신의 모양으로 보내어 육신에 죄를 정하사 육신을 따르지 않고 그 영을 따라 행하는 우리에게[ἐν ἡμῖν] 율법의 요구[τὸ δικαίωμα τοῦ νόμου]가 이루어지게 하려 하심이니라.

여기서 바울이 단수로 표현한 "정당한 요구사항"(δικαίωμα, '디카이오마')은 "율법의 개별 요구사항을 충족하는 것이 아니라 의에 대한 율법의 본질적 요구를 충족하는 것"에 중점을 두고 있다.[318] 또한 이 요구사항이 '우리에 의해'가 아니라 '우리 안에서' 성취될 것이라고 바울이 말한 것은 "성령의 내주하심을 통해 우리 안에서 성취될 것"이라는 의미다.[319] 성령의 법을 따라 행하고 그리스도의 법을 성취한다는 것은 기록된 법전(성문)으로서의 율법을 준수하는 것이 아니라 보편적인 믿음의 법을 준수함으로써 율법이 스스로 성육화하게 하는 것과 같다.[320]

바울은 로마서에서 왜 율법의 약점을 설명하는가? 기원후 54년 네로 황제에 의해 클라우디우스 칙령(the Edict of Claudius)이 폐지된 후, 로

317. 롬 10.4, 13.9-10.
318. Bassler, *Navigating Paul*, 20.
319. Bassler, *Navigating Paul*, 20.
320. 참조: Philo, *Abr.* 2-6; *Mos.* 1.162.

마 교회에는 이방인 그리스도인들과 로마로 돌아온 유대인 그리스도인들 사이에 긴장이 고조되었다.[321] 원래 로마 교회는 독점적으로 유대인 그리스도인들로만 구성되었지만, 바울이 로마서를 기록할 당시에는 이방인이 주류였을 가능성이 높다.[322] 이러한 상황에서 바울은 은유적 언어(11.17-24)를 사용하여 이방인들의 오만에 대해 경고하고, 유대인 그리스도인들에게 종교적 자랑을 절대적으로 그리고 완전히 배제하라고 권고한다(3.27-31). 14장 1절-15장 13절에서 "약한 자들"과 "강한 자들" 사이의 명백한 긴장은 유대인 그리스도인들과 이방인 그리스도인들 사이의 마찰을 암시한다. 특히 14장 1-12절은 음식 문제와 특별한 날에 관한 규정을 준수하는 사람들(약한 자들)과 그리스도 안에서 자유를 주장하며 그러한 규정을 무시하는 사람들(강한 자들) 사이의 긴장을 보여 준다. 바울은 '카타로스'(καθαρός, "깨끗한")와 '코이노스'(κοινός, "부정한") 음식에 관한 자신의 입장을 설명한다(14.14, 20). 로마서의 대부분은 유대인과 이방인의 관계와 구원 역사에서의 그들의 위치를 다루고 있다(1.16-17, 2.9, 10장, 특히 9-11장, 15.1-13).

바울이 로마서를 쓴 이유 중 하나는 예루살렘 방문이 임박했기 때문이라고 설명할 수 있다. 사도행전에 따르면, 바울은 예루살렘과 연락을 유지하고(9.26, 11.30, 15.2, 18.22, 19.21) 자신의 복음이 예루살렘의 복음과 일치하는지 확인하고자 노력했음이 분명하다(15장). 바울은 로마서를 통해 자신의 복음에 대한 이중 변증(double apologias)을 목표로 하였다. 바울은 한편으로는 예루살렘 교회의 잠재적 비판에 맞서 유대 율법을 지키

321. A. J. M. Wedderburn, *The Reasons for Romans* (Minneapolis: Fortress, 1991), 54-59.
322. F. F. Bruce, "The Romans Debate-Continued," *BJRL* 64 (1982): 337-42.

지 않는 이방 교회의 타당성을 변호하고, 다른 한편으로 하나님의 목적 안에서 이스라엘의 지속적인 타당성을 옹호한다. 예루살렘 교회를 염두에 둔 바울의 율법 변증은 그가 죄를 권하는 자로 비방받고 있음을 암시한다(3.8, 6.1). 예루살렘과 로마에 대한 그의 이중 변증은 율법에 대한 그의 양면적 태도와 분리될 수 없다. 엄밀히 말해, 율법은 죄를 억제하는 것이 아니라 오히려 죄를 증가시킨다는 점에서 약점을 가지고 있다(4.15, 5.20, 7.5, 7.7-25). 결국 바울은 "그리스도는 율법의 마침"이라고 선언한다(10.4). 이 점은 15장 1-13절에서 바울이 로마 회중이 따라야 할 모범으로 그리스도를 제시한다는 사실에 의해 분명해진다.[323] 바울은 15장 5절에서 그리스도의 모범에 대한 호소를 바탕으로 화합을 간청한다. "이제 인내와 위로의 하나님이 너희로 그리스도 예수를 본받아 서로 뜻이 같게 하여 주사."

요약하자면, 바울이 로마서를 쓴 목적은 부분적으로는 율법에 대한 오해를 바로잡기 위한 것이다. 그는 복음에 대한 상반된 오해에 직면했다. 바울의 복음은 외적으로는 예루살렘 교회와 로마 교회 사이의 긴장을, 내적으로는 약한 자들과 강한 자들 사이의 갈등을 야기했다. 바울은 난해한 문제를 해결하기 위해 율법의 본이 되시고 참 그리스도인의 모범이 되시는 그리스도께 호소함으로써 이들을 화해시키려고 노력했다. 따라서 로마서에서 율법은 부활로 죄와 죽음을 이기신 그리스도에게 인도하는 것으로 묘사될 수 있다(1.4, 6.9-10, 8.34).

---

323. Michael Thompson, *Clothed with Christ: The Example and Teaching of Jesus in Romans 12.1-15.13* (Sheffield: JSOT, 1991), 208-36.

C. 3막(교회 시대)에서 4막('파루시아')까지

바울의 4단계 구원 드라마에서 교회 시대(3막)는 이미 "그리스도께서 경건하지 않은 자들을 위해 죽으실 때에"(롬 5.6) 시작되었으며, 그리스도의 재림('파루시아') 때까지 진행된다(4막). 예수의 죽음과 부활이 새로운 시대를 시작했듯이, 그의 재림은 그 시대를 절정으로 이끌고, 그때, 시작된 구원의 역사를 완성할 것이다.[324] 바울은 그리스도의 부활에서 시작된 일을 신자들이 장차 그리스도의 부활에 참여함으로 완성된다고 주장한다. "기록된 바 '내가 믿었으므로 말하였다' 한 것같이 우리가 같은 믿음의 마음을 가졌으니 우리도 믿었으므로 또한 말하노라 주 예수를 다시 살리신 이가 예수와 함께 우리도 다시 살리사 너희와 함께 그 앞에 서게 하실 줄을 아노라."[325] 현재, 교회는 그리스도의 부활 사역으로 이루어진 새 시대를 이미 경험하기 시작했다. 따라서 바울의 구원 드라마는 메시아 시대의 구원 역사와, '파루시아'에서 성취될 구원 역사 사이에 시간적 간격이 있다.[326] 바울은 그리스도의 사건, 즉 그의 오심,

---

324. Dunn, *Theology of Paul*, 295. L. Cerfaux는 다음과 같이 주장한다. "'파루시아'는 그리스도의 부활에서 예고되었으며, 그리스도의 부활과 재림은 모두 그의 죽음에 내포되어 있다." L. Cerfaux, *Christ in the Theology of St. Paul* (Freiburg: Herder, 1959), 152 참조.

325. 고후 4.13-14.

326. 살전 4.14-17(15절, εἰς τὴν παρουσίαν τοῦ κυρίου); 고전 15.23-25(23절, ἐν τῇ παρουσίᾳ αὐτοῦ). 살후 2.1, 8; 고전 1.7-8, 4.4-5, 11.26, 16.22; 빌 3.20-21; 롬 8.31-39, 11.26-27도 참조. 참조: 행 2.17-21(20절, πρὶν ἐλθεῖν ἡμέραν κυρίου τὴν μεγάλην καὶ ἐπιφανῆ), 행 3.19-21("그러므로 너희가 회개하고 돌이켜 너희 죄 없이 함을 받으라 이같이 하면 새롭게 되는 날[καιροὶ ἀναψύξεως]이 주 앞으로부터 이를 것이요 또 주께서 너희를 위하여 예정하신 그리스도 곧 예수를 보내시리니 하나님이 영원 전부터 거룩한 선지자들의 입을 통하여 말씀하신 바 만물을 회복하실 때까지는 [ἄχρι χρόνων ἀποκαταστάσεως πάντων] 하늘이 마땅히 그를 받아 두리라").

죽으심과 부활이 인간 존재에 극적인 영향을 미쳤으며, 개인뿐만 아니라 온 세상을 완전히 변화시켰다고 강력하게 믿었다. 그리스도의 초림으로 시작된 교회 시대와 함께 모세 율법의 시대는 하나님의 구속 드라마 속에서 막을 내렸다. 다메섹 사건을 경험한 바울은 열렬한 교회 박해자이자 동시대 다른 사람보다 유대교를 지나치게 믿는 사람(갈 1.13-14; 빌 3.6)에서 이방인의 사도로 거듭났다(갈 1.16; 롬 11.13). 바울은 하나님께서 율법이 저주가 된 사람들을 구속하기 위해 율법의 저주가 되신 예수를 옹호하였고, 이제 율법은 그리스도에게 그 자리를 양보해야 한다는 것을 깨달았다.[327]

하나님의 백성은 그리스도 안에서 그분의 법을 따라 살기 때문에 더 이상 모세의 율법 아래 살지 않으며 율법을 지킬 의무도 없다. 율법으로부터 자유로운 바울의 복음은, 아브라함에게 주신 약속, "너로 말미암아 모든 족속이 복을 받으리라"는 말씀에 예고된 대로 유대인의 국경을 넘어 이방 세계를 향해 나아갔다.[328]

바울의 구원 드라마는 유대의 국경을 넘어 이방 세계로 수평적 확장을 할 뿐만 아니라 하늘과 땅에서 동시에 펼쳐진다는 점에서 수직적 차원을 지니고 있다. 바울은 개인의 구원은 일부일 뿐, 우주적 구원의 과정을 이야기한다. 바울에게 이 구원의 과정은 그리스도를 닮아 가는 변화의 과정이다.[329] 계속되는 구원의 과정에서 그리스도의 아들 됨은 그를 믿는 사람들에게 공유되며, 그는 새로운 가족의 맏형이자, 죽은 자

327. 갈 3.10-13.
328. 갈 3.8. 참조: 창 12.3.
329. 고후 3.18: "우리가 다 수건을 벗은 얼굴로 거울을 보는 것같이 주의 영광을 보매 그와 같은 형상으로 변화하여 영광에서 영광에 이르니 곧 주의 영으로 말미암음이니라." 참조: 빌 3.10.

가운데서 맏아들이 되셨다.[330] 이런 의미에서 그리스도의 오심과 믿는 자들에게 하나님의 자녀가 되는 권세를 주심으로 우주적인 새로운 가족이 형성되었다. 우주적인 새로운 가족은, 그리스도 중심의 '파이데이아', 즉 구원의 길로 제시된 새로운 '파이데이아'를 따라 교육적이고 구원론적인 과정을 통해 형성되었다.

1. 유대 국경 너머, 온 우주를 향해

바울은 모세 율법이 정의한 이스라엘이라는 한정된 범위를 훨씬 뛰어넘어 모든 민족을 포함한, 전 우주를 향한 구원의 드라마를 제시한다. 바울은 기독교 초기에 모세의 율법을 지키지 않고도 이방인들이 유대인들과 동등한 위치에 설 수 있도록 문을 활짝 열었다.

율법의 가장 두드러진 특징 가운데 하나는 이스라엘과 이방인 사이의 경계를 정의하는 역할이다.[331] 제임스 던에 따르면, 율법은 유대인과 이방인을 구분하는 정체성 표식으로 기능한다. 던은 "율법의 행위"(ἔργα νόμου)를 "율법의 백성을 구별하는 사회적 기능"으로 해석한다.[332] 할례, 정결법, 음식법, 안식일 준수와 같은 율법의 행위는 유대인의 정체성을 확립함으로써 유대 민족을 다른 세상 사람들과 분명하게 구분한다. 바울이 "예수 그리스도의 계시로"(갈 1.12) 받은 복음은 유대인과 이방인 사이에 놓여 있던 유대의 민족적 경계를 없애 버렸다.

바울의 생각에서 이 신적인 구원 계획은 이미 1막에서 아담과 아브

330. 용어 "맏아들"(πρωτότοκος)에 관해서는 롬 8.29을 보라. 참조: 골 1.15, 18.
331. Hays, "Three Dramatic Roles," 151-64. 이 글에서 Hays는 율법의 세 가지 역할을 (1) 유대 민족의 정체성을 정의하고, (2) 모든 인류에 대한 정죄를 선포하며, (3) 예수 그리스도 안에서 계시된 하나님의 의를 예시하는 신탁적 증거로 제시한다.
332. James D. G. Dunn, *Romans 1-8*, WBC 38A (Waco, Tex.: Word, 1988), 159.

라함이라는 두 주요 인물을 통해 예시되었다. 그리스도를 아담에 연결시키고, 아브라함 안에서 이방인들이 받을 복을 해석하는 바울은 십자가상에서 그리스도가 이루신 구속 사역의 보편적인 범위를 전망하였다.[333] 그리스도 사건 이후, 바울은 구원이 십자가에 처형되고 부활하신 예수를 믿는 믿음을 통해 은혜로 주어지는 것으로 이해하였다.

다메섹 도상에서 부활하신 그리스도를 환상적으로 경험한 결과, 바울의 유대교적 유산은 급진적으로 재구성되었다.[334] 바울의 이전 신학적 관점은 예수 그리스도의 계시적 경험에 의해 근본적으로 수정되었다. 이 경험을 자극제로 삼아 바울은 유대 민족주의적 열정을 유대인과 이방인의 공생(*symbiosis*)을 위한 우주적 비전으로 대체하였다.[335] 우주적 재창조를 예루살렘의 재창조에 비유한 이사야 66장 22-23절에 근거하여, 바울은 이방인의 유입과 관련하여 새로운 신자 공동체의 재창조를 생각하였다. 갈라디아서 6장 15-16절에서 바울은 이 새로운 공동체를 "하나님의 이스라엘"이라고 부른다. 바울은 모든 피조물이 그리스도께서 이루신 구속을 기다리는 것으로 묘사한다.[336] 바울은 그의 드라마에서 그리스도와 그의 적대 세력 사이의 우주적 투쟁, 그 세력에 대한 그리스도의 궁극적 승리, 그리고 마지막 완성의 순간에 만유의 주로서 만유 안에([τὰ] πάντα ἐν πᾶσιν) 계시는 하나님을 입증하였다.[337] 따라서 바울은 하

333. 고후 5.14-15.

334. Richard B. Hays는 이스라엘의 이야기가 "십자가와 부활에 의해 해석학적으로 재구성되었다"고 언급한다. Richard Hays, "The Conversion of the Imagination: Scripture and Eschatology in 1 Corinthians," *NTS* 45 (1999): 395 참조.

335. 유대인과 이방인의 공생에 대한 바울의 생각은 갈 3.13-14, 22-29, 4.4-6; 롬 9-11장 참조.

336. 롬 8.18-23.

337. 고전 15.20-28.

나님, 선한 영, 인류에게 적대적인 사탄과 그의 우주적 악령으로 가득 찬 우주 캔버스에 자신의 구속 드라마를 투영했다.

2. 불멸의 우주적 생명을 위한 바울의 '파이데이아'(παιδεία)

a. "그리스도 안에서"(ἐν Χριστῷ) 그리스도 닮음(*Imitatio Christi*)을 통한 '파이데이아'

"그리스도 안에서"(ἐν Χριστῷ)라는 구절과 그리스도 닮음의 개념은 바울 '파이데이아'에 매우 중요한 개념이다. 제2장, 제3장, 제4장에서 논의한 바와 같이, 그리스 영웅주의 전통과 유대-헬레니즘의 '파이데이아' 전통은 신자들이 그리스도와 그의 성품을 닮거나 본받음으로써, 그리스도 형상을 지니게 하도록 목표 삼는 바울의 '파이데이아'를 이해하는 데 빛을 준다. 바울은 "그리스도 안에서"라는 표현을 83번(에베소서와 목회서신을 제외하면 61번) 사용하였다.[338] "그리스도 안에서"라는 표현은 바울에게 고유한 것처럼 보인다. 두 표현, 즉 "그리스도 안에서"와 "그리스도 닮음" 모두 바울의 독특한 표현으로, 신약성서에서 바울 전서(Pauline corpus) 외에는 거의 찾아볼 수 없다.[339] 앞서 언급에서 알 수 있듯, 바울에게 있어, 그리스도 안의 참여는 아담 안의 참여로 인해 인류에게 가져온 죄와 죽음을 제거했다. 제임스 던이 진술한 대로, "그리스도 안의 참여는 (죄에 의해 남용된) 율법의 주권에서 (그리스도 안에 구현된) 은혜의 주권으로, 그 주권이 바뀌는 것을 의미했다."[340] 또한 그리스도 안에 참여하는 것은 신자들을 그리스도 안에서 하나님의 형상으로 변화시키는

338. 대명사("in him/whom")를 사용하는 동등한 구절은 83번에 포함되지 않는다. Dunn, *Theology of Paul*, 396 참조.
339. 바울 서신 외에는 벧전 3.16, 5.10, 14에서만 "그리스도 안에서"라는 구절이 나온다.
340. Dunn, *Theology of Paul*, 411.

것을 가능하게 한다. 이런 의미에서 "그리스도 안에서"라는 문구는 그리스도인의 정체성과 일상생활에 대한 바울의 인식과 바울이 구원 과정을 어떻게 이해하는지를 반영한다. 그리스도 안에 참여하는 구원의 과정은 "그리스도의 형상을 닮아 영광에서 영광으로 변화되는 것(고후 3.18), 즉 하나님 아들의 형상인(롬 8.29), '그의 영광의 몸을 닮아가는 것'" 이다.[341] 바울은 신자들에게 그리스도의 형상을 닮거나 그리스도의 본을 따라 살기를 요구하였다.[342] 또한 바울은 신자들이 어떻게 서로를 돌봐야 하는지를 가르치기 위해 그리스도를 모델로 제시하였다.[343] 그의 몸인 교회에서 그리스도는 다른 사람들에게 본질적인 역할 모델로 간주되며(고전 12.12-27; 롬 12.4-5), 바울 역시 그리스도를 본받았기 때문에 자신을 모델로 제시하였다(고전 4.16, 11.1; 빌 3.17, 4.9). 마찬가지로 신자들은 바울과, 에바브로디도처럼 "그리스도의 일을 위하여 죽기에" 이른(빌 2.30), 회중의 동역자들을 본받으라고 격려받았다. 따라서 교회는 그리스도가 그 정점인 닮음(μίμησις)의 연쇄 반응을 통해 유기적으로 맞물려 있는 통일된 몸으로 보인다. 교회론적 용어로, 교회는 그리스도와 그분의 성품을 닮아가므로 신자들의 신앙을 구현하여 세워 가는 그리스도의 몸이다.

로마서 1장 23절에서 바울은 사람들이 "썩어지지 아니하는 하나님의 영광을 썩어질 사람과 새와 짐승과 기어다니는 동물 모양의 우상으로 바꾸었느니라"고 말한다. 바울은 인간이 하나님의 형상을 잃어버렸

341. Dunn, *Theology of Paul*, 468.

342. (그의 아들의/그리스도의) "형상"이라는 용어에 대해서는 롬 8.29; 고전 15.49; 고후 3.18 참조.

343. 롬 15.7: "그러므로 그리스도께서 우리를 받아 하나님께 영광을 돌리심과 같이 너희도 서로 받으라."

으며, 오직 예수 그리스도와 그분과 연합한 사람들 안에서만 그 형상이 나타난다고 한다. 바울의 생각에 따르면 그리스도만이 하나님의 형상을 지닐 수 있지만, 그리스도께서 거하시는 사람들은 예수 닮음으로 확증된 이 형상을 받는다(롬 8.29). 고린도후서 4장 4절에서 바울은 창세기 1장 26-27절의 창조 기록을 기독론적으로 해석한다. "그중에 이 세상의 신이 믿지 아니하는 자들의 마음을 혼미하게 하여 그리스도 영광의 복음의 광채가 비치지 못하게 함이니 그리스도는 하나님의 형상[εἰκὼν τοῦ θεοῦ]이니라."[344] 그리스도의 형상으로 변화된다는 것(고후 3.18)은 "그의 부활의 능력"을 경험하고 그의 죽으심을 본받아 그의 고난에 참여하는 것으로 이해된다(빌 3.10). 바울은 구원의 과정을 십자가에 못 박히신 그리스도와 함께 죽고 부활하여 살아 계신 그리스도와 함께 사는 것으로 본다(빌 3.10-11; 롬 6.8).

바울에게 구원은 또한 신자들이 그리스도 안에서 하나님의 형상에 따라 지속적으로 변화되어 가는 과정이다. 폴 샘플리(J. Paul Sampley)는 이러한 구원 과정을 성장과 운동으로 표현한다. 그는 바울이 신자의 신앙생활을 "아기에서 성인으로 성장하는 연속적 과정"으로 묘사하고, 그 자체로 한 지점에서 다른 지점으로의 이동을 암시하는 "걷기"로 묘사하며, 육에 속한 자와 영에 속한 자를 구분한다고 주장한다.[345] 바울은

344. 골 1.15("그는 보이지 아니하는 하나님의 형상이시요 모든 피조물보다 먼저 나신 이시니"); 빌 2.6; 히 1.3; 요 1.14, 18 참조.

345. J. Paul Sampley, "Reasoning from the Horizons of Paul's Thought World: A Comparison of Galatians and Philippians," *Theology and Ethics in Paul and His Interpreters: Essays in Honor of Victor Paul Furnish*, ed. Eugene H. Lovering and Jerry L. Sumney (Nashville: Abingdon, 1996), 114-17. 바울이 아이와 성인을 구분한 것에 대해서는 고전 3.1-2, 14.20을 보라. 빌 3.15의 "성숙한 자/완전한 자"(τέλειοι)와 비교. 바울은 믿음의 삶을 "새 생명 가운데서"(롬 6.4), "믿음으

빌립보서 3장 10-13절에서 구원의 과정을 여러 시제로 설명하는데, 여기서 그는 구원을 받았고, 구원받고 있고, 구원을 받을 것이라고 말한다.[346] 비슷한 방식으로 빌립보서 2장 12절에서 바울은 빌립보 교인들에게 "두렵고 떨림으로 너희 구원을 이루라"고 권면한다. 한 가지 덧붙이자면, 바울은 신자들의 신앙생활을 '파이데이아'나 훈련이 수반되는 영적 여정 또는 과정으로 본다. 바울에게 있어 교육학 및 제자 훈련에 대한 관심은 그의 서신 여러 곳에서 두드러지게 나타난다. 바울의 '파이데이아' 초점은 신자들이 그리스도의 법(ὁ νόμος τοῦ Χριστοῦ)에 맞게 성품을 형성하게 하는 방법 또는 그리스도의 삶의 패턴을 따르게 하는 방법이다. 벤 위더링턴의 주장처럼, "신자는 그리스도와 같은 삶, 즉 아들[그리스도]의 본을 따르는 삶, 또는 나중에 바울이 말했듯이 그리스도의 법을 따르는 삶을 살도록 부름받았다."[347] 쉽게 말해 구원의 과정은 그리스도를 닮아 가는 것으로 표현할 수 있다. 그리스도처럼 되는 것은 그리스도 안에서 그리고 그리스도 닮음을 통해 수행되는 교육적 과정이다. 이 과정에서 필수적인 것은 "십자가에 처형되고 부활하신 그리스도를 따르

로"(고후 5.7), "성령으로"(갈 5.16, 25; 롬 8.4의 "성령을 따라" 참조), "사랑 안에서"(엡 5.2), "빛의 자녀로서"(엡 5.8) "행하는 것"으로 보았다. 바울은 또한 어떤 사람들을 육신에 속한 사람들(고전 3.1, 3; 롬 9.8, 참조: 롬 8.3-9, 12-13)과 대조적으로 "신령한 자들"(고전 2.15, 3.1, 14.37; 갈 6.1)이라 부른다.

346. 빌 3.10-13에서 바울은 다음과 같이 진술한다. "내가 그리스도와 그 부활의 권능과 그 고난에 참여함을 알고자 하여 그의 죽으심을 본받아 어떻게 해서든지 죽은 자 가운데서 부활에 이르려 하노니 내가 이미 얻었다 함도 아니요 온전히 이루었다 함도 아니라 오직 내가 그리스도 예수께 잡힌 바 된 그것을 잡으려고 달려가노라 형제들아 나는 아직 내가 잡은 줄로 여기지 아니하고 오직 한 일 즉 뒤에 있는 것은 잊어버리고 앞에 있는 것을 잡으려고."

347. Witherington, *Grace in Galatia*, 291.

는 것, 즉 그 변화는 십자가뿐만 아니라 부활의 결과라는 생각"이다.[348] 그리스도 중심의 '파이데이아'를 통한 이러한 변화/구원의 과정은 그리스도의 형상인 새로운 우주적 가족의 탄생을 목표로 한다. 이 새로운 우주적 가족은 신자들이 그리스도와 공동 상속자로 입양되고 하나님 아들의 영이 그들의 마음속에 보내짐으로 시작된다. 신자들이 그리스도 안에서 자신들을 통합된 인격(corporate person)으로 발견할 수 있다고 상상하는 바울 '파이데이아'의 "그리스도 안 신비주의"("in Christ" mysticism)는 성령의 '파이데이아'와 불가분의 관계를 지닌다.

b. 성령의 '파이데이아'(παιδεία)

유대의 지혜 전통은 영을 '소피아'('로고스')와 동일시하는 독특한 견해를 가진다.[349] 이러한 유대의 지혜 전통에 비추어 바울은 부활하신 그리스도를 대신해, 성령이 하나님과 사람 사이의 간격을 메우고 그분의 성품을 나타내신다고 설명한다. "그리스도의 영"(롬 8.9), "[하나님의] 아들의 영"(갈 4.6), "예수 그리스도의 영"(빌 1.19)이라고도 불리는 성령은 신자들을 신성한 형상/모습(고후 3.18), 즉 그리스도(고후 4.4)로 변화시킨다.[350] 바울의 생각에 따르면 성령은 그리스도와 별도로 역사하시는 것으로 생각할 수 없다.[351]

---

348. Dunn, *Theology of Paul*, 487.

349. 영-지혜-'로고스' 관계에 대한 논의는 본서 제3장의 "지혜와 영" 섹션과 제4장의 "영/성령" 섹션 참조.

350. Dunn, *Theology of Paul*, 263.

351. 바울이 그리스도와 성령을 동일시한 것과 관련하여 던(Dunn)은 "성령의 체험과 그리스도의 체험 사이의 구분선은 명확한 용어로 정의할 수 없게 되었다. 기껏해야 우리는 그리스도를 상황(context)으로, 성령을 능력(power)으로 말할 수 있을 뿐이다"라고 주장한다(*Theology of Paul*, 408). A. Wikenhauser, *Pauline Mysticism:*

바울은 구원의 계획에서 성령을 첫 열매(ἀπαρχή, 롬 8.23; 비고: 고전 15.20), 보증(ἀρραβών, 고후 1.22, 5.5; 엡 1.14) 또는 유업/상속(κληρονομία, 고전 6.9-11, 15.50; 갈 5.21-23)으로 분명하게 묘사한다. 이 용어들은 현재 신자 안에서 진행되고 있는 구원 과정의 시작을 의미하며, 그 과정은 몸의 부활로 끝날 것을 언급한다. 이는 "생명을 주시는 성령의 궁극적인 구원 행위"(롬 8.11)다.[352] 교회 시대는 하나님의 백성에게 성령 안에서 그리스도의 법을 따라 삶으로써 새롭게 될 것을 요구한다. 이런 식으로 바울은 그리스도와 내주하시는 성령을 연결한다. 내주하시는 성령은 신자들이 삶에서 하나님의 방식과 그리스도의 형상을 따르도록 한다. 고린도전서 15장 45절에서 바울은 마지막 아담(그리스도)을 "살려 주는 영"(πνεῦμα ζῳοποιοῦν)이라고 말한다. 부활하신 그리스도는 "새로운 종류의 인류 조상(progenitor)"(부활한 인류)으로서 생명을 주는 하나님의 영과 동일시된다. 부활하신 그리스도와 성령은 생명을 주는 역할을 한다.[353] 바울에게 부활하신 그리스도의 영인 성령은 기독교 '파이데이아'에 절대적으로 중요하다.

바울은 "그리스도 안에 있는 것" 또는 "성령 안에 있는 것"에 초점을 맞춘 '파이데이아'를 강조하며, 이는 "육체 안에 있는 것"과 대조를 이룬다. 육체는 타락과 하나님에 대한 적대감의 근원으로 특징지어진다.

롬 8.2: "이는 그리스도 예수 안에 있는 생명의 성령의 법이 죄와 사망

Christ in the Mystical Teaching of St. Paul (Freiburg: Herder, 1960), 53-58 참조.

352. Dunn, *Theology of Paul*, 424.

353. Dunn, *Theology of Paul*, 261.

의 법에서 너를 해방하였음이라."

롬 8.6-7: "육신의 생각은 사망이요 영의 생각은 생명과 평안이니라 육신의 생각은 하나님과 원수가 되나니 이는 하나님의 법에 굴복하지 아니할 뿐 아니라 할 수도 없음이라."

롬 8.12-13: "그러므로 형제들아 우리가 빚진 자로되 육신에게 져서 육신대로 살 것이 아니니라 너희가 육신대로 살면 반드시 죽을 것이로되 영으로써 몸의 행실을 죽이면 살리니."

갈 5.16-17: "내가 이르노니 너희는 성령을 따라 행하라 그리하면 육체의 욕심을 이루지 아니하리라 육체의 소욕은 성령을 거스르고 성령은 육체를 거스르나니 이 둘이 서로 대적함으로 너희가 원하는 것을 하지 못하게 하려 함이니라."

갈 5.24: "그리스도 예수의 사람들은 육체와 함께 그 정욕과 탐심을 십자가에 못 박았느니라."

갈 6.8: "자기의 육체를 위하여 심는 자는 육체로부터 썩어질 것을 거두고 성령을 위하여 심는 자는 성령으로부터 영생을 거두리라."

빌 3.19: "그들의 마침은 멸망이요 그들의 신은 배요 그 영광은 그들의 부끄러움에 있고 땅의 일을 생각하는 자라."

바울이 갈라디아서 5장 19-21절에서 악행 목록을 "육체의 일"이라 묘사할 때, 이는 육체가 그 자체의 약함에 굴복하거나 죄에 의해 조종되는 것을 의미한다. 빌립보서 3장 19절에서 바울은 식욕과 욕망의 충족을 최고의 목표로 삼는 적대자들에 대해 "그들의 신은 배"라고 비난하였다.

영과 육의 대조에 대한 바울의 설명은 플라톤의 『파이돈』(*Phaedo*)에 나오는 교리처럼 보이는바, 그에 따르면 진정한 철학자는 살아 있는 동안 가능한 한 자신을 육체로부터 분리해야만 하고, 그렇게 함으로써 죽음을 준비하기 위해 자신을 정화해야 한다.[354] 『파이돈』에서 철학자의 '파이데이아' 목표는 죽고 죽는 연습을 통해 순수한 영혼이 순수한 존재와 교감하려는 욕구를 충족하는 데에 있다(64A). 플라톤은 『파이돈』에서 영혼의 본성을 이생뿐만 아니라 내세에도 매우 중요하게 여긴다.[355] 진정한 철학자의 목표는 지혜를 추구하기 위해 육체적 욕망에서 자신을 정화하는 데에 있다. 영혼의 기능은 욕정과 감정을 다스리고, 견제하고, 억제하는 것이다(『파이돈』 94B-E). 플라톤의 '파이데이아'는 죽음을 연습하는 철학을 통하여 영혼의 정화를 이루는 것을 목표로 한다. 『파이돈』에 나타난 것처럼, 육체적 욕정과 무지에서 물러나고 벗어남으로, 철학자들은 진정한 자유와 실재에 대한 지적 지식을 얻게 된다. 철학자들은 철학과 덕의 실천을 통해 이 세상으로부터의 내적 자유라는 목표를 달성하려고 노력했다.[356]

플라톤의 영혼 개념에 비추어 볼 때, 바울은 꼭 필요한 경우를 제외하고는 육체와 접촉하거나 교제하지 않고, 육체의 본성에 오염되지 않기 위해 최선을 다하는 소크라테스학파의 철학자로 보인다(『파이돈』 67A). 바울은 신비로운 방식으로 그리스도를 성령과 동일시한다. 바울의 생각에서 "성령 안에서" 혹은 "성령을 가진"이라는 표현은 "너희 안

---

354. Plato, *Phaed*. 64A-69E. Plato의 "영혼"(ψυχή) 개념에 대해서는 이 책의 제2장, 섹션 C ("그리스 우주론과 인간학") 참조. 또한 R. S. Bluck, *Plato's Phaedo* (Indianapolis: Bobbs-Merrill, 1955), 46-47을 보라.

355. Plato, *Phaed*. 63B, 64E-65A, 69D-E, 80D-84B, 90D-91A, 107C, 108A-C, 114D-115A.

356. Plato, *Phaed*. 69B-C; *Resp*. 433A-C.

에 계신 그리스도"와 연결된다.

> 만일 너희 속에 하나님의 영이 거하시면 너희가 육신에 있지 아니하고 영에[ἐν πνεύματι] 있나니 누구든지 그리스도의 영[πνεῦμα Χριστοῦ]이 없으면 그리스도의 사람이 아니라 또 그리스도께서 너희 안에 계시면[Χριστὸς ἐν ὑμῖν], 몸은 죄로 말미암아 죽은 것이나 영은 의로 말미암아 살아 있는 것이니라.[357]

그리스도인은 살아가는 동안 생명을 주시는 성령(πνεῦμα ζῳοποιοῦν) 안에서 그리고 성령을 통하여 그리스도를 경험하게 된다.[358] 같은 맥락에서 바울은 이렇게 외친다. "오직 주 예수 그리스도로 옷 입고 정욕[ἐπιθυμία, '에피튀미아']을 위하여 육신의 일을 도모하지 말라."[359] 고린도후서 3장 1-6절에서 바울은 회심의 사건을 성령께서 사람의 마음에 쓴 편지(ἐπιστολή, '에피스톨레')로 묘사한다. 또한 바울은 율법이 "의문/기록된 법전"(γράμμα, '그람마')으로 환원될 때 나타나는 "율법의 죽이는 효과"와 생명을 주는 성령의 체험을 대조한다. 바울에게 있어 기독교 '파이데이아'는 도덕적 또는 법적 규범에 근거한 것이 아니라 성령 안에서의 삶에 기초한다. 로마서 7장 6절에서 알 수 있듯, 성령의 새 시대("성령의 새 생명")가 이전의 율법 시대를 대체하였다. "이제는 우리가 얽매였던 것에

357. 롬 8.9-10.

358. 고전 12.3: "그러므로 내가 너희에게 알리노니 하나님의 영으로 말하는 자는 누구든지 예수를 저주할 자라 하지 아니하고 또 성령으로 아니하고는 누구든지 예수를 주시라 할 수 없느니라." 참조: 고후 3.18; 고전 15.45("기록된 바 첫 사람 아담은 생령이 되었다 함과 같이 마지막 아담은 살려 주는 영이 되었나니").

359. 롬 13.14.

293-294

대하여 죽었으므로 율법에서 벗어났으니 이러므로 우리가 영의 새로운 것으로[ἐν καινότητι πνεύματος] 섬길 것이요 율법 조문의 묵은 것으로 아니 할지니라[οὐ παλαιότητι γράμματος]." 존 버튼(John A. Bertone)은 율법의 시대와 성령의 시대라는 두 시대의 관계를 윤리적 측면에서 다음과 같이 설명한다.

> 죄와 뗄 수 없는 관계를 맺고 결과적으로 사망에 이르는 율법의 옛 시대에 대한 대안으로, 생명을 주는 성령의 새 시대가 있다. 위에서 [로마서] 8장 2절의 '노모스'(νόμος, "율법")가 모세 율법과 동일시되어서는 안 된다고 지적했지만, 윤리와 관련하여 모세 율법과의 연관성을 나타낸다. 따라서 "생명의 성령의 법"이라는 구절은 이전 시대의 율법과 마찬가지로 영이 윤리와 연관되어 있다는 점에서 연속성이 있다. 그러나 동시에 성령이 윤리의 기초로 율법을 대체한다는 점에서 성령의 새 시대와 율법의 옛 시대 사이에는 불연속성이 있다.[360]

앞서 언급한 대로, 바울 사상의 구원론적, 교육적 과정은 그리스도를 닮아 가는 것으로 표현할 수 있다. 이 과정에서 "십자가에 못 박히시고 부활하신 그리스도를 닮는다는 생각"은 필수적이다.[361] 그리스도를 닮음으로 변화되는 것(고후 3.18)은 또한 성령과의 일치를 유지하고 육신에 속한 죄의 유혹에 단호하게 저항하는 것을 의미한다(롬 8.10-11). 바울의 '파이데이아'에서 "그리스도 안에" 있다는 것과 성령이 내주하신다는 것

---

360. John A. Bertone, *"The Law of the Spirit": Experience of the Spirit and Displacement of the Law in Romans 8:1-16* (New York: Peter Lang, 2005), 178-79.
361. Dunn, *Theology of Paul*, 487.

은 동전의 양면과 같다. 영적인 힘의 주입은 신자들이 "그리스도 안에서" 자기희생이라는 영웅적 행동에 참여할 수 있게 해 준다.

오직 거룩한 성령을 통해서만 "자신의 가장 깊은 자아를 '흔들어 깨워', 그리스도께서 십자가에서 죽으신 뜻, 즉 그들을 해방시키는 길을 '이해하게' 하고 '터득하게' 하며", 바울 '파이데이아'의 목표인 그리스도 닮음(*imitatio Christi*)을 성취할 수 있다.[362] 주님이신 자유(ἐλευθερία, '엘류테리아')의 영 혹은 양자의 영(πνεῦμα υἱοθεσία, '프뉴마 휘오테시아')은(고후 3.17), 신자들이 육체적 욕망(갈 5.16-17, 24)을 정화하고 하나님을 '아바'(Abba)라 부를 수 있게 한다(롬 8.15). 자유롭게 하는 성령의 법에 따라 행하는 신자들은 구약성서의 기록된 조문, 즉 '토라'를 따르지 않는다. 쉽게 말해, 성령은 이제 신자들의 마음에 기록된 율법이며, 단순한 외적 규범이 아니라 내적 통제력이다.[363] 에베소서의 저자는 기독교 '파이데이아'의 목표를 성령으로 충만하게 되는 것(πληροῦσθε ἐν πνεύματι)으로 간주한다.[364] 바울의 교육학적 관점에서 볼 때, 제자도의 시작으로서 성령을 받아들이는 것은 개인적 측면에서 그리스도와 그분의 성품을 본받거나 형성함으로, 개별 신자의 신앙을 구체화하고 또한 집단적으로는 그리스도 몸의 지체를 구성한다.

3. 새로운 우주적 가족의 탄생

하나님께서는 율법 아래 있는 자들을 속량하시고 믿는 자들로 아들의 명분을 얻게 하시려고 그의 아들 그리스도와 그 아들의 영을 보내셨다

---

362. Betz, *Paul's Concept of Freedom*, 9-10.
363. 렘 31.33-34; 롬 2.29, 7.6.
364. 엡 5.18.

(갈 4.4-5). 입양된 자녀는 하나님의 가족의 일부이다. 바울은 그리스도께서 "유대인이나 헬라인, 종이나 자유인, 남자나 여자를 구분하지 않는" 새로운 우주적 가족을 구성하기 위해 오셨으며, 따라서 모두가 그리스도 예수 안에서 하나라고 믿었다.[365] 인종, 사회적 지위, 성별에 근거한 모든 장벽은 그리스도 안에서 거부되었으며, 신자들의 새로운 정체성은 그리스도와 함께 공동 상속자로 인정받는다. 하나님은 아버지이시며, 공동체로서 신자들은 결과적으로 하나님 가족의 일부이며 서로 형제자매가 된다.[366]

a. 하나님의 맏아들(πρωτότοκος)이신 그리스도와 공동 상속자인 하나님의 많은 자녀

유대의 지혜 문헌과 필론은 지혜(חכמה/σοφία)를 창조의 맏아들로 여겼다.[367] 필론에게 지혜와 동일시되는 '로고스'는 하나님의 "맏아들"(πρωτόγονος υἱός) 또는 장남으로 간주된다.[368] 또한 '로고스'의 통치에 따라 사는 사람들을 "하나님의 아들들"이라 지칭한다.[369] '소피아'-'토라' 또는 '소피아'-'토라'-'로고스'의 연결 고리를 보여 주는 유대 지혜 전통은 바울의 지혜 기독론을 이해하는 데 빛을 비춰 준다. 이 지혜 전통의 관점에서 바울은 그리스도를 "하나님의 능력이요 하나님의 지혜[σοφία]"(고전 1.24, 참조: 1.30)로, "하나님이 우리의 영광을 위해 만세 전에

---

365. 갈 3.28.
366. 신자들이 서로 "거룩한 입맞춤으로" 인사해야 한다는 바울의 권고는 하나님의 가족이라는 교제에 참여한다는 것을 의미한다(살전 5.26; 고전 16.20; 고후 13.11).
367. 잠 8.22, 25; Wis 7.26; Philo, *Ebr*. 30-31.
368. Philo, *Agr*. 51. '로고스'에 대한 Philo의 사상에 대해서는 이 책의 제3장 참조.
369. Philo, *Conf*. 145-47.

295-296

미리 정하신 하나님의 비밀스럽고 감추어진 지혜"(고전 2.7), 하나님의 "맏아들"(πρωτότοκος: 롬 8.29, 참조: 골 1.15, 18), "잠자는 자들의 첫 열매[ἀπαρχή]"(고전 15.20, 23)로 언급한다. 바울이 예수를 구원의 중보자로서 기존의 지혜와 동일시한 것은 율법과 지혜의 전통적 동일시를 대체한 것이다. 그러나 바울이 예수 그리스도를 지혜와 동일시하여 그리스도의 선재성을 확립한 것은 율법과 지혜의 전통적인 유대교적 상관관계에서 비롯된 것 같지는 않다. 바울은 결코 그리스도를 율법의 관점에서 설명하지 않았다. 오히려 바울은 그리스도의 관점에서 율법을 설명하고 정의하였다. "율법 없는 자에게는 내가 하나님께는 율법 없는 자가 아니요 도리어 그리스도의 율법 아래에 있는 자이나 율법 없는 자와 같이 된 것은 율법 없는 자들을 얻고자 함이라."[370] 그리스도의 오심과 함께 의에 이르는 길로써의 율법의 구원론적 기능은 종말을 고했다. 바울은 그리스도의 죽음과 부활로 율법이 모든 구원적 의미를 상실했다고 주장했기 때문에, 지혜와 율법의 상관관계를 언급하지 않고 신성한 지혜의 구원론적 기능을 그리스도에게로 이전했다.

기독론적 관점에서 바울은 하나님께서 인간과 우주에 가져다주시는 새 창조(καινὴ κτίσις)에 깊은 관심을 보였다. 바울은 온 인류를 구속하시는 그리스도와 지혜를 동일시했다(고전 1.24, 30).[371] 첫 아담이 육체적 인류를 위한 생명의 시작이었던 것처럼 부활하신 그리스도는 새로운 인류의 머리다. 이러한 이유로 그리스도는 "많은 형제들 중에서 맏아

370. 고전 9.21. 참조: 갈 6.2("너희가 짐을 서로 지라 그리하여 그리스도의 법을 성취하라").

371. 초기 유대인 저술가들은 다가올 새 시대의 새 창조를 통해 "모든 피조물이 무익함에서 해방되어 본래의 선함으로 변화될 것"이라고 기대했다(예, *4 Ezra* 7.75; *2 Bar*. 73-74)." J. R. Levison, "Creation and New Creation," *DPL* 189 참조.

들"(πρωτότοκος ἐν πολλοῖς ἀδελφοῖς)로서 "아들의 형상을 본받도록"(RSV)/"아들의 본을 따라 살도록"(NJB) 예정된 분이다.[372] 바울은 그리스도를 "새로운 인류의 맏아들이자 새로운 가족의 맏형"으로 간주한다.[373] 그리고 하나님의 아들이신 그리스도의 아들 됨을 그를 믿는 사람들과 공유한다. 로마서 8장은 믿는 자들을 아들이신 예수와 연결하여 "하나님의 아들"(14절)로서 하나님을 "아바[Abba] 아버지"(15절)라 부르며, 그리스도와 함께 공동 상속자로 간주한다. "자녀이면 또한 상속자 곧 하나님의 상속자요 그리스도와 함께한 상속자니 우리가 그와 함께 영광을 받기 위하여 고난도 함께 받아야 할 것이니라"(17절). 로마서 8장 18-27절에서 바울은 신성한 입양의 현재와 미래의 결과를 자세히 설명한다. 모든 신자는 고린도후서 4장 14절에 명시된 대로 "맏아들"이신 그리스도의 부활로 인해 가능해졌다. "주 예수를 다시 살리신 이[하나님]가 예수와 함께 우리도 다시 살리사 너희와 함께 그 앞에 서게 하실 줄을 아노라." 따라서 바울은 주 예수 그리스도께서 "만물을 자기에게 복종하게 하실 수 있는 자의 역사로 우리의 낮은 몸을 자기 영광의 몸의 형체와 같이 변하게 하시리라"고 확신에 찬 어조로 말한다.[374] 바울이 보기에 그리스도는 하나님의 형상(*imago dei*)을 회복하기 위해 오셨고, 그분만이 지니고 계신 형상, 즉 하나님의 형상을 우리 안에 회복하셨다. 고린도전서 15장 49절에서 바울은 "우리도 하늘에 속한 이의 형상을 입으리라"고 강조하는데, 여기서 그 "형상"이란 창세기 1장 26절을 성취하는 마

372. 롬 8.29. 새 예루살렘 성경(New Jerusalem Bible)은 이 구절을 다음과 같이 번역한다. "아들의 형상을 본받게 될 자들을 미리 정하셨으니, 이는 그가 많은 형제 가운데 맏아들이 되게 하려 하심이라."

373. Dunn, *Theology of Paul*, 493.

374. 빌 3.21. 참조: 빌 3.11; 롬 6.5, 8.11.

지막 아담으로서의 그리스도를 강조한다.[375] 바울은 미래를 낙관적으로 바라보면서 그리스도를 믿는 사람들은 그리스도께서 재림하실 때 영광 중에 아들과 같은 형상을 닮을 운명이라고 굳게 믿었다.

바울은 항상 그리스어 용어 '휘오테시아'(υἱοθεσία)를 사용하여 "아들로 입양되는 과정 또는 상태"를 설명한다.[376] 갈라디아서 4장 1-7절에서 바울은 갈라디아 교인들에게 아브라함의 참 자손이신 예수와 그의 영을 통해 하나님께서 율법(νόμος) 또는 "세상의 초등학문"(τὰ στοιχεῖα τοῦ κόσμου) 아래 있는 그들을 구속하고 자녀로 입양하셨다고 말한다. 그리스도께서 오시기 전, 구속의 문제와 관련하여 유대인과 이방인의 지위는 둘 다 종이라는 점에서 동일했다. 전자는 율법 아래 있었고 후자는 세상의 초등학문 아래 있었기 때문에 둘 다 구속과 아들로서의 입양이 필요했다.[377] 유대인 신자가 율법에 복종하는 것은 이방인 신자가 세상의 초등학문에 복종하는 것과 같을 것이다. 갈라디아서 4장 5절은 하나님께서 아들을 보내신 이유가 "우리로 하여금 아들의 명분[υἱοθεσία, '휘오테시아']을 얻게 하려 하심"이라고 말한다. 바울에 따르면, 그들은 "아들의 영"을 받았으며, 아들과 함께 하나님을 "아바(Abba), 아버지"라고 부르며(4.6), 이제 하나님의 상속자가 되었다(4.7). 입양을 통해 모든 신자는 하나님의 참 아들로서 그리스도의 유업에 포함될 수 있다. 유대인이든 이방인이든 믿는 자에게 아들의 지위를 부여하는 것은 바울의 구원 드라마 1막의 아브라함 언약(창 12.2-3, 15.6)에서 이미 선포된 것처럼 새로운

375. 창 1.26: "하나님이 이르시되 우리의 형상[εἰκών]을 따라 우리의 모양[ὁμοίωσις]대로 우리가 사람을 만들고 그들로 바다의 물고기와 하늘의 새와 가축과 온 땅과 땅에 기는 모든 것을 다스리게 하자 하시고."

376. J. M. Scott, "Adoption, Sonship," *DPL* 15.

377. Witherington, *Grace in Galatia*, 283.

우주적 가족의 탄생을 의미한다.

b. 보증(ἀρραβών)과 첫 열매(ἀπαρχή)로서의 성령

바울의 구원 드라마에서 3막의 시작은 하나님 아들의 영이 신자들 마음속에 보내짐으로써 시작된 새 시대의 도래를 알린다(갈 4.6). 새 시대의 도래는 또한 새로운 우주적 가족의 탄생을 의미한다. 성령은 신자들 마음속에 주어지는 구원 과정의 첫 번째 계약금/보증(ἀρραβών)이자 첫 열매(ἀπαρχή)로, 이는 변화된 몸의 부활에서 절정에 달하게 될 것이다.[378] 성령은 신자들에게 구원의 온전함에 대한 계약금이자 종말론적 영광을 보장하는 것이다.[379] 다시 말해, 신성한 성령을 통한 황홀한 경험은 다만 "전인격을 변화시키는 과정의 시작"일 뿐이다.[380] 따라서 그들은 완전한 지불 또는 완전한 수확, 즉 아직 나타나지 않은 "완전한 아들의 지위"를 기다려야 한다.[381] 바울은 로마서 8장 22-23절에서 성령의 은사를 완전한 구원의 시작으로 간주한다. "피조물이 다 이제까지 함께 탄식하며 함께 고통을 겪고 있는 것을 우리가 아느니라 그뿐 아니라 또한 우리 곧 성령의 처음 익은 열매를 받은 우리까지도 속으로 탄식하여 양자 될 것 곧 우리 몸의 속량을 기다리느니라." 성령은 이미 교회 시대에 다가올 시대(즉, 메시아 시대)의 선취적/예기적 축복(proleptic blessings)을 주었

378. '아르라본'('αρραβών'): 고후 1.22, 5.5, 참조: 엡 1.14. '아파르케'(ἀπαρχή): 롬 8.23. 바울에게 첫 열매는 앞으로 올 것에 대한 보증의 의미로 이해될 수 있다. G. Delling, "ἀρραβών," *TDNT* 1:486; A. Sand, *EDNT* 1:116-17 참조.

379. 고후 3.18: "우리가 다 수건을 벗은 얼굴로 거울을 보는 것같이 주의 영광을 보매 그와 같은 형상으로 변화하여 영광에서 영광에 이르니 곧 주의 영으로 말미암음이니라."

380. Betz, *Paul's Concept of Freedom*, 10.

381. Fitzmyer, *Romans*, 511.

다.[382] 이런 의미에서 바울은 현재의 영을 메시아 시대가 완전히 도래했을 때, 신자들이 받게 될 것의 일부로 간주한다. 현재 교회 시대에 영은 그리스도인에게 보장된 영광의 보증이다. 따라서 성령은 로마서 8장 9절에서 "그리스도인의 결정적인 표징"으로 간주된다.[383] "만일 너희 속에 하나님의 영이 거하시면 너희가 육신에 있지 아니하고 영에 있나니 누구든지 그리스도의 영이 없으면 그리스도의 사람이 아니라." 영을 소유하는 것은 하나님의 새 가족에 속하는 근거가 되는 것으로 인식된다.[384] 로마서 5장 5절에서와 같이, 그리스도인은 마음에 부어져 내주하는 선물로 성령을 소유한다. 성령의 은사를 통해 신자들은 하나님의 가족으로 편입되었다. 바울은 이 신자들이 하나님의 양자로 입양된 자녀라 말한다.

> 무릇 하나님의 영으로 인도함을 받는 사람은 곧 하나님의 아들이라 너희는 다시 무서워하는 종의 영을 받지 아니하고 양자의 영을 받았으므로 우리가 "아바(Abba), 아버지"라고 부르짖느니라 성령이 친히 우리의 영과 더불어 우리가 하나님의 자녀인 것을 증언하시나니.[385]

성령의 관점에서 신자들은 하나님의 가족으로 정의된다. 그들은 예수와 함께 (하나님의) 자녀 된 관계로 입양되었다.

---

382. Dunn은 그리스도인의 삶에 있어 성령의 축복으로 자유, 그리스도인의 행위, 아들됨/입양, 영적 갈망과 소망, 기도, 영적 통찰력과 카리스마, 성령의 열매 등을 열거한다(*Theology of Paul*, 434-39).
383. Dunn, *Theology of Paul*, 423.
384. 롬 8.9, 14-16, 9.4; 갈 4.5; 엡 1.5.
385. 롬 8.14-16. 참조: 갈 4.6.

고린도전서 12장 12-13절에서 바울은 신자들을 한 몸으로 연합시키는 성령을 마시고, 성령으로 세례받음에 대해 설명한다. "몸[σῶμα]은 하나인데 많은 지체가 있고 몸의 지체가 많으나 한 몸임과 같이 그리스도도 그러하니라 우리가 유대인이나 헬라인이나 종이나 자유인이나 다 한 성령으로 세례를 받아 한 몸이 되었고 또 다 한 성령을 마시게 하셨느니라." 바울은 도시나 국가를 하나의 몸(σῶμα)으로 본 당시 그레코-로마 정치 철학에서 몸의 은유를 가져왔다.[386] 바울은 몸을 그리스도와 비교하거나 심지어 그리스도와 동일시하였다.[387] 바울이 몸으로 본 회중 개념은 세속적인 몸의 정치(the secular body politic)와 매우 유사하지만, 기독교 회중은 그리스도의 몸으로 불린다는 점에서 독특하다.[388] 바울이 교회에 대해 사용하는 "그리스도의 몸"이라는 표현은 교회의 통일성과 다양성을 모두 의미한다. "그리스도의 몸"은 "그리스도에 대한 충성으로 특징되는 집단적 실체로서의 교회"를 지칭하는 데 사용한다.[389] 바울 공동체 안에서 "그리스도는 그의 죽음과 부활을 통해 공동체를 자신 안

386. 예를 들면, Aristotle, *Pol.* 5.2.7 (1302b.35-38); Cicero, *Phil.* 8.5.15; Seneca, *Ep.* 95.52; Plutarch, *Cor.* 6.3-4; *Mor.* 426A; Livy, *His.* 2.32; Epictetus, *Diatr.* 2.10.4-5; Philo, *Spec.* 3.131. Seneca는 네로를 몸, 즉 제국의 건강이 달려 있는 머리라고 말하며(*Clem.* 2.2.1), "우리는 위대한 몸의 팔다리다"(*Ep.* 95.52)라고 말한다. 고전 12장 외에도 롬 12장에 더 정교한 몸 이미지가 있다. 고전 10.16-17, 11.24, 27, 29; 골 1.18, 24, 2.19, 3.15; 엡 1.22-23, 2.15-16, 4.4, 12, 15-16 참조.

387. 예를 들면, 롬 12.5; 고전 12.12, 27; 골 1.18, 2.19; 엡 4.15-16. 또한 고전 10.16-17을 보라.

388. 고전 12.13-14에서 바울은 공동체의 통일성(고전 12.13)과 다양성(고전 12.14)을 설명하기 위해 "그리스도의 몸"이라는 표현을 사용한다. "우리가 유대인이나 헬라인이나 종이나 자유인이나 다 한 성령으로 세례를 받아 한 몸이 되었고 또 다 한 성령을 마시게 하셨느니라 몸은 한 지체뿐만 아니요 여럿이니."

389. Bassler, *Navigating Paul*, 41.

에 통합하는 대표적 인물"이다.[390] 세례를 통해 성령을 받음으로써 고린도 교회 신자 한 사람 한 사람이 그리스도의 몸을 이룬다.[391] 그들은 "한 몸으로 세례를 받음으로" 그리스도의 몸의 지체가 되었다(고전 12.14-27). 신앙 공동체는 세례를 통해 완전히 새로운 방식으로 "그리스도 안으로"(εἰς Χριστὸν) 통합되었다.[392] 세례를 받음으로써 그리스도와 함께 장사 지낸 사람은 "아버지의 영광으로 말미암아 그리스도를 죽은 자 가운데서 살리심과 같이" 그도 새 생명 가운데 거하게 되었다.[393] 세례를 받으면 죄의 권세에 대해 죽고 "그리스도 안에서" 완전히 새로운 삶을 살게 된다.[394] 다른 말로 하면, 세례를 통해 신자는 이미 천상의 옷처럼 "그리스도를 입었다"(갈 3.27, 참조: 롬 13.14). 모든 신자는 한 성령 안에서 세례를 받음으로써 그리스도의 몸, 즉 교회가 되었다. "너희는 그리스도의 몸이요 지체의 각 부분이라"(고전 12.27). 에두아르트 슈바이처(Eduard Schweizer)가 말했듯이, "세례를 통해 그들은 그리스도의 몸, 즉 축복과 도전의 영역에 편입되었으며, 이는 이후 그들이 존재하는 유일한 근거가 된다."[395] 하나님의 새로운 우주적 가족으로서의 교회는 이 시대와 다가올 시대, 즉 "이룬 '이미'와 이루지 못한 '아직'" 사이에서 선취적(예

390. Cousar, *Letters of Paul*, 144.

391. 바울은 세례와 관련하여 씻기, 기름 부음, 인봉, 옷 입기와 같은 다양한 은유를 사용한다. D. Mollat, "Baptismal Symbolism in St Paul," in *Baptism in the New Testament*, ed. A. George, et al. (London: Chapman, 1964), 63-83 참조.

392. 롬 6.3; 갈 3.27; 고전 12.13. Fitzmyer는 "그리스도 안에서(*Eis Christon*)가 통합의 운동을 암시한다"고 주장한다." Fitzmyer, *Paul*, 89 참조.

393. 롬 6.4.

394. 롬 6.11: "이와 같이 너희도 너희 자신을 죄에 대하여는 죽은 자요 그리스도 예수 안에서 하나님께 대하여는 살아 있는 자로 여길지어다."

395. Eduard Schweizer, *The Church as the Body of Christ* (Richmond, Va.: John Knox, 1964), 62.

기적)으로 살아가는 종말론적 공동체다.[396]

4. "이미"와 "아직" 사이, 종말론적 긴장의 과정으로서의 새 창조(καινὴ κτίσις)

신성한 구원 드라마의 세 번째 막에서 바울은 그리스도 사건에서 "이미"와 "아직" 사이의 대비를 균형 있게 다루고 있다. 그리스도는 수난, 죽음, 부활, 승천을 통해 새로운 시대(*aeon*)를 열었다. 구원은 성취되었지만 모든 신자가 항상 그 구원 안에서 사는 것은 아니다. 따라서 구원은 그리스도의 부활과 그의 '파루시아' 사이에 진행 중이다. 바울은 독자들에게 하나님의 구원 계획의 완성이 "아직" 도달하지 못했음을 상기시킨다. 여기에는 결정적인 "이미 성취된 것"과 "아직 완성되지 않은 것" 사이에 종말론적 긴장이 존재한다.[397] 다시 말해, 그리스도를 믿고 성령을 받은 사람들은 두 시대의 중첩된 시간 속에 살아간다. 이 시대와 다가올 시대, 즉 두 시대의 절정 속에서 바울은 하나님의 우주적 구원 계획이 성취되는 것을 본다.[398] 바울은 유대의 전통적인 종말론적 관점을 수정하여 그리스도의 죽음과 부활로 시작된 다가올 시대의 시작을 현시대로 끌어들였다. 바울은 현시대를 악한 것으로 간주하고, 또한 "때가 차매"(갈 4.4) 그리스도께서 오셔서 하나님의 구원 계획을 예정된 절정으로 이끄신다고 여겼다. 따라서 구원은 "이 악한 세대"에서 우리를 구출한다(갈 1.4). 바울의 종말론적 견해에 따르면, 현시대는 아직 끝나지 않았으며 '파루시아'까지 지속될 것이다. 이것은 바울의 종말론적 시나리오에서 두 시대가 두 번의 그리스도 오심(초림과 재림) 사이에 겹친

396. Dunn, *Theology of Paul*, 465.

397. Oscar Cullmann, *Christ and Time: The Primitive Christian Conception of Time and History* (Philadelphia: Westminster, 1962), 145, 154-55.

398. 참조: 고후 5.7, 6.2; 롬 13.11-12.

다는 것을 의미한다. 구원의 신성한 우주적 드라마는 예수 그리스도의 부활과 함께 시작되었으며 '파루시아'에서 완성될 것이다. 바울은 적어도 그리스도 안에 있는 사람들이 최종적으로 부활한 후 미래의 마지막 심판 가운데 승리를 거둘 것을 믿었다. 아담-그리스도 유형론의 관점에서 바울은 하나님의 우주적 구원 드라마가 아담으로부터 시작된 옛 시대에서 그리스도에 의해 시작된 인류 역사의 새 시대로 전환되는 것으로 보았다. 아담의 불순종에 모든 인류가 연루되어 죄와 정죄, 죽음을 초래한 것처럼, 그리스도의 순종을 통해 생명과 구원을 가져다주는 신실한 신자들로 이루어진 새로운 우주적 가족이 존재하게 되었다.

바울에게 그리스도 사건은 "새 창조"(καινὴ κτίσις)의 시작을 알리는 신호이다.[399] 이 "새 창조"는 "세상의 모습이 지나가는"(παράγει τὸ σχῆμα τοῦ κόσμου τούτου) 긴 과정을 거쳐야 한다.[400] 하나님께서는 그리스도 안에서 세상을 자신과 화목하게 하시고 새 창조를 이루셨다.[401] 바울은 첫 번째 아담(첫 번째 인간)과 두 번째 아담(그리스도)의 유형학을 사용하여 그리스도의 죽음과 부활을 통해 새로운 인간(Anthropos)이 인류 역사에 시작되었음을 알린다.[402] 새 시대/새 창조는 새로운 공동체를 요구한다. 이 공동체는 율법에 대한 순종이 아니라 그리스도에 대한 믿음에 기초한다. 신자들은 그리스도의 생활 방식과 성품을 따르고, 다른 사람들을 이 새로운 삶의 방식으로 인도하도록 부름받았다. 바울은 새 시대와 조화를 이루기 위해 그리스도 중심의 '파이데이아'(παιδεία)를 제공했으며, 이는 공동체를 훈육하는 실제적인 교육 프로그램이 되었다. 바울이 보기

399. "새 창조"(καινὴ κτίσις)라는 용어는 고후 5.17과 갈 6.15에서 나타난다.

400. 고전 7.31.

401. 고후 5.17-18.

402. 참조: 롬 5.12ff.과 고전 15.45ff. Betz, *Paul's Concept of Freedom*, 8을 보라.

에 그리스도를 본받는 데 초점을 맞춘 새로운 '파이데이아'는 구원의 신성한 드라마에 새로운 장을 열었고 그리스도인의 삶의 지침을 제공했다. 그리스도의 초림과 함께 이미 시작되었지만 그리스도의 재림으로 완성될 새(메시아) 시대에 살고 있는 신자들은 이 새로운 기독교 '파이데이아'와 조화를 이루며 살아야 한다.[403] 신앙 공동체로서 교회는 하나님의 구원 계획의 충만함을 믿음으로 기다린다. 하나님의 구원 드라마는 그리스도께서 최후의 적인 죽음을 다른 모든 적대적 세력과 함께 물리치고 자신의 왕국을 하나님께 넘겨주는 장면으로 막을 내릴 것이다.[404]

403. 살전 2.19, 3.13, 4.15, 5.23-24; 살후 2.1, 8; 고전 15.23.

404. 고전 15.24-28. 특히 15.26: "맨 나중에 멸망 받을 원수는 사망[θάνατος]이니라."

제6장
결론

이 책의 제목에서 알 수 있듯, 필자의 목표는 바울의 저작권이 분명한 서신에 서술된 구원, 율법, 그리스도에 관한 우주적 드라마를 인간학적, 우주론적 관점에서 제시하는 것이었다. 쉽지 않은 여정이었지만 해 볼 만한 가치가 있는 여정이었다. 어쩌면 목표가 너무 거창할 수도 있겠고, 혹은 필자가 바랄 수 있는 최선은 세부적 묘사를 따라 통전적 관점으로 바울의 우주적 구원 드라마를 다루는 것일지도 모른다.

제2장과 제3장에서 우주론과 인간학이라는 두 가지 중추적 관점을 사용하여, 호메로스 서사시와 그리스 철학과 종교에서 시작하여 유대의 지혜문학과 묵시문학을 거쳐 마침내 필론의 작품에 도달하는 긴 여정을 마무리하였다. 이 책은 바울의 우주적 구원 드라마와 관련하여 바울의 모든 신학적 문제와 관련된 인간학적, 우주론적, 기독론적, 성령론적, 종말론적, 구원론적, 교육학적 및 교회론적 문제를 다룬다. 이처럼 다양한 유대-헬레니즘 사상/전통이 바울의 사상 세계와 어떻게 상호 연관되는지를 탐구하기 위해 이러한 사변적 여정을 진행하였다. 이 연

구는 제4장의 기초로서 바울의 구원 드라마가 지닌 전체적 틀을 제공한다. 제5장에서는 앞의 세 장을 바탕으로 바울이 율법과 그리스도를 어떻게 보았는지, 그리고 그의 사역에 대한 반대가 있었던 구체적 상황에서 율법과 그리스도에 관한 그의 주장을 어떻게 제시했는지를 다루었다. 바울은 유대교에서 기독교로 한 걸음 더 나아가는 과도기에 교회에서 제기된 문제에 관심을 갖고 있었기에, 그 문제에 대한 유일한 실마리를 찾을 수 있는 자신의 신학적, 교육학적 중심인 그리스도에게 회중을 끌어들여, 적대자들의 주장을 극복하고 유대교의 영역을 넘어 기독교의 영토를 확장했다. 이전 장 전반에 걸쳐, 통시적(diachronic)이고 공시적인(synchronic) 관점에서 바울의 사상 세계를 연구했다. 여기에서는 이 방대한 논의를 통해 도출된 바울의 사상 세계와 구원 드라마의 몇 가지 두드러진 특징을 설명하면서 결론을 맺겠다.

1. 필자는 바울의 내러티브 구조를 4단계 드라마의 틀에 기초하여 구성했다. 바울이 자신의 다양한 신학 사상을 회중에게 전달하는 수단으로 사용한 '바울 서신의 신학적 담론'은 하나님께서 정하신 구원 시나리오를 가리키는 작은 단위의 다양한 내러티브로 구성되었다. 바울은 서신을 썼지만, 그의 서신에는 이러한 작은 내러티브를 통해 율법과 그리스도를 중심인물로 하여 인간 구원의 장대한 신적 드라마를 제시한다. 이 신성한 구원 드라마 또는 이야기는 바울의 세계관과 상징적 우주를 가장 특징적으로 표현하고, 그의 신학적 신념과 확신을 구체화한다.[1] 바울 서신을 통해 볼 수 있는 가장 중요한 이야기는 하나님의 구원

1. N. T. Wright, *The New Testament and the People of God* (London: SPCK, 1992), 특히, 제2장과 제5장. 또한 Bruce W. Longenecker, "Narrative Interest in the Study of Paul: Retrospective and Prospective," in *Narrative Dynamics in Paul: A Critical Assessment*, ed. Bruce W. Longenecker (Louisville: Westminster John Knox,

활동이다. 정확히 말하자면, 우주를 배경으로 펼치시는 인류와 모든 피조물(κτίσις)을 위한 하나님의 구원 이야기를 제공한다. 바울은 하나님의 우주적 드라마에 대한 비전을, 창조에서 예수 그리스도의 재림(또는 새 창조)인 '파루시아'까지 폭넓게 확장한다. 바울은 당시 인간학, 우주론, 철학, 교육학 전통에 맞춰 구약성서 이야기(아담, 아브라함, 하갈과 사라, 모세 율법 등과 관련된 이야기)를 그리스도 안에서, 하나님의 구원 활동(그리스도 사건)에 비추어 재해석했다.[2] 이런 의미에서 바울의 복음과 구약성서 내러티브 사이에는 연속성과 불연속성이 존재한다. 다메섹 도상에서 그리스도 현현(Christophany)을 경험한 바울은 율법 시대가 종말을 고하고, 그리스도의 십자가와 부활을 통해 새 시대가 인류 역사에 도래했음을 알게 되었다. 다메섹 도상의 경험에 비추어 바울은 4단계로 구성된 드라마, 아담/창조 이야기(1막: 무율법 시대), 이스라엘 이야기(2막: 율법 시대), 교회 시대(3막: 그리스도와 성령의 시대), '파루시아'(4막)로 나누었다. 네 개의 막은 바울의 구원 드라마에서 서로 연결되어 있으며 하나님의 구원 활동에 초점을 맞추고 있다. 3막에서 그리스도의 죽음과 부활뿐만 아니라 성령의 보내심으로 신자들의 마음에 주어지는 온전한 구원의 계약금(ἀρραβών)과 첫 열매(ἀπαρχή)는 4막의 그리스도의 귀환('파루시아')에서 완전한 수확 또는 완전한 지불, 즉 "완전한 아들의 지위"를 받음으로 절정에 도달한다.

2. 필자는 우주론과 인간학이 바울 신학의 두 축이라고 지적한 바

2002), 8-9을 보라. Ben Witherington은 바울 신학의 구조에서 상징적 우주, 내러티브적 사고 세계, 신학적 및 윤리적 표현이라는 세 가지 측면에 주목한다. Ben Witherington, *Paul's Narrative Thought World: The Tapestry of Tragedy and Triumph* (Louisville: Westminster/John Knox, 1994), 6 n. 7 참조.

2. 바울 사상에 침투한 다양한 유대-헬레니즘 전통에 대해서는 본서 제2장을 참조.

있다. 이 두 축은 바울이 직조한, 우주적 드라마 배경막의 날실과 씨실에 견줄 수 있다. 인간 구원에 초점을 맞추었지만, 우주적 드라마는 인류 역사에 투영되었다. 바울은 지상과 천상, 하나님/그리스도와 사탄/그의 사악한 우주적 세력 사이의 투쟁, 그리고 각 추종자들 사이의 갈등을 기본 형식으로 구원 드라마를 전개한다. 이 드라마는 독자들을 과거로 돌아가게 하거나 미래를 엿보게 한다. 바울의 내러티브는 시간과 공간을 넘나들며 두 시대/세대 사이의 긴장 가운데 펼치시는 하나님의 장엄한 드라마를 우주 캔버스에 투영한다. 바울은 (고린도후서 12장 2-4절이 보여 주는 것처럼) 이 드라마가 연출되는 지구 중심의 우주를 상상한다. 우주가 삼층 우주(three-story universe)에서 지구 중심적 우주(geocentric universe)로 영역을 확장한 것과 비례하여, 바울의 우주적 드라마에는 삼층 우주의 무대에 등장하지 않았던 신적 인물들이 대거 등장한다. 이 인물들은 악한 인물, 양면적 인물, 선한 인물이라는 세 가지 범주로 나눌 수 있다. 각 인물은 인류를 포함, 모든 피조물에 대한 하나님의 구원과 관련하여 역할을 수행한다. 자신의 내러티브 사상 세계에서, 인간 활동의 수평적 차원 안으로 쳐들어오는 천상의 다양한 영적 존재들을 수직적 침입으로 바울은 이해한다. 다시 말해 바울은 수평적 영역과 수직적 영역을 밀접하게 연결한다. 바울의 우주적 드라마는 적대적 세력과 마지막 원수인 죽음에 대한 그리스도의 우주적 승리와 함께, 그의 왕국이 하나님께로 양도됨으로써 막을 내릴 것이다. 이런 점에서 우주를 대우주(macro-cosmos)로 보는 바울의 관점은, 인간을 소우주(micro-cosmos)로 보는 그의 관점과 밀접하게 연관되어 있다. 바울은 극단적으로 육체와 영혼을 나누는 플라톤의 이원론을 수정하여, 부정적 의미 없이 육체를 강조하는 히브리 인간학으로 부드럽게 순화하였다. 그는 자신의 확장된 우주 이

304-305

해와 일치하는 새로운 인간학적 관점을 제시한다. 바울은 하나님의 나라를 혈과 육(σὰρξ καὶ αἷμα)이 상속받을 수 없는 천상의 또는 영적 영역으로 본다(고전 15.50, 참조: 고후 4.18).

3. 그레코-로마 영웅 전통에 비추어, 예수 그리스도의 고난과 죽음에 대한 바울의 이해는 그가 회심하기 전에 지녔던 조상의 신앙(신 21.23; 갈 3.13)과 다른 것임을 확인하려고 필자는 시도했다. 호메로스 서사시로 거슬러 올라가는 그레코-로마의 고결한 죽음(noble death) 전통은, 바울에게 "유대인에게는 거리끼는 것이요 이방인에게는 미련한 것"(고전 1.23) 이었던 십자가의 그리스도를 해석하는 열쇠가 되었다. 그리스 영웅들이 용기와 절제로 고난과 죽음에 정면으로 맞섬으로써 신격(godhead)에 도달했듯, 예수도 죽음, 심지어 십자가에서 죽기까지 복종함으로써(빌 2.8) 하나님께서 부여하신 자신의 역할을 완벽하게 수행하셨고, 그 결과 "성결의 영으로는 죽은 자들 가운데서 부활하사 능력으로 하나님의 아들로"(롬 1.4) 선포되셨다. 인류 구원을 위한 하나님의 뜻에 따라, 예수는 영웅적 고난과 고결한 죽음을 받아들였다. 십자가에 달려 저주받은 그리스도/메시아의 신비는 전통적 유대 신학으로는 풀 수 없으며, 그레코-로마의 영웅 전통을 배경으로 볼 때 비로소 풀릴 수 있다. 바울은 그레코-로마 영웅들의 삶과 행위가 본보기인 것처럼, 예수 그리스도께서도 십자가에서 순종의 행위로 그 본을 보이심으로써(빌 2.8; 롬 5.19), 신자들이 십자가의 삶을 추구하며 살아갈 수 있도록, 예수 그리스도를 본보기이자 수단으로 제시하였다. 이것은 다음 주제인 바울의 '파이데이아'(παιδεία)와 직접적으로 연결된다.

4. 바울의 우주적 구원 드라마에서 율법과 그리스도의 관계를 이해하기 위해 필자는 헬레니즘과 필론의 '파이데이아' 전통을 이 책에 도

입했다. 바울 신학계에서 바울 사상의 어떤 측면도 율법만큼 뜨거운 논쟁을 불러일으키지는 않는다. 특히 가장 격렬한 논쟁은 바울의 율법관에 일관성이 있느냐 하는 문제다. 이 까다로운 문제를 해결하기 위해 필자는 그레코-로마 '파이데이아' 전통에 비추어, 바울 서신에서 일관성이 없어 보이는 진술들도 사실은 일관성을 찾을 수 있다는 신학적 근거를 제시하였다. 플라톤은 예비적 '파이데이아'(ἐγκύκλιος παιδεία)를 철학이라는 더 높은 지식으로 나아가는 디딤돌로 여겼다(*Rep.* 7.356). 필론은 예비적 '파이데이아'를 철학과 지혜의 노예(bond-servant)로 생각했다(*Congr.* 79-80). 또한 필론은 '로고스'(λόγος)와 '소피아'(σοφία)의 신적 개입을 통해서만 얻을 수 있는 신적 지식에 비해, 예비적 '파이데이아'를 낮은 교육으로 보았다(*Post.* 102). 바울은 이러한 헬레니즘 '파이데이아' 전통을 바탕으로 인류 구원을 위한 신성한 교육적 계획을 구상하였을 것이다. 바울은 '토라'와 그리스도를 헬레니즘의 두 단계 교육(παιδεία), 즉 예비 교육(ἐγκύκλιος παιδεία)과 지혜(σοφία) 또는 덕(ἀρετή)을 추구하는 철학에 대응하고 조화를 이루어, 연속적이지만 구별되는 기독교 교육(παιδεία)으로 생각했을 것이다. 이런 의미에서 이 '파이데이아' 개념은 바울의 율법관을 새롭게 조명한다.

바울의 주된 관심사는 기독론에 기초하여 자신의 복음을 옹호하는 것이다. 이는 율법에 대한 그의 일관성 없어 보이는 견해가 적대자들과의 논쟁과 그들의 거짓 가르침에 대한 변증의 결과라는 확신에 근거한다. 바울은 적대자들이 구원 역사에서 그리스도의 우위를 '토라'에 내어주고자 할 때에만 율법을 부정적 실재로 묘사했다. '파이데이아'의 관점에서 볼 때, 인류 역사에 모세의 율법이 도입된 것은, 바울 '파이데이아'의 정점인 그리스도, 즉 신적 지혜의 완전한 화신인 그리스도에 이르는 예비 단계로 이해된다(고전 2.7-8). 바울은 율법을 일컬어 인류를 그리스도께로 인도하는 교사라 말한다(갈 3.24). 플라톤이 말하는바, 그림자와 실체, 유형과 실재의 관계에서 율법은 그리스도와 그런 방식으로 대립하는 것으로 간주된다. 바울은 하나님의 구원 드라마의 관점에서 볼 때, 하나님의 백성을 위한 그리스도 중심의 교육(παιδεία)이 율법에 기초한 교육(παιδεία)을 쓸모없게 만드는 것으로 보았다.

인류를 위한 하나님의 교육(παιδεία)은 바울의 우주적 구원 드라마 뒤에 숨겨진 신적 계획이다. 바울이 보기에 하나님의 구원 계획은 옛 창조에서 새 창조에 이르기까지 신적인 우주적 드라마의 각 막에 부합하는 '파이데이아', 곧 양심(1막), 율법(2막), 그리스도(3막)를 통해 수행된다. 1막에서 양심(συνείδησις)은 '토라'가 없는 상황에서 공정한 증인의 역할을 수행함으로써 교육적 기능을 수행한다. 2막에서 율법(νόμος)은 우리를 그리스도에게로 인도하는 훈육자 또는 초등교사(παιδαγωγός)의 역할을 한다. "하나님으로부터 나와서 우리에게 지혜가 되신"(고전 1.30) 그리스도는 율법 안에 구현되거나 성육화된 지혜(σοφία)이시다. 그리스도의 오심은 새 시대의 시작을 알리는 신호이며, 율법의 성육신(νόμος ἔμψυχος)이신 그리스도의 법에 따라 살도록 우리는 부름을 받았으므로 더 이상 율법의 지침을 따를 필요가 없어졌다. 그리스도를 얻고 그분 안에서 발견된 사람들(빌 3.8-9)은 율법 지향적 '파이데이아', 즉 상대적으로 낮은 수준의 '파이데이아'로 돌아갈 필요가 없다. 바울의 교회에서는 그리스도를 본받는 것(*imitatio Christi*)이 바울 '파이데이아'의 최종 목표였기 때문에 율법 중심의 '파이데이아'(또는 율법에 근거한 의)는 쓸모없는 것이다. 바울의 '파이데이아'는 예수 그리스도의 성품과 생활 방식을 추구하거나, 그리스도 삶의 패턴을 따라 살았던 사람들의 실제 모범을 본받는 것을 목표로 삼았다. 또한 교회 시대에 그리스도와 동일시되는, 내주하시는 성령은 신자들이 그들의 삶에서 그리스도를 본받도록 만든다. 따라서 바울의 '파이데이아'는 그리스도를 본받는 것과 내주하시는 성령을 통한 '파이데이아'다. 그레코-로마 세계에서 바울은 그리스도를 믿는 믿음을 통해 "그리스도의 장성한 분량이 충만한 데까지"(엡 4.13) 이를 수 있는 영적 원동력을 공동체에 제공했다.

5. 스토아/필론의 자연법 관점에서, 바울은 자신의 우주적 드라마를 전개하면서, 기록되지 않은 규범인 두 가지 상위의/자연의/보편적 법 사이에, 기록된 법전(성문)인 모세 율법이 놓여 있다고 설명한다. 즉 문서화된 규범인 모세 율법은 1막과 3막의 두 자연법, 1막의 노아 언약/아브라함의 약속과 3막의 믿음/성령/그리스도의 법의 지도 아래, 일시적인 역할을 수행한다. 다시 말해, 2막의 모세 율법은 1막의 아브라함의 약속(갈 3.1-29; 롬 4.3-5; 창 15.4)과 3막의 그리스도 안에서 성취된 약속 사이에 놓여 있다. 아브라함의 약속은 예수를 믿는 믿음을 통한 우주적 구원의 복음에서 진정한 성취를 이룬다.

구원 역사의 전 과정에서, 바울은 아브라함에게 주신 약속과 옛 언약의 율법, 그리고 새 언약의 그리스도와 율법 사이에 두 가지 불연속성이 있다고 본다. 메시아 시대에는, 상위의/자연의/보편적 법인 아브라함의 약속이 예수 그리스도를 통해, 그리스도를 믿고 성령의 인도함을 받는 유대인이나 이방인 모두에게 적용될 수 있다. 바울은 신성한 교육계획을 두 가지 법에 해당하는 두 단계 '파이데이아'로 나눈다.

6. 바울의 각 서신에서, 필자는 율법에 대한 바울의 견해와 그의 우주적 드라마에서 율법과 그리스도와의 관계에 대해 탐구했다. 바울의 기독론과 그 적대자들과 관련하여 필자는 많은 학자들이 이미 수행한

연구를 바탕으로 이 까다로운 문제를 다루었다. 바울의 저작권이 확실한 서신에서 우리는 바울이 다양한 적대자들에 둘러싸여, 그의 삶과 사역 가운데에서 당대의 난감한 문제인 율법과 씨름하는 그를 보게 된다. 바울의 율법관은 그의 적대자들이 누구인지, 교회의 당시 상태가 어떠한지에 따라 결정되었다. 바울은 율법이라는 어려운 문제를 해결하기 위해 자신의 기독론적 이해와 교회에 대한 관심에 비추어 율법을 바라보았다. 그의 저작권이 확실한 서신에서 율법 문제는 이러한 고민을 고려하지 않고는 이해할 수 없다. 바울은 그리스도 현현을 체험함으로 그리스도의 오심이 본래 율법의 목표였으며(롬 10.4; 갈 3.23-26), 그 '파이데이아'의 최종 목표가 그리스도 또는 그리스도의 법이라 보았기에, 충성의 대상을 율법에서 그리스도로 바꾼 것이다. 율법에 구속의 효력을 부여하려는 적대자들에 맞서 바울은 인간 구원을 위한 그리스도의 우월성을 강조했다. 따라서 그의 각 서신에서 논쟁적 상황을 일으킨 주인공들은 율법, 그리스도, 그리고 바울의 적대자들이다. 여기에서는 바울의 저작권이 확실한 서신에서 율법, 기독론, 바울의 적대자들 사이의 역동적 상호 관계를 다음과 같이 간략하게 설명하겠다.

(1) 바울 서신 가운데 가장 오래된 데살로니가전서는 율법을 포함하여 유대주의 논쟁과 관련된 신학적 개념에 대해 침묵하고 있다. 이것은 명백한 적대자가 없다는 사실과 서신에서 제안한 묘사가 임박한 '파루시아'를 암시한다는 사실에 관련 있을 것이다.

(2) 고린도전서의 문맥은 바울의 두 적대자들, 즉 강한 자/자유주의/유대 그룹(또는 헬레니즘적 유대 그리스도인들)과 약한 자/이방인 그룹을 보여 준다. 강한 자/자유주의/유대 그룹은 약한 자/이방인 그룹에 비해 더 위협적이었기 때문에, 바울은 율법의 신성한 권위에 호소하여 고린

도 교회의 연합을 유지하려 노력했다. 바울은 그렇게 함으로써 강한 자/자유주의 그룹을 견제했다. 반면에 바울은 반대파의 거짓 지혜를 반박하고 혼란을 막기 위해 그리스도가 참 지혜(σοφία)이며 교회는 그리스도의 몸이라고 설교했다. 바울이 두 그룹을 겨냥한 지혜 기독론과 율법의 권위에 대한 호소(즉, 강한 자/자유주의 그룹을 겨냥하는 호소)는 거짓 지혜와 잘못된 기독론으로 인한 분열로부터 고린도 교회를 보호하려는 그의 관심에서 비롯된 것이다.

(3) 고린도후서는 바울의 적대자들, 즉 유대 그리스도인들의 도착을 보고한다. 바울의 적대자들은 율법을 구원의 수단으로 제시함으로써 그리스도의 구원을 무의미하게 만들었다. 율법에 근거한 그들의 복음에 반대하여 바울은 율법이 그리스도 안에서 쓸모없게 되었다고 묘사한 다음, 그리스도의 '케노시스'(κένωσις)에 근거하여 복음을 제시했다(고후 8.9).

(4) 갈라디아서는 율법의 행위(특히, 할례)로 의롭다 함을 얻는다고 설교하였던 바울의 적대자들이 제기한 논쟁적 맥락을 제시한다. 바울은 그들과 그들의 율법 중심의 복음에 반대하여 갈라디아에 있는 이방인 개종자들이 스스로 할례를 받고 모세의 율법에 순종하는 것을 막으려고 노력했다. 바울은 구원에 대한 기독론적 우위를 지키기 위해 율법의 부정적이고 악마적인 비유인 '초등교사'(παιδαγωγός)와 '세상의 초등학문'(τὰ στοιχεῖα τοῦ κόσμου)을 사용하여 행위로 인한 칭의를 무효화하는 십자가 중심의 기독론을 선포했다.

(5) 빌립보서에서 바울은 율법 준수(특히, 할례)에 근거한 의를 주장하는 반대자들에 맞서 새로운 의의 근원으로서 '케노틱'(*kenotic*) 그리스도를 강조했다. 바울이 보기에 이 '케노틱' 그리스도는 율법에 근거한 의

308-309

를 쓰레기/배설물로 만든다. 바울은 빌립보 교인들에게 '케노틱' 그리스도의 본을 따라 살라 권면했다.

(6) 예루살렘 교회와 로마 교회 사이의 외적 긴장과 율법에 대한 오해로 인해 약한 자들과 강한 자들 사이의 내적 갈등에 직면한 바울은, 로마서에서 율법의 마침(τέλος)이며 참 그리스도인의 모범이신 그리스도에 호소함으로써 그들을 화해시키려고 노력했다. 바울은 율법을 그리스도께로 인도하는 준비 수단으로 제시했다.

위 섹션 4번과 관련하여 모세 율법에 대한 바울의 이해와 그리스도와의 관계를 그레코-로마의 '파이데이아' 개념과 그 커리큘럼에 비추어 요약할 필요성이 있다고 생각한다. 예비적 '파이데이아'가 철학의 고등 지식인 지혜(σοφία)로 가는 관문을 형성하는 것처럼, 율법은 그리스도를 향한 안내자 역할을 한다. 율법은 처음부터 존재하지 않았으며 최종적인 효력을 가진 것도 아니다(갈 3.17; 고후 3.13f.). 율법은 타락 이후 인간이 처한 잠재적 위기를 드러내기 위한 것이었다(갈 3.19ff.; 롬 7.7, 13f., 23f.). 교육적 관점에서 율법은 죄를 드러내고 바울 '파이데이아'의 최종 단계인 그리스도께로 인도하여 믿음으로 의롭게 될 수 있도록 하는 중간 '파이데이아'였다(갈 3.24). 그러나 사람들(특히, 유대주의자들)이 구원 역사에서 율법에 절대적인 권위를 부여하려고 할 때, 바울은 율법을 구원의 최상위에서 끌어내리고, 그 대신 그리스도를 그 자리로 끌어올렸다. 바울 사상에서 '파이데이아' 개념은 구원 역사에서 율법과 그리스도의 관계를 이해하는 열쇠가 된다. 이런 의미에서 바울의 우주적 구원 드라마에서 '파이데이아' 개념을 고려하지 않으면, 드라마 뒤에 숨겨진 신성한 구원 계획을 보지 못할 수 있다. 하나님의 구원 활동은 전 인류 역사(무율법 시대부터 율법 시대를 거쳐 그리스도 시대까지)에서 신성한 교육과정(율법 없는 양심

시대에서 율법 시대를 거쳐 그리스도 시대로 이어지기까지)을 통해 이루어졌다.

7. 필자가 보기에 바울은 로마 제국 안에 하나님의 나라로서 새로운 우주적 가족을 세우려고 노력했을 것이다. 바울의 생각에 따르면, 그리스도의 초림과 함께 이미 시작된 메시아 시대의 개막은 이 새로운 우주적 가족의 탄생을 알린다. 바울은 당시 그레코-로마 정치 철학의 '몸 은유'(body metaphor)를 사용하여 그리스도 몸으로서의 새로운 우주적 가족의 형성과 그 통일성과 다양성에 대해 설명한다. 이 새로운 우주적 가족의 탄생과 함께 인종, 사회적 지위, 성별에 근거한 모든 장벽이 제거된다(갈 3.28). "많은 형제들 가운데 맏아들"(πρωτότοκος ἐν πολλοῖς ἀδελφοῖς)이신 그리스도를 믿는 모든 신자는 하나님의 우주적 가족의 일원이다. 그리스도를 믿는 모든 사람은 입양(υἱοθεσία)을 통해 하나님의 참 아들로서 그리스도의 유업에 포함될 수 있다. 신자들의 마음에 하나님 아들의 영을 받아들이는 것은 구원의 온전함에 대한 계약금으로 간주된다. 입양과 성령의 은사는 새로운 우주적 가족을 형성하는 데 강력한 영적 엔진을 제공한다. 메시아 시대에 바울은 교회("그리스도의 몸")를 그레코-로마 세계의 현실을 넘어 그리스도와 연합된 하나님의 왕국으로, 하나님의 새로운 우주적 가족으로 여겼다.

참고 문헌

1차 문헌

Aristophanes. *Peace*. Edited with Translation and Notes by Alan H. Sommerstein. Oxford : Aris & Phillips, 2005.

von Arnim, Hans Friedrich August. *Stoicorum veterum fragmenta collegit Ioannes ab Arnim*. Lipsiae: in aedibus B. G. Teubneri, 1903-24.

Charles, R. H., ed., *The Apocrypha and Pseudepigrapha of the Old Testament*. 2 vols. Oxford: Clarendon, 1913.

Charlesworth, James H., ed. *The Old Testament Pseudepigrapha*. 2 vols. Garden City, N.Y.: Doubleday, 1983.

Cleanthes. *The Hymn of Cleanthes*. Translated by E. H. Blakeney. Texts for Students 26. New York: Macmillan, 1921.

Freeman, K. trans., *Ancilla to the Pre-Socratic Philosophers: A Complete Translation of the Fragments in Diels Fragmente der Vorsokratiker*. Cambridge, Mass.: Harvard University Press, 1966.

Jerome. "Lives of Illustrious Men." Pages 359-84 in *Theodoret, Jerome, Gennadius, Rufinus: Historical Writings, Etc*. Vol. 3 of *A Select Library of the Nicene and Post-Nicene Fathers of the Christian Church*. Edited by Philip Schaff and Henry Wace. Grand Rapids: Eerdmans, 1952.

Liddell, H. G. and R. Scott. *A Greek-English Lexicon*. Revised by H. S. Jones. 2 vols. Oxford: Clarendon, 1940.

Tertullian. "On the Apparel of Women" and "On the Veiling of Virgins." Pages 14-38 in *Fathers of the Third Century: Tertullian; Minucius Felix; Commodian; Origen*. Vol. IV of *The Ante-Nicene Fathers: Translation of the Writings of the*

Fathers down to a.d. 325. Edited by Alexander Roberts and James Donaldson. Grand Rapids: Eerdmans, 1951.

송혜경 번역·주해. 『구약 외경 1: 에녹 1서, 솔로몬의 시편, 요셉과 아세넷, 예언자들의 생애, 아리스테아스의 편지』(개정판). 서울: 한님성서연구소, 2022.

________. 『구약 외경 2: 에즈라 4서, 바룩 2·3·4서』. 서울: 한님성서연구소, 2023.

플라톤. 『플라톤전집I - 소크라테스의 변론 / 크리톤 / 파이돈 / 향연』(*Apologia, Sokratous, Kriton, Phaidon, Symposion*). 천병희 역. 서울: 도서출판 숲, 2023.

________. 『플라톤전집IV - 국가』(*Politeia*). 천병희 역. 서울: 도서출판 숲, 2022.

________. 『티마이오스』(TIMAIOS). 김유석 역. 서울: 아카넷, 2022.

필론. 『알렉산드리아의 필론 작품집 I』(*Philonis Alexandrini opera quae* Vol.1). 문우일 역. 서울: 아카넷, 2022.

호메로스. 『일리아스』(*Ilias*). 천병희 역. 서울: 도서출판 숲, 2015.

2차 문헌

Adkins, A. W. H. *Merit and Responsibility: A Study in Greek Values*. Oxford: Clarendon, 1960.

Andersen, F. I. "2 (Slavonic Apocalypse of) Enoch." Pages 91-221 in *Apocalyptic Literature and Testaments*. Edited by James H. Charlesworth. Vol. 1 of *The Old Testament Pseudepigrapha*. Edited by James H. Charlesworth. Garden City, N.Y.: Doubleday, 1983.

Argall, R. A. *1 Enoch and Sirach: A Comparative Literary and Conceptual Analysis of the Themes of Revelation, Creation and Judgment*. Society of Biblical Literature Early Judaism and Its Literature 8. Atlanta: Scholars Press, 1995.

Armstrong, A. Hilary. *An Introduction to Ancient Philosophy*. London: Methuen, 1947.

Arnold, Clinton E. *Ephesians, Power and Magic: The Concept of Power in Ephesians in Light of Its Historical Setting*. Cambridge, N.Y.: Cambridge University Press, 1989.

________. *Powers of Darkness: Principalities & Powers in Paul's Letters*. Downers Grove, Il.: InterVarsity, 1992.

Aune, David E. "Human Nature and Ethics in Hellenistic Philosophical

Traditions and Paul: Some Issues and Problems." Pages 291-312 in *Paul in His Hellenistic Context*. Edited by Troels Engberg-Pedersen. Minneapolis: Fortress, 1985.

Badenas, Robert. *Christ, the End of the Law: Romans 10.4 in Pauline Perspective*. Journal for the Study of the New Testament: Supplement Series. Sheffield: JSOT, 1985.

Baer, Richard A. *Philo's Use of the Categories Male and Female*. Leiden: Brill, 1970.

Bailey, Lloyd R. *Biblical Perspectives on Death*. Philadelphia: Fortress, 1979.

Barrett, C. K. *From First Adam to Last*. London: A. & C. Black, 1962.

________. "Things Sacrificed to Idols." *New Testament Studies* 11 (1965): 138-53.

________. "Paul's Opponents in II Corinthians." *New Testament Studies* 17 (1971): 233-54.

Barth, Karl. *A Shorter Commentary on Romans*. Translated by D. H. van Daalen. London: SCM, 1959.

Bassler, Jouette M. *Navigating Paul: An Introduction to Key Theological Concepts*. Louisville, Ky.: Westminster John Knox, 2007.

Bauckham, Richard. "Universalism: A Historical Survey." *Themelios* 4 (1979): 48-54.

________. "The Apocalypse of Peter: An Account of Research." *ANRW*. 25.6: 4712-50. Part 2, *Principat* 26.6. Edited by H. Temporini and W. Haase. New York: de Gruyter, 1988.

________. *The Fate of the Dead: Studies on the Jewish and Christian Apocalypses*. Leiden: Brill, 1998.

Beall, Todd S. *Josephus' Description of the Essenes Illustrated by the Dead Sea Scrolls*. Cambridge: Cambridge University Press, 1988.

Beck, Frederick A. G. *Greek Education: 450-350 B.C.* London: Methuen, 1964.

Beker, J. Christiaan. "Contingency and Coherence in the Letters of Paul." *Union Seminary Quarterly Review* 33 (1978): 141-50.

________. *Paul the Apostle: The Triumph of God in Life and Thought*. Philadelphia: Fortress, 1980.

________. *Paul's Apocalyptic Gospel: The Coming Triumph of God*. Philadelphia: Fortress, 1982.

________. *The Triumph of God: The Essence of Paul's Thought*. Minneapolis:

Fortress, 1990.

Belleville, L. L. "'Under Law': Structural Analysis and the Pauline Concept of Law in Galatians 3.21-4.11." *Journal for the Study of the New Testament* 26 (1986): 53-78.

Berchman, Robert M. *From Philo to Origen: Middle Platonism in Transition*. Chico, Calif.: Scholars Press, 1984.

Bertone, John A. *"The Law of the Spirit": Experience of the Spirit and Displacement of the Law in Romans 8:1-16*. New York: Peter Lang, 2005.

Betz, Hans Dieter. *Paul's Concept of Freedom in the Context of Hellenistic Discussion about the Possibilities of Human Freedom: [Colloquy of] the Center for Hermeneutical Studies in Hellenistic and Modern Culture*, Colloquy (Center for Hermeneutical Studies in Hellenistic and Modern Culture) 26. Berkeley: The Center, 1977.

________. *Galatians*. Philadelphia: Fortress, 1979.

Birkeland, H. "The Belief in the Resurrection of the Dead in the OT." *Studia Theologica* 1 (1960): 60-78.

Black, David A. "The Authorship of Philippians 2:6-11: Some Literary-Critical Observations." *Criswell Theological Review* 2 (1988): 269-89.

Blackburn, B. "Miracle Working THEIOI ANDRES in Hellenism (and Hellenistic Judaism)." Pages 185-218 in *Gospel Perspectives 6: The Miracles of Jesus*. Edited by D. Wenham and C. Blomberg. Sheffield: JSOT, 1986.

Bluck, R. S. *Plato's Phaedo*. Indianapolis: Bobbs-Merrill, 1955.

Boccaccini, Gabriele. *Middle Judaism: Jewish Thought, 300 B.C.E. to 200 C.E.* Minneapolis: Fortress, 1991.

de Boer, Martinus C. *The Defeat of Death: Apocalyptic Eschatology in 1 Corinthians 15 and Romans 5*. Journal for the Study of the New Testament: Supplement Series 22. Sheffield: JSOT, 1988.

Bosman, Philip. *Conscience in Philo and Paul: A Conceptual History of the Synoida Word Group*. Wissenschaftliche Untersuchungen zum Neuen Testament 2.166. Tübingen: Mohr Siebeck, 2003.

Box, G. H. "General Introduction, IV Ezra." Pages 542-624 in *Pseudepigrapha*. Edited by R. H. Charles. Vol. 2 of *The Apocrypha and Pseudepigrapha of the Old Testament in English*. Edited by R. H. Charles. Oxford: Clarendon, 1913.

Boyarin, Daniel. *A Radical Jew: Paul and the Politics of Identity.* Berkeley: University of California Press, 1994.

Branick, Vincent P. "Apocalyptic Paul?" *Catholic Biblical Quarterly* 47 (1985): 664-75.

Briggs, C. A. "The Use of רוח in the Old Testament." *Journal of Biblical Literature* 19 (1900): 132-45.

Bright, John. *A History of Israel.* 3rd ed. Philadelphia: Westminster, 1981.

Bruce, F. F. *Paul: Apostle of the Heart Set Free.* Grand Rapids: Eerdmans, 1977.

________. *Commentary on Galatians.* New International Greek Testament Commentary. Grand Rapids: Eerdmans, 1982.

________. "The Romans Debate-Continued." *Bulletin of the John Rylands University Library of Manchester* 64 (1982): 337-42.

Bryce, Glendon E. *A Legacy of Wisdom: The Egyptian Contribution to the Wisdom of Israel.* Lewisburg: Bucknell University Press, 1979.

Bultmann, Rudolf. *Theology of the New Testament.* Translated by Kendrick Grobel. 2 vols. New York: Scribner, 1951-55.

________. "Ist Apokalyptik die Mutter der christlichen Theologie? Eine Auseinandersetzung mit Ernst Käsemann." Pages 64-69 in *Apophoreta: Festschrift für E. Haenchen zu seinem 70. Geburtstag am 10. Dezember 1964.* Beihefte zur Zeitschrift für die neutestamentliche Wissenschaft und die Kunde der älteren Kirche; Beiheft 30. Berlin: Töpelmann, 1964.

________. *New Testament & Mythology and Other Basic Writings.* Edited and Translated by S. M. Ogden. Philadelphia: Fortress, 1984.

Buttrick, G. A., ed. *The Interpreter's Dictionary of the Bible.* New York: Abingdon, 1962.

Caird, G. B. *Principalities and Powers: A Study in Pauline Theology.* London: Oxford University Press, 1956. Repr., Eugene, Oreg.: Wipf and Stock, 2003.

Calvin, John. *The Epistles of Paul the Apostle to the Galatians, Ephesians, Philippians and Colossians.* Edited by David W. Torrance and Thomas F. Torrance. Calvin's New Testament Commentaries Series 11. Grand Rapids: Eerdmans, 1965.

Carr, W. *Angels and Principalities: The Background, Meaning and Development of the Pauline Phrase hai archai kai hai exousiai.* Cambridge: Cambridge

University Press, 1981.

Carter, T. L. *Paul and the Power of Sin: Redefining 'Beyond the Pale'*. Cambridge: Cambridge University Press, 2002.

Cerfaux, L. *Christ in the Theology of St. Paul*. Freiburg: Herder, 1959.

Chadwick, Henry. "St. Paul and Philo of Alexandria." *Bulletin of the John Rylands University Library of Manchester* 48 (1965-66): 286-307.

Clarke, E. G. *The Wisdom of Solomon*. Cambridge: Cambridge University Press, 1973.

Clarke, M. L. *Higher Education in the Ancient World*. Albuquerque: University of New Mexico Press, 1971.

van Cleave, James R. *Plato and Jesus*. PhD diss., The Claremont School of Theology, 2003.

Clements, R. E. "Wisdom and Old Testament Theology." Pages 269-86 in *Wisdom in Ancient Israel: Essays in Honour of J. A. Emerton*. Edited by John Day et al. Cambridge: Cambridge University Press, 1995.

Clifford, Richard J. *The Wisdom Literature*. Nashville: Abingdon, 1998.

Cohen, Shaye J. D. *From the Maccabees to the Mishnah*. 2nd ed. Louisville, Ky.: Westminster John Knox, 2006.

Collins, Adela Yarbro. *Cosmology and Eschatology in Jewish and Christian Apocalypticism*. Leiden: Brill, 2000.

Collins, John J. "Introduction: Towards the Morphology of a Genre." In *Apocalypse: The Morphology of a Genre*. Edited by John J. Collins. *Semeia* 14 (1979): 1-20.

________. *Proverbs. Ecclesiastes*. Atlanta: John Knox, 1980.

________. "New Testament Cosmology." Pages 3-7 in *Cosmology and Theology*. Edited by David Tracy and Nicholas Lash. Edinburgh: T. & T. Clark, 1983.

________. "Genre, Ideology and Social Movements in Jewish Apocalypticism." Pages 11-32 in *Mysteries and Revelations: Apocalyptic Studies Since the Uppsala Colloquium*. Edited by John J. Collins and James H. Charlesworth. Sheffield: JSOT Press, 1991.

________. *Daniel: A Commentary on the Book of Daniel*. Minneapolis: Fortress, 1993.

________. *Jewish Wisdom in the Hellenistic Age*. Old Testament Library. Louisville,

Ky.: Westminster John Knox, 1997.

________. *Seers, Sybils and Sages in Hellenistic-Roman Judaism*. Leiden: Brill, 1997.

Conzelmann, Hans. "Paulus und die Weisheit." *New Testament Studies* 12 (1966): 231-44.

________. "Die Rechtfertigungslehre des Paulus: Theologie oder Anthropologie?" *Evangelische Theologie* 28 (1968): 389-404.

________. *An Outline of the Theology of the New Testament*. Translated by John Bowden. New York: Harper & Row, 1969.

________. *1 Corinthians: A Commentary on the First Epistle to the Corinthians*. Translated by James W. Leitch. Hermeneia. Philadelphia: Fortress, 1975.

Corrigan, K. "Body and Soul in Ancient Experience." Pages 360-83 in *Classical Mediterranean Spirituality: Egyptian, Greek, Roman*. Vol. 15 of *World Spirituality: An Encyclopedia History of the Religious Quest*. Edited by A. H. Armstrong. New York: Crossroad, 1986.

Corrington, Gail P. "The 'Headless Woman': Paul and the Language of the Body in 1 Cor 11:2-16." *Perspectives in Religious Studies* 18 (1991): 223-31.

Cousar, Charles B. *Galatians*. Atlanta: John Knox, 1982.

________. *The Letters of Paul*. Nashville: Abingdon, 1996.

Craddock, Fred B. *Philippians*. Atlanta, Ga.: John Knox, 1985.

Cramer, F. H. *Astrology in Roman Law and Politics*. Philadelphia: American Philosophical Society, 1954.

Cranfield, C. E. B. "St. Paul and the Law." *Scottish Journal of Theology* 17 (1964): 43-68.

________. *The Epistle to the Romans, I-VIII*. International Critical Commentary. Edinburgh: T. & T. Clark, 1975.

Crenshaw, James L. "The Shadow of Death in Qoheleth." Pages 205-16 in *Israelite Wisdom: Theological and Literary Essays in Honor of Samuel Terrien*. Edited by John G. Gammie et al. New York: Scholars Press, 1978.

________. *Old Testament Wisdom: An Introduction*. Atlanta: John Knox, 1981.

Culianu, Ioan P. *Psychoanodia I*. Etudes préliminaires aux religions orientales dans l'empire romain. Leiden: Brill, 1983.

Cullmann, Oscar. *Christ and Time: The Primitive Christian Conception of Time and*

History. Philadelphia: Westminster, 1962.

Cumont, F. *Astrology and Religion among the Greeks and Romans*. Translated by J. B. Baker. New York: Dover, 1960.

Davies, J. A. *Wisdom and Spirit: An Investigation of 1 Corinthians 1.18-3.20 against the Background of Jewish Sapiential Traditions in the Greco-Roman Period*. Lanham: University Press of America, 1984.

Davies, W. D. *Paul and Rabbinic Judaism: Some Rabbinic Elements in Pauline Theology*. 4th ed. Philadelphia: Fortress, 1980.

________. "Paul and the Law: Reflections on Pitfalls in Interpretation." Pages 4-16 in *Paul and Paulinism: Essays in Honour of C. K. Barrett*. Edited by M. D. Hooker and S. G. Wilson. London: SPCK, 1982.

Davis, Stephan K. *The Antithesis of the Ages: Paul's Reconfiguration of Torah*. Catholic Biblical Quarterly Monograph Series 33. Washington: Catholic Biblical Association of America, 2002.

Deidun, T. J. *New Covenant Morality in Paul*. Rome: Biblical Institute, 1981.

Deissmann, Adolf. *Paul: A Study in Social and Religious History*. Translated by W. E. Wilson. 2nd ed. New York: Doran, 1927.

Delumeau, Jean. *History of Paradise: The Garden of Eden in Myth and Tradition*. Translated by Matthew O'Connell. New York: Continuum, 1995.

Desrosiers, Gilbert. *An Introduction to Revelation: A Pathway to Interpretation*. London: Continuum, 2000.

Dillon, John M. *The Middle Platonists, 80 B.C. to A.D. 220*. Ithaca, N.Y.: Cornell University Press, 1996.

________. *The Great Tradition: Further Studies in the Development of Platonism and Early Christianity*. Variorum collected studies series. Aldershot, Hampshire: Ashgate, 1997.

Dodd, C. H. *New Testament Studies*. Manchester: Manchester University Press, 1953.

Dodds, E. R. *The Greeks and the Irrational*. Berkeley: University of California Press, 1951.

Drane, John W. "Tradition, Law and Ethics in Pauline Theology." *Novum Testamentum* 16 (1974): 167-78.

________. *Paul: Libertine or Legalist? A Study in the Theology of the Major Pauline*

Epistles. London: SPCK, 1975.

Dunn, James D. G. "The Incident at Antioch (Gal 2:11-18)." *Journal for the Study of the New Testament* 18 (1983): 2-57.

________. "'Works of the Law and the Curse of the Law' (Galatians 3:10-14)." *New Testament Studies* 31 (1985): 523-42.

________. *Romans*. Word Biblical Commentary 38A, B. Waco, Tex.: Word, 1988.

________. *Christology in the Making: A New Testament Inquiry into the Origins of the Doctrine of the Incarnation*. London: SCM, 1989.

________. *The Epistle to the Galatians*. Peabody, Mass.: Hendrickson, 1993.

________. *The Theology of Paul the Apostle*. Grand Rapids: Eerdmans, 1998.

________. "The Narrative Approach to Paul: Whose Story?" Pages 217-30 in *Narrative Dynamics in Paul: A Critical Assessment*. Edited by Bruce W. Longenecker. Louisville, Ky.: Westminster John Knox, 2002.

Eastman, Brad. *The Significance of Grace in the Letters of Paul*. New York: Peter Lang, 1999.

Ebeling, Gerhard. "The Ground of Christian Theology." *Journal for Theology and the Church* 6 (1969): 47-68.

Edelstein, L. *The Meaning of Stoicism*. Cambridge, Mass.: Harvard University Press, 1966.

Ellis, E. Earle. *Paul's Use of the Old Testament*. Grand Rapids: Eerdmans, 1957.

Engberg-Pedersen, Troels. "Stoicism in the Apostle Paul: A Philosophical Reading." Pages 52-75 in *Stoicism: Traditions and Transformations*. Edited by Steven K. Strange and Jack Zupko. Cambridge: Cambridge University Press, 2004.

Eskola, Timo. *Theodicy and Predestination in Pauline Soteriology*. Wissenschaftliche Untersuchungen zum Neuen Testament 2.100. Tübingen: Mohr Siebeck, 1998.

Farmer, Kathleen A. *Who Knows What is Good? A Commentary on the Books of Proverbs and Ecclesiastes*. Grand Rapids: Eerdmans, 1991.

Fatehi, Mehrdad. *The Spirit's Relation to the Risen Lord in Paul: An Examination of Its Christological Implications*. Wissenschaftliche Untersuchungen zum Neuen Testament 2.128. Tübingen: Mohr Siebeck, 2000.

Fee, Gordon D. *The First Epistle to the Corinthians*. New International

Commentary on the New Testament. Grand Rapids: Eerdmans, 1987.

________. *God's Empowering Presence: The Holy Spirit in the Letters of Paul.* Peabody, Mass.: Hendrickson, 1994.

________. *Paul's Letter to Philippians.* New International Commentary on the New Testament. Grand Rapids: Eerdmans, 1995.

Feldman, Louis H. *Judaism and Hellenism Reconsidered.* Leiden: Brill, 2006.

Fiore, Benjamin. "Covert Allusion in 1 Corinthians 1-4." *Catholic Biblical Quarterly* 47 (1985): 85-102.

Fitzgerald, J. T. *Cracks in an Earthen Vessel: An Examination of the Catalogues of Hardships in the Corinthian Correspondence.* SBLDS 99. Atlanta: Scholars, 1988.

Fitzmyer, Joseph A. "A Feature of Qumran Angelology and the Angels of I Cor. xi.10." *New Testament Studies* 4 (1957): 48-58.

________. *Paul and His Theology: A Brief Sketch.* Englewood Cliffs, N.J.: Prentice Hall, 1989.

________. *According to Paul: Studies in the Theology of the Apostle.* New York: Paulist, 1992.

________. *Romans.* Anchor Bible 33. Garden City, N.Y.: Doubleday, 1993.

Forsyth, Neil. *The Old Enemy: Satan & The Combat Myth.* Princeton: Princeton University Press, 1987.

Fox, Michael V. *Proverbs 1-9.* Anchor Bible 18A. Garden City, N.Y.: Doubleday, 2000.

Freedman, D. N., ed. *Anchor Bible Dictionary.* 6 vols. Garden City, N.Y.: Doubleday, 1992.

Freeman, Kathleen. *Ancilla to the Pre-Socratic Philosophers: A Complete Translation of the Fragments in Diels.* Cambridge, Mass.: Harvard University Press, 1966.

Furley, David J. *The Greek Cosmologists.* Cambridge: Cambridge University Press, 1987.

Furnish, Victor Paul. *Theology and Ethics in Paul.* Nashville: Abingdon, 1968.

________. *The Love Command in the New Testament.* Nashville: Abingdon, 1972.

Garland, Robert. *The Greek Way of Death.* Ithaca, N.Y.: Cornell University Press, 2001.

Georgi, D. *Weisheit Salomos.* Jüdische Schriften aus hellenistisch-jüdischer Zeit

III/4. Gütersloh: Mohn, 1980.

________. *The Opponents of Paul in Second Corinthians*. Philadelphia: Fortress Press, 1986.

Gillman, Neil. *The Death of Death: Resurrection and Immortality in Jewish Thought*. Woodstock, Vt.: Jewish Lights, 2002.

Goff, Matthew J. *The Worldly and Heavenly Wisdom of 4QInstruction*. Studies on the Texts of the Desert of Judah. Leiden: Brill, 2003.

Goodenough, Erwin R. *By Light, Light: The Mystic Gospel of Hellenistic Judaism*. New Haven, Conn.: Yale University Press, 1935.

________. *Jewish Symbols in the Greco-Roman Period*. 12 vols. New York: Pantheon Books, 1953-1965.

________. "Paul and the Hellenization of Christianity [with A. Thomas Kraabel]." Pages 123-74 in *Goodenough on the Beginnings of Christianity*. Edited by A. T. Kraabel. Brown Judaic Studies 212. Atlanta: Scholars Press, 1990. Repr., *Religions in Antiquity. Essays in Memory of Erwin Ramsdell Goodenough*. Edited by J. Neusner. Leiden: Brill, 1968.

Goppelt, Leonhard. *Typos: The Typological Interpretation of the Old Testament in the New*. Translated by Donald H. Madvig. Grand Rapids: Eerdmans, 1982.

Gowan, Donald E. *Daniel*. Nashville: Abingdon, 2001.

Grabbe, Lester L. *Judaic Religion in the Second Temple Period: Belief and Practice from the Exile to Yavneh*. London: Routledge, 2000.

Grant, R. M. "The Wisdom of the Corinthians." Pages 51-55 in *The Joy of Study*. Edited by S. E. Johnson. New York: Macmillan, 1951.

Greene, William C. *Moira: Fate, Good and Evil, in Greek Thought*. Cambridge, Mass.: P. Smith, 1944.

Gundry, R. H. "The Moral Frustration of Paul before His Conversion: Sexual Lust in Romans 7:7-25." Pages 228-45 in *Pauline Studies: Essays Presented to Professor F. F. Bruce on His Seventieth Birthday*. Edited by D. A. Hagner and M. J. Harris. Grand Rapids: Eerdmans, 1970.

Gunther, John J. *St. Paul's Opponents and Their Background: A Study of Apocalyptic and Jewish Sectarian Teachings*. Leiden: Brill, 1973.

Guthrie, W. K. C. *The Greeks and Their Gods*. London: Methuen, 1950.

________. *A History of Greek Philosophy*. Vol. 1: *The Earlier Presocratics and the*

Pythagoreans. Cambridge: Cambridge University Press, 1967.

________. *Orpheus and Greek Religion: A Study of the Orphic Movement*. Princeton: Princeton University Press, 1993.

Hall, Barbara. "Battle Imagery in Paul's Letters: An Exegetical Study." PhD diss., Union Theological Seminary, 1973.

Hall, David R. "A Disguise for the Wise: ΜΕΤΑΣCΗΜΑΤΙΣΜΟΣ in 1 Corinthians 4.6." *New Testament Studies* 40 (1994): 143-49.

Hansen, G. Walter. *Abraham in Galatians: Epistolary and Rhetorical Contexts*. Journal for the Study of the Pseudepigrapha: Supplement Series 29. Sheffield: JSOT Press, 1989.

Hanson, Paul D. *The Dawn of Apocalyptic: The Historical and Sociological Roots of Jewish Apocalyptic Eschatology*. Philadelphia: Fortress, 1983.

Harrison, Edward R. *Cosmology, the Science of the Universe*. Cambridge: Cambridge University Press, 1981.

Hawthorne, Gerald F., et al. *Dictionary of Paul and His Letters*. Downers Grove, Il.: InterVarsity, 1993.

Hays, Richard B. *The Faith of Jesus Christ: An Investigation of the Narrative Substructure of Galatians 3:1-4:11*. Chico, Calif.: Scholars Press, 1983.

________. *Echoes of Scripture in the Letters of Paul*. New Haven, Conn.: Yale University Press, 1989.

________. "Crucified with Christ: A Synthesis of the Theology of 1 and 2 Thessalonians, Philemon, Philippians and Galatians." Pages 227-46 in *Pauline Theology I: Thessalonians, Philippians, Galatians, Philemon*. Edited by Jouette M. Bassler. Minneapolis: Fortress, 1991.

________. "Three Dramatic Roles: The Law in Romans 3-4." Pages 151-64 in *Paul and the Mosaic Law*. Edited by James D. G. Dunn. Wissenschaftliche Untersuchungen zum Neuen Testament 89. Tübingen: Mohr Siebeck, 1994.

________. "The Role of Scripture in Paul's Ethics." Pages 30-47 in *Theology and Ethics in Paul and His Interpreters: Essays in Honor of Victor Paul Furnish*. Edited by Eugene H. Lovering and Jerry L. Sumney. Nashville: Abingdon, 1996.

________. "The Conversion of the Imagination: Scripture and Eschatology in 1 Corinthians." *New Testament Studies* 45 (1999): 391-412.

Heaton, E. W. *The Book of Daniel*. Torch Commentary. London: SCM, 1956.

Hengel, Martin. *Judaism and Hellenism, Studies in Their Encounter in Palestine during the Early Hellenistic Period*. 2 vols. Philadelphia: Fortress, 1974.

Hermann, Arnold. *To Think Like God: Pythagoras and Parmenides: The Origins of Philosophy*. Las Vegas: Parmenides, 2004.

Hill, D. *Greek Words and Hebrew Meanings*. Cambridge: Cambridge University Press, 1967.

Hill, Edmund. "The Construction of Three Passages of St. Paul." *Catholic Biblical Quarterly* 23 (1961): 296-301.

Himmelfarb, Martha. *Tours of Hell: An Apocalyptic Form in Jewish and Christian Literature*. Philadelphia: University of Pennsylvania Press, 1983.

________. "Revelation and Rapture: The Transformation of the Visionary in the Ascent Apocalypses." Pages 79-90 in *Mysteries and Revelations: Apocalyptic Studies Since the Uppsala Colloquium*. Edited by John J. Collins and James H. Charlesworth. Sheffield: JSOT Press, 1991.

________. *Ascent to Heaven in Jewish & Christian Apocalypses*. New York: Oxford University Press, 1993.

Holmes, S. "Wisdom of Solomon." Pages 518-68 in *Apocrypha*. Edited by R. H. Charles. Vol. 2 of *The Apocrypha and Pseudepigrapha of the Old Testament in English*. Edited by R. H. Charles. Oxford: Clarendon, 1913.

Hong, In-Gyu. *The Law in Galatians*. Sheffield: JSOT Press, 1993.

Hooker, Morna D. "Philippians 2:6-11." Pages 151-64 in *Jesus und Paulus: Festschrift für Werner Georg Kümmel zum 70. Geburtstag*. Edited by E. E. Ellis and E. Grässer. Göttingen: Vandenhoeck und Ruprecht, 1978.

________. *From Adam to Christ: Essays on Paul*. Cambridge: Cambridge University Press, 1990.

Horsley, Richard A. "Pneumatikos vs. Psychikos: Distinctions of Spiritual Status among the Corinthians." *Harvard Theological Review* 69 (1976): 269-88.

________. "How Can Some of You Say That There Is No Resurrection of the Dead? Spiritual Elitism in Corinth." *Novum Testamentum* 20 (1978): 203-31.

________. "Consciousness and Freedom among the Corinthians: 1 Corinthians 8-10." *Catholic Biblical Quarterly* 40 (1978): 574-89.

Howard, George E. "Christ the End of the Law. The Meaning of Romans 10:4ff."

Journal of Biblical Literature 88 (1969): 331-37.

Hübner, Hans. *Law in Paul's Thought*. Edinburgh: T. & T. Clark, 1984.

Hunter, Archibald M. *The Gospel According to St Paul: A Revised Edition of Interpreting Paul's Gospel*. Philadelphia: Westminster, 1966.

van Imschoot, P. "Sagesse et Esprit dans l'Ancien Testament." *Revue biblique* (1938): 23-49.

Isaacs, Marie E. *The Concept of Spirit: A Study of Pneuma in Hellenistic Judaism and Its Bearing on the New Testament*. London: Heythrop College, 1976.

Jackson-McCabe, Matt A. *Logos and Law in the Letter of James: The Law of Nature, the Law of Moses, and the Law of Freedom*. Leiden: Brill, 2001.

Jacob, Louis. "Jewish Cosmology." Pages 66-81 in *Ancient Cosmologies*. Edited by Carmen Blacker and Michael Loewe. London: George Allen & Unwin, 1975.

Jaeger, Werner. *Paideia: the Ideals of Greek Culture*. Translated by Gilbert Highet. 3 vols. Oxford: Basil Blackwell, 1939.

________. *Die Theologie der frühen griechischen Denker*. Stuttgart: W. Kohlhammer, 1953.

Jewett, Robert. "The Agitators and the Galatian Congregation." *New Testament Studies* 17 (1971): 198-212.

Johnson, Luke T. *The Writings of the New Testament: An Interpretation*. Philadelphia: Fortress, 1986.

Käsemann, Ernst. *New Testament Questions of Today*. Philadelphia: Fortress, 1969.

________. *Perspectives on Paul*. Philadelphia: Fortress, 1971.

________. *Commentary on Romans*. Translated and edited by Geoffrey W. Bromiley. Grand Rapids: Eerdmans, 1980.

Kayatz, C. *Studien zu Proverbien 1-9: eine form-und motivgeschichtliche Untersuchung unter Einbeziehung ägyptischen Vergleichsmaterials*. Wissenschaftliche Monographien zum Alten und Neuen Testament 22. Neukirchen-Vluyn: Neukirchener verlag, 1966.

Keck, Leander E. *Paul and His Letters*. 2nd ed. Philadelphia: Fortress, 1988.

________. *Romans*. Abingdon New Testament Commentaries. Nashville: Abingdon, 2005.

Kidd, I. G. "Stoic Intermediates and the End for Man." Pages 150-72 in *Problems* in *Stoicism*. Edited by A. A. Long. London: Athlone, 1971.

Kim, Seyoon. *The Origin of Paul's Gospel*. Wissenschaftliche Untersuchungen zum Neuen Testament 2.4. Tübingen: Mohr Siebeck, 1981.

________. "The Mystery of Rom. 11:25-26 Once More." *New Testament Studies* 43 (1997): 412-29.

Kittel, Gerhard, and Gerhard Friedrich, eds. *Theological Dictionary of the New Testament*. Trans. Geoffrey W. Bromiley. 10 vols. Grand Rapids: Eerdmans, 1964-76.

Knox, Wilfred L. *St Paul and the Church of the Gentiles*. Cambridge: Cambridge University Press, 1939.

________. "The 'Divine Hero' Christology in the New Testament." *Harvard Theological Review* 41 (1948): 229-49.

Koch, Klaus. "What is Apocalyptic? An Attempt at a Preliminary Definition." Pages 16-36 in *Visionaries and Their Apocalypses*. Edited by Paul D. Hanson. Issues in Religion and Theology 4. Philadelphia: Fortress, 1983.

Koester, Helmut. *Paul & His World: Interpreting the New Testament in Its Context*. Minneapolis: Fortress, 2007.

Kugel, James L. and Rowan A. Greer. *Early Biblical Interpretation*. Library of Early Christianity 3. Philadelphia: Westminster, 1986.

Kümmel, Werner G. *Römer 7 und die Bekehrung des Paulus*. Lexington, Ky.: American Theological Library Association, 1965.

Laato, Timo. *Paul and Judaism: An Anthropological Approach*. Translated by T. McElwain. South Florida Studies in the History of Judaism 115. Atlanta: Scholars Press, 1995.

Lampe, P. "Theological Wisdom and the 'Word about the Cross.' The Rhetorical Scheme in 1 Corinthians 1-4." *Interpretation* 44.2 (1990): 117-31.

Laporte, Jean. "Philo in the Tradition of Biblical Wisdom Literature." Pages 103-41 in *Aspects of Wisdom in Judaism and Early Christianity*. Edited by Robert L. Wilken. Notre Dame, Ind.: University of Notre Dame, 1975.

Launderville, Dale. *Piety and Politics: The Dynamics of Royal Authority in Homeric Greece, Biblical Israel, and Old Babylonian Mesopotamia*. Grand Rapids: Eerdmans, 2003.

Leivestad, R. "'The Meekness and Gentleness of Christ' II Cor. X. 1." *New*

Testament Studies 12 (1966): 156-64.

Levison, John R. *The Spirit in the First-century Judaism*. Leiden: Brill, 2002.

Lewy, Hans, ed., *Philosophia Judaica: Philo*. Oxford: Phaidon, 1945.

Lim, T. H. "Not in Persuasive Words of Wisdom but in the Demonstration of the Spirit and Power." *Novum Testamentum* 2 (1987): 137-49.

Lincoln, Andrew T. *Paradise Now and Not Yet: Studies in the Role of the Heavenly Dimension in Paul's Thought with Special Reference to His Eschatology*. Society for New Testament Studies Monograph Series 43. Cambridge: Cambridge University Press, 1981.

Longenecker, Bruce W. "Narrative Interest in the Study of Paul: Retrospective and Prospective." Pages 3-16 in *Narrative Dynamics in Paul: A Critical Assessment*. Edited by Bruce W. Longenecker. Louisville, Ky.: Westminster John Knox, 2002.

Luedemann, Gerd. *Opposition to Paul in Jewish Christianity*. Translated by M. Eugene Boring. Minneapolis: Fortress, 1984.

MacDonald, Dennis R. *The Homeric Epics and the Gospel of Mark*. New Haven, Conn.: Yale University Press, 2000.

MacGregor, G. H. C. "Principalities and Powers: The Cosmic Background of Paul's Thought." *New Testament Studies* 1 (1954-55): 17-28.

Mack, Burton L. *Logos und Sophia: Untersuchungen zur Weisheitstheologie im hellenistischen Judentum*. Göttingen: Vandenhoeck und Ruprecht, 1973.

Mansfeld, Jaap. "Compatible Alternatives: Middle Platonist Theology and the Xenophanes Reception." Pages 92-117 in *Knowledge of God in the Graeco-Roman World*. Edited by R. van den Broek et al. Etudes préliminaires aux religions orientales dans l'empire romain. Leiden: Brill, 1988.

Manson, T. W. *Studies in the Gospels and Epistles*. Manchester: Manchester University Press, 1962.

Marrou, H. I. *A History of Education in Antiquity*. Translated by George Lamb. New York: Sheed and Ward, 1956.

Marshall, I. Howard. "Pauline Theology in the Thessalonian Correspondence." Pages 173-83 in *Paul and the Paulinism: Essays in Honour of C. K. Barrett*. Edited by M. D. Hooker and S. G. Wilson. London: SPCK, 1982.

Martin, Brice L. *Christ and the Law in Paul*. Leiden: Brill, 1989.

Martin, Dale B. *The Corinthian Body*. New Haven, Conn.: Yale University Press, 1995.

Martin, J. D. "Ben Sira - a Child of his Time." Pages 141-61 in *A Word in Season: Essays in Honour of William McKane*. Edited by J. D. Martin and P. R. Davies. Journal for the Study of the Old Testament: Supplement Series 42. Sheffield: JSOT Press, 1986.

Martin, Luther H. *Hellenistic Religions: An Introduction*. New York: Oxford University Press, 1987.

Martin, Ralph P. *Carmen Christi: Philippians ii 5-11 in Recent Interpretation and in the Setting of Early Christian Worship*. Grand Rapids: Eerdmans, 1983.

Martin-Achard, R. *From Death to Life. A Study of the Development of the Doctrine of the Resurrection in the Old Testament*. Edinburgh: Oliver & Boyd, 1960.

Martyn, J. Louis. "Apocalyptic Antinomies in Paul's Letter to the Galatians." *New Testament Studies* 31 (1985): 410-24.

________. "The Crucial Event in the History of the Law (Gal 5:14)." Pages 48-61 in *Theology and Ethics in Paul and His Interpreters: Essays in Honor of Victor Paul Furnish*. Edited by Eugene H. Lovering and Jerry L. Sumney. Nashville: Abingdon, 1996.

________. *Galatians*. Anchor Bible 33A. New York: Doubleday, 1997.

Matera, Frank J. *Galatians*. Sacra Pagina 9. Collegeville, Minn.: Liturgical, 1992.

Mendelson, Alan. *Secular Education in Philo of Alexandria*. Cincinnati: Hebrew Union College Press, 1982.

Merlan, P. "Greek Philosophy from Plato to Plotinus." Pages 14-38 in *The Cambridge History of Later Greek and Early Medieval Philosophy*. Edited by A. H. Armstrong. London: Cambridge University Press, 1967.

Milik, J. T. *The Books of Enoch: Aramaic Fragments of Qumran Cave 4*. Oxford: Clarendon, 1976.

Mollat, D. "Baptismal Symbolism in St Paul." Pages 63-83 in *Baptism in the New Testament*. Edited by A. George, et al. London: Chapman, 1964.

Momigliano, Arnaldo. *On Pagans, Jews, and Christians*. Middletown, Conn.: Wesleyan University Press, 1987.

Moo, Douglas J. "Paul and the Law in the Last Ten Years." *Scottish Journal of Theology* 40 (1987): 287-307.

________. "The Christology of the Early Pauline Letters." Pages 169-92 in *Contours of Christology in the New Testament*. Edited by Richard N. Longenecker. Grand Rapids: Eerdmans, 2005.

Moore, G. F. *Judaism in the First Centuries of the Christian Era*. 3 vols. Cambridge, Mass.: Harvard University Press, 1927.

Morenz, Siegfried. *Egyptian Religion*. Trans. Ann E. Keep. Ithaca, N.Y.: Cornell University Press, 1973.

Moxnes, Halver. *Theology in Conflict: Studies in Paul's Understanding of God in Romans*. Supplements to Novum Testamentum 53. Leiden: Brill, 1980.

Murphy, R. E. "Wisdom and Creation." *Journal of Biblical Literature* 104 (1985): 3-11.

Murphy-O'Connor, Jerome. *Paul: A Critical Life*. Oxford: Clarendon, 1996.

Nagy, Gregory. "On the Death of Sarpedon." Pages 189-217 in *Approaches to Homer*. Edited by Carl A. Rubino and Cynthia W. Shelmerdine. Austin: University of Texas Press, 1983.

Nebe, Gottfried. "Creation in Paul's Theology." Pages 111-37 in *Creation in Jewish and Christian Tradition*. Edited by Henning Graf Reventlow and Yair Hoffman. Journal for the Study of the Old Testament: Supplement Series 319. London: Sheffield Academic Press, 2002.

Neyrey, Jerome H. *Paul, in Other Words: A Cultural Reading of His Letters*. Louisville, Ky.: Westminster/John Knox, 1990.

Nickelsburg, George W. E. *Resurrection, Immortality, and Eternal Life in Intertestamental Judaism*. Harvard Theological Studies XXVI. Cambridge, Mass.: Harvard University Press, 1972.

________. *Jewish Literature between the Bible and the Mishnah: A Historical and Literary Introduction*. London: SCM, 1981.

________. "The Apocalyptic Construction of Reality in 1 Enoch." Pages 51-64 in *Mysteries and Revelations: Apocalyptic Studies Since the Uppsala Colloquium*. Edited by John J. Collins and James H. Charlesworth. Sheffield: JSOT Press, 1991.

________. "Philo among Greeks, Jews and Christians." Pages 53-72 in *Philo und das Neue Testament: Wechselseitige Wahrnehmungen: I. Internationales Symposium zum Corpus Judaeo-Hellenisticum 1.-4. Mai 2003, Eisenach/Jena*.

Edited by Roland Deines and Karl-Wilhelm Niebuhr. Tübingen: Mohr Siebeck, 2004.

Nickelsburg, George W. E., and James C. VanderKam. *1 Enoch: A New Translation*. Minneapolis: Fortress, 2004.

O'Brien, Peter T. *Commentary on Philippians*. New International Greek Testament Commentary. Grand Rapids: Eerdmans, 1991.

Osiek, Carolyn. *Philippians, Philemon*. Nashville: Abingdon, 2000.

Parsons, M. C. "ΣΑΡΚΙΝΟΣ, ΣΑΡΚΙΚΟΣ in Codices F and G: A Text-Critical Note." *New Testament Studies* 34 (1988): 151-55.

Pate, C. Marvin. *The Reverse of the Curse*. Wissenschaftliche Untersuchungen zum Neuen Testament 2.114. Tübingen: Mohr Siebeck, 2000.

Patella, Michael. *Lord of the Cosmos: Mithras, Paul, and the Gospel of Mark*. New York: T & T Clark, 2006.

Pearson, B. A. *The Pneumatikos-Psychikos Terminology in 1 Corinthians. A Study in the Theology of the Corinthian Opponents of Paul and Its Relation to Gnosticism*. Society of Biblical Literature Dissertation Series 12. Missoula, Mont.: Scholars Press, 1973.

________. "Hellenistic-Jewish Wisdom Speculation and Paul." Pages 43-66 in *Aspects of Wisdom in Judaism and Early Christianity*. Edited by Robert L. Wilken. Notre Dame, Ind.: University of Notre Dame Press, 1975.

Pedersen, J. *Israel: Its Life and Culture*. 2 vols. London: Oxford University Press, 1926.

Perdue, L. G. *Wisdom and Creation: The Theology of Wisdom Literature*. Nashville: Abingdon, 1994.

Perkins, Pheme. *Resurrection: New Testament Witness and Contemporary Reflection*. Garden City, N.Y.: Doubleday, 1984.

Pierce, C. A. *Conscience in the New Testament*. Studies in Biblical Theology 15. London: SCM, 1958.

Pohlenz, M. "Paulus und die Stoa." *Zeitschrift für die neutestamentliche Wissenschaft und die Kunde der älteren Kirche* 42 (1949): 69-104.

von Rad, Gerhard. *Old Testament Theology*. Translated by D. M. G. Stalker. Vol. 1. Edinburgh: Oliver & Boyd, 1965.

________. *Wisdom in Israel*. Nashville: Abingdon, 1972.

Räisänen, Heikki. "Legalism and Salvation by the Law." Pages 63-83 in *Die Paulinische Literatur und Theologie*. Edited by S. Pederson. Aarhus: Forlaget Aros, 1980.

________. *Paul and the Law*. Philadelphia: Fortress, 1986.

Ramsay, William Mitchell. *The Cities of St. Paul*. Grand Rapids: Baker Book House, 1949.

Reed, Annette Yoshiko. *Fallen Angels and the History of Judaism and Christianity: The Reception of Enochic Literature*. Cambridge: Cambridge University Press, 2005.

Reese, J. M. *Hellenistic Influences on the Book of Wisdom and its Consequences*. Analecta Biblica 41. Rome: Biblical Institute, 1970.

________. "Paul Proclaims the Wisdom of the Cross: Scandal and Foolishness." *Biblical Theology Bulletin* 9 (1979): 147-53.

Reiling, J. "Holy Spirit רוח הקדש, πνεῦμα ἅγιον." Pages 418-24 in *Dictionary of Deities and Demons in the Bible*. Edited by Karel van der Toorn, et al. Leiden: Brill, 1999.

Rhyne, C. Thomas. *Faith Establishes the Law*. Society of Biblical Literature Dissertation Series 55. Chico, Calif.: Scholars, 1981.

Riley, Gregory J. "Demon Δαίμων, Δαιμόνιον." Pages 235-40 in *Dictionary of Deities and Demons in the Bible*. Edited by K. van der Toorn, B. Becking, and P. W. van der Horst. Leiden: Brill, 1995.

________. *One Jesus, Many Christs: How Jesus Inspired Not One True Christianity, But Many*. San Francisco: HarperSanFrancisco, 1997.

________. *The River of God: A New History of Christian Origins*. San Francisco: HarperSanFrancisco, 2001.

Ringgren, H. *Word and Wisdom: Studies in the Hypostatisation of Divine Qualities and Functions in the Ancient Near East*. Lund: Håkan Ohlssons Boktryckeri, 1947.

Robinson, John A. T. *The Body: A Study in Pauline Theology*. Studies in Biblical Theology 5. Chicago: H. Regnery Co., 1952.

Roetzel, Calvin J. *The Letters of Paul: Conversations in Context*. 4th ed. Louisville, Ky.: Westminster John Knox, 1998.

________. *Paul: The Man and the Myth*. Minneapolis: Fortress, 1999.

Rowland, Christopher. *The Open Heaven: A Study of Apocalyptic in Judaism and Early Christianity*. New York: Crossroad, 1982.

Runia, David T. "Was Philo a Middle Platonist? A Difficult Question Revisited." *Studia Philonica Annual* 5 (1993): 112-40.

________. "Why does Clement Call Philo 'The Pythagorean?'" Pages 54-76 in *Philo and the Church Fathers: A Collection of Papers*. Edited by David T. Runia. *Supplements to Vigiliae Christianae* 32. Leiden: Brill, 1995.

Russell, D. S. *The Method and Message of Jewish Apocalyptic. 200 BC-AD 100*. Old Testament Library. Philadelphia: Westminster, 1964.

________. "How to Read Philo." *Nederlands Theologisch Tijdschrift* 40 (1986): 106-39.

________. *Divine Disclosure: An Introduction to Jewish Apocalyptic*. Minneapolis: Fortress, 1992.

Russell, Jeffrey B. *The Devil: Perceptions of Evil from Antiquity to Primitive Christianity*. Ithaca, N.Y.: Cornell University Press, 1977.

________. *Satan: The Early Christian Tradition*. Ithaca, N.Y.: Cornell University Press, 1981.

________. *The Prince of Darkness: Radical Evil and the Power of Good in History*. Ithaca, N.Y.: Cornell University Press, 1988.

Sacchi, Paolo. *Jewish Apocalyptic and its History*. Translated by W. J. Short. Journal for the Study of the Pseudepigrapha: Supplement Series 20. Sheffield: Sheffield Academic Press, 1990.

Sampley, J. Paul. *Walking between the Times: Paul's Moral Reasoning*. Minneapolis: Fortress, 1991.

________. "Reasoning from the Horizons of Paul's Thought World: A Comparison of Galatians and Philippians." Pages 114-31 in *Theology and Ethics in Paul and His Interpreters: Essays in Honor of Victor Paul Furnish*. Edited by Eugene H. Lovering and Jerry L. Sumney. Nashville: Abingdon, 1996.

Sanders, E. P. *Paul and Palestinian Judaism: A Comparison of Patterns of Religion*. Philadelphia: Fortress, 1977.

________. *Paul, the Law, and the Jewish People*. Philadelphia: Fortress, 1983.

Sanders, J. T. *Ben Sira and Demotic Wisdom*. Chico, Calif.: Scholars Press, 1983.

Sandmel, Samuel. *The First Christian Century in Judaism and Christianity: Certainties and Uncertainties*. New York: Oxford University Press, 1969.

________. *The Genius of Paul: A Study in History*. New York: Schocken Books, 1970.

________. *Philo of Alexandria: An Introduction*. New York: Oxford University Press, 1979.

________. "Philo Judaeus: An Introduction to the Man, his Writings, and his Significance." *Aufstieg und Niedergang der römischen Welt: Geschichte und Kultur Roms im Spiegel der neueren Forschung* 21.1:3-46. Part 2. Principat 21.1. Edited by H. Temporini and W. Haase. New York: de Gruyter, 1989.

________. *A Jewish Understanding of the New Testament*. Woodstock, Vt.: Jewish Lights Paths, 2005.

Schenck, Kenneth. *A Brief Guide to Philo*. Louisville, Ky.: Westminster John Knox, 2005.

Schmithals, Walter. *The Theology of the First Christians*. Translated by O. C. Dean. Louisville, Ky.: Westminster John Knox, 1997.

Schnabel, Eckhard J. *Law and Wisdom from Ben Sira to Paul: A Tradition Historical Enquiry into the Relation of Law, Wisdom, and Ethics*. Wissenschaftliche Untersuchungen zum Neuen Testament 2.16. Tübingen: Mohr Siebeck, 1985.

Schnelle, Udo. *The Human Condition: Anthropology in the Teachings of Jesus, Paul, and John*. Translated by O. C. Dean. Minneapolis: Fortress, 1996.

Schoeps, H. J. *Paul. The Theology of the Apostle in the Light of Jewish Religious History*. Translated by Harold Knight. Philadelphia: Westminster, 1961.

Scholem, Gershom G. *Major Trends in Jewish Mysticism*. 3rd ed. New York: Schocken, 1961.

Schonfield, H. J. *Secrets of the Dead Sea Scrolls: Studies Toward Their Solution*. New York: T. Yoseloff, 1957.

Schweitzer, Albert. *The Mysticism of Paul the Apostle*. Translated by William Montgomery. New York: Henry Holt, 1931.

Schweizer, Eduard. *The Church as the Body of Christ*. Richmond, Va.: John Knox, 1964.

________. "Slaves of the Elements and Worships of Angels: Gal 4:3, 9 and Col 2:8, 18, 20." *Journal of Biblical Literature* 107 (1988): 455-68.

Scott, Alan. *Origen and the Life of the Stars: A History of an Idea*. Oxford: Clarendon, 1991.

Scott, E. F. *The Epistles of Paul to the Colossians, to Philemon, and to the Ephesians*. Moffatt New Testament Commentary 11. New York: Harper, 1930.

Scott, Martin. *Sophia and the Johannine Jesus*. Journal for the Study of the Old Testament 71. Sheffield: JSOT Press, 1992.

Scott, R. B. Y. *Proverbs. Ecclesiastes*. New York: Doubleday, 1965.

Scroggs, Robin. *The Last Adam: A Study in Pauline Anthropology*. Philadelphia: Fortress, 1966.

________. "Paul: ΣΟΦΟΣ and ΠΝΕΥΜΑΤΙΚΟΣ." *New Testament Studies* 14 (1967): 33-55.

Sheppard, Gerald T. *Wisdom as a Hermeneutical Construct*. Beihefte zur Zeitschrift für die alttestamentliche Wissenschaft 151. Berlin: Walter de Gruyter, 1980.

Shoemaker, W. R. "The Use of *Ruach* in the O.T. and of Πνεῦμα in the N.T." *Journal of Biblical Literature* 23 (1904): 13-67.

Soards, Marion L. "Christology of the Pauline Epistles." Pages 88-109 in *Who Do You Say That I Am? Essays on Christology*. Edited by Mark Allan Powell and David R. Bauer. Louisville, Ky.: Westminster John Knox, 1999.

Son, Sang-Won (Aaron). *Corporate Elements in Pauline Anthropology: A Study of Selected Terms, Idioms, and Concepts in the Light of Paul's Usage and Background*. Analecta Biblica 148. Roma: E.P.I.B., 2001.

Sorensen, Eric. *Possession and Exorcism in the New Testament and Early Christianity*. Wissenschaftliche Untersuchungen zum Neuen Testament 2.157. Tübingen: Mohr Siebeck, 2002.

Stacey, W. D. *The Pauline View of Man in Relation to Its Judaic and Hellenistic Background*. London: Macmillan, 1956.

Stadelmann, Luis I. J. *The Hebrew Conception of the World*. Rome: Biblical Institute, 1970.

Stendahl, Krister. "The Apostle Paul and the Introspective Conscience of the West." *Harvard Theological Review* 56 (1963): 199-215.

________. *Paul among Jews and Gentiles*. Philadelphia: Fortress Press, 1976.

Sterling, Gregory. "Platonizing Moses: Philo and Middle Platonism." *Studia*

Philonica Annual 5 (1993): 96-111.

Stone, M. E. *Scriptures, Sects, and Visions*. Philadelphia: Fortress, 1980.

Stowers, Stanley. *A Rereading of Romans*. New Haven, Conn.: Yale University Press, 1994.

Strozier, R. M. *Epicurus and Hellenistic Philosophy*. Lanham, Md.: University Press of America, 1985.

Talbert, Charles H. "Paul, Judaism, and the Revisionists." *Catholic Biblical Quarterly* 63 (2001): 1-22.

Tannehill, R. C. *Dying and Rising with Christ: A Study in Pauline Theology*. Beihefte zur Zeitschrift für die neutestamentliche Wissenschaft 32. Berlin: Töpelmann, 1967.

Tcherikover, Victor. *Hellenistic Civilization and the Jews*. Translated by S. Appelbaum. Philadelphia: Jewish Publication Society of America, 1961.

Terrien, Samuel. *Job: Poet of Existence*. Indianapolis: Bobbs-Merrill: 1957.

Thielman, Frank. *From Plight to Solution. A Jewish Framework for Understanding Paul's View of the Law in Galatians and Romans*. Supplements to Novum Testamentum 61. Leiden: Brill, 1989.

________. "The Coherence of Paul's View of the Law: The Evidence of First Corinthians." *New Testament Studies* 38 (1992): 235-53.

________. *Paul & the Law: A Contextual Approach*. Downers Grove, Il.: InterVarsity, 1994.

Thompson, Michael. *Clothed with Christ: The Example and Teaching of Jesus in Romans 12.1-15.13*. Sheffield: JSOT, 1991.

Tobin, Thomas H. *The Creation of Man: Philo and the History of Interpretation*. Catholic Biblical Quarterly Monograph Series 14. Washington: Catholic Biblical Association of America, 1983.

van der Toorn, Karel, et al. *Dictionary of Deities and Demons in the Bible*. Leiden: Brill, 1999.

Vernant, Jean-Pierre. "Death with Two Faces." Pages 55-62 in *Reading the Odyssey: Selected Interpretative Essays*. Edited by Seth L. Schein. Princeton: Princeton University Press, 1996.

Vielhauer, Philip. "Apocalyptic in Early Christianity." Revised by George Strecker. Pages 608-42 in *New Testament Apocrypha II*. Edited by Wilhelm

Schneemelcher. Translated by R. McL. Wilson. Louisville, Ky.: Westminster/ John Knox, 1992.

Vries, Simon J. de. "Observations on Quantitative and Qualitative Time in Wisdom and Apocalyptic." Pages 263-76 in *Israelite Wisdom: Theological and Literary Essays in Honor of Samuel Terrien*. Edited by John G. Gammie et al. New York: Scholars Press, 1978.

Wallis, Richard T. *The Idea of Conscience in Philo of Alexandria*. Berkeley: The Center for Hermeneutical Studies in Hellenistic and Modern Culture, 1975.

Wedderburn, A. J. M. *The Reasons for Romans*. Minneapolis: Fortress, 1991.

Westerholm, Stephen. *Israel's Law and the Church's Faith: Paul and His Recent Interpreters*. Grand Rapids: Eerdmans, 1988.

Whybray, R. N. *Wisdom in Proverbs: The Concept of Wisdom in Proverbs 1-9*. Naperville: A. R. Allenson, 1965.

Wikenhauser, A. *Pauline Mysticism: Christ in the Mystical Teaching of St. Paul*. Freiburg: Herder, 1960.

Wilckens, Ulrich. "Statements on the Development of Paul's View of the Law." Pages 17-26 in *Paul and Paulinism: Essays in Honour of C. K. Barrett*. Edited by M. D. Hooker and S. G. Wilson. London: SPCK, 1982.

Williamson, Ronald. *Jews in the Hellenistic World: Philo*. Cambridge: Cambridge University Press, 1989.

Wink, Walter. *Naming the Powers: The Language of Power in the New Testament*. Philadelphia: Fortress, 1984.

________. *Naming the Powers; Unmasking the Powers: the Invisible Forces that Determine Human Existence*. Philadelphia: Fortress Press, 1986.

________. *Engaging the Powers: Discernment and Resistance in a World of Domination*. Minneapolis: Fortress Press, 1992.

Winston, D. *The Wisdom of Solomon*. Anchor Bible 43. Garden City, N.Y.: Doubleday, 1979.

________. *Logos and Mystical Theology in Philo of Alexandria*. Cincinnati: Hebrew Union College Press, 1985.

________. "Philo and the Contemplative Life." Pages 198-231 in *Jewish Spirituality: From the Bible through the Middle Ages*. Edited by Arthur Green. Vol. 13 of *World Spirituality: An Encyclopedic History of the Religious Quest*.

Edited by Arthur Green. New York: Crossroad, 1986.

Witherington III, Ben. *Jesus the Sage: The Pilgrimage of Wisdom*. Minneapolis: Fortress, 1994.

________. *Paul's Narrative Thought World: The Tapestry of Tragedy and Triumph*. Louisville, Ky.: Westminster/John Knox, 1994.

________. *Grace in Galatia: A Commentary on St Paul's Letter to the Galatians*. London: T & T Clark, 2004.

Wolfson, Harry Austryn. *Philo: Foundations of Religious Philosophy in Judaism, Christianity, and Islam*. 2 vols. Cambridge, Mass.: Harvard University Press, 1968.

Wright, J. Edward. *The Early History of Heaven*. New York: Oxford University Press, 2000.

Wright, N. T. "ἁρπαγμός and the Meaning of Philippians 2:5-11." *Journal of Theological Studies* 37 (1986): 321-52.

________. *The Climax of the Covenant*. Edinburgh: T & T Clark, 1991.

________. "One God, One Lord, One People: Incarnational Christology for a Church in a Pagan Environment." *Ex auditu* 7 (1991): 45-58.

________. *The New Testament and the People of God*. Minneapolis: Fortress, 1992.

________. *Paul: In Fresh Perspective*. Minneapolis: Fortress, 2005.

Young, Frances and David F. Ford. *Meaning and Truth in 2 Corinthians*. Grand Rapids: Eerdmans, 1989.

제임스 D. G. 던. 『바울신학』(*The Theology of Paul the Apostle*). 박문재 역. 서울: 크리스천다이제스트, 2005.

제프리 버튼 러셀. 『악마의 문화사』(*The Prince of Darkness: Radical Evil and Power of Good in History*). 최은석 역. 서울: 황금가지, 2001.

| 고대 문헌 색인 |

1. 구약성서

고린도전서

에베소서

빌립보서

골로새서

데살로니가전서

데살로니가후서

3. 외경

4. 사해문서

5. 유대 위경

6. 필론의 작품

7. 요세푸스의 작품

8. 랍비 문헌

9. 나그 함마디 문서

10. 신약 외경

11. 초기 기독교 저술

12. 그리스-라틴 작품 및 다른 고대 작품

| 현대 저자 색인 |

| 주제 색인 |